前　言

"土木工程施工"是土木工程专业的一门必修专业课，主要研究土木工程施工原理和施工方法以及新技术、新材料、新工艺在土木工程施工中的发展和应用。基本任务是通过对土木工程施工技术、施工工艺、施工组织原理的学习，掌握土木工程施工的基本概念、基本理论以及一般规律，了解土木工程施工现状和发展，培养发现、分析、解决土木工程施工关键问题的基本能力，为将来参加技术管理和施工现场管理打下良好的基础。

"土木工程施工"课程的突出特点是实践性强、涉及面广、发展迅速，因此本书内容紧跟土木工程施工技术的发展，充实新知识。本书内容既包括以土木工程工种工程为主的基本施工技术及工艺原理，又包括房屋建筑结构、桥梁结构、道路、隧道等专业领域的施工技术和工艺原理，涵盖了《专业规范》中"施工原理和方法知识领域"所要求的核心知识单元，以满足土木类专业的教学要求。本书在内容上，为了培养学生发现问题、分析问题的能力，结合案例重点分析施工过程和施工工艺原理，引导学生发现土木工程施工中的技术、质量、安全等问题，并加强对工程问题解决途径或方案的分析。通过例题分析、课后题训练，提高学生综合利用数学、力学等基本知识计算分析、解决工程施工实际问题的能力。党的二十大报告指出："中国式现代化是人与自然和谐共生的现代化。人与自然是生命共同体，无止境地向自然索取甚至破坏自然必然会遭到大自然的报复。我们坚持可持续发展，坚持节约优先、保护优先、自然恢复为主的方针，像保护眼睛一样保护自然和生态环境"，由此本书内容还注意补充土木工程施工对环境的影响和新技术发展的介绍，培养学生树立保护环境和可持续发展的理念，提高创新能力。

本书为"十三五"国家重点出版物。编写中力求做到理论联系实际，反映当前土木工程施工的先进水平，并做好与我国现行标准的对接，努力做到深入浅出、通俗易懂。本书通过二维码充分利用现场照片、录像、动画等多媒体手段，帮助学生理解和掌握有关知识，也方便教师开展混合式教学。

本书主要由济南大学、同济大学、中国海洋大学、山东建筑大学的专业教师编写完成。我国建筑施工领域著名学者、全国高校施工学科研究会原理事长、同济大学应惠清教授对本书的编写提出了诸多宝贵意见，并承担了大量编写工作，倾注了许多心血，对应老师情系教学工作、不计名利、无私奉献的精神，表示崇高的敬意和衷心的感谢！感谢上海建工、济南城建、中交第二工程局、济南四建、中建八局等单位提供的视频资料等。

本书第1章由刘俊岩编写，第2章、第9章由刘涛编写，第3章、第6章、第10章和第11章由应惠清编写，第4章由刘燕编写，第5章由郑永峰编写，第7章由刘俊岩、刘燕合编，第8章由张西文编写，第12章由任锋、裴现勇合编。本书的思考题、练习题由刘燕编写。全书由刘俊岩负责统稿。

由于编者的水平有限，本书难免存在疏漏之处，敬请广大读者提出宝贵意见。

刘俊岩

目　录

前言

第1章　土方工程 1
  本章导读 1
  1.1　概述 1
　　1.1.1　地下建筑工程的施工流程 1
　　1.1.2　岩土的工程分类及工程性质 3
  1.2　场地平整 5
　　1.2.1　场地平整的含义 5
　　1.2.2　场地设计标高的确定 5
　　1.2.3　土方量计算与土方调配 10
　　1.2.4　场地平整土方施工机械及施工方法 13
  1.3　基坑支护与开挖 16
　　1.3.1　基坑支护的含义 16
　　1.3.2　土方边坡 17
　　1.3.3　基坑支护施工 19
　　1.3.4　基坑开挖方法 40
　　1.3.5　基坑及周边环境监测 46
  1.4　地下水控制 48
　　1.4.1　地下水控制的含义 48
　　1.4.2　流砂及其防治 49
　　1.4.3　集水井降水 49
　　1.4.4　井点降水 50
　　1.4.5　周边环境保护 63
  1.5　土方填筑 65
　　1.5.1　土方填筑的含义 65
　　1.5.2　土料的选用 65
　　1.5.3　填土方法 66
　　1.5.4　压实方法 67
　　1.5.5　影响填土压实的因素 69
  思考题 70
  练习题 71

第2章　基础工程 73
  本章导读 73
  2.1　浅基础施工 73

"十三五"国家重点出版物出版规划项目
面向可持续发展的土建类工程教育丛书

土木工程施工

主 编 刘俊岩 应惠清 刘 燕
参 编 刘 涛 任 锋 郑永峰
　　　　张西文 裴现勇

机械工业出版社

本书依据高等学校土木工程学科专业指导委员会编制的《高等学校土木工程本科指导性专业规范》（简称《专业规范》）的要求，在汲取我国土木工程施工先进技术、工程经验的基础上，结合现行工程建设标准编写而成。本书内容既包括以工种工程为主的施工技术和施工原理，又包括房屋建筑、桥梁、道路、隧道等各专业领域的施工技术及工艺，涵盖了《专业规范》中"施工原理和方法知识领域"所要求的核心知识单元，以满足土木类专业的教学要求。全书共分为12章，包括土方工程、基础工程、砌筑工程、混凝土结构工程、结构吊装工程、建筑结构施工、桥梁结构施工、路面施工、隧道施工、流水施工原理、网络计划技术及施工组织设计。

　　本书可作为高等学校土木工程专业以及相关专业的教材，也可作为土木工程技术人员、管理人员的参考书。

　　本书配有授课PPT等资源，免费提供给选用本书的授课教师，需要者请登录机械工业出版社教育服务网（www.cmpedu.com）注册后下载。

图书在版编目（CIP）数据

土木工程施工/刘俊岩，应惠清，刘燕主编. —北京：机械工业出版社，2021.12（2024.2重印）

（面向可持续发展的土建类工程教育丛书）

"十三五"国家重点出版物出版规划项目

ISBN 978-7-111-70175-0

Ⅰ.①土… Ⅱ.①刘…②应…③刘… Ⅲ.①土木工程-工程施工-高等学校-教材 Ⅳ.①TU7

中国版本图书馆CIP数据核字（2022）第027104号

机械工业出版社（北京市百万庄大街22号　邮政编码100037）
策划编辑：李　帅　　　　责任编辑：李　帅　高凤春
责任校对：张晓蓉　王明欣　封面设计：张　静
责任印制：单爱军
北京虎彩文化传播有限公司印刷
2024年2月第1版第3次印刷
184mm×260mm·29印张·811千字
标准书号：ISBN 978-7-111-70175-0
定价：79.90元

电话服务　　　　　　　　　　网络服务
客服电话：010-88361066　　　机　工　官　网：www.cmpbook.com
　　　　　010-88379833　　　机　工　官　博：weibo.com/cmp1952
　　　　　010-68326294　　　金　书　网：www.golden-book.com
封底无防伪标均为盗版　　　　机工教育服务网：www.cmpedu.com

2.1.1　钢筋混凝土独立基础施工 ··· 74
　　2.1.2　筏形基础施工 ··· 75
2.2　桩基础施工 ·· 77
　　2.2.1　预制桩施工 ··· 77
　　2.2.2　灌注桩施工 ··· 83
2.3　沉井基础施工 ·· 89
　　2.3.1　沉井基础构造 ··· 90
　　2.3.2　沉井施工 ··· 92
思考题 ·· 94

第3章　砌筑工程 ·· 95
本章导读 ·· 95
3.1　砌体结构材料 ·· 95
　　3.1.1　砖、砌块 ··· 95
　　3.1.2　砌筑砂浆 ··· 96
3.2　砖和砌块的施工 ·· 97
　　3.2.1　施工工艺 ··· 97
　　3.2.2　技术和质量要求 ··· 100
3.3　砌体的冬期施工 ·· 101
　　3.3.1　材料防冻 ··· 101
　　3.3.2　块材 ··· 101
　　3.3.3　技术措施 ··· 102
思考题 ·· 103

第4章　混凝土结构工程 ·· 104
本章导读 ·· 104
4.1　钢筋工程 ·· 104
　　4.1.1　钢筋进场检查 ··· 105
　　4.1.2　钢筋配料 ··· 105
　　4.1.3　钢筋连接与安装 ··· 107
4.2　模板工程 ·· 120
　　4.2.1　模板的种类与基本要求 ··· 120
　　4.2.2　一般现浇构件的模板构造 ··· 120
　　4.2.3　组合模板 ··· 123
　　4.2.4　工具式模板及移动式模板 ··· 127
　　4.2.5　模板设计 ··· 135
　　4.2.6　模板的安装与拆除 ··· 141
4.3　混凝土工程 ·· 142
　　4.3.1　混凝土质量的初步控制 ··· 142
　　4.3.2　混凝土的搅拌 ··· 144
　　4.3.3　混凝土的运输 ··· 147
　　4.3.4　混凝土的浇筑 ··· 151
　　4.3.5　混凝土密实成型 ··· 156
　　4.3.6　混凝土养护 ··· 159
　　4.3.7　混凝土的质量检查 ··· 160

4.4 预应力混凝土工程 ·········· 161
    4.4.1 概述 ·········· 161
    4.4.2 预应力筋、锚（夹）具、张拉机械 ·········· 162
    4.4.3 先张法施工 ·········· 176
    4.4.4 后张法施工 ·········· 181
思考题 ·········· 187
练习题 ·········· 189

第 5 章 结构吊装工程 ·········· 191

本章导读 ·········· 191
5.1 起重机械 ·········· 191
    5.1.1 桅杆式起重机 ·········· 192
    5.1.2 自行杆式起重机 ·········· 192
    5.1.3 塔式起重机 ·········· 197
    5.1.4 其他形式的起重机 ·········· 201
5.2 吊装机具 ·········· 203
    5.2.1 卷扬机 ·········· 203
    5.2.2 钢丝绳 ·········· 203
    5.2.3 滑轮组 ·········· 204
    5.2.4 吊具 ·········· 205
5.3 构件吊装工艺 ·········· 206
    5.3.1 预制构件的制作、运输和堆放 ·········· 206
    5.3.2 起重机的选择 ·········· 207
    5.3.3 吊装前准备工作 ·········· 209
    5.3.4 构件的绑扎 ·········· 210
    5.3.5 构件的吊装 ·········· 212
    5.3.6 构件的就位与临时固定 ·········· 215
    5.3.7 构件的校正和最后固定 ·········· 218
思考题 ·········· 219
练习题 ·········· 219

第 6 章 建筑结构施工 ·········· 221

本章导读 ·········· 221
6.1 砖混结构施工 ·········· 221
    6.1.1 砖混结构施工流程 ·········· 221
    6.1.2 砖基础施工 ·········· 221
    6.1.3 上部结构施工 ·········· 226
6.2 现浇混凝土结构施工 ·········· 231
    6.2.1 地下室结构施工 ·········· 231
    6.2.2 现浇混凝土框架结构施工 ·········· 238
    6.2.3 现浇剪力墙结构施工 ·········· 243
6.3 装配式单层厂房施工 ·········· 252
    6.3.1 装配式单层厂房施工流程 ·········· 252
    6.3.2 独立基础 ·········· 253

		6.3.3 结构吊装准备	254
		6.3.4 结构吊装	256
	6.4	多层装配式结构安装	261
		6.4.1 框架结构施工	262
		6.4.2 剪力墙结构施工	269
	6.5	钢结构安装	273
		6.5.1 钢构件的工厂制作	273
		6.5.2 多高层钢结构现场安装	276
		6.5.3 大跨度屋盖结构安装	281
	思考题		285

第7章 桥梁结构施工 … 287

本章导读 … 287

7.1 概述 … 287
    7.1.1 桥梁的基本组成 … 287
    7.1.2 桥梁的主要类型 … 288

7.2 桥梁墩台施工 … 290
    7.2.1 混凝土及钢筋混凝土墩台的施工 … 290
    7.2.2 石砌墩台的施工 … 292

7.3 桥梁上部结构施工 … 293
    7.3.1 梁桥施工 … 294
    7.3.2 拱桥施工 … 303
    7.3.3 悬索桥施工 … 307

思考题 … 314

第8章 路面施工 … 315

本章导读 … 315

8.1 概述 … 315
    8.1.1 道路结构层 … 315
    8.1.2 施工机械 … 317

8.2 路面基层施工 … 319
    8.2.1 无机结合料稳定类基层施工 … 320
    8.2.2 粒料类基层施工 … 322

8.3 沥青混凝土路面施工 … 324
    8.3.1 一般要求 … 324
    8.3.2 沥青混合料的拌和 … 326
    8.3.3 沥青混合料的运输 … 326
    8.3.4 沥青混合料的摊铺 … 327
    8.3.5 沥青混合料的碾压 … 328
    8.3.6 沥青路面的质量检测 … 329

8.4 水泥混凝土路面施工 … 331
    8.4.1 施工准备 … 331
    8.4.2 混凝土拌合物的搅拌 … 332
    8.4.3 混凝土拌合物的运输 … 332

8.4.4 混凝土的摊铺及振捣 ·············· 333
8.4.5 水泥混凝土路面的修整、锯缝及养护 ·············· 334
8.4.6 水泥混凝土路面的质量检测 ·············· 335
思考题 ·············· 336

第9章 隧道施工 ·············· 337

本章导读 ·············· 337
9.1 矿山法隧道施工 ·············· 337
 9.1.1 主要施工工法 ·············· 338
 9.1.2 隧道开挖施工 ·············· 347
 9.1.3 隧道支护施工 ·············· 354
9.2 盾构法隧道施工 ·············· 367
 9.2.1 典型盾构工法 ·············· 368
 9.2.2 盾构掘进施工 ·············· 369
 9.2.3 盾构隧道管片拼装技术 ·············· 381
思考题 ·············· 383

第10章 流水施工原理 ·············· 384

本章导读 ·············· 384
10.1 流水施工概念 ·············· 384
10.2 流水参数 ·············· 386
 10.2.1 工艺参数 ·············· 387
 10.2.2 时间参数 ·············· 387
 10.2.3 空间参数 ·············· 388
10.3 流水施工的组织 ·············· 389
 10.3.1 节奏流水 ·············· 389
 10.3.2 非节奏流水 ·············· 393
思考题 ·············· 395
练习题 ·············· 396

第11章 网络计划技术 ·············· 397

本章导读 ·············· 397
11.1 双代号网络图 ·············· 397
 11.1.1 双代号网络图的概念 ·············· 397
 11.1.2 双代号网络图的绘制 ·············· 398
 11.1.3 时间参数计算 ·············· 404
 11.1.4 双代号时标网络 ·············· 407
11.2 单代号网络图 ·············· 410
 11.2.1 单代号网络图的绘制 ·············· 410
 11.2.2 绘图规则 ·············· 410
 11.2.3 单代号网络图的计算 ·············· 411
11.3 网络计划的优化 ·············· 412
 11.3.1 工期优化 ·············· 412

　　11.3.2　费用优化 …………………………………………………………………… 415
　　11.3.3　资源优化 …………………………………………………………………… 416
11.4　网络计划实施与控制 …………………………………………………………………… 416
　　11.4.1　网络计划调整内容 …………………………………………………………… 416
　　11.4.2　网络计划调整方法 …………………………………………………………… 417
思考题 ………………………………………………………………………………………… 417
练习题 ………………………………………………………………………………………… 418

第 12 章　施工组织设计 …………………………………………………………………… 420
本章导读 ……………………………………………………………………………………… 420
12.1　单位工程施工组织设计 ……………………………………………………………… 420
　　12.1.1　编制内容 ……………………………………………………………………… 420
　　12.1.2　编制依据与程序 ……………………………………………………………… 421
　　12.1.3　施工方案 ……………………………………………………………………… 421
　　12.1.4　施工进度计划、施工准备计划与资源配置计划 …………………………… 426
　　12.1.5　施工现场平面布置图 ………………………………………………………… 429
　　12.1.6　施工现场环境保护 …………………………………………………………… 432
12.2　施工组织总设计 ……………………………………………………………………… 433
　　12.2.1　施工总体部署和主要项目施工方案 ………………………………………… 434
　　12.2.2　施工总进度计划 ……………………………………………………………… 435
　　12.2.3　资源配置计划和施工总体准备 ……………………………………………… 437
　　12.2.4　全场性暂设工程 ……………………………………………………………… 438
　　12.2.5　施工总平面图 ………………………………………………………………… 448
　　12.2.6　目标管理计划及技术经济指标 ……………………………………………… 450
思考题 ………………………………………………………………………………………… 451

参考文献 …………………………………………………………………………………… 452

第1章

土 方 工 程

本章导读

广义的土方工程包括工程建设中一切土的挖掘、填筑和运输等过程以及排水、降水、土壁支护等准备工作和辅助工程。在土木工程中,最常见的土方工程有场地平整、基坑支护与开挖、地下水控制以及土方填筑等。

土方工程施工具有以下显著特点:

1)受场区工程地质、水文地质条件影响大。如深基坑开挖土方,土壁易坍塌,直接影响坑底、坑上的施工作业安全,甚至影响周边建筑物、地下管线、道路的正常使用与安全。

2)受周边环境条件影响大。为防止坍塌,应思考进行的土方开挖是放坡开挖还是有支护的垂直开挖?开挖深度内存在地下水时,应进行降水,降水会不会引起周边建筑物、道路沉降?需要设置截水帷幕吗?支护结构选型、地下水控制方法都与周边环境条件密切相关。

3)工程量大、劳动繁重、施工条件复杂,对现场文明施工和环境保护要求高。开挖土方量大,需要规划好场区内、外的土方运输,包括规划运输路线、时间、车辆数量、堆土或弃土地点,控制扬尘,做好现场文明施工和环境保护。

4)不确定因素多。例如土方开挖、填筑,如果在雨季,雨水排放组织不好,对作业条件、施工安全、工程质量都会产生不利影响。因此,在组织土方工程施工前,应详细分析各项技术资料(如地形图、工程地质和水文地质勘察资料、周边管线和地下构筑物资料及土方工程施工图等),进行现场调查,并根据现有施工条件,制定出技术可行、安全可靠、经济合理、符合现场文明施工和环境保护要求的施工方案。

学习中建议同学们重点思考场地平整、基坑支护与开挖、地下水控制及土方填筑等施工过程中会遇到哪些工程问题,导致这些问题出现的原因是什么,可以采取哪些工程技术措施和组织措施解决问题,并注意理解、分析其中的施工原理和施工规律。

■ 1.1 概述

1.1.1 地下建筑工程的施工流程

进入21世纪以来,随着我国城市地下空间的开发利用,地下建筑工程越来越多,如地下综合体、地下交通枢纽、地铁、地下人防、地下综合管廊等。地下建筑工程施工面临着开挖深度深、面积大、地质条件复杂、施工用地紧张、周边环境保护对象近等诸多问题，是整个项目建设中施工难度大的一个重要阶段。下面以某工程为例，介绍地下建筑工程的施工流程。

济南某酒店地产项目位于商业中心区，主塔楼2栋，框剪结构，采用桩基础，基坑底绝对高程为23.10m；裙楼及地下车库为框架结构，采用筏形基础，基底绝对高程为23.95m。拆迁场地整体上南高北低，自然地面绝对高程为29.70~34.10m。开挖前须清除建筑垃圾，场地平整至绝对高程31.52~32.18m，由南向北地面泄水坡度为3‰，由东向西地面泄水坡度为2‰。场地平整后基坑开挖深度为7.70~9.30m，挖深范围内以杂填土、中低压缩性的碎石层和含碎石的黏土为主；场地地下水分为两层，闪长岩风化层以上部分属于第四系孔隙潜水，闪长岩风化层部分属于基岩裂隙水，两者之间无隔水层，水力联系较密切；勘察期间地下水静止水位绝对高程为29.05~30.65m，地下水埋藏较浅；降水目标水位为坑底以下0.5m，水位降深较大。拟建场地紧凑，除北侧为城市主干道路外，其余三侧距离建筑物较近，且北侧和西侧均有重要管线需重点保护，周边环境较为复杂。

该基坑支护采用钻孔灌注桩排桩+预应力锚索支护，典型支护单元剖面图，如图1-1a所示，灌注桩桩径为800mm，桩长为14~15.5m，桩间距为1.8m；设置1道锚索，一桩一锚，锚索水平间距为1.8m。为减小基坑降水对周围建筑和管线的沉降影响，保护地下水资源，在场地四周设置截水帷幕。截水帷幕采用桩间帷幕，即桩间三重管高压旋喷桩与排桩相互咬合的组合帷幕，相邻排桩之间设置两根高压旋喷桩，高压旋喷桩单桩设计桩径为900mm，相邻注浆孔间距为600mm，高压旋喷桩搭接宽度以及高压旋喷桩与排桩咬合宽度均不小于250mm，高压旋喷桩埋深与围护桩等深。采用坑内管井降水，井底高于帷幕底1m以上，以减少地下水绕渗的影响。为保证基坑及周边环境安全，开挖过程中须对基坑桩顶水平位移和竖向位移、深层水平位移、锚索和排桩内力，周围地表和道路竖向位移、周边建筑物沉降及管线沉降、地下水位予以监测。

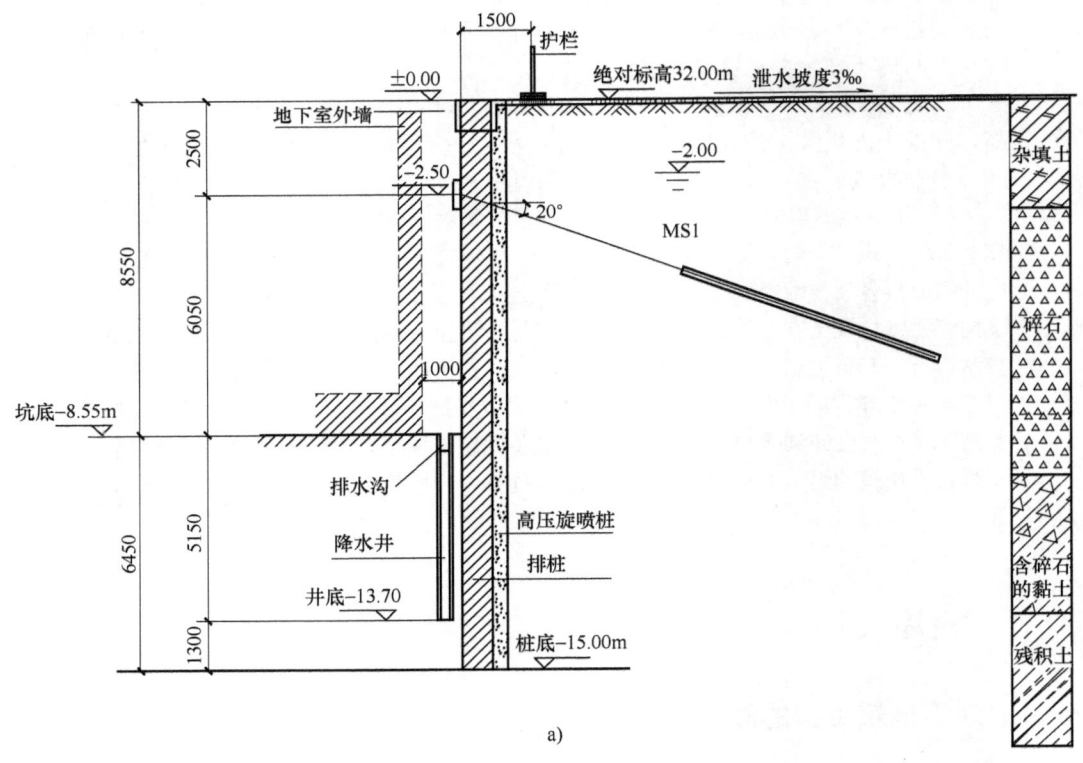

图1-1 地下建筑施工的一般流程
a）某基坑典型支护单元剖面图

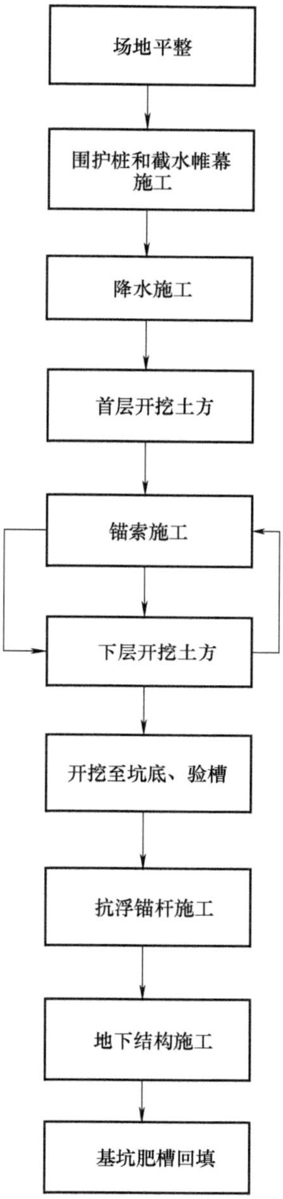

图 1-1 地下建筑施工的一般流程（续）
b）地下建筑施工一般流程　c）施工流程实景图

地下建筑施工的一般流程

该工程地下工程施工的一般流程，如图 1-1b、c 所示。该流程中除抗浮锚杆、地下结构施工属于基础工程外，其他均属于土方工程的范围。

1.1.2 岩土的工程分类及工程性质

岩土的种类繁多，其分类方法也很多，如岩石按地质成因、坚硬程度、风化程度、岩体的完整程度等进行分类，土按地质成因、沉积年代、粒径大小、有机质含量等进行分类。按开挖的难易程度可将土划分为一至四类；岩石划分为极软岩、软岩、较软岩、较硬岩、坚硬岩五类，见

表 1-1，可作为确定工程开挖方法、计算承包工程单价、编制招投标文件和施工组织设计的依据，是土木工程施工中常用的岩土分类方法。

表 1-1 土及岩石分类

土及岩石分类	土及代表性岩石名称	开挖方法
一、二类土	粉土、砂土（粉砂、细砂、中砂、粗砂、砾砂）、粉质黏土、弱中盐渍土、软土（淤泥质土、泥炭、泥炭质土）、软塑红黏土、冲填土	用锹，少许用镐、条锄开挖。机械能全部直接铲挖满载者
三类土	黏土、碎石土（圆砾、角砾）混合土、可塑红黏土、硬塑红黏土、强盐渍土、素填土、压实填土	主要用镐、条锄，少许用锹开挖。机械需部分刨松方能铲挖满载者或可直接铲挖但不能满载者
四类土	碎石土（卵石、碎石、漂石、块石）、坚硬红黏土、超盐渍土、杂填土	全部用镐、条锄挖掘，少许用撬棍挖掘。机械须普遍刨松方能铲挖满载
极软岩	全风化的各种岩石、各种半成岩	部分用手凿工具、部分用爆破法开挖
软岩	强风化的坚硬岩或较硬岩，中等风化—强风化的较软岩，未风化—微风化的页岩、泥岩、泥质砂岩等	用风镐和爆破法开挖
较软岩	中等风化—强风化的坚硬岩或较硬岩，未风化—微风化的凝灰岩、千枚岩、泥灰岩、砂质泥岩等	用爆破法开挖
较硬岩	微风化的坚硬岩，未风化—微风化的大理岩、板岩、石灰岩、白云岩、钙质砂岩等	用爆破法开挖
坚硬岩	未风化—微风化的花岗岩、闪长岩、辉绿岩、玄武岩、安山岩、片麻岩、石英岩、石英砂岩、硅质砾岩、硅质石灰岩等	用爆破法开挖

土的工程性质对土方工程施工有直接影响，是进行土方工程施工设计必须掌握的基本资料和编制依据。土的主要工程性质有土的可松性、含水率、渗透性、密实度、抗剪强度等，部分内容在土力学课程中有详细分析，本书不再赘述。

土具有可松性。土的可松性是指自然状态下的原状土，经过开挖后其体积因松散而增大；当用其作为回填土时，虽经压实但仍不能恢复到其原状土体积的性质。土的可松性程度用可松性系数表示，即

$$K_s = \frac{V_2}{V_1}; K_s' = \frac{V_3}{V_1} \tag{1-1}$$

式中 K_s——最初可松性系数；

K_s'——最终可松性系数；

V_1——土在天然状态下的密实体积（m³），也称为自然方；

V_2——土经开挖后的松散体积（m³），也称为虚方；

V_3——土经回填压实后的体积（m³），也称为实方。

工程中挖方是按自然状态下的原状土体积计算的，回填土则是按回填压实后的体积计算的，所以在土方调配、计算土方机械生产率及运输工具数量等的时候，必须考虑土的可松性。

值得注意的是，实际工程中还有某些特殊情况。有的场区存在未经充分压实的新近填土，在

此场地开挖土方后,如果再用此土回填并经充分压实,压实后的体积可能小于开挖前的原状土体积,土的最终可松性系数则小于1。

各类土的可松性系数见表1-2。

表 1-2 各类土的可松性系数

土的类型	K_s	K'_s
一类土	1.08 ~ 1.17	1.01 ~ 1.04
二类土	1.14 ~ 1.28	1.02 ~ 1.05
三类土	1.24 ~ 1.30	1.04 ~ 1.07
四类土	1.26 ~ 1.37	1.06 ~ 1.09

1.2 场地平整

1.2.1 场地平整的含义

拟建工程项目的场地内多有待拆建(构)筑物以及需要迁改的地上、地下管线,场地也可能是农田、坡地,建设前期征地、拆迁后,先要清理场地内影响工程施工的一切障碍物,然后进行场地平整。

为什么要进行场地平整呢?场地坑洼不平,一是会影响机械设备运输和人员出入;二是会影响材料堆放、构件加工以及办公、生活、仓库等临时设施的搭建;三是会造成场地雨水和施工用水排水不畅,场地积水影响施工作业和降低地基承载力。因此,场地平整就是通过挖高、填低将原场地地面改造成满足生产、生活需要的场地平面,以便于场地运输、施工场地平面布置、地面排水,同时统筹合理调配挖填土方,以减少劳动量。场地平整是工程项目建设过程中重要的前期施工准备工作。

工程项目的场地平整首先要确定场地设计标高。场地设计标高确定的基本要求是:满足规划、生产工艺及运输、排水及最高洪水水位等要求,并力求使场地内土方挖、填平衡且土方量最小。

1.2.2 场地设计标高的确定

确定场地设计标高一般有以下两种方法:

1)按挖、填平衡原则确定场地设计标高。如场地高差起伏不大,对场地设计标高无特殊要求时,可按照挖、填土方量相等的原则确定场地设计标高。

2)用最小二乘法原理求最佳设计平面。应用最小二乘法原理,不仅可满足土方挖、填平衡的要求,还可做到土方总工程量最小,实现场地设计平面的最优化。

1. 按挖、填平衡原则确定场地设计标高

按挖、填平衡原则确定场地设计标高的一般步骤如下:

1)将原场地划分为若干方格。

2)根据原地形等高线计算或实测场地方格网各角点的原地形标高(z_i)。

3)遵循挖填平衡原则,初步计算场地设计标高(z_0)。

4)依据场地排水的要求,对初步计算的场地设计标高进行调整,得到调整后的各角点设计标高(z'_i)。

如图1-2所示的一块场地。先将场地划分成边长为a的若干方格,再根据场地等高线用插入法将方格网角点的原地形标高计算出来或实地测量得到,标在图上(z_i)。

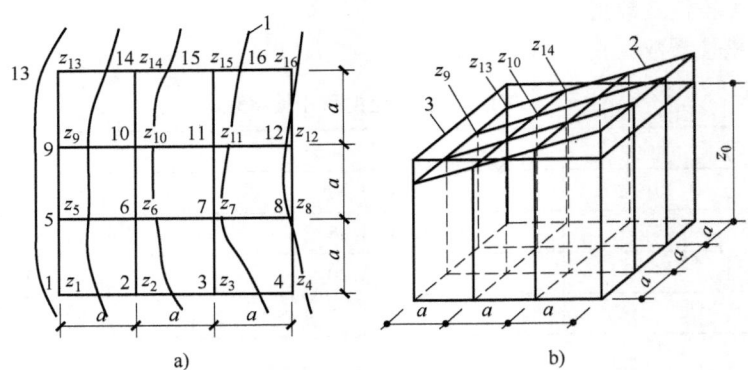

图 1-2 场地设计标高计算示意图
a) 地形图方格网 b) 设计标高示意图
1—等高线 2—原地面 3—设计平面

按照挖填土方量相等的原则(图1-2),有

$$na^2 z_0 = \sum_{i=1}^{n} \left(a^2 \frac{z_{i1} + z_{i2} + z_{i3} + z_{i4}}{4} \right)$$

则场地设计标高为

$$z_0 = \frac{1}{4n} \sum_{i=1}^{n} (z_{i1} + z_{i2} + z_{i3} + z_{i4}) \tag{1-2}$$

式中 z_0——初步计算的场地设计标高(m);
n——方格数;
z_{i1}、z_{i2}、z_{i3}、z_{i4}——第 i 个方格四个角点的原地形标高(m)。

由图1-2可见,1号、4号、13号、16号角点为一个方格独有;6号、7号、10号、11号角点则为四个方格所共有;其他角点为两个方格共有。式(1-2)可改写成以下更便于计算的形式:

$$z_0 = \frac{1}{4n} \left(\sum z_{p1} + 2\sum z_{p2} + 3\sum z_{p3} + 4\sum z_{p4} \right) \tag{1-3}$$

式中 z_{p1}——一个方格独有的角点标高;
z_{p2}、z_{p3}、z_{p4}——2、3、4 个方格所共有的角点原地形标高。

按式(1-3)得到的设计平面为水平面(设计标高为 z_0),这一水平设计平面满足了场地内挖填平衡的要求。而实际场地为了排水通畅,防止雨水等地面水积水,往往需要有一定的泄水坡度。因此,应根据泄水要求计算出各角点的设计标高。

以 z_0 作为场地中心的标高(图1-3),则场地任意点的设计标高为

$$z_i' = z_0 \pm l_x i_x \pm l_y i_y \tag{1-4}$$

式中 z_i'——考虑泄水坡度的角点设计标高;
l_x、l_y——i 点分别在 x、y 方向距场地中心点的距离;
i_x、i_y——x 方向和 y 方向的泄水坡度;
$\pm$——i 点比场地中心点标高 z_0 高则用"+",反之用"−"。

求得 z_i' 后,即可按式(1-5)计算各角点的施工高度 H_i。施工高度的含义是该角点的设计标高与原地形标高的差值,即

$$H_i = z_i' - z_i \tag{1-5}$$

式中 z_i——i 角点的原地形标高。

若 H_i 为正值，则该点为填方；若 H_i 为负值，则该点为挖方。

场地设计标高的调整主要是泄水坡度的调整，除此之外，实际工程中还有一些情况会影响场地设计标高的确定，应分析其影响大小，确定是否对场地设计标高再进行调整。

1）土的可松性影响。场地平整按照原状土计算挖填土方平衡，没有考虑土的可松性，必要时应提高场地设计标高，减少挖方量以达到土方量的实际平衡。

2）地下工程的影响。地下室、水池、沟渠等的土方开挖，会增加一些挖方，从统筹土方考虑，应适当调高场地设计标高。

3）考虑工程余土或工程用土，相应提高或降低场地设计标高。

4）根据经济比较结果，如采用场外取土或弃土的施工方案，则应考虑因此引起的土方量变化，将场地设计标高进行调整。

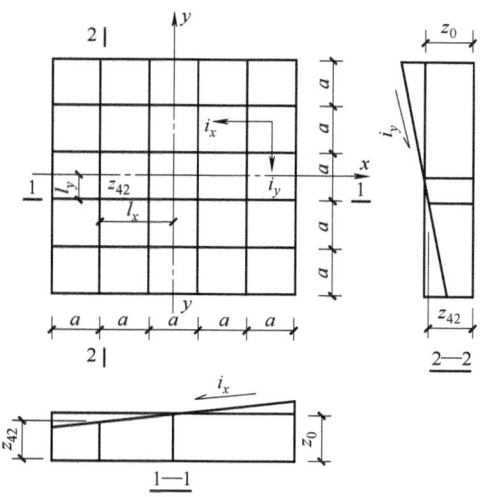

图 1-3 场地泄水坡度

【例 1-1】 济南某酒店地产项目（本章 1.1.1 节提及的案例）场地平整，设置方格边长为 20m，场地原地形标高，如图 1-4 所示。

	1	2	3	4	5	6	7
	30.0	29.7	30.4	30.9	31.3	31.2	31.5
	8	9	10	11	12	13	14
	29.8	30.2	30.5	31.3	31.2	31.6	32.1
	15	16	17	18	19	20	21
	30.4	30.8	31.2	31.5	31.9	32.0	31.9
	22	23	24	25	26	27	28
	31.1	31.4	31.3	31.7	32.0	32.0	32.4
	29	30	31	32	33	34	35
	31.1	31.3	31.8	32.0	32.5	32.7	33.1
	36	37	38	39	40	41	42
	31.6	31.5	32.1	32.4	32.9	33.3	32.9
	43	44	45	46	47	48	49
	31.9	32.4	32.3	32.9	33.3	33.6	33.4
					50	51	52
					33.5	33.8	34.1

图 1-4 某地产项目场地原地形标高

（1）按照挖、填平衡原则，计算场地初步设计标高。
（2）考虑泄水坡度的影响（i_x 为 2‰、i_y 为 3‰），试计算各角点的设计标高。

(3) 计算各角点的施工高度 H_i。

解：（1）遵循挖填平衡原则，计算场地初步设计标高（z_0）

$$z_0 = \frac{1}{4n}(\sum z_{p1} + 2\sum z_{p2} + 3\sum z_{p3} + 4\sum z_{p4})$$

一个方格独有的角点有 1 号、7 号、43 号、50 号、52 号角点，$\sum z_{p1} = 161.0\text{m}$。

两个方格所共有的角点有 2 号、3 号、4 号、5 号、6 号、8 号、14 号、15 号、21 号、22 号、28 号、29 号、35 号、36 号、42 号、44 号、45 号、46 号、49 号、51 号角点，$\sum z_{p2} = 634.7\text{m}$。

三个方格共有的角点为 47 号角点，$\sum z_{p3} = 33.3\text{m}$。

其余角点为四个方格共有，$\sum z_{p4} = 826.5\text{m}$。

n 为方格数，$n = 38$。

代入公式得

$$z_0 = \frac{1}{4 \times 38}(161.0 + 2 \times 634.7 + 3 \times 33.3 + 4 \times 826.5)\text{m} = 31.81\text{m}$$

（2）考虑泄水坡度的影响（i_x 为 2‰、i_y 为 3‰），计算各角点的设计标高

$$z_i' = z_0 \pm l_x i_x \pm l_y i_y$$

以 25 号点近似作为场地中心点。

1 号角点的设计标高为

$$z_1' = 31.81\text{m} - 60\text{m} \times 2‰ - 60\text{m} \times 3‰ = 31.51\text{m}$$

2 号角点设计标高为

$$z_2' = 31.81\text{m} - 40\text{m} \times 2‰ - 60\text{m} \times 3‰ = 31.55\text{m}$$

8 号角点设计标高为

$$z_8' = 31.81\text{m} - 60\text{m} \times 2‰ - 40\text{m} \times 3‰ = 31.57\text{m}$$

其他角点计算方法同上，计算结果如图 1-5 所示。

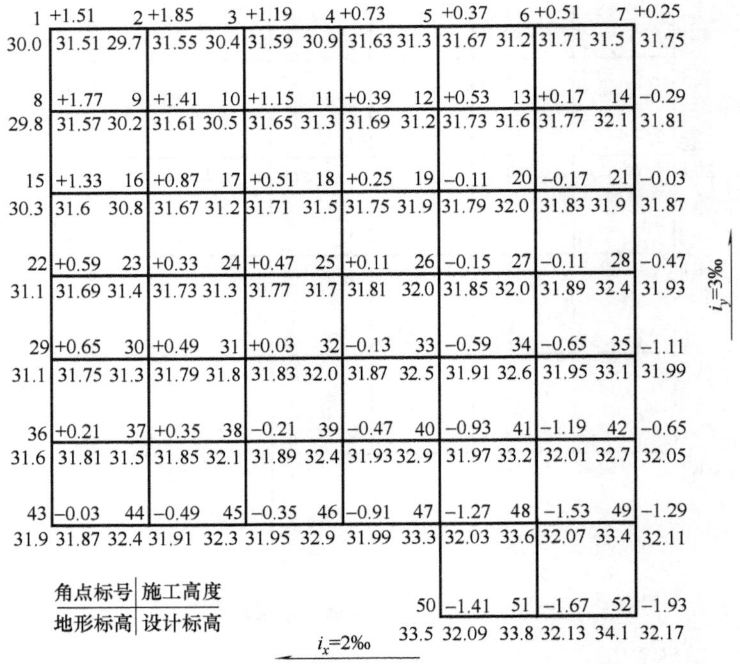

图 1-5 方格网角点设计标高及施工高度

(3) 计算各角点的施工高度 H_i

$$H_i = z'_i - z_i$$

如：$H_1 = z'_1 - z_1 = 31.51\text{m} - 30.0\text{m} = 1.51\text{m}$；$H_2 = z'_2 - z_2 = 31.55\text{m} - 29.7\text{m} = 1.85\text{m}$；$H_8 = z'_8 - z_8 = 31.57\text{m} - 29.8\text{m} = 1.77\text{m}$。

其他角点计算方法同上，计算结果，如图 1-5 所示。

2. 用最小二乘法原理求最佳设计平面

最佳设计平面是在满足场地平整挖填平衡的同时，还能满足挖填总土方量最小的场地设计平面。与上述挖、填平衡原则确定场地设计标高相比，多了一个约束条件，即还要保证挖填总土方量最小。

任何一个平面在直角坐标体系中都可以用三个参数 c、i_x、i_y 来确定（图 1-6）。在这个平面上任何一点 i 的标高 z'_i 计算公式为

$$z'_i = c + x_i i_x + y_i i_y \tag{1-6}$$

式中 x_i——点在 x 方向的坐标；
y_i——点在 y 方向的坐标。

仍将场地划分成方格网，并将原地形标高 z_i 标于方格网图上，设最佳设计平面的方程为式 (1-6) 形式，则该场地方格网角点的施工高度为

$$H_i = z'_i - z_i = c + x_i i_x + y_i i_y - z_i \quad (i = 1, \cdots, n) \tag{1-7}$$

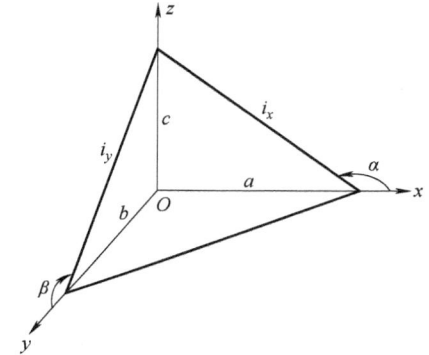

图 1-6 一个平面的空间位置

c——原点标高 $i_x = \tan\alpha = -\dfrac{c}{a}$，$x$ 方向的坡度

$i_y = \tan\beta = -\dfrac{c}{b}$，$y$ 方向的坡度

式中 H_i——方格网各角点的施工高度；
z'_i——方格网各角点的设计平面标高；
z_i——方格网各角点的原地形标高；
n——方格网角点总数。

总的土方量是挖方、填方土方量之和，很显然总土方量的大小与施工高度成正比。由于施工高度有正有负（有挖有填），当施工高度之和为零时，则表明该场地土方挖、填平衡，但挖、填平衡并不能反映出总土方量的大或小。总土方量反映的是填方和挖方的绝对值之和为多少，为了不使施工高度正负相互抵消，若把施工高度平方之后再相加，则其总和能反映土方工程挖、填方绝对值之和的大小。

但要注意，在计算施工高度总和时，应考虑方格网各角点施工高度在计算土方量时被应用的次数 p，令 σ 为土方施工高度的平方和，则

$$\sigma = \sum_{i=1}^{n} p_i H_i^2 = p_1 H_1^2 + p_2 H_2^2 + \cdots + p_n H_n^2 \tag{1-8}$$

将式 (1-7) 代入式 (1-8)，得

$$\sigma = p_1(c + x_1 i_x + y_1 i_y - z_1)^2 + p_2(c + x_2 i_x + y_2 i_y - z_2)^2 + \cdots + p_n(c + x_n i_x + y_n i_y - z_n)^2$$

当 σ 的值最小时，该设计平面既能使土方量最小，又能保证挖、填方量相等（挖、填方不平衡时，上式所得数值不可能最小）。这就是用最小二乘法原理求最佳设计平面的方法。

为了求得最小时的设计平面参数 c、i_x、i_y，可以对式 (1-8) 的 c、i_x、i_y，分别求偏导数，并令其为 0，可得

$$\begin{cases} \dfrac{\partial \sigma}{\partial c} = \sum_{i=1}^{n} p_i(c + x_i i_x + y_i i_y - z_i) = 0 \\ \dfrac{\partial \sigma}{\partial i_x} = \sum_{i=1}^{n} p_i x_i(c + x_i i_x + y_i i_y - z_i) = 0 \\ \dfrac{\partial \sigma}{\partial i_y} = \sum_{i=1}^{n} p_i y_i(c + x_i i_x + y_i i_y - z_i) = 0 \end{cases} \quad (1\text{-}9)$$

经过整理，可得准则方程，即

$$\begin{cases} [p]c + [px]i_x + [py]i_y - [pz] = 0 \\ [px]c + [pxx]i_x + [pxy]i_y - [pxz] = 0 \\ [py]c + [pxy]i_x + [pyy]i_y - [pyz] = 0 \end{cases} \quad (1\text{-}10)$$

式中，

$$\begin{cases} [p] = p_1 + p_2 + \cdots + p_n \\ [px] = p_1 x_1 + p_2 x_2 + \cdots + p_n x_n \\ [pxx] = p_1 x_1 x_1 + p_2 x_2 x_2 + \cdots + p_n x_n x_n \\ [pxy] = p_x x_1 y_1 + p_2 x_2 y_2 + \cdots + p_n x_n y_n \end{cases} \quad (1\text{-}11)$$

其余类推。

解联立方程组式（1-10），可求得最佳设计平面的三个参数 c、i_x、i_y，然后即可根据式（1-7）算出各角点的施工高度。

1.2.3 土方量计算与土方调配

为了经济合理地制定场地平整土方调配方案，在场地平整之前，需要计算场区土方量。土方量计算要得到精确的结果很困难，一般情况下，可以按方格网将其划为一定的几何形状，并采用具有一定精度而又和实际情况近似的方法进行计算。

场地平整土方量的计算可按以下步骤进行：

1）场地设计标高确定后，求出平整的场地方格网各角点的施工高度 H_i。
2）确定"零线"的位置，即场地不挖不填点的连线位置。
3）计算每个方格的填方量、挖方量。
4）计算整个场区填方、挖方的总量。

零线即挖方区与填方区的交线，在该线上不填不挖，施工高度为零。零线的确定方法是：在相邻角点施工高度为一挖一填的方格边线上，用插入法求出方格边线上零点的位置（图1-7），再将各相邻的零点连接起来得到零线。

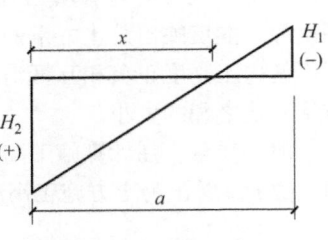

图1-7 零点计算

1. 四方棱柱体的体积计算方法

四方棱柱体的体积计算方法分以下两种情况：

（1）方格四个角点全部为填方或全部为挖方（图1-8a）

$$V = \dfrac{a^2}{4}(H_1 + H_2 + H_3 + H_4) \quad (1\text{-}12)$$

式中　　V——挖方或填方体积（m^3）；

H_1、H_2、H_3、H_4——方格四个角点的施工高度（m），均取绝对值；

a——方格边长（m）。

（2）方格四个角点，部分是挖方，部分是填方（图1-8b、c）

$$V_{填} = \frac{a^2}{4} \frac{(\sum H_{填})^2}{\sum H} \qquad (1\text{-}13)$$

$$V_{挖} = \frac{a^2}{4} \frac{(\sum H_{挖})^2}{\sum H} \qquad (1\text{-}14)$$

式中　$\sum H_{挖(填)}$——方格角点中挖（填）方施工高度总和（m），各角点施工高度取绝对值；

　　　$\sum H$——方格四个角点的施工高度绝对值之和（m）。

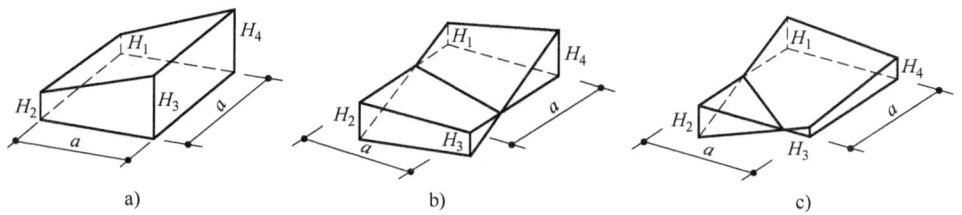

图 1-8　四方棱柱体的体积计算

a) 角点全填或全挖　b) 角点二填二挖　c) 角点一填（挖）三挖（填）

2. 三角棱柱体的体积计算方法

计算时，先将每个方格顺地形（等高线）划分成两个三角形（图1-9）。

三角棱柱体的体积计算方法分以下两种情况：

（1）三角形三个角点全部为挖方或全部为填方（图1-10a）

$$V = \frac{a^2}{6}(H_1 + H_2 + H_3) \qquad (1\text{-}15)$$

式中　　a——方格边长（m）；

　　H_1、H_2、H_3——三角形各角点的施工高度（m），均取绝对值。

（2）三角形三个角点有填方、有挖方　零线将三角形分成两部分：一部分是底面为三角形的锥体；另一部分是底面为四边形的楔体（图1-10b）。其中锥体部分的体积为

$$V_{锥} = \frac{a^2}{6} \frac{H_3^3}{(H_1 + H_3)(H_2 + H_3)} \qquad (1\text{-}16)$$

楔体部分的体积为

$$V_{楔} = \frac{a^2}{6}\left[\frac{H_3^3}{(H_1 + H_3)(H_2 + H_3)} - H_3 + H_2 + H_1\right] \qquad (1\text{-}17)$$

式中　H_1、H_2、H_3——三角形各角点的施工高度（m），均取绝对值，其中 H_3 指的是锥体顶点的施工高度。

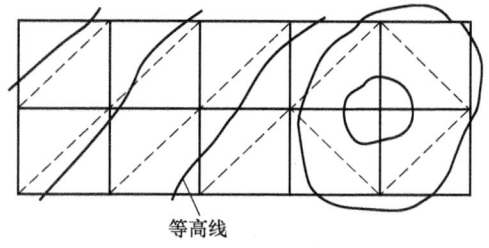

图 1-9　按地形将方格划分成三角形

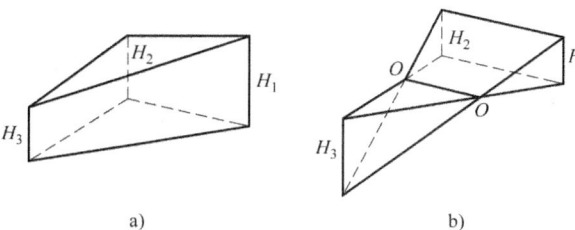

图 1-10　三角棱柱体的体积计算

a) 全填或全挖　b) 有填有挖

上述土方量的计算公式均为近似公式，实际工程中还有一些其他的近似算法，只是它们的计算精度有所不同。

【例 1-2】 绘出例 1-1 场地平整的"零线"，并计算场地挖方量、填方量。

解：（1）绘出场地平整"零线" 如 18 号、19 号角点之间"零点"位置（距 18 角点）为

$$x = \frac{aH_2}{H_1 + H_2} = \frac{20 \times 0.25}{0.11 + 0.25} \text{m} = 13.89 \text{m}$$

同理可求出其他"零点"所在位置，再将各相邻的零点连接起来即得零线，如图 1-11 所示。

（2）计算场地挖方量、填方量 方格角点全部为全填或全挖时，如 1 号、2 号、8 号、9 号角点所围方格：

$$V_{填} = \frac{20^2}{4} \times (1.51 + 1.85 + 1.77 + 1.41) \text{m}^3 = 654 \text{m}^3$$

方格四个角点为有挖有填时，如 18 号、19 号、25 号、26 号角点所围方格：

$$V_{挖} = \frac{20^2}{4} \times \frac{(0.15 + 0.11)^2}{(0.15 + 0.11 + 0.25 + 0.11)} \text{m}^3 = 10.90 \text{m}^3$$

$$V_{填} = \frac{20^2}{4} \times \frac{(0.11 + 0.25)^2}{(0.25 + 0.11 + 0.11 + 0.15)} \text{m}^3 = 20.90 \text{m}^3$$

其他各方格土方量计算方法同上，不再赘述。

汇总后，场地总的挖方量 $\sum V_{挖} = 4492.62 \text{m}^3$，场地总的填方量 $\sum V_{填} = 4648.62 \text{m}^3$。由此可见，经过场地平整设计，挖、填土方达到基本平衡。

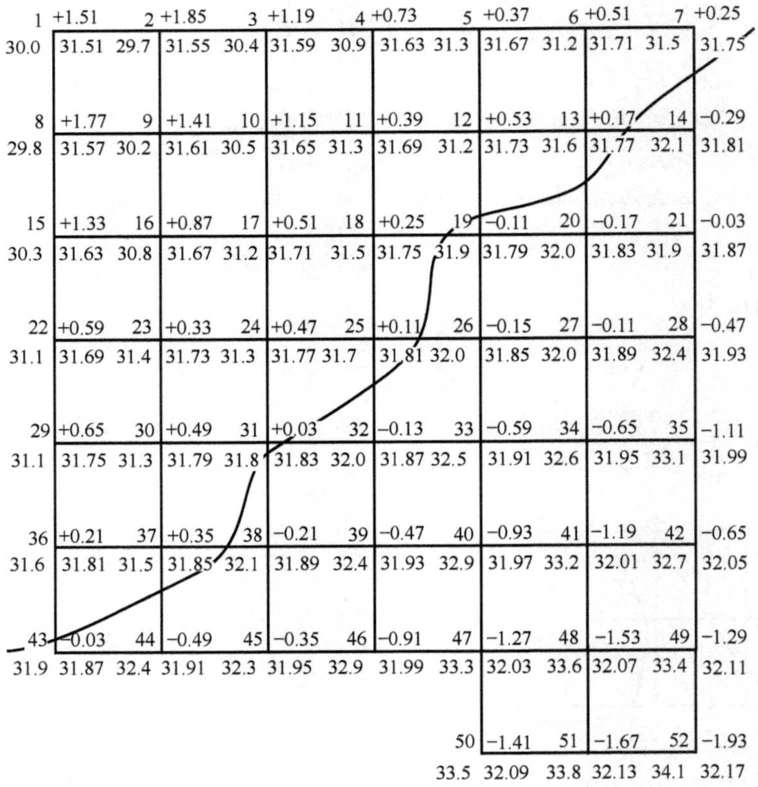

图 1-11 场地平整"零线"

3. 土方调配

土方调配是在施工区域内，对挖方、填方或借土、弃土的综合协调，包括挖方区土方调配的方向和数量。从工程角度考虑，为什么要进行土方调配？图 1-12 所示为某场地各调配区及平均运距，该场地平整划分 4 个挖方区（$W_1 \sim W_4$）、3 个填方区（$T_1 \sim T_3$），框内数据为各调配区土方量，箭杆表示调配方向，箭杆上面的数据为两个调配区之间的平均运距。从图 1-12 中可以看出，由挖方区向填方区调配土方，调配方向和数量有多种选择。土方调配的目的是通过综合协调，选择使总运输量最小（土方运输成本最低）的方案，以缩短工期和降低成本。

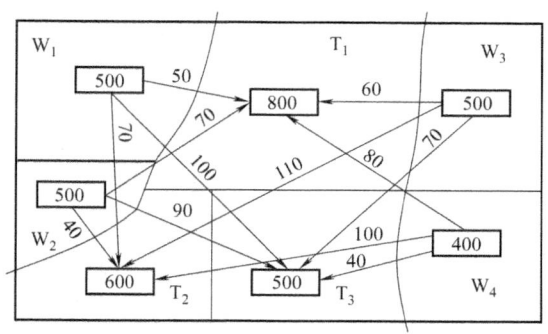

图 1-12　各调配区土方量和土方运距

土方调配的原则如下：

1）力求挖、填平衡，运量最小。

2）合理划分调配区。调配区的划分应该与工程建（构）筑物的平面位置相协调，并考虑它们的开工顺序；调配区的范围应该和场地平整方格网协调，通常可由若干个方格组成一个调配区；调配区的大小应该满足土方施工主导机械（如铲运机、推土机等）的技术要求；调配区划分还应尽量与大型地下建筑物的施工相结合，避免土方重复开挖。

3）项目分期施工时，应考虑近期施工与后期施工利用，如处理好近期余土与后期欠土的问题。

4）应考虑分区和全场相结合。

土方调配图的编制步骤如下：

1）划分调配区：如图 1-12 所示挖方区（$W_1 \sim W_4$）、填方区（$T_1 \sim T_3$）。

2）求出各挖方、填方区间的平均运距：即每对调配区土方重心间的距离，可近似以几何形心代替土方体积重心，在图上将重心连起来，用比例尺量出来。

3）进行土方调配：小型场地一般采用经验法，大型场地一般用线性规划的表上作业法进行土方调配。

4）绘制土方调配图：在图上标出各调配区的调配方向、数量及平均运距。图 1-12 示例的最优土方调配图，如图 1-13 所示。

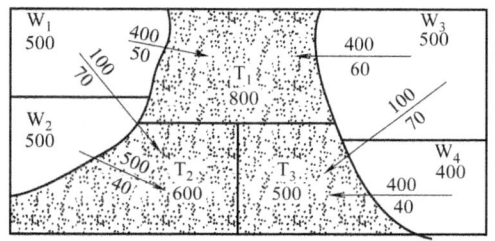

图 1-13　图 1-12 示例的最优土方调配图

1.2.4　场地平整土方施工机械及施工方法

场地平整土方施工机械主要为推土机、铲运机，有时也使用装载机及挖掘机。

1. 推土机

推土机是一种能够进行场地平整、移挖作填、土方回填、堆筑堤坝以及配合挖土机集中土方和修路开道等的土方机械，适于推挖一至三类土。作业时，机械向前开行用推土铲刀切削土壤，待逐渐积满以后略提起推土铲刀，推移土到指定地点以后卸土。推土机牵引力大，生产率高，工作装置简单牢固，操纵灵便，能进行多种作业。

工程中应用普遍的是履带式推土机（图1-14），它的特点是对地层适应性强。履带板有多种形式，以适应在不同地面上行走。履带式推土机作业时履带对地面的压力，在工程中称为接地比压，按照履带接地比压大小，又分为：高比压推土机（接地比压为100kPa以上），适用于在石质地面上行走；中比压推土机（接地比压为60~100kPa），称为普通推土机；低比压推土机（接地比压为10~30kPa），称为湿地或沼泽地推土机。轮胎式推土机大多采用宽基轮胎，全轮驱动，以提高牵引性能并改善通过性能，其接地比压为200~350kPa。由于履带式推土机后端一般可以装松土齿耙、绞盘和反铲装置等，因此还可以作为其他机械的牵引车或铲运机的助铲机。

图1-14　履带式推土机

推土机的动力采用柴油机，推土铲刀和松土器全部由液压缸提升，可以借助整机的部分重力，强制推土刀切土，切土力大，操纵轻便。

此外，推土机按照发动机功率分为小、中、大、特大四种等级的推土机，常用推土机功率有45kW、75kW、90kW、120kW等数种。

推土机作业以切土和推运土方为主。切土时应根据土质情况，尽量采用最大切土深度在最短距离（6~10m）内完成，以缩短低速行进的时间，然后直接推运到预定地点。上、下坡坡度不得超过35°，横坡不得超过10°。几台推土机同时作业时，前后距离不宜小于8m。

推土机的作业效率与运距有很大关系，表1-3列有直铲作业时的经济运距。

表1-3　推土机的经济运距

行走装置	机　型	经济运距/m	备　注
履带式推土机	大型	50~100（最远约150）	上坡用小值
	中型	60~100（最远约120）	下坡用大值
	小型	<50	—
轮胎式推土机	—	50~80（最远约150）	—

为提高生产率，可采用下坡推土（图1-15）、槽形推土以及并列推土等方法（图1-16）。

图1-15　下坡推土法

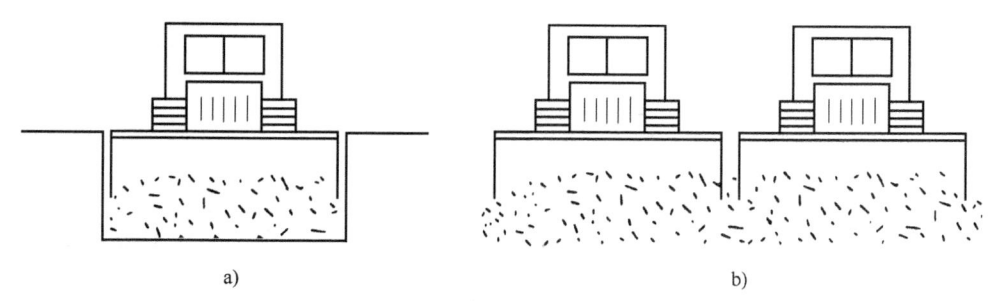

图 1-16 槽形推土法与并列推土法
a) 槽形推土法 b) 并列推土法

2. 铲运机

铲运机（图 1-17）是一种利用铲斗铲削土壤，并将碎土装入铲斗进行运送的铲土运输机械，能够完成铲土、装土、运土、卸土和分层填土、局部碾实等综合作业。铲运机具有操纵简单，不受地形限制，能独立工作，行驶速度快，生产效率高等优点。铲运机适用于一至三类土的场地平

图 1-17 自行式铲运机

整、修河筑坝和水灾后清除淤泥等，铲运机铲削三类以上土壤时需要预先松土。

铲运机由铲斗（工作装置）、行走装置、操纵机构和牵引机等组成。铲运机工作过程包括：放下铲斗，打开斗门，向前开行，斗前刀片切削土壤，碎土进入铲斗并装满（图 1-18a），提起铲斗，关上斗门进行运土（图 1-18b）；到卸土地点后打开斗门卸土，并调节斗的位置，利用刀片刮平土层（图 1-18c）；卸土完毕，返回。

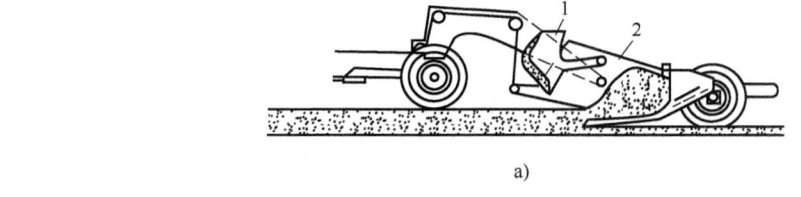

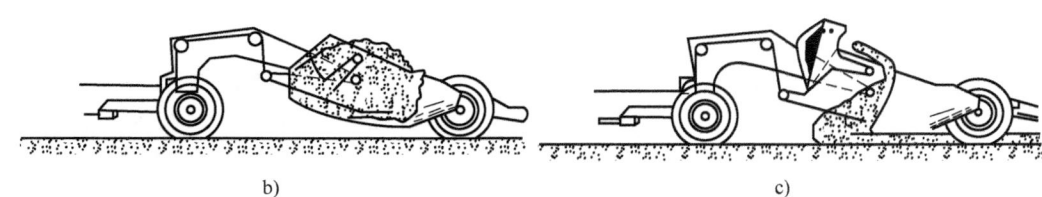

图 1-18 铲运机工作过程
a) 铲土 b) 运土 c) 卸土
1—斗门 2—斗体

铲运机分为自行式铲运机和拖式铲运机两种。自行式铲运机（图 1-17）由牵引车和铲斗车两部分合成整体，中间用铰销连接，牵引车和铲斗车均为单轴两轮，其经济运距可达 1500m 以上，具有结构紧凑、机动性好、行驶速度快等优点，得到广泛的应用。拖式铲运机需要有拖拉机或汽车牵引作业，适用于土质松软的丘陵地带，其经济运距一般为 50～500m，由于机动性差，工程中较少应用。

铲运机按照铲斗卸土方法，分为强制卸土铲运机、半强制卸土铲运机和自由卸土铲运机三种（图 1-19）。强制卸土依靠活动的铲斗后壁向前推移，将土强制推出，卸土干净，但动力消耗

大；半强制卸土的后斗壁与斗底连成整体，卸土时斗底与后斗壁一起向前翻转，碎土在推力与重力双重作用下卸出，能够卸净两侧壁之间的土；自由卸土依靠整个铲斗向前翻转将碎土倒出，不能保证土的卸净，但动力消耗低，适用于小型铲运机。

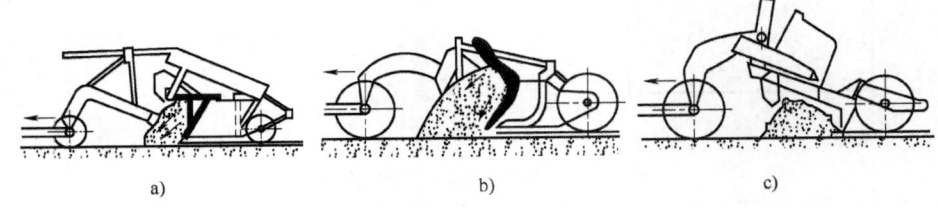

图 1-19 卸土方法
a) 强制卸土 b) 半强制卸土 c) 自由卸土

铲运机按照铲斗容量分为小、中、大、特大四种类型的铲运机，小型铲运机的铲斗容量一般在 6m³ 以下，中型铲运机的铲斗容量一般为 6~15m³，大型铲运机的铲斗容量一般为 15~30m³，特大型的铲斗容量可达 30m³ 以上。

铲运机运行路线可采用环形路线或 8 字形路线（图 1-20）。采用下坡铲土、跨铲法、推土机助铲法等，可缩短装土时间，提高铲斗装土量，充分发挥其效率。

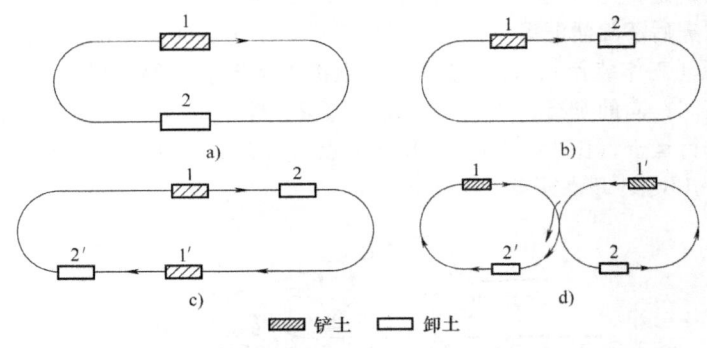

图 1-20 铲运机运行路线
a)、b) 小环形路线 c) 大环形路线 d) 8 字形路线

3. 装载机

装载机主要用于铲装一般土体和砂石等，也可对硬土等进行轻度铲挖作业。换装不同的辅助工作装置后，还可进行推运土壤、刮平地面和牵引其他机械等作业。由于装载机具有作业速度快、效率高、机动性好、操作轻便等优点，因此它成为工程建设中土方施工常用的机种之一。

4. 挖掘机

如平整的场地上有土堆或土丘，或需要向下挖掘或填筑土方时可用挖掘机进行挖掘。挖掘机根据工作装置不同分为正铲、反铲、抓铲，机械传动挖掘机还有拉铲。施工中需要有运土汽车进行配合作业。有关挖掘机的性能及其作业见 1.3 节。

1.3 基坑支护与开挖

1.3.1 基坑支护的含义

基坑是为进行建（构）筑物地下部分的施工而由地面向下开挖出的空间。拟建工程的场区完成场地平整，做好施工准备后，一般是先进行基坑开挖（图 1-21），以便施工拟建工程的地下部分。

基坑开挖前必须考虑的重要关键技术问题包括：一是，土方开挖必须保证基坑的稳定，防止基坑坍塌，一旦发生基坑坍塌，将会危及坑内施工作业人员的人身安全以及邻近建筑物、地下管线等的安全；二是，要控制基坑变形，基坑开挖是一个卸载的过程，基坑土体位移过大可能会导致周边环境中的建筑物、地下管线、道路沉降变形甚至开裂，影响其正常使用；三是，当地下水影响工程施工时，要控制好地下水位。基坑支护即为保护地下工程结构施工和基坑周边环境的安全，对基坑采取的临时性支挡、加固措施。

图 1-21　基坑开挖实景图

按照基坑支护结构失效、土体过大变形对基坑周边环境或主体结构施工安全的影响程度，《建筑基坑支护技术规程》（JGJ 120—2012）将基坑支护安全等级划分为三个安全等级。一级为影响程度很严重，二级为影响严重，三级为影响不严重。对同一基坑的不同侧壁，可采用不同的安全等级。基坑工程应根据支护结构安全等级以及地质条件、周边环境条件、施工场地条件、工期要求等在施工前制定详细的设计、施工、监测方案。

1.3.2　土方边坡

1. 放坡开挖的适用条件

边坡是自然或人工形成的斜坡，是人类工程活动中最基本的地质环境之一，也是工程建设中最常见的工程形式。边坡按成因分为自然边坡、人工边坡，本章所述的是由于房屋建筑、道路、桥梁工程等开挖或填筑所形成的人工边坡；按照坡体材料分为土质边坡、岩质边坡；按照使用年限分为临时性边坡、永久性边坡。建筑边坡中，设计使用年限不超过 2 年的人工边坡属于临时性边坡，超过 2 年的属于永久性边坡。

基坑放坡开挖（图 1-22）的特点是施工简便、经济性较好。但与垂直开挖比较，放坡占地面积大，开挖土方量也大。此外，一般情况下放坡开挖的基坑变形也较大。因此，基坑的放坡开挖应具备一定的条件，当场地允许，邻近无重要建筑物和管线，基坑边土体位移限制不大，土质为一般黏性土或粉土以及碎石土、风化岩石等良好土质，无地下水或者地下水位降至坑底以下时，可考虑采用放坡开挖。当放坡开挖的基坑深度超过 4 ~ 5m 时，宜采用分级放坡开挖。

图 1-22　基坑放坡开挖

2. 边坡坡度和护面

边坡可做成直线形、折线形或踏步形（图 1-23）。

土方边坡坡度以其高度 H 与其底宽度 B 之比表示：

$$\text{土方边坡坡度} = \frac{H}{B} = 1:m \tag{1-18}$$

式中，$m = B/H$，称为坡度系数。坡度系数越大，基坑边坡越缓，对基坑稳定越有利。

施工中，土方边坡坡度的大小应考虑场地的限制以及土质、开挖深度、施工工期、地下水位、坡顶荷载及气候条件等因素的影响。土质边坡应按条分法对边坡稳定进行验算。高度在 3m 以内的临时性挖方边坡坡度可参考表 1-4。

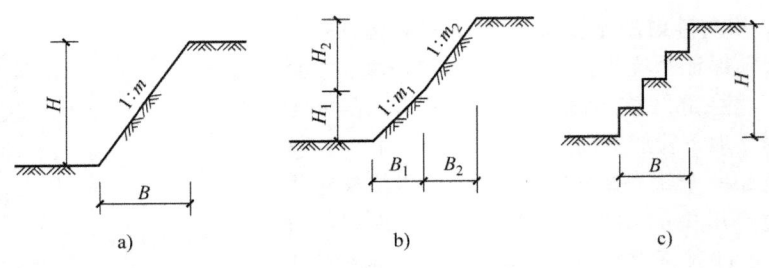

图 1-23 土方边坡

a) 直线形 b) 折线形 c) 踏步形

表 1-4 临时性挖方边坡坡度

土的类别		边坡坡度
砂土	不包括细砂、粉砂	1:1.25 ~ 1:1.50
一般黏性土	坚硬	1:0.75 ~ 1:1.00
	硬塑	1:1.00 ~ 1:1.25
碎石类土	密实、中密	1:0.50 ~ 1:1.00
	稍密	1:1.00 ~ 1:1.50

当边坡留置的时间较长或气候不利时，风吹日晒、雨水冲刷将对边坡稳定、现场环境产生不利影响，应对坡面做好防护，常用的方法有喷射混凝土法、覆盖法、挂网法、挂网抹面法、砌砖石压坡或土袋压坡法等。

3. 边坡稳定影响因素

土质边坡的失稳一般是指土方边坡在一定范围内沿某一滑动面整体向下、向外滑动而丧失其稳定性。土质边坡稳定条件是在土体的重力及外部荷载作用下所产生的剪应力 σ 小于土体的抗剪强度 τ_f（图 1-24），即 $\sigma < \tau_f$。当土体受到的剪应力大于土的抗剪强度时，土体向下滑动失去稳定。边坡失稳往往是在外界不利因素影响下触动和加剧的，这些外界不利因素导致土体下滑力的增加或土的抗剪强度降低。

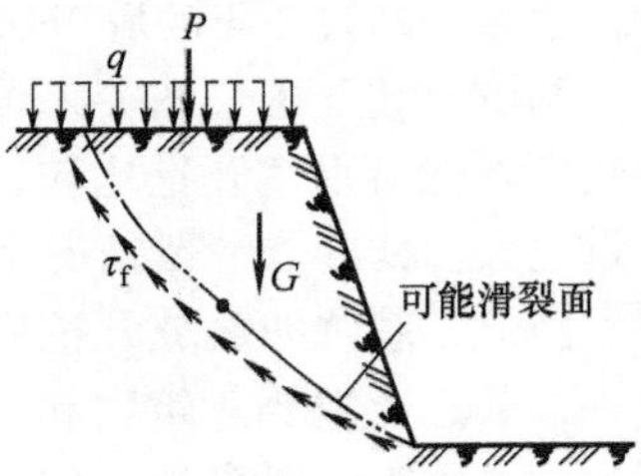

工程中引起下滑力增加的主要因素有：坡顶上超堆荷载（堆放材料、停放机械等）、增加车辆运行荷载；地面施工用水、雨水、管道漏水渗入土中使土的含水率增加而使土的自重增加；地下水渗流产生一定的动水压力；土体竖向裂缝中的积水产生侧向静水压力等。

土的抗剪强度与土的黏聚力 c 和内摩擦角 φ 有关（库仑定律），黏聚力下降和内摩擦角减小都会使土的抗剪强度降低。工程中引起土体抗剪强度降低的主要因素有：风吹日晒等气候的影响使土质松软；土体内含水率增加而产生润滑作用；饱和的细砂、粉砂受振动而液化等。

图 1-24 边坡稳定条件示意图

因此，在土方边坡施工中，要预估各种可能出现的情况，采取必要的预防措施。特别要注意以下几点：

1）做好地面排水规划，及时排出雨水、地面水，防止场内积水、下渗。

2）材料堆放、机械停放位置、质量、运输车辆的行走路线要符合边坡设计要求，防止边坡顶部地面超载、振动。

3）合理弃土。弃土应分散处理，不得将弃土堆置在坡顶及坡面上。当必须在坡顶或坡面上设置弃土转运站时，应进行坡体稳定性验算，严格控制堆放的土方量。

4）边坡开挖后，应立即对边坡进行临时防护处理。如是永久性土方边坡，则应采取永久性加固措施。

5) 边坡开挖时，应由上往下开挖，依次进行。施工过程中应检查平面位置、标高、边坡坡度、排水、降低地下水位系统，并随时观测周围的环境变化。

1.3.3 基坑支护施工

如地质条件及周围环境允许，基坑采用放坡开挖比较经济。但在建筑稠密区域施工（图1-25），施工用地紧张，往往不可能按要求的坡度放坡开挖，此时就需要进行基坑支护，以保证基坑施工安全，并减少对相邻建筑物、地下管线等的不利影响。

基坑支护结构的形式多种多样，目前常用的有土钉墙及复合土钉墙支护、重力式水泥土墙支护、钢板桩挡墙支护、排桩

图1-25 基坑支护实景图

挡墙支护、型钢水泥土搅拌墙支护、地下连续墙支护等形式。支护结构选型时，应综合考虑以下因素：

1) 基坑深度。
2) 土的性状及地下水条件。
3) 基坑周边环境对基坑变形的承受能力及支护结构失效的影响。
4) 主体地下结构和基础形式及其施工方法、基坑平面尺寸及形状。
5) 支护结构施工工艺的可行性。
6) 施工场地条件及施工季节。
7) 经济指标、环保性能和施工工期。

在支护结构的设计、施工中首先要考虑周边环境的保护，其次要满足工程地下结构施工的要求，最后应尽可能降低造价、便于施工。

基坑工程施工前必须做好设计交底和施工组织设计，并做好应急预案；施工材料的堆放和各种临时设施的布设位置应符合设计要求；基坑开挖前，必须落实基坑顶的地面截水、排水措施；检查周边供水、排污、雨水等管道性状，查明管道是否渗漏，避免地面水或管道水渗入坡后土体和基坑内；施工结束后，必须进行质量检验并提供完整的竣工报告。

1. 土钉墙及复合土钉墙

土钉是在土中成孔，置入钢筋，然后孔内注水泥浆或水泥砂浆形成的注浆杆体。在软弱地层中，也可以直接植入钢花管（钢管壁上置孔），通过钢花管压力注浆，形成钢管土钉。土钉墙（图1-26）则是利用土钉对原位土进行加固的一种支护形式。施工中，土钉墙随着基坑土方逐层开挖，逐层将土钉体设置到土体中。土钉墙具有结构简单、施工方便、造价低廉的特点，但其控制基坑变形的能力不及排桩

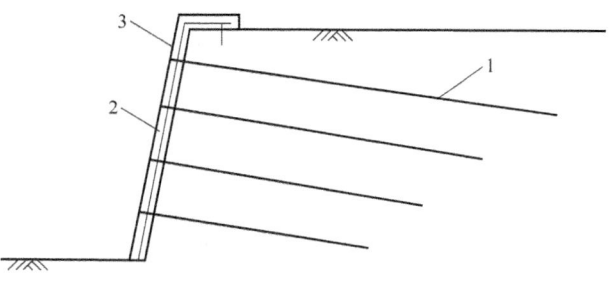

图1-26 土钉墙支护形式
1—土钉 2—钢筋网 3—喷射混凝土面层

等支挡式结构，因此在基坑潜在滑裂面内有需要保护的建筑物、重要管线时不宜采用这种支护形式；对土钉超出用地红线或伸入建筑物下方有严格限制时，也不应采用这种支护形式。此外，采用土钉墙支护时，还必须将坑外地下水位降低至坑底以下，以保证基坑边坡的稳定。

目前，复合土钉墙在基坑工程中得到广泛应用。它是土钉墙与预应力锚杆、水泥土桩截水帷幕、微型桩中的一类或几类结合而成的基坑支护形式。根据工程地质条件、水文地质条件以及周边环境条件，可以灵活选用不同形式的复合土钉墙支护。

复合土钉墙适用于黏土、粉质黏土、粉土、砂土、碎石土、全风化及强风化岩，夹有局部淤泥质土的地层中也可采用。地下水位高于基坑底时应采取降排水措施或选用具有截水帷幕的复合土钉墙支护。坑底存在软弱地层时应经地基加固或采取其他加强措施后再采用。

复合土钉墙基坑支护主要有下列形式（图1-27）：水泥土桩截水帷幕复合土钉墙；预应力锚杆复合土钉墙；微型桩复合土钉墙；土钉墙与水泥土桩截水帷幕、预应力锚杆、微型桩中的两种及两种以上形式的复合。

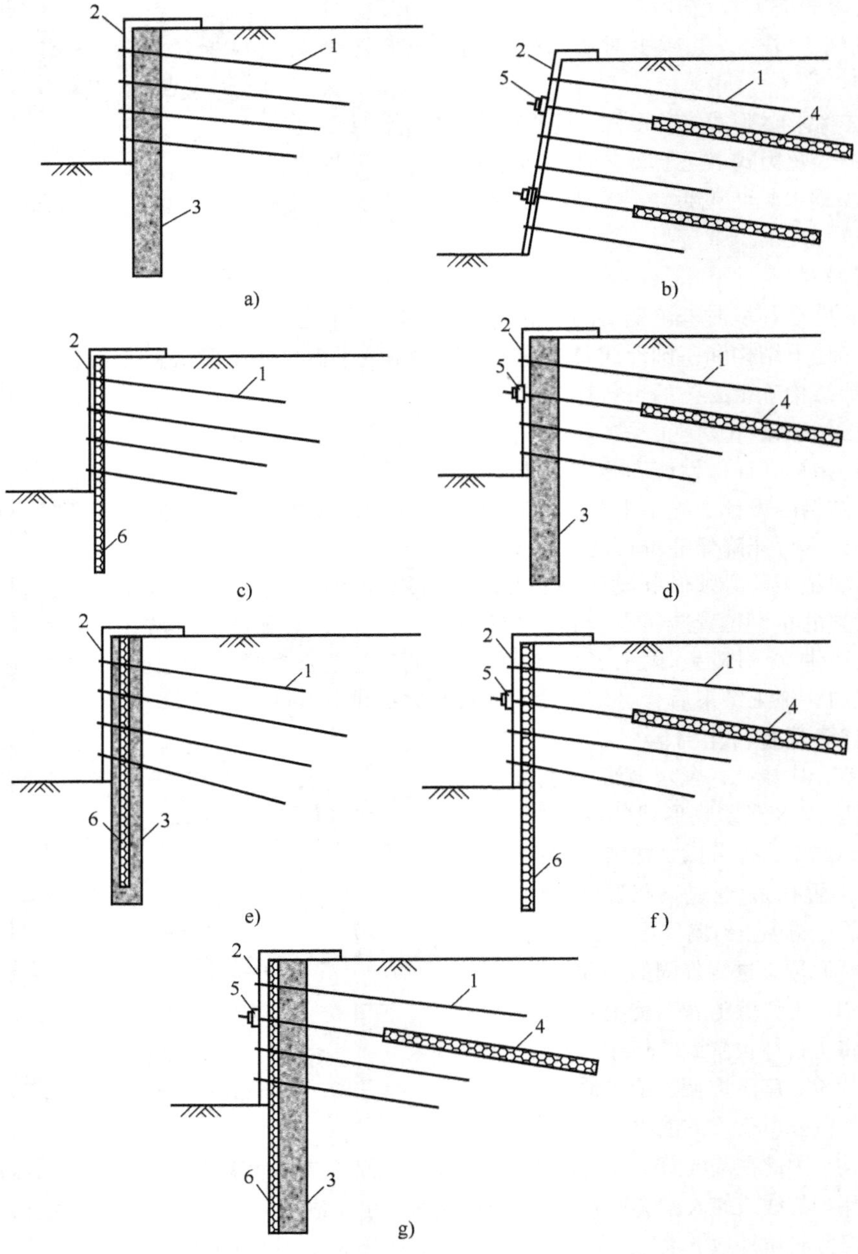

图1-27 复合土钉墙基坑支护形式

a）水泥土桩截水帷幕复合土钉墙　b）预应力锚杆复合土钉墙　c）微型桩复合土钉墙
d）水泥土桩截水帷幕-预应力锚杆复合土钉墙　e）水泥土桩截水帷幕-微型桩复合土钉墙
f）微型桩-预应力锚杆复合土钉墙　g）水泥土桩截水帷幕-微型桩-预应力锚杆复合土钉墙
1—土钉　2—喷射混凝土面层　3—水泥土桩截水帷幕　4—预应力锚杆　5—腰梁　6—微型桩

土钉墙及复合土钉墙必须进行基坑整体稳定性验算;当底部存在软弱黏性土时,应按地基承载力模式进行坑底抗隆起稳定性验算;有水泥土桩截水帷幕的复合土钉墙,基坑开挖面以下有砂土或粉土等渗水性较强土层且截水帷幕没有穿透该层土、截断渗流时,应进行抗渗流稳定性验算;基坑底面以下存在承压水时,应进行抗突涌稳定性验算,当抗突涌稳定性验算不满足时,应采取降低承压水的水位等措施。

(1) 构造要求

1) 土钉墙。土钉墙墙面宜适当放坡;平面布置上应减少基坑阳角,阳角处土钉在相邻两个侧面宜上下错开或角度错开布置;在竖向布置上,土钉宜采用中部长上下短或上长下短布置形式;面层应沿坡顶向外延伸形成不少于0.5m的护肩,在不设置水泥土桩截水帷幕或微型桩时,面层宜在坡脚处向坑内延伸0.3~0.5m形成护脚。

土钉应优先选用成孔注浆土钉(图1-28a),填土、软弱土及砂土等孔壁不易稳定的土层中可选用击入式钢管注浆土钉(图1-28b)。土钉与水平面夹角宜为5°~20°。成孔注浆土钉的孔径宜为70~130mm;杆体宜选用HRB400级钢筋,钢筋直径宜为16~32mm;全长每隔1~2m应设置定位支架。击入式钢管注浆土钉杆体宜采用外径不小于48mm、壁厚不小于2.5mm的热轧钢管制作。钢管上沿杆长每隔0.25~1.0m设置倒刺和出浆孔,孔径宜为5~8mm,上部管口2~3m范围内不宜设出浆孔。杆体底端头宜制成锥形,杆体接长宜采用帮条焊接,接头承载力不应低于杆体材料承载力。注浆材料宜选用早强水泥或水泥浆中掺入早强剂,注浆体强度不宜低于20MPa。

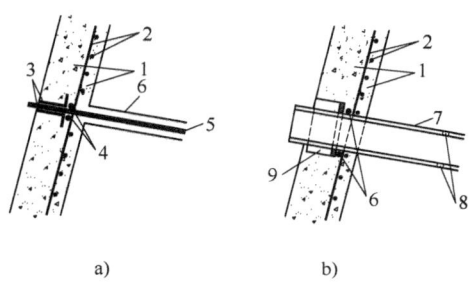

图1-28 土钉与面层连接构造
a) 成孔注浆土钉 b) 击入式钢管注浆土钉
1—喷射混凝土 2—钢筋网 3—钉头筋
4—加强筋 5—土钉杆体 6—钻孔
7—钢管 8—出浆孔 9—角钢或钢筋

面层应采用钢筋网喷射混凝土面层,面层混凝土强度等级不应低于C20,终凝时间不宜超过4h,厚度宜为80~120mm。面层中应配置钢筋网,钢筋网可采用HPB300级钢筋,直径宜为6~10mm,间距宜为150~250mm,搭接长度不宜小于30倍钢筋直径。

土钉之间应设置通长水平加强筋,加强筋宜采用2根直径不小于12mm的HRB400级钢筋。喷射混凝土面层与土钉应连接牢固。可在土钉杆端两侧焊接钉头筋,并与面层内连接相邻土钉的加强筋焊接。

2) 预应力锚杆。为控制土钉墙的变形,常常采取设置预应力锚杆的措施(图1-27b、d、f、g)。锚杆杆体材料可采用钢绞线、HRB400级或HRB500级钢筋、精轧螺纹钢等材料。预应力锚杆复合土钉墙一般呈现中上部位移较大的规律,竖向布置上预应力锚杆宜布设在基坑的中上部;锚杆间距过小时,锚杆的锚固力将会削弱,为减小群锚效应影响,锚杆间距不宜小于1.5m。锚杆钻孔直径宜为110~150mm,与水平面夹角宜为10°~25°。复合土钉墙中的锚杆自由段长度宜为4~6m,并应设置隔离套管。控制预应力锚杆自由段长度的目的是:土钉对土体变形比预应力锚杆敏感,即较小的位移即可使土钉承受较大的荷载,为使土钉与预应力锚杆在相同位移下受力协调,应控制预应力锚杆变形不能太大;复合土钉墙中的预应力锚杆自由段长度4~6m能够满足张拉伸长产生预应力的要求。钻孔注浆预应力锚杆沿长度方向每隔1~2m设一组定位支架。锚杆杆体外露长度应满足锚杆张拉锁定的需要;锚具型号及尺寸、垫板截面刚度应能满足预应力值稳定的要求。锚孔注浆宜采用二次高压注浆工艺,注浆体强度等级不宜低于20MPa。锚杆最大张拉荷载宜为锚杆承载力设计值的1.1倍,且不应大于杆体抗拉强度标准值的80%。复合土钉墙基坑位移往往会引起预应力锚杆应力值增大。锚杆锁定时，应为基坑开挖变形后锚杆预应力的增长留有余地，故锁定值宜取锚杆轴向承载力设计值的60%~90%。

为了对混凝土面层和土体产生均衡约束，预应力锚杆复合土钉墙中应设置通长的腰梁，腰梁宜采用混凝土结构，也可采用型钢结构。腰梁应具有足够的强度和刚度。混凝土腰梁的截面和配筋应通过设计计算确定，宽度不宜小于400mm，高度不宜小于250mm，混凝土强度等级不宜低于C25，腰梁应与面层可靠连接。不便于设置腰梁时，也可采用钢筋混凝土承压板。承压板宜采用预制钢筋混凝土构件，尺寸和配筋应通过设计计算确定，长度、宽度不宜小于800mm，厚度不宜小于250mm。承压板安装前宜用水泥砂浆找平，面层内应配置4~6根直径16~20mm的HRB400级钢筋作为加强筋。

3) 水泥土桩截水帷幕。当地下水位高于坑底，周边环境又不允许采取敞开式降水时，常采取设置水泥土桩截水帷幕的措施，基坑只进行坑内降水。由于截水帷幕的作用，坑外水位可以基本保持不变（图1-27a、d、e、g）。

水泥土桩截水帷幕可采用水泥土搅拌桩或高压喷射桩制作，主要根据地层情况和场地条件选用。水泥宜选用早强水泥或在水泥浆中掺入早强剂；单位水泥用量水泥土搅拌桩不宜小于原状土重力的13%，高压喷射注浆不宜小于20%；水泥土龄期28d的无侧限抗压强度应不小于0.6MPa。水泥土桩截水帷幕应满足自防渗要求，坑底以下插入深度应符合抗渗流稳定性要求且不应小于1.5~2m。水泥土桩截水帷幕宜穿过透水层进入弱透水层1~2m。

为了保证截水效果，桩与桩之间必须搭接，要求相邻两根桩地面搭接宽度不宜小于150mm，且应保证在桩底面处两根桩能够相互咬合。

4) 微型桩。微型桩是沿基坑侧壁断续分布，用于控制基坑变形、提高基坑稳定性的各种小断面竖向构件（图1-27中c、e、f、g）。

微型桩宜采用小直径混凝土桩、钢管、型钢等。小直径混凝土桩、钢管、型钢等微型桩直径或等效直径宜取100~300mm；微型桩间距宜为0.5~2.0m，嵌固深度不宜小于2m；为了提高其整体性，桩顶上宜设置通长冠梁。微型桩填充胶结物抗压强度不宜低于20MPa。

5) 防排水构造。土钉墙及复合土钉墙基坑应设置由排水沟、集水井等组成的排水系统，防止地表水下渗。未设置截水帷幕的土钉墙应在坡面上设置泄水管，泄水管间距宜为1.5~2.5m，坡面渗水处应适当加密。泄水管可采用直径40~100mm、壁厚5~10mm的塑料管制作，插入土体内长度不宜小于300mm，管身应设置透水孔，孔径宜为10~20mm，开孔率宜为10%~20%，宜外裹1~2层土工布并扎牢。

(2) 施工工艺

1) 施工步骤。土钉墙一般从上到下分层构筑，施工中土方开挖应与土钉施工密切结合，并严格遵循"分层分段，逐层施作，限时封闭，严禁超挖"的原则。土钉墙基本施工步骤为（图1-29）：

① 基坑开挖第一层土体，开挖深度为第一道土钉竖向埋深加作业距离（一般为0.5m）。

② 在这一深度的作业面上设置第一排土钉、喷射混凝土面层，并进行养护。

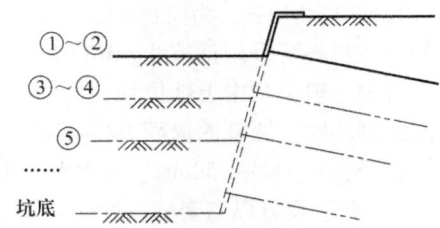

图1-29 土钉墙基本施工步骤

③ 向下开挖第二层土体，其深度为第一道土钉至第二道土钉的竖向间距，并加上作业距离。

④ 设置第二排土钉、喷射混凝土面层，并进行养护。

⑤ 重复上述③~④步骤，向下逐层开挖直至设计的基坑深度。

以水泥土桩截水帷幕-微型桩-预应力锚杆复合土钉墙为例，施工步骤为：

① 施作水泥土桩截水帷幕和微型桩。
② 水泥土桩截水帷幕、微型桩强度满足后，开挖工作面，修整土壁。
③ 施作土钉、预应力锚杆并养护。
④ 铺设、固定钢筋网。
⑤ 喷射混凝土面层并养护。
⑥ 施作腰梁，张拉和锁定预应力锚杆。
⑦ 进入下一层施工，重复步骤②~⑥直至完成。

每层土钉及喷射混凝土面层施工后应养护一定时间，养护时间不应小于48h。如土钉没有得到充分养护就继续开挖下层土方，将导致上层土钉难以达到一定抗拔力而留下隐患。

2）土钉施工。土钉按设置的施工工艺不同可分为成孔注浆土钉和击入式钢管注浆土钉。前者是先成孔，然后植入土钉，再进行注浆。成孔植入的土钉杆体多采用钢筋，也可是钢绞线或其他型材。击入式钢管注浆土钉的杆体，我国工程常采用直径48mm、壁厚2.5mm或3mm的钢管。

土钉施工中应做好施工记录。注浆用水泥浆的水灰比宜为0.45~0.55，注浆应饱满，注浆量应满足设计要求。土钉注浆采用压力注浆，注浆材料可选用水泥浆或水泥砂浆。对成孔注浆土钉宜采用二次注浆方法，其中第一次注浆宜采用水泥砂浆，第二次则采用水泥浆。击入式钢管注浆土钉一般采用一次注浆，浆液为水泥浆。

成孔注浆土钉施工要求：成孔机具的选择要适应施工现场的岩土特点和环境条件，保证钻进和成孔过程中不引起塌孔；在易塌孔土层中，宜采用套管跟进成孔。土钉应设置对中架，对中架间距为1000~2000mm，支架的构造不应妨碍注浆。成孔后应进行清孔，清孔后应及时置入土钉并进行注浆和孔口封闭。注浆宜采用压力注浆。压力注浆时应设置止浆塞，注满后保持压力1~2min。

击入式钢管注浆土钉施工要求：宜选用气动冲击机械，在易液化土层中宜采用静力压入法或自钻式土钉施工工艺。击入式钢管注浆土钉应采用压力注浆，注浆压力不宜小于0.6MPa，并应在管口设置止浆塞，注满后保持压力1~2min。若不出现返浆，在排除窜入地下管道或冒出地表等情况外，可采用间歇注浆的措施。

3）混凝土面层施工。面层钢筋网应随土钉分层施工、逐层设置，钢筋保护层厚度不宜小于20mm。钢筋的搭接长度不应小于30倍钢筋直径；焊接连接可采用单面焊，焊缝长度不应小于10倍钢筋直径。

喷射混凝土一般是借助喷射机械，利用压缩空气作为动力，将制备好的拌合料通过管道输送并以高速喷射到受喷面上凝结硬化而成的一种混凝土。其施工工艺分为干喷、湿喷及半湿式喷射法三种形式。面层喷射混凝土配合比宜通过试验确定。湿法喷射时，水泥与砂石的质量比宜为1:3.5~1:4，水灰比宜为0.42~0.50，砂率宜为0.5~0.6，粗骨料的粒径不宜大于15mm。湿法喷射的混合料坍落度宜为80~120mm。喷射混凝土作业应与挖土协调，分段进行，同一段内喷射顺序应自下而上。当面层厚度超过100mm时，混凝土应分层喷射，第一层厚度不宜小于40mm，前一层混凝土终凝后，方可喷射后一层混凝土。喷射混凝土施工缝结合面应清除浮浆层和松散石屑。喷射混凝土施工24h后，应喷水养护，养护时间不应少于7d；气温低于5℃时，不得喷水养护。

4）微型桩施工。微型桩可以是小直径钻孔灌注桩、钢管桩等成孔类微型桩，也可以是小直径预制桩。插入前应检查微型桩平整度和接头焊缝质量；桩的接头承载力不应小于母材承载力；对于可回收钢管或型钢，插入前应先对钢管或型钢除锈，并在其表面涂刷减摩材料。成孔类微型桩采用工程钻机成孔后，应及时下放钢筋笼或钢管，孔内用细石混凝土或水泥砂浆充填密实，灌注过程中应防止钢管或钢筋笼上浮。施工中应控制桩位偏差和桩的垂直度，桩位偏差不应大于50mm，垂直度偏差不应大于1.0%。

复合土钉墙中的预应力锚杆、水泥土桩截水帷幕的施工参见"重力式水泥土墙""锚杆系统"相关内容。

2. 重力式水泥土墙

重力式水泥土墙是通过固化剂对土体进行加固后形成有一定厚度和嵌固深度的重力式墙体，以承受墙后水、土压力的一种挡土结构，如图 1-30 所示。水泥土搅拌桩是通过搅拌桩机将水泥与土就地进行搅拌形成的柱状水泥土加固体，将水泥土搅拌桩搭接布置成格栅或实体而形成的水泥土墙具有挡土、隔水双重作用。重力式水泥土墙是无支撑自立式挡土墙，依靠墙体自重、墙底摩阻力和墙前开挖面以下土体的被动土压力稳定墙体，以满足挡土墙的稳定。重力式水泥土墙侧向位移控制能力较弱，一般位移较大，有时会达到开挖深度的 1/100，甚至更多。该支护形式一般适用于坑深小于 7m

图 1-30 重力式水泥土墙支护实景图

的淤泥质土、淤泥、回填土等软弱基坑，不适用于支护结构安全等级为一级的基坑工程。另外，重力式水泥土墙无法穿透淤泥层时，需增加基坑内被动区土体加固措施。

搅拌桩施工工艺

重力式水泥土墙的优点是防渗性好，具有挡土兼截水帷幕双重效果，造价也相对不高；就地搅拌成桩污染小，施工相对简单；因为是重力式结构，一般无须设置锚杆或支撑，便于基坑土方开挖。缺点是因需水泥土搅拌桩达到一定龄期方可开挖，施工速度较慢；基坑加深，则挡土墙宽度须加宽，造价增加较大；开挖阶段墙体侧向位移较大，会使坑外一定范围的土体产生沉降和变位，进而对邻近建筑物和地下管线产生不利影响。

重力式水泥土墙必须进行稳定性验算，包括抗倾覆稳定性、抗滑移稳定性和整体稳定性等验算。对受力不利的截面，如基坑底面处、截面突变处等应进行正截面应力验算。

（1）构造要求 重力式水泥土墙宜采用水泥土搅拌桩相互搭接成格栅状的结构形式（图 1-31），也可采用水泥土搅拌桩相互搭接成实体的结构形式。水泥土墙布置成格栅形的目的是减少水泥用量，降低成本，缩短工期。格栅形布置的水泥土墙应保证墙体的整体性，设计时一般按土的置换率控制，即水泥土面积与格栅总面积之比。对淤泥质土，置换率不宜小于 0.7；对淤泥，置换率不宜小于 0.8；对一般黏性土、砂土，置换率不宜小于 0.6。格栅内侧的格子长宽比不宜大于 2。淤泥土的强度指标差，呈流塑状，要求的置换率也较大，淤泥质土次之。每个格栅内的土体面积需经过设计验算，施工时应符合设计要求。

为了满足重力式水泥土墙的抗倾覆稳定性，必须保证墙的嵌固深度（h_d），对淤泥质土嵌固深度 h_d 不宜小于 $1.2h$（h 为基坑深度），对淤泥嵌固深度不宜小于 $1.3h$。

水泥土标准养护龄期为 90d，基坑工程一般不可能等到 90d 养护期后再开挖，故设计时以龄期 28d 的无侧限抗压强度为标准。用于支护结构的水泥土墙体 28d 无侧限抗压强度不宜小于 0.8MPa，其水泥掺量通常为 12%~15%（单位土体的水泥掺量与土的质量之比）。试验资料表明，一般情况下，水泥土强度随龄期的增长规律为，7d 的强度可达标准强度的 30%~50%，30d 的强度可达标准强度的 60%~75%，180d 后水泥土强度仍会增长。水泥强度等级也影响水泥土强度，一般水泥强度等级每提高一级，水泥土的标准强度可提高 20%~30%。

当需要增强墙体的抗拉性能时，可在水泥土桩内插入杆筋。杆筋可采用钢筋、钢管，杆筋的插入深度宜大于基坑深度，杆筋应锚入面板内。为加强整体性，减少变形，水泥土墙顶需设置钢筋混凝土连接面板，面板厚度不宜小于 150mm，混凝土强度等级不宜低于 C20。设置面板不但可便利后期施工，还可防止因雨水从墙顶渗入水泥土格栅。

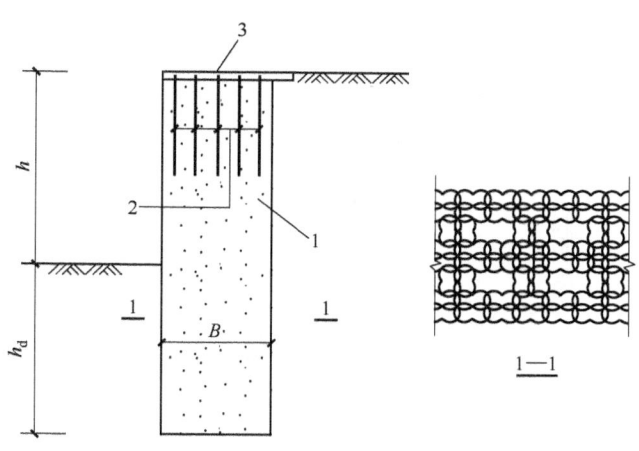

图 1-31 重力式水泥土墙构造
1—搅拌桩　2—插筋　3—面板
h—基坑深度　h_d—嵌固深度

重力式水泥土墙靠桩与桩的搭接形成整体，桩施工应保证垂直度偏差要求，以满足搭接宽度要求。受施工时垂直度偏差问题的影响，桩的搭接宽度根据桩长不同有所不同，桩越长搭接宽度越大，重力式水泥土墙搅拌桩之间搭接宽度不应小于150mm，如果水泥土墙兼作截水帷幕，搭接宽度还要符合截水的要求。

（2）施工工艺　深层搅拌桩机的组成由深层搅拌机（主机）、机架及灰浆搅拌机、灰浆泵等配套机械组成（图1-32）。深层搅拌桩机常用的机架有三种形式：塔架式、桅杆式及履带式。前两种构造简便、易于加工，但其搭设及行走较困难。履带式的机械化程度高，塔架高度大，钻进深度大，但机械费用较高。图1-32所示为履带式机架。

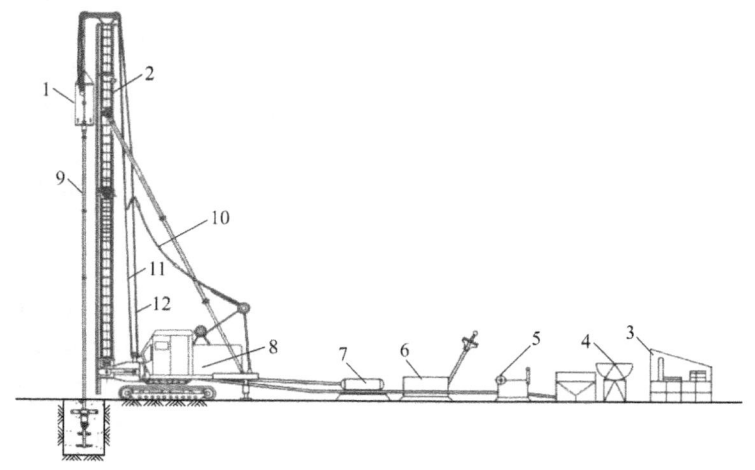

图 1-32 深层搅拌桩机机组
1—主机　2—机架　3—灰浆拌制机　4—集料斗　5—灰浆泵　6—储水池
7—水泵　8—车体　9—钻杆　10—电缆　11—输浆管　12—水管

搅拌桩成桩工艺可采用"一次喷浆、二次搅拌"或"二次喷浆、三次搅拌"工艺，主要依据水泥掺入比及土质情况而定。水泥掺量较小，土质较松时可采用前者，反之可采用后者。

"一次喷浆、二次搅拌"的施工工艺流程如图 1-33 所示。当采用"二次喷浆、三次搅拌"工艺时可在图 1-33e 所示步骤作业时进行注浆,以后再重复图 1-33d 与 e 所示的过程。

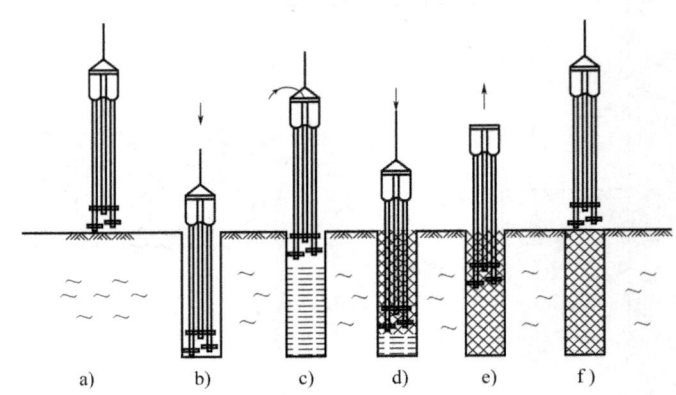

图 1-33 "一次喷浆、二次搅拌"的施工工艺流程
a) 定位 b) 预搅下沉 c) 提升喷浆搅拌 d) 重复下沉搅拌 e) 重复提升搅拌 f) 成桩结束

重力式水泥土墙控制施工质量的关键是水泥土的强度、桩体的相互搭接、水泥土墙的完整性和深度。

施工前,应进行成桩试验,工艺性试桩数量不应少于 3 根。应通过成桩试验确定注浆流量、注浆压力、下沉和提升速度等技术参数。水泥浆液的水灰比宜按照试桩结果确定。

水泥土搅拌桩施工中应注意水泥浆配合比及搅拌制度、水泥浆喷射速度与提升速度的关系及每根桩的水泥浆喷注量,以保证注浆的均匀性与桩身强度。应按照试桩确定的搅拌次数和提升速度提升搅拌头;输浆速度宜用流量泵控制,并应与提升速度相协调,确保喷浆量在桩身长度范围内分布均匀。高塑性黏性土、含砂量较大及暗浜土层中,应增加喷浆搅拌次数。施工中如因故停浆,恢复供浆后,应从停浆点返回 0.5m 重新输浆搅拌。水泥土搅拌桩应采取搭接法施工,相邻桩搭接宽度应符合设计要求,施工中还应注意控制桩的垂直以及桩的搭接等,桩位偏差应小于 30mm,桩机导向架垂直度偏差不应大于 0.5%,以保证水泥土墙的整体性与抗渗性。相邻水泥土搅拌桩施工间隔时间不应超过 24h;当超过 24h 时,应采取补强措施。若桩身插筋,宜在搅拌桩完成后 8h 内进行。

施工质量检测主要包括水泥土固结体的直径、搭接宽度、位置偏差、桩体强度、墙体完整性及水泥土墙的深度等。

3. 支挡式结构

支挡式结构由两大系统组成:围护墙系统和支锚系统,如图 1-34 所示。围护墙系统常见的有钢板桩挡墙、型钢水泥土搅拌墙、灌注桩挡墙、地下连续墙等。支锚系统有两类:一类是基坑内支撑体系,另一类是基坑外拉锚体系。内支撑或外拉锚通过冠梁、围檩(腰梁)等与围护墙连接成整体。根据基坑开挖的深度及围护墙的截面性能,支锚系统在竖向上可设置一道或多道。基坑较浅,挡墙具有一定刚度时,也可不设支锚系统而采用悬臂式挡墙。

分析支挡式结构的工程事故,其破坏形态主要有以下几种:围护墙的入土深度不够,在土压力作用下,围护墙的入土部分发生走动而出现坑壁滑坡(图 1-35a);内支撑的强度不够(图 1-35b);外拉锚的抗拔承载力不够或者是抗拉强度不足,锚杆被拔出或拉断(图 1-35c);拉锚长度不足,锚固体失去作用而使土体滑动(图 1-35d);围护墙本身刚度不够,在土压力作用下失稳弯曲(图 1-35e);围护墙位移过大,造成周边环境的破坏(图 1-35f)。在基坑工程中,了解各种支护形式的破坏形态,对于分析施工过程中的安全风险,制定相应的质量、安全措施是非常必要的。

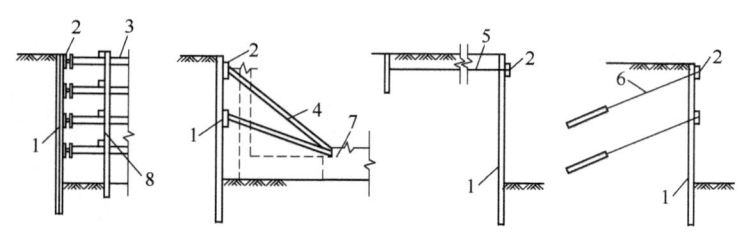

图 1-34 支挡式结构

1—围护墙 2—围檩(腰梁) 3—支撑 4—竖向斜撑 5—拉锚 6—锚杆 7—先施工的基础 8—立柱

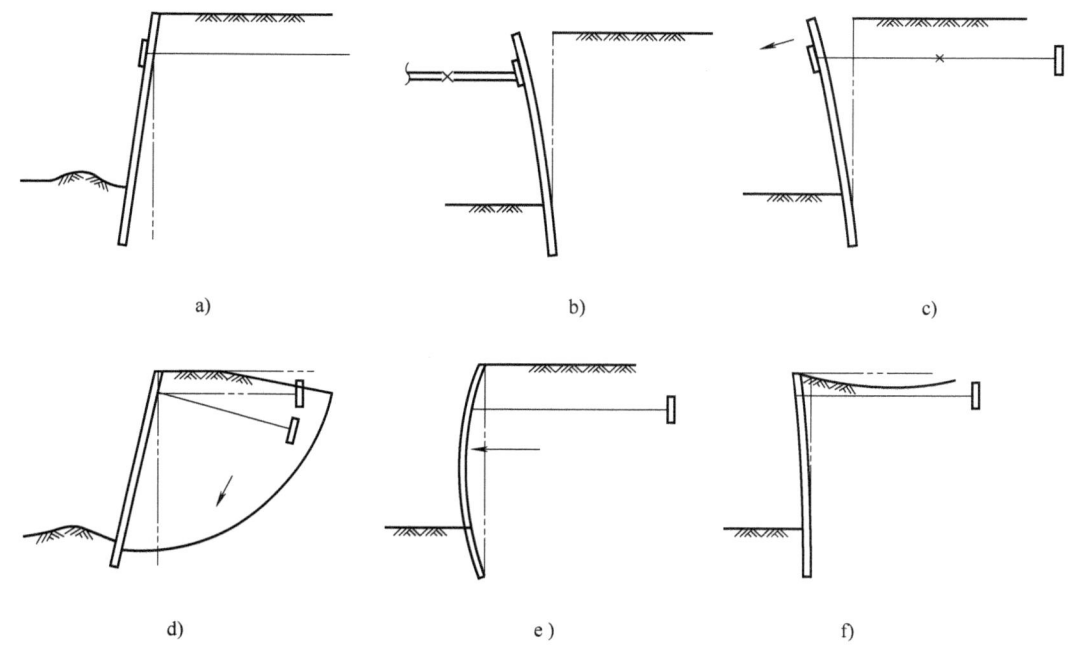

图 1-35 支挡式结构的工程事故

a) 板桩下部走动 b) 支撑破坏 c) 拉锚破坏 d) 拉锚长度不足
e) 围护墙失稳弯曲 f) 围护墙变形及墙后土体沉降

围护墙入土深度、截面弯矩、支点反力、拉锚长度及位移为支挡式结构设计的五大要素。支挡式结构必须进行结构分析计算和稳定性验算,此外,根据情况还应验算抗隆起及抗渗稳定性。支挡式结构分析计算方法很多,我国规范主要推荐的是竖向弹性支点法,对有明显空间效应、不规则形状或环境复杂的基坑建议采用有限元分析方法。

(1) 挡墙施工 各种围护墙均有自身的特点,这里对钢板桩挡墙、型钢水泥土搅拌墙、灌注桩挡墙、地下连续墙以及土层锚杆的施工工艺做简要介绍。

1) 钢板桩挡墙。钢板桩是一种带锁口的热轧(或冷弯)型钢,钢板桩之间靠锁口相互连接咬合,可形成一道连续的板式挡墙,具有较好的隔水能力,可用来挡土和挡水(图1-36);钢板桩截面面积小,易于打入;基坑回填后,钢板桩还可回收重复使用;具有高强、轻型、施工快捷、环保、美观、可循环利用等优点。缺点是与排桩等围护墙比较,其刚度较小,开挖后变形较大;此外,沉桩过程中易产生噪声、挤土等不利影响,在邻近建筑物施工时尤其要重视。

图1-36 钢板桩支护实景图
a) 钢板桩围护的管廊基坑 b) 钢板桩围堰

钢板桩断面形式很多，常用的钢板桩截面形式有U形、Z形、直线形及组合型等，如图1-37所示。Z形、U形等波浪式钢板桩截面抗弯能力较好。

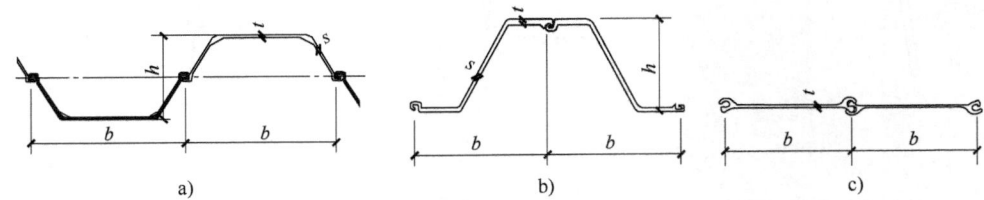

图1-37 常用钢板桩截面形式
a) U形 b) Z形 c) 直线形

钢板桩施工要正确选择沉桩方法、沉桩机械和流水段划分，以便使打设后的钢板桩挡墙具有良好的整体性和防水作用，且钢板桩墙面平直，以满足基础施工的要求，对封闭式钢板桩挡墙还要求封闭合拢。

钢板桩沉桩机械设备种类繁多且应用均较为广泛，沉桩机械及工艺的确定受钢板桩特性、地质条件、场地条件、桩锤能量、锤击数、锤击应力、是否需要拔桩等因素影响，在施工中需要综合考虑上述多种因素，以选择既经济又安全的沉桩机械，同时又能确保施工的效率。常用的沉桩机械主要有：冲击式打桩机、振动打桩机、压桩机等。

冲击式打桩机沉桩力大，具有机动、可调节特性，施工快捷，但应选择合适的打桩锤以防止钢板桩桩头受损。冲击式打桩机沉桩一般易产生噪声和振动，在居民区等区域使用受到限制，但在港湾或偏远地区经常使用。

振动打桩机的原理是将机器产生的垂直振动传给桩体，导致桩周围的土体结构因振动而降低强度。对砂质土层，颗粒间的结合被破坏，产生微小液化；对黏土质土层，破坏了原来的构造，使土层密度改变，黏聚力降低，灵敏度增加，钢板桩周围的阻力便会减少。对砂土还会使桩尖下的阻力减少，利于桩的贯入。但对结构紧密的细砂层，这种减阻效果不明显，当细砂层本身较松散时，还会因振动而加密，更难于沉桩。

由于打桩带来的振动和噪声，迫切需要开发新的"无污染"的施工工艺，压桩机应运而生。压桩机特别适用于黏性土壤，在硬土地区可采用辅助措施沉桩。压桩机一般以液压驱动，从先前沉入的一片或多片钢板桩获得反作用力，其工作机理，如图1-38所示。压桩机同时可用来进行拔桩操作。

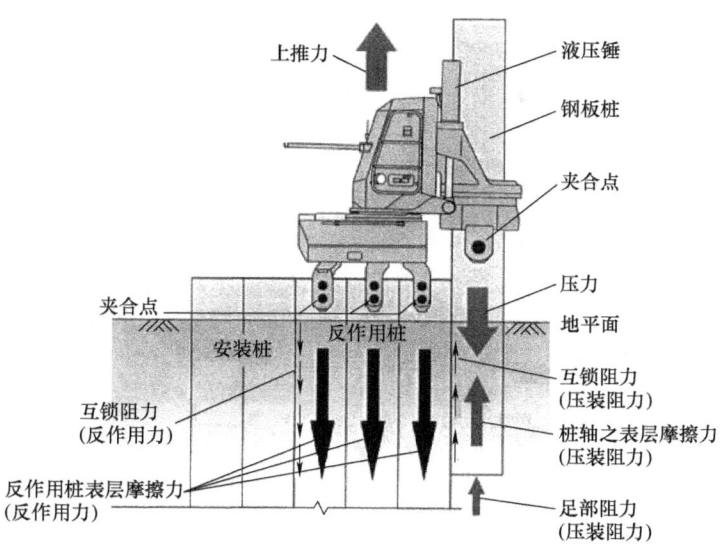

图 1-38 压桩机工作机理

对于钢板桩，通常有以下两种沉桩方法：

① 单独沉入法。单独沉入法是从一角开始逐块插打，每块钢板桩自起打到结束中途不停顿。因此，桩机行走路线短，施工简便，打设速度快。但是，由于单块打入，易向一边倾斜，累积误差不易纠正，墙面垂直度难以控制。一般在钢板桩长度不大（小于10m）、工程要求不高时可采用此法。

② 围檩插桩法。采用围檩支架作为钢板桩打设导向装置（图1-39）。围檩支架由围檩和围檩桩组成，在平面上分为单面围檩和双面围檩，高度方向分为单层和双层。

围檩插桩法施工中可以采用封闭打入法和分段复打法。

封闭打入法是在地面上，离钢板桩墙轴线一定距离先筑起围檩支架，而后将钢板桩依次在围檩支架中全部插好，成为一个高大的钢板桩墙，待四角实现封闭合拢后，再按阶梯形分若干次逐渐将钢板桩一块块打到设计标高。封闭打入法的优点是可以保证平面尺寸准确和钢板桩垂直度，但施工速度较慢。

分段复打法（图1-39）是将10~20块钢板桩组成的施工段沿围檩插入土中一定深度形成较短的屏风墙，先将其两端的几块打入，严格控制其垂直度，并用电焊固定在围檩上，然后将其他的钢板桩按顺序以1/2或1/3钢板桩高度逐渐打入。分段复打法可以防止钢板桩过大的倾斜和扭转，防止误差积累，施工也较方便。

打桩锤根据钢板桩打入阻力确定，该阻力包括钢板桩端部阻力，侧面摩阻力和锁口阻力。桩锤不宜过重，以防因过大锤击而产生钢板桩顶部纵向弯曲，一般情况下桩锤质量约为钢板桩质量的2倍。此外，选择桩锤时还应考虑锤体外形尺寸，其宽度不能大于组合打入钢板桩块数的宽度之和。

地下工程施工结束，基坑回填后，为了节省资源，增加资源循环利用，也为了减少地下障碍物，钢板桩一般都

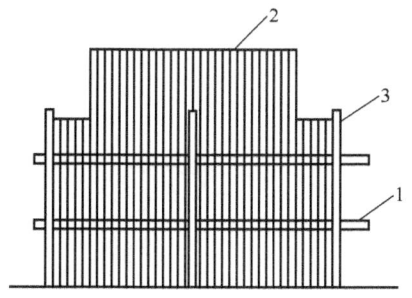

图 1-39 分段复打法
1—围檩 2—钢板桩 3—围檩支架

钢板桩施工

钢板桩回收

要拔出,以便回收后重复使用。钢板桩的拔出时要正确选择拔出方法与拔出顺序。拔桩方法有静力拔桩、振动拔桩、冲击拔桩、液压拔桩等。振动拔桩,效率高,操作简便,是施工人员优先考虑的一种方法。振动拔桩产生的振动为纵向振动,这种振动传至土层后,对砂性土层使颗粒间的排列被破坏,强度降低;对黏性土使土的天然结构破坏,密度发生变化,黏着力减小,土的强度降低,最终大幅度减少桩与土之间的阻力,以便钢板桩被轻易拔出。

钢板桩拔出的难易与打入时顺利与否有很大关系,当钢板桩的锁口在打入时产生变形或者垂直度很差,在拔桩时阻力也很大。此外,在基坑开挖期或服役期如果钢板桩变形大,拔出也很困难,这些因素应在制定拔桩方案时充分考虑。拔桩还会引起土体损失和扰动,引起地面沉陷,可能会影响到邻近建筑物、地下管线的安全使用,因此必须采取有效措施对拔桩造成的地层空隙及时填实。在控制地层位移有较高要求时,灌砂填充法效果往往较差,应采取在拔桩同时采用跟踪注浆方法填充密实。

2)型钢水泥土搅拌墙。型钢水泥土搅拌墙也称为 SMW(Soil Mixing Wall)工法,它是在连续套接的三轴水泥土搅拌桩内插入 H 型钢形成的复合挡土截水结构(图1-40 和图1-41)。型钢水泥土搅拌墙由 H 型钢承受侧向水压力、土压力,三轴水泥土搅拌桩作为截水帷幕。

图1-40 型钢水泥土搅拌墙实景图

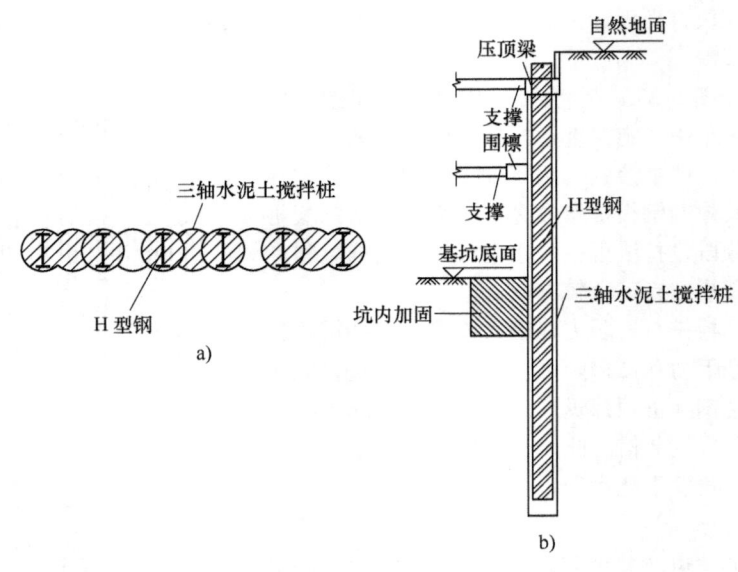

图1-41 型钢水泥土搅拌墙支护结构
a)平面形式 b)剖面形式

型钢水泥土搅拌墙的施工工艺是由三轴钻孔搅拌机将设计深度范围内的土体和由钻头处喷出的水泥浆液、压缩空气进行原位均匀搅拌,在各施工单元间采取套接一孔法施工,然后在水泥土未结硬之前插入 H 型钢,形成一道有一定强度和刚度、连续完整的型钢水泥土连续墙。型钢水泥土搅拌墙的施工工艺流程,如图 1-42 所示。

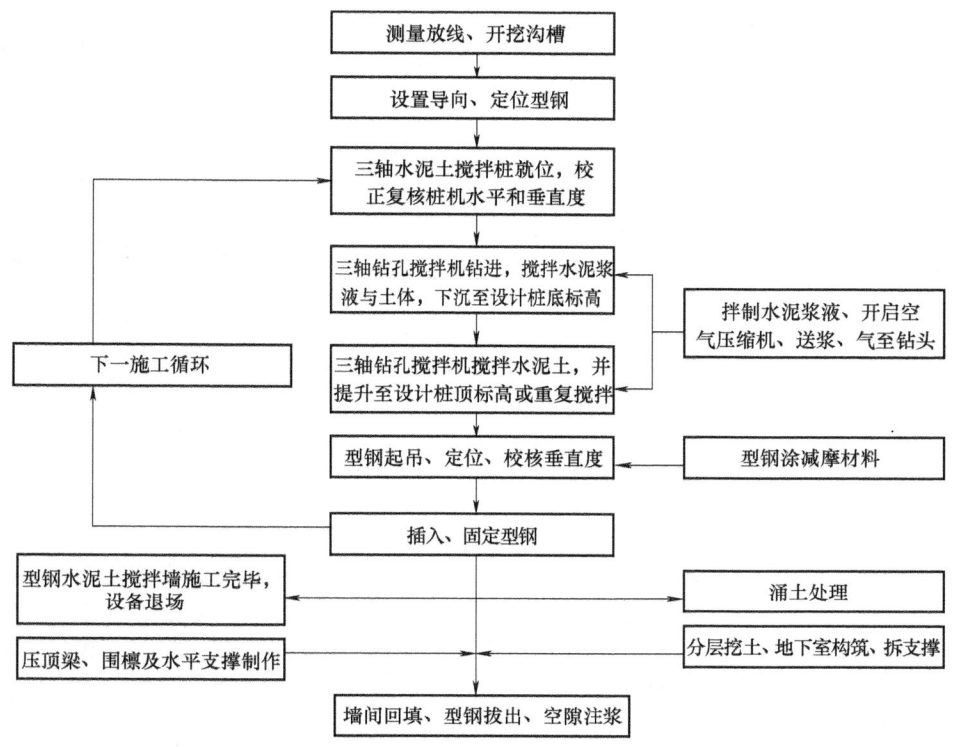

图 1-42 型钢水泥土搅拌墙的施工工艺流程

型钢水泥土搅拌墙中三轴水泥土搅拌桩的直径宜采用 650mm、850mm、1000mm,内插 H 型钢,搅拌桩的入土深度宜比型钢的插入深度深 0.5~1.0m,搅拌桩 28d 龄期无侧限抗压强度不应小于设计要求且不宜小于 0.5MPa。

型钢水泥土搅拌墙的顶部应设置封闭的钢筋混凝土压顶梁,压顶梁宜与第一道支撑的冠梁合二为一,冠梁的高度和宽度应由设计计算确定,截面高度不应小于 600mm,截面宽度宜比搅拌桩直径大 350mm。为便于型钢拔出,型钢顶部要高出冠梁顶面不小于 500mm,且型钢与冠梁之间需设置隔离材料。型钢水泥土搅拌墙支护体系可采用型钢围檩(或腰梁)或钢筋混凝土围檩(或腰梁),围檩(或腰梁)宜完整、封闭,并与内支撑或外拉锚体系连成整体。围檩(或腰梁)应采用托架(或牛腿)和吊筋与内插型钢连接,水泥土搅拌桩、H 型钢与钢围檩(或腰梁)之间的空隙应用钢楔块或高强度等级细石混凝土填实。

搅拌桩应采用套接一孔法施工,其抗渗性能应满足墙体自防渗要求,在砂性土中搅拌桩施工宜外加膨润土。

三轴搅拌机(图 1-43)有螺旋式和螺旋叶片式两种搅拌机头,搅拌转速有高速挡 35~40r/min 和低速挡 16r/min 两挡转速。在砂性土及砂砾性土中施工时宜采用螺旋式搅拌机头,在黏性土中施工时宜采用螺旋叶片式搅拌机头。搅拌机头的直径不应小于搅拌桩的设计直径。注浆泵的工作流量应可调节,其额定工作压力不宜小于 2.5MPa,并应配置计量装置。注浆泵应保证其实际流量与搅拌机的喷浆钻进下沉或喷浆提升速度相匹配，使水泥掺量在水泥土搅拌桩中均匀分配。在实际施工中喷浆压力大小应根据土质特性来控制，常控制在 0.8~1.0MPa。通常，配备具有较高工作压力的注浆泵，其故障发生相对较少，施工效率也较高。配置计量装置的目的是控制总的水泥用量满足设计要求。为了保证搅拌桩的均匀性，操作人员应根据进尺来调整水泥浆的泵送量。

在实际工程施工中，型钢水泥土搅拌墙的施工深度取决于三轴搅拌机的施工能力，一般情况下施工深度不超过 45m。为了保证施工安全，当搅拌深度超过 30m 时，宜采用钻杆连接方法施工（加接长杆施工的搅拌桩水泥用量可根据试验确定）。

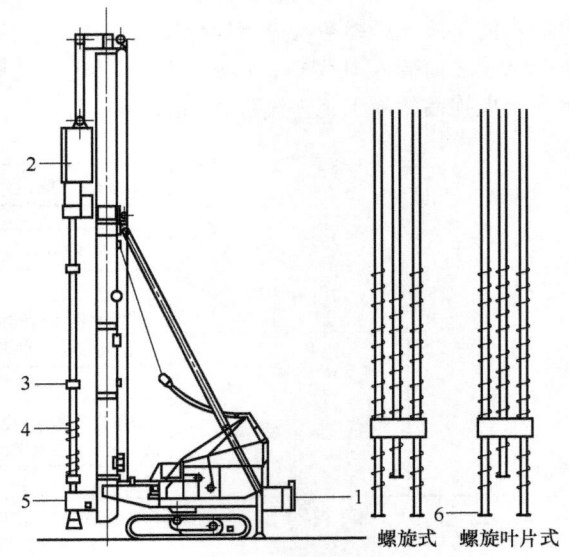

图 1-43　三轴搅拌桩机构造
1—桩架　2—动力头　3—连接装置
4—钻杆　5—支承架　6—钻头

施工前，按施工方案中的水泥浆液配合比与水泥土搅拌桩成墙工艺进行试成桩，是确定不同地质条件下合适的成桩工艺，确保工程质量的重要途径。通过成桩试验确定实际成桩步骤、水泥浆液的水灰比、注浆泵工作流量、三轴搅拌机头下沉或提升速度及复搅速度，对地质条件复杂或重要工程是必需的。

三轴水泥土搅拌桩施工一般有跳打方式、单侧挤压方式和先行钻孔套打方式。跳打方式是常用的施工顺序（图 1-44），适用于 N（标贯基数）值 30 以下的土层。先施工第一单元，然后施工第二单元，施工第三单元时，将 A 轴和 C 轴插入到第一单元的 C 轴及第二单元的 A 轴孔中，两端完全重叠，依此类推，施工完成水泥土搅拌桩，达到各施工单元间套接一孔法施工的目的。

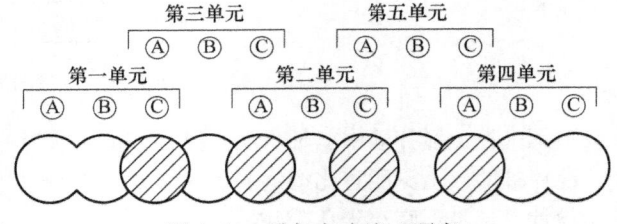

图 1-44　跳打方式施工顺序

水泥土搅拌桩施工时桩机就位应对中，平面允许偏差应为 ±20mm，立柱导向架的垂直度不应大于 1/250。在实际工程中，水泥土搅拌桩的质量问题突出反映在搅拌不均匀，局部区域水泥含量太少甚至没有，导致土方开挖后发生渗水。为了保证水泥土搅拌桩中水泥掺量的均匀性与水泥强度指标，施工时的浆液泵送量应与搅拌下沉（提升）速度匹配，以保证水泥掺量的均匀性。搅拌下沉速度宜控制在 0.5~1m/min，提升速度宜控制在 1~2m/min，并保持匀速下沉或提升。提升时不应在孔内产生负压造成周边土体的过大扰动，搅拌次数和搅拌时间应能保证水泥土搅拌桩的成桩质量。对于硬质土层，当成桩有困难时，可采用预先松动土层的先行钻孔套打方式施工。搅拌机头在正常情况下应上、下各一次对土体进行喷浆搅拌。对含砂量大的土层，为避免底部堆积过厚的砂层，利于型钢插入，宜在搅拌桩底部 2~3m 范围内上、下重复喷浆搅拌一次。三轴水泥土搅拌桩施工过程中，宜采用流量计计量注浆量，以严格控制水泥用量。水泥土搅拌桩搭接施工的间隔时间不宜大于 24h，当超过 24h 时，搭接施工时应放慢搅拌速度；若无法搭接或搭接不良，应作为冷缝记录在案，并应经设计单位认可后，在搭接处采取补救措施。采用三轴水泥土搅拌桩进行土体加固时，在加固深度范围以上的土层被扰动区应采用低掺量水泥回掺加固。

型钢宜在搅拌桩施工结束后30min内插入，插入前应检查其平整度和接头焊缝质量。型钢的插入必须采用牢固的定位导向架，在插入过程中应采取措施保证型钢垂直度。型钢插入到位后应用悬挂构件控制型钢顶标高，并与已插好的型钢牢固连接。

型钢宜依靠自重插入，当型钢插入有困难时可采用辅助措施下沉。如水灰比适当，型钢依靠自重一般都能顺利插入搅拌桩中。但在砂性较重的土层，搅拌桩底部易堆积较厚的砂土，宜采用静力在一定的导向机构协助下将型钢插入到位。严禁采用多次重复起吊型钢并松钩下落的插入方法，这种方式不仅难以保证型钢的正确位置，还容易发生偏转，垂直度也不易保证。

为了节约资源，减少地下障碍，基坑回填后，应将型钢水泥土搅拌墙中的型钢回收利用。拟拔出回收的型钢，插入前应先在干燥条件下除锈，再在其表面涂刷减摩材料。完成涂刷后的型钢，在搬运过程中应防止碰撞和强力擦挤。减摩材料如有脱落、开裂等现象应及时修补。型钢拔出前，水泥土搅拌墙与主体结构地下室外墙之间的空隙必须回填密实。在拆除支撑和腰梁时应将残留在型钢表面的腰梁限位或支撑抗剪构件、电焊疤等清除干净。型钢起拔宜采用专用液压起拔机。型钢拔出后留下的空隙应及时填充，防止土体位移影响周边管线或建筑物。

3）灌注桩挡墙。排桩挡墙（图1-45）是基坑常用的支护形式，根据土层的性质、地下水条件及基坑周边环境要求等，排桩可选择钻孔灌注桩、人工挖孔灌注桩、钢板桩、钢管桩、预制桩等桩型，其中以钻孔灌注桩应用最广泛。灌注桩挡墙是在基坑开挖前，先在基坑边线成排施作混凝土灌注桩，并将桩顶用现浇钢筋混凝土冠梁连成整体（图1-46a）。它的优点是，与土钉墙、钢板桩挡墙等相比，挡墙刚度较大，控制基坑变形好；与地下连续墙相比，施工工艺简单，平面布置灵活，成本低。此外，灌注桩施工无噪声、无振害、无挤土。缺点是单桩之间有间隙（除咬合桩外），挡墙防渗性差。当需要隔离地下水时，须另行设置截水帷幕，这是灌注桩挡墙的一个重要特点，在这种情况下，截水帷幕防水效果的好坏，直接关系到基坑工程的成败，施工中应高度重视。此外，与钢板桩、钢管桩相比，灌注桩不能回收重复利用。灌注桩挡墙适用于开挖深度较深的基坑围护，一般多为7~15m，开挖深度达20m的基坑也有使用。

图1-45 灌注桩挡墙实景图

灌注桩挡墙常用钻机成孔，然后向孔内下钢筋笼，最后浇注混凝土成桩。桩的排列方式有间隔式、连续式、交错式和咬合式（图1-46b）。

间隔式布置适用于地下水位较深（坑底以下），土质较好的情况。在地下水位较高时应与其他防水措施结合使用，例如在排桩后面另行设置截水帷幕（图1-46c）。连续式布置往往受在施工中难以保证桩的垂直度及桩体扩径等因素影响，桩体搭接施工达不到防水要求，所以目前工程中很少采用。为了增大排桩围护体的整体抗弯刚度，灌注桩也可采用交错式布置。有时因场地狭窄等原因，无法同时设置排桩和截水帷幕时，可采用桩与桩之间咬合的布置形式，形成的咬合桩可同时起到挡土和截水的作用。

当场地土软弱或开挖深度大，或基坑面积

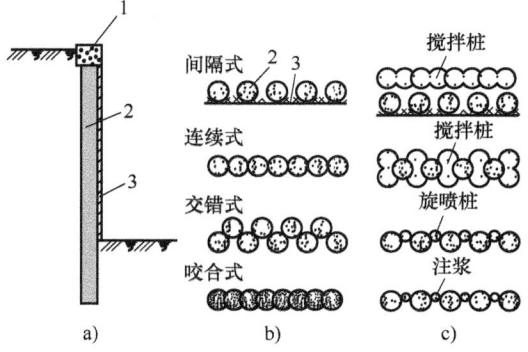

图1-46 灌注桩挡墙形式
a）灌注桩挡墙剖面 b）灌注桩平面布置方式
c）间隔排列的截水帷幕
1—混凝土冠梁 2—灌注桩 3—喷射混凝土面层

很大，采用悬臂支护单桩的抗弯刚度往往不能满足变形控制的要求，而设置内支撑又非常影响地下结构施工且造价高时，可采用双排桩支护形式（图1-47），它是通过前后排钢筋混凝土灌注桩、压顶梁和连系梁形成空间门架式支护结构体系，可大大增加其侧向刚度，能有效地限制基坑侧向变形。

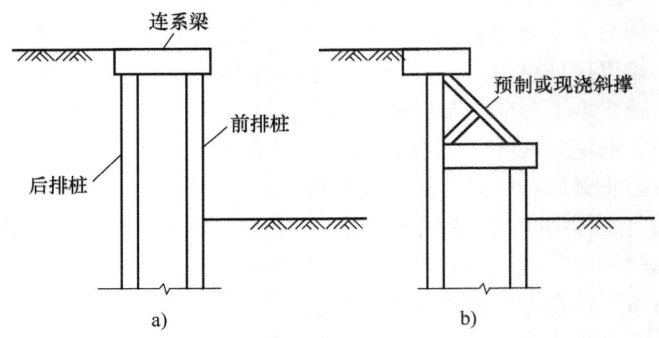

图 1-47　双排桩常见的剖面布置形式
a）前后排桩等高双排桩　b）前后排桩不等高双排桩

灌注桩顶部设置的混凝土冠梁宽度不宜小于桩径，高度不宜小于桩径的60%。冠梁钢筋应符合《混凝土结构设计规范（2015年版）》（GB 50010—2010）对梁的构造配筋要求。冠梁用作支撑或锚杆的传力构件或按空间结构设计时，还应按受力构件进行截面设计。在不影响支护桩顶上部土体稳定以及周边环境对变形的控制要求前提下，在主体建筑地下管线的部位，冠梁宜低于地下管线，以免对地下管线施工造成影响。

间隔式布置时，桩间土通过土拱作用将土压力传到桩身上，为防止桩间土塌落，桩间土应采取防护措施。桩间土防护措施宜采用内置钢筋网或钢丝网的喷射混凝土面层。喷射混凝土面层的厚度不宜小于50mm，钢筋网或钢丝网宜采用横向拉筋与两侧桩体连接，并采用桩间土内打入直径不小于12mm的钢筋钉固定钢筋网。

灌注桩间距、桩径、桩长、埋置深度及配筋等应根据基坑开挖深度、土质、地下水位高低以及所承受的侧压力经计算确定，常用桩径为800~1200mm，排桩的中心距不宜大于桩径的2倍，桩身混凝土强度等级不低于C25。一般纵向受力钢筋不少于8根；箍筋做成螺旋状，间距为100~200mm，且每隔1~2m设置一道加劲箍，增加钢筋笼的刚度，以利于成型和起吊时绑扎。纵向钢筋的保护层厚度应不小于35mm，水下浇注混凝土时不小于50mm。

钻孔灌注桩干作业成孔的主要方法有螺旋钻孔机成孔、旋挖钻机成孔等方法。湿作业成孔的主要方法有冲击成孔、潜水电钻机成孔、工程地质回转钻机成孔及旋挖钻机成孔等。间隔式排桩采用湿作业法成孔时，要特别注意孔壁护壁问题。当桩距较小时，由于通常采用跳孔法施工，当桩孔出现坍塌或扩径较大时，会导致两根已经施工的桩之间插入后施工的桩时成孔困难。一般而言，间隔式排桩的净距不宜少于200mm。

当地下水位较高时，间隔式排桩应考虑桩间漏水问题。常采取的设计措施是设置桩后水泥土搅拌桩截水帷幕、桩间高喷（旋喷桩）。当施工的场地狭小时，可考虑将排桩与水泥土搅拌桩截水帷幕设置在同一轴线上，形成挡土、截水合一的排桩-截水帷幕结合体。施工时应特别注意相邻搅拌桩与后施工的混凝土桩之间的时间安排。一般而言，搅拌桩施工结束的48h内施工灌注桩时易发生塌孔、扩径严重等现象，因此不宜施工灌注桩。时间超过7d后，由于搅拌桩强度的增加，灌注桩成孔阻力会较大。另外还要特别注意搅拌桩成桩的垂直度，避免因已施工完成的搅拌桩垂直度偏差较大而造成与灌注桩搭接效果不好，出现基坑侧壁漏水的情况。

灌注桩具体施工方法见第 2 章。

4）地下连续墙。地下连续墙是沿基坑周边在地面上先构筑导墙，然后采用专门的成槽设备，在泥浆护壁条件下，分单元槽段开挖沟槽至设计深度，清槽后，再向该槽段内吊放接头构件和钢筋笼，插入导管水下浇注混凝土，混凝土自下而上充满槽段并将泥浆置换出来，筑成一个单元槽段，并依此逐段进行，这些相互连接的槽段在地下筑成一道连续的钢筋混凝土墙体。地下连续墙同时具备挡土、截水防渗、承重的作用，因此，即可作为基坑支护结构，必要时也可作为地下建筑的结构墙（简称两墙合一）。地下连续墙施工流程如图 1-48 所示（以液压抓斗式成槽机成槽、槽段连接采用锁口管为例）。

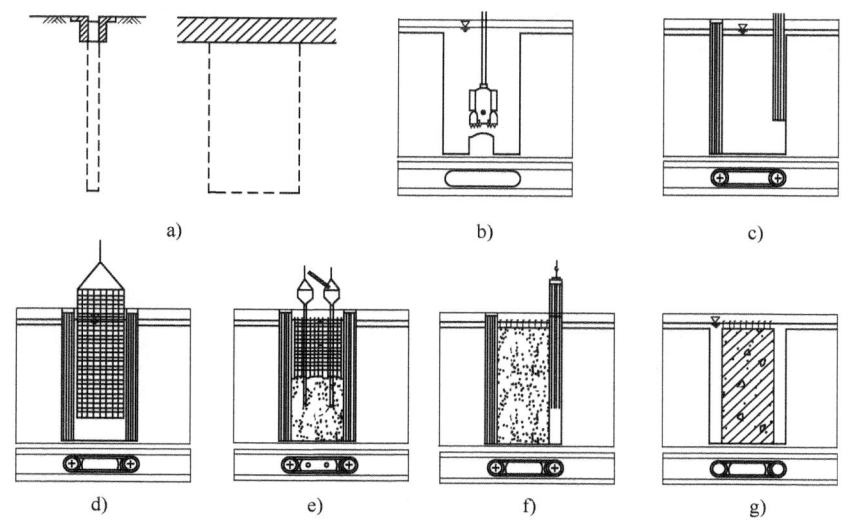

图 1-48 地下连续墙施工流程

地下连续墙施工

a) 准备开挖的地下连续墙沟槽 b) 用液压抓斗式成槽机进行沟槽开挖 c) 安放锁口管
d) 吊放钢筋笼 e) 水下浇注混凝土 f) 拔出锁口管 g) 已完工的槽段

地下连续墙具有墙体刚度大、整体性好，支护结构变形小，墙身抗渗能力强，施工低噪声、无振动，工程施工对周边环境影响小等显著优点，特别适用于地质条件差、紧邻周边建筑物、道路、地下管线的深基坑支护。与其他基坑支护结构比较，地下连续墙支护的成本较高，目前越来越多的工程是将地下连续墙支护同时作为地下建筑的结构外墙，并配合逆作法施工，以缩短工期、降低工程造价。地下连续墙施工时还要处理好弃土和废泥浆的问题，以减少对环境的污染。

地下连续的常用墙厚为 0.6、0.8、1.0 和 1.2m，而随着挖槽设备大型化和施工工艺的改进，地下连续墙厚度可达 2.0m 以上。上海世博 500kV 地下变电站基坑开挖深度为 34m，围护结构采用直径 130m 圆筒形地下连续墙，地下连续墙厚度为 1.2m，墙深为 57.5m。在具体工程中地下连续墙的厚度应根据成槽机的规格、墙体的抗渗要求、墙体的受力和变形计算等综合确定。确定地下连续墙单元槽段的平面形状和成槽宽度时需结合各方面的因素综合确定，如墙段的结构受力特性、槽壁稳定性、周边环境的保护要求和施工条件等。一般来说，壁板式一字形槽段宽度不宜大于 6m。

一般工程中地下连续墙入土深度为 10~50m，最大深度可达 150m。地下连续墙的入土深度需考虑挡土和隔水两方面的要求。作为挡土结构，地下连续墙入土深度需满足各项稳定性和强度要求；作为截水帷幕，当需要隔断地下水时，地下连续墙底部需进入隔水层以截断坑内外潜水及承压水的水力联系；当需要增加地下水绕流路径时，地下连续墙应插入基底以下足够深度。如根据隔水要求确定的地下连续墙入土深度大于受力和稳定性要求确定的入土深度，为了减少经济投入，地下连续墙为满足隔水要求加深的部分可采用素混凝土浇筑。

地下连续墙钢筋笼由纵向钢筋、水平钢筋、封口钢筋和构造加强筋构成。地下连续墙宜根据吊装过程中钢筋笼的整体稳定性和变形要求配置架立桁架等构造加强筋。钢筋笼下端500mm长度范围内宜按1:10收成闭合状，且钢筋笼的下端与槽底之间宜留有不小于500mm的间隙。单元槽段的钢筋笼宜在加工平台上装配成一个整体，一次性整体沉放入槽。当单元槽段的钢筋笼分段装配、沉放时，应采取地面预拼装措施。上下段钢筋笼的连接宜采用机械连接，接头的位置宜选在受力较小处，并相互错开。

地下连续墙施工接头是指地下连续墙各单元槽段之间的连接接头，根据受力特性可分为柔性接头和刚性接头。能够承受弯矩、剪力和水平拉力的施工接头称为刚性接头，不能承受弯矩和水平拉力的施工接头称为柔性接头。地下连续墙施工接头直接影响墙体的整体性、截水效果等，因此是地下连续墙施工的关键技术之一。图1-49所示为几种常见的地下连续墙施工接头。

锁口管接头是地下连续墙中最常用的接头形式之一，锁口管在地下连续墙混凝土浇注时作为侧模，可防止混凝土的绕流，同时在槽段端头形成半圆形或波形面，增加了槽段接缝位置地下水的渗流路径。锁口管接头构造简单，施工适应性较强，截水效果可满足一般工程的需要。圆形锁口管柔性接头如图1-49a所示。

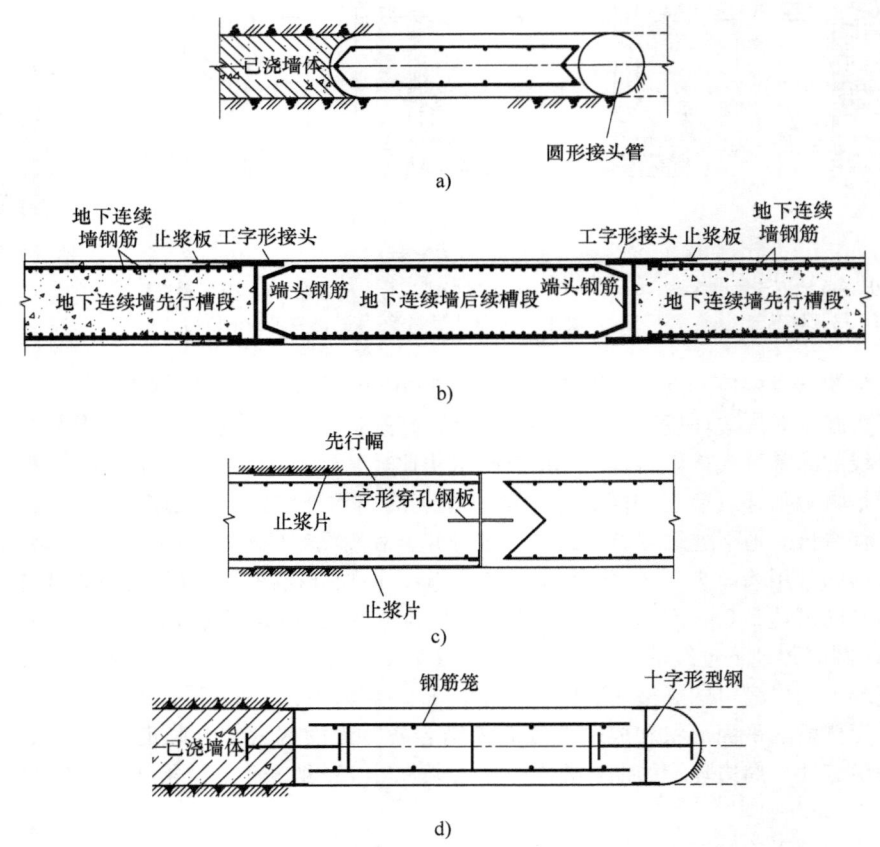

图1-49　常见的地下连续墙施工接头形式
a) 圆形锁口管柔性接头　b) 工字形型钢柔性接头
c) 十字形穿孔钢板刚性接头　d) 十字形型钢插入式刚性接头

工字形型钢柔性接头是采用钢板拼接的工字形型钢作为施工接头，型钢翼缘钢板与先行槽段水平钢筋焊接，后续槽段可设置接头钢筋深入到接头的拼接钢板区。该接头不存在无筋区，形成的地下连续墙整体性好。先后浇筑的混凝土之间由钢板隔开，加长了地下水渗透的绕流路径，截水性能良好。工字形型钢柔性接头的施工避免了常规槽段接头施工中锁口管或接头箱拔出的过程，大大降低了施工难度，提高了施工效率。该接头在直径130m、挖深34m的世博地下变电站圆筒形地下连续墙设计中得到成功应用。工字形型钢柔性接头如图1-49b所示。

十字形穿孔钢板刚性接头是地下连续墙工程中最常用的刚性接头形式之一，工艺较成熟。它是以开孔钢板作为相邻槽段间的连接构件，开孔钢板与两侧槽段混凝土形成嵌固咬合作用，可承受地下连续墙垂直接缝上的剪力，并使相邻地下连续墙槽段形成整体共同承担上部结构的竖向荷载，协调槽段的不均匀沉降；同时十字形穿孔钢板刚性接头也具备较好的截水性能。十字形穿孔钢板刚性接头如图1-49c所示。

十字形型钢插入式刚性接头是在工字形型钢柔性接头上焊接两块T形型钢，并且T形型钢锚入相邻槽段中，进一步增加了地下水的绕流路径，在增强截水效果的同时，增加了墙段之间的抗剪性能，形成的地下连续墙整体性好。十字形型钢插入式刚性接头如图1-49d所示。

地下连续墙施工接头种类和数量众多，在实际工程中在满足受力和截水要求的前提下，应结合地区经验尽量选用施工简便、工艺成熟的施工接头。锁口管柔性接头施工方便，构造简单，一般工程中在满足受力和截水要求的条件下宜优先采用锁口管柔性接头；当地下连续墙超深，顶拔锁口管困难时，则建议采用工字形型钢柔性接头。当根据结构受力要求需形成整体或当多幅墙段共同承受竖向荷载，墙段间需传递竖向剪力时，槽段间宜采用十字形穿孔钢板、十字形型钢插入式等刚性接头，并应根据实际受力状态验算槽段接头的承载力。

地下连续墙在成槽前，应构筑导墙（图1-50）。导墙多采用现浇钢筋混凝土结构，也有钢制的或预制钢筋混凝土的装配式结构，可供多次使用。导墙具有为地下连续墙定位、成槽导向，保护槽口，储存泥浆，稳定液位，防止坍塌，成槽机械、钢筋笼搁置点等施工荷载支承平台的作用。因此应精心施工，确保准确的宽度、平直度和垂直度。现浇导墙多采用C30钢筋混凝土，内外导墙间净距比地下连续墙厚度大40~60mm。导墙要对称浇筑，强度达到70%后方可拆模，拆除后立即设置上下两道10cm直径圆木（或10cm见方的方木）支撑，防止导墙向内挤压，支撑水平间距1.5~2.0m，上下为0.8~1.0m。导墙外侧填土应以黏土分层回填密实，防止地面水从导墙背后渗入槽内，并避免被泥浆掏刷后发生槽段坍塌。导墙顶墙面要水平，内墙面要垂直，底面要与原土面密贴。墙面不平整度小于5mm，竖向墙面垂直度应不大于1/500。内外导墙间距允许偏差为±5mm，轴线允许偏差为±10mm。混凝土养护期间成槽机等重型设备不应在导墙附近作业停留，成槽前支撑不允许拆除，以免导墙变位。

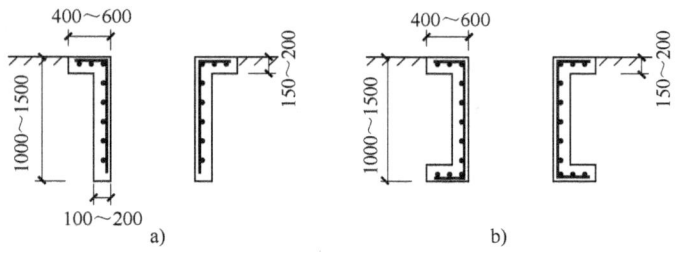

图1-50 常见的地下连续墙导墙形式

广泛采用的成槽（孔）机械主要有抓斗式成槽机、液压铣槽机、多头钻（也称为垂直多轴回转式成槽机）和旋挖式桩孔钻机等。挖槽需要在泥浆护壁下进行，泥浆是地下连续墙施工中成槽槽壁稳定的关键。泥浆材料的使用随着成槽工艺的发展主要有黏土泥浆、膨润土泥浆。成槽至成墙过程中，泥浆要与地下水、砂、土、混凝土等接触，膨润土、外加剂等成分会有所消耗，而且混入的一些土渣和电解质离子等，使泥浆受到污染而质量恶化。泥浆再生处理用重力沉淀、机械处理和化学处理联合进行效果最好。它是从槽段中回收的泥浆经振动筛除去其中较大的土渣，进入沉淀池进行重力沉淀，再通过旋流器分离颗粒较小的土渣，若还达不到使用指标，再加入掺加物进行化学处理，以达到新鲜泥浆的指标，循环利用。废弃的泥浆土渣可采用固化处理技术实现无害化处理，避免环境污染。

钢筋笼的起吊、运输和吊放应周密地制定施工方案，不允许在此过程中产生不能恢复的变形。根据钢筋笼质量选取主、副吊设备（图1-51），并进行吊点布置，对吊点局部加强，沿钢筋笼纵向及横向设置桁架增强钢筋笼整体刚度。选择主、副吊扁担，并须对其进行验算，还要对主、副吊钢丝绳、吊具索具、吊点及主吊把杆长度进行验算。钢筋笼的起吊应采用横吊梁或吊架。吊点布置和起吊方式要防止起吊时引起钢筋笼变形。插入钢筋笼时，最重要的是使钢筋笼对准单元槽段的中心，垂直而又准确地插入槽内。钢筋笼进入槽内时，吊点中心必须对准槽段中心，然后徐徐下降，此时必须注意不要因起重臂摆动或其他影响而使钢筋笼产生横向摆动，造成槽壁坍塌。钢筋笼插入槽内后，检查其顶端高度是否符合设计要求，然后将其搁置在导墙上。

图1-51 地下连续墙钢筋笼吊装

下放钢筋笼后应尽快用水下导管法浇注混凝土。由于导管内混凝土和槽内泥浆的压力不同，在导管下口处存在压力差使混凝土可从导管内流出。开始浇注混凝土时，导管应距槽底0.5m。在浇注混凝土过程中，导管下口总是埋在混凝土内1.5m以上，使从导管下口流出的混凝土将表层混凝土向上推动而避免与泥浆直接接触，否则混凝土流出时会把混凝土上升面附近的泥浆卷入混凝土内。但导管插入太深会使混凝土在导管内流动不畅，有时还可能产生钢筋笼上浮，因此无论何种情况下导管最大插入深度不宜超过9m。当混凝土浇注到地下连续墙顶部附近时，导管内混凝土不易流出，可降低浇注速度，将导管的最小埋入深度减为1m左右，并将导管上下抽动，但上下抽动范围不得超过30cm；墙顶混凝土需超浇30~50cm，以便凿除浮浆后，墙顶混凝土强度满足设计要求。

（2）支锚施工　深基坑工程中的支护结构一般可分为围护墙结合内支撑系统的桩（墙）撑形式、围护墙结合土层锚杆的桩锚结构。内支撑可以直接平衡两端围护墙上所受的侧压力，受力明确，可有效控制基坑变形，但内支撑的设置对挖土作业造成一定不利影响；桩锚结构中的锚杆设置在坑外土层中，为坑内挖土、结构施工留下了空间，有利于提高施工效率，但坑外锚杆可能对周边环境产生不利影响。土层锚杆如果超出项目建设用地红线，将会对后期地下空间的利用造成影响，另外，如果锚杆深入到周边建筑下面，则会由于锚杆施工扰动，对地面建筑产生不利影响，甚至产生开裂、沉降。

1）土层锚杆。土层锚杆（图1-52）是设置在土层下的拉锚形式。它的一端与围护墙连接，另一端锚固在土体中，将作用在支护结构上的荷载通过拉杆与土的摩阻力传递到周围稳定的土层中，形成桩（墙）锚支护形式。土层锚杆可沿基坑开挖深度布置多道，并随土方开挖逐层设置。

土层锚杆的施工工艺流程如下：土方开挖→钻孔→安放拉杆→灌浆→养护→安装锚头→张拉锁定→下层土方开挖→下层锚杆施工。

土层锚杆施工的主要机械设备为钻孔机,按工作原理可分为回旋式钻机、螺旋式钻机、旋转冲击式钻机及潜孔冲击钻等几类。锚杆成孔设备的选择应考虑岩土层性状、地下水条件及锚杆承载力的设计要求,成孔工艺应满足孔壁稳定性要求,并减小成孔过程中对土体的扰动。表1-5是各类锚杆钻机的适用土层表。不易塌孔的地层,宜采用长螺旋干作业钻进和清水钻进工艺,不宜采用冲洗液钻进工艺;地下水位以上的含有石块的较坚硬土层及风化岩地层,宜采用气动潜孔锤钻进或气动冲击回转钻进工艺;松散的可塑黏性土地层,宜采用回转挤密钻进工艺;易塌孔的砂土、卵石、粉土、软黏土、填土等地层及地下水丰富的地层,宜采用跟管钻进工艺或自钻式锚杆;在地下水位以下时,不宜采用干作业成孔工艺;对于膨胀土、湿陷性黄土等水敏性土层,不宜使用湿作业成孔工艺。

土层锚杆施工

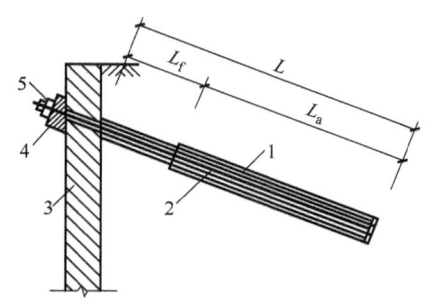

图1-52 土层锚杆
1—注浆锚固体 2—锚杆拉杆 3—围护墙
4—围檩 5—锚头 L_f—自由段
L_a—锚固段

表1-5 各类锚杆钻机的适用土层

钻机类型	适用土层
回转式钻机	黏性土、砂性土
螺旋式钻机	无地下水的黏土、粉质黏土及较密的砂层
旋转冲击式钻机	黏土类、砂砾、卵石类、岩石及涌水地基
潜孔冲击钻	孔隙率大、含水率低的土层

锚拉结构宜采用钢绞线锚杆,承载力要求较低时,也可采用钢筋锚杆;当环境保护不允许锚杆杆体长期滞留在地层内时,应采用可拆芯、可回收的钢绞线锚杆;锚杆锚固段不宜设置在淤泥、淤泥质土、泥炭、泥炭质土及松散填土层内;在复杂地质条件下,应通过现场试验确定锚杆的适用性。

为使拉杆能安置于钻孔中心,在拉杆上需设置定位器,其形式有三角形、环形等,间距为1.5~2m,以防止锚杆安放时触碰土壁,并使拉杆四周的锚固体均匀,以保证足够的握裹力。

锚固段注浆宜采用二次高压注浆法。第一次宜采用水泥砂浆低压注浆或重力注浆,灰砂比宜为1:0.5~1:1,水灰比不宜大于0.6;第二次宜采用水泥浆高压注浆,水灰比宜为0.45~0.55,注浆时间应在第一次灌注的水泥砂浆初凝后即刻进行,注浆压力宜为2.5~5.0MPa。注浆管应与锚杆杆体一起插入孔底,管底距离孔底宜为100~200mm。采用二次高压注浆法可以明显提高锚杆锚固力,但要掌握好二次高压注浆的时间。二次高压注浆的时间宜根据注浆工艺试验确定。

注浆养护完成后,可进行锚杆的预应力张拉、锁定。锚杆的张拉与施加预应力(锁定)应在锚杆固结体的强度达到15MPa或设计强度的75%后。张拉设备应根据锚杆材料配套选择,如单根粗钢筋锚杆,可采用螺杆锚具,采用拉杆式千斤顶;钢绞线可选用夹片式锚头,采用穿心式千斤顶。在锚杆锁定前,应按锚杆抗拔承载力的检测值进行锚杆预张拉,锁定时的锚杆拉力还应考虑锁定过程以及相邻锚杆张拉锁定引起的预应力损失,因此,锁定时的锚杆拉力可取锁定值的1.1~1.15倍,当锚杆预应力损失严重时,应进行再次张拉、锁定。

2) 内支撑系统。水平内支撑系统由水平支撑和竖向支撑两部分组成,围檩、水平支撑、钢立柱和立柱桩是内支撑体系的基本构件,典型的内支撑系统如图1-53所示。围檩是协调支撑和围护墙结构间受力与变形的重要受力构件,其可加强围护墙的整体性,并将其所受的水平力传递给支撑构件,因此要求具有较好的自身刚度和较小的垂直位移。水平支撑是平衡围护墙外侧水平作用力的主要构件,要求传力直接、平面刚度好而且分布均匀。钢立柱及立柱桩的作用是保证水平支撑的纵向稳定,加强支撑体系的空间刚度和承受水平支撑传来的竖向荷载,要求具有较好的自身刚度和较小的垂直位移。

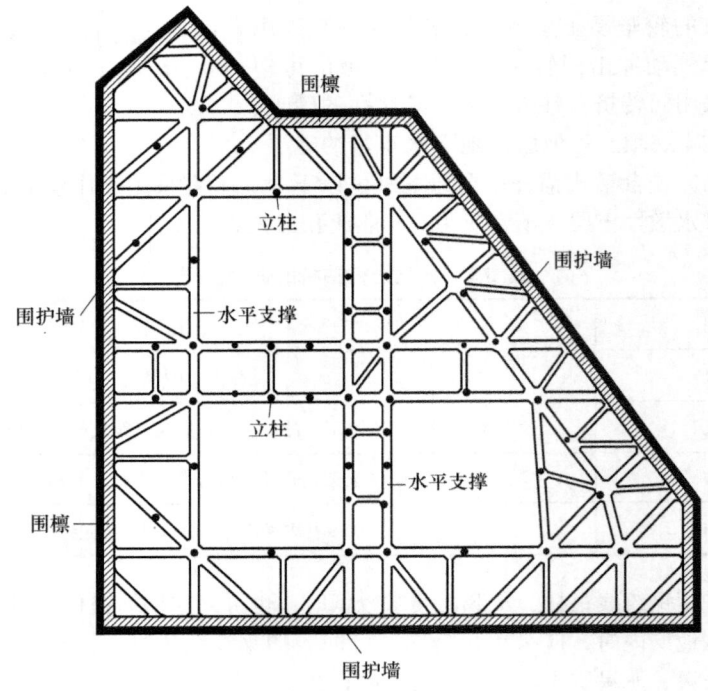

图1-53 内支撑系统

内支撑结构的施工与拆除顺序,应与设计工况一致。应首先进行施工分区和流程的划分,支撑的平面分区应结合土方开挖方案,按照"分区、分块、对称"的原则确定,竖向上必须做到"先撑后挖",随着土方开挖的进度及时跟进支撑的施工,尽可能减少开挖段无支撑暴露的时间,以控制基坑的变形和稳定。

立柱多采用钢格构柱或钢管立柱,立柱作为重要的竖向受力支承结构,其垂直度至关重要,将直接影响钢立柱的竖向承载力,钢立柱的施工应采用专门的定位调垂设备对其进行定位和调垂。

支撑拆除应在替换支撑的结构构件达到换撑要求的承载力后进行。当主体结构底板和楼板分块浇筑或设置后浇带时,应在分块部位或后浇带处设置可靠的传力构件。

1.3.4 基坑开挖方法

1. 基坑土方机械

(1) 基坑土方机械 基坑土方开挖一般均采用挖掘机施工,大面积基坑有时也采用推土机与挖掘机联合作业。挖掘机按行走方式分为履带式和轮胎式两种；按传动方式分为机械传动和液压传动两种。斗容量有 0.2m³、0.4m³、1.0m³、1.5m³、2.5m³ 等多种。挖掘机利用土斗直接挖土，因此也称为单斗挖土机，按土斗作业装置分为正铲、反铲、抓铲及拉铲，使用较多的是前三种。

1）正铲挖掘机。正铲挖掘机外形，如图 1-54 所示。它适用于开挖停机面以上的土方，且需与汽车配合完成整个挖运工作。正铲挖掘机挖掘力大，适用于开挖含水率较小的一至四类土和经爆破的岩石及冻土，一般用于大型无内支撑的基坑工程，也可用于场地平整施工。正铲挖掘机开挖方式根据开挖路线与汽车相对位置的不同分为正向开挖、侧向装土以及正向开挖、后方装土两种（图 1-55），前者生产率较高。

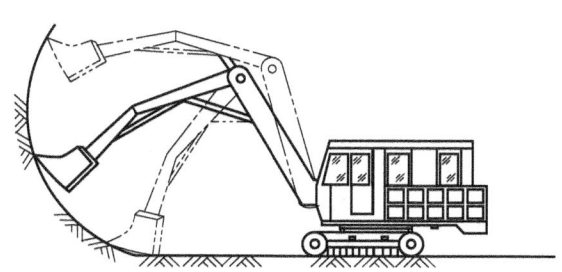

图 1-54　正铲挖掘机外形

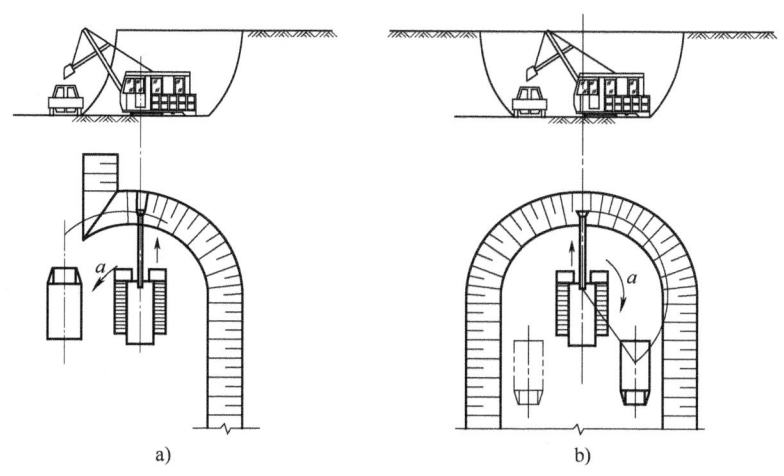

图 1-55　正铲开挖方式
a）正向开挖、侧向装土　b）正向开挖、后方装土

正铲挖掘机的生产率主要取决于每斗作业的循环延续时间。为了提高其生产率，除了工作面高度必须满足装满土斗的要求之外，还要考虑开挖方式和与运土机械配合。尽量减少回转角度，缩短每个循环的延续时间。

2）反铲挖掘机。反铲挖掘机适用于开挖一至三类的砂土或黏土，主要用于开挖停机面以下的土方，一般反铲挖掘机的挖土深度为 4~6m，经济合理的挖土深度为 3~5m，具有加长臂的反铲挖掘机开挖深度可达 10m 以上。反铲挖掘机也需要配备运土汽车进行运输。反铲挖掘机外形如图 1-56 所示。对无内支撑的基坑，反铲挖掘机开挖方式可以采用坑端开挖法（图 1-57a），即反铲挖掘机停于坑端，后退挖土，向沟一侧弃土或装汽车运走；也可采用坑侧开挖法（图 1-57b），即反铲挖掘机停于坑侧，沿坑边开挖，适用于较窄的基坑。开挖时可将土弃于距坑较远的地方，通常采用装车外运，当基坑深度较大时，则应采用分层开挖的方法。对有内支撑的基

反铲挖掘机作业

坑，采用反铲挖掘机开挖时一般需设置栈桥，反铲挖掘机停于栈桥上向下开挖，坑底由小型反铲挖掘机进行翻土，短距离翻运到栈桥上挖掘机的作业半径内，由栈桥上的挖掘机挖土提升至坑外，再由运土卡车外运。

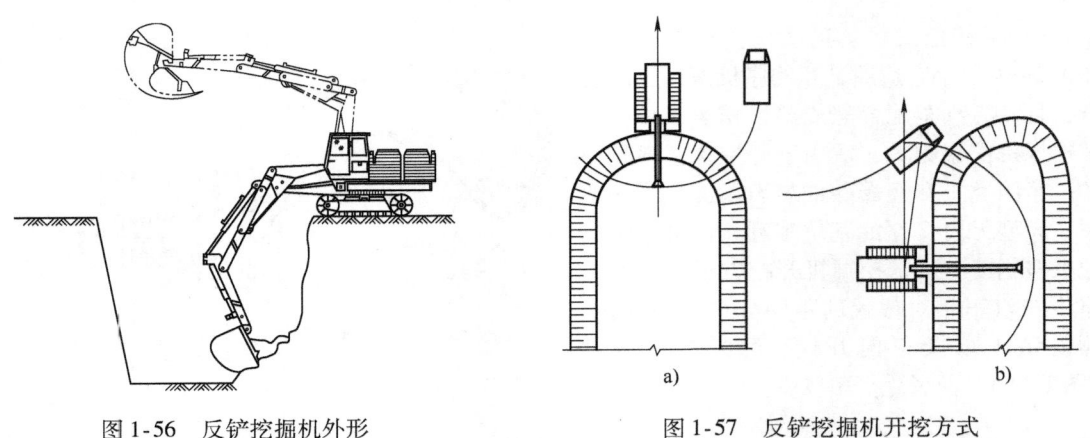

图 1-56 反铲挖掘机外形

图 1-57 反铲挖掘机开挖方式
a) 坑端开挖法 b) 坑侧开挖法

3) 抓铲挖掘机。抓铲挖掘机外形如图 1-58 所示。它适用于开挖一、二类较松软的土。对施工面狭窄而深的基坑、深槽、深井采用抓铲挖掘机可取得理想效果，也可用于场地平整中的土堆与土丘的挖掘。抓铲挖掘机还可用于挖取水中淤泥，装卸碎石、矿渣等松散材料。抓铲挖掘机也有采用液压传动操纵抓斗作业。

抓铲挖掘机挖土时，通常立于基坑一侧进行，对较宽的基坑则在两侧或四侧抓土。抓挖淤泥时，应避免起吊用力过猛，以防翻车。对有内支撑的深基坑，抓铲挖掘机则可立于混凝土栈桥上作业。

4) 拉铲挖掘机。拉铲挖掘机适用于开挖一至三类土，可开挖停机面以下的土方，如较大基坑（槽）和沟渠，挖取水下泥土，也可用于大型场地平整、填筑路基、堤坝等。其外形及工作状况如图 1-59 所示。

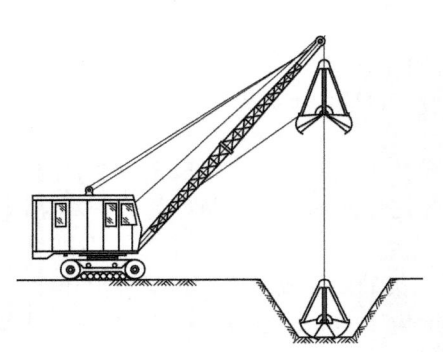

图 1-58 抓铲挖掘机外形

图 1-59 拉铲挖掘机外形及工作状况

拉铲挖掘机挖土时，依靠土斗自重及拉索拉力切土，卸土时斗齿朝下，利用惯性，较湿的黏土也能卸净。拉铲挖掘机挖土边坡及坑底平整度较差，需更多的人工修坡（底）。它的开挖方式有坑端开挖和坑侧开挖两种。

（2）挖掘机与运土车辆的配合 当挖掘机挖出的土方需要运土车辆运走时，挖掘机的生产率不仅取决于本身的技术性能,而且还取决于运输车辆是否与之协调。

挖掘机的生产率 P (m³/台班) 可查定额或按下式计算:

$$P = \frac{8 \times 3600}{t} q \frac{K_c}{K_s} K_B \tag{1-19}$$

式中　t——挖掘机每次作业循环延续时间 (s);
　　　q——挖掘机斗容量 (m³);
　　　K_s——土的最初可松性系数,见表 1-2;
　　　K_c——土斗的充盈系数,可取 0.8~1.1;
　　　K_B——工作时间利用系数,一般为 0.6~0.8。

根据土方量大小、工期长短以及挖掘机的生产率,可以估算出所需的挖掘机数量。

为了使挖掘机充分发挥生产能力,应使运土车辆的载重量 Q 与挖掘机的每斗土重保持一定的倍率关系,并有足够的运土车辆以保证挖掘机连续工作。最合适的车辆载重量和车辆数量应当是使土方施工单价最低。运土车辆的数量 N 为

$$N = \frac{T}{t_1 + t_2} \tag{1-20}$$

式中　T——自卸汽车每次工作循环延续时间 (s),由装车时间、重车运输时间、卸车时间、车辆返回时间及等待装车时间组成;
　　　t_1——运土车辆调头而使挖掘机等待的时间 (s);
　　　t_2——运土车辆装满一车土的时间 (s)。

$$\begin{cases} t_2 = nt \\ n = \dfrac{10Q}{q \dfrac{K_c}{K_s} \gamma} \end{cases} \tag{1-21}$$

式中　n——运土车辆每车装土次数;
　　　t——挖掘机每次工作循环延续时间 (s);
　　　Q——运土车辆的载重量 (t);
　　　q——挖掘机斗容量 (m³);
　　　γ——土的重度 (kN/m³)。

装土场地布置应考虑车辆调头方法及停车位置。如在坑边设置双车道,使汽车不用调头,以缩短调头时间、等待时间。

2. 基坑土方开挖

基坑土方开挖可分为无内支撑分层开挖、有内支撑的分层开挖、盆式开挖、岛式开挖及逆作法开挖等,工程中可根据具体条件选用。在有内支撑的基坑中,应遵循"开槽支撑、先撑后挖、分层开挖、严禁超挖"的原则。对大型基坑,还应分块开挖,缩小基坑敞开面积,以利于减小基坑变形。此外,土方开挖的顺序、方法必须与设计工况相一致。基坑(槽)土方开挖时应对支护结构、周围环境进行巡视检查和监测,如出现异常情况应及时处理,待恢复正常后方可继续施工。

(1) 无内支撑分层开挖　无内支撑支护结构可分为悬臂式 (图 1-60a)、拉锚式 (图 1-60b)、重力式 (图 1-60c)、土钉墙 (图 1-60d) 等几种。无内支撑支护的土壁可垂直向下开挖,因此,不需在基坑边留出很大的场地,其开挖也应分层施工。这种基坑开挖在地下结构完成后,坑边回填土方工作量较小。

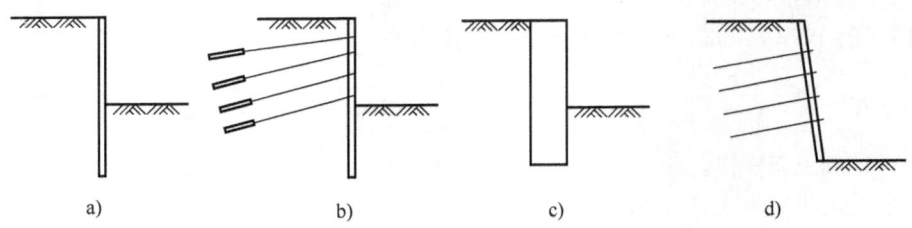

图1-60 无内支撑支护的基坑开挖
a) 悬臂式 b) 拉锚式 c) 重力式 d) 土钉墙

有内支撑的
基坑开挖

（2）有内支撑的分层开挖 在基坑较深、土质较差的情况下，一般支护结构需在基坑内设置支撑。有内支撑支护的基坑土方开挖比较困难，土方分层开挖主要考虑与支撑施工相协调。图1-61所示为某三道内支撑的基坑工程施工全过程示意图，从图1-61可见在有内支撑支护的基坑施工较复杂。

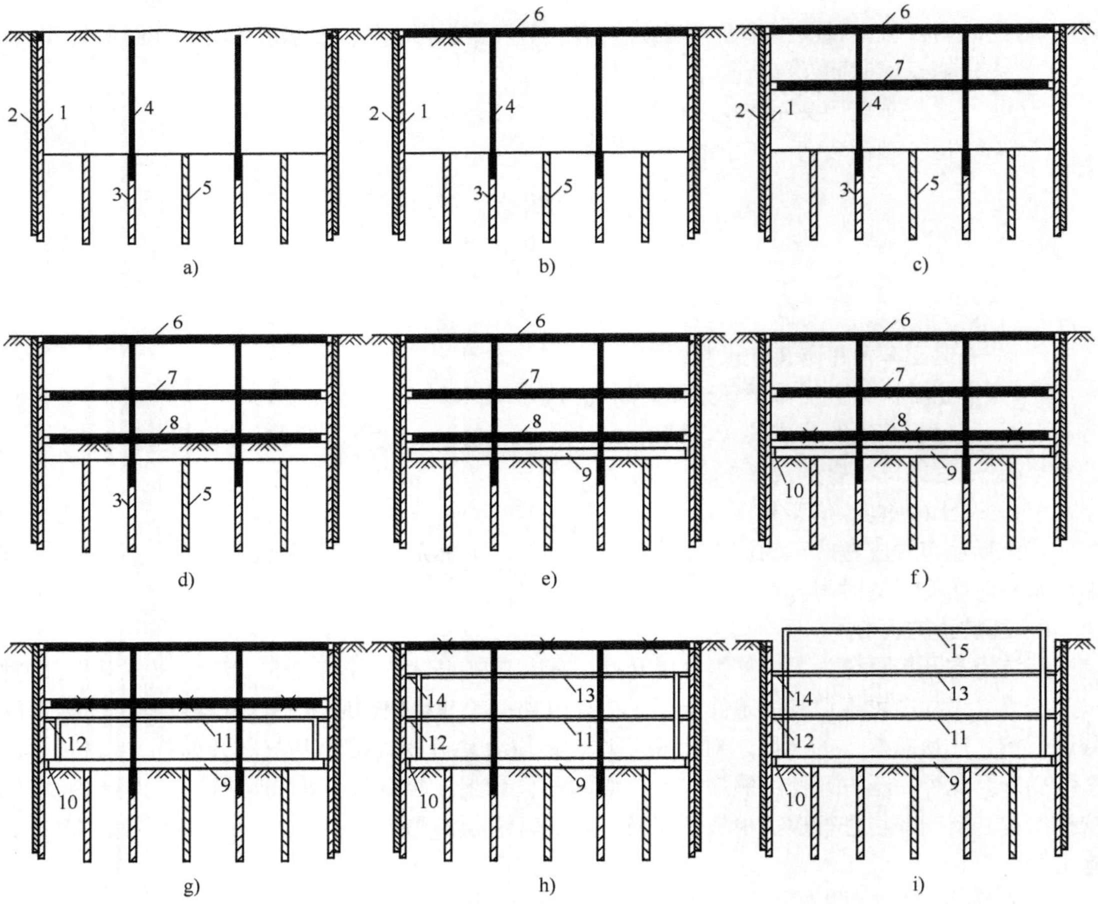

图1-61 设有三道内支撑的基坑施工流程
1—围护墙 2—截水帷幕 3—立柱桩 4—钢立柱 5—工程桩 6—第一道支撑 7—第二道支撑 8—第三道支撑
9—底板 10—底板换撑 11—B2板 12—B2板换撑 13—B1板 14—B1板换撑 15—B0板

图 1-61 所示的基坑施工流程，包括了基坑开挖（a～e）及地下结构回筑（e～i）两个阶段。

1）第一阶段：
① 施工围护墙、截水帷幕以及立柱桩和钢立柱（图 1-61a）。
② 第一层土方开挖，设置第一道支撑（图 1-61b）。
③ 第二层土方开挖，设置第二道支撑（图 1-61c）。
④ 第三层土方开挖，设置第三道支撑（图 1-61d）。
⑤ 第四层土方开挖（图 1-61e）。

2）第二阶段：
① 施工地下室底板（图 1-61e）。
② 底板换撑，拆除第三道支撑（图 1-61f）。
③ B2 板施工，并进行换撑，拆除第二道支撑（图 1-61g）。
④ B1 板施工，进行换撑，拆除第一道支撑（图 1-61h）。
⑤ B0 板施工，拆除临时钢立柱（图 1-61i）。

设置土层锚杆的基坑施工流程，在土方开挖阶段（图 1-61a～e）与内支撑的基坑类似，只是将支撑施工改为锚杆施工，但在结构回筑阶段，则无须换撑，可直接施工主体结构。当然，一些环境保护要求较高的基坑，在回筑时也会设置换撑，但其作用主要是控制支护结构的位移，受力仍由锚杆承担。

（3）盆式开挖 盆式开挖适用于基坑面积大、支撑或拉锚作业困难且无法放坡的基坑。它的开挖过程是先开挖基坑中央部分，形成盆式（图 1-62a），可利用留置的坑边土坡减小开挖阶段支护结构的变形，此时的土坡相当于"土支撑"；随后再施工中央区域内的基础底板及地下室结构（图 1-62b），形成"中心岛"；在地下室结构达到一定强度后按"先撑后挖"的原则，在支护结构与"中心岛"之间设置支撑，开挖留坡部位的土方（图 1-62c）；最后再施工边缘部位的地下室结构（图 1-62d）。盆式开挖方法支撑用量小、费用低、盆式部位土方开挖方便，这在基坑面积很大的情况下尤其显出优越性，因此，在大面积基坑施工中非常适用。但这种施工方法对地下结构需设置后浇带或在施工中留设施工缝，将地下结构分两阶段施工，对结构整体性及防水性有一定的影响。

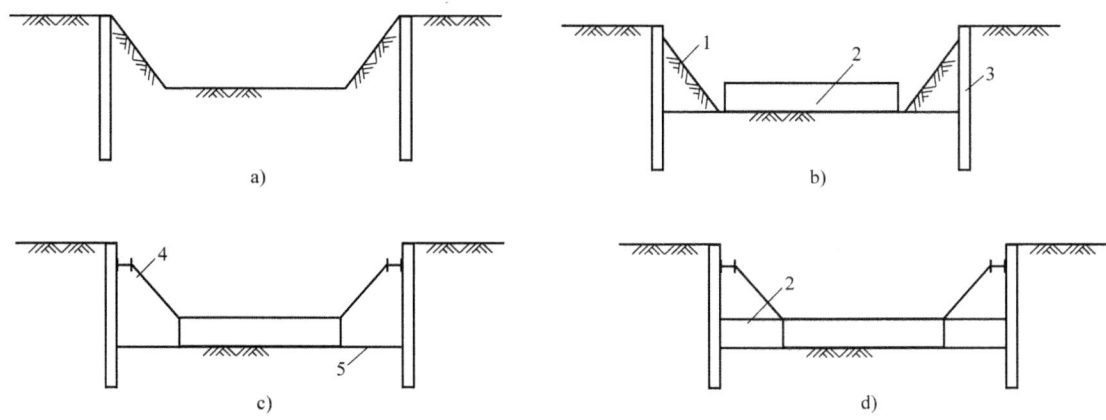

图 1-62 盆式开挖方法
a）中心开挖 b）中心地下结构施工 c）边缘支撑设置及土方开挖 d）边缘地下结构施工
1—边坡留土 2—基础底板 3—支护墙 4—支撑 5—坑底

（4）岛式开挖 基坑中央留土，先开挖基坑四周，后开挖中央的开挖方式（图1-63）。适用于有环撑、环梁式支撑、边桁架支撑的大型基坑。岛式开挖可利用中心岛为支点架设出土栈桥，挖土及运土速度快。缺点是围护结构暴露时间早，受荷时间长，在软土中时间效应明显，可能增大围护结构的变形量。

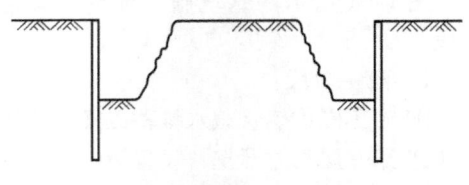

图1-63 岛式开挖方法

1.3.5 基坑及周边环境监测

1. 监测目的

基坑及周边环境监测的主要目的是对基坑支护结构、周围岩土体及周边环境中存在的各种风险进行辨识、分析、评价和预测，为动态设计、信息化施工提供依据。基坑开挖与降水引起岩土体应力场和渗流场重分布，引起岩土体位移，从而导致地表下沉、周边建（构）筑物沉降和地下管线变形及位移等问题，只有做好可靠的监测分析与预测，才能采取有效的针对性措施控制施工引起的过大变形，确保工程本身和周边建（构）筑物及地下管线等的安全。基坑及周边环境监测是基坑工程不可缺少的组成部分。结合岩土工程分析手段和工程经验，监测数据具有反映基坑工程安全状态、预测施工风险的作用，因此监测数据可以称为基坑工程的"体温表"和安全施工的"眼睛"，是判断基坑稳定性、周边环境安全、优化设计和指导基坑工程安全施工最重要的信息化手段。

随着我国基坑工程监测技术的成熟，为规范监测行为，确保监测质量以及工程结构和周边环境安全，我国颁布了国家标准《建筑基坑工程监测技术标准》（GB 50497—2019），形成了较完善的基坑及周边环境的变形-受力监控量测体系。

2. 监测项目

监测项目应与基坑工程设计、施工方案相匹配；应针对监测对象的关键部位进行重点观测；各监测项目的选择应利于形成互为补充、验证的监测体系。基坑工程现场监测应采用仪器监测与现场巡视检查相结合的方法。

表1-6是《建筑基坑工程监测技术标准》规定的土质基坑工程仪器监测项目。图1-64所示为典型地铁车站基坑监测系统图。

表1-6 土质基坑工程仪器监测项目

监测项目	基坑工程安全等级		
	一级	二级	三级
围护墙（边坡）顶部水平位移	应测	应测	应测
围护墙（边坡）顶部竖向位移	应测	应测	应测
深层水平位移	应测	应测	宜测
立柱竖向位移	应测	应测	宜测
围护墙内力	宜测	可测	可测
支撑轴力	应测	应测	宜测
立柱内力	可测	可测	可测
锚杆轴力	应测	宜测	可测
坑底隆起	可测	可测	可测
围护墙侧向土压力	可测	可测	可测

(续)

监测项目		基坑工程安全等级		
		一级	二级	三级
孔隙水压力		可测	可测	可测
地下水位		应测	应测	应测
土体分层竖向位移		可测	可测	可测
周边地表竖向位移		应测	应测	宜测
周边建筑	竖向位移	应测	应测	应测
	倾斜	应测	宜测	可测
	水平位移	宜测	可测	可测
周边建筑裂缝、地表裂缝		应测	应测	应测
周边管线	竖向位移	应测	应测	应测
	水平位移	可测	可测	可测
周边道路竖向位移		应测	宜测	可测

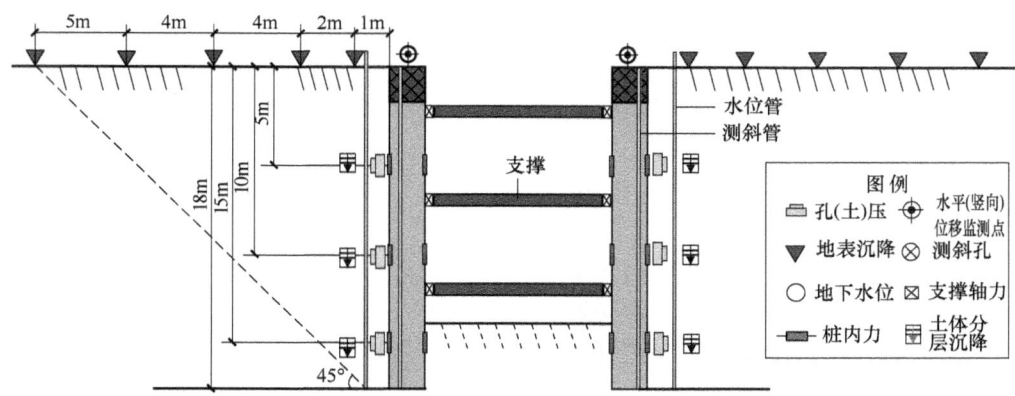

图 1-64 典型地铁车站基坑监测系统图

3. 施工监测

基坑工程实施监测前,应先编制施工监测方案。施工监测方案应根据工程的施工特点,分析研究工程风险及影响工程安全的关键部位和关键工序,有针对性地编制。编制前除收集资料外,还应进行现场踏勘。施工监测方案主要包括:监测范围、监测对象及监测项目,基准点、监测点的布设,监测方法和精度等级,监测期和监测频率,监测数据分析及信息反馈,监测预警等。

基坑及周边环境监测

基坑工程主要监测的物理量为位移、应力、应变、压力等。相应于以上监测物理量,监测仪器可以分为以下三类:用于位移监测的仪器,主要包括水准仪、经纬仪、全站仪、测斜仪、分层沉降仪等;用于支护结构内力和应变、周围岩土体压力及孔隙水压力监测的仪器,主要包括振弦式频率仪、电阻应变仪等,如支撑轴力计、锚杆轴力计、土压力计、孔隙水压力计、混凝土应变计等;用于其他物理量监测的仪器,如用于爆破振动监测的爆破振动仪和用于地下水位监测的水位计等。

监测点的布置应能反映监测对象的实际状态及其变化趋势，监测点应布置在监测对象受力及变形关键点和特征点上，并应满足对监测对象的监控要求。监测点的布置不应妨碍监测对象的正常工作，并且便于监测、易于保护。监测标志应稳固可靠、标示清晰。

基坑工程现场监测应采用仪器监测与现场巡视检查相结合的方法。监测方法的选择应根据监测对象的监控要求、现场条件、当地经验和方法适用性等因素综合确定，监测方法应合理易行，仪器监测可采用现场人工监测或自动化实时监测，监测精度必须满足基坑及周边环境的监控要求。

施工监测频率的确定是监测工作的重要内容。监测频率与施工方法、施工进度、工程所处的地质条件、周边环境条件、施工作业面所处的位置关系，以及监测对象和监测项目的自身特点等密切相关；同时，监测频率还直接决定了监测工作量和监测费用。确定监测频率的总原则是应满足系统反映所测项目的重要变化过程而又不遗漏其变化时刻的要求，满足对监测对象的监控要求。选择科学、合理的监测频率有利于监测工作的有效开展。

基坑工程工作状态一般呈现出正常、异常和危险三种情况。异常是指监测对象受力或变形呈现出不符合一般规律的状态。危险是指监测对象的受力或变形呈现出低于结构安全储备、可能发生破坏的状态。基坑工程应建立监测预警管理制度。当监测值达到或超过预警值时，应及时进行预报警，设计、施工、监测等相关部门应及时共同研究分析预警原因，并采取相应措施。当基坑出现危险状态时，必须立即启动应急措施，避免事故的发生。监测预警是工程监测的重要工作，通过警情报送能够使各方及时掌握现场情况，及时分析原因采取应对措施，避免事故的发生，因此监测预警也是监测人员的重要职责。

■ 1.4 地下水控制

1.4.1 地下水控制的含义

当地下水位自然变化对建设工程产生不利影响，或因建设工程降水对周边建筑物、周边设施产生不利影响时，应采取有效控制措施。地下水控制措施应保证建设工程安全，并不得危及周边建（构）筑物、地下管线、道路、城市轨道交通等市政设施的安全和影响正常使用。

建设工程的地下水控制主要包括降水（疏干、减压）、截水、回灌、监测以及周边环境（建筑物、地下管线、道路）保护、地下水资源保护与综合利用等。

在基坑开挖过程中，当开挖面低于地下水位时，由于土的含水层被切断，地下水会不断地渗入基坑内。如果不采取降水措施及时排走流入基坑内的水，不仅会使施工条件恶化，无法满足机械设备和人员的作业条件，而且地基土被水浸泡后，容易造成边坡塌方、地基承载力下降等。此外，当基坑下遇有承压含水层时，若不降水减压，坑底还有可能被承压水冲溃，造成突涌破坏。因此，为了保证施工质量与安全，在基坑开挖前和开挖过程中，必须采取有效措施控制地下水位，使基坑在开挖及地下结构施工时始终保持干燥。无论采用哪种降水方法，降水均应持续到地下结构及防水施工完毕，且土方回填并满足结构抗浮后方可停止降水。

基坑降水在降低坑内水位的同时，还会使基坑周围一定范围内地下水位也降低，从而引起土体的固结下沉，建筑物、道路、管线变形，严重时甚至造成开裂。为了防止事故的发生，工程中常采取在基坑四周设置截水帷幕、地下水回灌、水位及周边环境监测等措施，控制降水对周边环境的不利影响。

地下水控制工程应采取措施防止地下水水质恶化，且不得造成不同水质类别的地下水混融。

1.4.2 流砂及其防治

基坑挖土至地下水位以下，当土质为细砂土或粉砂土的情况时，往往会出现一种称为"流砂"的现象，即土颗粒顺渗流水不断地从基坑边或基坑底部冒出的现象。一旦出现流砂，土体边挖边冒流砂，土体完全丧失承载力，致使施工条件恶化，基坑难以挖到设计深度，严重时会引起基坑边坡塌方，邻近建筑因地基被掏空而出现开裂、下沉、倾斜甚至倒塌。

流砂及管涌的危害

流砂现象产生的原因是水在土中渗流所产生的动水压力 G_D 对土体作用的结果。动水压力 G_D 与水力坡度 i 成正比，即水位差越大，渗透路径 L 越短，则 G_D 越大。当动水压力大于土的浮重度 γ'_w，且方向相反时，土颗粒处于悬浮状态，土颗粒会随渗流的水一起流动，涌入基坑内，形成流砂。细颗粒、松散、饱和的非黏性土特别容易发生流砂现象。

产生流砂的主要原因是动水压力的大小和方向。当动水压力方向向上且大于土的浮重度时，土颗粒被带出从而形成流砂；而当动水压力方向向下时，土颗粒的流动方向向下，可使土体稳定。因此，在基坑开挖中，防治流砂应从"治水"着手。防治流砂的基本原则是减少或平衡动水压力，或设法使动水压力方向向下，或截断地下水流。其具体措施包括：

（1）设截水帷幕法　基坑围护结构（如水泥土墙、地下连续墙、排桩加桩间或桩后帷幕、连续咬合的板桩墙）打入基坑底面以下一定深度，形成封闭的截水帷幕，截断地下水或增加地下水从基坑外流入基坑内的渗流路径长度，从而减小动水压力，防止流砂产生。

（2）人工降低地下水位法　采用井点降水法（如轻型井点、管井井点等）降低地下水位的同时，改变地下水的渗流方向，使其向井点滤水管流动，则动水压力的方向向下，从根本上解决流砂现象发生动因，可有效地防止流砂的发生，因此，此法得到广泛应用。

（3）冻结法　将出现流砂区域的土进行冻结，阻止地下水的渗流，以防止流砂发生。

（4）抢挖并抛大石块法　抢挖并抛大石块法适用于治理局部的或轻微的流砂。土方开挖时，分段开挖，抢挖土方，使挖土速度超过冒砂速度，在挖至标高后立即在坑底铺竹席、芦席，并抛大石块，以平衡动水压力，将流砂压住。

（5）枯水期施工法　枯水期地下水位较低，基坑内外水位差小，动水压力小，不易产生流砂。

1.4.3 集水井降水

集水井降水一般适用于降水深度较小且土层为粗粒土层或渗水量小的黏性土层。当井点降水仍有局部区域降水深度不足时，也可辅以集水井降水。

能否采用集水井降水的关键是要分析能否发生流砂现象。集水井降低地下水时，水泵抽水井中动水的流动方向向上，基坑下的土有时会形成流动状态而随着地下水流入基坑，形成流砂。如降水深度较大或土层为细砂、粉砂、粉土，采用集水井应注意防止流砂的产生，必要时应采用井点降水法。

集水井一般在基坑或沟槽开挖后设置，土方开挖到坑底后，先沿坑底的周围或中央开挖排水沟，并设置集水井。土方开挖后地下水在重力作用下经排水沟流入集水井内，然后用水泵抽出至坑外。如果开挖深度较大，地下水渗流严重，则应逐层开挖，逐层设置（图1-65）。

集水井应设置在基础范围以外，排水沟一般沿基础四周布置，当基坑面积较大时，可在基础下设置盲沟，盲沟连通至集水井。排水沟纵坡坡度宜控制在1‰~2‰。集水井的间距主要根据土的含水率、渗透系数、基坑平面形状及水泵能力确定，一般每隔20~40m设置一个。

集水井的直径或宽度一般为 0.6~0.8m，其深度随着挖土的加深而加深，并保持低于挖土面 0.7~1.0m。坑壁可用砖垒筑，也可用竹筐、木板等简易加固。当基坑挖至设计标高后，集水井底应低于基坑底面 1.0~2.0m，并铺设碎石滤水层（约 0.3m 厚）或采用双层滤水层 [下部砾石（约 0.1m 厚）、上部粗砂（约 0.1m 厚）]，以免由于抽水时间过长而将泥砂抽出，并防止坑底土被扰动。

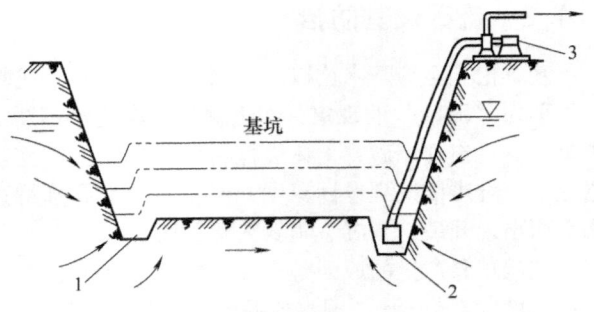

图 1-65 集水井降水
1—排水沟 2—集水井 3—水泵

1.4.4 井点降水

1. 井点降水原理及作用

井点降水就是在基坑开挖前，预先在基坑四周和内部埋设一定数量的井点管，在基坑开挖前和开挖过程中，利用抽水设备通过井点管从土中不断抽取地下水，将地下水位降低并维持在基坑底部以下。

井点降水的作用主要有以下几方面：

1) 防止地下水涌入坑内（图 1-66a）。
2) 防止边坡由于地下水的渗流而引起塌方（图 1-66b）。
3) 降低基坑内外水位差，防止坑底出现管涌（图 1-66c）。
4) 减小围护墙后水压力的作用（图 1-66d）。
5) 土中降水，改变动水流动方向，防止流砂现象发生（图 1-66e）。
6) 水位降低后，还能促进土体固结沉降，增强地基土的承载能力。

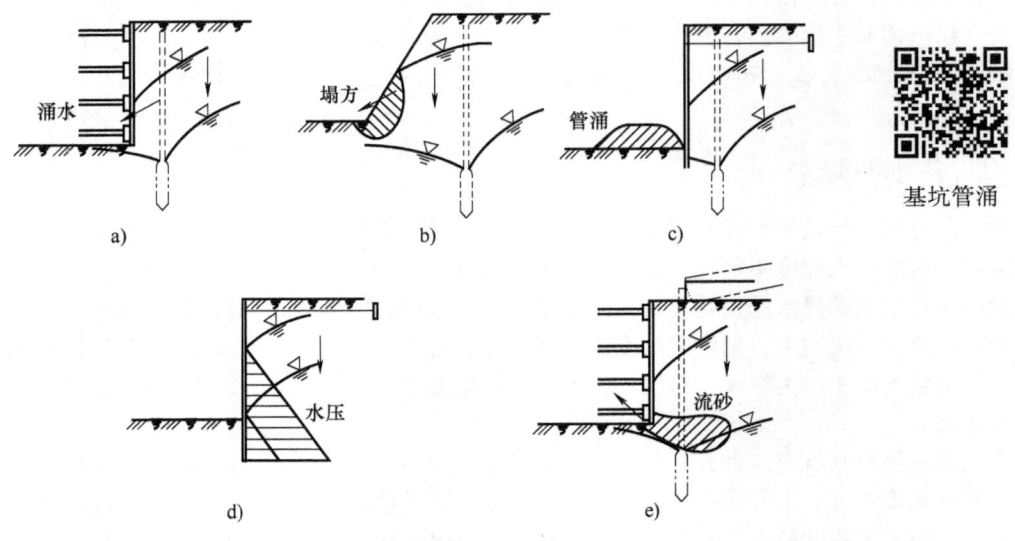

图 1-66 井点降水的作用

基坑管涌

2. 井点降水的类型

井点降水的类型有轻型井点、喷射井点和管井井点等。一般根据土的渗透系数、降水深度、设备条件及经济比较等因素确定，可参照表1-7选择。各种降水井点中轻型井点、管井井点应用十分广泛，下面重点介绍这两种降水井点。

表1-7　各种井点的适用范围

降水类型	适用范围	
	土的渗透系数/(cm/s)	可能降低的水位深度/m
一级轻型井点	$10^{-2} \sim 10^{-5}$	3～6
多级轻型井点	$10^{-2} \sim 10^{-5}$	6～12
喷射井点	$10^{-3} \sim 10^{-6}$	8～20
管井井点	$10^{-1} \sim 10^{-3}$	>10

3. 轻型井点降水

（1）轻型井点组成

1）井点系统轻型井点设备。井点系统轻型井点设备（图1-67）由管路系统和抽水设备组成。管路系统包括井点管、滤管、弯联管及总管。

井点管为直径38～51mm，长5～8m的钢管。井点管的上端用弯联管与总管相连。

滤管（图1-68）为进水设备，通常采用长1.0～1.5m、内径与井点管内径相等的无缝钢管，管壁钻有直径为12～19mm的滤孔。骨架管外面包两层孔径不同的生丝布或塑料布滤网。为使流水畅通，在骨架管与滤网之间用塑料管或梯形镀锌钢丝隔开，塑料管沿骨架管绕成螺旋形。滤网外面再绕一层粗钢丝保护网、滤管下端为铸铁塞头。滤管上端与井点管连接。

轻型井点降水

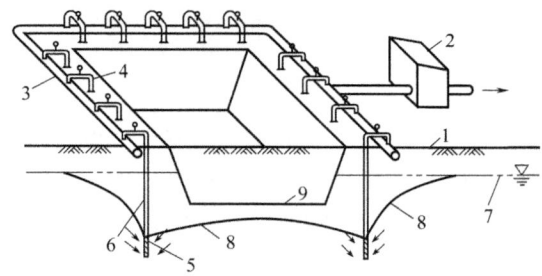

图1-67　轻型井点设备
1—地面　2—水泵　3—总管　4—弯联管
5—滤管　6—井点管　7—原地下水位
8—降落后的水位　9—基坑底

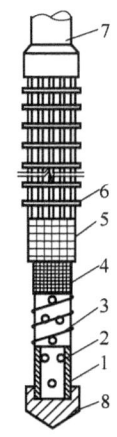

图1-68　滤管构造
1—钢管　2—管壁上的孔　3—塑料管
4—细滤网　5—粗滤网　6—粗钢丝保护网
7—井点管　8—铸铁塞头

集水总管为直径100～127mm的无缝钢管，每段长4m，其上端有井点管连接的短接头，间距为0.8m或1.2m。

2）抽水设备。常用的抽水设备有干式真空泵、射流泵等。干式真空泵由真空泵、离心泵和水气分离器（又称为集水箱）等组成，其工作原理如图1-69所示。抽水时先开动真空泵，将水气分离器内部抽成一定程度的真空，使土中的水分和空气受真空吸力作用而吸出，进入水气分离器当进入水气分离器内的水达一定高度，即可开动离心泵。在水气分离器内水和空气向两个方向流去：水经离心泵排出；空气集中在上部由真空泵排出，少量从空气中带来的水从放水口排出。

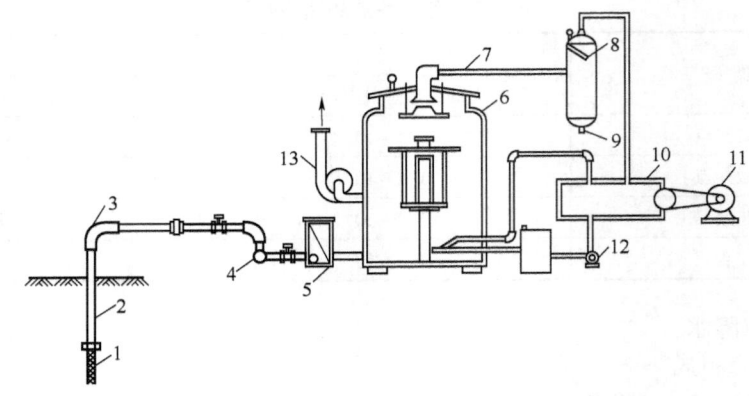

图 1-69　干式真空泵工作原理

1—滤管　2—井点管　3—弯联管　4—集水总管　5—过滤室　6—水气分离器　7—进水管
8—副水气分离器　9—放水口　10—真空泵　11—电动机　12—循环水泵　13—离心泵

一套抽水设备的负荷长度（即集水总管长度）为 100～120m。常用的干式真空泵有 W5、W6 以及新型的 WL 型，W5、W6 干式真空泵，最大负荷长度分别为 80m 和 100m，有效负荷长度为 60m 和 80m。

（2）轻型井点设计

1）设计的基础资料。降水设计前应掌握的基础资料包括工程地质和水文地质资料、基坑周边环境资料、基坑支护设计资料以及降水设备条件等。一般要求掌握的水文地质参数包括地下水含水层厚度、土的渗透系数、承压或非承压水及地下水变化情况、不透水层的位置，必要时还应掌握为估算因降水引起的地面沉降所需参数，如孔隙比、压缩系数、压缩模量、泊松比等。要求了解的工程情况主要有：基坑（槽）形状、大小及深度和支护布置，摸清降水影响范围内的建筑物或公共设施状况及降水对其可能造成的影响。此外尚应了解设备条件，如泵的抽吸能力等。

2）平面布置。轻型井点平面布置可采用单排布置（图 1-70a）、双排布置（图 1-70b）和环形布置（图 1-70c），当土方施工机械需进出基坑时，也可采用 U 形布置（图 1-70d）。

单排布置适用于基坑、槽宽度小于 6m，且降水深度不超过 5m 的情况，井点管应布置在地下水的上游一侧，两端的延伸长度不宜小于坑槽的宽度。双排布置适用于基坑宽度大于 6m 的沟槽，对淤泥质粉质黏土有时坑宽不大于 6m，也采用双排布置。环形布置适用于面积较大的基坑，当基坑宽度超过 30m 时，应根据地质情况在基坑内部增设单排或多排井点。采用 U 形布置时，井点管不封闭的一段应在地下水的下游方向。总管布置线形随基坑形状布置，但尽可能选择直线、折线，不应弯弯曲曲造成安装困难，且易导致漏气。

集水总管上的短接头间距一般为 0.8m 或 1.2m，井点管布置间距应符合集水总管短接头间距模数。在基坑四周总管拐弯附近，井点间距宜适当加密。井点管至基坑侧壁边沿宜保持一定距离，一般不小于 0.7m，以防漏气。

一套抽水设备一般能带动的总管长度为 100m 左右，超过时需布设两套或多套泵系统抽吸，并使总管断开或装闸阀，使总管内水流分向流向泵设备，避免紊流。总管分段宜选择在拐弯处，并使各段大致相等。

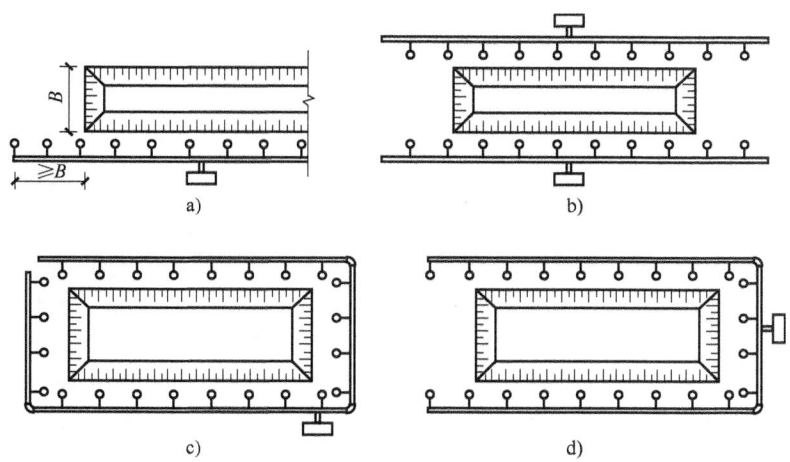

图 1-70 井点的平面布置
a) 单排布置　b) 双排布置　c) 环形布置　d) U形布置

平面布置还要充分考虑排水出路，并尽量远离基坑，以防回水。

3) 高程布置。高程布置是确定井点管埋深，即总管埋设面至滤管上口的距离，主要考虑降低后的水位应控制在基坑底面标高以下，保证坑底干燥。高程布置（图 1-71）可按下式计算：

$$h \geqslant h_1 + \Delta h + iL \tag{1-22}$$

式中　h——井点管埋深（m）；

　　　h_1——总管埋设面至基底的距离（m）；

　　　Δh——降深安全间隙，即基坑底至降低后的地下水位线的距离（m）；

　　　i——水力坡度（对单排布置的井点，i 取 1/4～1/5；对双排布置的井点，i 取 1/7；对 U 形或环形布置的井点，i 取 1/10）；

　　　L——井点管至基坑中心的水平距离（当单排布置时，为井点管至基坑远侧的水平距离）（m）。

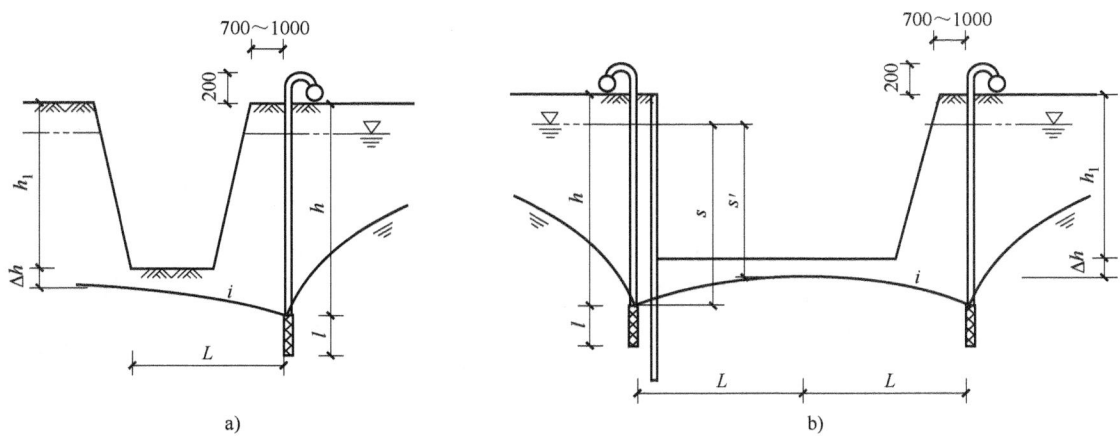

图 1-71 井点高程布置计算
a) 单排井点　b) 双排或环形井点

为充分发挥井点的有效降深，宜尽可能降低总管高程，但埋设面不宜低于地下水位，以免影响总管以上的土方开挖。当降低总管埋设面后，水泵的最大抽吸深度仍不能达到井点管的埋置深度时，可考虑采用其他辅助性或临时性特殊排水技术措施配合降深的方法，也可采用两级井点降水。

4）涌水量计算。

① 水井分类。确定井点管数量时，需要知道井点管系统的涌水量。井点管系统的涌水量根据水井理论进行计算。根据地下水有无压力，水井分为无压井和承压井。当水井布置在具有潜水自由面的含水层中时（即地下水面为自由面），称为无压井；当水井布置在承压含水层中时（含水层中的水充满在两层不透水层间，含水层中的地下水面具有一定水压），称为承压井。根据水井底部是否达到不透水层，水井分为完整井和非完整井。当水井底部达到不透水层时称为完整井；否则称为非完整井。因此，井分为无压完整井、无压非完整井、承压完整井、承压非完整井四大类，如图1-72所示。各类井的涌水量计算方法都不同，实际工程中应分清水井类型，并采用相应的计算方法。

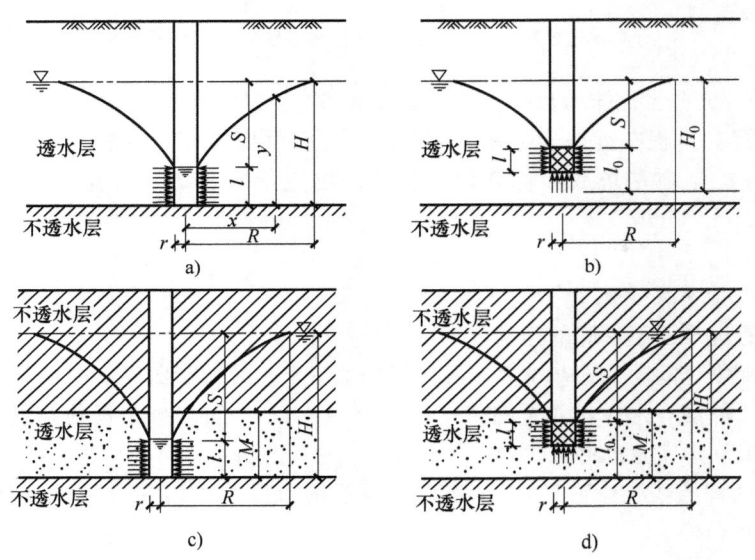

图1-72 水井的分类
a）无压完整井 b）无压非完整井 c）承压完整井 d）承压非完整井

② 水井涌水量计算。

a. 无压完整井涌水量计算。目前有关水井的计算方法主要以法国水利学家裘布依（Dupuit）的水井理论为基础。

裘布依的水井理论对无压完整井的基本假定（简称，裘布依基本假定）是：在抽水影响半径内，从含水层的顶面到底面任意点的水力坡度是一个恒值，并等于该点水面处的斜率。抽水前地下水是静止的，即天然水力坡度为零。对于承压水，顶板、底板是隔水的；对于潜水，适用于井边水力坡度不大于1/4，底板隔水，含水层是均质水平的；地下水为稳定流（不随时间变化）。

当均匀地在井内抽水时，井内水位开始下降。经过一定时间的抽水，井周围的水面就由水平面变成降低后的弯曲水面，最后该曲线渐趋稳定，成为向井边倾斜的水位降落漏斗。图1-73所示为无压完整井抽水时的水位变化情况。在纵剖面上流线是一系列曲线，在横剖面上水流的过水断面与流线垂直。

由此可导出单井涌水量的裴布依微分方程，设不透水层底为 x 轴，取井中心轴为 y 轴，对于距井轴 x 处水流的过水断面近似地看作一垂直的圆柱面，其面积为

$$\omega = 2\pi xy \tag{1-23}$$

式中 x——井中心至过水断面处的距离；

y——距井中心 x 处水位降落曲线的高度（即此处过水断面的高度）。

根据裴布依基本假定，这一过水断面水流的水力坡度是一个恒值，并等于该水面处的斜率，则该过水断面的水力坡度 $i = dy/dx$。

由达西定律水在土中的渗透速度为

$$v = ki \tag{1-24}$$

由式（1-23）和式（1-24）及裴布依基本假定，可得到单井的涌水量 Q（m³/d）为

$$Q = \omega v = \omega ki = \omega k \frac{dy}{dx} = 2\pi xyk\frac{dy}{dx} \tag{1-25}$$

将式（1-25）分离变量，即

$$2y dy = \frac{Q}{\pi k}\frac{dx}{x} \tag{1-26}$$

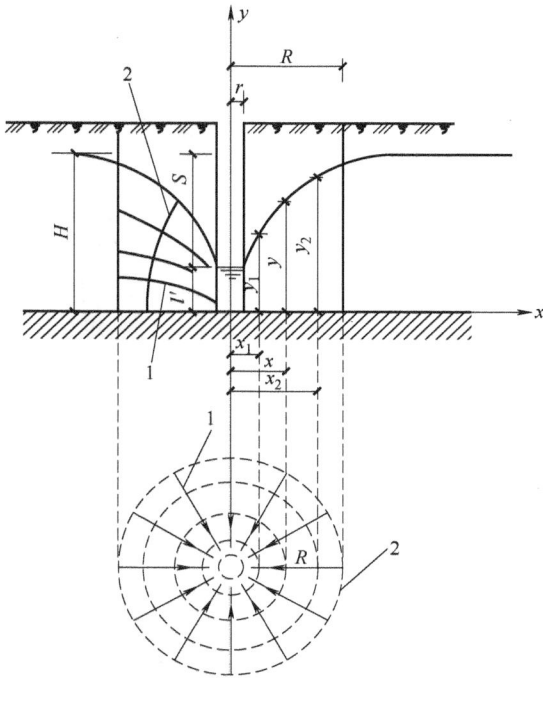

图 1-73　无压完整井（单井）涌水量计算简图
1—流线　2—过水断面

水位降落曲线在 $x = r$ 时，$y = l'$；在 $x = R$ 时，$y = H$。l' 为水井中的水深，H 为含水层的厚度。对式（1-26）两边积分，得

$$\int_{l'}^{H} 2y dy = \int_{r}^{R} \frac{Q}{\pi k}\frac{dx}{x}$$

$$H^2 - l'^2 = \frac{Q}{\pi k}\ln\frac{R}{r}$$

于是

$$Q = \pi k \frac{H^2 - l'^2}{\ln R - \ln r}$$

设水井中水位降落值为 S，$l' = H - S$，则

$$Q = \pi k \frac{(2H-S)S}{\ln R - \ln r} \quad \text{或} \quad Q = 1.364k\frac{(2H-S)S}{\lg R - \lg r} \tag{1-27}$$

式中 k——土的渗透系数（m/d）；

H——含水层的厚度（m）；

S——水井处水位降落值（m）；

R——水井的降水影响半径（m）；

r——井的半径（m）。

裴布依理论的计算与实际有一定出入，这是由于过水断面并非圆柱面，且该处的水力坡度也非恒值，在靠近井的四周附近误差较大，但对于离井外有相当距离处，其误差是很小的（图 1-73）。

式（1-27）是无压完整单井的涌水量计算公式，但在井点系统中，各井点管布置在基坑周围，许多井点同时抽水，即处于群井抽水工作状态，其总的涌水量并不是各井点管内涌水量简单

相加。群井涌水量的计算，可把由各井点管组成的群井系统视为一口大的单井，设该井为圆形，假设在群井抽水时，每一井点管（视为单井）在大圆井外侧的影响范围不变，仍为 R，则有 $R' = R + x_0$。在上述单井的推导过程中积分的上下限为：x 由 $x_0 \longrightarrow R'$，y 由 $l' \to H$。于是，由式（1-26）积分可得群井的涌水量，即基坑涌水量 Q（m³/d）计算公式（图1-74）为

$$Q = \pi k \frac{(2H - S')S'}{\ln R' - \ln x_0} \quad 或 \quad Q = 1.364 k \frac{(2H - S')S'}{\lg R' - \lg x_0} \tag{1-28}$$

式中 H——含水层厚度（m）；

R'——群井降水影响半径（m），$R' = R + x_0$；

x_0——由井点管围成的等效大井的半径（m）；

S'——由井点管围成的等效大井的水位降落值，即基坑设计降水深度（m）。

式（1-28）为实际应用的无压完整井群井系统涌水量，即基坑涌水量 Q 的计算公式。

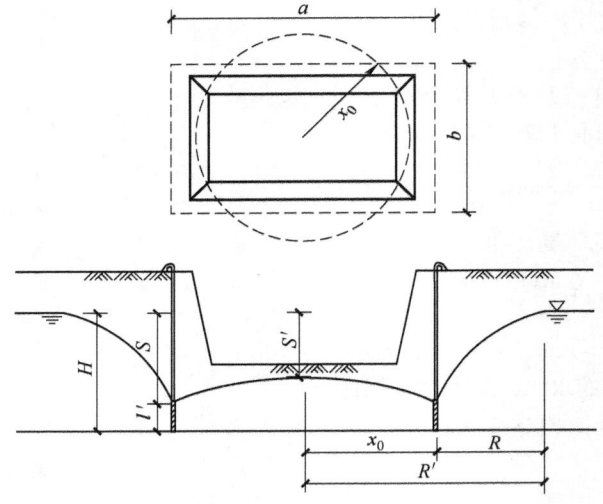

图 1-74 无压完整井（群井）涌水量计算简图

b. 无压非完整井。在实际工程中往往会遇到无压非完整井的井点系统（图1-75），这时地下水不仅从井侧面渗入，还从井底渗入，因此涌水量要比完整井大。为了简化计算，仍可采用式（1-27）或式（1-28）。此时，式中 H 换成有效含水层厚度 H_0，即假定抽水时 H_0 范围内受到抽水影响，H_0 以下的水不受抽水影响，因而也可将 H_0 视为抽水影响深度。无压非完整井的涌水量对于单井为

$$Q = \pi k \frac{(2H_0 - S)S}{\ln R - \ln r} \quad 或 \quad Q = 1.364 k \frac{(2H_0 - S)S}{\lg R - \lg r} \tag{1-29}$$

对于群井为

$$Q = \pi k \frac{(2H_0 - S')S'}{\ln R' - \ln x_0} \quad 或 \quad Q = 1.364 k \frac{(2H_0 - S')S'}{\lg R' - \lg x_0} \tag{1-30}$$

式中 H_0——有效含水层厚度（m）；

S'——基坑降水设计深度（m）；

其他符号意义同前。

H_0 可查表1-8。当计算得到的 H_0 大于实际含水层厚度 H 时，取 $H_0 = H$。

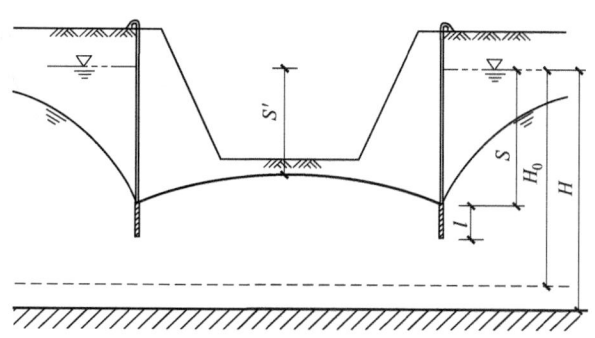

图 1-75 无压非完整井计算简图

表 1-8 含水层有效厚度 H_0 计算

$S/(S+l)$	0.2	0.3	0.5	0.8
H_0	$1.3(S+l)$	$1.5(S+l)$	$1.7(S+l)$	$1.84(S+l)$

注：1. S 为井点管中的水位降落值（m）；l 为滤管长度（m）。

2. $S/(S+l)$ 的中间值可采用插法求 H_0。

应用上述公式时，先要确定 x_0、R、k。

由于基坑大多不是圆形，因而不能直接得到 x_0。当矩形基坑长宽比不大于 5 时，环形布置的井点可近似作为圆形井来处理，并用面积相等原则确定，此时将近似圆的半径作为矩形水井的假想半径，即

$$x_0 = \sqrt{\frac{F}{\pi}} \tag{1-31}$$

式中 x_0——环形井点系统的假想半径（m）；

F——环形井点所包围的面积（m^2）。

抽水影响半径与土的渗透系数、含水层厚度、水位降落值及抽水时间等因素有关。在抽水 2~5d 后，水位降落漏斗基本稳定，此时抽水影响半径可近似地按下式计算：

$$R = 2S'\sqrt{Hk} \tag{1-32}$$

式中，H 为含水层厚度，当为无压非完整井时，H 代换为 H_0，S'、H 的单位为 m；k 的单位为 m/d。

渗透系数 k 对计算结果影响较大。k 值的确定可由实验室或现场抽水试验测定。对重大工程，宜采用现场抽水试验以获得较准确的值。

关于承压水井的涌水量计算较为复杂，本书不一一分析。

5）井点管数量计算。涌水量计算后，可根据涌水量布置井点数量，井点管最少数量由下式确定：

$$n' = \frac{Q}{q} \tag{1-33}$$

式中 q——单根井管的最大出水量（m^3/d），由下式确定：

$$q = 65\pi dl\sqrt[3]{k} \tag{1-34}$$

式中 d、l——滤管的直径及长度（m）；

其他符号意义同前。

根据布置的井点总管长度及井点管数量，井点管间距容易求得。

实际采用的井点管间距 D 应当与总管上接头尺寸相适应，即尽可能采用 0.8m、1.2m、1.6m 或 2.0m，实际采用的井点数一般应当增加 10% 左右，以防井点管堵塞等影响抽水效果。

【例 1-3】 某工程基坑坑底尺寸为 $40\text{m} \times 20\text{m}$，坑深为 6.0m，地下水位在地面下 2.0m，不透水层在地面下 12.3m，渗透系数 $k=15\text{m/d}$，基坑拟四面放坡，边坡坡度为 1:0.5，现拟采用轻型井点降低地下水位，井点系统最大抽水深度为 7.0m。试绘制井点系统的平面和高程布置图，并计算涌水量。

解： 1) 高程布置。井点采用环形布置，井点系统最大抽水深度为 7.0m，采用长度 7.0m、管径 48mm 的井点管，滤管长度为 1.2m。井点管埋深为

$$h \geq h_1 + \Delta h + iL$$

坑深 $h_1 = 6\text{m}$；井点环形布置，i 取 1/10；坑底中心至降低后水位线的距离 Δh 取 0.5m，井点管中心至基坑中心的距离 $L = (10 + 6 \times 0.5 + 0.7)\text{m} = 13.7\text{m}$。

则井点管最小埋深为 $h_1 + \Delta h + iL = \left(6 + 0.5 + \dfrac{1}{10} \times 13.7\right)\text{m} = 7.87\text{m}$，大于井点系统最大抽水深度（$h = 7.0\text{m}$），故需降低集水总管埋设面。

基坑上口边坡下挖 1.2m 设置平台，平台宽 1m，集水总管埋设面降至该平台，则井点管埋深能够满足降水要求。高程布置，如图 1-76a 所示。

2) 计算涌水量。不透水层在地面下 12.3m，井点埋置深度为地面下 9.2m（含滤管长度 1.2m），所以该井点系统为无压非完整井群井，涌水量计算公式为

$$Q = 1.364k \dfrac{(2H_0 - S')S'}{\lg R' - \lg x_0}$$

① 基坑设计降水深度 S' 为 $S' = 4.5\text{m}$。

② 有效含水层厚度 H_0：查表 1-8，当 $S/(S+l) = 6/(6+1.2) = 0.83$ 时，H_0 计算值为 $1.84(S+l) = 1.84 \times (6+1.2)\text{m} = 13.25\text{m}$，已知含水层厚度 H 为 10.3m，两者取小值，则 H_0 取 10.3m。

③ 环形井点等效半径为 x_0，即

$$x_0 = \sqrt{\dfrac{F}{\pi}}$$

$F = (40 + 2 \times 4.8 \times 0.5 + 2 \times 0.7) \times (20 + 2 \times 4.8 \times 0.5 + 2 \times 0.7)\text{m}^2 = 1210.44\text{m}^2$。则 $x_0 = \sqrt{\dfrac{F}{\pi}} = \sqrt{\dfrac{1210.44}{3.14}}\text{m} = 19.63\text{m}$

④ 抽水影响半径 R，即

$$R = 2S'\sqrt{Hk} = 2 \times 4.5 \times \sqrt{10.3 \times 15}\text{m} = 111.87\text{m}$$

$$R' = x_0 + R = (19.63 + 111.87)\text{m} = 131.50\text{m}$$

将 S'、H_0、x_0、R' 代入公式，基坑总涌水量为

$$Q = 1.364k \dfrac{(2H_0 - S')S'}{\lg R' - \lg x_0} = 1.364 \times 15 \times \dfrac{(2 \times 10.3 - 4.5) \times 4.5}{\lg 131.50 - \lg 19.63}\text{m}^3 = 1794.58\text{m}^3$$

3) 计算单井出水量。

$$q = 65\pi dl\sqrt[3]{k} = 65 \times 3.14 \times 0.048 \times 1.2 \times \sqrt[3]{15}\text{m}^3/\text{d} = 28.99\text{m}^3/\text{d}$$

4) 计算井点管数量。井点管最少数量为

$$n' = \dfrac{Q}{q} = \dfrac{1794.58}{28.99} 根 = 61.90 \text{ 根} \approx 62 \text{ 根}$$

实际采用扩大 10%，取 69 根。

5）平面布置。

① 计算井点管间距。井点管围成的周长为

(40 + 2×4.8×0.5 + 2×0.7)m×2 + (20 + 2×4.8×0.5 + 2×0.7)m×2 = 144.8m

井点管最大间距为 144.8m/69 = 2.10m。实际取井点管间距 2.0m。

② 轻型井点降水平面布置。总管周长超过 100m，需布设两套泵系统抽吸，总管分段选择在拐弯处，两段长度大致相等。平面布置，如图 1-76b 所示。

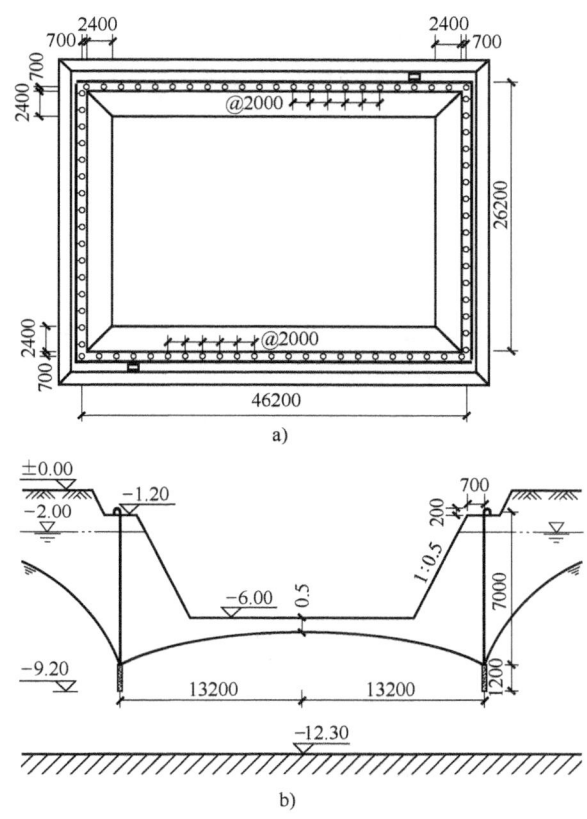

图 1-76 平面布置和高程布置
a) 高程布置 b) 平面布置

（3）轻型井点施工

1）准备工作。轻型井点施工前准备工作包括井点设备、动力电源及必要材料准备，开挖排水沟，降水影响范围建筑物、管线等监测点布设以及制定防止周边建筑物、管线沉降的措施等。

2）井点系统施工。轻型井点的施工程序为：排放总管→成孔→埋设井点管→用弯联管将井点管与总管接通→安装抽水设备→试运行→正式抽水。

井点管的埋设一般用水冲法进行，并分为冲孔与埋管（图 1-77）两个过程。

冲孔时，先用起重机设备将冲管吊起并插在井点的位置上，然后开动高压水泵，将土冲松，冲管则边冲边沉。冲孔直径一般为 300mm，以保证井管四周有一定厚度的砂滤层，冲孔深度宜比滤管底深 0.5m 左右，以防冲管拔出时，部分土颗粒沉于底部而触及滤管底部。

井孔冲成后，立即拔出冲管，插入井点管，并在井点管与孔壁之间迅速填灌砂滤层以防孔壁塌土。砂滤层的填灌质量是保证轻型井点顺利抽水的关键。一般宜选用干净粗砂，填灌均匀，并填至滤管顶上1~1.5m，以保证水流畅通。

井点填砂后，须用黏土封口，以防漏气。

井点系统全部安装完毕后，需进行试抽，以检查有无漏气现象。开始抽水后不宜停抽。时抽时停，滤网易堵塞，也容易抽出土粒，并引起附近建筑物由于土粒流失而沉降开裂。正常的排水是细水长流，出水澄清。通过试运行，如发现井管失效，应采取措施使其恢复正常，如无可能恢复则应报废，另行设置新的井管。

抽水时需要经常检查井点系统工作是否正常，以及检查观测井中水位下降情况，当有较多井点管发生堵塞，影响降水效果时，应逐根用高压水反向冲洗或拔出重埋。

井点系统的拆除必须在地下室或地下结构物竣工，基坑进行回填土后进行。另外，井点管的拔出应在基础及已施工部分的自重大于浮力的情况下进行，且底板混凝土必须要有一定的强度，防止因水浮力引起地下结构浮动或破坏底板。拔出井点管通常借助倒链、起重机等，拔管后所留的孔洞应用砂或土填塞。对有防渗要求的地基，地面以下2m范围可用黏土填塞密实。

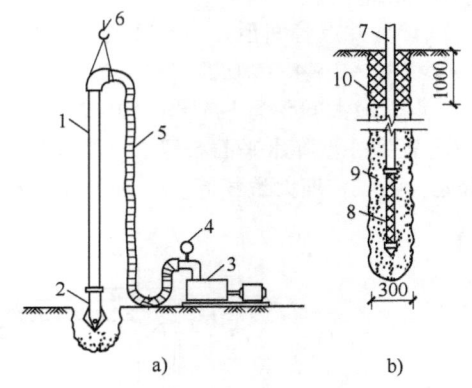

图 1-77　井点管的埋设
a）冲孔　b）埋管
1—冲管　2—冲嘴　3—高压水泵　4—压力表
5—胶管　6—起重机吊钩　7—井点管
8—滤管　9—填砂　10—黏土封口

4. 管井井点降水

（1）管井井点组成　管井井点就是沿基坑周边和坑内每隔一定距离设置一口降水管井，每口降水管井单独用一台水泵抽水以降低地下水位。管井井点降水适用于粉土、砂土、碎石土、岩石等，降水深度不限，是目前应用非常广泛的降水方式。

管井井点的设备主要由井管及水泵组成，如图1-78所示。管井成孔后，将钢制井管或混凝土井管沉入，井管周围填充滤料，洗井后安装水泵，经试抽后才正式降水运营。

（2）管井设计　降水管井宜根据基坑面积、平面形状、开挖深度及环境要求合理布置。当未设置截水帷幕或坑外布置降水管井时，应重点分析降水对周边环境的影响，当预测降水对周边环境（建筑物、地下管线等）的影响可能超过周边环境承受能力时，应将降水管井布设在基坑内部，并在坑外设置截水帷幕。坑内布置降水管井时，应避开承台、地梁、地下室结构梁和剪力墙的位置，从而不影响基坑及地下室结构的施工。当坑底以下存在承压含水层时，应分析基坑深度、承压水头和承压含水层顶板的厚度等因素的影响，考虑是否需要在坑内或坑外设置减压井以降低承

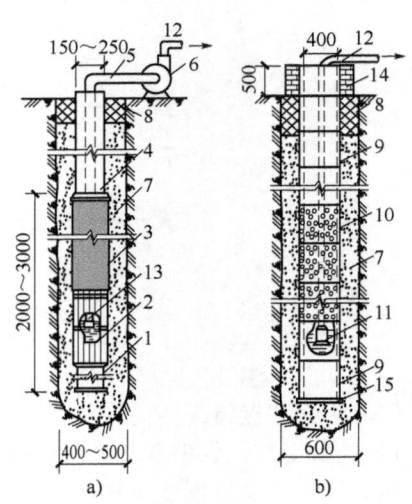

图 1-78　管井井点
a）钢制井管井点　b）混凝土井管井点
1—沉砂管　2—钢筋焊接骨架　3—滤网
4—管身　5—吸水管　6—离心泵
7—小砾石滤水层　8—黏土封口
9—混凝土实管　10—水泥砾石管
11—潜水泵　12—出水管
13—吸水龙头　14—井台　15—封底板

压水头、减小压力,防止坑底管涌甚至突涌的发生。

1)降水管井的深度。降水管井的深度可根据基底深度、降水深度、含水层的埋藏分布、地下水类型、降水管井的设备条件以及降水期间的地下水位动态等因素确定,即

$$H_w = H_{w1} + H_{w2} + H_{w3} + H_{w4} + H_{w5} + H_{w6} \quad (1\text{-}35)$$

式中 H_w——降水管井的深度(m);

       H_{w1}——基底深度(m);

       H_{w2}——降水水位距离基坑底要求的深度(m);

       H_{w3}——可按 ir_0 取值;i 为水力梯度,在降水管井深度范围内宜为 1/10~1/15;r_0 为降水管井分布范围内的等效半径或降水管井排间距的 1/2(m);

       H_{w4}——降水期间的地下水位变幅(m);

       H_{w5}——降水管井过滤器工作长度(m);

       H_{w6}——沉砂管长度(m),宜为 1~3m。

2)基坑涌水量及单井出水量计算。基坑涌水量可根据地下水类型、补给条件、降水管井的完整性以及布井方式等因素确定,计算公式同轻型井点群井计算公式[式(1-28)]。

设计单井出水量可根据降水管井类型、地层等按以下公式计算:

① 非圆周等距布置的一般工程的降水管井,各单井的出水量计算。

承压井

$$q = \frac{2\pi kMS}{\lg \dfrac{R^n}{r_1 r_2 \cdots r_n}} \quad (1\text{-}36)$$

潜水井

$$q = \frac{\pi k(H^2 - h^2)}{\lg \dfrac{R^n}{r_1 r_2 \cdots r_n}} \quad (1\text{-}37)$$

② 按圆周等距布置的降水管井系统的单井出水量计算。

承压井

$$q = \frac{2\pi kMS}{\lg \dfrac{R^n}{nr_w r^{n-1}}} \quad (1\text{-}38)$$

潜水井

$$q = \frac{\pi k(H^2 - h^2)}{\lg \dfrac{R^n}{nr_w r^{n-1}}} \quad (1\text{-}39)$$

式中 q——单井出水量(m³/d);

         h——基坑动水位至含水层底板的距离(m);

         r_w——抽水井的半径(m);

         S——抽水井的计算降深(m),计算降深应大于或等于设计降深;

         n——降水管井点数;

r_1、r_2、…、r_n——各井点至基坑中心的距离(m)。

降水设计中各单井出水量之和应大于基坑涌水量,且单井出水量应小于单井出水能力。管井的单井出水能力应选择群井抽水中水位干扰影响最大的井,并可按下式确定:

$$q' = 120\pi rl\sqrt[3]{k} \quad (1\text{-}40)$$

式中 q'——单井出水能力(m³/d);

r——过滤器直径（m）；
l——过滤器进水部分长度（m）；
k——含水层渗透系数（m/d）。

管井过滤器长度宜与含水层厚度一致，当含水层较厚时，过滤器长度可按下式计算：

$$l = \frac{q}{\pi d n_e v} \tag{1-41}$$

式中 q——单井出水量（m³/d）；
n_e——滤水管的有效孔隙率，宜为滤水管进水表面孔隙率的50%；
d——滤水管的外径（m）；
v——滤水管的进水流速（m/s），可由经验公式 $v = \frac{\sqrt{k}}{15}$ 求得。

3）管井的布设。管井的布设可采用面状、单排或双排布设，管井应避开支护结构、工程桩、立柱、加固区及坑内布设的监测点，临时设置的降水管井和观测孔孔口高度可随工程开挖进行调整，当管井间地下分水岭的水位未达到设计降水深度时，应根据抽水试验的浸润曲线反算管井间距和数量进行调整。

管井井管直径可根据含水层的富水性及水泵性能选取，井管外径不宜小于200mm，井管内径应大于水泵外径50mm，管井成孔直径宜为400~800mm，沉砂管长度宜为1.0~3.0m，抽水设备出水量应大于单井设计出水量的30%。

(3) 管井施工

1）成井。成井设备应根据场地地质条件和设计要求进行选择，泥浆泵型号和钻头类型、规格应根据设计井径、地层、成孔工艺等因素选择。

降水管井的钻进方法和钻具应根据地层特性、场地条件、井深结构和钻进设备等因素确定。以卵石和漂石为主的地层，宜采用冲击钻进工艺，其他第四系地层宜选用回转钻进工艺。钻机安装必须保持平、稳、牢、准。在钻进过程中不得发生滑移或倾斜。

钻进的护壁方法应根据地层岩性、钻进方法确定。在基岩中应采用清水钻进；在松散层中可采用水压或泥浆钻进；在钻进主要取水段的含水层时，严禁采用向井身内投放黏土块代替泥浆护壁。

清水护壁钻进是几十年来实践证明行之有效的钻进方法，为保持地层原有水文地质条件和特性，在地层允许的条件下，应优先选用。清水护壁钻进操作要点是始终保持孔内一定的液面高度，即用水头的侧向压力平衡井壁，以保持孔壁的稳定，一般应保持井身内水位高于地下水静止水位3~5m。在松散、坍塌、漏失严重地层中，清水无法钻进时，应采用泥浆护壁钻进，当泥浆护壁无效时，应采用套管护壁，管口必须平整，连接必须牢固，并保证同心度。

井口护筒宜用厚6~8mm的钢板卷制焊接，护筒埋设应保证在管井施工过程中不松动，井口不坍塌；埋置深度设至不透水层或潜水位以下1.0m。当含水层埋藏较深时，采用边钻进边填黏土的方法护壁，筒顶面宜高出地面0.2~0.3m。井身内冲洗液面宜高出地下水位1.0m以上。井身应圆正、垂直，井身直径不得小于设计井径。

抽水设备应根据管井的出水量、地下水位埋深、含水层的埋深、井管直径、水位降深、动力条件等综合考虑进行选择。冲洗介质应根据地层稳定程度、钻井工艺和施工条件选择清水、泥浆、空气或泡沫等介质，并应能保证井壁的稳定、减少对含水层渗透性和水质的影响、提高钻进效率等。

2）井管安装。成孔完成后，应及时下放井管。下管方法应根据管材强度、下置深度和起重设备能力等因素确定。

① 提吊下管法用于井管自重（或浮重）小于井管允许抗拉能力和起重设备的安全负荷。

② 托盘（或浮板）下管法宜用于井管自重（或浮重）小于提拉井管的钻杆或钢丝绳的抗拉能力和起重设备的安全负荷。

③ 多级下管法宜用于结构复杂和下置深度过大的井管。

下置井管时，井管必须直立于井口中心，严禁井管强行插入。井管连接应同心，井壁管上不得有缝隙。过滤管顶端应始终低于设计动水位埋深，其安装深度的允许偏差宜为±300mm，井管底部的沉淀管应封底。井管应坐落牢固，基岩管井的井管应坐落在稳定岩层的变径井台上。井管顶端应高出地面 0.3~0.5m，并应预留测定水位的观测口。对采用填砾过滤器的管井，应在过滤管接头处和井壁管上间隔 6m 处设置导正器，导正器直径应小于井径 25~50mm。

3）填滤料。管井抽水要在抽出土中水的同时，不能抽出土颗粒造成土的流失，引起地面沉降，因此，填滤料是保证抽水效果的关键工序。滤料要选用磨圆度好的砾料，如硅质砾石、粗砂，砾石含泥量应小于 1%，不得含有杂物，严禁以碎石屑作为滤料。滤料应按设计要求进行筛分，不符合规格的滤料不得使用。井管安装后应及时进行填砾，填砾方法应根据井壁的稳定性、冲洗液的类型和管井结构等因素确定。当采用边充边填的动水填砾法时，应在井管口设置注水孔，密封井管口并用泵向管内注水，边注水边填滤料。填滤料时，滤料应沿四周均匀、连续填入，并全程跟踪、量测粒料填入高度，当填料与计算量之间出现异常时，应及时分析原因。滤料投入量不得少于计算量的 95%，滤料应填至过滤段顶部以上 3~5m，滤料顶部用黏土球或黏土封口止水。

4）洗井。洗井必须在下井管、填砾、封孔止水等工作完成后及时进行，旨在不使冲洗介质有更多的时间固结在井壁上而影响井的出水能力，管井洗井方法很多，一般分为水泵洗井、活塞洗井、空气压缩机洗井、化学洗井和二氧化碳洗井以及两种或两种以上洗井方法组合的联合洗井法。洗井宜从上部开始逐渐加深。洗井方法应根据含水层特性、管井结构及井管强度等因素选用，松散层中的管井在井管强度允许时，宜采用活塞、压缩空气或水泵洗井，井壁泥皮不宜排出时，宜采用化学洗井与其他洗井方法联合进行。砂土类含水层管井洗井时，洗井强度应由弱逐渐加强，砾石、卵石含水层管井洗井应始终以最大强度进行，洗井的最大水位降深应接近或超过抽水试验时的最大水位降深。

洗井的质量应符合下列要求：管井出水应清净，且水中不含有泥浆等施工物质；出水量宜接近设计要求或连续两次洗井单位出水量之差不小于 10%；在连续洗井过程中，井水含砂量趋于稳定；观测井应洗至水位变化反应灵敏。

5）试抽。试验抽水是了解并掌握降水井群的降水效率，是制定降水运行方案必不可少的。基坑降水管井施工完毕后，应适时安装排水管线及配电系统，然后进行试验抽水，检验排水系统及配电系统安装是否合理，尤其是排水口的排水能力是否满足基坑降水排水量要求，同时验证基坑降水的最大降水能力，在基坑开挖前进行试验抽水可以及时发现问题，及时排除潜在隐患，并能验证水文地质参数，并检验降水管井出水量的大小，确定管井设计出水量和设计动水位。试验抽水的类型应为稳定流抽水试验，用水泵抽水时，水位波动为 2~3cm，水量波动≤3%；用空气压缩机抽水时，水位波动为 10~15cm，水量波动≤5%，设观测井时，最远观测井水位波动小于 3cm。

1.4.5 周边环境保护

1. 降水对周围环境的影响

井点降水时，井内水位下降，周围含水层的水不断流向滤管，在无截水帷幕条件下，经过一段时间之后，井点周围水位会形成漏斗状，即"降水漏斗"，这个漏斗状水面逐渐趋于稳定，一般需要几天到几周的时间。土是由固体颗粒、水和气体所组成的三相体系，土中的孔隙水被抽走后，在外荷载作用下，土发生固结下沉。降水漏斗范围内的地下水位下降以后，就必然会造成地面沉降。该影响范围较大，有时影响半径可达百米。在实际工程中，由于井点管滤网及滤料层结构不良，将土层中的粉土颗粒甚至细砂同地下水一同抽走的情况也时有发生，这种现象会使地面产生的不均匀沉降加剧，造成对附近建筑物及地下管线的不利影响，如建筑物、道路开裂，地下管线爆裂等，如图1-79所示。因此，必须采取有效措施防止因降水对周边环境产生危害。在城市环境密集区的深基坑降水，应制定专项降水方案，并评估降水对周边环境的影响。

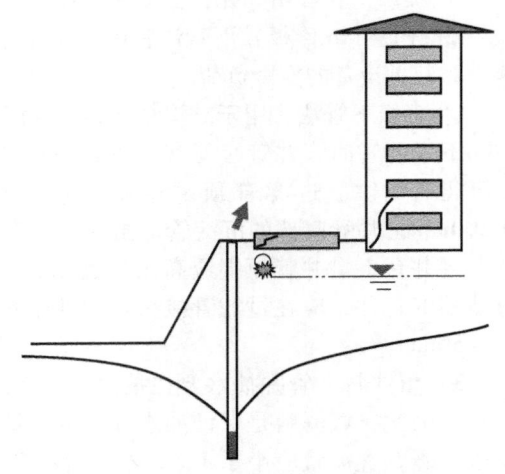

图1-79 降水对周边环境影响示意图

2. 防治措施

解决降水不利影响的途径主要有两个方面：一是，只降基坑内的地下水，即在基坑周边设置截水帷幕，截断或延长地下水渗流路径（图1-80）；二是，在保护对象与降水井之间设置回灌井，使保护对象周围地下水位保持或恢复到原地下水位（允许的自然变幅范围内）。

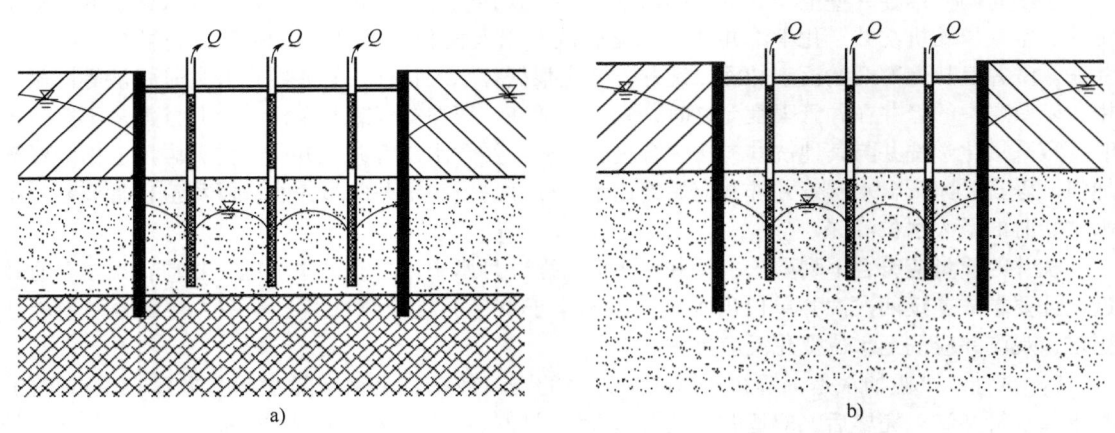

图1-80 设置截水帷幕的坑内降水示意图
a) 封闭式落底帷幕疏干降水 b) 半封闭式悬挂帷幕疏干降水

（1）设置截水帷幕　如图1-80a所示，截水帷幕穿过坑底的强透水层，进入不透水层或相对隔水层，帷幕起到了截断水流的作用，基坑只需要疏干坑内水，满足施工要求即可，坑外水位几乎不受影响，周边环境不受降水的影响。如图1-80b所示，因为坑底以下是厚透水层，综合考虑安全、经济，帷幕未穿过厚透水层，通过延长帷幕深度，增加绕流路径长度，大大减少对帷幕外水位的影响。

截水帷幕的选型要和基坑支护结构形式结合起来综合考虑。当基坑支护采用排桩时，帷幕可以采用桩间帷幕或桩后帷幕，桩间帷幕一般采用高压喷射水泥土桩，桩后帷幕一般采用水泥土搅拌桩或高压喷射水泥土桩形成帷幕，水泥土搅拌桩之间、桩间帷幕与围护桩之间均应满足一定的搭接宽度，确保截水效果。当基坑支护采用地下连续墙、渠式水泥土墙、重力式水泥土墙等形式时，围护墙本身即具有防渗截水的功能，设计时除考虑围护墙强度、刚度、稳定性外，还要重点考虑围护墙的埋置深度，以满足截水帷幕的功能要求。

（2）设置回灌井、回灌沟 基坑场地外设置回灌系统也是减小降水对周围环境影响的有效控制措施。回灌系统包括回灌井和回灌沟两种形式。回灌井或回灌沟设置在抽水井点外与保护对象之间。粉土、粉质黏土中一般是设置间距3~5m插入注水管，将井点中抽取的水经过沉淀、处理后用压力注入管内，形成一道水墙，对降水回落的水位进行补充，基坑内仍可保持干燥。回灌井点布置如图1-81所示。降水与回灌应同步进行。同时，在回灌井、回灌沟两侧要设置水位观测井，监测水位变化，调节控制降水井点和回灌井点的运行以及回灌水量。回灌要注意回灌水质，不能因为回灌降低了地下水质类型，一般情况下要求同层回灌，即抽取哪一含水层的水，再回灌至该含水层。

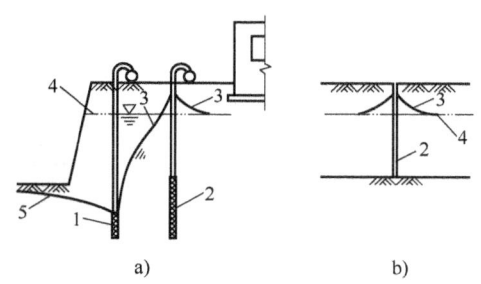

图1-81 回灌井点布置
a）回灌井点布置 b）回灌井点水位
1—降水井点 2—回灌井点 3—回灌后水位线
4—原水位线 5—基坑内降低后的水位线

此外，降水施工时，应做好井点管滤网及滤料层结构，防止抽水带走土层中的细颗粒。当有坑底承压水时，应采取有效措施防止承压水突涌。降水前设置地下水位观测孔，并对邻近建筑物、地下管线进行监测，在降水系统运转过程中随时检查观测孔中的水位，发现沉降量达到报警值时，应及时采取措施。

回灌井点

1.5 土方填筑

1.5.1 土方填筑的含义

土方填筑包括土料的选取、运输、填筑、压实等。水利工程中，土方填筑主要是修筑渠堤、堤防、围堰、土石坝等建筑物；公路工程中，主要是修筑路基结构层；房屋建筑工程中，主要是场地平整、垫层等地基处理及基坑肥槽的回填等。图1-82所示为某路基工程土方填筑施工工艺流程。

1.5.2 土料的选用

1. 回填土料的基本要求

填方的土料应选择强度高、压缩性小、水稳定性好并便于施工的土石料。填料应符合设计要求，保证填方的强度与稳定性。

回填土料应经过击实试验测定填料的最大干密度和最佳含水率，填料的含水率与最大含水率的偏差控制在±2%范围内。此外，应注意：

1）冻土、淤泥和淤泥质土、膨胀性土、含可溶性硫酸盐大于5%的土不宜作为填料。
2）草皮土和有机质含量大于8%的土，不应用于有压实要求的回填区域。
3）采用黏土回填时，施工前应检验其含水率是否在控制范围内。
4）碎石类土或爆破石碴可用于表层以下的回填，可采用碾压法或强夯法施工。

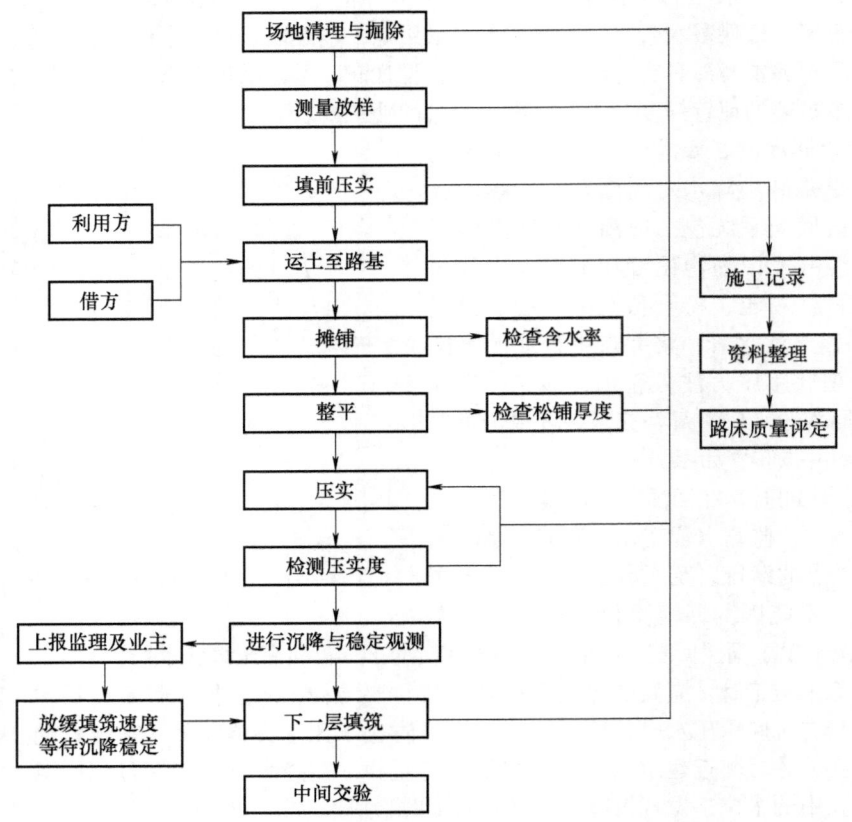

图 1-82 某路基工程土方填筑施工工艺流程

2. 土料的处理

回填黏性土当含水率偏高时，可采用翻松晾晒或均匀掺入干土或生石灰等措施；当含水率偏低时，则可采用预先洒水湿润，将填料的含水率调整到最优含水率。

如果土源紧张，在一些次要部位或无压实要求的区域如需用淤泥和淤泥质土进行回填，必须进行处理并符合压实要求后方可用于回填。

1.5.3 填土方法

填土包括人工填土和机械填土。

人工填土一般用手推车运土，人工用锹、耙、锄等工具进行填筑，从最低部分开始由一端向另一端自下而上分层铺填。人工填土只适用于小型土方工程。

机械填土可用推土机、铲运机或自卸汽车进行。用自卸汽车填土，需用推土机推开推平，采用机械填土时，可利用行驶的机械进行部分压实工作。

土方回填应遵循"先低处后高处"的原则逐层向上进行填筑，不可不分层次地倾倒填料、堆填。填方施工宜采用水平分层铺填、分层压实，每层铺填的厚度应根据土的种类及压实机械而定。每层填土压实，应检查压实质量，符合设计要求后，方能填筑上一层。当填方位于坡面上时，应先将斜坡挖成台阶状，然后再分层填筑，以防填土滑移。

采用不同填料填筑时不应混填，两种透水性不同的填料应分层填筑，并将透水性较小的填料铺填在上层，以免填方内形成水囊或浸泡基础。施工中应防止出现弹簧土现象，应集中力量分段回填碾压，加强临时排水设施，回填面应保持一定的流水坡度，避免积水。对局部弹簧土可以采取换填或翻松晾晒等方法处理。

设置在斜坡上的压实填土，应验算其稳定性。当天然地面坡度大于0.20时，应采取防止压实填土可能沿坡面滑动的措施，并应避免雨水沿斜坡排泄。当原地表水不能畅通排泄时，应根据地形修筑雨水排水沟、截水沟。设置在压实填土区的上、下水管道，应采取防渗、防漏措施。

填方施工结束后，应检查标高、边坡坡度、压实程度等。对基础下的地基土，压实后应及时进行基础施工。

【案例】以房屋建筑回填为例（图1-83），基坑肥槽回填前基础墙体应达到一定强度，防水层施工完成并验收合格，作业面施工垃圾清理干净。回填时注意向基础四周均匀回填，避免单侧堆放重物或行走重型机械设备，对地下结构受力不利。回填应分层铺土，每层铺土厚度应根据填料、密实度要求和压实机械性能确定。应控制各层铺土厚度，每层都应找平，与坑壁上的标高线平齐，或用尺检查厚度。回填肥槽长宽比较大时，应分段回填，长度一般15~20m为一段，每层接缝处应制作为阶梯形，碾迹重叠0.5~1.0m，上、下层错缝距离不应小于1m。地下车库上覆土回填时，第一层宜采用人工回填，人工平整，机械夯实；场地部位及第二层土方回填，可采用装载机配合推土机运送到土方回填部位，装载机平整。管道处回填受到管道的限制，管道下方回填时，不宜使用机械夯实，宜采用人工从管道下方挤密夯实；管道两侧及正上方0.5m范围内宜用人工夯实，避免损坏管道。管道以上0.5m外，可根据管道用途和结构形式选用合适的机械压实方法。

a) b)

图1-83 基坑肥槽回填
a）分层分段、错缝搭接 b）分层压实

1.5.4 压实方法

1. 压实要求

土方回填应填筑压实，且压实系数应满足设计要求。当采用分层回填时，应在下层的压实系数经试验合格后，才能进行上层施工。

2. 压实方法

填土的压实方法有夯实法、碾压法和振动压实法等几种。

夯实法是利用夯实机械的冲击能量来压实填土，分为机械夯实和人工夯实两种。常用的夯实机械有夯锤、内燃夯土机、电动冲击夯和蛙式打夯机（图1-84）等。夯实的优点是可以压实较厚的土层。夯锤（图1-85）借助起重机提起并落下，其质量大于1.5t，落距为2.5~4.5m，夯土影响深度可超过1m，常用于夯实湿陷性黄土、杂填土以及含有石块的填土。内燃夯土机作用深度为0.4~0.7m，它和蛙式打夯机都是应用较广的夯

强夯压实

实机械。

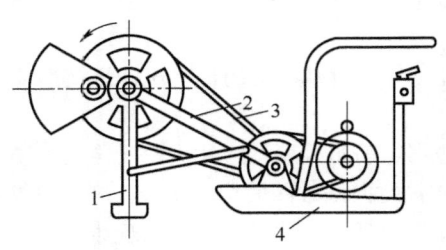

图 1-84　蛙式打夯机
1—夯头　2—夯架　3—V带　4—托盘

图 1-85　夯锤

碾压法适用于大面积填土工程。碾压机械有平碾、羊足碾和气胎碾，应用最普遍的是平碾（图 1-86a）。羊足碾（图 1-86b）只能用于压实黏性土，在砂土中碾压，土的颗粒受到"羊足"较大的单位压力后会向四面移动，难以压实。气胎碾在工作时是弹性体，给土的压力较均匀，填土质量较好。利用运土工具碾压土壤也可取得较大的密实度，但必须很好地组织土方施工，利用运土过程进行碾压。碾压机械压实回填时，应先静压后振动或先轻后重，并控制行驶速度，每次碾压时机具应从两侧向中央进行，主轮应重叠 150mm 以上。

a)

b)

图 1-86　碾压机械
a）平碾　b）羊足碾

振动压实法是通过振动力，使土颗粒发生相对位移而达到紧密状态。公路施工中的振动压路机是一种振动和碾压同时作用的高效能压实机械，可比一般压路机提高功效 1~2 倍，节省动力 30%。振动压实适用于填料为爆破石碴、碎石类土、杂填土和粉土等非黏性土的密实。

填土压实应分层进行，填土的施工缝各层应错开搭接，在施工缝的搭接处，应适当增加压实遍数。压实填土的质量以压实系数（压实度）λ_c 控制。压实系数为土的控制干密度 ρ_d 与土的最大干密度 $\rho_{d,max}$ 之比，即

$$\lambda_c = \frac{\rho_d}{\rho_{d,max}} \tag{1-42}$$

工程中压实系数（压实度）可根据结构类型和压实填土所在部位按照规范和设计要求确定。表 1-9 为城市道路土质路基压实度要求。

表 1-9 城市道路土质路基压实度

填挖深度	深度范围/cm（路槽底算起）	压实度（%）		
		快速路及主干路	次干路	支路
填方	0~80	95/98	93/95	90/92
	80 以下	93/95	90/92	87/89
挖方	0~30	95/98	93/95	90/92

注：1. 表中数字，分子为重型击实标准的压实度，分母为轻型击实标准的压实度，两者均以相应击实试验求得的最大干密度为压实度的 100%。
2. 填方高度小于 80cm 及不填不挖路段，原地面以下 0~30cm 范围土的压实度应不低于表列挖方的要求。

1.5.5 影响填土压实的因素

填土压实主要影响因素有：压实功、土的含水率以及铺土厚度。

1. 压实功的影响

填土压实后的干密度与压实机械在其上施加的功有一定的关系。压实后土的重度与所耗的功的关系如图 1-87 所示。当土的含水率一定，在开始压实时，土的重度急剧增加，待到接近土的最大干密度时，压实功虽然增加许多，但土的重度几乎没有变化。因此，在实际施工中，对不同的土应根据选择的压实机械和密实度要求选择合理的压实遍数，不要盲目过多地增加压实遍数。此外，松土不宜用重型碾压机械直接滚压，否则土层有强烈起伏现象，效率不高。先用轻碾，再用重碾压实就会取得较好的效果。

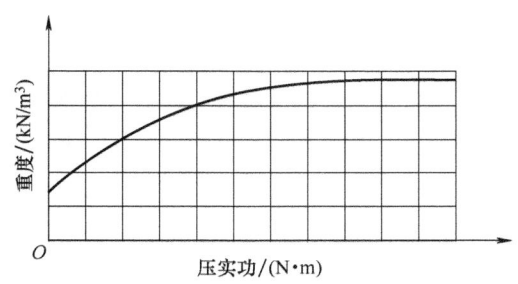

图 1-87 土的重度与压实功的关系

2. 含水率的影响

填土的含水率对压实质量有直接影响。较为干燥的土，由于土颗粒之间的摩阻力较大而不易压实。当土具有适当含水率时，水起了润滑作用，土颗粒之间的摩阻力减小，从而易压实。每种土壤都有其最佳含水率，土在最佳含水率的条件下，使用同样的压实功进行压实，可得到最大干密度（图 1-88）。各种土的最佳含水率 w 和所能获得的最大干密度，可由击实试验取得。施工中，土的含水率与最佳含水率之差可控制在 $-4\% \sim 2\%$ 范围内。

3. 铺土厚度的影响

土在压实功的作用下，压应力随深度增加而逐渐减小（图 1-89），其影响深度与压实机械、土的性质和含水率等有关。铺土厚度应小于压实机械压土时的作用深度，但其中还有最优土层厚度问题。铺得过厚，要压很多遍才能达到规定的密实度。铺得过薄，则要增加机械的总压实遍数。恰当的铺土厚度（最优铺土厚度）能使土方压实而机械功耗费最少。铺填土的铺土厚度及压实遍数可参考表 1-10 选择。

表 1-10 填土施工时的分层厚度及压实遍数

压实机具	分层厚度/mm	每层压实遍数
平碾	250~300	6~8
振动压实机	250~350	3~4
柴油打夯机	200~250	3~4
人工打夯	<200	3~4

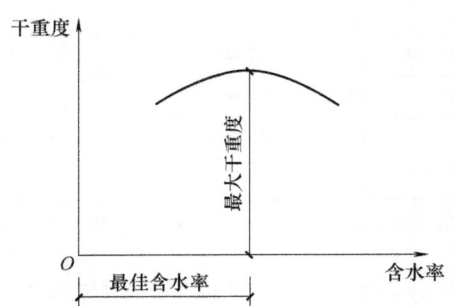

图1-88 土的含水率对压实质量的影响

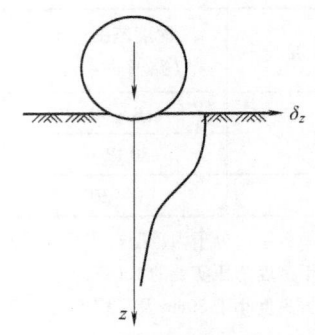

图1-89 压实作用沿深度的变化

思考题

1. 什么是土的可松性？阐述可松性系数的意义及用途。
2. 为什么要进行场地平整？确定场地设计标高的基本要求是什么？有哪几种方法？
3. 为什么要对场地设计标高进行调整？
4. 什么是"最佳设计平面"？其基本原理是什么？阐述解决这一工程问题所运用的数学方法。
5. 阐述土方调配的原则。
6. 分析影响土方边坡稳定的因素。
7. 采取哪些方式可以提高推土机的生产率？分析其原因。
8. 什么是基坑？基坑开挖前必须考虑哪些重要关键技术问题？
9. 常用的基坑支护结构有哪些形式？分析各支护形式的特点和适用范围。
10. 土钉墙及复合土钉墙可能发生哪些类型的稳定性破坏？应进行哪些方面的稳定性验算？
11. 简述土钉墙和复合土钉墙的施工流程。
12. 试述重力式水泥土墙设计要点。
13. 简述水泥土搅拌桩施工流程及施工注意事项。
14. 板式支护结构常见破坏形式有哪几种？
15. 简述钢板桩各类沉桩机械的工作原理及适用地层。
16. 钢板桩冲击式沉入方式对环境有什么不利影响？有哪些相应的解决方案？
17. 基坑回填后，为什么要将钢板桩拔出？应注意什么问题？
18. 试述型钢水泥土搅拌墙的施工流程。
19. 为什么说地下连续墙接头施工是关键施工技术？举例说明什么是刚性接头？什么是柔性接头？施工中应注意什么？
20. 土层锚杆成孔设备选择应注意哪些问题？
21. 推土机、铲运机和各种单斗挖掘机分别适用于哪种土方工程？
22 为什么对有内支撑基坑开挖，必须遵循"开槽支撑、先撑后挖、分层开挖、严禁超挖"的原则？
23. 分析盆式开挖、岛式开挖依据的施工原理。
24. 阐述流砂现象的动因。可以采取哪些措施防止流砂现象的发生？
25. 为什么要进行地下水控制？地下水控制的方法有哪些？

26. 基坑降水的方法有哪几种？其各自的适用范围是什么？
27. 井点降水的作用是什么？
28. 试述轻型井点系统的组成及设备。
29. 井点降水的高程和平面布置应考虑哪些因素？
30. 试述轻型井点的施工要求。
31. 井点系统拆除的前提条件是什么？
32. 为什么说填滤料是管井施工的关键工序？应注意什么问题？
33. 降水井点正式运行前，为什么要先进行试验抽水？
34. 分析降低地下水位对周围环境的影响并提出预控措施。
35. 填土的密实度以什么指标来衡量？
36. 影响填土压实的主要因素有哪些？

练习题

1. 某基坑坑底平面尺寸如图 1-90 所示，坑深为 6m，四边形均按 1∶0.5 放坡，土的可松性系数 $K_s = 1.30$，$K_s' = 1.13$，坑深范围内箱形基础的体积为 2000m³。试求基坑开挖的土方量和需预留回填土的松散体积。

2. 如图 1-91 所示，场地为 40m×40m 的矩形广场，方格边长为 10m，试按挖填平衡原则确定场地平整的设计标高，并计算各交点的施工高度。

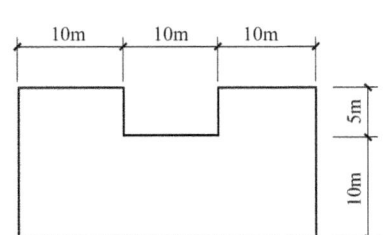

图 1-90 某基坑坑底平面尺寸

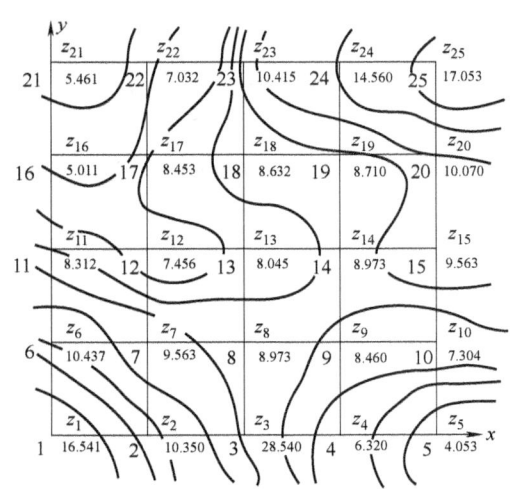

图 1-91 矩形广场

3. 某场地初步平面设计标高为 H_0，已知挖方量 V_W，挖方区面积 F_W，填方区面积 F_T，如图 1-92 所示。土的最初可松性系数为 K_s，最终可松性系数为 K_s'。如考虑土的可松性（不计设计标高调整后 F_W、F_T 的变化），该设计标高应提高多少？

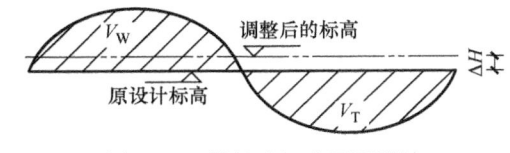

图 1-92 某场地初步平面设计

4. 某土方工程，土方工程量为 15000m³，堆土区距挖土区 500m，土的重度为 17.5kN/m³。试根据下列数据（表 1-11），从经济上分析最佳方案。

表 1-11 某土方工程数据

机械	方案一 2m³ 挖土机配 12t 汽车		方案二 6m³ 铲运机
	挖土机	汽车	铲运机
台班费	1000 元/台班	300 元/台班	700 元/台班
一次性费用	2000 元/每台	100 元/每辆	2500 元/每台
计算生产率的数据	挖土循环时间为 40s，最初可松性系数为 1.20，土斗充盈系数为 1.0。时间利用系数为 0.8，等待时间为 30s	汽车循环一次时间为 12min	运距 100m 时，时间系数为 2.0 台班/1000m³，每增加 50m 运距，增加 0.4 台班/1000m³

5. 斗容量为 1m³ 的正铲挖土机，运土汽车工作循环时间为 70min，挖土机装 1 辆汽车的时间为 4min，装车前运土车无需掉头、等待，则 1 辆挖土机应配多大容量的运土汽车为宜？需配几辆？

6. 某工程基坑底平面尺寸为 40.5m×16.5m，坑底标高为 −7.00m（场地平整标高为 −0.50m），已知地下水位为 −3.00m，土层渗透系数 $k = 18$m/d，−14.00m 以下为不透水层，基坑边坡为 1:0.5。拟用轻型井点降水，其井管长度为 6m，滤管长度待定，管径为 38mm，总管直径 100mm，每节长 4m，与井点管接口的间距为 1m。试进行降水设计。

7. 某基坑底平面尺寸为 40m×20m，坑深为 6.0m，地下水位在整平地面下 2.0m，不透水层在地面下 12.3m，含水层渗透系数 $k = 15$m/d，基坑四边放坡为 1:0.5，现拟采用轻型井点降水，井点系统最大抽水深度为 7.0m。试绘制井点系统的平面和高程布置图。

8. 某基坑周边环境简单，无需要保护的建筑物、地下管线等。基坑底平面尺寸为 30m×15m，坑深为 10.0m。施工期地下水位在整平地面下 2.0m，含水层厚度为 13m，综合渗透系数 $k = 15$m/d。从地面算起，15m 以下为粉质黏土相对不透水层。基坑四边采用桩锚支护，现拟采用管井井点降水，初步设计在基坑四周每隔 15m 设一口管井井点，井深 15m，共设 6 口降水井。试分析论证该降水设计方案是否合理。

第 2 章

基础工程

本章导读

　　基础是将建筑承受的各种荷载传递到地基上的实体结构。根据基础的埋置深度不同,基础可分为浅基础和深基础。若基础埋置深度不大(一般浅于 5m),只需经过挖槽、排水等普通施工工序就可建造起来的称为浅基础;反之,若浅层土质不良,须将基础埋置于较深的良好土层,并需借助特殊施工方法建造的称为深基础(如桩基础、沉井基础等)。

　　基础工程勘察、设计和施工质量的好坏直接影响建筑物的安危、经济和正常使用。基础工程施工常在地下或水下进行,往往需挡土挡水,施工难度大,在一般高层建筑中,其造价约占总造价的 25%,工期约占总工期的 25%~30%。若需采用深基础或人工地基,其造价和工期所占比例更大。此外,基础工程为隐蔽工程,一旦失事,损失巨大,补救十分困难。由于地基基础的设计不周、施工不善,基础产生过量沉降或不均匀沉降而导致上部结构倾斜、开裂,影响建筑物正常使用的事故屡见不鲜,严重的甚至导致地基滑移、结构倒塌。因此,必须十分重视基础的设计和施工工作。学习中建议同学们重点思考建筑物基础施工时,如何选择施工方法、施工机械设备及施工工艺。各种基础形式的施工应特别注意什么问题?本章将对浅基础、桩基础及沉井基础的适用条件及施工工艺进行重点介绍。

■ 2.1　浅基础施工

　　如果地基内是良好的土层或者上部有较厚的良好土层时,一般将基础直接做在天然土层上,这种地基称为"天然地基"。置于天然地基上、埋置深度小于 5m 的一般基础以及埋置深度虽超过 5m,但小于基础宽度的大尺寸的基础,在计算承载力时基础的侧面摩擦阻力不必考虑,统称为天然地基上的浅基础。

　　浅基础按照受力性能可分为刚性基础和柔性基础(扩展基础)。刚性基础由砖、块石、素混凝土、三合土等材料组成,抗压性能较好,但抗拉、抗剪强度不高。当刚性基础的尺寸不能满足地基承载力和基础埋深的要求时,则需采用柔性基础(如钢筋混凝土基础)。柔性基础配有钢筋,因而抗剪和抗弯能力较好。

　　浅基础根据结构形式又可分为独立基础(单独基础)、条形基础、柱下十字交叉基础、筏形基础、箱形基础和壳体基础,如图 2-1 所示。

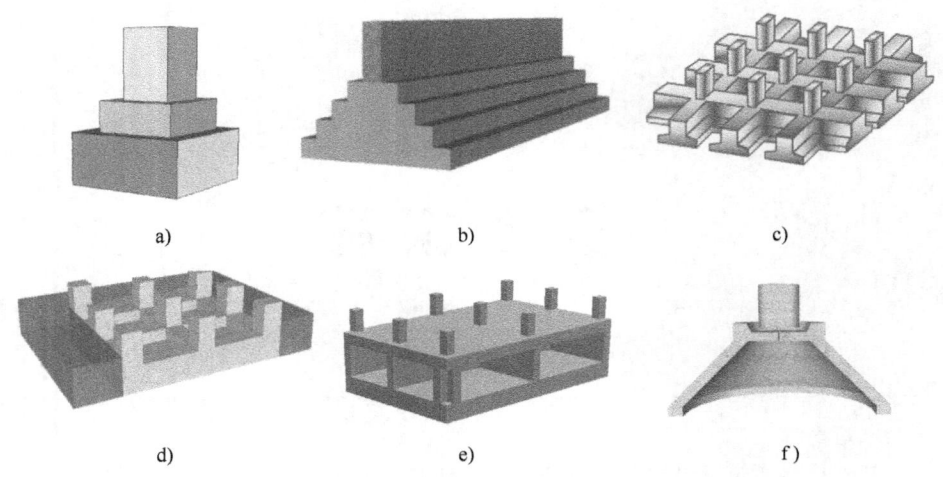

图 2-1 浅基础类型

a) 独立基础 b) 条形基础 c) 柱下十字交叉基础 d) 筏形基础 e) 箱形基础 f) 壳体基础

本节主要介绍独立基础和筏形基础的施工过程。

2.1.1 钢筋混凝土独立基础施工

小跨度桥梁墩台下、单层工业厂房排架柱下或公共建筑框架柱下常采用独立基础。由于每个基础的长、宽可以自由调整，因此框架柱荷载不等时，通常可以采用该类型基础，调整相邻柱基础底面积，控制不均匀沉降的差值达到允许值。钢筋混凝土独立基础的形式可分为现浇柱独立基础（包括锥形基础、阶梯形基础）、预制柱独立基础（主要形式为杯形基础），如图 2-2 所示。

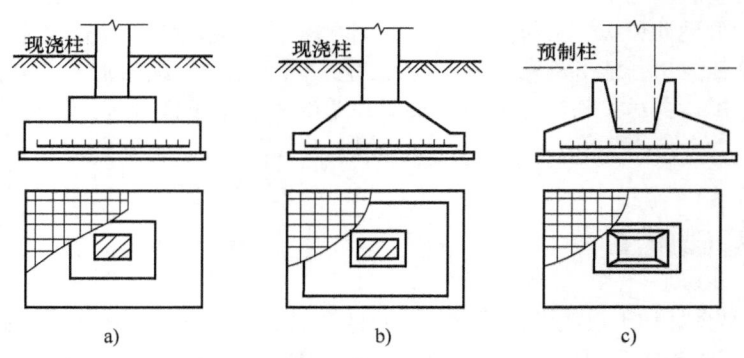

图 2-2 钢筋混凝土独立基础形式

a) 阶梯形基础 b) 锥形基础 c) 杯形基础

钢筋混凝土独立基础施工通常按以下施工工序进行：定位放线→基（槽）坑开挖→验槽→基础垫层施工→支模板→绑扎钢筋→浇注混凝土→养护、拆模。

1. 现浇柱独立基础施工要点

1) 在混凝土浇灌前应先进行验槽，轴线、基坑尺寸和土质应符合设计规定。坑内浮土、积水、淤泥、杂物应清除干净。局部软弱土层应挖去，用灰土或砂砾回填并夯实至与基底相平。

2) 在基坑验槽后应立即浇灌垫层混凝土，以保护地基。混凝土宜用表面振动器进行振捣，要求表面平整。当垫层达到一定强度后,在其上弹线、支模、铺放钢筋网片,底部用与混凝土保护层同厚度的水泥砂浆块垫塞,以保证钢筋位置正确。

3)在基础混凝土浇注前,应将模板和钢筋上的垃圾、泥土和油污等杂物清除干净;对模板的缝隙和孔洞应予堵严;木模板表面要浇水湿润,但不得积水。对于锥形基础,应注意锥体斜面坡度的正确,斜面部分的模板应随混凝土浇捣分段支设并顶压紧,以防模板上浮变形,边角处的混凝土必须注意捣实。严禁斜面部分不支模,用铁锹拍实。

4)基础混凝土宜分层连续浇注完成。对于阶梯形基础,每个台阶高度内应整分浇捣层,每浇完一台阶应停 0.5~1.0h,以便使混凝土获得初步沉实,然后再浇注上层。每一台阶浇注完成,表面应基本抹平。

5)基础上有插筋时,要将插筋加以固定以保证其位置的正确,以防浇捣混凝土时产生位移。

6)基础混凝土浇注后,应用草帘等覆盖并浇水加以养护。

2. 预制柱杯形基础施工要点

预制柱杯形基础的施工,除按上述施工要求外,还应注意以下几点:

1)杯口模板可采用木模板或钢模板,可做成整体形式,也可做成两半形式,中间各加楔形板一块,拆模时,先取出楔形板,然后分别将两半杯口模板取出。为拆模方便,杯口模板外可包一层薄钢板。支模时杯口模板要固定牢固并压浆。

2)按台阶分层浇注混凝土。对高杯口基础的高台阶部分,按整段分层浇注混凝土。

3)由于杯口模板仅在上端固定,浇捣混凝土时,应四周对称均匀进行,避免将杯口模板挤向某一侧。

4)杯形基础一般在杯底均留有 50mm 厚的细石混凝土找平层,在浇注基础混凝土时要仔细留出。基础浇捣完,在混凝土初凝后终凝前用倒链将杯口模板取出,并将杯口内侧表面混凝土凿毛。

5)在浇注高杯口基础混凝土时,由于其最上一台阶较高,施工不方便,可采用安装杯口模板的方法施工。也就是说,当混凝土浇捣接近杯口底时,再安装杯口模板,然后浇注杯口混凝土。

2.1.2 筏形基础施工

筏形基础施工

当上部结构荷载过大,采用柱下十字交叉基础不能满足地基承载力要求或虽能满足要求,但基底间净距很小,或需加强基础刚度时,设计中常采用筏形基础,即将柱下十字交叉基础基底下所有的底板连在一起,形成筏形基础,也称为筏板基础、片筏基础(图 2-3)。筏形基础由整块钢筋混凝土平板或梁板组成,它在外形和构造上如同倒置的钢筋混凝土无梁楼盖或肋形楼盖,分为平板式和梁板式两类,梁板式筏形基础如图 2-4a 所示,平板式筏形基础如图 2-4b 所示,与梁板式筏形基础相比,平板式筏形基础具有抗冲切及抗剪切能力强的特点,且构造简单,施工便捷,经大量工程实践和部分工程事故分析,平板式筏形基础

图 2-3 某筏形基础实景图

具有更好的适应性。这类基础由于扩大了基础底面积,整体性好,抗弯刚度大,可调整和避免结构物局部发生不均匀沉降。

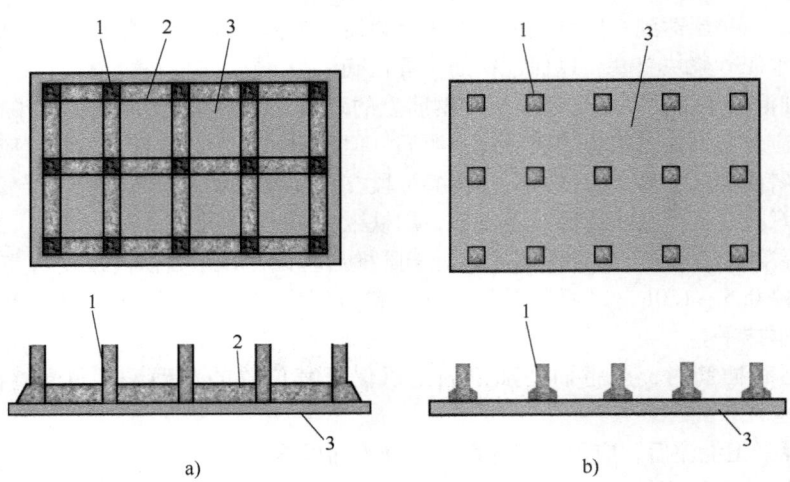

图 2-4 筏形基础类型
a) 梁板式筏形基础 b) 平板式筏形基础
1—柱 2—梁 3—底板

1. 施工工序

以梁板式筏形基础为例，其施工工序为：基坑降水（若有）→基坑开挖→验槽→垫层施工→筏形基础边砖胎模施工（外防外贴保护墙施工）→后浇带设置→地下防水平面施工→平面、立面防水保护层施工→筏形基础底部钢筋连接→梁板式筏形基础的梁底部钢筋连接→底部钢筋保护层垫设、架立筏板上部钢筋马凳→筏形基础上部钢筋连接→梁板式筏形基础的梁上部钢筋连接→柱、墙插筋定位→外墙模板支设→止水带安装→筏形基础混凝土浇筑。

2. 主要工序注意问题

（1）绑扎底板下部钢筋网片

1）根据在防水保护层弹好的钢筋位置线，先铺下部钢筋网片的长向钢筋，后铺下部钢筋网片的上排短向钢筋。钢筋接头应尽量采用机械连接，接头数量在同一区段内（钢筋直径的35倍或500mm范围内）不得超过同排钢筋根数的50%。

2）绑扎加强筋：根据设计图依次绑扎局部加强筋。

（2）绑扎地梁钢筋

1）在下层水平主钢筋上，画出箍筋间距。箍筋与主筋要垂直，箍筋的接头，即弯钩叠合处沿梁水平钢筋交错布置绑扎在受压区。

2）地梁也可在槽上预先绑扎好后，根据已划好的梁位置线用塔式起重机直接吊装到位，与底板钢筋绑扎牢固，但必须注意地梁钢筋笼骨不得出现变形。

（3）绑扎底板上部钢筋网片

1）铺设钢筋间隔件（也称为马凳）：马凳应有足够的承载力，以确保稳定。当上、下层钢筋网片竖向间距过大时，应铺设钢筋支撑架，并与上、下层钢筋网片形成完整的结构体系，支撑架的形式及支撑架间距等应根据上层钢筋的荷载计算确定。

2）绑扎上部钢筋网片。先在马凳上绑扎架立筋，在架立筋上划好的钢筋位置线，按设计图要求，放置上部钢筋网片的下排钢筋。在下排钢筋上划好上排钢筋位置线，按顺序放置上排钢筋。钢筋接头优先采用机械连接。

（4）基础混凝土浇注

1）基础混凝土宜采用一次连续浇注，也可留设施工缝分块浇注，施工缝宜留设在结构受力较小且便于施工的位置。采用分块浇注的基础混凝土，应根据现场场地条件、基坑开挖流程、基坑施工监测数据等合理确定浇注的先后顺序。

2）混凝土浇注方向宜平行于次梁长度方向，对于平板式筏形基础宜平行于基础长边方向。

3）混凝土应振捣均匀、密实。

4）混凝土运输和输送设备作业区域应有足够的地基承载力。

2.2 桩基础施工

一般建筑物都应该充分利用地基土层的承载能力，尽量采用浅基础。但若浅层土质不良，无法满足建筑物对地基变形和强度方面的要求时，可利用下部坚实土层或岩层作为持力层或利用基桩与地层摩擦力来承载上部结构荷载的桩基建造深基础。深基础主要有桩基础、墩基础、沉井基础等几种类型，其中桩基础是土木工程最常用的深基础形式，它由桩和承台组成。就施工方法而言，桩分为预制桩和灌注桩两大类。

预制桩是在工厂或施工现场预制，然后运至桩位处，经锤击、静压、振动或射水等工艺送桩入土就位。预制桩包括钢筋混凝土桩、木桩或钢桩等，桩基础中多采用钢筋混凝土桩。灌注桩是指在工程现场通过机械钻孔、人力挖掘或钢管挤土等手段在地基土中形成桩孔，并在其内放置钢筋笼、灌注混凝土而做成的桩。依照成孔方法不同，灌注桩分为钻孔灌注桩、挖孔灌注桩和沉管灌注桩等几大类。

2.2.1 预制桩施工

1. 预制桩的起吊、运输和堆放

预制桩的混凝土强度达到设计强度的70%方可起吊；达到设计强度的100%方可运输。如提前起吊，必须采取措施并经验算合格方可进行。

桩在起吊和搬运时，必须平稳，并且不得损坏。吊点应符合设计要求，当吊点少于或等于3个时，其位置应按照正、负弯矩相等的原则计算确定，一般吊点的设置如图2-5所示。

打桩前，桩从制作处运到现场前以备打桩，并应根据打桩顺序随打随运以避免二次搬运。桩的运输方式，在运距不大时，可用起重机吊运；当运距较大时，可采用轻便轨道小平台车运输。

堆放桩的地面必须平整、坚实，垫木间距应与吊点位置相同，各层垫木应上、下对齐，并位于同一垂直线上，堆放层数不宜超过4层。不同规格的桩，应分别堆放。

2. 预制桩的沉桩

预制桩的沉桩方法有锤击法、静压法、射水法及振动法等，其中锤击法与静压法应用较多。选择沉桩方法时，应重点考虑地层情况、周边环境限制以及现有设备条件等。

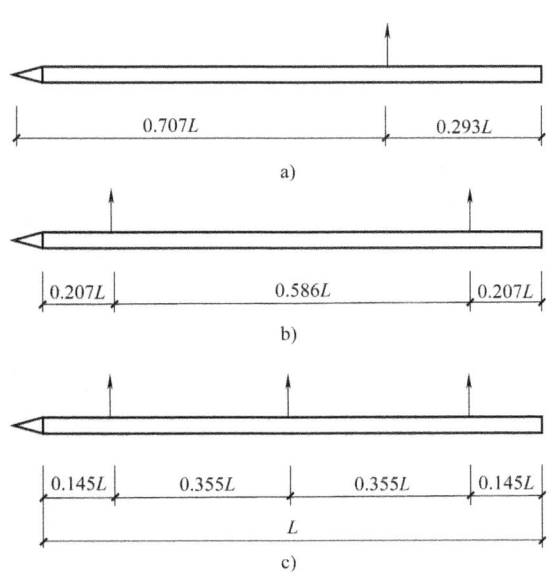

图 2-5 桩的合理吊点

a）一点起吊 b）两点起吊 c）三点起吊

（1）锤击法沉桩　预制柱锤击法施工也称为打入法施工，它是利用桩锤产生的冲击机械能克服土体对桩的阻力，将桩沉入土中，具有沉桩速度快、机械化程度高、适用范围广等优点。但锤击法施工会产生振动、噪声、挤土、土中孔隙水压力升高等问题，对周边环境产生不利影响。振动、噪声会影响周围人员的正常工作和生活，对一些有精密仪器、精密操作的场所，振动会影响仪器和操作的精准。挤土和土中孔隙水压力升高还会引起地面隆起和水平位移，对既有建筑、道路、地下设施等产生有害影响，甚至可能造成建筑结构、道路开裂、管线爆裂等。因此，预制柱锤击法施工应采取有效措施，减小这些有害影响，如合理确定打桩顺序、打桩前预钻孔、设防振沟、预埋竖向排水带等，同时应加强对周围环境的监测。

1）打桩设备。打桩设备包括桩锤、桩架及动力装置三部分，选择时主要考虑桩锤与桩架。

① 桩锤。桩锤是对桩施加冲击力，打桩入土的主要机具。桩锤有落锤、汽锤、柴油锤、液压锤等。

a. 落锤。落锤采用人力或卷扬机起吊桩锤，然后使其自由下落，利用锤的重力夯击桩顶，使之入土。落锤为铸铁块，质量为 0.5～2.0t。其构造简单，使用方便，费用低，但施工速度慢，效率低，且桩顶易被打坏。落锤适用于在软土层中施打小直径的钢筋混凝土预制桩或小型钢桩。

b. 汽锤。汽锤是以蒸汽或压缩空气为动力进行锤击，前者需要配备一套锅炉设备对桩锤外供蒸汽。根据其工作情况又可分为单动汽锤与双动汽锤。单动汽锤（图 2-6）质量为 1～15t。常用锤质量为 3～10t，冲击体只在上升时耗用动力，下降时依靠自重。单动汽锤冲击力较大，每分钟锤击次数为 25～30 次，效率较高，可以施打各种类型的桩。双动汽锤（图 2-7）一般质量为 1～7t，其外壳（汽缸）固定在桩头上，锤在外壳内上下运动，冲击体的升降均由蒸汽或压缩空气推动。双动汽锤每分钟锤击次数为 100～200 次，工作效率高，因此适宜打各种类型的桩，还可用于拔桩、打斜桩及水下打桩。

c. 柴油锤。柴油锤（图 2-8）是利用柴油燃烧爆炸，推动锤体往复运动打击桩体。柴油锤按构造分为筒式、活塞式和导杆式三种，质量为 0.3～10t。其体积小，锤击能量大，打桩迅速，每分钟锤击次数为 40～80 次，施工效率高。柴油锤可用于各类型桩及各种土层，但不适用于硬土和松软土作业。在过软的土中作业往往会由于贯入度过大，燃油不易爆发，桩锤不能反跳，导致工作循环中断。此外，由于振动、噪声、废气污染等公害，在城市中施工受到一定限制。

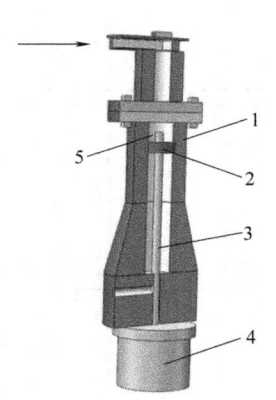

图 2-6　单动汽锤
1—气缸　2—活塞　3—活塞杆
4—桩　5—活塞上部空腔

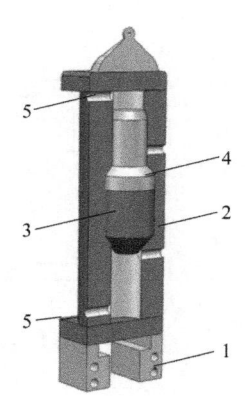

图 2-7　双动汽锤
1—桩帽　2—气缸　3—活塞
4—活塞杆　5—进气阀

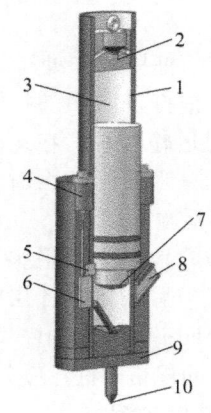

图 2-8　柴油锤
1—气缸　2—油箱　3—活塞　4—储油箱
5—杠杆　6—液压泵　7—环形头
8—接管　9—锤脚　10—顶尖

d. 液压锤。液压锤分为单作用液压锤和双作用液压锤。对于前者，冲击缸体通过液压装置提升后快速释放，自由下落打击桩体；对于后者，下落时以液压驱使下落，冲击缸体能获得更大的加速度、更高的冲击速度与冲击能量，因此每一击能获得更大的贯入度。液压锤具有很好的工作性能，且无烟气污染，噪声较低，软土中启动性能比柴油锤有很大改善。但其结构复杂，维修保养工作量大，价格高，且作业效率比柴油锤低。

用锤击法沉桩时，选择桩锤是关键。一是锤的类型，二是锤的质量。锤击应有足够的冲击能量，锤质量应大于或等于桩质量。实践证明，当锤质量为桩质量的 1.5~2.0 倍时，效果比较理想。桩锤过重，易将桩打坏。桩锤过轻，锤击能量的很大一部分被桩身吸收，回跃严重。施工中多采用"重锤低击"方法，落距小，频率高，不易产生回跃与桩头受损，桩容易入土。

② 桩架。桩架的作用是支持桩身、悬吊桩锤、引导桩和桩锤的方向，保证桩的垂直度，还能起吊并小范围内移动桩。

桩架的种类。按桩架的行走方式分类常有滚管式、履带式、轨道式及步履式四种。

a. 滚管式桩架。滚管式桩架依靠两根滚管在枕木上滚动及桩架在滚管上滑动完成其行走。这种桩架的优点是结构比较简单、制作容易、成本低，缺点是平面转向不灵活、操作复杂。

b. 履带式桩架。履带式桩架是以履带式起重机为底盘，增加立杆与斜杆用以打桩，如图 2-9 所示。这种桩架具有垂直度调节灵活、稳定性好、装拆方便、行走迅速、适应性强、施工效率高等优点，适于各种预制桩和灌注桩施工，是目前常用的桩架之一。

c. 轨道式桩架。轨道式桩架须设置轨道，采用多电动机分别驱动、集中操纵控制。它能吊桩、吊锤、行走、回转移位，导杆能水平微调和倾斜打桩，并装有升降电梯为打桩人员提供良好的操作条件。但这种桩架只能沿轨道开行，机动性能较差，施工不方便。

d. 步履式桩架。步履式桩架是通过两个可相对移动的底盘互为支撑、交替走步的方式前进，也可 360°回转。它不需铺设轨道，移动就位方便，打桩效率高。

桩架的选择。桩架的选择应考虑以下因素：

a. 桩的材料、桩的截面形状及尺寸大小、桩的长度及接桩方式。

b. 桩的数量、桩距及布置方式。

c. 桩锤的形式、尺寸及质量。

d. 现场施工条件、打桩作业空间及周边环境。

e. 施工工期及打桩速度要求。

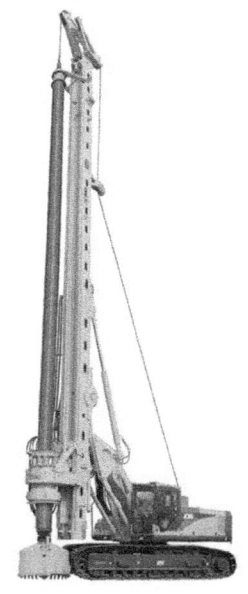

图 2-9 履带式桩架

桩架的高度必须适应施工要求，它一般等于桩长+桩帽高度+桩锤高度+滑轮组高度+起锤移位高度（取 1~2m）。

2) 打桩施工。打桩前应做好各种准备工作，包括清除障碍物、平整场地、定位放线、水电安装、安设桩机、确定合理的打桩顺序等。桩基轴线定位点应设在打桩影响范围之外，水准点至少 2 个以上。依据定位轴线，将图上桩位一一定出，并编号记录在案。

① 打桩顺序。打桩顺序的合理与否，影响到打桩速度、打桩质量及周围环境。打桩顺序通常有自一侧向单一方向（图 2-10a）、自中间向两个方向（图 2-10b）、自中间向四周（图 2-10c）等。打桩顺序的选择应结合地基土的挤压情况、桩距大小、桩机性能及工作特点、工期要求等因

素综合确定。

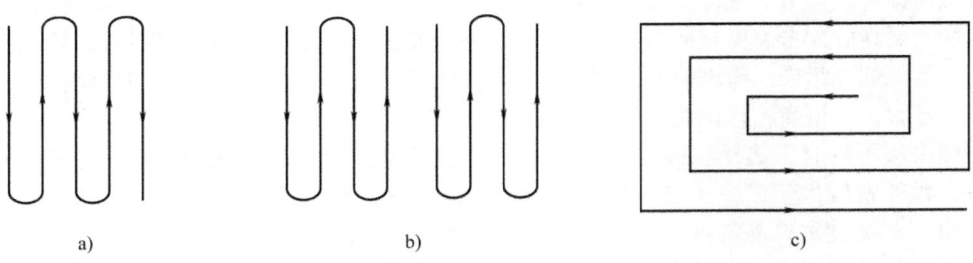

图 2-10 打桩顺序
a) 自一侧向单一方向　b) 自中间向两个方向　c) 自中间向四周

打桩将导致土壤挤压。当桩的中心距大于或等于 4 倍桩径或边长时，打桩顺序与土壤的挤压关系不大，采用哪种打桩顺序相对灵活。当桩的中心距小于 4 倍桩径或边长时，土体挤压不均匀的现象会很明显。此时，如采用自一侧向单一方向打桩，虽然桩机移动方便，作业效率高，但它会使土体向一个方向挤压，使后续桩难以入土，导致多种问题，无法保证桩基质量。因此，对于密集群桩，应采用图 2-10b、c 所示的两种打桩顺序。当施工区毗邻建筑物或地下管线时，应由被保护的一侧向另一方向施打，避免建筑物开裂或地下管线破裂。当基坑较大时，应将基坑划分为数段，并在各段范围内分别按上述顺序打桩。但各种情况下均不应采取自外向内或自周边向中间的打桩顺序，以避免中间土体挤压过密，使后续桩难以打入，或虽勉强打入，但使邻桩侧移或上冒。

此外，根据桩的设计标高及规格，打桩时宜先深后浅、先大后小、先长后短，这样可以减小后施工的桩对先施工桩的影响。由于已打预制桩可能会留有一段在地面以上，影响桩机的前进，因此，桩机移动一般是随打随后退。

② 打桩工艺。打桩施工是确保桩基工程质量的重要环节。打桩主要施工工序如下：场地准备→确定桩位→桩机就位→吊起桩锤和桩帽→吊桩和对位→校正垂直度→自重插桩入土→固定桩帽和桩锤→校正垂直度→打桩→接桩→送桩→截桩等。

桩架就位后即可吊桩，将桩垂直对准桩位中心，缓缓送下，插入土中。桩插入时垂直度偏差不得超过 0.5%。然后固定桩帽和桩锤，使桩身、桩帽、桩锤在同一铅垂线上。在桩锤和桩帽之间应加弹性衬垫，弹性衬垫一般可用硬木、麻袋、草垫等。桩帽或送桩管与桩周围应有 5～10mm 的间隙，以防损伤桩顶。

打桩宜采用"重锤低击"的方式。刚开始时，桩重心较高，稳定性不好，落距应较小。待桩入土至一定深度（约 2m）且稳定后，再按规定的落距连续锤击。打桩过程不宜中断，否则，土壤固结会致使桩难以打入。用落锤或单动汽锤打桩时，最大落距不宜大于 1m；用柴油锤时，应使锤跳动正常。

如桩顶标高低于自然地面，则需用送桩管将桩送入土中，桩身与送桩管的纵轴线应在同一直线上，拔出送桩管后，桩孔应及时回填或加盖。

混凝土预制桩的接桩方法有焊接、法兰接及硫黄胶泥锚接三种，如图 2-11 所示。前两种可用于各类土层；硫黄胶泥锚接适用于软土层，且对一级建筑桩基、承受拔力以及抗震设防地区的桩应慎重选用。目前焊接接桩应用最多，焊接接桩的钢板宜用低碳钢，焊条宜用 E43 型。接桩时预埋件表面应清洁，上、下节桩之间如有间隙应用铁片填实焊牢，焊接时焊缝应连续饱满，并采取措施减少焊接变形。接桩时，上、下节桩的中心线偏差不得大于 10mm，节点弯曲矢高不得大于 1‰桩长。焊接时，应先将四角点焊固定，然后对称焊接，并确保焊缝质量和设计尺寸。在焊接后应使焊缝在自然条件下冷却 10min 后方可继续沉桩。

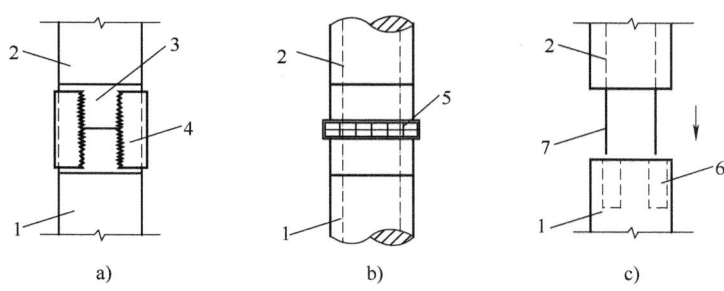

图 2-11　混凝土预制桩的接桩方法
a）焊接　b）法兰接　c）硫黄胶泥锚接
1—下节桩　2—上节桩　3—桩帽　4—连接角钢　5—连接法兰　6—预留锚筋孔　7—预埋锚接钢筋

桩停止锤击的控制原则如下：桩端（指桩的全断面）位于一般土层时（摩擦型桩），以控制桩端设计标高为主，贯入度可作为参考；桩端达到坚硬、硬塑的黏性土、中密以上粉土、砂土、碎石类土、风化岩时（端承型桩），以贯入度控制为主，桩端标高可作为参考。贯入度已达到而桩端标高未达到时，应继续锤击 3 阵，按每阵 10 击的贯入度不大于设计规定的数值加以确认，必要时施工控制贯入度应通过试验与有关单位会商确定。当遇到贯入度剧变，桩身突然发生倾斜、移位或有严重回弹、桩顶或桩身出现严重裂缝、破碎等情况时，应暂停打桩，并分析原因，采取相应措施。

测量最后贯入度应在以下正常条件下进行：桩顶没有破坏；锤击没有偏心；锤的落距符合规定；桩帽和弹性垫层正常；汽锤的蒸汽压力符合规定。如果沉桩尚未达设计标高，而贯入度突然变小，则可能土层中夹有硬土层或遇到孤石等障碍物，此时切勿盲目施打，应会同勘察设计部门共同研究解决。此外，由于土的固结作用，打桩过程中断，会使桩难以打入，因此应保证施打的连续进行。

在打桩过程中，应做好沉桩记录，以便工程验收。

③ 打桩的质量控制。打桩的质量控制包括打桩前、打桩过程中的控制以及施工后的质量检查。

打桩前应对成品桩做外观及强度检验，锤击预制桩，应在强度与龄期均达到要求后，方可锤击。接桩用焊条或半成品硫黄胶泥应有产品合格证书，或送有关部门检验。

打桩开始前应对桩位的放样进行验收，桩位放样允许偏差对群桩为 20mm、对单排桩为 10mm。

施工过程中应检查桩的桩体垂直度、沉桩情况、贯入情况、桩顶完整状况、电焊接桩质量、电焊后的停歇时间等。对电焊接桩，重要工程应对电焊接头做 10% 的焊缝探伤检查。

打桩时，桩顶破碎或桩身出现严重裂缝，应立即暂停，在采取相应的技术措施后，方可继续施打。打桩时，除了注意桩顶与桩身由于桩锤冲击破坏外，还应注意桩身受锤击拉应力而导致的水平裂缝，在软土中打桩，在桩顶以下 1/3 桩长范围内常会因反射的张力波使桩身受拉而引起水平裂缝。开裂的地方往往出现在吊点和混凝土缺陷处，这些地方容易形成应力集中。采用重锤低速击桩和较软的桩垫可减少锤击拉应力。

打桩施工结束后，应进行桩基工程的桩位验收。打入桩的桩位偏差必须符合表 2-1 的规定。

表 2-1　预制桩（钢桩）桩位允许偏差

序　号	项　目		允许偏差/mm
1	盖有基础梁的桩	垂直于基础梁中心线	$100 + 0.01H$
		沿基础梁中心线	$150 + 0.01H$
2	桩数为 1～3 根桩基中的桩		100
3	桩数为 4～16 根桩基中的桩		1/2 桩径或边长
4	桩数大于 16 根桩基中的桩	最外边的桩	1/3 桩径或边长
		中间桩	1/2 桩径或边长

注：H 为施工现场地面标高与设计桩顶标高的距离。

按标高控制的桩，桩顶标高的允许偏差为 $-50～100$ mm。斜桩倾斜度的偏差不得大于倾斜角正切值的 15%（倾斜角是指桩的纵向中心线与铅垂线间的夹角）。

打桩施工结束后，工程桩应进行承载力检验，一般采用静载荷试验的方法进行检验，检验桩数不应少于总数的 1%，且不应少于 3 根，当总桩数少于 50 根时，不应少于 2 根。此外，还应对桩身质量进行检验。

（2）静压法沉桩　静压法沉桩是利用桩机自重及配重来平衡沉桩阻力，在静压力的作用下将桩压入土中。由于施工中无振动、噪声和空气污染，故广泛应用于建筑物、地下管线较密集的地区。

静力压桩机分为机械式与液压式两种，前者只用于压桩，后者既能压桩也可拔桩。机械式压桩机是利用桩架自重和配重，通过滑轮组将桩压入土中，它由底盘、机架、动力装置等几部分组成，作业效率较低。液压式压桩机，如图 2-12 所示，这种桩机采用液压传动，动力大，工作平稳，主要由桩架、液压夹桩器、动力设备及吊桩起重机等组成。液压式压桩机作业时用起重机吊起桩体，通过液压夹桩器夹紧桩身并下压，沉桩入土。当液压夹桩器向上用力时，即可拔桩。

静压法压桩一般分节进行，逐段接长。当第一节桩压入土中，其上端距地面 1m 左右时将第二节桩接上，继续压入。压桩期间应尽量缩短停歇时间，否则土体固结阻力大，致使桩压不下去。

（3）射水法沉桩　射水法沉桩是锤击法沉桩的一种辅助方法。它利用高压水流从桩侧面或从空心桩内部的射水管（图 2-13）中冲击桩尖附近土层，以减少沉桩阻力。施工时一般是边冲边打，在沉入至最后 1～2m 时停止射水，用锤击法沉桩至设计标高，以保证桩的承载力。此法适用于砂土和碎石土。

静压法沉桩

图 2-12　液压式压桩机

（4）振动法沉桩　振动法沉桩是将桩与振动锤连接在一起（图 2-14），利用振动锤产生高频振动，激振桩身并振动土体，使土的内摩擦角减小、强度降低，从而将桩沉入土中。

振动法沉桩施工速度快、使用维修方便、费用低，但其耗电量大、噪声大。此法适用于软土、粉土、松砂等土层，在硬质土层中不易贯入。

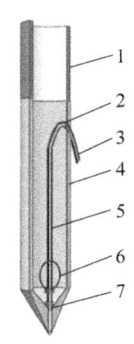
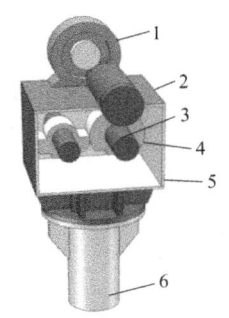

图 2-13 射水管构造　　　　　　　图 2-14 振动沉桩机
1—送桩管　2—弯管　3—胶管　4—桩管　　1—电动机　2—传动齿轮　3—轴
5—射水管　6—导向环　7—挡砂板　　　　4—偏心块　5—箱壳　6—桩

2.2.2 灌注桩施工

1. 干作业成孔灌注桩

灌注桩施工

干作业成孔灌注桩是利用成孔机具,在地下水位以上的土层中成桩的工艺,适用于黏土、粉土、填土、中等密实以上的砂土、风化岩层等土质。

（1）施工机具　目前常采用螺旋钻机成孔,它是利用动力旋转钻杆,使钻头的螺旋叶片旋转切削土体,土块沿螺旋叶片上升排出孔外,如图 2-15 所示。钻头是钻进取土的关键装置,有多种类型,常用的有锥式钻头、平底钻头、耙式钻头（图 2-16）等。锥式钻头适用于黏性土；平底钻头适用于松散土层；耙式钻头适用于杂填土,其钻头边镶有硬质合金刀头,能将碎砖等硬块削成小颗粒。螺旋钻机成孔直径一般为 300～600mm,钻孔深度为 8～12m。

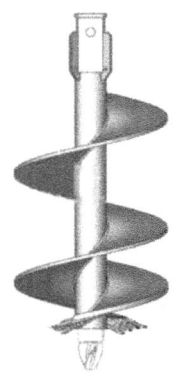

图 2-15 螺旋钻机　　　　　　　图 2-16 耙式钻头

（2）施工工艺　干作业成孔灌注桩的工艺流程如下：测定桩位→钻孔→清孔→下钢筋笼→浇注混凝土。

钻孔操作时要求钻杆垂直稳固、位置正确。如发现钻杆摇晃或难以钻进时,可能是遇到石块等异物,应立即停机,检查排除。钻孔时应随时清理孔口积土,遇到塌孔、缩孔等异常情况,应及时研究解决。当螺旋钻机钻至设计标高后,应在原位空转清土,以清除孔底回落虚土。钢筋笼应一次扎好,小心放入孔内,防止孔壁塌土。混凝土应连续浇注,每次浇注高度控制在 1.5m

以内。

2. 泥浆护壁成孔灌注桩

泥浆护壁成孔灌注桩是利用原土自然造浆或人工造浆护壁，并通过泥浆循环将被切削的土渣排出而成孔，再吊放钢筋笼，水下浇注混凝土成桩。它不论在地下水位高的土层还是低的土层皆适用。泥浆护壁成孔灌注桩工艺流程如图2-17所示。

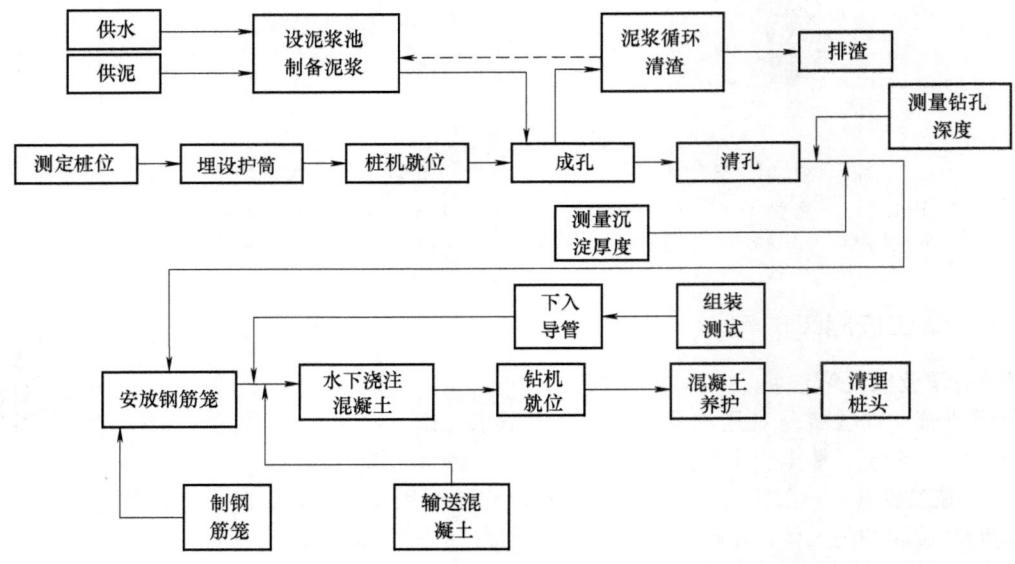

图2-17 泥浆护壁成孔灌注桩工艺流程

（1）埋设护筒

1）护筒的作用。护筒的作用是固定桩孔位置，保护孔口，防止塌孔，增加桩孔内水压。

2）护筒的埋设。护筒由3~5mm钢板制成，其内径比钻头直径大100mm，埋在桩位处。其顶面应高出地面400~600mm，上部留有1~2个溢浆口，护筒周围用黏土填实，以防漏水。护筒的埋设深度一般为1.0~1.5m，并应保持孔内泥浆面高于地下水位1m以上，防止塌孔。

（2）泥浆的制备　为保证成孔质量，应在钻孔过程中，随时补充泥浆并调整泥浆的密度。

1）护壁泥浆的作用。

① 护壁。泥浆在桩孔内吸附在孔壁上，将孔壁上的空隙填塞密实，防止漏水。由于孔内的水位大于孔外的水位，同时泥浆密度大于水的密度，因此孔内的水压大于孔外的水压，护壁泥浆起到液体支撑的作用，可以稳固土壁、防止塌孔。

② 携砂。泥浆具有一定的黏度和密度，通过泥浆的循环可将切削下的泥渣悬浮后排出，起到携砂排土的作用。

③ 冷却。泥浆对钻头有冷却的作用。

④ 润滑。泥浆对钻头切削土体有润滑的作用，可减少切削阻力。

2）制备泥浆。制备泥浆的方法可根据钻孔土质确定。在黏性土和粉质黏土中成孔时，可采用自配泥浆。泥浆的制备通常在挖孔前搅拌好，钻孔时输入孔内；有时也采用向孔内输入清水，一边钻孔，一边使清水与钻削下来的泥土拌和形成泥浆。在砂土或其他土中钻孔时，应采用高塑性黏土或膨润土加水配制护壁泥浆。泥浆的性能指标（如相对密度、黏度、含砂量、pH值、稳定性等）要符合规定的要求。泥浆的选料既要考虑护壁效果，又要考虑经济性，尽可能使用当地材料。

（3）成孔　泥浆护壁成孔灌注桩成孔的方法有：回旋钻机成孔、潜水钻机成孔、冲击钻机成孔、冲抓锥成孔等。

1）回旋钻机成孔。该钻机由动力装置传动，带动带有钻头的钻杆强制旋转，钻头切削土体成孔。切削形成的土渣通过泥浆循环排出桩孔。根据泥浆循环方式的不同，回旋钻机分为正循环回旋钻机和反循环回旋钻机。

正循环工艺，如图2-18a所示，泥浆或高压水由空心钻杆内部注入，并从钻杆底部喷出，携带钻下的土渣沿孔壁向上流动，由孔口将土渣带出流入沉淀池及泥浆池，经处理后泥浆循环使用。该法是依靠泥浆向上的流动排渣，其提升力较小，孔底沉渣较多。

反循环工艺如图2-18b所示。泥浆带渣流动的方向与正循环工艺相反，它须启动砂石泵在钻杆内形成真空，土渣被吸出流入沉淀池及泥浆池，经处理后泥浆循环使用。反循环工艺由于泵吸作用，泥浆上升的速度较快，排渣能力较大，但土质较差或易塌孔的土层应谨慎使用。

回旋钻机设备性能可靠，噪声和振动较小，钻进效率高，钻孔质量好。它适用于松散土层、黏土层、砂砾层、软质岩层等地质条件，应用比较广泛。

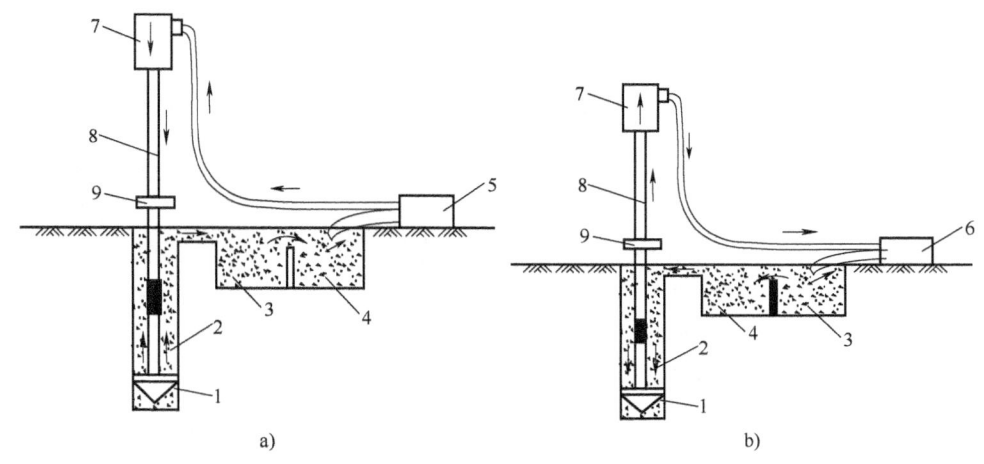

图2-18　泥浆循环成孔工艺
a）正循环　b）反循环
1—钻头　2—泥浆循环方向　3—沉淀池　4—泥浆池　5—泥浆泵　6—砂石泵
7—水阀　8—钻杆　9—钻机回旋装置

2）潜水钻机成孔。潜水钻机是一种旋转式钻孔机械，其动力、变速机构和钻头连在一起，并加以密封，可下放至孔内地下水中切土成孔。它采用正循环工艺注浆、护壁和排渣。潜水钻机成孔适用于淤泥、淤泥质土、黏性土、砂土及强风化岩层，不宜用于碎石土。

潜水钻机成孔灌注桩施工

3）冲击钻机成孔。冲击钻机如图2-19所示，它是用动力将冲锥式钻头提升到一定高度后，靠自由下落的冲击力来掘削硬质土和岩层，然后用淘渣筒排出渣浆。它可用于黏性土、粉质黏土，特别适用于坚硬土层和砂砾石、卵漂石及岩层。

4）冲抓锥成孔。冲抓锥成孔是将冲抓锥头提升到一定高度，锥斗内有压重铁块和活动抓片，下落时抓片张开，钻头自由下落冲入土中，然后开动卷扬机拉升钻头，此时抓片闭合抓土，将冲抓锥整体提升至地面卸土，依次循环成孔，如图2-20所示。冲抓锥成孔适用于松散土层。

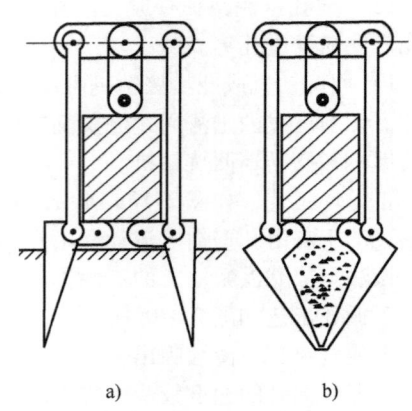

图2-19 冲击钻机
1—滑轮 2—主杆 3—钻头 4—斜撑 5—卷扬机

图2-20 冲抓锥成孔
a) 抓土 b) 提土

(4) 清孔　钻孔达到要求的深度后要清除孔底沉渣,以防止灌注桩沉降过大、承载力降低,这个过程称为清孔。当孔壁土质较好,不易塌孔时,可用空气吸泥机清孔,同时注入清水,清孔后泥浆相对密度应控制在1.1左右;当孔壁土质较差时,宜用反循环排渣法清孔,清孔后的泥浆相对密度控制在1.15~1.25。施工及清孔过程中应经常测定泥浆的相对密度。清孔后孔内沉渣厚度:端承桩应小于50mm,摩擦桩小于150mm。清孔满足要求后,应立即安放钢筋笼,准备浇注混凝土。

(5) 水下浇注混凝土　水下浇注混凝土最常用的是导管法。导管法是将密封连接的钢管作为水下混凝土的浇注通道,混凝土倾落时沿竖向导管下落。导管的作用是隔离环境水,使其不与混凝土接触。导管底部以适当的深度埋在灌入的混凝土拌合物内,导管内的混凝土在一定的落差压力作用下,压挤下部管口的混凝土在已浇的混凝土层内部流动、扩散,以完成混凝土的浇注工作,形成连续密实的混凝土桩身(图2-21)。钢筋骨架固定之后,应抓紧浇注混凝土。混凝土强度不应小于C20,混凝土选用的粗骨料,粒径不宜大于30mm,且不得大于钢筋间最小净距的1/3,坍落度为160~220mm,含砂率宜为40%~45%,宜采用中砂。混凝土保护层厚度不应小于50mm。导管最大外径应比钢筋笼内径小100mm以上。

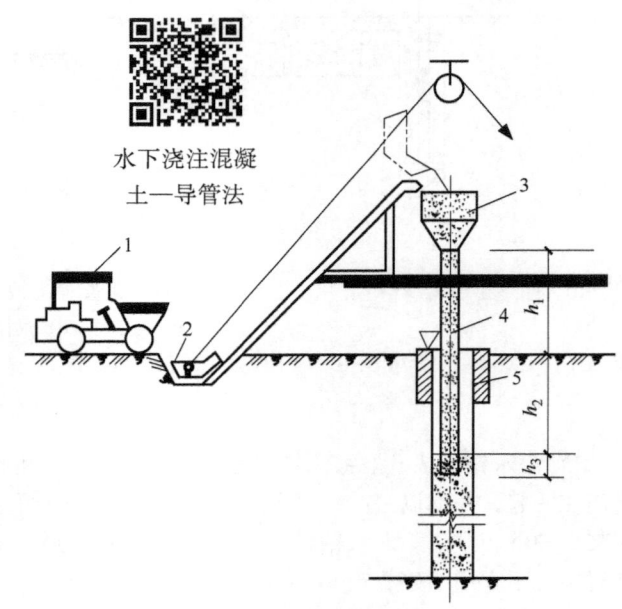

水下浇注混凝土—导管法

图2-21 水下浇注混凝土示意图
1—翻斗车 2—料斗 3—储料漏斗 4—导管 5—护筒

浇注混凝土前,先将导管吊入桩孔内,导管顶部高于泥浆面3~4mm并连接漏斗,底部距桩孔底0.3~0.5m,导管内设隔水栓,用细钢丝悬吊在导管下口,隔水栓可用预制混凝土块四周加橡皮封圈、橡胶球胆或软木球。

浇注混凝土时，先在漏斗内灌入足够量的混凝土，保证混凝土下落后能将导管下端埋入不小于500mm，然后剪断钢丝，隔水栓下落，混凝土在自重的作用下随隔水栓冲出导管下口，并把导管底部埋入混凝土内，用橡胶球胆或木球做的隔水栓浮出水面后可回收重复使用，然后连续浇注混凝土，当导管埋入混凝土达2～2.5m时，即可提升导管，提升速度不宜过快，应保持导管埋在混凝土内1m以上，这样连续浇注一直到桩顶为止。

3. 挖孔灌注桩

挖孔灌注桩是指用人工挖土成孔，浇注混凝土而成的桩；当需扩大桩底的断面尺寸时，则称为挖孔扩底灌注桩。这类桩单桩承载力大，受力性能好，质量可靠，沉降量小，施工工艺简单，无须大型机械设备，无振动、噪声，无环境污染。但挖孔灌注桩井下作业条件差、环境恶劣、劳动强度大，作业安全显得尤为重要。桩孔挖掘前要认真研究地质资料，分析地质情况对可能出现的风险应制定针对性的安全措施。对地下水丰富、软弱土层、流砂等不良地质条件的区域，孔内空气污染物超标的区域，以及可以使用机械成孔设备的区域，不得使用人工挖孔工艺。

挖孔灌注桩的直径一般为800～2000mm，最大直径可达3500mm；桩长（埋深）一般在20m左右，最深可达40m。为了确保人工挖孔灌注桩施工安全，要有预防孔壁坍塌和预防产生流砂、管涌的技术保证措施，还要有可靠的排水、通风以及照明设施。

（1）施工机具　人工挖孔灌注桩施工机具简单，主要有电动机、潜水泵、提土桶、鼓风机、输风管、挖孔工具或小型挖土机具、爆破材料，此外还有照明灯、对讲机、电铃等。

（2）施工工艺　为了确保人工挖孔施工的安全，必须进行有效支护，严防土体坍塌。支护的方法很多，例如现浇钢筋混凝土护壁、喷射混凝土护壁、打设型钢或木板桩、采用沉井等。以现浇钢筋混凝土护壁为例说明人工挖孔灌注桩的施工工艺：

1）按设计图放线，确定桩位。

2）开挖土方：采取分段开挖，每段高度一般为0.5～1.0m，开挖范围为设计桩芯直径加护壁的厚度。钢筋混凝土护壁应每节高1m，厚度不小于$D/10+5cm$，并有1:0.1的坡度。

3）支设护壁模板：宜采用工具式钢模板（或木模板）组合而成。

4）放置操作平台：平台可用角钢和钢板制成半圆形，合起来即为一个整圆，临时安放在模板顶面。

5）浇注护壁混凝土：护壁混凝土要注意捣实，因为它起着防止土壁坍陷与防水的双重作用。第一节护壁厚度宜增加10～15cm，上、下节护壁用钢筋拉接。

6）拆除模板继续下一段的施工：当护壁混凝土强度达到1.2MPa，常温下约24h后即可拆除模板，进入下一段的施工。如此循环，直至挖到设计深度。

7）吊放钢筋笼（如果钢筋笼的高度不及孔深，则先浇注混凝土）。

8）浇注桩身混凝土：当桩孔内渗水量不大时，抽出孔内积水后，用串筒法浇注混凝土；当桩孔内渗水量过大，积水过多不便排干时，则应用导管法进行水下浇注混凝土。

人工挖孔灌注桩在开挖过程中，必须制定专门的安全措施。主要包括：施工人员进入孔内，必须戴安全帽；孔内有人施工时，孔口必须设专人监督防护；护壁要高出地面15～20cm，挖出的土不得堆在孔四周1.2m范围内，以防落入孔内；孔周围要设置0.8m高的安全防护栏杆，每孔要设置安全绳及安全软梯；孔下照明应为安全用电装置，使用潜水泵要有防漏电装置；桩孔开挖深度超过10m时，应设鼓风机向孔井中输送洁净空气，风量不少于$0.025m^3/s$。

4. 沉管灌注桩

沉管灌注桩是利用锤击沉管法或振动沉管法，将带有活瓣的钢制桩尖或钢筋混凝土预制桩靴的钢套管沉入土中（图2-22），吊放钢筋笼，然后灌注混凝土并分段拔管而成。采用锤击法沉管、拔管的称为锤击沉管灌注桩，采用激振器沉管、拔管的称为振动沉管灌注桩。

（1）锤击沉管灌注桩　锤击沉管灌注桩施工工艺流程，如图 2-23 所示。在锤击沉管灌注桩施工时，用桩架吊起钢套管，关闭桩尖活瓣或安放到预先设在桩位处的钢筋混凝土预制桩靴上。套管与桩靴连接处要垫以麻绳等，以防地下水渗入管内。然后缓缓放下套管，压进土中。套管顶端扣上桩帽，检查套管与桩锤是否在同一垂直线上，其偏斜不大于 0.5% 时，即可起锤沉套管。先用低锤轻击，若无偏移，再正常施打，直至符合设计要求的贯入度或标高。在检查管内无泥浆或水进入后，即可灌注混凝土。套管内混凝土应尽量灌满，然后开始拔管。拔管时应保持连续低锤密击不停。拔管时要均匀，不宜过高过快；拔管的速度对一般土层来说，以不大于 1m/min 为宜，在软弱土层及软硬土层交界处应控制在 0.8m/min 以内。拔管中要随时探测混凝土落下的扩散情况，注意使管内的混凝土保持略高于地面，直到全管拔出为止。桩的中心距小于 5 倍桩管外径或小于 2m 时，均应采取跳打的方式，且中间空出的桩需待邻桩混凝土达到设计强度的 50% 以后方可施打，防止因挤土而使前面的桩发生桩身断裂。

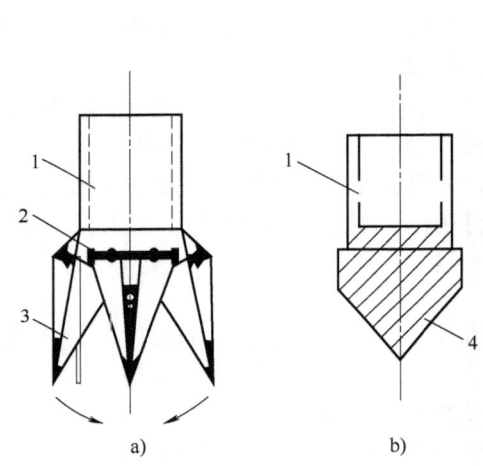

图 2-22　活瓣桩尖及桩靴
a）活瓣桩尖　b）桩靴
1—桩管　2—锁轴　3—活瓣　4—桩靴

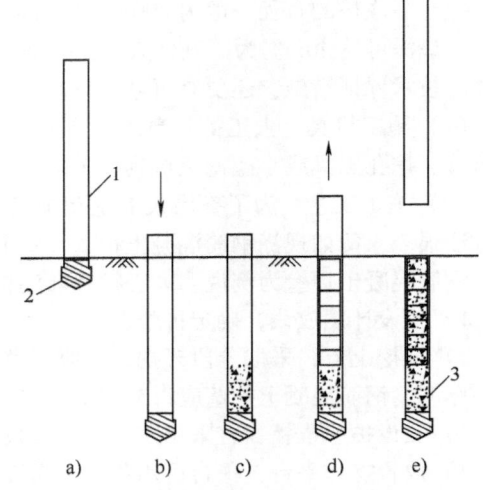

图 2-23　锤击沉管灌注桩施工工艺流程
a）就位　b）沉套管　c）初灌混凝土
d）放置钢筋笼，灌注混凝土　e）拔管成桩
1—钢管　2—混凝土桩靴　3—桩

为了改善灌注桩的质量、扩大桩径和提高桩承载能力，常采用复打法，包括全长复打和局部复打。复打的施工工序：在第一次灌注桩施工完毕拔出套管后（单打），及时清除管外壁上的污泥和桩孔周围地面的浮土，立即在原桩位安好桩靴和套管或关闭活瓣，进行复打，使未凝固的混凝土向四周挤压扩大桩径，然后第二次浇注混凝土。拔管方法与单打相同。复打时要注意：前后两次沉管的轴线应重合；复打必须在第一次灌注的混凝土初凝之前进行；如有配筋的桩，钢筋笼应在第二次沉管后灌注混凝土之前就位。

施工中应做好施工记录，包括每米的锤击数和最后 1m 的锤击数；最后 3 阵，每阵 10 击的贯入度及落锤高度。

锤击沉管灌注桩适用于黏性土、淤泥质土、砂土和人工填土地基。

（2）振动沉管灌注桩　振动沉管灌注桩大多采用激振器（振动锤）沉管，其设备如图 2-24 所示。激振器、套管、活瓣桩尖可依次连在一起，并能利用滑轮组整体提升（故能拔管和反插施工）。施工时，先安装好桩机，关闭活瓣桩尖或安放好钢筋混凝土预制桩靴，徐徐放下套管,压入土中,即可开动激振器沉管。套管受振后与土体之间摩阻力减小,同时在激振器自重的压力下,即能入土成孔。沉管时,必须严格控制最后 2min 的贯入速度,其值按设计要求,或根据试桩和当地的施工经验确定。

振动沉管灌注桩可采用单打法、复打法或反插法施工工艺。单打法施工时,在沉入土中的套管内灌满混凝土,开动激振器振动 5～10s 后开始拔管,然后边振边拔,每拔 0.5～1m 停拔振动 5～10s,如此反复,直至套管全部拔出。单打法施工,在一般土层内拔管速度宜为 1.2～1.5m/min,在较软弱土层中宜控制在 0.6～0.8m/min。在拔管过程中,应分段添加混凝土,保持管内混凝土面高于地面或地下水位 1.0～1.5m。复打法施工与锤击沉管灌注桩相同。反插法施工时,在套管内灌满混凝土后,先振动再开始拔管,每次拔管高度 0.5～1.0m,向下反插深度 0.3～0.5m,如此

图 2-24 振动沉管设备
1—激振器 2—套管

反复,并始终保持振动,直至套管全部拔出。反插法的拔管速度应小于 0.5m/min。由于反插法能扩大桩径,使混凝土密实,提高桩的承载能力,宜用于较差的软土地基。

振动沉管灌注桩的适用范围除与锤击沉管灌注桩相同外,还包括稍密及中密的碎石土地基。

5. 灌注桩的质量控制

灌注桩的质量应从以下几个方面进行控制:

(1) 成孔深度 对于摩擦型桩,必须保证设计桩长,当采用套管法成孔时,套管入土深度的控制以标高为主,并以贯入度(或贯入速度)为辅。对于端承型桩,必须有足够的桩端承载力和尽量小的沉降量,当采用钻、冲、挖成孔时,必须保证桩孔进入硬土层中且达到设计要求的深度,并将孔底清理干净;当采用套管法成孔时,套管入土深度的控制以贯入度(或贯入速度)为主,与设计持力层标高相对照为辅。

(2) 钢筋笼制作与安装 钢筋笼宜分段制作,每段长度以 5～8m 为宜。搬运时应采取适当措施,防止扭转。沉放钢筋笼时要对准孔位,吊直扶稳,缓缓下沉,避免碰撞孔壁。钢筋笼下放至设计位置后,应立即固定。两段钢筋笼连接时应采用焊接。水下浇注混凝土时,可在钢筋笼上设置定位钢筋环或混凝土垫块,或在沉放钢筋笼前在孔中对称设置几根导向钢管或导向钢筋,以确保保护层厚度。

(3) 灌注混凝土 桩孔质量检查合格后,应尽快灌注混凝土。对于水下浇注混凝土和采用套管法从管内灌注混凝土的桩,在灌注过程中,应用浮标或测锤测定混凝土的灌注高度,以检查灌注质量。由于桩孔直径的偏差、新浇混凝土与孔壁周围土的互相挤压以及混凝土向孔壁的渗透等原因,为使灌注桩满足设计要求,混凝土的充盈系数(混凝土的实际灌注量与设计体积之比)不得小于 1。由于灌注桩细长且垂直浇筑,灌注后会在桩顶形成强度较低的浮浆层,因此灌注高度应超过设计尺寸,以便在凿去浮浆层后,仍能达到设计标高。

2.3 沉井基础施工

沉井是一种带刃脚的井筒状构造物(图 2-25)。它是利用人工或机械方法清除井内土石,借助自重或增加压重等措施克服井壁摩阻力逐节下沉至设计标高,再浇注混凝土封底并填塞井孔,

建成建筑物的基础。

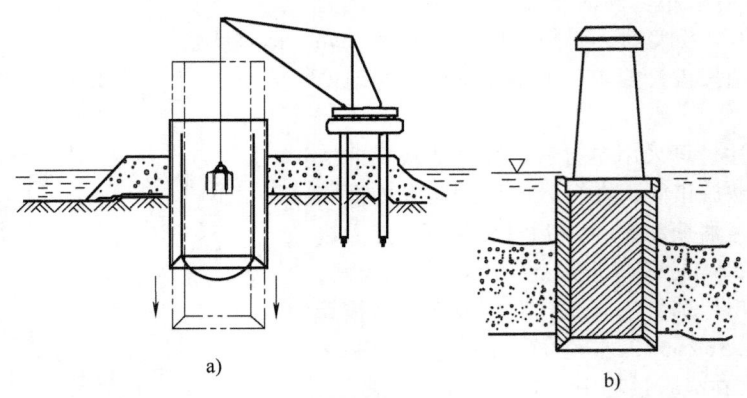

图 2-25　沉井基础
a) 下沉　b) 沉井基础

沉井的特点是埋置深度较大，整体性强，稳定性好，具有较大的承载面积，能承受较大的垂直和水平荷载。此外，沉井既是基础，又是施工时的挡土和挡水围堰构造物，施工工艺简便，技术稳妥可靠，无须特殊专业设备，并可做成补偿性基础，避免过大沉降，保证基础稳定性，因此在深基础或地下结构中应用比较广泛。沉井最适合在不太透水的土层中下沉，这样易于控制沉井下沉方向，避免倾斜。一般以下情况可考虑采用沉井基础：

1) 上部荷载较大，表层地基土承载力不足，而在一定深度下有较好的持力层，且与其他基础方案相比较更经济合理。

2) 在山区河流中，虽土质较好，但冲刷大，或河中有较大卵石不便桩基础施工。

3) 岩层表面较平坦且覆盖层薄，但河水较深，采用基坑围堰施工有困难。

2.3.1　沉井基础构造

1. 沉井的一般构造

沉井一般由井壁、井孔、凹槽、刃脚、封底、隔墙和顶板等组成，如图 2-26 所示。有时井壁中还预埋射水管等其他部分。各组成部分的作用如下：

（1）井壁　井壁是沉井的外壁，是沉井的主体部分，在沉井下沉过程中起挡土、挡水及利用自重克服土与井壁间摩阻力下沉的作用。当沉井施工完毕后，就成为传递上部荷载的基础或基础的一部分。因此，井壁必须具有足够的强度和一定的厚度，并根据施工过程中的受力情况配置竖向及水平钢筋。一般壁厚为 0.80~1.50m，最薄不宜小于 0.4m，刃脚混凝土强度等级不应低于 C30，井身不应低于 C25。

（2）刃脚　刃脚是井壁下端形如楔状的部分，其作用是利于沉井切土下沉，如图 2-27 所示。刃脚底平面又称为踏面，踏面宽度取决于土的软硬、井壁质量等，一般不大于 150mm。若下沉深度大，土质较硬，刃脚底面应以型钢（角钢或槽钢）加强，以防刃脚损坏。为有利于下沉，刃脚内侧斜面与水平面夹

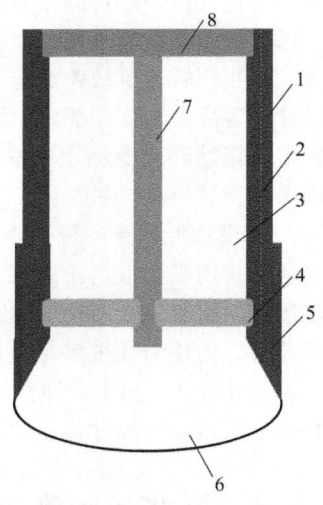

图 2-26　沉井的一般构造
1—井壁　2—射水管　3—井孔
4—凹槽　5—刃脚　6—封底
7—隔墙　8—顶板

角不宜小于45°。刃脚高度应方便抽出刃脚下垫木和挖土,一般大于1.0m,刃脚混凝土强度等级宜大于C25。

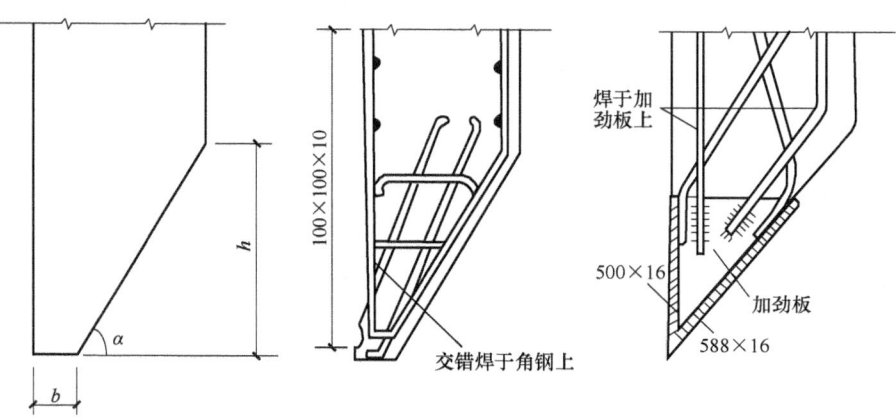

图 2-27 沉井的刃脚

(3) 隔墙　隔墙是沉片的内壁,其作用是将沉井空腔分隔成多个井孔,便于控制挖土下沉,防止或纠正倾斜和偏移,并加强沉井刚度,减小井壁挠曲应力。隔墙厚度一般小于井壁,为0.5~1.0m。隔墙底面应高出刃脚底面0.5m以上,避免被土搁住而妨碍下沉。如为人工挖土,还应在隔墙下端设置过人孔,以便工作人员在井孔间往来。

(4) 井孔　井孔为挖土排土的工作场所和通道。其尺寸应满足施工要求,最小边长不宜小于3m。井孔应对称布置,以便对称挖土,保证沉井均匀下沉。

(5) 凹槽　凹槽位于刃脚内侧上方,高约1.0m,深度一般为150~300mm,用于沉井封底时使井壁与封底混凝土较好地结合,使封底混凝土底面反力更好地传给井壁。沉井挖土困难时,可利用凹槽做成钢筋混凝土板,改为气压箱室挖土下沉。

(6) 射水管　当沉井下沉较深,土阻力较大,估计下沉困难时,可在井壁中预埋射水管。射水管应均匀布置,以利于通过控制水压和水量来调整下沉方向。一般水压不小于600kPa。如使用泥浆润滑套施工方法,应有预埋的压射泥浆管路。

(7) 封底　沉井沉至设计标高进行清基后,使在刃脚踏面以上至凹槽处浇筑混凝土形成封底。封底可防止地下水涌入井内,其底面承受地基土和水的反力,封底混凝土顶面应高出凹槽0.5m,其厚度可由应力验算决定,根据经验也可取不小于井孔最小边长的1.5倍。封底混凝土强度等级非岩石地基不应低于C25,岩石地基不应低于C20。

(8) 顶板　沉井封底后,若条件允许,为节省圬工量,减小基础自重,在井孔内可不填充任何东西,做成空心沉井基础,或宜填砂石,此时须在井顶设置钢筋混凝土顶板,以承托上部结构的全部荷载。顶板厚度一般为1.5~2.0m,钢筋配置由计算确定。

沉井井孔是否填充,应根据受力或稳定要求决定。在严寒地区,低于冻结线0.25m以上部分,必须用混凝土或圬土填实。

2. 浮运沉井的构造

浮运沉井可分为不带气筒的浮运沉井和带气筒的浮运沉井两种。不带气筒的浮运沉井多用钢、木、钢丝网水泥等材料制作,钢丝网水泥薄壁浮运沉井薄壁空心,内壁与外管均用2~3层钢丝网铺设在钢筋网两侧,抹以高强度的水泥砂浆,并用1~3mm保护层,具有构造简单、施工方便、节省钢材等优点。该沉井适用于水不太深、流速不大、河床较平、冲刷较小的自然条件。为增加水中自浮能力,还可做成带临时性井底板的浮运沉井,即浮运就位后,灌水下沉,同时接筑井壁，当到达河床后，打开临时性井底板，再按一般沉井施工。

当水深流急、沉井较大时，通常可采用带气筒的浮运沉井。其主要由双壁钢沉井底节、单壁钢壳、钢气筒等组成。双壁钢沉井底节是一个可自浮于水中的壳体结构，底节以上的井壁采用单壁钢壳，既可防水，又可作为接高时浇注沉井外圈混凝土的模板的一部分。钢气筒为沉井提供所需浮力，同时在悬浮下沉中可通过充放气调节使沉井上浮、下沉或校正偏斜等，当沉井落至河床后，除去气筒即为取土井孔。

3. 组合式沉井

当采用低承台桩出现围水挖基浇注承台困难，而采用沉井则岩层倾斜较大或沉井范围内地基土软硬不均且水深较大时，可采用沉井-桩基的混合式基础，即组合式沉井。施工时先将沉井下沉至预定标高，浇注封底混凝土和承台，再在井内预留孔位钻孔灌注成桩。该组合式沉井结构既可围水挡土，又可作为钻孔桩的护筒和桩基的承台。

2.3.2 沉井施工

沉井施工一般可分为旱地施工、水中筑岛及浮运沉井，施工前应详细了解场地的地质和水文条件。水中施工应做好河流汛期、河床冲刷、通航及漂流物等的调查研究，充分利用枯水季节，制订出详细的施工计划及必要的措施，确保施工安全。

1. 旱地沉井施工

旱地沉井施工可分为就地制造、除土下沉、封底、充填井孔以及浇筑顶板等（图2-28），其一般工序如下：

（1）清整场地　要求施工场地平整干净，若天然地面土质较硬，只需将地表杂物清净并整平，就可在其上制作沉井，否则应换土或在基坑处铺填不小于0.5m厚夯实的砂或砂砾垫层，防止沉井在混凝土浇筑之初因地面沉降不均产生裂缝。为了减小下沉深度，也可挖一浅坑，在坑底制作沉井，但坑底应高出地下水面0.5~1.0m。

（2）制作第一节沉井　制作沉井前，应先在刃脚处对称铺满垫木或混凝土垫层，以支承第一节沉井的质量，并在其上木定位立模板以绑扎钢筋。垫木数量可按垫木底面压力计算确定，其布置应考虑抽垫方便。垫木一般为枕木或方木（如200mm×200mm），其下垫一层厚约0.3m的砂，垫木间空隙用砂填实（填到一半高即可）。然后在刃脚位置处放上刃脚角钢，竖立内模，绑扎钢筋，再立外模浇筑第一节沉井。模板应有较大刚度，以免挠曲变形。当场地土质较好时也可采用土模。

（3）拆除模板及抽撤垫木　当沉井混凝土强度达设计强度的70%时可拆除模板，达设计强度后方可抽撤垫木。抽撤垫木应分区、依次、对称、同步地向沉井外抽出。其顺序为：先内壁下，再短边，最后长边。长边下垫木隔一根抽一根，以固定垫木为中心，由远及近对称地抽，最后抽除固定垫木，并随抽随用砂土回填捣实，以免沉井开裂、移动或偏斜。

（4）除土下沉　沉井宜采用不排水除土下沉，在稳定的土层中，也可采用排水除土下沉。除土方法可采用人工或机械，排水下沉常用人工除土。人工除土可使沉井均匀下沉并易于清除井内障碍物，但应有安全措施。不排水下沉时，可使用空气吸泥机、抓土斗、水力吸石筒、水力吸泥机等除土。当通过黏土、胶结层除土困难时，可采用高压射水破坏土层。

沉井正常下沉时，应自中间向刃脚处均匀对称除土，排水下沉时应严格控制设计支承点土的排除，并随时注意沉井正位，保持竖直下沉，无特殊情况不宜采用爆破施工。

（5）接高沉井　当第一节沉井下沉至一定深度（井顶露出地面不小于0.5m，或露出水面不小于1.5m）时，停止除土，接筑下节沉井。接筑前刃脚不得掏空，并应尽量纠正上节沉井的倾斜，凿毛顶面，立模，然后对称均匀浇注混凝土，待强度达设计要求后再拆模继续下沉。

(6) 设置井顶防水围堰 若沉井顶面低于地面或水面,应在井顶接筑临时性防水围堰,围堰的平面尺寸略小于沉井,其下端与井顶上预埋锚杆相连。井顶防水围堰应因地制宜,合理选用。常见的有土围堰、砖围堰和钢板桩围堰。若水深流急,围堰高度大于5.0m时,宜采用钢板桩围堰。

(7) 基底检验和处理 沉井沉至设计标高后,应检验基底地质情况是否与设计相符。排水下沉时可直接检验;不排水下沉则应进行水下检验,必要时可用钻机取样进行检验。

当基底达到设计要求后,应对地基进行必要的处理。砂性土或黏性土地基一般可在井底铺一层砾石或碎石至刃脚底面以上200mm。岩石地基,应凿除风化岩层,若岩层倾斜,还应凿成阶梯形。要确保井底浮土、软土清除干净,使封底混凝土与地基结合紧密。

(8) 沉井封底 基底检验合格后应及时封底。排水下沉时,如渗水量上升速度不大于6mm/min可采用普通混凝土封底;否则宜用水下混凝土封底。若沉井面积大,可采用多导管先外后内、先低后高依次浇注;封底一般为素混凝土,但必须与地基紧密结合,不得存在有害的夹层、夹缝。

(9) 井孔填充和顶板浇筑 封底混凝土达到设计强度后,排干井孔中的水,填充井内圬土。如井孔中不填料或仅填砾石,则井顶应浇筑钢筋混凝土顶板,以支承上部结构,且应保持无水施工。然后砌筑井上构筑物,并随后拆除临时性的井顶围堰。

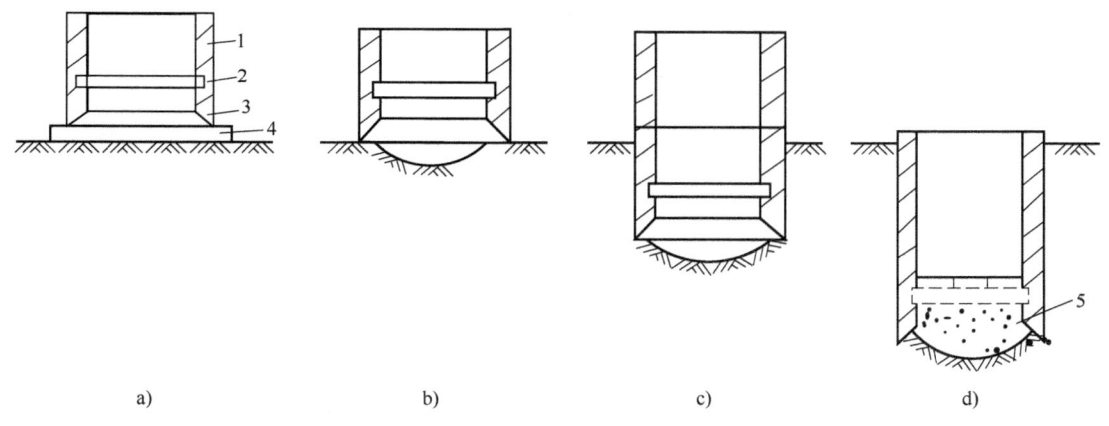

图2-28 旱地沉井施工顺序
a) 制作第一节沉井 b) 抽垫木、挖土下沉 c) 沉井接高下沉 d) 封底
1—井壁 2—凹槽 3—刃脚 4—承重垫木 5—素混凝土封底

2. 水中沉井施工

(1) 水中筑岛 当水深小于3m,流速不大于1.5m/s,可采用砂或砾石在水中筑岛,周围用草袋围护;若水深或流速加大,可采用围堤防护筑岛;当水深较大(通常<15m)或流速较大时,宜采用钢板桩围堰筑岛。岛面应高出最高施工水位0.5m以上,砂岛地基强度应符合要求,围堰筑岛时,围堰距井壁外缘距离$b \geq H\tan(45°-\varphi/2)$,且$H \geq 2m$,$H$为筑岛高度,$\varphi$为砂在水中的内摩擦角。其余施工方法与旱地沉井施工相同。

(2) 浮运沉井 若水深(如大于10m),人工筑岛困难或不经济时,可采用浮运施工法施工,即将沉井在岸边做成空体结构,或采用其他措施(如带钢气筒等)使沉井浮于水上,利用在岸边铺成的滑道滑入水中(图2-29),然后用绳索牵引至设计位置。在悬浮状态下,逐步将水或混凝土注入空体中,使沉井徐徐下沉至河底。若沉井较高,需分段制作,在悬浮状态下逐节接长下沉至河底,但整个过程应保证沉井本身稳定。当刃脚切入河床一定深度后,即可按一般沉井下沉方法施工。

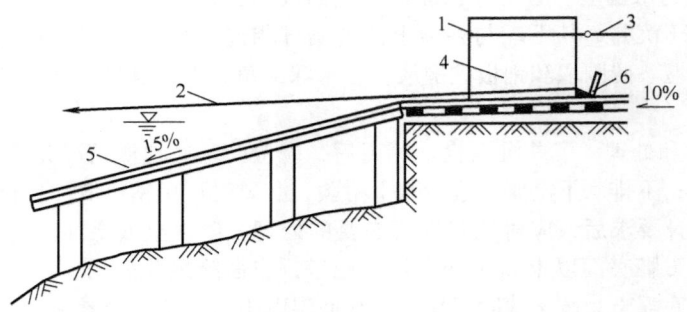

图 2-29 浮运沉井下水
1—后销绑扎钢丝绳　2—牵引钢丝绳　3—后销钢丝绳　4—沉井　5—滑道　6—千斤顶

思考题

1. 简述现浇柱下独立基础施工要点。
2. 简述筏形基础的施工工序。施工中应注意哪些问题？
3. 预制桩起吊、运输有什么要求？吊点位置如何确定？
4. 简述预制桩沉桩方法。
5. 静压法压桩有什么优点？有哪几种压桩方法？
6. 分析预制柱锤击法施工对环境有什么影响？
7. 为什么预制桩打设时要确定打桩顺序？预制桩的打桩顺序有哪些？各有什么优缺点？
8. 预制桩停止打桩的标准是什么？
9. 简述干作业成孔灌注桩施工工艺流程。
10. 什么是泥浆护壁成孔灌注桩？包括哪些主要工序？
11. 泥浆的作用是什么？泥浆循环有哪两种方式？其效果如何？
12. 灌注桩为什么要进行清孔？
13. 沉井一般由哪几部分组成？各组成部分的作用是什么？
14. 旱地沉井施工的流程是怎样的？
15. 浮运沉井施工有哪几种方式？

第 3 章

砌筑工程

> **本章导读**
> 本章主要讲述砖、砌块及砌体的砌筑。要求掌握砌筑材料性能、施工要求以及普通砖砌筑和砌块砌筑工艺、技术及质量标准,熟悉砌体结构的冬期施工要点及技术措施。学习中建议同学们重点思考砌筑工程中容易出现哪些施工质量问题,如何预防这些质量问题的发生。

3.1 砌体结构材料

建筑结构的常用材料有混凝土、钢材、砖石及木材四大类。砌体结构是由砖石等块体和砂浆砌筑而成的墙、柱作为建筑物主要受力构件的结构,砌筑工程是指砌体结构的施工。

砖石砌体结构已有数千年的历史,具有以下优点:砖石具有良好的耐火性和耐久性,它便于就地取材,砌体结构施工方便、造价低廉,是工程常用的结构形式。但黏土砖制砖用土毁坏农田、制砖能耗大、污染严重,砌体结构的抗震性能较差、施工的手工作业量大、效率低。因此,改革墙体材料是我国建筑业的一项重要任务。新型墙体材料要向轻质化、高强化、复合化发展,推广节能保温、高强防火、利废环保的多功能复合一体化新型墙体材料。

砌筑工程所用材料主要是砖、砌块以及砌筑砂浆。

3.1.1 砖、砌块

砌筑工程所用砖包括烧结普通砖、烧结多孔砖、蒸压灰砂普通砖、蒸压粉煤灰普通砖、混凝土普通砖、混凝土多孔砖等;砌块则有混凝土砌块、轻骨料混凝土砌块等。此外还有石材。图 3-1 所示为部分块材的照片。

承重结构的块体材料强度等级:烧结普通砖、烧结多孔砖为 MU10 ~ MU30;蒸压灰砂普通砖、蒸压粉煤灰普通砖为 MU15 ~ MU25;混凝土普通砖、混凝土多孔砖为

图 3-1 砌体结构材料
a) 烧结多孔砖 b) 蒸压灰砂普通砖
c) 混凝土多孔砖 d) 混凝土砌块

MU15~MU30；混凝土砌块、轻骨料混凝土砌块为 MU5~MU20。

自承重结构的空心砖、轻骨料砌块的强度等级为 MU3.5~MU10。

施工中块材强度等级必须符合设计要求，保持砌块表面干净，避免粘上黏土、脏物。密实砌块的切割可采用切割机。

3.1.2 砌筑砂浆

砌筑砂浆有普通砂浆、混凝土块体专用砂浆及蒸压灰砂普通砖、蒸压粉煤灰普通砖专用砂浆。对非烧结类块材宜采用配套的专用砂浆，砂浆种类选择及其强度等级应根据设计要求确定。表 3-1 为常用块材的砌体采用砂浆及其强度等级。

表 3-1 常用块材的砌体采用砂浆及其强度等级

块材	砂浆及强度等级		
	普通砂浆	混凝土块体专用砂浆	蒸压灰砂普通砖、蒸压粉煤灰普通砖专用砂浆
烧结普通砖	M2.5~M15	—	—
烧结多孔砖		—	—
蒸压灰砂普通砖		$M_S5.0$~M_S15	—
蒸压粉煤灰普通砖			—
混凝土普通砖	—	—	
混凝土多孔砖	—	—	M_b5~M_b20
单排孔混凝土砌块	—	—	
煤矸石混凝土砌块	—	—	
双/多排孔轻骨料混凝土砌块	—	—	M_b5~M_b10

砌筑砂浆的组成材料为水泥、砂、石灰膏、搅拌用水及外加剂等，施工时对它们的质量应予以控制。

水泥进场使用前，应分批对其强度、安定性进行复验。当在使用中水泥质量受不利环境影响或水泥出厂超过 3 个月（快硬硅酸盐水泥超过 1 个月）时，应复查试验，并按复验结果使用。不同品种不同强度的水泥不得混合使用。

砌筑砂浆用砂宜先选用过筛的中砂。砂浆用砂的含泥量，对于水泥砂浆和强度等级不小于 M5 的水泥混合砂浆，不应超过 5%；对于强度等级小于 M5 的水泥混合砂浆，不应超过 10%；人工砂、山砂及特细砂，应经试配能满足砌筑砂浆技术条件要求。

生石灰熟化时过滤网的孔径不应大于 3mm×3mm，生石灰熟化时间不得少于 7d；建筑石灰粉熟化时间不得小于 2d。不得采用脱水硬化的石灰膏。消石灰粉不得直接用于砌筑砂浆中。

拌制砂浆用水，水质应符合混凝土拌和用水标准。

工程中宜选用预拌砂浆。预拌砂浆有湿拌砂浆和干混砂浆两类。湿拌砂浆应采用专用搅拌车运输，湿拌砂浆运至施工现场后，应进行稠度检验，并应储存在不吸水的专用容器内，采取遮阳、保温和防雨、雪措施。干混砂浆及其他专用砂浆在运输和储存过程中，不得淋水、受潮、靠近火源或高温。干混砂浆及其他专用砂浆储存期不应超过 3 个月。

现场拌制砂浆水泥及各种外加剂配料的允许偏差为 ±2%；砂、粉煤灰、石灰膏配料的允许偏差为 ±5%。砂子计量时，应扣除其含水率对配料的影响。现场搅拌的砂浆应随拌随用，拌制的砂浆应在3h内使用完毕；当施工期间最高气温超过30℃时，应在2h内使用完毕。对掺用缓凝剂的砂浆，其使用时间可根据其缓凝时间的试验结果确定。

3.2 砖和砌块的施工

砖和砌块的施工工艺基本类似，通常包括抄平、放线、摆砖样、立皮数杆、挂准线、砌筑等工序。如是清水墙，则还要进行勾缝。

3.2.1 施工工艺

1. 抄平和放线

砖和砌块砌筑前，先在基础面或楼面上按基准水准定出各层标高，并用水泥砂浆或细石混凝土找平。

抄平后进行砌筑的墙身定位。此时按墙身中心轴线为准，弹出纵墙、横墙的边线，并划出门窗等洞口位置。

2. 摆砖样

按选定的组砌方法，在墙基顶面放线位置试摆砖样（不铺灰），尽量使砖（砌块）的组合与砌筑的墙长协调。当组砌的砖（砌块）和灰缝总长与墙长偏差较小时，可通过竖缝调整，以减小切割砖（砌块）数量。摆砖样的目的是保证灰缝排列整齐、均匀，并提高砌筑效率。摆砖样在清水墙砌筑中尤为重要。

3. 立皮数杆、挂准线

立皮数杆（图3-2）是控制每皮砖（砌块）的砌筑、门窗、洞口、过梁、楼板等竖向尺寸的标杆。依据皮数杆可使铺灰的厚度均匀。

皮数杆上划有每皮砖（砌块）和灰缝的厚度，以及墙上其他构件、配件的标高。它立于墙的转角处及墙体交接处，如墙的长度很大，可在中间增设一根，皮数杆的间距不宜大于15m。皮数杆设立时应用水准仪校正标高。砌砖通常先在墙角以皮数杆控制每层的高度，将准线挂在墙侧，每砌1~2皮，准线向上挑高移动一次。厚度为24mm及以下墙体可单面挂线砌筑，厚度为37mm及以上墙体宜双面挂线砌筑，夹心复合墙应双面挂线砌筑。砌筑厚度大于190mm的小砌块墙体时，宜在墙体内外侧双面挂线。

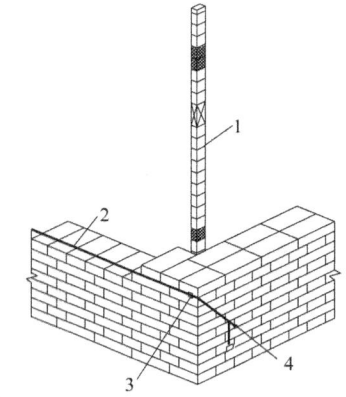

图3-2 立皮数杆
1—皮数杆 2—准线 3—挑线铁钉 4—固定准线铁钉

4. 砖的砌筑

砖的砌筑可采用"三一"砌筑法或铺浆法。"三一"砌筑法就是一铲灰、一块砖、一揉浆的砌筑方法。揉浆就是在砖的端面挤入一定厚度砂浆之后把砖放平，它易于保证水平和竖向灰缝的饱满度。铺浆法砌筑是先铺设一段砂浆，然后在砖的侧面用刮浆法抹上竖向灰缝或通过揉浆挤出竖向灰缝，并排布砖块。铺浆法的铺浆长度不得超过750mm，当施工期间气温超过30℃时，铺浆长度不得超过500mm。铺灰过长会影响砂浆与砖的黏结力。图3-3所示为砖砌筑的实例照片。

砌体组砌应做到上、下错缝，内、外搭砌。

砖的组砌方式宜采用一顺一丁、三顺一丁、梅花丁，如图3-4所示。丁砌砖块是指砖窄面面向外砖侧；顺砌砖块则是砖宽面面向外砖侧。

"三一"砌筑法

图 3-3 砖的砌筑
a)"三一"砌筑法 b)铺浆法

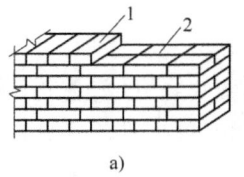
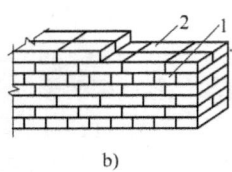
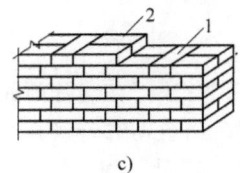

图 3-4 砖的组砌方式
a)一顺一丁 b)三顺一丁 c)梅花丁
1—丁砌砖块 2—顺砌砖块

砖柱不得采用包心砌法。每层承重墙的最上一皮砖、台阶水平面上、挑出层,以及楼板、梁、柱及屋架的支承处均应用整砖丁砌。多孔砖的孔洞应垂直于受压面砌筑。

5. 砌块的砌筑

砌块的砌筑宜使用专用铺灰器铺放砂浆,且应随铺随砌。当未采用专用铺灰器时,砌筑时的一次铺灰长度不宜大于 2 块主规格块体的长度(图 3-5)。

砌块砌体施工应分皮错缝搭砌,上、下皮的搭砌长度不应小于 90mm。当搭砌长度不能满足时,应在水平灰缝内设置钢筋网片。

小型空心砌块砌体砌筑时应对孔错缝搭砌。单排孔小砌块的搭接长度应为块体长度的 1/2,多排孔小砌块的搭接长度不宜小于砌块长度的 1/3。如个别部位不能满足时,应在此部位的水平灰缝中设置钢筋网片或采用配块。

图 3-5 砌块的铺灰砌筑法

小型空心砌块水平灰缝应满铺下皮小砌块的底面或全部壁肋;竖向灰缝宜将小砌块一个端面朝上满铺砂浆,上墙应挤紧,并加浆插捣密实。由于砌块制作的反面肋较宽,且一般均有毛边,易于铺放砂浆,保证砂浆饱满度,因此小砌块应将生产时的底面朝上反砌于墙上。

6. 复合墙的砌筑

砌体结构保温、隔热外墙常采用板类或絮状或散粒保温材料夹心复合墙。

板类保温材料夹心复合墙自下而上施工顺序，如图3-6a～e所示，每段施工内容包括：砌筑内叶墙→施工保温层→设置砂浆挡板、留置空气间层→砌筑外叶墙→设置拉结件。

絮状或散粒保温材料夹心复合墙则在内叶墙、外叶墙砌筑后填保温材料。内叶墙、外叶墙可同时砌筑，也可先砌筑内叶墙，再砌筑外叶墙。

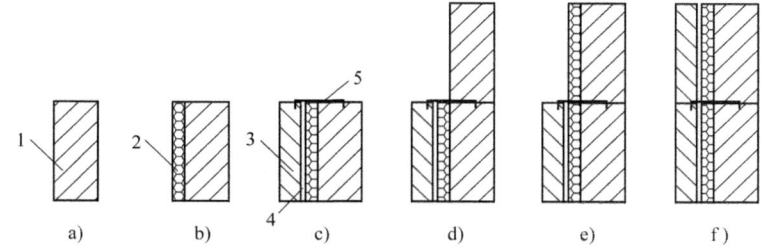

图3-6 板类保温夹心复合墙施工顺序
1—内叶墙 2—保温板 3—外叶墙 4—预留空气间层 5—拉结件

复合墙内叶墙、外叶墙的拉结件应采用埋入方法，不得砌筑后再放置在灰缝内。拉结件埋入的长度不应小于60mm。门窗洞口边的外叶墙应设阳槎与内叶墙搭接砌筑，且应沿竖向设置U形拉结钢筋。外叶墙在底层墙体底部及每层圈梁处的墙体底部应设置泄水口。

砌筑夹心复合墙时，空腔侧墙面水平灰缝和竖向灰缝应随砌随刮平，并防止砂浆和杂物落入两片墙之间的空腔内及保温板上。

7. 填充墙的砌筑

由于砌体结构的整体性和抗震性能较差，砖混结构的建（构）筑物已逐渐减少，但填充墙砌体工程还在普遍应用，如框架结构的内外墙、剪力墙结构的分隔墙等。填充墙砌体工程施工与前面所述的基本相同，但也有一些特殊性。

由于填充墙是在混凝土柱、梁等之间砌筑而成，其施工应在承重主体结构的检验批验收合格后进行。填充墙施工中蒸压加气混凝土砌块、轻骨料混凝土小型空心砌块等不同强度等级的同类砌块不得混砌，也不应与其他墙体材料混砌。

填充墙与承重主体结构间的连接构造应符合设计要求，未经设计同意，不得随意改变连接构造方法。填充墙与框架结构的连接有脱开和不脱开两种方法，有抗震设防要求的常用脱开的方法。

常用的脱开方法是在填充墙与框架梁之间留出20mm的间隙，在填充墙端部以及墙间设置构造柱，构造柱的间距不大于20倍墙厚且不大于4m，柱顶与梁之间留出15mm的间隙。墙与框架梁的间隙用聚苯乙烯泡沫塑料或聚氨酯发泡材料填充，也可用硅酮胶或其他弹性材料密封填充。柱顶上的间隙用硅酮胶或其他弹性材料密封填充。

填充墙与框架结构的不脱开连接应沿柱高每隔500mm设置一道2Φ6的拉结钢筋。填充墙砌筑到顶部承重主体结构下应留出一定高度的空隙，这道空隙的墙体应在填充墙砌筑14d后砌筑，以减少混凝土和砂浆收缩引起的填充墙砌体与承重主体结构的缝隙。填充墙与梁底空隙可采用一皮砖或配砖斜砌楔紧。

填充墙与承重墙、柱、梁等的拉结钢筋或网片应置于灰缝中，竖向位置偏差不应超过一皮高度。后植筋是目前工程中拉结钢筋的常用设置方法，但化学植筋的拉结钢筋必须进行实体拉拔检测。

蒸压加气混凝土砌块砌筑可采用灰缝厚度为2～4mm的薄层砂浆砌筑，此时必须采用专用的黏结砂浆，而且砌块不得用水浇湿。由于砂浆很薄，灰缝中难以放置拉结钢筋，因此需预先在相应位置的砌块上开设凹槽,砌筑时,将钢筋放置在凹槽砂浆内。

抗震设防地区的填充砌体应按设计要求设置构造柱和水平连系梁(图3-7)。

a) b)

图3-7 抗震设防地区填充墙的加固
a)构造柱和水平连系梁 b)门洞口的加固

3.2.2 技术和质量要求

1. 砖、砌块(块材)

砌体结构用蒸压砖及混凝土砖和砌块的生产龄期应达到28d后方可用于砌体的施工。

施工中应提前1~2d适度湿润,并控制砖和砌块的含水率,不得采用干砖或吸水饱和状态的砖砌筑。各种块材含水率的控制如下:

1)烧结类砖的相对含水率宜为60%~70%。

2)除混凝土砖外的非烧结类砖的相对含水率宜为40%~50%。

3)混凝土砖、砌块宜为自然含水率,当天气干燥炎热时,可提前浇水湿润,砌块表面有浮水时,不得使用。

受到大雨或长时间雨淋的影响时,块材表面会存在水渍或明水,不得用于砌筑。因为在砂浆和块材表面会直接形成水膜,砌筑中会发生"走浆"现象,影响砌体稳定,发生滑移坍塌。

2. 砌筑高度

为保证施工阶段砌体结构的稳定,正常施工条件下,砖砌体每日砌筑高度宜控制在1.5m或一步脚手架高度内。当整个结构采用分段施工时相邻施工段的砌筑高度差不得超过一个楼层的高度,也不宜大于4m。同时应注意施工段的分段位置宜设在伸缩缝、沉降缝、抗震缝、构造柱或门窗洞口处。砌体临时间断处的高度差不应超过一步脚手架的高度。

当房屋相邻结构单元高差较大时,宜先砌筑高度较大部分,后砌筑高度较小部分。

3. 墙体垂直度和平整度

墙体垂直度和平整度是砌体结构的基本要求,而灰缝的均匀性及平直度是保证墙体垂直度和平整度的基础。

砌体结构施工中通常先砌筑转角(俗称盘角),之后再砌筑两侧的墙体(图3-8)。盘角通过皮数杆控制灰缝厚度,并用托线板控制转角两面的垂直度,墙体砌筑则依据准线控制灰缝厚度和墙体垂直度。

砖及小砌块砌体的水平灰缝厚度和竖向灰缝宽度宜为10mm,但不应小于8mm,且不应大于12mm。

4. 砂浆饱满度

砖砌体灰缝的砂浆应密实饱满。砖墙水平灰缝的砂浆饱满度不得小于80%,砖柱的水平灰缝和竖向灰缝饱满度不应小于90%。竖向灰缝宜采用挤浆或加浆方法，不得出现透明缝、瞎缝和假缝，不得用水冲浆灌缝。

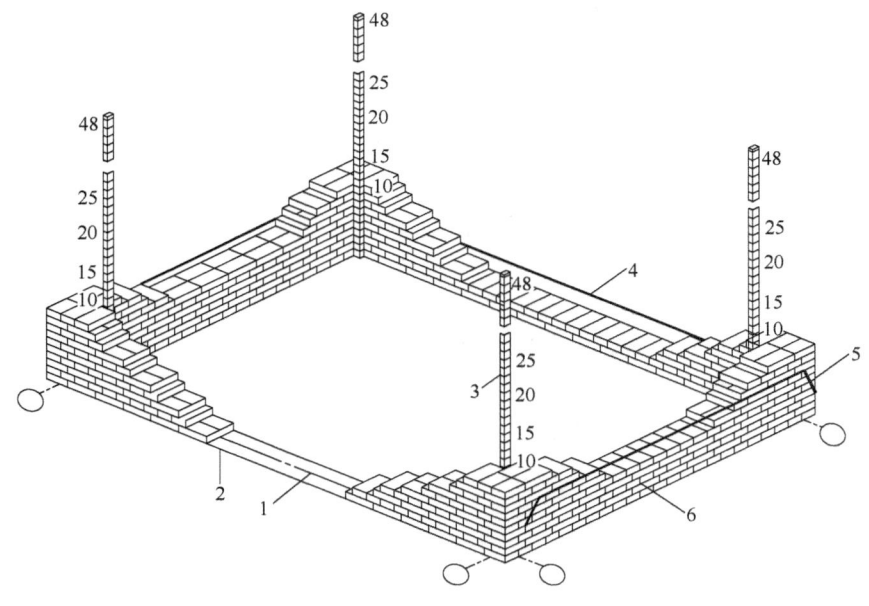

图 3-8 墙体的砌筑

1—轴线 2—墙身边线 3—皮数杆 4—准线 5—墙的转角 6—纵（横）墙身

小型空心砌块的水平灰缝和竖向灰缝饱满度均不应小于90%。

3.3 砌体的冬期施工

冬期施工的确定主要根据当地气象资料，当室外日平均气温连续5d稳定低于5℃或最低气温低于0℃时，应采取冬期施工措施。砌体工程冬期施工应从材料、施工工艺及施工管理多方面采取措施，以保证施工质量。

3.3.1 材料防冻

材料受冻后会影响块材强度以及砂浆强度的增长，影响砂浆和块材的黏结力等，最终影响砌体结构的质量。因此应做好砌筑材料的防冻工作，将各种材料分类堆放，进行覆盖。应防止块材遇水浸冻、表面结附冰霜，防止石灰膏受冻，砂子冻结块和砂浆的冻结。如发生这类情况均不得直接使用，并严禁将热水掺入冻结砂浆内重新搅拌使用，也不应在砌筑时的砂浆内掺水。

3.3.2 块材

与常温需要对块材提前进行浇水湿润不同，冬期施工对块材一般不宜浇水，因为水在块材的表面会形成薄冰膜，影响其与砂浆的黏结力。但可通过适当提高砂浆的稠度来改善砌筑过程中块材吸水的问题。

各种块材冬期施工的湿润控制如下：

1）烧结砖、蒸压砖和吸水率较大的轻骨料混凝土砌块等在气温高于0℃条件下砌筑时，应浇水湿润，且应即时砌筑；在气温不高于0℃条件下砌筑时，不应浇水湿润。

2) 普通混凝土砌块、混凝土砖及采用薄灰砌筑法的蒸压加气混凝土砌块施工时，不应对其浇水温润。

3) 抗震设防烈度为9度的建筑物，当烧结砖、蒸压砖无法浇水湿润时，无特殊措施，不得砌筑。

3.3.3 技术措施

砌体结构冬期施工还可采取冬期施工措施，主要有外加剂法、冻结法和暖棚法。

1. 外加剂法

当最低气温不高于-15℃时，可采用外加剂法。外加剂法可弥补由于砂浆早期受冻而损失的后期强度。

常用的外加剂有氯盐、亚硝酸钠等盐类外加剂。氯盐应以氯化钠为主，氯盐的掺量见表3-2。氯盐中也可掺加微沫剂，但应在加入氯盐溶液之后再添加。采用外加剂法施工时需将砂浆强度等级按常温施工的强度提高二级，同时应控制砖与砂浆的温度差，砌筑时宜控制在20℃以内，且最高不应超过30℃，以防止温差过大引起热量传递和损失而产生冰膜。

表3-2 氯盐外加剂掺量（占用水量） （%）

氯盐及砌体材料		日最低气温			
		≥-10℃	-15~-11℃	-20~-16℃	-25~-21℃
氯化钠	砖、砌块	3	5	7	—
	石	4	7	10	—
复盐	氯化钠	—	—	5	7
	氯化钙	砖、砌块	—	—	2	3

注：掺盐量以无水盐计。

掺氯盐砂浆的砌体会发生盐析现象，增加其他的吸湿性和导电性，因此对可能影响装饰效果、使用湿度较大、热工要求较高、接近高压电线等的建筑物不得采用掺氯盐的砂浆。

2. 冻结法

冻结法是采用不掺外加剂的普通水泥砂浆砌筑，允许砌体冻结再解冻的施工方法，适用于对有保温、绝缘、装饰等要求，或受力配筋砌体以及不受抗震限制的工程。

冻结法的砂浆砌筑后遭受冻结，但解冻后其强度仍可继续增长。冻结法施工的砂浆强度应适当提高，当设计无要求且日最低气温高于-25℃时，砌筑承重砌体砂浆强度等级应比常温施工提高1级；当日最低气温等于或低于-25℃时，应提高2级，且砂浆强度等级不得小于M2.5，重要结构不得小于M5。

冻结法施工砂浆使用最低温度应符合表3-3的规定。

表3-3 冻结法砌筑砂浆温度 （单位：℃）

室外空气温度	砂浆最低温度
0~-10	10
-11~-25	15
<-25	20

冻结法施工的砂浆需经过冻结、融化和硬化3个阶段，因此砂浆强度、砂浆与块材的黏结力均有不同程度的降低，而且在融化阶段，砂浆的强度接近于零，会增加砌体的变形和沉降，因此

需采取相应的措施。主要措施如下：

1) 为保证解冻期间结构的稳定性和均匀沉降，施工中应按水平分段进行，工作段宜划在变形缝处，每日砌筑高度及临时间断处的高度差不应超过1.2m。
2) 每层砌体砌筑完成后及时吊装（或浇捣）梁和楼板，并采用适当的锚固措施。
3) 在楼板水平面墙的拐角、交接和交叉处设置拉结钢筋。
4) 未安装楼板的墙体以及梁、悬挑结构等采用临时支撑加固措施，并在砌体强度达到设计强度的80%时拆除。
5) 砌筑完成的砌体在解冻前应清除建筑中荷载。
6) 进行监测，发生强度、稳定性破坏先兆或过大沉降时应进行报警，采取加固措施。

应当注意，空斗墙、毛石墙、承受侧压力的砌体、解冻时可能受到振动或动力荷载的砌体易发生破坏，因此不可采用冻结法施工。此外不允许发生沉降的砌体也不可采用冻结法施工。

3. 暖棚法

暖棚法是设置大棚进行保温，由于需要大量材料、设备及劳动力，成本较高，因此适用于地下工程、基础工程及体量小的砌体结构。

采用暖棚法施工时，块材和砂浆在砌筑时的温度不应低于5℃。距离所砌筑结构底面0.5m处的棚内温度不应低于5℃。采用暖棚法施工砌体的养护时间见表3-4。

表3-4 暖棚法施工砌体的养护时间　　　　　　　　　　　　　　　　（单位：d）

暖棚内温度/℃	5	10	15	20
养护时间	≥6	≥5	≥4	≥3

采用暖棚法施工搭设的暖棚应牢固、整齐。出、入口应设置在背风面，并应采取保温挡风措施。当需设两个出、入口时，两个出入口不应对齐，防止穿风。

思考题

1. 常用的砌筑材料有哪些？砌筑时对材料的基本要求是什么？
2. 简述砖砌筑的施工工艺。
3. 砌块砌筑的基本要求有哪些？
4. 板类保温材料夹心复合墙施工内容包括哪些？
5. 简述填充墙的施工工艺。
6. 砌筑的冬期施工有哪些方面的技术措施？

第 4 章

混凝土结构工程

本章导读

混凝土结构是房屋建筑、桥梁、水利等土木工程建设项目的主要结构形式,应用十分广泛。作为结构的主体,混凝土工程往往决定着结构的安全和寿命,它的施工对整个工程的质量、工期、成本具有极大的影响。

混凝土结构按施工方法可分为现浇和装配两种。前者混凝土现场浇筑,整体性好、抗震能力强,但现场劳动强度大、作业条件差、工期较长、受气候条件影响大。后者的预制构件常在工厂批量生产,具有构件质量可靠、安装机械化程度高、劳动强度低、施工工期短、现场文明施工和有利于环境保护等优点,但结构耗钢量较大,构件安装需大型起重运输设备。目前这两种方法在施工中都广泛应用。

混凝土工程是混凝土结构工程的主要内容,它由钢筋工程、模板工程和混凝土工程三个工种工程组成,在施工中三者密切配合,才能确保工程质量和工期。

同学们要注意思考钢筋配料、钢筋连接的施工原理;结合施工工况,运用力学、结构等的专业知识,重点掌握对模板系统进行结构分析、验算的方法;熟悉混凝土工程的施工工艺,掌握各环节质量控制的要点。

主楼施工现场简单介绍

■ 4.1 钢筋工程

混凝土结构用的普通钢筋,可分为热轧钢筋、热处理钢筋和冷加工钢筋。热轧钢筋包括低碳钢(HPB)钢筋和低(微)合金钢(HRB)钢筋;热处理钢筋包括用余热处理(RRB)和晶粒细化(HRBF)等工艺加工的钢筋。冷加工钢筋强度较高,但因脆性较大,已很少使用。钢筋按表面形状分为光圆钢筋和带肋钢筋。热轧带肋钢筋按屈服强度特征值分为400MPa、500MPa、600MPa级,钢筋牌号有HRB400、HRB500、HRB600以及HRB500E、HRB600E。光圆钢筋的屈服强度特征值为300MPa级,钢筋牌号为HPB300。直径12mm以下的钢筋来料多为盘圆,直径16mm以上的钢筋来料为直条。预应力钢筋则宜采用预应力钢绞线、钢丝,也可采用热处理钢筋。

钢筋加工宜在专业化加工厂进行,也可在工地的钢筋加工棚内加工,然后运至施工作业现场安装或绑扎。钢筋加工过程取决于成品种类,一般的加工过程有调直、剪切、镦头、弯曲、焊接、绑扎等。钢筋加工前应清除油渍、漆污和铁锈,钢筋的表面应清洁、无损伤,带有颗粒状或片状老锈的钢筋不得使用。钢筋除锈后如有严重的表面缺陷，应重新检验该批次钢筋的力学性能及其他相关性能指标。

钢筋的连接是钢筋工程施工中十分关键的工序。钢筋的连接有绑扎、焊接及机械连接。钢筋连接方式应根据设计要求和施工条件选用。

钢筋的接头宜设置在受力较小处，同一纵向受力钢筋不宜设置两个或两个以上的接头。接头末端至钢筋弯起点的距离不应小于钢筋公称直径的10倍。

构件交接处的钢筋位置应优先保证主要受力构件和构件中主要受力方向的钢筋位置。框架节点处梁纵向受力钢筋宜置于柱纵向钢筋内侧；次梁钢筋宜放在主梁钢筋内侧；剪力墙中水平分布钢筋宜放在外部，并在墙边弯折锚固。

4.1.1 钢筋进场检查

钢筋进场应检查钢筋的质量证明文件，按国家现行有关标准的规定按批次、规格、品种抽样检验钢筋的屈服强度、抗拉强度、伸长率、弯曲性能及单位长度质量偏差。经产品认证符合要求的钢筋，其检验批量可扩大一倍。在同一工程中，同一厂家、同一牌号、同一规格的钢筋连续3次进场检验均一次检验合格时，其后的检验批量可扩大一倍；钢筋进场应全数检查外观质量，要求钢筋平直、无损伤，表面无裂纹、油污、颗粒状或片状老锈。当现场无法准确判断钢筋品种、牌号时，应增加化学成分、晶粒度等检验项目。

成型钢筋进场时，应检查成型钢筋的质量证明文件、成型钢筋所用材料质量证明文件及检验报告，并应抽样检验成型钢筋的屈服强度、抗拉强度、伸长率和质量偏差。检验批量可由合同约定，同一工程、同一厂家、同一组生产设备生产的同一类型成型钢筋，检查数量不应大于30t为一批，每批随机抽取3个成型钢筋。

4.1.2 钢筋配料

钢筋配料是根据施工图计算构件中各号钢筋的下料长度、根数及质量，然后编制钢筋配料单，以此作为备料、加工、验收及结算的依据。成型钢筋加工前，应编制钢筋配料单。其内容包括：

1）成型钢筋应用工程名称及混凝土结构部位。
2）成型钢筋品种、级别、规格、每件下料长度。
3）成型钢筋形状代码、形状简图及尺寸。
4）成型钢筋单件根数、单件总根数、该工程使用总根数、总长度、总质量。

在施工图中，通过构件尺寸扣掉保护层厚度可以得到钢筋外包尺寸。钢筋弯折处的外包尺寸大于轴线尺寸，其差值称为量度差值。此外，在钢筋末端因构造要求所做的弯钩，其增加值未包含在外包尺寸之内，如图4-1所示。

钢筋原材下料长度应根据混凝土保护层厚度、钢筋弯曲、弯钩长度及图样中尺寸等规定计算，钢筋的下料长度 L 应为：L = 各段外包尺寸之和 – 各弯折处的量度差值 + 末端弯钩的增加长度。

1. 钢筋末端弯钩增加长度计算

《混凝土结构工程施工质量验收规

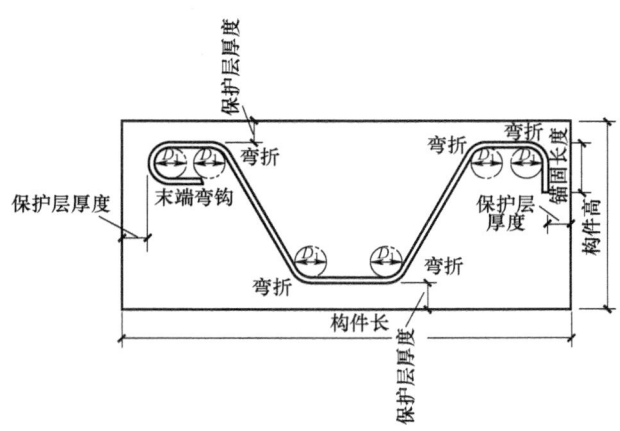

图4-1 构件中钢筋外包尺寸与弯折、弯钩示意图

范》(GB 50204—2015)规定，光圆受拉钢筋末端须做180°弯钩，HPB300级钢筋的弯弧内直径 D_1 不应小于 $2.5d$（d 为钢筋直径），弯钩末端平直部分长度不宜小于 $3d$。从图4-2可知，弯成一个180°标准弯钩所需的钢筋长度 AE' 为

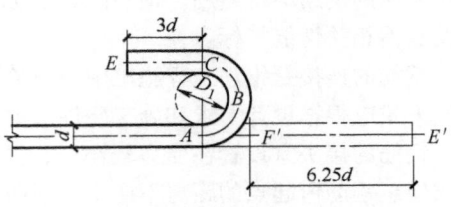

图4-2　钢筋末端180°弯钩长度计算示意图

$$AE' = \widehat{ABC} + CE = \frac{\pi}{2}(D_1 + d) + 3d$$

取 $D_1 = 2.5d$，则 $AE' = \frac{\pi}{2}(2.5d + d) + 3d = 8.5d$，一般钢筋外包尺寸由 A 量至 F'，则 $AF' = \frac{D_1}{2} + d = \frac{2.5d}{2} + d = 2.25d$，故每个弯钩增加长度为

$$AE' - AF' = 8.5d - 2.25d = 6.25d$$

各种钢筋弯钩增加长度见表4-1。

表4-1　各种钢筋弯钩增加长度

弯钩角度/(°)	HPB300级钢筋						HRB400级、RRB400级钢筋					
	弯弧内直径 $D_1=3d$		弯弧内直径 $D_1=5d$		弯弧内直径 $D_1=10d$		弯弧内直径 $D_1=3d$		弯弧内直径 $D_1=5d$		弯弧内直径 $D_1=10d$	
	单钩	双钩	单钩	双钩	单钩	双钩	单钩	双钩	单钩	双钩	单钩	双钩
90	4.21d	8.42d	6.21d	12.42d	11.21d	22.42d	4.21d	8.42d	6.21d	12.42d	11.21d	22.42d
135	4.87d	9.74d	6.87d	13.74d	11.87d	23.74d	5.89d	11.78d	7.89d	15.78d	12.89d	25.78d
180	6.25d	12.50d	8.25d	16.50d	13.25d	26.50d	—	—	—	—	—	—

注：d 为钢筋直径，D_1 为弯弧内直径。

2. 钢筋中间弯折处的量度差值

《混凝土结构工程施工质量验收规范》(GB 50204—2015)规定，钢筋弯折时其弯弧内直径 D_1，光圆钢筋，不应小于钢筋直径的2.5倍；335MPa级、400MPa级带肋钢筋，不应小于钢筋直径的4倍；500MPa级带肋钢筋，当直径为28mm以下时不应小于钢筋直径的6倍，当直径为28mm及以上时不应小于钢筋直径的7倍，如图4-3所示。若取 $D_1 = 5d$ 时，弯折角度为 α，钢筋弯折处的外包尺寸为折线 $A'B'$ 和 $B'C'$ 之和，即 $A'B' + B'C' = 2A'B' = 2\left(\frac{D_1}{2} + d\right)\tan\frac{\alpha}{2} = 7d\tan\frac{\alpha}{2}$。

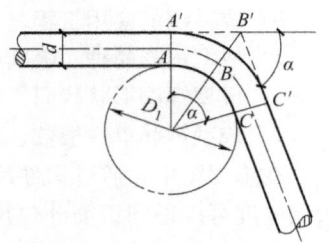

图4-3　钢筋弯折处的外包尺寸与轴线长度示意图

钢筋弯折处的轴线长度 $(\widehat{ABC})$ 为

$$\widehat{ABC} = \left(\frac{D_1}{2} + \frac{d}{2}\right)\frac{\alpha\pi}{180°} = (D_1 + d)\frac{\alpha\pi}{360°} = 6d\frac{\alpha\pi}{360°}$$

则钢筋弯折处的量度差值为

$$7d\tan\frac{\alpha}{2} - 6d\frac{\alpha\pi}{360°} = 7d\tan\frac{\alpha}{2} - \frac{\alpha\pi d}{60°} = \left(7\tan\frac{\alpha}{2} - \frac{\alpha\pi}{60°}\right)d$$

如当弯折45°时，其量度差值为

$$\left(7\tan\frac{45°}{2} - \frac{45°}{60°}\pi\right)d = \left(7 \times 0.414 - \frac{3}{4} \times 3.14\right)d = 0.543d, \text{取为} 0.5d。$$

钢筋单次弯曲调整值见表4-2。

表4-2 钢筋单次弯曲调整值

成型钢筋用途	弯弧内直径	弯折角度/(°)					
		30	45	60	90	135	180
HPB300 级箍筋	$D_1 = 5d$	$0.305d$	$0.543d$	$0.9d$	$2.288d$	$2.831d$	$4.576d$
HPB300 级主筋	$D_1 = 2.5d$	$0.29d$	$0.49d$	$0.765d$	$1.751d$	$2.24d$	$3.502d$
HRB400 级箍筋	$D_1 = 5d$	$0.305d$	$0.543d$	$0.9d$	$2.288d$	$2.831d$	$4.576d$
平法框架主筋	$D_1 = 8d$	$0.323d$	$0.608d$	$1.061d$	$2.931d$	$3.539d$	—
	$D_1 = 12d$	$0.348d$	$0.694d$	$1.276d$	$3.79d$	$4.484d$	—
	$D_1 = 16d$	$0.373d$	$0.78d$	$1.491d$	$4.648d$	$5.428d$	—

3. 各种成型钢筋的下料长度计算

（1）直钢筋下料长度为

$$L_Z = L_1 - L_2 + \sum \Delta G \tag{4-1}$$

式中　L_Z——直钢筋下料长度（mm）；
　　　L_1——构件长度（mm）；
　　　L_2——保护层厚度（mm）；
　　　ΔG——弯钩增加长度（mm），按表4-1确定。

（2）弯起钢筋下料长度为

$$L_W = L_a + L_b - \sum \Delta W + \sum \Delta G \tag{4-2}$$

式中　L_W——弯起钢筋下料长度（mm）；
　　　L_a——直段长度（mm）；
　　　L_b——斜段长度（mm）；
　　　ΔW——弯曲调整值总和，按表4-2确定。

（3）箍筋下料长度为

$$L_G = L + \sum \Delta G - \sum \Delta W \tag{4-3}$$

式中　L_G——箍筋下料长度（mm）；
　　　L——箍筋直段长度总和（mm）。

4.1.3　钢筋连接与安装

钢筋的连接方法包括机械连接、焊接和绑扎连接。

1. 钢筋机械连接

钢筋机械连接是通过钢筋与连接件的咬合作用来传力的连接方法。与绑扎连接对比，机械连接接头质量更可靠，现场操作更简便，施工速度更快；与焊接对比，机械连接不受气候、环境条件影响，无污染，无火灾隐患。机械连接优点突出，近年来在大直径钢筋连接中得到广泛应用。

常用的机械连接类型有挤压套筒连接、螺纹套筒连接等，如图4-4所示。其适用范围见表4-3。

a)　　　　　　　　　　　　　　　b)

图 4-4　钢筋机械连接实景图

a) 直螺纹套筒连接　b) 冷挤压套筒连接

表 4-3　常用钢筋机械连接方法及适用范围

常用钢筋机械连接方法		适用范围	
		钢筋牌号	钢筋直径/mm
冷挤压套筒连接		HRB400, HRB500, RRB400, HRBF500	16~50
直螺纹套筒连接	镦粗直螺纹套筒连接	HRB400	
	滚轧直螺纹套筒连接	HPB300, HRB400, HRB500, RRB400, HRBF400, HRBF500	

钢筋机械连接的接头根据抗拉强度、残余变形以及高应力和大变形条件下反复拉压性能的差异分为三级，其抗拉强度和变形性能见表 4-4。

表 4-4　接头的抗拉强度和变形性能

项　目		接头等级		
		Ⅰ级	Ⅱ级	Ⅲ级
接头抗拉强度 f_{mst}^0		≥f_{mst} 断于钢筋 或 ≥1.1f_{stk} 断于接头	≥f_{stk}	≥1.25f_{stk}
单向拉伸	残余变形 u_0/mm	≤0.10（d≤32） ≤0.14（d>32）	≤0.14（d≤32） ≤0.16（d>32）	
	最大力总伸长率 A_{sgt}（%）	≥6.0	≥6.0	≥3.0
高应力反复拉压	残余变形 u_{20}/mm	≤0.3		
大应变反复拉压	残余变形/mm	u_4≤0.3 且 u_8≤0.6	u_4≤0.3 且 u_8≤0.6	u_4≤0.6

注：f_{mst} 表示接头中钢筋实测抗拉强度；f_{stk} 表示钢筋抗拉强度标准值；u_0 表示接头试件加载至 $0.6f_{yk}$，并卸载后在规定标距内的残余变形；u_{20} 表示在规定的加载制度下高应力反复拉压 20 次后的残余变形；u_4、u_8 分别表示在规定的加载制度下经大应变反复拉压 4 次和 8 次后的残余变形。

在混凝土结构中要充分发挥钢筋强度或对延性要求高的部位，应优先采用Ⅱ级接头；当在同一连接区段内必须实施 100% 钢筋接头的连接时，应采用Ⅰ级接头；对应力较高但延性要求不高的部位可采用Ⅲ级接头。

（1）螺纹套筒连接　螺纹套筒连接分为锥螺纹套筒连接与直螺纹套筒连接两种，它是将两根钢筋的待连接端头加工成螺纹（锥形螺纹丝头或直螺纹丝头），再通过一个带有内螺纹（锥形内螺纹或直内螺纹）的连接套筒，按规定的力矩值把两根钢筋连接成一体的钢筋连接方式。该连接可广泛应用于钢筋的连接、钢筋与钢板的连接以及在混凝土结构中插接钢筋等（图4-5）。目前常用的是直螺纹套筒连接。

螺纹连接套筒的材料宜用45号优质碳素结构钢或其他经试验确认符合要求的钢材。

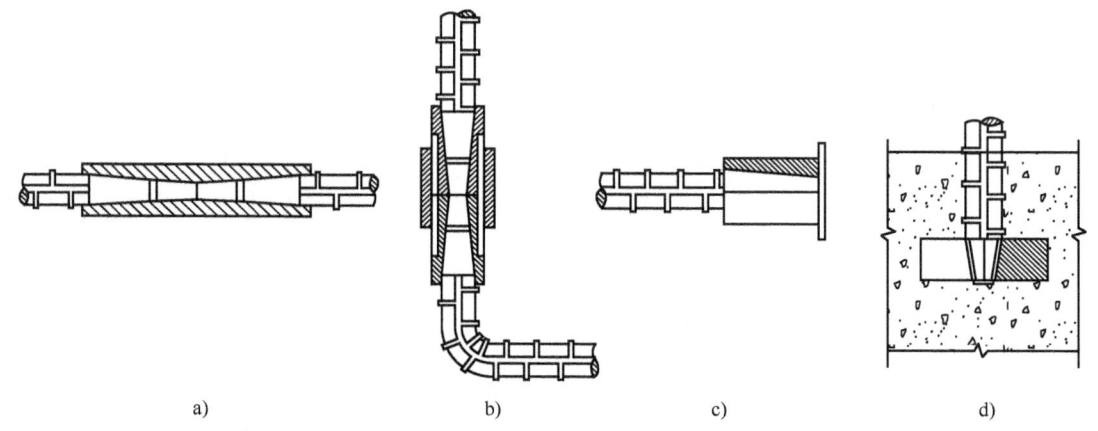

图4-5 钢筋螺纹套筒连接应用
a) 直钢筋连接 b) 直、弯钢筋连接 c) 在钢板上连接钢筋 d) 混凝土构件中插接钢筋

钢筋直螺纹套丝　　　　钢筋螺纹套筒连接

螺纹连接套筒的屈服承载力和受拉承载力不应小于被连接钢筋的屈服承载力和受拉承载力标准值的1.10倍。常用的接头有三种：同径或异径普通接头、单向可调接头以及双向可调接头。图4-6a为同径或异径普通接头，连接时分别用力矩扳手拧动钢筋1和2将它们与连接套筒3拧紧，并达到规定的力矩值；图4-6b为单向可调接头，它由两端为正反螺纹的连接套筒与锁紧螺母组成，分别用力矩扳手将连接套筒3及可调连接器4与钢筋1和2拧到规定的力矩值，再把锁紧螺母6与连接套筒3拧紧；图4-6c为双向可调接头，它由两端为正反螺纹的连接套筒与可调连接器组成，用力矩扳手将可调连接器4和

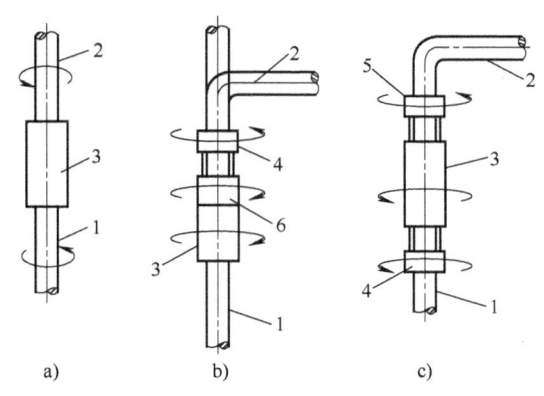

图4-6 常用螺纹接头连接方法
a) 同径或异径普通接头 b) 单向可调接头 c) 双向可调接头
1、2—钢筋 3—连接套筒 4、5—可调连接器 6—锁紧螺母

5与钢筋1和2拧到规定的力矩值，且保持可调连接器4与5的外露螺纹数相等，然后夹住4和5，把连接套筒3拧紧。

连接钢筋的规格和连接套筒的规格应一致，并确保钢筋和连接套筒的螺纹干净完好无损。一些后浇筑构件需在前期完成的构件中预埋接头，实现新旧构件的连接；预埋接头常采用直螺纹套筒，连接套筒的位置、规格和数量应符合设计要求；连接套筒的钢筋应固定牢，连接套筒的外露端应有密封盖。连接钢筋时，应对正轴线将钢筋拧入连接套筒，然后用力矩扳手拧紧。接头拧紧力矩应满足表4-5规定的力矩值，不得超拧，拧紧后的接头应做好标记。

表 4-5 接头拧紧力矩值

钢筋直径/mm	16	18	10	12	25~28	32	36~40
拧紧力矩/N·m	118	145	177	216	275	314	343

螺纹接头现场抽检项目应按照检验批随机抽取3个试件进行极限抗拉强度试验、加工和安装质量检验。抽检应按检验批进行，同钢筋生产厂、同强度等级、同规格、同类型和同形式接头应以500个为一个检验批进行检验与验收，不足500个也应作为一个检验批。接头安装检验应按照检验批抽取其中10%的接头进行拧紧力矩校核，拧紧力矩值不合格数超过被校核接头数的5%时，应重新拧紧全部接头，直到合格为止。

（2）挤压套筒连接 钢筋挤压套筒连接也称为钢筋套筒冷压连接，它是将钢筋插入特制钢套筒内，利用液压驱动的挤压机对连接用钢套筒进行径向挤压，使钢套筒产生塑性变形，与螺纹钢筋或带肋钢筋紧密咬合，实现钢筋连接。它适用于竖向、横向及其他方向的较大直径变形钢筋的连接，如图4-7所示。

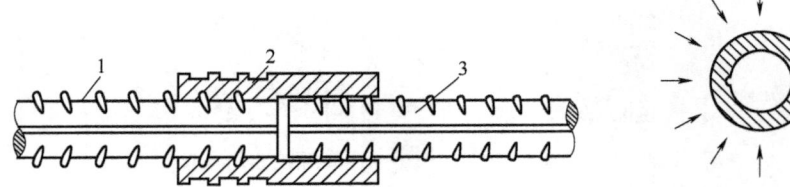

图 4-7 钢筋径向挤压连接
1—被连接的钢筋 2—钢套筒 3—待连接的钢筋

与焊接相比，挤压套筒连接具有节省电能、不受钢筋焊接性好坏影响、不受气候影响、无明火、施工简便和接头可靠度高等特点。但钢套筒体积大，施工中还需液压泵、油管，不如螺纹连接方便。

钢筋挤压套筒连接的工艺参数，主要是压接顺序、压接力和压接道数。连接时，钢筋表面应洁净，端头齐平，肋纹完整，钢筋插入套筒前应做标记，端头距套筒中点不宜大于10mm，以确保连接长度，防止压空；钢筋与套筒应同轴对正。压接顺序应从中间逐道向两端压接。压接力要能保证套筒与钢筋紧密咬合，压接力和压接道数取决于钢筋直径、套筒型号和挤压机型号。压后套筒不得有肉眼可见裂纹。接头的质量检验批及要求与直螺纹套筒连接相同。

2. 钢筋焊接

钢筋焊接分为压焊和熔焊两种形式。压焊包括闪光对焊、电阻点焊和气压焊；熔焊包括电弧焊和电渣压力焊。此外，钢筋与预埋件T形接头的焊接应采用埋弧压力焊，也可用电弧焊或穿孔塞焊。工程中可根据工程对象、各种焊接形式的适用性进行选择。焊接方法的适用范围可参考表4-6。

表 4-6　钢筋焊接方法的适用范围

焊接方法		接头形式	适用范围	
			钢筋牌号	钢筋直径/mm
电阻点焊			HPB300	6~16
			HRB400　HRBF400	6~16
			HRB500　HRBF500	6~16
			CRB500	4~12
			CDW500	3~8
闪光对焊			HPB300	8~22
			HRB400　HRBF400	8~40
			HRB500　HRBF500	8~40
			RRB400E	8~32
箍筋闪光对焊			HPB300	6~18
			HRB400　HRBF400	6~18
			HRB500　HRBF500	6~18
			RRB400E	8~18
电弧焊	帮条焊	双面焊	HPB300	10~22
			HRB400　HRBF400	10~40
			HRB500　HRBF500	10~32
			RRB400E	10~25
		单面焊	HPB300	10~22
			HRB400　HRBF400	10~40
			HRB500　HRBF500	10~32
			RRB400E	10~25
	搭接焊	双面焊	HPB300	10~22
			HRB400　HRBF400	10~40
			HRB500　HRBF500	10~32
			RRB400E	10~25
		单面焊	HPB300	10~22
			HRB400　HRBF400	10~40
			HRB500　HRBF500	10~32
			RRB400E	10~25
	熔槽帮条焊		HPB300	20~22
			HRB400　HRBF400	20~40
			HRB500　HRBF500	20~32
			RRB400E	20~25

（续）

焊接方法		接头形式	适用范围	
			钢筋牌号	钢筋直径/mm
电弧焊	坡口焊	平焊	 HPB300 HRB400　HRBF400 HRB500　HRBF500 RRB400E	18~22 18~40 18~32 18~25
		立焊	 HPB300 HRB400　HRBF400 HRB500　HRBF500 RRB400E	18~22 18~40 18~32 18~25
	钢筋与钢板搭接焊	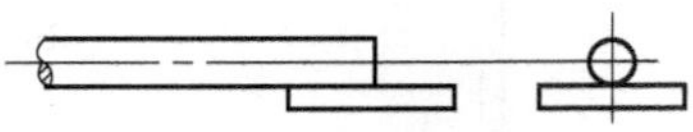	HPB300 HRB400　HRBF400 HRB500　HRBF500 RRB400E	8~22 8~40 8~32 8~25
	窄间隙焊		HPB300 HRB400　HRBF400 HRB500　HRBF500 RRB400E	16~22 16~40 18~32 18~25
	预埋件钢筋	角焊	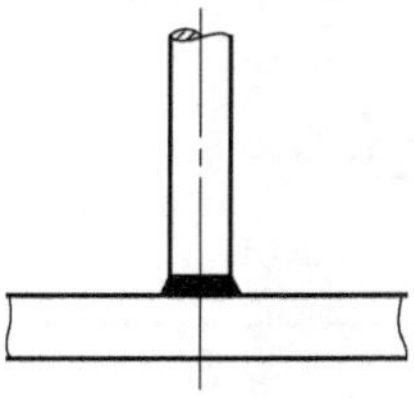 HPB300 HRB400　HRBF400 HRB500　HRBF500 RRB400E	6~22 6~25 10~20 10~20
		穿孔塞焊	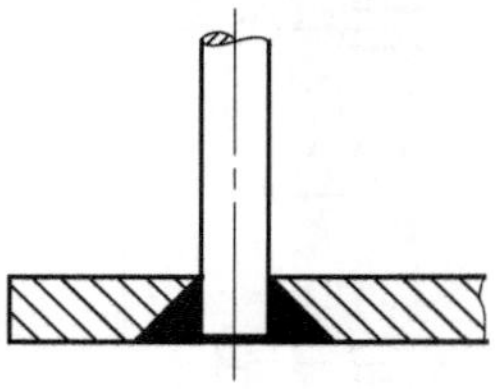 HPB300 HRB400　HRBF400 HRB500 RRB400E	20~22 20~32 20~28 20~28
		埋弧压力焊		
		埋弧螺柱焊	HPB300 HRB400　HRBF400	6~22 6~28

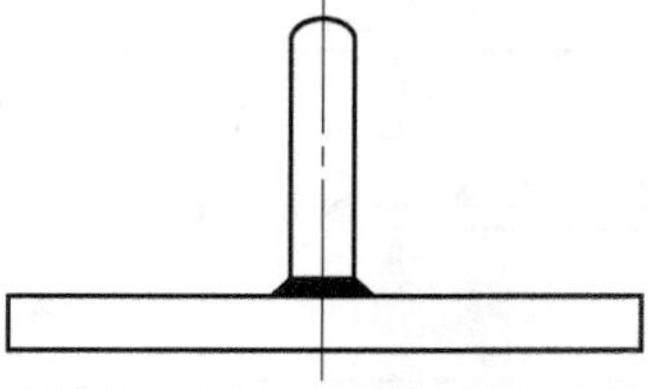

(续)

焊接方法		接头形式	适用范围	
			钢筋牌号	钢筋直径/mm
电渣压力焊			HPB300 HRB400 HRB500	12～22 12～32 12～32
气压焊	固态		HPB300 HRB400 HRB500	12～22 12～40 12～32
	熔态			

（1）闪光对焊　闪光对焊是将两根钢筋以对接形式安放在对焊机上，通过低电压的强电流，利用电阻热使接触点金属熔化，产生强烈飞溅，形成闪光，然后迅速施加顶锻力完成的一种压焊方法，如图4-8所示。该法常用于直条粗钢筋下料前的接长或制作直径为6～16mm的闭口箍筋，焊接质量好，价格低廉，可减少料头、节约钢筋。但对非固定的专业预制厂（场）、钢筋加工厂（场）内，从安全生产和环境保护考虑，对直径大于或等于200mm的钢筋进行连接作业时，限制使用钢筋闪光对焊工艺，鼓励采用机械连接工艺。

闪光对焊分为连续闪光焊、预热闪光焊、闪光-预热闪光焊。钢筋的焊接工艺方法可按钢筋种类及直径并考虑焊机的容量等情况进行选择。一般当钢筋直径较小，钢筋牌号较低，可采用连续闪光焊；当钢筋端面不平整时，应采用闪光-预热闪光焊。

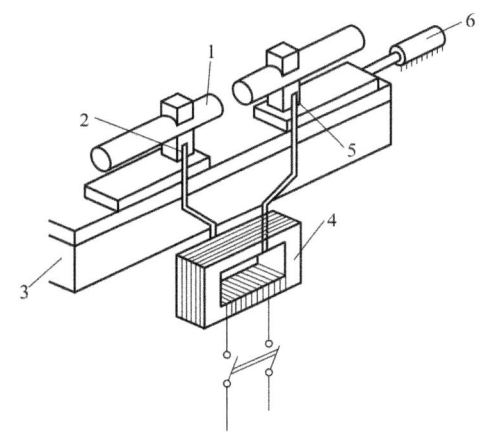

图4-8　闪光对焊
1—焊接的钢筋　2—固定电极
3—机座　4—变压器　5—可动
电极　6—手动顶压机构

1）连续闪光焊。这种焊接的工艺过程是待钢筋夹紧在电极钳口上后，闭合电源，使两钢筋端面轻微接触。由于钢筋端部不平，开始只有一点或数点接触，接触面小而电流密度和接触电阻很大，接触点很快熔化并产生金属飞溅，形成闪光现象。闪光一开始就徐徐移动钢筋，形成连续闪光过程，同时接头也被加热。待接头烧平、闪去杂质和氧化膜、白热熔化时，施加轴向压力迅速进行顶锻，使两根钢筋焊牢。

2）预热闪光焊。钢筋直径较大，端面比较平整时宜用预热闪光焊。与连续闪光焊不同之处在于前面增加一个预热时间，先使大直径钢筋预热后再连续闪光烧化进行加压顶锻。

3）闪光-预热闪光焊。端面不平整的大直径钢筋连接宜采用闪光-预热闪光焊。这种焊接的工艺过程是进行连续闪光，使钢筋端部烧化平整，再使接头处做周期性闭合和断开，形成断续闪光使钢筋加热，接着连续闪光，最后进行加压顶锻。

闪光对焊的工艺参数主要有对焊留量（图4-9）、调伸长度、顶锻速度、顶锻压力及变压器级数等，这些参数可从相关手册或《钢筋焊接及验收规程》（JGJ 18—2012）中查得。连续闪光焊时的对焊留量应包括烧化留量、有电顶锻留量和无电顶锻留量；预热闪光焊还应加上预热留量；闪光-预热闪光焊时的对焊留量应包括一次烧化留量、预热留量、二次烧化留量、有电顶锻留量和无电顶锻留量。调伸长度的选择，应随着钢筋牌号的提高和钢筋直径的加大而增长。当焊接 HRB400 级钢筋时，调伸长度宜在 40~60mm 内选用。变压器级数应根据钢筋牌号、直径、焊机容量以及焊接工艺方法等具体情况选择。

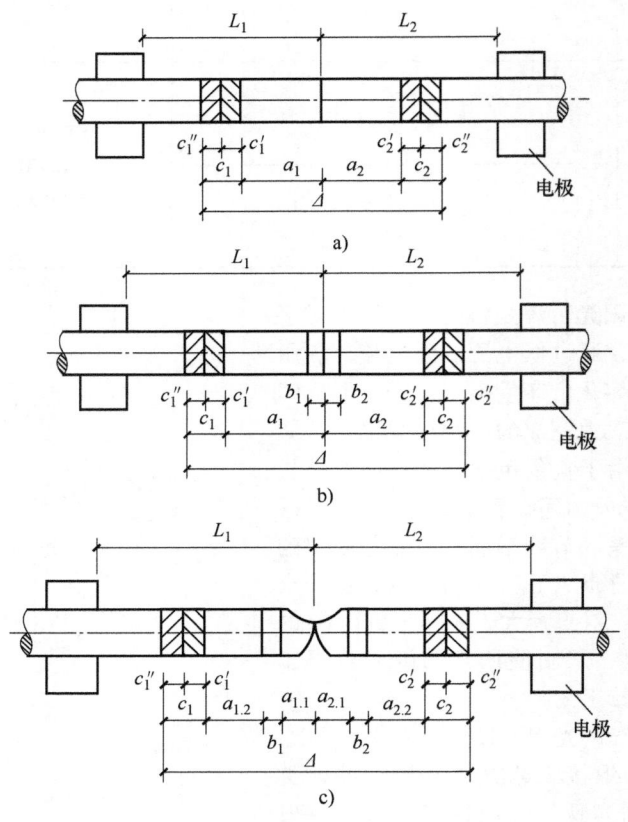

图 4-9 对焊留量
a）连续闪光焊 b）预热闪光焊 c）闪光-预热闪光焊

L_1、L_2—调伸长度　a_1、a_2—烧化留量　$a_{1.1}$、$a_{2.1}$—一次烧化留量　$a_{1.2}$、$a_{2.2}$—二次烧化留量　b_1、b_2—预热留量　c_1、c_2—顶锻留量　c_1'、c_2'—有电顶锻留量　c_1''、c_2''—无电顶锻留量　Δ—焊接总留量

闪光对焊接头应分批进行外观质量检查和力学性能检验。在同一台班内，由同一个焊工完成的 300 个同牌号、同直径钢筋焊接接头应作为一批。当同一台班内焊接的接头数量较少时，可在一周之内累计计算；累计仍不足 300 个接头时，应按一批计算。力学性能检验时，应从每批接头中随机切取 6 个接头，其中 3 个做拉伸试验，3 个做弯曲试验；异径钢筋接头可只做拉伸试验。

钢筋闪光对焊后，要对接头进行外观检查。对焊接头表面应呈圆滑、带毛刺状，不得有肉眼可见的裂纹；与电极接触处的钢筋表面不得有明显烧伤；接头处的弯折角度不得大于 2°；轴线偏移不得大于钢筋直径的 1/10，且不得大于 1mm。

（2）电弧焊　电弧焊是利用弧焊机使焊条与焊件之间产生高温电弧，熔化焊条和焊件金属，待其凝固后便形成焊缝或接头。钢筋电弧焊包括帮条焊、搭接焊、坡口焊（也称为剖口焊）、窄间隙焊和熔槽帮条焊五种接头形式，如图 4-10 所示。此外，预埋件的钢板与钢筋的连接一般也采用电弧焊。钢筋电弧焊所采用的焊条与钢筋牌号、接头形式等有关，一般由设计规定，如果设计没有规定，也可参考表4-7选择。

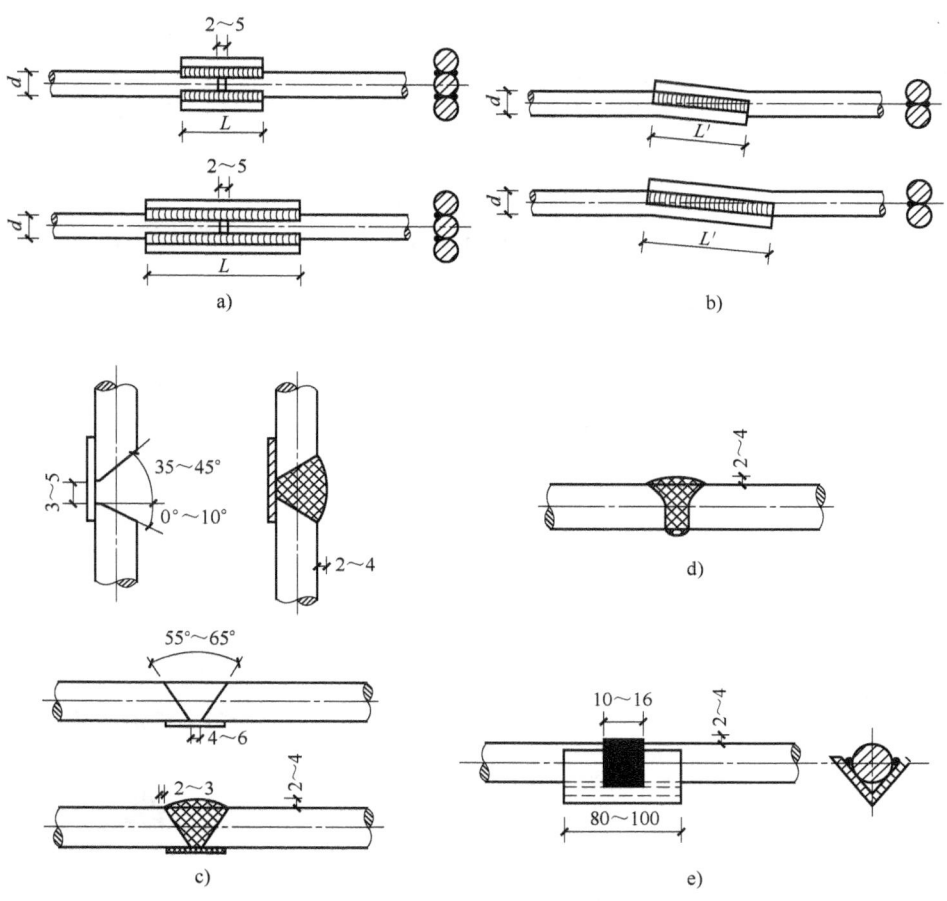

图 4-10 钢筋电弧焊的接头形式

a）帮条焊　b）搭接焊　c）坡口焊　d）窄间隙焊　e）熔槽帮条焊

d—钢筋直径　L—帮条长度　L'—搭接长度

表 4-7 钢筋电弧焊所用焊条、焊丝

钢筋牌号	电弧焊接头形式			
	帮条焊 搭接焊	坡口焊 熔槽帮条焊 预埋件穿孔塞焊	窄间隙焊	钢筋与钢板搭接焊 预埋件T形角焊
HPB300	E4303、ER50-X	E4303、ER50-X	E4316、E4315、ER50-X	E4303、ER50-X
HRB400 HRBF400	E5003、E5516、 E5515、ER50-X	E5503、E5516、 E5515、ER55-X	E5516、E5515、 ER55-X	E5003、E5516、 E5515、ER50-X
HRB500 HRBF500	E5503、E6003、 E6016、E6015、ER55-X	E6003、E6016、 E6015	E6016、E6015	E5503、E6003、 E6016、E6015、ER55-X
RRB400E	E5003、E5516、 E5515、ER50-X	E5503、E5516、 E5515、ER55-X	E5516、E5515、 ER55-X	E5003、E5516、 E5515、ER50-X

弧焊机有交流和直流两种，工地上常用交流弧焊机。焊条型号规格较多，例如，E4303、E4315、E5016 等。"E"表示焊条；前两位数字表示熔敷金属抗拉强度的最小值，E4303 表示熔敷金属抗拉强度的最小值 430MPa；后两位数字表示适用的焊接方位、电流种类及药皮类型。选择焊条时，强度型号取决于钢筋级别及接头形式（表4-3），药皮的类型取决于焊接环境，焊条直径应取决于焊件尺寸及焊机电流大小。

帮条焊宜采用双面焊，当不能进行双面焊时，可采用单面焊。帮条长度应符合表4-8 的规定。当帮条钢筋牌号与主筋相同时，帮条直径可与主筋相同或小一个规格；当帮条直径与主筋相同时，帮条钢筋牌号可与主筋相同或低一个级别。

表4-8　帮条长度

钢筋种类	焊缝形式	帮条长度
HPB300	单面焊	≥8d
	双面焊	≥4d
HRB400、HRBF400、HRB500、HRBF500、RRB400E	单面焊	≥10d
	双面焊	≥5d

注：d 为主筋直径（mm）。

搭接焊宜采用双面焊，当不能进行双面焊时，可采用单面焊。搭接长度、焊缝厚度均与帮条长度相同。搭接焊时，焊接端钢筋应预弯，并应使两钢筋的轴线在一条直线上。

帮条焊或搭接焊接头的焊缝有效厚度 S 不应小于主筋直径的 30%；焊缝宽度 b 不应小于主筋直径的 80%（图4-11），帮条焊时，两主筋端面的间隙应为 2~5mm。

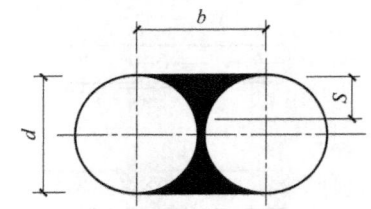

图4-11　帮条焊或搭接焊接头的焊缝尺寸
b—焊缝宽度　S—焊缝有效厚度　d—钢筋直径

坡口焊施工前在焊接钢筋端部切口形成坡口。坡口面应平顺，切口边缘不得有裂纹、钝边和缺棱。钢垫板厚度宜为 4~6mm，长度宜为 40~60mm。坡口平焊时，垫板宽度应为钢筋直径加 10mm；立焊时，垫板宽度宜等于钢筋直径。

窄间隙焊是将两钢筋安放成水平对接形式，并置于铜模内，中间留有少量间隙，用焊条从接头根部引弧，连续向上焊接完成的一种电弧焊方法。窄间隙焊宜用于直径 16mm 及以上钢筋的现场水平连接。

熔槽帮条焊宜用于直径 20mm 及以上钢筋的现场安装焊接。焊接时应加角钢作为垫板模。

预埋件钢筋电弧焊 T 形接头可分为角焊和穿孔塞焊两种（图4-12）。当采用 HPB300 级钢筋时，角焊缝焊脚尺寸 k 不得小于钢筋直径的 50%；采用其他牌号钢筋时，焊脚尺寸 k 不得小于钢筋直径的 60%。

钢筋和钢板搭接焊时，焊接接头的搭接长度 l，对 HPB300 级钢筋不得小于钢筋直径的 4 倍，其他牌号钢筋不得小于钢筋直径的 5 倍。焊缝宽度不得小于钢筋直径的 60%，焊缝的有效厚度不得小于钢筋直

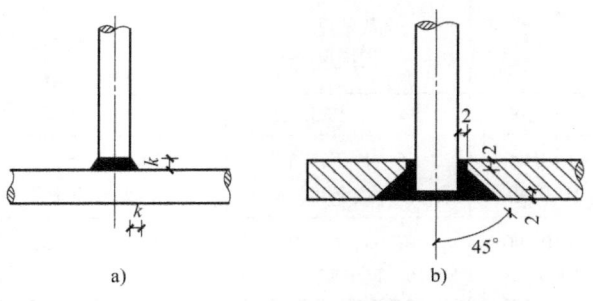

图4-12　预埋件钢筋电弧焊 T 形接头
a) 角焊　b) 穿孔塞焊
k—焊脚尺寸

径的35%，如图4-13所示。

电弧焊接头应分批进行外观质量检查和力学性能检验。在现浇混凝土结构中，应以300个同牌号钢筋、同形式接头作为一批；在房屋结构中，应在不超过连续二楼层中300个同牌号钢筋、同形式接头作为一批；每批随机切取3个接头，做拉伸试验；在装配式结构中，可按生产条件制作模拟试件，每批3个试件，做拉伸试验；钢筋与钢板搭接焊接头可只进行外观质量检查。

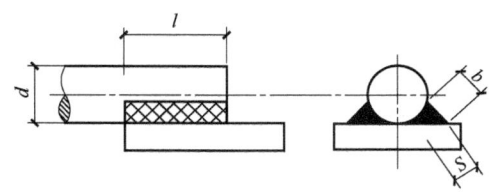

图4-13　钢筋与钢板搭接焊接头
d—钢筋直径　l—搭接长度
b—焊缝宽度　S—焊缝有效厚度

电弧焊接头外观质量检查结果应符合下列规定：焊缝表面应平整，不得有凹陷或焊瘤；焊接接头区域不得有肉眼可见的裂纹；焊缝余高应为2~4mm；咬边深度、气孔、夹渣等缺陷允许值及接头尺寸的允许偏差，应符合相关标准的规定。

（3）电渣压力焊　电渣压力焊是利用强电流将埋在焊池焊药中的两根钢筋端头熔化，然后施加压力使其熔合的连接方法。电渣压力焊在施工中多用于现浇混凝土结构中的柱、墙等竖向或斜向（倾斜度不大于10°）钢筋的焊接接长。电渣压力焊有自动电渣压力焊和手工电渣压力焊两类。与电弧焊比较，它工效高、成本低，故在工程中应用较普遍。

电渣压力焊施工分为引弧、稳弧、顶锻三个过程，三个过程应连续进行。

施工中焊接夹具的上下钳口应夹紧上下钢筋，钢筋一经夹紧，不得晃动。引弧宜采用钢丝圈或焊条芯引弧法，也可采用直接引弧法。引燃电弧后，应先进行电弧过程（稳弧）；然后，加快上钢筋下送速度，使钢筋端面与液态渣池接触，转变为电渣过程；最后在断电的同时，迅速下压上钢筋（顶锻），挤出熔化金属和熔渣，如图4-14所示。

接头焊毕，应停歇一段时间后方可回收焊剂和卸下焊接夹具，并敲去渣壳。四周焊包应均匀，凸出钢筋表面的高度h，当钢筋直径小于或等于25mm时不得小于4mm；当钢筋直径大于25mm时不得小于6mm，如图4-15所示。

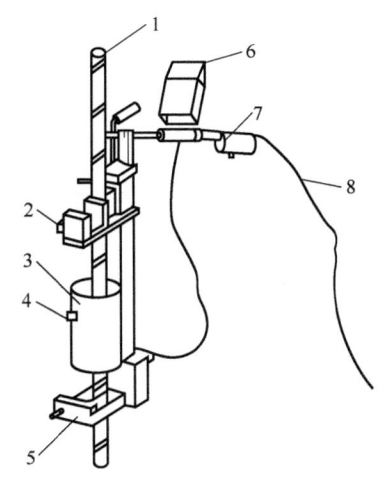

图4-14　电渣压力焊构造原理
1—钢筋　2—活动夹具　3—焊剂盒　4—焊剂盒扣环　5—固定夹具
6—监控仪表　7—操作手柄　8—控制电缆

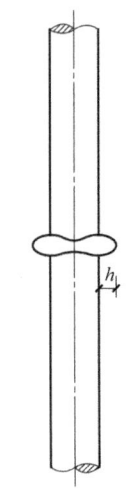

图4-15　电渣压力焊接头

电渣压力焊焊接参数应包括焊接电流、焊接电压和焊接通电时间。不同直径钢筋对接时，应按其中较小直径钢筋选择参数，焊接通电时间可延长。

（4）电阻点焊　电阻点焊是将两钢筋安放成交叉叠接形式，压紧于两电极之间，利用电阻热熔化母材金属，加压形成焊点的一种压焊方法。混凝土结构中的钢筋焊接骨架和钢筋焊接网，宜采用电阻点焊制作，其生产效率高、节约材料、应用广泛。

在钢筋焊接骨架或钢筋焊接网中，两根钢筋直径不同时，当较小钢筋直径小于或等于10mm时，大、小钢筋直径之比不宜大于3；当较小钢筋直径为12～16mm时，大、小钢筋直径之比不宜大于2。焊接网较小钢筋直径不得小于较大钢筋直径的60%。

电阻点焊的工作原理，如图4-16所示。电阻点焊的工艺过程应包括预压、通电、锻压三个阶段。电阻点焊应根据钢筋级别、直径及焊机性能等具体情况，选择变压器级数、焊接通电时间和电极压力。

电阻点焊中焊点的压入深度，应为较小钢筋直径的18%～25%。

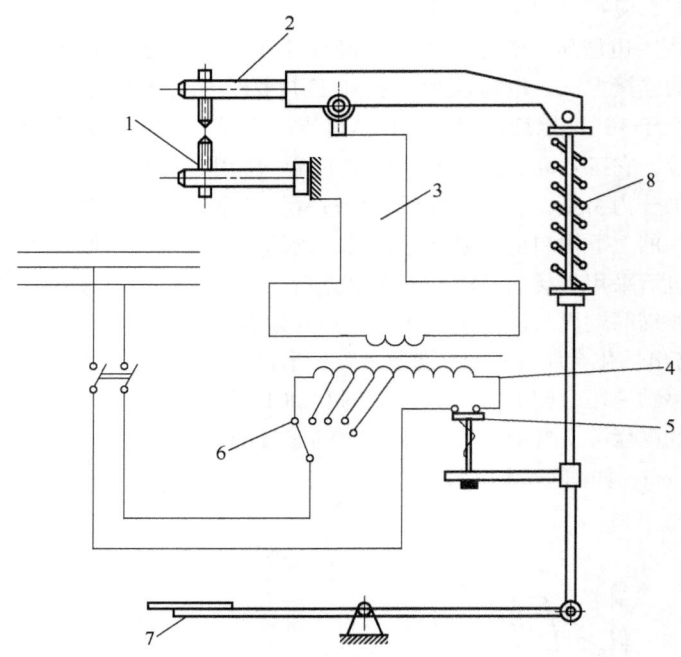

图4-16　电阻点焊原理
1—电极　2—电极臂　3—变压器的次级线圈　4—变压器的初级线圈
5—断路器　6—变压器的调节开关　7—踏板　8—压紧机构

（5）气压焊　气压焊是采用氧乙炔火焰或其他火焰对两钢筋对接处加热，使其达到塑性状态或熔化状态后加压完成的一种压焊方法。它可用于钢筋在垂直位置、水平位置或倾斜位置的对接焊接。

气压焊按加热温度和工艺方法的不同分为固态气压焊和熔态气压焊；按加热燃料不同分为氧乙炔气压焊和氧液化石油气气压焊两种。本书以氧乙炔固态气压焊为例对其工艺进行简要介绍。

气压焊设备（图4-17）主要包括加热系统与加压系统两部分。

焊接时通过流量计控制氧气和乙炔的输入量，不同直径的钢筋要求不同的流量。加热器用来将氧气和乙炔混合后，从喷火嘴喷出火焰加热钢筋，要求火焰能均匀加热钢筋，有足够的温度和功率，并要求安全可靠。

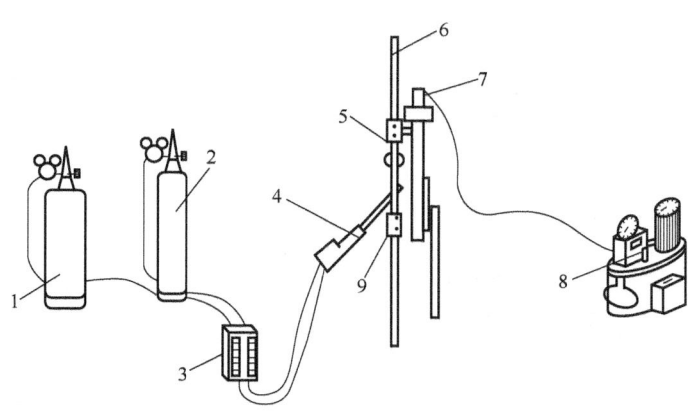

图 4-17 气压焊设备

1—乙炔　2—氧气　3—流量计　4—多火口烤枪　5—活动卡具
6—被焊接的钢筋　7—压接器　8—电动液压泵　9—固定卡具

加压系统中的压力源为电动液压泵，使加压顶锻的压力平稳。压接器是气压焊的主要设备之一，要求它能准确、方便地将两根钢筋固定在同一轴线上，并将电动液压泵产生的压力均匀地传递给钢筋达到焊接目的。

气压焊施焊前，钢筋端面应切平，并宜与钢筋轴线相垂直，在钢筋端部 2 倍直径长度范围内若有水泥等附着物，应予以清除。钢筋边角毛刺及端面上的铁锈、油污和氧化膜应清除干净，并经打磨，使其露出金属光泽，不得有氧化现象。

钢筋端面的加热温度应为 115~1250℃，钢筋镦粗区表面的加热温度应稍高于该温度，并应随钢筋直径增大而适当提高。

气压焊时，应根据钢筋直径和焊接设备等具体条件选用等压法、二次加压法和三次加压法等焊接工艺。在两根钢筋缝隙密合和镦粗过程中，对钢筋施加的轴向压力，按钢筋横截面面积计算，应为 30~40MPa。气压焊施焊中，通过最终的加热加压，应使接头的镦粗区形成规定的形状；然后，应停止加热，略为延时，卸除压力，拆下焊接夹具。

3. 钢筋绑扎连接

绑扎目前仍为钢筋连接的主要手段之一。钢筋绑扎时，钢筋交叉点用钢丝扎牢；板和墙的钢筋网，除外围两行钢筋的相交点全部扎牢外，中间部分交叉点可以相隔交错扎牢，保证受力钢筋位置不产生偏移；梁和柱的箍筋应与受力钢筋垂直设置，弯钩叠合处应沿受力钢筋方向错开设置。

钢筋绑扎

同一构件中相邻纵向受力钢筋的绑扎搭接接头宜相互错开。绑扎搭接接头中钢筋的横向净距 s 不应小于钢筋直径，且不应小于 25mm。纵向受力钢筋绑扎搭接接头还应满足最小搭接长度。

在同一连接区段内的纵向受拉钢筋绑扎搭接接头面积百分率（图 4-18），梁、板类构件不宜超过 25%，基础筏板不宜超过 50%，柱类构件不宜超过 50%。当工程中有必要增大接头面积百分率时，可根据实际情况适当放宽。在梁、柱类构件的纵向受力钢筋搭接长度范围内还应按设计要求配置箍筋。

所谓钢筋绑扎搭接"接头连接区段"是指 1.3 倍接头搭接长度（l_1）的范围，而搭接接头中点位于 $1.3l_1$ 内的搭接接头均属于"同一连接区段"。图 4-18 所示同一连接区段内的绑扎接头数量为 2 个。

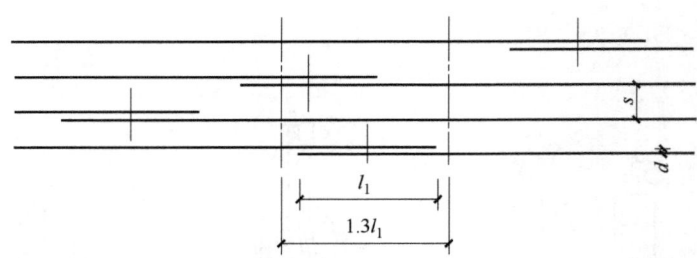

图 4-18　钢筋绑扎搭接接头连接区段及接头面积百分率

注：本图中搭接接头同一连接区段内的搭接钢筋为两根，当各钢筋直径相同时，接头面积百分率为 50%。

4.2　模板工程

模板施工现场

模板是土木工程中必不可少的施工材料与工具，它是新浇混凝土成型用的模型。模板工程对混凝土结构施工的质量、安全有十分重要的影响，它在混凝土结构施工中劳动量大、所占施工工期也较长，对施工成本的影响也很显著。根据国外统计，在一般工业与民用建筑中，平均每立方米混凝土需用模板 $7.4m^2$，模板工程的费用占混凝土工程费用的 20%～30%。因此，在混凝土结构施工中应根据结构状况与施工条件，选用合理的模板形式、模板结构及施工方法，以达到保证混凝土工程施工质量与安全、加快进度和降低成本的目的。

4.2.1　模板的种类与基本要求

模板系统包括模板、支架和连接件三部分。模板是由面板及面板上的纵横肋等组成。支撑面板用的楞梁、立柱、连接件、斜撑、剪刀撑和水平拉条等构件总称为支架，连接件为面板与楞梁的连接、面板自身的拼接、支架结构自身的连接和其中两者相互间连接所用的零配件，包括卡销、螺栓、扣件、卡具、拉杆等。

1）模板的材料种类很多，根据不同的分类方法可以有：

① 按结构类型分为：基础模板、柱模板、墙模板、梁模板、楼板模板、楼梯模板等。

② 按作用及承载种类分为：侧模板和底模板。

③ 按构造及施工方法分为：拼装式模板（如木模版、胶合板模板），组合模板［如组合钢模板、组合铝合金模板、钢框木（竹）胶合板模板］，工具式模板（如大模板、台模），移动式模板（如爬升模板、滑升模板、隧道模板），永久性模板（如压型钢板模板、预应力混凝土薄板、叠合板）等。

④ 按材料分为：木模板、钢模板、钢木模板、铝合金模板、胶合板模板、塑料模板、铝模板、玻璃钢模板等，甚至混凝土本身也可作为模板工程材料。模板的面板选材除应保证混凝土结构质量外，还应考虑混凝土表面的装饰要求，同时兼顾其经济性。

2）模板除要满足混凝土成型要求的位置、尺寸、形状等外，还应满足以下要求：

① 具有足够的承载力、刚度和整体稳定性。

② 构造简单、装拆方便，且便于钢筋安装和混凝土浇筑、养护。

③ 表面平整、拼缝严密，能满足混凝土内部及表面质量要求。

④ 材料轻质、高强、耐用、环保，利于周转使用。

4.2.2　一般现浇构件的模板构造

1. 基础模板

基础的特点是高度不大而体积较大，基础模板一般利用地基或基槽（坑）进行支撑。

基础模板安装时，要保证上、下模板不发生相对位移（图4-19），如有杯口，还要在其中放入杯口模板。底阶可依土，或用木桩及撑木固定在地面或坑侧壁上，上阶用轿杠木，有杯口时用杯芯模，外包薄钢板。杯形基础模板杯芯模两侧要钉上轿杠木，以便搁置在上台阶模板上，杯芯模不设底模板，以利于杯口底部混凝土振捣。

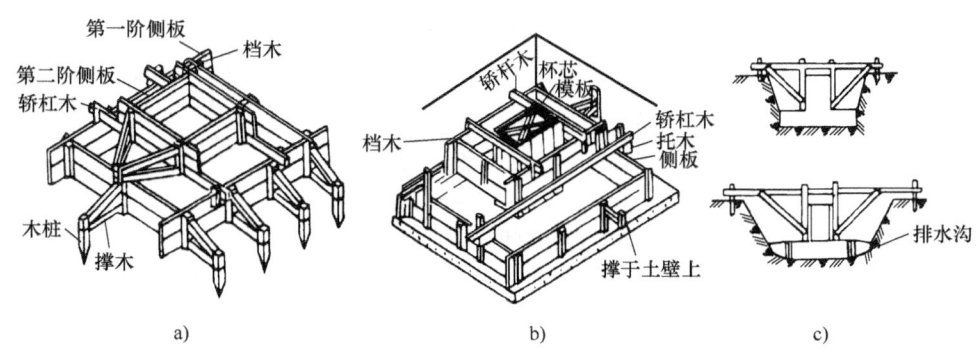

图 4-19　基础模板
a）阶梯形基础　b）杯形基础　c）条形基础

2. 柱子模板

柱模的拼板两两相对组成矩形。为承受混凝土侧压力，拼板外要设柱箍，其间距与混凝土侧压力、拼板厚度有关，通常每500～1000mm加一道，两方向加支撑和拉杆。楼板上埋钢筋环或钢筋头作为支点和固定点，柱模板下部柱箍较密，对于截面较大的柱子，还应在截面中间设置对拉螺栓。为了保证柱子的位置和垂直度，模板周围应设置足够的支撑和拉杆。工具式柱模板可以自带可调支腿和操作平台。

柱模板底部开有清理孔，沿高度开设浇筑孔，以便于混凝土浇筑。柱底一般设有木框，用以固定柱模板的位置。柱模板（图4-20）顶部根据需要可开有与梁模板连接的缺口。

3. 梁模板、楼板模板

梁模板由底模板和侧模板组成。底模板承受垂直荷载，一般较厚，下面应设有支撑（或桁架）承托并保证稳定。支撑多为伸缩式，可调整高度，底部应支承在坚实地面或楼面上，下垫木楔。如地面松软，则应夯实，并在底部垫以木板。在多层建筑施工中，应使上、下层的支撑在同一条竖向直线上，否则，应采取措施保证上层支撑的荷载能传到下层支撑上。支撑间应用水平向和斜向拉杆拉牢，以增强整体稳定性。当层间高度大于5m时，宜用桁架支模或多层支架支模。

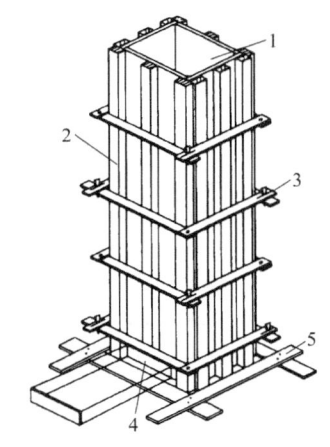

图 4-20　柱子模板
1—内拼板　2—外拼板　3—柱箍
4—清理孔　5—底部定位木框

梁侧模板承受混凝土侧压力，底部用钉在支撑顶部的夹条夹住，顶部可由支承楼板模板的格栅顶住，或用斜撑顶住。当梁高大于600mm时，其腰部还应增设对拉杆件。楼板模板多用定型模板或胶合板，它放置在格栅上，格栅支承在梁侧模板外的横楞上（图4-21）。

为了避免在荷载作用下，模板和支架压缩变形而使梁、板产生挠度，支模时应起拱，当梁（楼板）跨度大于或等于4m时，起拱高度 = 1‰～3‰跨度。

梁模板、楼板模板的支架一般采用落地式脚手架材料搭设，当层高≥5m时，应采用桁架或

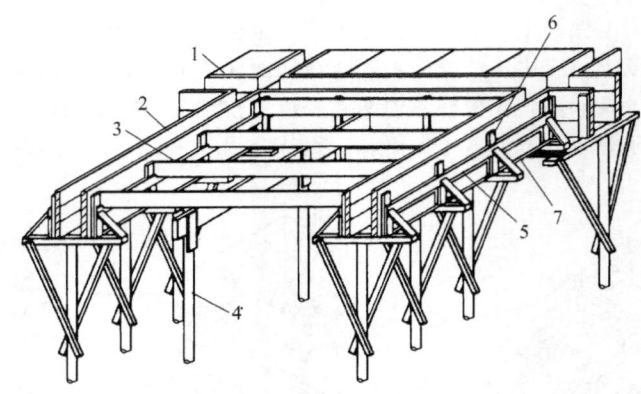

图 4-21 梁模板及楼板模板
1—楼板模板 2—梁侧模板 3—格栅 4—支撑 5—横楞 6—次肋 7—夹条

多层支架支模，支柱下垫通长垫板，厚度不小于 50mm，楔紧；设在土面时，地基应夯实，注意排水和防冻胀。支柱间设纵横拉杆，底杆距地不宜大于 200mm，顶杆距梁、楼板底不宜大于 600mm，中间拉杆间距不宜大于 1.8m，支架周边应设置竖向剪刀撑，间距不宜大于 8m，以防整体失稳，上、下层支柱对正。

4. 楼梯模板

楼梯模板由支架、底模板和踏步模板构成。底模板及支架构造与楼板模板基本相同，支架底层地面应夯实，底层和楼层立柱应垫通长脚手板，多层支架时，上、下层支柱应在同一竖向中心线上。模板铺设方向从四周或墙、梁连接处向中央铺设。

5. 桥梁墩台模板

桥梁墩台模板如图 4-22 所示。墩台一般向上收小，其模板为斜面和斜圆锥面，由面板、楞木、立柱、支撑、拉杆等组成。立柱安放在基础枕梁上，两端用钢拉杆拉紧，以保证模板刚度且不产生位移，楞木（直线形和拱形）固定在立柱上，面板则竖向布置在楞木上。如桥墩较高，需加设斜撑、横撑木和拉索，如图 4-23 所示。

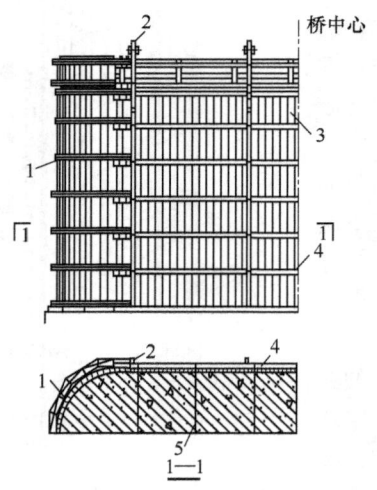

图 4-22 桥梁墩台模板
1—拱形肋木 2—立柱 3—面板
4—水平楞木 5—拉杆

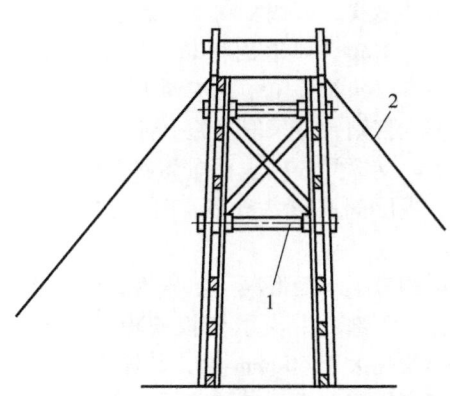

图 4-23 稳定桥梁墩台模板的措施
1—临时撑木 2—拉索

4.2.3 组合模板

组合模板是工厂制造的一种工具式模板,由具有一定模数的若干类型的板块、角模、支撑和连接件组成。组合模板具有通用性强、装拆方便、可周转次数多的特点,可以拼出多种尺寸和几何形状,以适应多种类型建(构)筑物的梁、柱、板、墙、基础和设备基础等施工的需要,也可用它拼成大模板、隧道模和台模等。施工时可以在现场直接组装,也可以预拼装成大块模板或构件模板用起重机整体吊运安装。组合模板的板块有的用全钢材制成,也有的采用钢框与木(竹)胶合板面板复合制成。组合模板不但用于建筑工程,还用于桥梁工程、地下工程及市政工程。

1. 组合钢模板

组合钢模板(图 4-24)是目前使用较广泛的通用性组合模板,按肋高分为 55、60、70、86 等系列(肋高大则刚度及块体大)。组合钢模板的部件主要由钢模板、连接件和支撑件三部分组成。

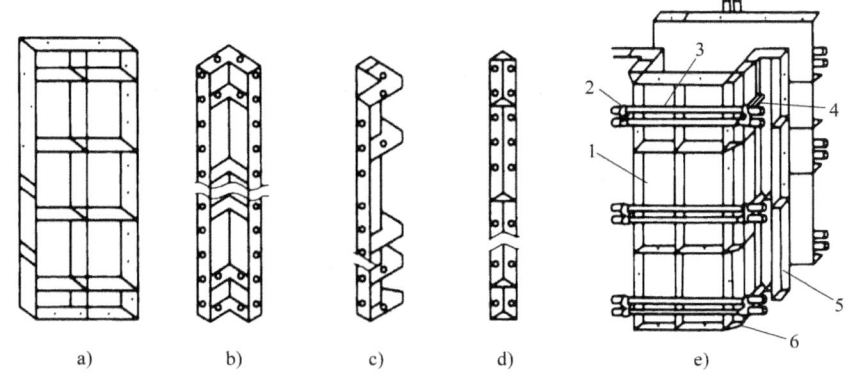

图 4-24 组合钢模板

a)平面模板 b)阴角模板 c)阳角模板 d)连接角模 e)拼装成的附壁柱模板
1—平面模板 2—3 形扣件 3—钢楞 4—对拉螺栓 5—阴角模板 6—连接角模

(1)钢模板 钢模板是组合钢模板的主要组成构件,由边框、面板和纵横肋构成。

钢模板的模数尺寸关系到模板的使用,确定时应考虑各种结构尺寸使用频率,并应考虑最大钢模板的质量能便于工人安装。我国所用的钢模板的面板与肋多为 2.5~3.0mm 厚的钢板,纵横肋高度与边框相同,以 55mm 为多。钢模板采用模数制,模板的宽度模数以 50mm 进级;长度模数以 150mm 进级,当长度超过 900mm 时则以 300mm 进级。组合钢模板配板设计中,遇有结构尺寸不合 50mm 进级的模数尺寸时,空隙部分可用木模板填补。组合钢模板板块主要有平面模板(代号 P)、阴角模板(代号 E)、阳角模板(代号 Y)、连接角模(代号 J)等通用板块,此外,还有异形结构中用的倒棱模板、梁腋模板、搭接模板以及嵌补模板等专用板块。常用的组合钢模板尺寸见表 4-9,如对宽 300mm,长 1500mm 的平面模板,其代号为 P3015。

表 4-9 常用的组合钢模板尺寸

名 称	宽度/mm	长度/mm	肋高/mm
平面模板(代号 P)	600、550、500、450、350、300、250、200、150、100	450、600、750、900、1200、1500	55
阴角模板(代号 E)	150×150,100×150		
阳角模板(代号 Y)	100×100,50×50		
连接角模(代号 J)	50×50		

为便于钢模板之间的连接，平模和角模边框上有连接孔，长向和短向的孔距都为150mm，以便钢模板横向、竖向都能拼接。

（2）连接件　组合钢模板的连接件有U形卡、L形插销、钩头螺栓、紧固螺栓，如图4-25a～c、e所示。为了模板的整体性与刚度，在模板背侧用钢楞（圆形钢管、矩形钢管、槽钢等）加固。钢模板与钢楞则用3形扣件（蝶形扣件）及对拉螺栓等连接，如图4-25d、f所示。

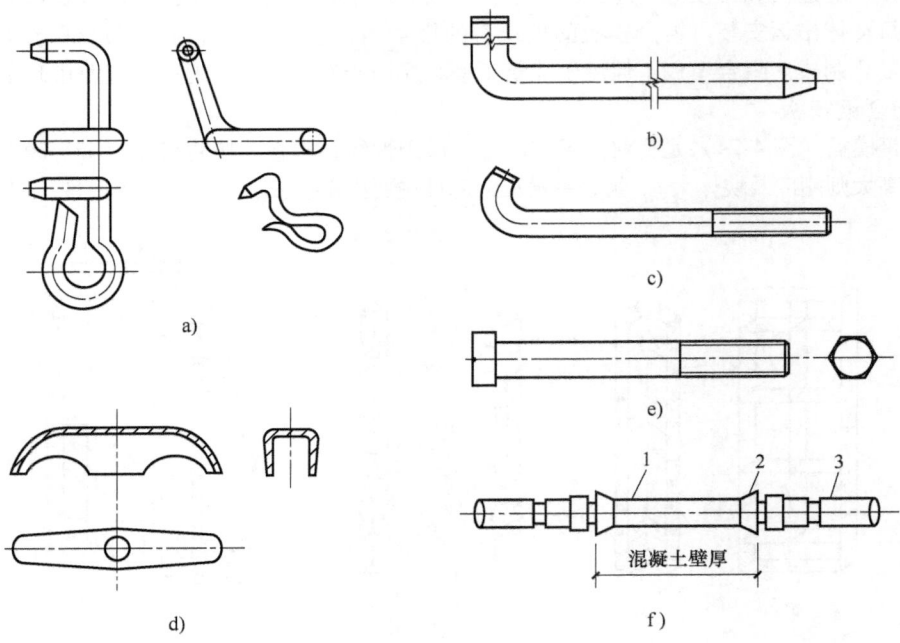

图4-25　钢模板的连接件

a) U形卡　b) L形插销　c) 钩头螺栓　d) 3形扣件　e) 紧固螺栓　f) 对拉螺栓

1—内拉杆　2—顶帽　3—外拉杆

（3）支撑件　组合钢模板的支撑件包括支撑柱的柱箍（图4-26）、斜撑；支承墙模板的钢楞和斜撑以及支承梁、板模板的早拆柱头（图4-27）、支撑桁架和钢支柱、梁托架等（图4-28）。柱箍一般采用型钢；钢楞、斜撑则多用钢管，也有的采用方钢管或槽钢等；钢支柱下可采用钢套管，通过套管的抽拉可以调整高度，具有通用性。

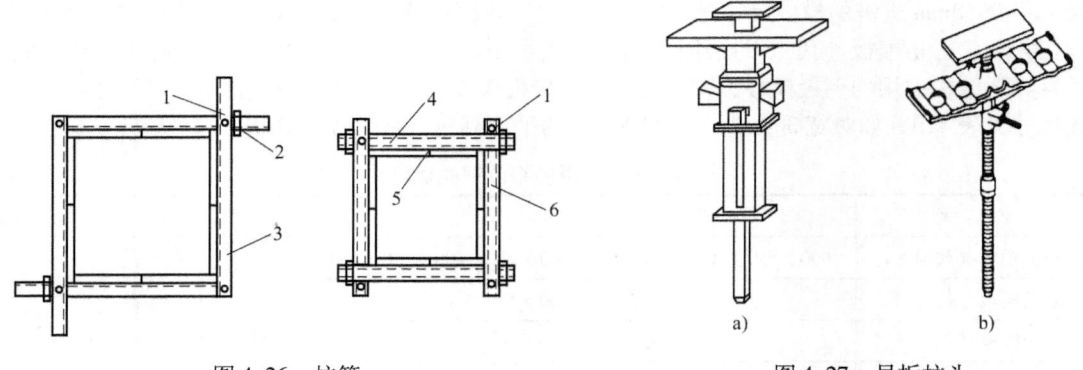

图4-26　柱箍

1—插销　2—限位器　3—夹板　4—角钢　5—模板　6—槽钢

图4-27　早拆柱头

a) 楔形　b) 螺栓形

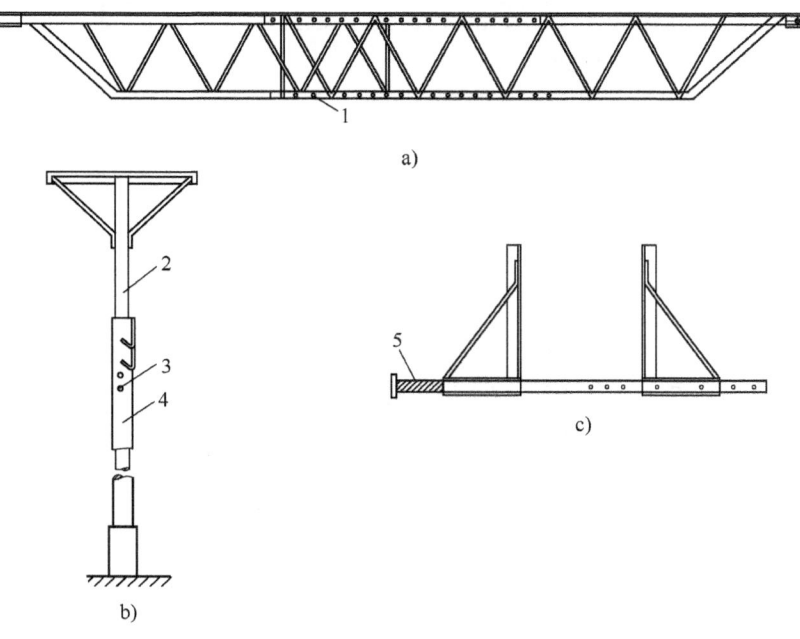

图 4-28 组合钢模板的支撑
a) 支撑桁架　b) 钢支柱　c) 梁托架
1—桁架伸缩销孔　2—内钢管　3—调节螺栓　4—外套钢管　5—插销孔

早拆柱头是近年来发展的一种模板快拆体系，它设置在钢支柱的顶部，可在楼板混凝土浇筑后提早拆除楼面模板，而将钢支柱保留在楼板底面，减小施工时现浇楼板跨度，从而加快了楼面模板的周转。

（4）组合钢模板的配板　采用组合钢模板时需进行配板设计。由于同一面积的模板可以用不同规格的钢模板组成各种配板方案，方案的优劣会直接影响到工程速度、质量和安全，配板设计就是找出最佳组配方案。

配板设计时，钢模板的选择应根据模板板面的形状、几何尺寸以及支撑形式决定，宜优先选用大规格的模板为主板，其他小规格的模板作为补充，减少木模嵌补量。模板长边宜与结构的长边平行布置，采用错缝拼装，从而增加模板的整体刚度。每块钢模板应至少有两道钢楞支撑，以免在接缝处出现弯折。

进行配板设计之前，先绘制结构构件的展开图，据此绘制配板设计图、连接件和支撑系统布置图、细部结构和异形模板详图及特殊部位详图。在配板图上要表明所配板块和角模的规格、位置和数量，并应在配板图上标明预埋件和预留孔洞的位置，注明其固定方法。某边梁配板图如图 4-29 所示。

2. 组合铝合金模板

组合铝合金模板属于绿色模板。它主要由模板系统、支撑系统、紧固系统、附件系统等构成，具有质量轻、刚度大、稳定性好、板面大、精度高、拆装方便、周转次数多、回收价值高、利于环保等特点。

这种模板常采用 3.2mm 厚平板与加强背肋制成。54 型铝合金模板共有 135 种规格，最大板面为 $2700mm \times 900mm$。

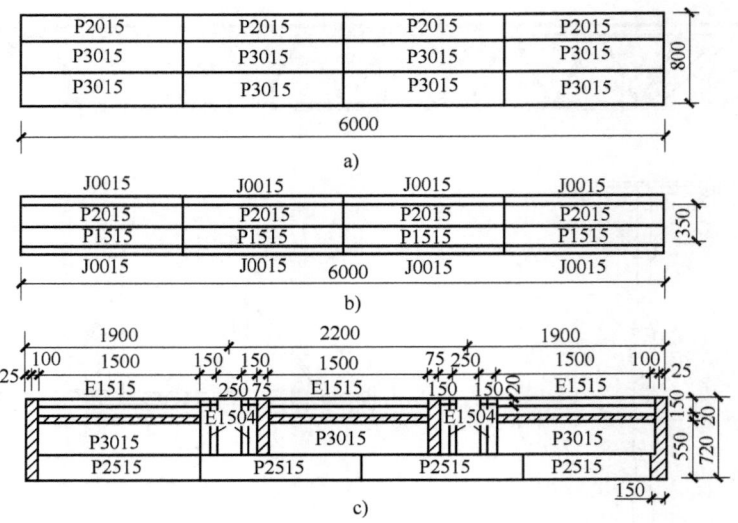

图 4-29 某边梁配板图
a）外侧模板 b）底模板 c）内侧模板

组合铝合金模板以销连接为主，施工方便快捷，可将墙与楼板或梁与楼板模板拼装为一体，实现一次浇筑，且稳定性好，如图 4-30 所示。顶板模板和支撑系统，实现了一体化设计，支撑系统可采用早拆技术，提高模板的周转率。

组合铝合金模板，由于质量轻，可全人工拼装，也可以拼成中型或大型模板后，用机械吊装，可作为柱、梁、墙、楼板的模板以及爬模等使用。

3. 钢框木（竹）胶合板模板

钢框木（竹）胶合板模板的板块，由钢边框内镶可更换的木胶合板或竹胶合板组成。胶合板两面涂塑，经树脂覆膜处理，所有边缘和孔洞均经有效的密封材料处理，以防吸水受潮变形。

图 4-30 组合铝合金模板支设的墙体、楼板模板

如图 4-31 所示，胶合板平铺在钢框上，用沉头螺栓与钢框连牢。通过钢边框上的连接孔，可用连接件纵横连接，组装各种尺寸的模板，它具有组合钢模板的优点，且质量轻、易脱模、保温好、可打钉，能周转 50 次以上，还可翻转或更换面板。

图 4-31 钢框木胶合板模板实景图

为了和组合钢模板形成相同系列,以达到可以同时使用的目的,钢框木(竹)胶合板模板的型号尺寸基本与组合钢模板相同,即按肋高有55、70、75系列,模板的宽度有300mm、600mm,最大可达1200mm。由于钢框木(竹)胶合板模板的自重轻,其平面模板的长度有900mm、1200mm、1500mm、1800mm、2400mm等,可作为混凝土结构柱、梁、墙、楼板的模板。由于板块尺寸大,模板拼缝少,所以拼装和拆除效率高,浇筑的混凝土表面平整光滑。钢框木(竹)胶合板的转角模板和异形模板由钢材压制成型。其配件与组合钢模板相同。

4.2.4 工具式模板及移动式模板

1. 大模板

大模板是用于墙体施工的大型工具式模板,具有施工速度快、机械化程度高、混凝土表观质量好等优点。大模板是目前我国剪力墙和筒体体系的高层建筑、桥墩、筒仓等施工采用较多的一种模板,已形成工业化模板体系。

大模板(图4-32)由面板、主肋、次肋、支撑桁架、操作平台、稳定机构及附件组成。

大模板的面板要求平整、刚度好,可用钢板或胶合板制作。钢面板厚度根据次肋的布置而不同,一般为3~6mm,混凝土表面平整光滑。钢面板一般可重复使用200次以上。胶合板面板常用7层或9层胶合板,板面用树脂处理,可重复使用50次以上。

次肋的作用是固定模板,保证模板的刚度,并将力传递到主肋上。次肋可单向设置或双向设置。主肋的作用是保证模板刚度,并作为穿墙螺栓的固定点,承受模板传来的水平力和垂直力。

相对的两块平模之间的固定一般均用对拉螺栓连接。建筑物外墙及桥墩等单侧大模板通常是将大模板支承在附墙支承架上(图4-33)。穿墙螺栓的主要作用是承受主肋传来的混凝土侧压力并控制墙体厚度。为了方便穿墙螺栓的回收利用,常加设塑料套管。

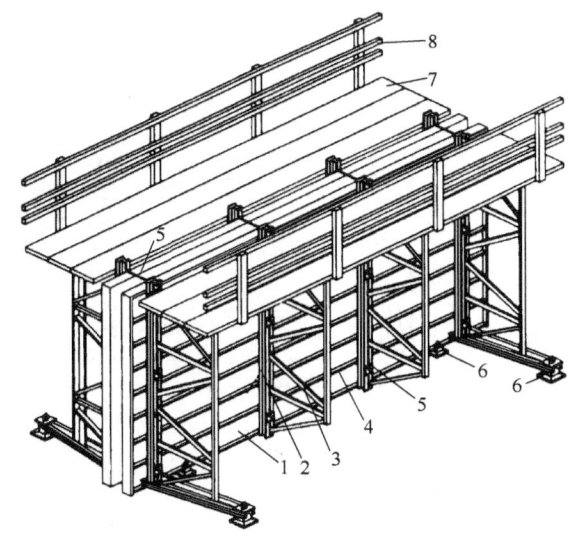

图4-32 大模板构造
1—面板 2—主肋 3—支撑桁架 4—次肋
5—对拉螺栓 6—调整水平度、垂直度的
螺旋千斤顶 7—脚手板 8—栏杆

大模板安装

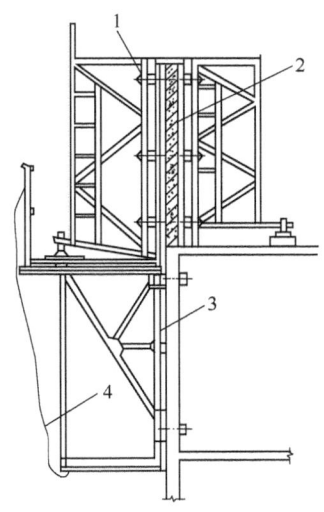

图4-33 外墙大模板安装
1—外墙的外模 2—外墙的内模
3—附墙支承架 4—安全网

大模板的水平度可通过设置在板下的螺旋千斤顶实现,其稳定性和垂直度可通过支撑桁架以及调整垂直度的螺旋千斤顶实现。

大模板安装时应按照布置图对号入座，按安装控制线调整位置。连接对拉螺栓后，调整垂直度并做好缝隙处理。大模板在平面上的布置方法有多种，如平模布置、小角模布置、大角模布置等（图4-34），其中小角模方案使用广泛（图4-35），它适应性强，便于模板的平面位置与垂直度的校正。平模和小角模之间通过偏心压块使接缝密封。

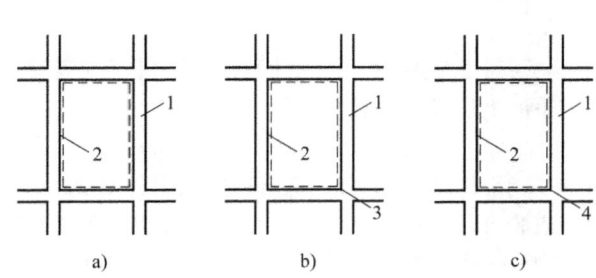

图4-34 大模板的平面布置
a) 平模布置 b) 小角模布置 c) 大角模布置
1—墙体 2—平模 3—小角模 4—大角模

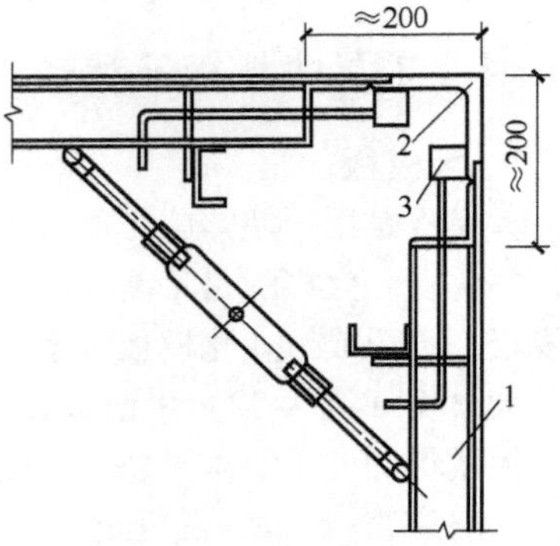

图4-35 小角模的连接
1—平板 2—小角模 3—偏心压块

大模板吊运和拆除时，严禁冲撞墙体，在高空作业时，应有防止大风吹倒的技术措施。停放时，应按照其自稳角度面对面放置，对没有稳定机构的模板应放在插放架内，避免倾覆伤人。

大模板安装之前应做好表面清理，并涂刷隔离剂，板面须喷涂脱模剂以利于脱模，常用的有海藻酸钠脱模剂、油类脱模剂、甲基树脂脱模剂和石蜡乳液脱模剂等，不得使用废机油作为脱模剂。

对于电梯井、小直径的筒体结构等，有时利用由大模板组成的筒模（图4-36），即四面模板用铰链连接，可整体安装和脱模，脱模时旋转花篮螺栓脱模器，拉动相对两片大模板向内移动，使单轴铰链折叠收缩，模板脱离墙体。支模时，反转花篮螺栓脱模器，使相对两片大模板向外推移，单轴铰链伸张，达到支模的目的。

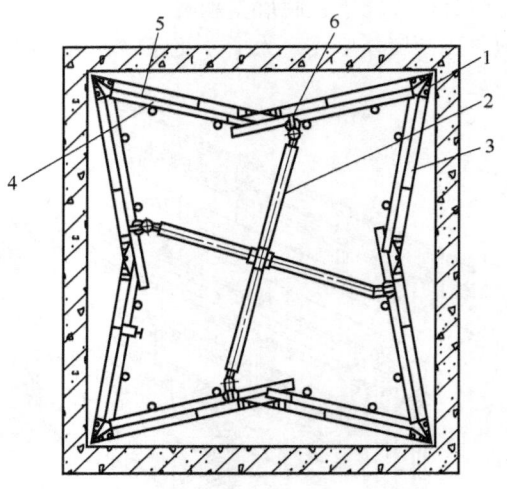

图4-36 筒模
1—单轴铰链 2—花篮螺栓脱模器 3—平面大模板
4—主肋 5—次肋 6—连接板

2. 滑升模板

滑升模板简称滑模，用于现场浇筑高耸建（构）筑物等的竖向结构，如烟囱、筒仓、高桥墩、电视塔、竖井、沉井、双曲线冷却塔和高层建筑等。

滑升模板的施工特点是在建（构）筑物底部，沿其墙、柱、梁等构件的周边组装高1.2m左右的模板，随着向模板内不断地分层浇筑混凝土，用液压提升设备带动模板沿埋在混凝土中的支承杆向上滑升而逐步完成浇筑。用滑升模板施工，可以节约模板和支撑材料，加快施工速度和保证结构的整体性。但模板一次性投资多、耗钢量大，对立面造型和构件断面变化有一定的限制。施工时宜连续作业,施工组织要求较严。

(1) 滑升模板的组成 滑升模板(图4-37)由模板系统、操作平台系统和液压提升系统三部分组成。

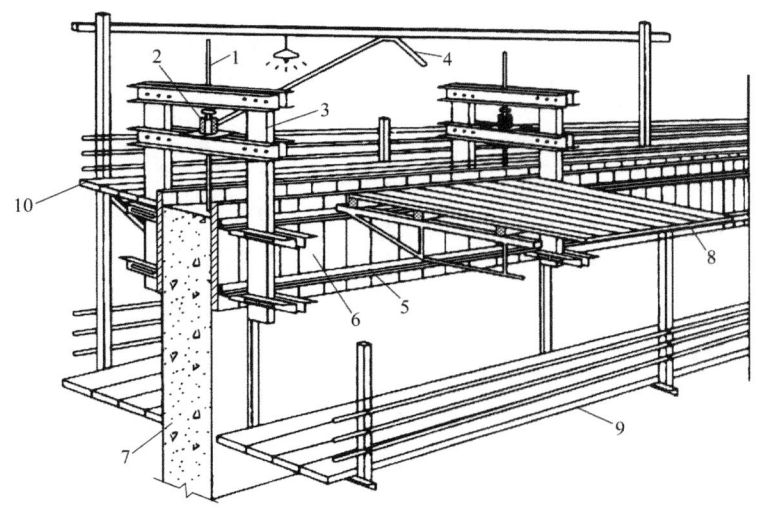

图4-37 滑升模板
1—支承杆 2—液压千斤顶 3—提升架 4—油管 5—围圈 6—模板 7—混凝土墙体
8—操作平台桁架 9—内脚手架 10—外脚手架

滑升模板工作原理

1) 模板系统。模板系统包括模板、围圈和提升架等。模板应具备一定的强度和刚度以承受新浇混凝土的侧压力、冲击力和滑升时与混凝土产生的摩阻力,多用钢模板或钢木组合模板。模板的高度取决于滑升速度和混凝土达到出模强度(0.2~0.4MPa)所需的时间,一般高为1.0~1.2m。为保证刚度,模板背面设有加劲肋。相邻模板用螺栓或U形卡连接到一起,模板挂在或搭在围圈上。一般情况下,模板上、下各布置一道围圈,其作用是固定模板和保证模板刚度,并将模板与提升架连接起来,提升架上升时,通过围圈带动模板上升。围圈承受的水平力主要是模板传来的水平侧压力(包括新浇混凝土的侧压力和浇筑混凝土时的水平冲击力),承受的竖向力包括摩阻力、模板与围圈自重、支承在围圈上的操作平台自重和施工荷载等。围圈可视为以提升架为支承的双向弯曲的多跨连续梁,材料多用角钢或槽钢,以其最不利受力情况计算确定其截面。提升架的作用是固定围圈,防止模板侧向变形,提升架把模板系统和操作平台系统连成整体,承受整个模板系统和操作平台系统的全部荷载,并将其传递给液压千斤顶。提升架分为单横梁式与双横梁式两种,多用型钢制作,其截面按框架计算确定。

2) 操作平台系统。操作平台系统包括操作平台桁架、内脚手架、外脚手架,它是施工操作的场所,应具有足够的强度、刚度和稳定性,其承重构件(操作平台桁架、钢梁、铺板、吊杆等)根据受力情况按一般的钢结构进行计算。

3) 液压提升系统。液压提升系统包括支承杆、液压千斤顶和液压操纵装置等,它是使滑升模板向上滑升的动力装置。支承杆既是液压千斤顶向上爬升的轨道,又是滑升模板的承重支柱,它承受施工过程中的全部荷载,其规格要与选用的千斤顶相适应。

(2) 滑升原理 滑升模板的滑升是通过液压千斤顶在支承杆上进行爬升的。由于千斤顶是与提升架连接在一起的,千斤顶的爬升带动提升架向上,并使模板沿墙体滑升。滑升模板滑升原理如图4-38所示。目前滑升模板所用的液压千斤顶,有起重力为35kN的小型液压千斤顶,如以钢珠作为卡头的 GYD-35 型和以楔块作为卡头的 QYD-35 型（图 4-38）等，还有起重力为 60kN 及 100kN 的中型液压千斤顶，如 GYD-60 型及 GQYD-100 型等。施工时，将液压千斤顶安装在提升架横梁上与之连成一体，支承杆穿入液压千斤顶的中心孔内，将高压油压入活塞与缸盖之间（图 4-39a），在高压油作用下，由于上卡头（与活塞相连）内的小钢珠与支承杆产生自锁作用，使上卡头与支承杆锁紧，因而，活塞不能下行。于是，在油压作用下，迫使缸体连带底座和下卡头一起向上升起，由此带动提升架等整个滑升模板上升。当上升到下卡头紧碰上卡头时，即完成一个工作进程（图 4-39b）。此时排油弹簧处于压缩状态，上卡头承受滑升模板的全部荷载。当回油时，油压力消失，在排油弹簧的弹力作用下，把活塞与上卡头一起向上推动，油即从进油口排出。在排油开始的瞬间，下卡头又由于其小钢珠与支承杆间的自锁作用，与支承杆锁紧，使缸筒和底座不能下降，接替上卡头所承受的荷载（图 4-39c）。当活塞上升到极限后，排油工作完毕，液压千斤顶便完成一个上升的工作循环。一次上升的行程为 20～30mm。排油时，液压千斤

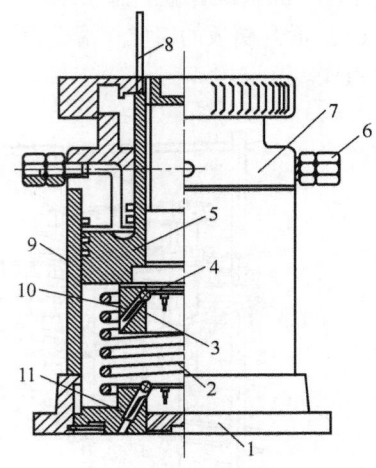

图 4-38 液压千斤顶
1—底座 2—排油弹簧 3—卡头小弹簧
4—钢珠 5—活塞 6—油嘴
7—缸盖 8—行程指示杆 9—缸体
10—上卡头 11—下卡头

顶保持不动。如此不断循环，液压千斤顶就沿着支承杆不断上升，模板也就被带着不断向上滑升。

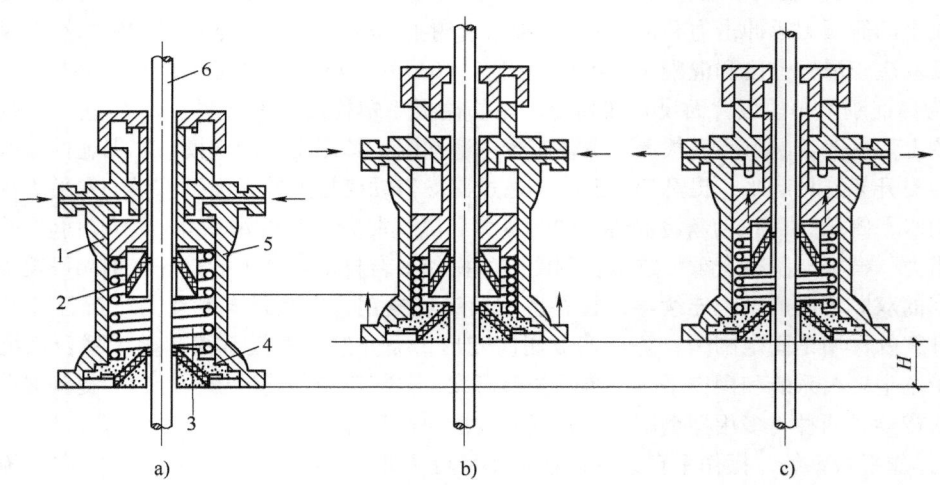

图 4-39 液压千斤顶工作原理
1—活塞 2—上卡头 3—排油弹簧 4—下卡头 5—缸体 6—支承杆

滑升模板应根据混凝土凝结速度、出模强度、气温情况等，采用适宜的滑升速度。滑升过快，会引起混凝土出模后流淌、塌落；滑升过慢，因与混凝土黏结力过大，使滑升困难。

滑升模板主要用来浇筑竖向结构，例如，柱、墙等。现浇楼板一般采用逐层空滑法，此法是当墙体滑到上一层楼板板底标高后，将墙体模板空滑至其下口脱离墙体一定高度后，吊走操作平台的活动平台板，在其下进行该层现浇楼板的支模、绑扎钢筋和浇筑混凝土施工，然后再继续

滑升墙体，按此逐层进行。

3. 爬升模板

爬升模板工作原理

爬升模板简称爬模，是将大块模板与爬升或提升系统结合而形成的模板体系。它是高层建筑混凝土剪力墙、筒体结构和桥墩、桥塔等的一种有效的模板体系，我国已逐步采用"单块爬升""整体爬升"工艺，前者适用于较大面积房屋的墙体施工，后者多用于筒、柱、墩的施工。由于模板能自爬，不需起重机械吊运，减少了施工中的起重机械的工作量，能避免大模板受大风的影响。自爬的模板上还可悬挂脚手架，可省去结构施工阶段的外脚手架，因此其经济效益较好。

爬升模板由模板、爬架及动力装置组成。其模板形式与大模板类似，宜采用组合模板、胶合板等组成。其高度应为标准层层高加 100 ~ 300mm，增加的部分可使模板底部固定在下层已浇筑的结构上。爬架可由型钢组成格构式钢架，高度应为模板爬升高度的 3.0 ~ 3.5 倍。其立柱宜采取标准节分段组合，并用法兰盘连接；其底座固定于下层墙体时，穿墙螺栓不应少于 4 个，底部应设有操作平台和防护设施。模板及爬架背面应附有爬升装置，爬升装置可选用液压穿心千斤顶、电动设备、倒链等。

爬升工艺可选用模板与爬架互爬、模板与模板互爬及整体爬升等。模板与爬架互爬称为有爬架爬模，模板与模板互爬称为无爬架爬模。

有爬架爬模一般由爬升模板、爬架和爬升设备三部分组成。图 4-40 所示为一种有爬架爬模。其下部设有附墙架，附墙架用螺栓固定在下层混凝土结构上；上部支承立柱坐落在附墙架上，与之成为整体。支承立柱上端有挑横梁，用以悬吊提升爬升模板用的动力装置（如电动葫芦等），通过动力装置提升模板。模板顶端装有提升爬架用的动力设备，在模板固定后，通过它提升爬架。由此，爬架与模板相互提升，向上施工。爬升模板的背面还可悬挂外脚手架，为模板、钢筋及混凝土等施工提供作业平台。

桥墩和桥塔混凝土浇筑用的模板，也可用有爬架的爬模，如桥墩和桥塔为斜向的，则爬架与爬升模板也应斜向布置，进行斜向爬升以适应桥墩和桥塔的倾斜及截面变化的需要。

无爬架爬模（图 4-41）取消了爬架，模板由甲、乙两类模板组成，爬升时两类模板间隔布置、互为依托，通过提升设备使两类相邻模板交替爬升。

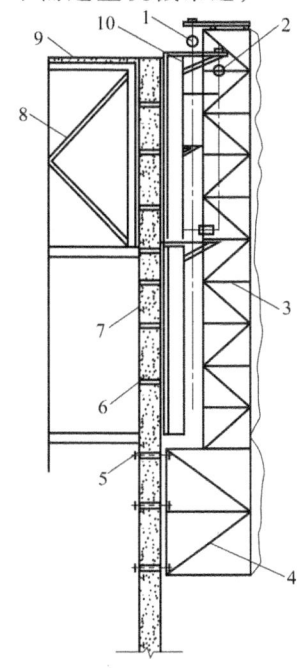

图 4-40 有爬架爬模

1—提升模板的动力装置 2—提升爬架的动力装置 3—爬架的支承立柱 4—爬架的附墙架 5—附墙螺栓 6—预留孔 7—混凝土墙体 8—楼面模板支撑 9—楼面模板 10—外模板

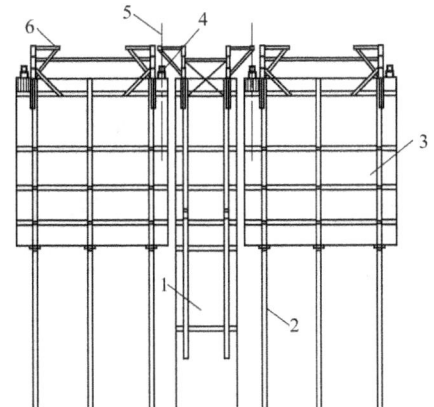

图 4-41 无爬架爬模的构造

1—甲型模板 2—背楞 3—乙型模板 4—液压千斤顶 5—爬杆 6—三角爬架

甲、乙两类模板中甲型模板为窄板，高度大于两个提升高度；乙型模板按混凝土浇筑高度配置，与下层墙体应有搭接，以免漏浆。两类模板交替布置，甲型模板布置在转角处或较长的墙中部。内、外模板用对拉螺栓拉结固定。爬升装置由三角爬架、爬杆和液压千斤顶组成。三角爬架插在模板上口两端的套筒内，套筒与背楞连接，三角爬架可自由回转，用以支承爬杆。爬杆为$\phi 25mm$的圆钢，上端固定在三角爬架上。每块模板上装有两台液压千斤顶，乙型模板装在模板上口两端，甲型模板安装在模板中间偏上处。

爬升时，先放松穿墙螺栓，并使墙外侧的甲型模板与混凝土脱离，调整乙型模板上三角爬架的角度，装上爬杆，爬杆下端穿入甲型模板中间的液压千斤顶中，然后拆除甲型模板的穿墙螺栓，启动千斤顶将甲型模板爬升至预定高度，待甲型模板爬升结束并固定后，再用甲型模板爬升乙型模板（图4-41）。

4. 台模（飞模）

台模是一种大型工具式模板，主要用于浇筑平板式或带边梁的水平结构，如用于建筑施工，在一个房间的楼面模板仅用一块台模。台模由面板、支撑框架、檩条等组成，支撑框架的支腿可做成伸缩式或折叠式，底部一般带有滚轮，以便移动。浇筑混凝土后，待其达到规定强度，将台面放落一定高度，将其推出（图4-42a），或用起重机的"C"形吊钩将台模吊出墙面（图4-42b），再用起重机整体吊运至上层或其他施工段。由于这样的转运过程好似模板在空中"飞"上楼层，故台模也称为"飞模"。图4-43所示为采用"C"形吊钩转运台模的施工实景照片。

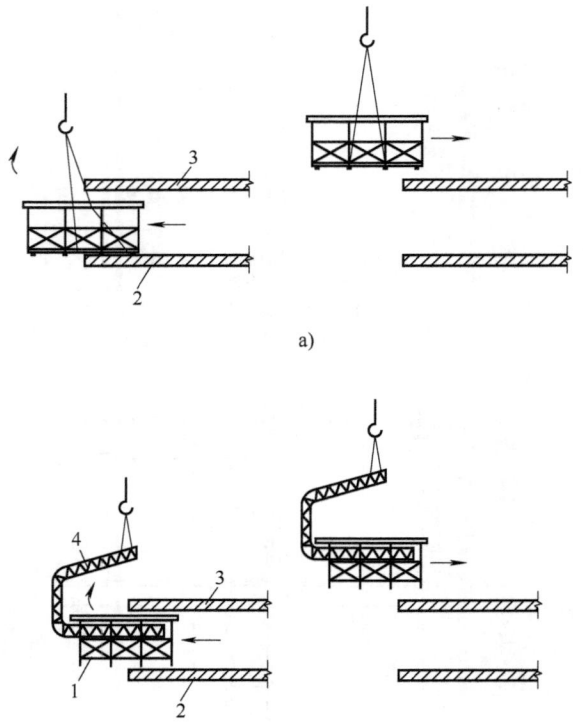

图4-42 台模的转运
a) 推出墙面转运　b) "C"形吊钩转运
1—台模　2—下层楼面　3—上层楼面　4—"C"形吊钩

图4-43 用"C"形吊钩转运台模

5. 隧道模板

隧道模板是一种组合式的外形像隧道的定型模板，有用于隧道衬砌施工的隧道模板和可同时浇筑墙体和楼板混凝土的隧道模板之分。它能沿水平方向逐段整体浇筑，故施工的结构整体性好、抗震性能好、施工速度快，但模板的一次性投资较大，模板较重，起吊和转运需较大的起重机。

隧道模板有双拼式隧道模板（图4-44）和全隧道模板（整体式隧道模板）两种。前者由两个半隧道模板对拼而成，两个半隧道模板的宽度可以不同，再增加一块插板，即可以组合成各种开间需要的宽度。全隧道模板自重大，推移时多需铺设轨道，目前使用逐渐减少。

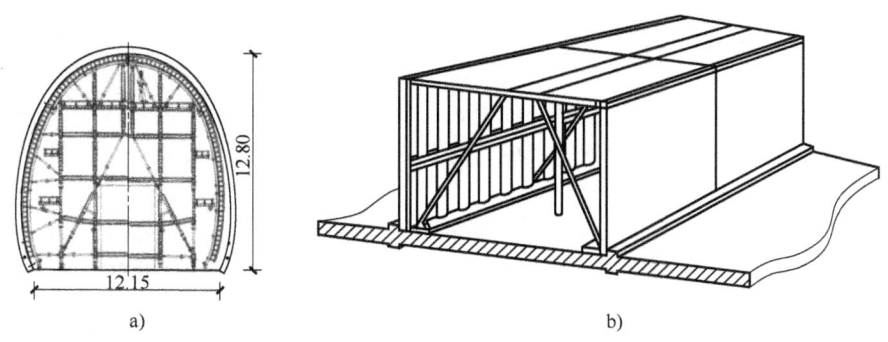

图4-44 双拼式隧道模板
a）隧道施工用隧道模板 b）建筑结构用隧道模板

混凝土浇筑后强度达到7MPa左右，即可先拆除半边的隧道模板，推出墙面放在临时挑台上，然后用起重机转至上层或其他施工段。拆除模板处的楼板临时用竖撑加以支撑，养护一段时间（视气温和养护条件而定）后，待混凝土强度达到20MPa以上时，再拆除另一半的隧道模板，但保留中间的竖撑，以减小施工期间楼板的弯矩。

6. 其他常用模板

随着土木工程和施工机械化的发展，新型模板不断出现，除上述模板外，国内外目前常用的还有以下几种：

（1）永久性模板

1）混凝土（砂浆）模板。这类模板可分为预应力混凝土薄板、玻璃纤维水泥模板等。预应力混凝土薄板在我国一些高层建筑中应用，铺设后仅需设置少量支撑，即可在其上铺放钢筋、浇筑混凝土形成楼板。施工时，预应力混凝土薄板作为永久性模板，浇筑混凝土叠合层后即形成整体的连续楼板，施工简便，效果较好。

2）压型钢板。压型钢板是经压制成型的，厚度一般为1mm左右，并经过防锈处理的薄钢板，形状为槽形、波浪形、楔形等，如图4-45所示。

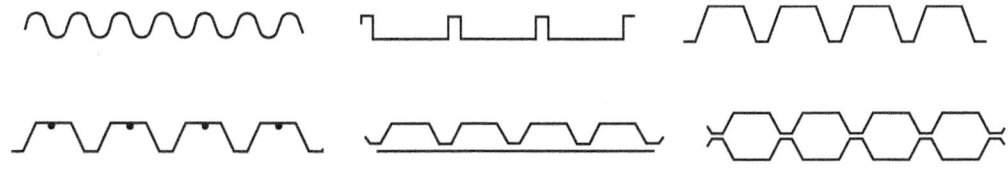

图4-45 各种断面的压型钢板

压型钢板用于楼板结构，有以下两种方式：

① 压型钢板只用作永久性模板，施工时承受混凝土重力和施工荷载，待混凝土达到设计强度后，全部荷载转由楼板混凝土承受，不考虑压型钢板的作用。

② 压型钢板与楼板混凝土通过一定的构造措施形成组合结构，共同承受荷载。压型钢板既是模板，又起楼板混凝土中受拉钢筋的作用。此时，为确保压型钢板与混凝土能共同作用，两者连接方式和连接件的质量很重要。常用的方式是将剪力销与压型钢板连接，如机械连接、铆钉连接、卡件连接及焊接连接（点焊、电弧焊、氧乙炔焊等）等，浇筑混凝土后，可使混凝土和压型钢板之间很好地传递剪力。

压型钢板用于楼板施工，其优点是铺设方便、缩短工期、节约劳动力和节省模板支撑材料，缺点是钢材消耗较多、造价高。压型钢板在高层建筑中应用较多。

(2) 模壳　模壳是用于现浇钢筋混凝土密肋楼盖的一种工具式模板。密肋楼盖由薄板和间距较小的单向或双向密肋组成，使用木模板或组合式模板组拼难度较大，且不经济。采用塑料或玻璃钢按密肋楼盖的规格尺寸加工成需要的模壳，具有一次成型、多次周转使用的特点。模壳主要采用玻璃纤维增强塑料和聚丙烯塑料制成，配置钢支柱（或门架）、钢（木）龙骨、钢拉杆及斜撑等支撑系统，如图4-46所示。

(3) 模板早拆体系　早拆原理是利用早拆柱头、立柱和丝杠组成的竖向支承，使原设计的楼板跨度处于短跨（立柱间距<2m）受力状态，即可在混凝土达到设计强度之前（设计强度50%后）拆除模板，而竖向支承原位保留。该体系可加快模板的周转速度，以减少楼板模板的用量；同时，又能使现浇结构保留支撑2～3层以上。

模板早拆体系

图4-47所示为模板早拆体系，在一般模板的基础上，增设早拆支撑调整器（早拆柱头）即可。拆模时旋转早拆柱头的上手柄，将龙骨及楼板模板降落拆除，而支柱不动。此种早拆体系可节省模板和钢楞用量的2/3，经济效益良好。

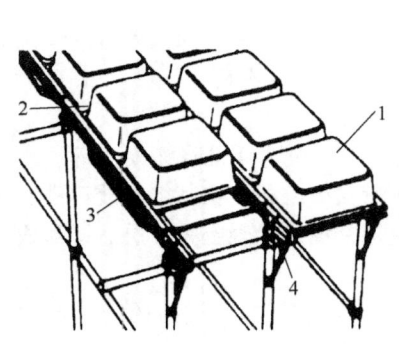

图4-46　模壳及支撑系统
1—模壳　2—柱头　3—梁　4—悬挑斜撑

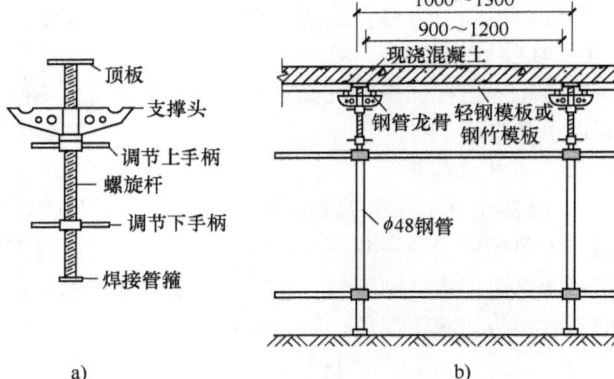

图4-47　模板早拆体系
a) 早拆柱头　b) 早拆模板构造

7. 模板体系的选择

在现浇混凝土结构施工中，应根据结构类型、建筑造型和施工条件，选择适用的模板体系。

一般情况下，垂直结构中现浇梁、板、柱结构的模板宜选用组合钢模板，并宜整体或分片预制安装和拆模。圆柱模宜选用玻璃钢或钢板成型。现浇混凝土剪力墙可选用大模板、滑升模板、爬升模板等工业化模板体系。当墙体与楼板同时浇筑时，可采用隧道模板。电梯井筒的内模板宜选用由组合模板或钢模板等拼成的铰接式筒模。

现浇楼板宜采用早拆模板体系。模板可选用台模（飞模）、壳模、永久性模板等。台模支撑体系可选用立柱式、门架式、桁架式、悬架式等，面板宜选用钢框胶合板、木（竹）胶合板、钢板等。壳模材料可选用玻璃纤维增强塑料、聚丙烯塑料，采用气动拆模。永久性模板可选用压型钢板、混凝土薄板。

当混凝土表面质量要求较高时，特别是采用清水混凝土时，模板应满足装饰要求，一般应采用表面覆有树脂面膜的大块板材，其光滑平整，容易脱模，混凝土浇筑后表面光洁，拼缝少，易于进行涂料作业。

4.2.5 模板设计

模板设计与施工的基本要求使模板和支架应具有足够的承载力、刚度和稳定性，保证结构和构件的形状、尺寸、位置的准确，便于钢筋安装、混凝土浇筑和养护。此外，还应使其装拆方便，能多次周转使用；接缝严密不漏浆。

模板系统的设计内容包括选型、构造设计、荷载计算、结构计算、拟定制作安装和拆除方案、绘制模板图。一般模板系统都由面板、次楞、主楞、对拉螺栓、支撑系统等几部分组成，作用于模板的荷载传递路线一般为面板→次楞→主楞→对拉螺栓（或支撑系统）。设计时可根据荷载作用状况及各部分构件的结构特点进行计算。

以下介绍模板设计的荷载及有关规定，它适用于工业与民用房屋和一般构筑物的混凝土工程，对于特殊混凝土或有特殊要求的混凝土结构工程，应按实际情况进行分析与计算。

1. 模板设计荷载及其组合

模板设计中参与组合的永久荷载包括：模板及支架自重（G_1）、新浇筑混凝土自重（G_2）、钢筋自重（G_3）及新浇筑混凝土对模板的侧压力（G_4）等。参与组合的可变荷载包括施工人员及施工设备产生的荷载（Q_1）、混凝土下料产生的水平荷载（Q_2）、泵送混凝土或不均匀堆载等因素产生的附加水平荷载（Q_3）及风荷载（Q_4）等。

（1）模板及支架自重标准值 G_1　模板及支架自重可按设计图或实物计算确定，或参考表 4-10 确定。

表 4-10　模板及支架自重标准值　　　　　（单位：kN/m²）

模板构件	木模板	组合钢模板
平板模板及小楞	0.3	0.5
楼板模板（包括梁模板）	0.5	0.75
楼板模板及支架（楼层高度4m以下）	0.75	1

（2）新浇筑混凝土自重标准值 G_2　普通混凝土重度为24kN/m³，其他混凝土根据实际重度确定。

（3）钢筋自重标准值 G_3　钢筋自重标准值根据设计图确定。一般梁板结构每立方米混凝土结构的钢筋自重标准值：楼板1.1kN；梁1.5kN。

（4）新浇筑混凝土对模板的侧压力标准值 G_4　影响混凝土侧压力的因素很多，如浇筑高度、混凝土的重度、外加剂、坍落度、骨料种类、配筋数量、水泥用量等都有影响。此外还有外界影响，如混凝土的浇筑速度、混凝土的温度、振捣方式、模板情况、构件厚度等。

混凝土的浇筑速度是一个重要影响因素，最大侧压力一般与其成正比。但当其达到一定速度后，再提高浇筑速度，则对最大侧压力的影响就不明显了。混凝土的温度影响混凝土的凝结速度，温度低、凝结慢，混凝土侧压力的有效压头高度大，最大侧压力就大；反之，最大侧压力就小。模板情况和构件厚度影响拱作用的发挥，因此对侧压力也有影响。

由于影响混凝土侧压力的因素很多，用一个计算公式全面加以反映是有一定困难的。国内外研究混凝土侧压力，都是抓住几个主要影响因素，通过典型试验或现场实测取得数据，再用数学方法分析归纳后提出公式。

我国目前采用的计算公式，当采用插入式振动器且浇筑速度不大于 10m/h，混凝土坍落度不大于 180mm 时，按式（4-4）和式（4-5）计算，并取两式中的较小值（图4-48）；当浇筑速度大于 10m/h 或混凝土坍落度大于 180mm 时，可按式（4-5）计算。

$$G_4 = 0.28\gamma_c t_0 \beta v^{\frac{1}{2}} \quad (4-4)$$

$$G_4 = \gamma_c H \quad (4-5)$$

式中 G_4——新浇混凝土对模板的最大侧压力（kN/m^2）；

γ_c——混凝土的重度（kN/m^3）；

t_0——新浇混凝土的初凝时间（h），可按实测确定，当缺乏试验资料时，可采用 $t_0 = \dfrac{200}{t+15}$ 计算（t 为混凝土的温度，单位为℃）；

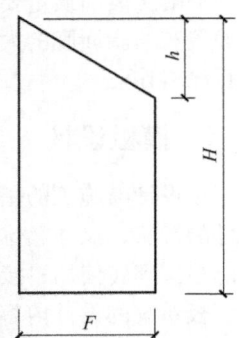

图 4-48 混凝土侧压力计算分布图
注：h 为有效压头高度（m），$h = F/\gamma_c$。

v——混凝土的浇筑速度（m/h），即混凝土浇筑高度（厚度）与浇筑时间的比值；

H——混凝土的侧压力计算位置处至新浇混凝土顶面的总高度（m）；

β——混凝土坍落度影响修正系数，当 50mm < 坍落度 ≤ 90mm 时，取 0.85；当 90mm < 坍落度 ≤ 130mm 时，取 0.9；当 130mm < 坍落度 ≤ 180mm 时，取 1.0。

（5）施工人员及施工设备产生的荷载标准值 Q_1

1）计算模板及直接支承模板的小楞时，均布活荷载为 $2.5kN/m^2$。施工人员及施工设备产生的荷载标准值，可按实际情况计算，但不应小于 $2.5kN/m^2$。

2）计算支承小楞的构件时，均布活荷载为 $1.5kN/m^2$。

3）计算支架、立柱及其他支承结构构件时，均布活荷载为 $1.0kN/m^2$。

对大型浇筑设备（上料平台等）、混凝土泵等按实际情况计算。当木模板板条宽度小于 150mm 时，集中荷载可以考虑由相邻两块板共同承受。当混凝土堆积料的高度超过 100mm 时，则按实际情况计算。

（6）混凝土下料产生的水平荷载标准值 Q_2　混凝土下料产生的水平荷载标准值，按表 4-11 取值。

表 4-11　混凝土下料产生的水平荷载标准值

项次	向模板中供料的方法	水平荷载标准/(kN/m^2)
1	用溜槽、串筒、导管或泵管下料输出	2
2	起重机配备斗容器下料或小车直接倾倒	4

注：作用范围在有效压头高度以内。

（7）泵送混凝土或不均匀堆载等因素产生的附加水平荷载标准值 Q_3　泵送混凝土或不均匀堆载等因素产生的附加水平荷载标准值可取计算工况下竖向永久荷载标准值的 2%，该荷载在验算时，应作用在模板支架的上端水平方向。

（8）风荷载标准值 Q_4　风荷载标准值按国家《建筑结构荷载规范》（GB 50009—2012）有

关规定确定。基本风压可按 10 年一遇的风压取值,基本风压不应小于 0.2kN/m。

模板及支架的设计应根据实际情况计算不同工况下的各项荷载及其组合,按最不利的荷载基本组合进行设计。模板及支架的承载力计算的荷载可按表 4-12 组合,当进行模板和支架刚度或变形验算时,仅组合永久荷载。

表 4-12　参与模板及支架承载力计算的各项荷载

计算内容		参与荷载项
模板	底面模板的承载力	$G_1 + G_2 + G_3 + Q_1$
	侧面模板的承载力	$G_4 + Q_2$
支架	支架水平杆及节点的承载力	$G_1 + G_2 + G_3 + Q_1$
	立杆的承载力	$G_1 + G_2 + G_3 + Q_1 + Q_4$
	支架结构的整体稳定	$G_1 + G_2 + G_3 + Q_1 + Q_3$
		$G_1 + G_2 + G_3 + Q_1 + Q_4$

注:表中的"+"仅表示各项荷载参与组合,不表示代数相加。

模板及支架结构构件按短暂设计状况下的承载能力极限状态进行设计,应符合下式要求:

$$\gamma_0 S \leqslant \frac{R}{\gamma_R} \tag{4-6}$$

式中　γ_0——结构重要性系数,对重要的模板及支架宜取 $\gamma_0 \geqslant 1.0$;对于一般的模板及支架应取 $\gamma_0 \geqslant 0.9$;
　　　R——模板及支架结构构件的承载力设计值;
　　　γ_R——承载力设计值调整系数,应根据模板及支架重复使用情况取用,不应小于 1.0。
　　　S——荷载基本组合的效应设计值,按下式计算:

$$S = 1.35\alpha \sum_{i \geqslant 1} S_{G_i k} + 1.4 \sum_{j \geqslant 1} \psi_{cj} S_{Q_j k} \tag{4-7}$$

式中　$S_{G_i k}$——第 i 个永久荷载标准值产生的荷载效应值;
　　　$S_{Q_j k}$——第 j 个可变荷载标准值产生的效应值;
　　　α——模板及支架的类型系数:对侧面模板,取 0.9;对地面模板及支架,取 1.0;
　　　ψ_{cj}——第 j 个可变荷载的组合值系数,宜取 $\psi_{cj} \geqslant 0.9$。

2. 模板变形和稳定性验算

验算模板及支架的刚度时,其变形限值应根据结构工程的要求,一般应满足:
1) 对结构表面外露的模板,其挠度宜取为模板构件计算跨度的 1/400。
2) 对结构表面隐蔽的模板,其挠度宜取为模板构件计算跨度的 1/250。
3) 对支架的轴向压缩变形限值或侧向挠度限值,宜为计算高度或计算跨度的 1/1000。

支架的高宽比不宜大于 3;当高宽比大于 3 时,应加强整体稳固性措施,如应设置水平和垂直支撑、剪刀撑等。此外,支架还应按混凝土浇筑前和浇筑后两种情况进行抗倾覆验算。模板支架抗倾覆验算按荷载基本组合计算,其安全系数不小于 1.4。模板支架的钢构件允许最大长细比,立柱、桁架 180,斜撑、剪刀撑 200,手拉杆件 350。

组合钢模板、大模板、爬升模板及滑升模板的设计尚应符合相应规范的有关规定。

3. 模板设计的注意事项

组合钢模板的面板和肋是焊接的,计算时,一般按四面支承板计算;纵横肋视其与面板的焊接情况,确定是否考虑其与面板共同工作;如果边框与面板一次轧成,则边框可按与面板共同工作进行计算。

由组合钢模板组拼的柱模，除应计算板块外，还应计算柱箍，柱箍作为模板的支承，承受模板传递来的均布荷载，同时，还承受另两侧模板上混凝土侧压力引起的轴向拉力，如图4-49所示。

模板的支承系统均应经过设计计算，保证具有足够的承载力和稳定性。

对于大模板面板一般由刚度控制。按照加劲肋布置的方式，面板分为单向板和双向板。单向板面板，加工容易，但刚度小，耗钢量大；双向板面板刚度大，结构合理，但加工复杂，焊缝多，易变形。单向板面板的大模板，计算面板时，取1m宽的板条为计算单元，次肋视作支承，按连续板计算，强度和挠度都要满足要求。双向板面板的大模板，计算面板时，取一个区格作为计算单元，其四边支承情况取决于混凝土浇筑情况，在实际施工中，可取三边固定、一边简支的情况进行计算。

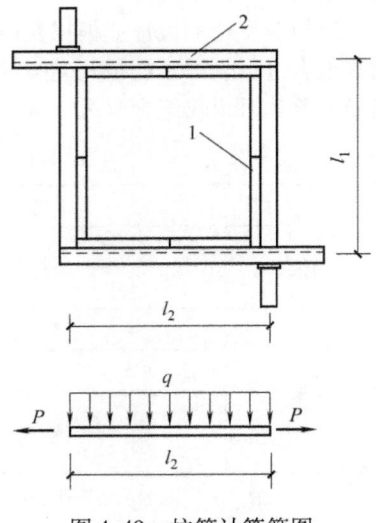

图4-49　柱箍计算简图
1—组合模板　2—柱箍

单向板的平模一般设置次肋与主肋，次肋的作用是固定面板，把混凝土侧压力传递给主肋。次肋按连续梁计算，如果次肋带悬臂，应验算悬臂端的抗弯强度与挠度。次肋的计算与组合钢模板类似，主肋承受的荷载由次肋传来，如果次肋布置较密，可将次肋传来的荷载视为均布荷载予以简化计算，如次肋布置较稀，应按集中荷载计算。主肋的支承为对拉螺栓或支撑，主肋也按连续梁或简支梁计算。面板若按双向板计算，则不分主次肋。

对拉螺栓的拉力则按分担的受荷面积（次肋间距a×主肋间距b）与混凝土侧压力确定，如图4-50所示。

液压滑升模板除应对各构件进行计算外，还应对滑升模板平台进行整体的承载力、刚度和稳定性设计，满足施工安全要求。

【例4-1】　剪力墙高3.0m，长5.7m，厚0.18m；墙体模板选型为P3015（1500mm×300mm，厚度2.5mm），该模板已多次使用，承载力调整系数可取1.1；内钢楞和外钢楞拟采用2根$\phi51$mm×3.5mm的钢管，钢管截面模量$W_x=5.81×10^3$mm^3，惯性矩$I_x=14.81×10^4$mm^4；模板及内、外钢楞平面布置如图4-51所示。施工期间气温25℃，泵送混凝土浇筑速度为1.5m/h，混凝土坍落度为100mm，混凝土连续浇筑；在内、外钢楞节点处设置对拉螺栓M20；钢材抗拉强度设计值：Q235钢为215MPa，普通螺栓为170MPa；

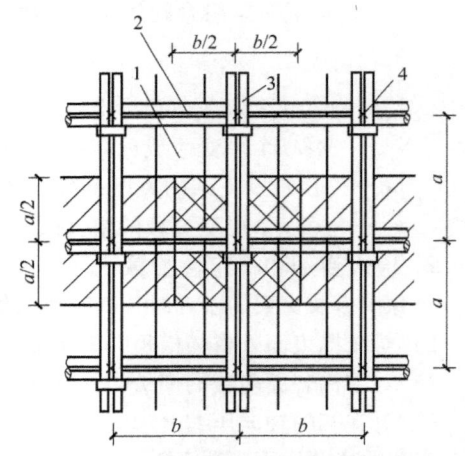

图4-50　次肋与对拉螺栓计算简图
1—组合模板　2—次肋　3—主肋　4—对拉螺栓

钢模的允许挠度：面板为1.5mm，钢楞为3mm。钢材弹性模量$E=2.1×10^5$MPa，普通混凝土重度取24kN/m^3，试验算模板、内钢楞及对拉螺栓是否满足设计要求。

解：（1）荷载设计值　该组合钢模板是墙体模板，参与承载力计算的荷载项为G_4+Q_2，进行荷载组合，即

$$F=1.35\alpha G_4+1.4\psi Q_2$$

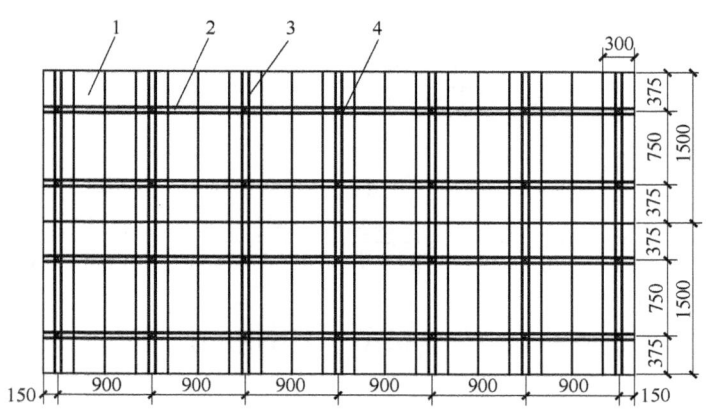

图 4-51 剪力墙配板图
1—组合钢模板 2—内钢楞 3—外钢楞 4—对拉螺栓

1) α 为模板及支架的类型系数，对侧面模板取 0.9。
2) 新浇筑混凝土对模板的侧压力标准值 G_4，按式（4-4）和式（4-5）计算。

其中普通混凝土重度 γ_c 取 24kN/m^3，初凝时间 $t_0 = \dfrac{200}{t+15} = \dfrac{200}{25+15}\text{h} = 5\text{h}$，坍落度影响修正系数 β 取 0.9，剪力墙高 $H = 3\text{m}$。

$$G_4 = 0.28\gamma_c t_0 \beta v^{\frac{1}{2}} = 0.28 \times 24\text{kN/m}^3 \times 5\text{h} \times 0.9 \times 1.5^{\frac{1}{2}}\text{m/h} = 37.04\text{kN/m}^2$$

或

$$G_4 = \gamma_c H = 24\text{kN/m}^3 \times 3.0\text{m} = 72\text{kN/m}^2$$

取以上两式所计算的 G_4 较小值，即 $G_4 = 37.04\text{kN/m}^2$。

3) ψ 为可变荷载的组合值系数，取 0.9。
4) 混凝土下料时产生的水平荷载标准值 Q_2，用泵管时取 2kN/m^2。

则荷载组合效应值为

$$F = 1.35 \times 0.9 \times 37.04\text{kN/m}^2 + 1.4 \times 0.9 \times 2\text{kN/m}^2 = 47.52\text{kN/m}^2$$

该模板为一般模板，取重要性系数 $\gamma_0 = 0.9$，则承载力设计值为

$$F' = \gamma_0 F = 0.9 \times 47.52\text{kN/m}^2 = 42.77\text{kN/m}^2$$

（2）承载力验算

1) 模板验算。查《建筑施工手册》可知，P3015 钢模板（厚度为 2.5mm）的截面特征为 $I_x = 26.97 \times 10^4 \text{mm}^4$，$W_x = 5.94 \times 10^3 \text{mm}^3$。

① 计算作用在模板上的线均布荷载设计值。将面均布荷载化为线均布荷载，计算简图及弯矩图如图 4-52 所示。

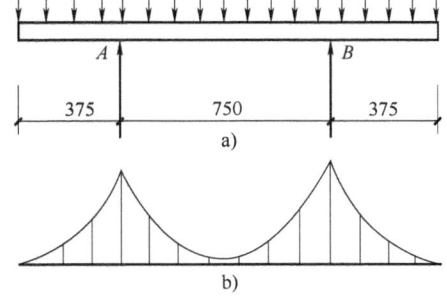

图 4-52 模板计算简图及弯矩图
a）模板计算简图 b）模板弯矩图

则作用在模板上的线均布荷载设计值为

$$q_1 = 42.77\text{kN/m}^2 \times 0.3\text{m} = 12.83\text{kN/m} = 12.83\text{N/mm}（用于验算承载力）$$
$$q_2 = 37.04\text{kN/m}^2 \times 0.3\text{m} = 11.11\text{kN/m} = 11.11\text{N/mm}（用于验算挠度）$$

② 验算抗弯强度。

$$M = \dfrac{q_1 m^2}{2} = \dfrac{12.83\text{N/mm} \times (375\text{mm})^2}{2} = 0.90 \times 10^6 \text{N} \cdot \text{mm}$$

因该模板已多次使用，承载力调整系数 γ_R 取 1.1，则组合钢模板受弯状态下的模板应力为

$$\sigma = \frac{M}{W_x} = \frac{0.90 \times 10^6 \text{N} \cdot \text{mm}}{5.94 \times 10^3 \text{mm}^3} = 151.52 \text{N/mm}^2$$

因此 $\gamma_R \sigma = 1.1 \times 151.52 \text{N/mm}^2 = 166.67 \text{N/mm}^2 < 215 \text{N/mm}^2$，满足要求。

③ 验算挠度。

$$w = \frac{q_2 m}{24 E I_x}(-l^3 + 6m^2 l + 3m^3) = \frac{11.11 \text{N/mm} \times 375 \text{mm} \times (-750^3 + 6 \times 375^2 \times 750 + 3 \times 375^3) \text{mm}^3}{24 \times (2.1 \times 10^5 \text{N/mm}^2) \times (26.97 \times 10^4 \text{mm}^4)}$$

$= 1.13 \text{mm} < [w] = 1.5 \text{mm}$，满足要求。

2）验算内钢楞。2 根 $\phi 51 \text{mm} \times 3.5 \text{mm}$ 钢管的内钢楞截面特征为

$$I_x = 2 \times 14.81 \times 10^4 \text{mm}^4 = 29.62 \times 10^4 \text{mm}^4, \quad W_x = 2 \times 5.81 \times 10^3 \text{mm}^3 = 11.62 \times 10^3 \text{mm}^3$$

① 计算作用在内钢楞上的线均布荷载设计值。将面均布荷载化为线均布荷载，计算简图和弯矩图如图 4-53 所示。

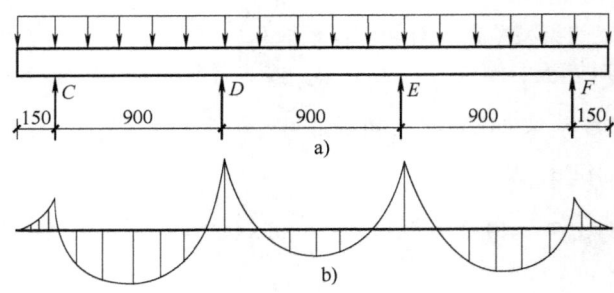

图 4-53 内钢楞计算简图及弯矩图
a) 内钢楞计算简图 b) 内钢楞弯矩图

则作用在钢楞上的线均布荷载设计值为

$$q_1 = 42.77 \text{kN/m}^2 \times 0.75 \text{m} = 32.08 \text{kN/m} = 32.08 \text{N/mm}（用于验算承载力）$$

$$q_2 = 37.04 \text{kN/m}^2 \times 0.75 \text{m} = 27.78 \text{kN/m} = 27.78 \text{N/mm}（用于验算挠度）$$

② 验算抗弯刚度。由于内钢楞两端的悬臂长度（150mm）与基本跨度（900mm）之比较小，可忽略不计，故可近似按三跨连续梁计算，即

$$M = 0.08 q_1 l^2 = 0.08 \times 32.08 \text{N/mm} \times (900 \text{mm})^2 = 2.08 \times 10^6 \text{N} \cdot \text{mm}$$

抗弯承载能力为

$$\sigma = \frac{M}{W_x} = \frac{2.08 \times 10^6 \text{N} \cdot \text{mm}}{11.62 \times 10^3 \text{mm}^3} = 179.00 \text{MPa} < 215 \text{MPa}，满足要求$$

③ 验算挠度。

$$w = \frac{0.677 q_2 l^4}{100 E I_x} = \frac{0.677 \times 27.78 \text{N/mm} \times (900 \text{mm})^4}{100 \times (2.1 \times 10^5 \text{MPa}) \times (29.62 \times 10^4 \text{mm}^4)}$$

$= 1.98 \text{mm} < [w] = 3 \text{mm}$，满足要求。

3）验算对拉螺栓。查《建筑施工模板安全技术规范》（JGJ 162—2008）可知，M20 螺栓的净截面面积 $A = 225 \text{mm}^2$。

① 对拉螺栓的拉力为

$$N = F' \times \text{内钢楞间距} \times \text{外钢楞间距} = 42.77 \text{kN/m}^2 \times 0.75 \text{m} \times 0.9 \text{m} = 28.87 \text{kN}$$

② 对拉螺栓的应力为

$$\sigma = \frac{N}{A} = \frac{28.87 \times 10^3 \text{N}}{225 \text{mm}^2} = 128.31 \text{MPa} < 170 \text{MPa}，满足要求$$

4.2.6 模板的安装与拆除

1. 模板的安装

模板安装在施工组织上应做好分层分段流水作业，协调竖向结构与横向结构的施工，确定模板安装顺序，以便混凝土浇筑后模板的拆除。

模板与混凝土的接触面应清理干净并涂刷隔离剂，但不得采用影响结构性能或妨碍装饰工程施工的隔离剂。模板安装应做到接缝严密，对木模板在浇筑混凝土前，应浇水湿润，但模板内不应有积水。固定在模板上的预埋件、预留孔和预留洞均不得遗漏，且应安装牢固。浇筑混凝土前，模板内的杂物应清理干净。对整体式多层房屋，分层支模时，上层支承应对准下层支承，并铺设垫板。

安装模板时，应进行测量放线，并应采取保证模板位置准确的定位措施。对竖向构件的模板及支架，应根据混凝土一次浇筑高度和浇筑速度，采取竖向模板抗侧移、抗浮和抗倾覆措施。对水平构件的模板及支架，应结合不同的支架和模板面板形式，采取支架间、模板间及模板与支架间的有效拉结措施。对可能承受较大风荷载的模板，应采取防风措施。模板安装应与钢筋安装配合进行，梁柱节点的模板宜在钢筋安装后安装，对现浇多层、高层混凝土结构，上、下楼层模板支架的立杆宜对准。模板及支架杆件等应分散堆放。梁、板跨度在 4m 及以上时，考虑到自重的影响，底模板应起拱，有利于保证构件的形状和尺寸，但起拱不得减少构件的截面高度，如设计无具体规定，一般可取梁、板跨度的 1/1000～3/1000，木模板可取偏大值，钢模板可取偏小值。

对于大模板、滑模、爬模等工业模板体系，施工安装应严格按安装顺序与操作规程进行。

2. 模板的拆除

现场拆除模板时，应遵守以下原则：

1）拆模前应制定拆模程序、拆模方法及安全措施。

2）模板拆除时，采取先支的后拆、后支的先拆，先拆非承重模板、后拆承重模板的顺序，并应从上而下进行拆除。

3）当混凝土强度能保证其表面及棱角不受损伤时，方可拆除侧模。

4）大型模板板块宜整体拆除，并应采用机械化施工。

5）多个楼层间连续支模的底层支架拆除时间，应根据连续支模的楼层间荷载分配和混凝土强度的增长情况确定。冬期施工高层建筑时，气温低，混凝土强度增长慢，连续模板支架层数一般不少于 3 层。

6）快拆支架体系的支架立杆间距不应大于 2m。拆模时应保留立杆并顶托支承楼板，拆模时的混凝土强度可取构件跨度为 2m 按表 4-13 确定。

7）拆下的模板及支架杆件不得抛掷，不应对楼层形成冲击荷载。

8）拆下的模板、支架和配件均应分类、分散堆放在指定地点，并及时清运。

底模及支架应在混凝土强度达到设计要求后再拆除；当设计无具体要求时，同条件养护的混凝土立方体试件抗压强度应符合表 4-13 的规定。

表 4-13 底模拆除时的混凝土强度要求

构件类型	构件跨度/m	达到设计的混凝土立方体抗压强度标准值的百分率（%）
板	≤2	≥50
	2~8	≥75
	>8	≥100
梁、拱、壳	≤8	≥75
	>8	≥100
悬臂构件	—	≥100

4.3 混凝土工程

混凝土工程应包括混凝土组成材料的计量、混凝土拌合物的搅拌、运输、浇筑、振捣和养护等工序的控制。各个施工工序紧密联系和影响,任一施工过程处理不当都会影响混凝土的强度、刚度、密实性和整体性。

中国创造:
乌东德水电站

4.3.1 混凝土质量的初步控制

1. 原材料的质量控制

水泥、砂石料、掺合料、外加剂及拌和水等混凝土组成材料的质量均应符合现行国家标准的规定。在材料进入施工现场后必须进行检查及材料性能的复查。

水泥进场时应对其强度、安定性及其他必要的性能指标进行复验。同一生产厂家、同一等级、同一品种、同一批号且连续进场的水泥,袋装水泥不超过200t应为一批,散装水泥不超过500t应为一批。当在使用中对水泥质量有怀疑或水泥出厂超过3个月(快硬硅酸盐水泥超过1个月)时,应进行复验,并按复验结果使用。

骨料应根据需要按批检验粗骨料的颗粒级配、含泥量、泥块含量、针片状含量,压碎指标可根据工程需要进行检验,当设计文件有要求或结构处于易发生碱骨料反应环境中时,应对骨料进行碱活性检验。抗冻等级F100及以上的混凝土用骨料,应进行坚固性检验。骨料不超过400m³或600t为一检验批。粗骨料宜采用连续粒级,也可用单粒级组合成满足要求的连续粒级;普通混凝土骨料的含泥量和泥块含量不得大于表4-14的规定。对于有抗渗、抗冻融或其他特殊要求的混凝土,骨料含泥量不应大于表4-14中对应C30~C55混凝土强度等级的规定。混凝土用的粗骨料,其最大颗粒粒径不得超过构件截面最小尺寸的1/4,且不得超过钢筋最小净间距的3/4。对混凝土实心板,骨料的最大粒径不宜超过板厚的1/3,且不得超过40mm。有抗渗、抗冻融或其他特殊要求的混凝土,宜选用连续级配的粗骨料,最大粒径不宜大于40mm,含泥量不应大于1.0%,泥块含量不应大于0.5%;所用细骨料含泥量不应大于3.0%,泥块含量不应大于1.0%。混凝土细骨料中氯离子含量,对钢筋混凝土,按干砂的质量百分率计算不得大于0.06%;对预应力混凝土,按干砂的质量百分率计算不得大于0.02%;海砂还应符合现行行业标准的相关规定。

表4-14 骨料的含泥量和泥块含量 (%)

混凝土强度等级		不高于C25	C30~C55	不低于C60
细骨料	含泥量(按质量计)	≤5.0	≤3.0	≤2.0
	泥块含量(按质量计)	≤2.0	≤1.0	≤0.5
粗骨料	含泥量(按质量计)	≤2.0	≤1.0	≤0.5
	泥块含量(按质量计)	≤0.7	≤0.5	≤0.2

拌制混凝土的水质应符合国家现行标准,不得使用海水拌制钢筋混凝土和预应力混凝土,不宜用海水拌制有饰面要求的素混凝土。

2. 混凝土的配制强度

混凝土应根据混凝土强度等级、耐久性和工作性等要求进行配合比设计。对有特殊要求的混凝土,其配合比设计尚应符合专门的规定。

混凝土拌合物根据其坍落度、扩展直径大小,可分别将坍落度等级、扩展度等级划分为5级和6级（表4-15）。根据混凝土试件在抗渗试验时所能承受的最大水压力，混凝土的抗渗性可划分为P4、P6、P8、P10、P12和大于P12六个等级。

表4-15 混凝土拌合物的工作性

坍落度等级划分/mm		扩展度等级划分/mm	
等级	坍落度	等级	扩展直径
S1	10~40	F1	≤340
S2	50~90	F2	350~410
S3	100~150	F3	420~480
S4	160~210	F4	490~550
S5	≥220	F5	560~620
		F6	>630

混凝土配合比设计应经试验确定。配合比设计应计入环境条件对施工及工程结构的影响，试配所用的原材料应与施工实际使用的原材料一致。

混凝土的配制强度，当设计强度等级低于C60时，应按式（4-8）计算；当设计强度等级高于或等于C60时，应大于或等于$1.15f_{cu,k}$。

$$f_{cu,0} \geq f_{cu,k} + 1.645\sigma \tag{4-8}$$

式中 $f_{cu,0}$——混凝土的配制强度（MPa）；

$f_{cu,k}$——混凝土立方体抗压强度标准值（MPa）；

σ——混凝土强度标准差（MPa）。

混凝土强度标准差 σ 的确定：

1) 当具有近期（如前1~3个月内）的同一品种混凝土的强度资料时，其混凝土强度标准差可按下式计算：

$$\sigma = \sqrt{\frac{\sum_{i=1}^{n} f_{cu,i}^2 - n m_{f_{cu}}^2}{n-1}} \tag{4-9}$$

式中 $f_{cu,i}$——第 i 组的试件强度（MPa）；

$m_{f_{cu}}$—— n 组试件的强度平均值（MPa）；

n——试件组数， n 值不应小于30。

2) 按式（4-9）计算混凝土强度标准差时，对于强度等级高于或等于C30的混凝土，计算得到的 σ 小于3.0MPa时， σ 应取3.0MPa；对于强度等级高于C30且低于C60的混凝土，计算得到的 σ 小于4.0MPa时， σ 应取4.0MPa。

3) 当没有近期的同品种混凝土强度资料时，混凝土强度标准差 σ 可按表4-16取用。

表4-16 混凝土强度标准差 σ 值　　　　　（单位：MPa）

混凝土强度等级	不高于C20	C25~C45	C50~C55
σ	4.0	5.0	6.0

混凝土的工作性能指标应根据结构形式、运输方式和距离、泵送高度、浇筑和振捣方式以及工程所处环境条件等确定。

3. 混凝土施工配合比

混凝土施工配合比是指在施工现场的实际投料比例，是根据实验室提供的实验室配合比及考虑现场砂石的含水率而确定的。假设实验室配合比为水泥:砂:石子 = 1:x:y，水灰比为 W/C，现场测得砂含水率为 W_x，石子含水率为 W_y，则施工配合比为水泥:砂:石子:水 = 1:$x(1+W_x)$:$y(1+W_y)$:$(W-xW_x-yW_y)$。

各种原材料要准确称量，其计量允许偏差应满足表 4-17 的规定。

表 4-17 混凝土原材料计量允许偏差 （%）

原材料品种	水泥	细骨料	粗骨料	水	矿物掺合料	外加剂
每盘计量允许偏差	±2	±3	±3	±1	±2	±1
累计计量允许偏差	±1	±2	±2	±1	±1	±1

注：1. 现场搅拌时原材料计量允许偏差应满足每盘计量允许偏差要求。
2. 累计计量允许偏差是指每一运输车中各盘混凝土的每种材料计量的偏差，该项指标仅适用于采用计算机控制计量的搅拌站。
3. 骨料含水率应经常测定，雨、雪天施工应增加测定次数。

4.3.2 混凝土的搅拌

1. 搅拌机械

（1）搅拌机械的工作原理　混凝土的搅拌除工程量很小且分散的场合用人工拌制外，皆应采用机械搅拌。混凝土搅拌机械按工作原理可分为自落式和强制式两类，如图 4-54 所示。

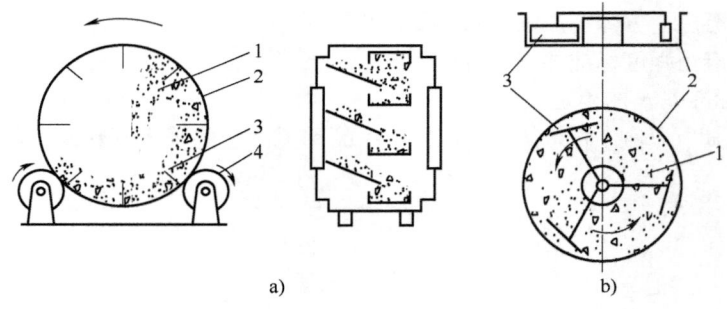

图 4-54 搅拌机工作原理
a）自落式　b）强制式
1—混凝土拌合料　2—搅拌筒　3—搅拌叶片　4—托轮

自落式搅拌机的工作机构为筒体，沿筒内壁圆周安装若干搅拌叶片。工作时，筒体围绕其自身轴（水平或倾斜）回转，利用叶片对筒内物料进行分割、提升、洒落和冲击等作用，从而使配合料的相互位置不断进行重新分布达到拌和。自落式搅拌机搅拌强度不大、效率低，只适用于搅拌塑性混凝土。双锥反转出料式搅拌机是自落式搅拌机中较好的一种，宜用于搅拌塑性混凝土。双锥倾翻出料式搅拌机适用于搅拌大容量、大骨料、大坍落度混凝土。

强制式搅拌机的搅拌机构是水平或垂直设置在筒内的搅拌轴，轴上安装搅拌叶片。工作时，转轴带动叶片对筒内物料进行剪切、挤压和翻转推移的强制搅拌作用，使配合料在剧烈的相对运动中获得均匀拌和。其搅拌质量好、效率高，适用于干硬性混凝土和轻质骨料混凝土的搅拌。强制式搅拌机分为立轴式与卧轴式，卧轴式有单轴、双轴之分，立轴式又分为涡浆式和行星式，见表 4-18。

表 4-18　混凝土搅拌机类型

自落式		强制式			
		立轴式			卧轴式 （单轴，双轴）
双锥反转出料	双锥倾翻出料	涡浆式	行星式		
			定盘式	盘转式	

（2）搅拌机械与搅拌站　我国规定混凝土搅拌机以其出料容量（$m^3 \times 1000$）为标定规格，我国混凝土搅拌机的系列为：250、350、500、750、1000和1500等。

小型混凝土搅拌站是将制备混凝土工艺过程中所用设备有机地联系在一起，构成一套混凝土机械的联合设备。常见的小型混凝土搅拌站由供料系统、配料机构、搅拌设备、操纵机构和机架等组成，均按双阶式布置（图4-55）。其搅拌设备一般采用一台或多台鼓筒式或强制式混凝土搅拌机。

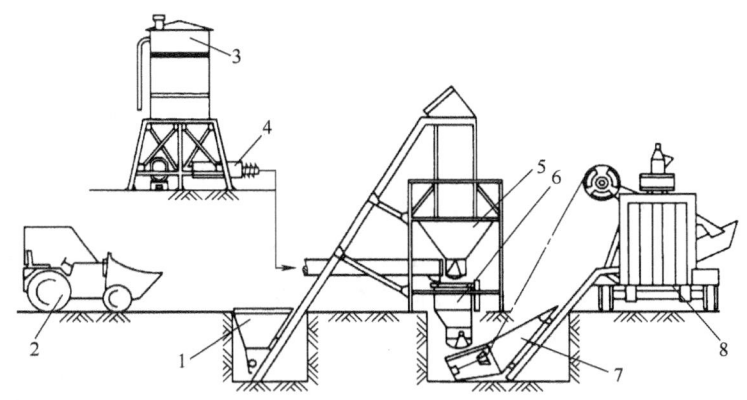

图 4-55　小型混凝土搅拌站
1—提升料斗　2—小型装载车　3—水泥储罐　4—螺旋输送机　5—砂、石储料斗
6—砂、石、水泥称量斗　7—搅拌机提升料斗　8—混凝土搅拌机

大型混凝土搅拌楼是一种将水泥、砂、石和水按一定配合比，按周期自动拌制成混凝土的成套设备。其组成设备以垂直分层单阶式布置，形似一座楼房，高达24~35m。建筑施工中所采用的大型混凝土搅拌楼，除基础外，全部采用装配式钢结构，以便建筑工程结束后，可拆散运往他处再次安装使用。

搅拌楼自上而下分为进料层、储料层、配料层、搅拌层、出料层五层，图4-56所示为一大型混凝土搅拌楼。大型混凝土搅拌楼搅拌层内一般设有3~4台双锥形倾翻式搅拌机、回转给料器、搅拌系统的电气控制柜、压缩空气净化装置和储气罐等。混合料、水和外加剂配称后经回转给料器卸入搅拌筒后即可进行搅拌。

大型混凝土搅拌楼均实现电子计算机控制，它具有占地面积小、能耗低、生产率高、高度自动化、集中控制、运行管理方便等优点，因而在混凝土工程量大、施工周期长、施工地点集中的大中型建筑工程中被广泛采用。但是，与移动式搅拌站相比，大型混凝土搅拌楼设备结构很高，对基础要求严，投资大，装拆难度大，一般需配备大型起重机安装。

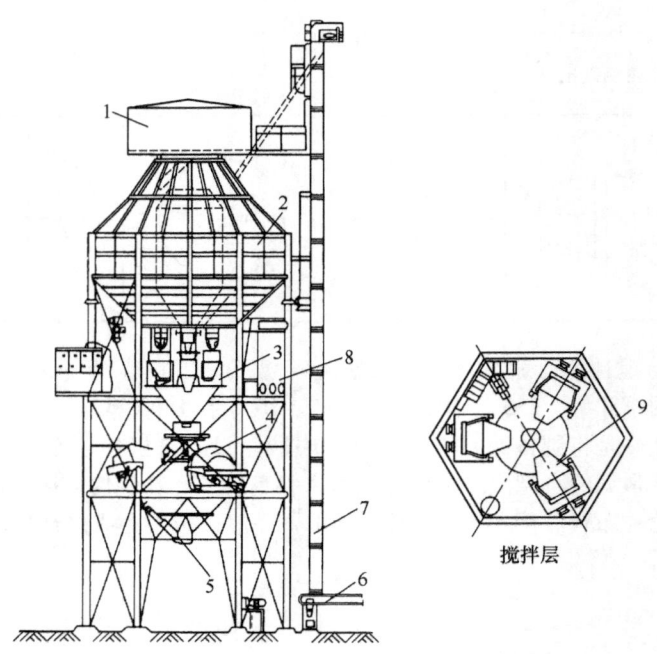

图4-56 大型混凝土搅拌楼
1—进料层 2—储料层 3—配料层 4—搅拌层 5—出料层 6—螺旋输送机
7—斗式提升机 8—吸尘器 9—搅拌机

（3）搅拌机械的选择 搅拌机的选择直接影响工程造价、进度和质量。因此，应根据工程量大小、搅拌机性能、施工条件以及混凝土组成特性、坍落度大小、稠度要求等具体条件，来选择搅拌机的形式和数量。从工程量和工期方面考虑，若混凝土工程量大且工期长，宜选用中型或大型固定式混凝土搅拌机群、搅拌站或搅拌楼；若混凝土工程量不大且工期较短，则宜选用中型固定式或中小型移动式搅拌机组；若混凝土工程量零散且较少，选用小型移动式搅拌机为宜。此外，应根据搅拌的混凝土性质，如塑性、半塑性或干硬性、轻质混凝土，分别选用自落式或强制式搅拌机。

预拌混凝土实现了混凝土的工厂生产，能保证混凝土的质量，节约材料，减少施工临时用地，实现文明施工，是今后的发展方向，国内大中城市已大力推广应用，不少城市已有相当规模的预拌混凝土站，有的城市已规定在城市范围内必须采用商品混凝土，不得现场拌制。

2. 搅拌制度

为了获得质量优良的混凝土拌合物，除正确选择搅拌机外，还必须正确确定搅拌制度，即搅拌时间、投料顺序和进料容量等。

（1）搅拌时间 搅拌时间是指从原材料全部投入搅拌筒时起，到开始卸料时为止所经历的时间。搅拌时间与搅拌质量密切相关，它随搅拌机类型和混凝土和易性的不同而变化。在一定范围内随搅拌时间的延长而强度有所提高，搅拌时间不足难以使混凝土搅拌均匀，但过长时间的搅拌既不经济也不合理。因为搅拌时间过长，不坚硬的粗骨料在大容量搅拌机中会因脱角、破碎等影响混凝土的质量或造成混凝土离析。为了保证混凝土的质量，宜采用强制式搅拌机搅拌，施工中应控制混凝土搅拌的最短时间，见表4-19。

表 4-19　强制式搅拌机混凝土搅拌的最短时间　　　　　　　　　　（单位：s）

混凝土坍落度/mm	搅拌机出料量/L		
	<250	250~500	>500
≤40	60	90	120
>40 且 <100	60	60	90
≥100	60		

注：1. 混凝土搅拌的最短时间是指全部材料装入搅拌筒中起，到开始卸料时止的时间。
　　2. 当掺有外加剂与矿物掺合料时，搅拌时间应适当延长。

搅拌强度等级为 C60 及以上的混凝土时，搅拌时间应适当延长。对自落式搅拌机，搅拌时间宜延长 30s。当采用其他形式的搅拌设备时，搅拌的最短时间也可按设备说明书的规定或通过试验确定。

（2）投料顺序　　投料顺序是指各种材料投入搅拌机的先后顺序。投料顺序应从提高搅拌质量、减少叶片和衬板的磨损、减少拌合物与搅拌筒的黏结、减少水泥飞扬、改善工作环境等方面综合考虑确定。常用的投料方法有一次投料法、分次投料法（砂浆裹石法）、两次加水法。采用分次投料法时，应通过试验确定投料顺序、数量及分段搅拌的时间等工艺参数。掺合料宜与水泥同步投料，液体外加剂宜滞后于水和水泥投料；粉状外加剂宜溶解后再投料。

1）一次投料法。一次投料法是在上料斗中先装石子，再装水泥和砂，然后一次投入搅拌筒内，水泥夹在石子和砂子之间，减少飞扬，且水泥和砂先进入搅拌筒内形成水泥砂浆，可缩短包裹石子的时间，对于出料口在下部的立轴强制式搅拌机，为防止漏水，应在投入原料的同时，缓慢均匀地加水。

2）二次投料法。二次投料法又分为预拌砂浆法和预拌水泥净浆法。预拌砂浆法是指先将水泥、砂和水投入搅拌筒内搅拌 1~1.5min，成为均匀的水泥砂浆后，再加入石子搅拌 1~1.5min 成均匀的混凝土。预拌水泥净浆法是指先将水泥和水搅拌 1/2 的搅拌时间，成为均匀的水泥净浆后，再加入砂和石搅拌成混凝土。试验表明，二次投料法对水泥有一种活化作用，搅拌质量明显高于一次投料法，同等水泥用量情况下，混凝土强度可提高 15% 左右，同等混凝土强度情况下，可减少水泥用量 15%~20%。

3）两次加水法。两次加水法可分为水泥裹砂法和水泥裹砂石法。水泥裹砂法是指先将全部砂子投入搅拌机中，并加入 70% 总拌和水量（包括砂子的含水量），搅拌 10~15s，再投入水泥搅拌 30~50s，最后投入全部石子、剩余水及外加剂，再搅拌 50~70s 后出罐。水泥裹砂石法是指先将全部的石子、砂和 70% 拌和水量投入搅拌机，拌和 15s，使骨料湿润，再投入全部水泥搅拌 30s 左右，然后加入 30% 拌和水量再搅拌 60s 左右即可，较前者具有提高混凝土强度或节约水泥的优点。

（3）进料容量　　进料容量是搅拌机一次能装各种材料的松散体积之和。经搅拌后，各种材料由于相互填补空隙而使总体积变小，搅拌完毕混凝土的体积称为出料容量，即出料量小于进料量，出料容量一般为装料容量的 0.55~0.75，工程中以出料容量作为搅拌机的额定容量，它是搅拌机的主参数。如任意超载（进料容量超过 10%），就会使材料在搅拌筒内无充分的空间进行拌和，影响混凝土拌合物的均匀性。反之，如进料过少，则不能充分发挥搅拌机的效能。

4.3.3　混凝土的运输

1. 基本要求

1）运输中应避免产生分层离析、水泥浆流失、坍落度变化以及初凝现象，如混凝土拌合物出现离析或分层现象，应对混凝土拌合物进行二次搅拌。

2）尽量缩短运输时间，减少转运次数，保证混凝土初凝前有充分的时间进行浇筑和捣实。

3）运输器具及管道、溜槽应严密、光洁、不漏浆、不吸水，经常清理，保证畅通，并满足环境要求。容器和管道应根据工程所处环境条件采取保温、隔热及防雨等措施。在冬季应有保温措施；夏季最高气温超过40℃时，应有隔热措施。混凝土拌合物运至浇筑地点时的温度，应控制在5~35℃。

4）保证混凝土的浇筑量：在不允许留施工缝的情况下，混凝土运输须保证浇筑工作能连续进行，应按混凝土的最大浇筑量来选择混凝土运输方法及运输设备的型号和数量。

5）应保证混凝土在初凝前浇筑完毕：应以最短的时间和最少的转换次数将混凝土从搅拌地点运至浇筑地点，混凝土从搅拌机卸出后到浇筑完毕的延续时间，见表4-20。

表4-20 混凝土从搅拌机卸出后到浇筑完毕的延续时间　　　　（单位：min）

混凝土强度等级	气候	
	≤25℃	>25℃
不高于C30	120	90
高于C30	90	60

2．运输机械

混凝土运输可分为地面水平运输、垂直运输和楼面水平运输。

（1）地面水平运输　地面水平运输分为间歇式运输机具（如手推车、机动翻斗车、搅拌运输车）和连续式运输机具（皮带运输机、混凝土泵等）。手推车、机动翻斗车适用于运输距离短、运输工程量不大的混凝土输送；混凝土泵适用于水平距离在1500m内、需连续进行的混凝土输送；搅拌运输车适用于建有混凝土集中搅拌站的城市内混凝土输送。当采用车辆运输混凝土时，道路应通畅，路面应平整、坚实，临时坡道或支架应牢固，铺板接头应平顺，防止因颠簸、振荡造成混凝土离析或撒落。

混凝土搅拌运输车（图4-57）可用于新鲜混凝土运输，适用运距为10~20km。搅拌运输车在运输途中搅拌筒对混凝土不断地慢速搅拌，以防止混凝土初凝和离析。运输车到达施工现场后，搅拌筒反转卸出混凝土。此外，搅拌运输车还可用于半干料搅拌运输、干料搅拌运输，也可将搅拌运输车作为搅拌机使用，把经过称量的砂、石和水泥等物料加入运输车的搅拌筒，搅拌后再运至施工现场。

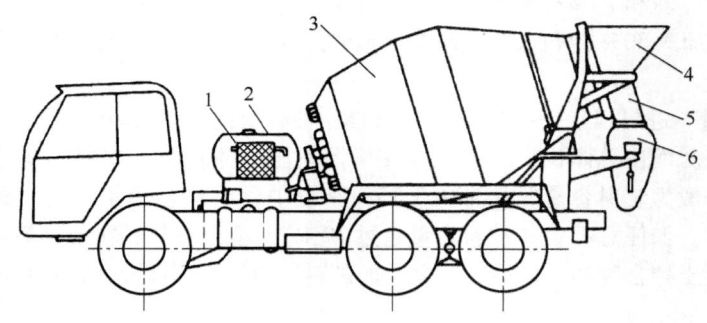

图4-57　混凝土搅拌运输车

1—水箱　2—外加剂箱　3—搅拌筒　4—进料斗　5—固定卸料溜槽　6—活动卸料溜槽

运输车的搅拌筒呈梨形，由壳体、螺旋叶片、进料导管、中心轴和链轮等组成（图 4-57）。搅拌筒的轴线与水平成 16°~20° 夹角。搅拌筒内从筒口至筒底对称地焊有两条螺旋叶片，正转时，可进行加料，同时加入的拌合料被推向筒底得到搅拌；反转时，螺旋叶片将混凝土推向筒口从而被卸出。

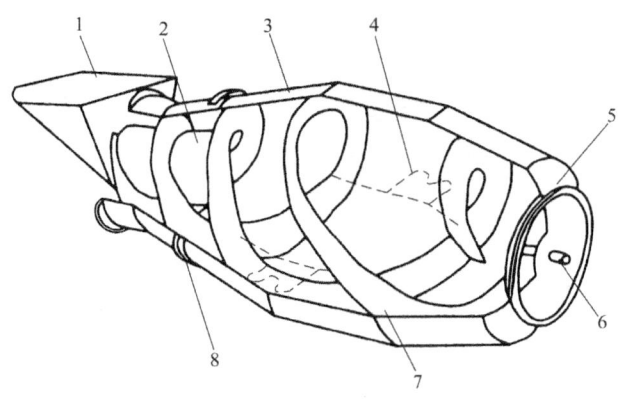

图 4-58 搅拌运输车的搅拌筒
1—加料斗 2—进料导管 3—壳体 4—辅助搅拌叶片 5—链轮
6—中心轴 7—带状螺旋叶片 8—环形滚道

（2）垂直运输　垂直运输机具主要是各类井架、提升机、塔式起重机和混凝土输送泵等，也可采用塔式起重机配合吊斗运输并完成浇灌。当混凝土量较大时，宜采用泵送运输。

（3）楼面水平运输　多采用混凝土泵通过布料杆运输、布料，塔式起重机也可兼顾楼面水平运输，量少时可用双轮手推车。

3. 混凝土泵送运输

混凝土泵是以泵为动力，沿管道输送混凝土，可以一次完成水平及垂直运输，将混凝土直接输送到浇筑地点，是一种高效的混凝土运输方法。混凝土泵在我国的应用日益广泛，道路工程、桥梁工程、地下工程、工业与民用建筑施工皆可应用。目前我国预拌混凝土 90% 以上是采用混凝土泵泵送，且取得了显著的效果。

混凝土泵按其移动方式，可分为拖式、车载式和泵车。目前混凝土泵常用活塞泵。活塞泵多用液压驱动，它主要由料斗、液压缸和活塞、混凝土缸、分配阀、Y 形输送管、冲洗设备等组成（图 4-59）。活塞泵工作时，将搅拌机卸出的或由混凝土搅拌运输车卸出的混凝土倒入料斗，控制吸入的水平分配阀开启，控制排出的竖向分配阀关闭，在液压作用下通过活塞杆带动活塞后移，料斗内的混凝土在重力和吸力作用下进入混凝土缸。然后，液压系统中压力油的进出反向，活塞向前推压，同时水平分配阀关闭，竖向分配阀开启，混凝土缸中的混凝土拌合物通过 Y 形输送管压入输送管。由于有两个缸体交替进料和出料，因而能连续稳定地排料。不同型号的混凝土泵，其排量不同，水平运距和垂直运距也不同，常用的混凝土排量为 $30 \sim 90 m^2/h$，水平运距为 $200 \sim 900 m$，垂直运距为 $50 \sim 300 m$。目前我国已能一次垂直泵送 600m。如泵送高度很大，一次泵送困难时，可用接力泵送。

常用的混凝土输送管为钢管、橡胶和塑料软管，直径为 75~200mm，每段直管标准长度为 4m、3m、2m、1m、0.5m 等，还配有 45°、90° 等弯管和锥形管，以便管道转弯，弯管、锥形管流动阻力大，在计算输送距离时应换算成相当的水平距离。垂直运输高度超过 100m 时，泵端管根处应设置止逆阀，防止停泵时混凝土倒流。

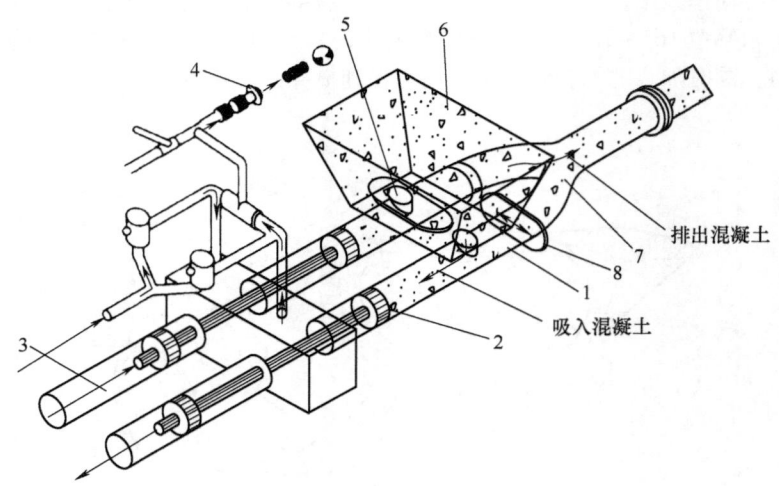

图 4-59　液压活塞式混凝土泵工作原理
1—混凝土缸　2—活塞　3—液压缸　4—冲洗设备　5—控制吸入的水平分配阀　6—料斗
7—Y 形输送管　8—控制排出的竖向分配阀

将混凝土泵装在汽车上便成为混凝土泵车（图 4-60），在车上还装有可以伸缩或曲折的"布料杆"，其末端是软管，可将混凝土直接送至浇筑地点，使用十分方便。

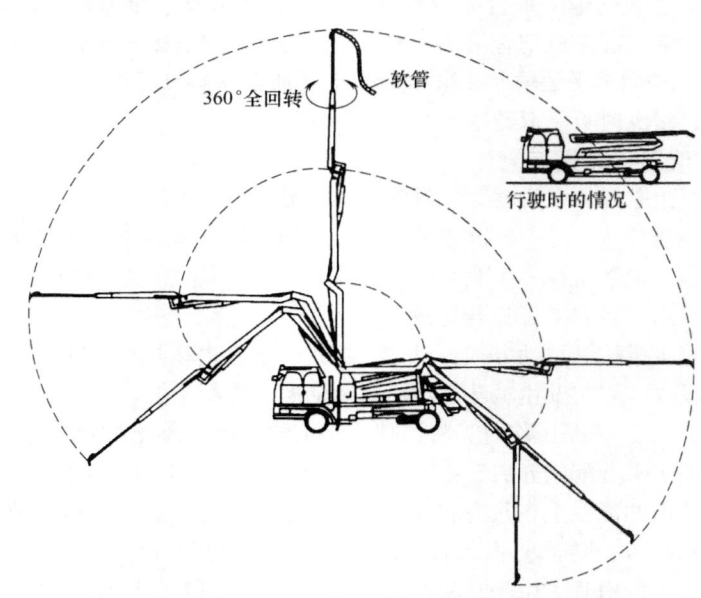

混凝土搅拌运输车
与泵车配合作业

图 4-60　带布料杆的混凝土泵车

泵送混凝土配置时应符合下列规定：骨料最大粒径与输送管内径之比不宜大于 1:4；通过 0.315mm 筛孔的砂不应少于 15%；砂率宜控制在 40%~50%；最小胶凝材料用量为 300kg/m^3；混凝土坍落度宜为 80~180mm；混凝土宜掺加适量的外加剂以改善混凝土的流动性。

泵送施工时，应先打部分水泥浆或水泥砂浆润滑管路。混凝土输送完毕后，应及时清洗管路输送管线，输送管线宜直，转弯宜缓，接头严密。混凝土供应应尽量保证泵送连续，以避免管道黏附堵塞，如预计泵送中断超过 45min，应立即用压力水或其他方法将混凝土清出管道。冲洗管道时管口处不得站人，防止混凝土喷出伤人。

泵送混凝土水泥用量较大，要注意浇筑后的养护，防止龟裂。

4.3.4 混凝土的浇筑

混凝土成型过程包括浇筑与捣实，是混凝土工程施工的关键工序，直接影响混凝土的质量和整体性。

1. 浇筑前的准备工作

1）浇筑混凝土前，应检查和控制模板、钢筋、保护层和预埋件等的尺寸、规格、数量和位置。此外，还应检查模板支撑的稳定性以及接缝的密合情况。清理模板内垃圾、泥土、积水和钢筋上的油污，高温天气模板宜浇水湿润。

2）做好钢筋及预留预埋管线的验收和钢筋保护层检查，做好钢筋工程隐蔽记录。

3）准备和检查材料、机具等。

4）做好施工组织和技术、安全交底工作。

2. 混凝土浇筑

（1）混凝土浇筑的一般要求

混凝土现场浇筑

1）混凝土须在初凝前浇筑，如已有初凝现象，则应再进行一次强力搅拌方可入模。如混凝土在浇筑前有离析现象，也须重新拌和才能浇筑。浇筑竖向结构混凝土前，底部应先浇入 50~100mm 厚与混凝土成分相同的水泥砂浆，以避免产生蜂窝、麻面及烂根现象。

2）防止分层离析。浇筑混凝土时，混凝土拌合物由料斗、漏斗、混凝土输送管、运输车内卸出时，如自由倾落高度过大，由于粗骨料在重力作用下，克服黏着力后的下落动能大，下落速度比砂浆快，因而可能形成混凝土离析。因此，柱、墙模板内混凝土自高处倾落的高度，当粗骨料粒径大于 25mm 时，不应大于 3m；当粗骨料粒径小于或等于 25mm 时，不应大于 6m。当不满足时采用串筒、溜管或溜槽浇筑混凝土，以防产生离析。

3）浇筑时应保证混凝土浇筑时的坍落度，坍落度是判断混凝土施工和易性优劣的简单方法，应在混凝土浇筑地点进行坍落度测定，以检测混凝土搅拌质量，防止长时间、远距离混凝土运输引起和易性损失，影响混凝土成型质量。混凝土在浇筑前应保持良好的工作性，预拌混凝土的坍落度检查应在交货地点进行。混凝土坍落度、维勃稠度的允许偏差应符合表 4-21 的规定。对坍落度大于 220mm 的混凝土，可根据需要测定其坍落扩展度，扩展度的允许偏差为 30mm。

表 4-21 坍落度、维勃稠度的允许偏差

坍落度/mm			
设计值/mm	≤40	50~90	≥100
允许偏差/mm	±10	±20	±30
维勃稠度/s			
设计值/s	≥11	10~6	≤5
允许偏差/s	±3	±2	±1

4）浇筑时应分层浇筑、分层捣实，为使混凝土振捣密实，混凝土必须分层浇筑。混凝土分层振捣最大厚度与采用的振捣设备相匹配，其浇筑层厚度见表 4-22。每层浇筑厚度：采用插入

式振动器时分层厚度不大于 1.25 倍振动棒长度；表面式振动器不大于 200mm。

表 4-22　混凝土浇筑层厚度　　　　　　　　　　　　　　（单位：mm）

捣实混凝土的方法		浇筑层的厚度
插入式振捣		振动器作用部分长度的 1.25 倍
表面振动		200
人工振捣	在基础、无筋混凝土或配筋稀疏的结构中	250
	在梁、墙板、柱结构中	200
	在配筋密列的结构中	150
轻骨料混凝土	插入式振动器	300
	表面振动（振动时需加载）	200

为保证混凝土的浇筑质量，混凝土应分层浇筑。混凝土分层振捣最大厚度与采用的振捣设备相匹配，可免因振捣设备原因而产生漏振或欠振情况。分层浇筑时，上层混凝土也应在下层混凝土初凝之前浇筑完毕。

5）为保证混凝土的均匀性和密实性，混凝土宜一次连续浇筑，尽量缩短间歇时间，保证混凝土的整体性。由于技术或施工组织原因必须间歇时，其间歇时间应尽可能缩短，并在下层混凝土未凝结前，将上层混凝土浇筑完毕。

混凝土运输、输送入模的过程宜连续进行，从运输到输送入模的延续时间不宜超过表 4-23 的规定。对各种原因产生的总的时间间歇也应进行控制，见表 4-24。如掺早强型减水外加剂、早强剂的混凝土以及有特殊要求的混凝土，还应根据设计及施工要求，通过试验确定允许时间。

表 4-23　运输到输送入模的延续时间　　　　　　　　　　（单位：min）

条　件	气　温	
	≤25℃	>25℃
不掺外加剂	90	60
掺外加剂	150	120

表 4-24　混凝土拌合物从搅拌机卸出后到浇筑完毕的延续时间　　（单位：min）

混凝土生产地点	气　温	
	≤25℃	>25℃
预拌混凝土搅拌站	150	120
施工现场	120	90
混凝土制品厂	90	60

当不能一次连续浇筑时，可留设施工缝或后浇带分块浇筑。

6）混凝土在初凝后、终凝前应防止振动，当混凝土抗压强度达到 1.2MPa 时才允许在其上继续进行施工活动。

（2）施工缝与后浇带的施工　施工缝是由于设计要求或施工需要分段浇筑，而在先、后浇筑的混凝土之间形成的接缝。混凝土结构多要求整体浇筑，如因技术或组织上的原因不能连续浇筑，且停顿时间有可能超过混凝土的初凝时间时，则应事先确定在适当的位置设置施工缝。此外，结构设计往往因沉降或温度裂缝控制的需要，设置后浇带。施工缝与后浇带是混凝土浇筑施工中的重要环节，由于连接较差，特别是粗骨料不能相互嵌固，抗剪强度受到很大影响，应特别注意其施工质量。

1) 施工缝与后浇带的留设位置。施工缝的留设位置应在混凝土浇筑之前确定。施工缝宜留设在结构受剪力较小且便于施工的位置。受力复杂的结构构件或有防水抗渗要求的结构构件，施工缝留设位置应经设计单位认可。施工缝、后浇带留设界面应垂直于结构构件和纵向受力钢筋。

① 水平施工缝。柱、墙水平施工缝（图4-61a）可留设在基础、楼层结构顶面，柱施工缝与结构上表面的距离宜为 0～100mm，墙施工缝与结构上表面的距离宜为 0～300mm；水平施工缝也可留设在楼层结构底面，施工缝与结构下表面的距离宜为 0～50mm；当板下有梁托时，可留设在梁托下 0～20mm。

高度较大的柱、墙、梁以及厚度较大的基础可根据施工需要在其中部留设水平施工缝；必要时，可对配筋进行调整，并应征得设计单位认可。特殊结构部位留设水平施工缝应征得设计单位同意。

② 垂直施工缝和后浇带。有主次梁的楼板施工缝应留设在次梁跨度中间的 1/3 范围内（图4-61b）；单向板可留设在平行于板短边的任何位置。楼梯梯段施工缝宜设置在梯段板跨度端部的 1/3 范围内；墙的施工缝宜设置在门洞口过梁跨中 1/3 范围内，也可留设在纵横交接处。特殊结构部位留设垂直施工缝应征得设计单位同意。后浇带留设位置一般由设计单位确定，施工中应符合设计要求。

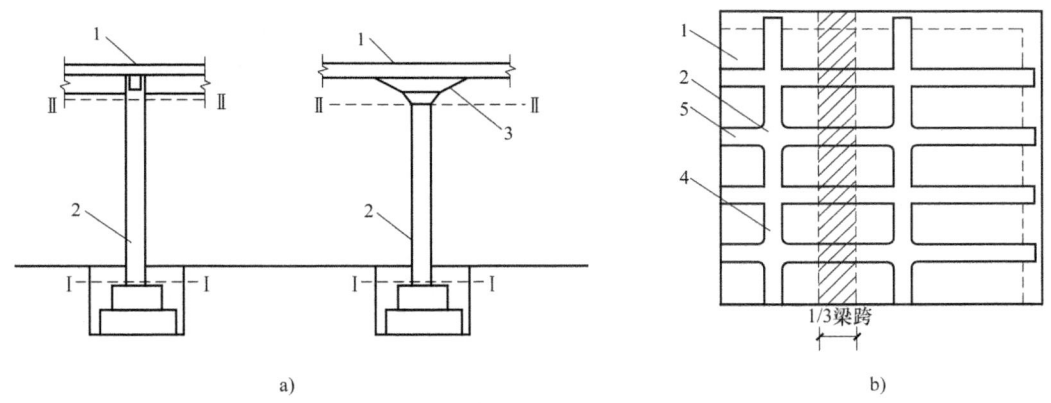

图 4-61 施工缝的留设
a) 柱子　b) 主次梁楼板
1—楼板　2—柱　3—柱帽　4—主梁　5—次梁

2) 施工缝和后浇带的处理。结构构件厚度或高度较大时，施工缝或后浇带界面应采用专用材料封挡。施工缝和后浇带的钢筋应采取防锈或阻锈等保护措施。

① 处理施工缝时已浇筑的混凝土强度不应低于 1.2MPa。

② 在施工缝或后浇带处浇筑混凝土前应对结合面提前进行处理，形成粗糙面，并清除其表面的浮浆、疏松石子或软弱混凝土层，清理干净，采用洒水方法进行充分湿润，但不得有积水。

③ 再用与混凝土浆液同成分的水泥砂浆进行接浆（柱、墙水平施工缝水泥砂浆接浆层厚度 10～30mm），然后浇筑混凝土。

④ 浇筑混凝土时细致捣实，使新旧混凝土紧密结合，但不得触碰原混凝土。

后浇带浇筑的混凝土强度等级及性能应符合设计要求。当设计无要求时，后浇带强度等级宜比两侧混凝土提高一级，并宜采用减少收缩的技术措施。

(3) 不同强度等级混凝土的浇筑　在结构设计中常有柱、墙混凝土设计强度等级高于梁、板混凝土设计强度等级的情况，此时宜先浇筑高强度等级混凝土，后浇筑低强度等级混凝土。

由于在梁、板高度范围内的柱、墙受到侧向约束，混凝土强度有所提高，因此，当柱、墙混凝土设计强度比梁、板混凝土设计强度高一个等级时，柱、墙位置梁、板高度范围内的混凝土经设计单位同意，可采用与梁、板混凝土设计强度等级相同的混凝土进行浇筑。当柱、墙混凝土设计强度比梁、板混凝土设计强度高两个等级及以上时，则应在交界区域采取分隔措施。分隔位置应在低强度等级的构件中，且距高强度等级构件边缘不应小于500mm（图4-62），这样扩大了高强度混凝土的范围，确保了结构的安全。设置分隔措施是为了保证混凝土交界面工整清晰。分隔可采用钢丝网板等措施。对于钢筋混凝土结构工程，分隔位置两侧的混凝土虽然分别浇筑，但应保证在一侧混凝土浇筑后初凝前，完成另一侧混凝土的覆盖。因此分隔位置不是施工缝，而是临时隔断。

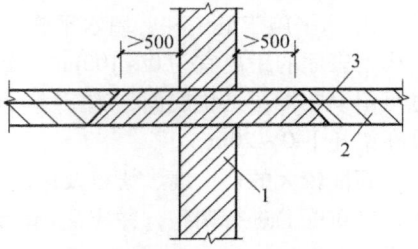

图 4-62 不同强度等级混凝土的分隔
1—柱（高强度混凝土） 2—梁、板（低强度混凝土） 3—分隔位置

（4）大体积混凝土浇筑 大体积混凝土是指混凝土结构物实体最小尺寸不小于1m的大体量混凝土，或预计会因混凝土中胶凝材料水化引起的温度变化和收缩而导致有害裂缝产生的混凝土。如工业建筑中的设备基础；高层建筑中的地下室底板、结构转换层；各类结构的厚大桩基承台或基础底板以及桥梁的墩台等。这些结构构件一般受力大而复杂，整体性要求高，往往不允许留设施工缝，要求一次连续浇筑完毕。

1）浇筑方案的确定。大体积混凝土结构的浇筑方案，可分为全面分层法、斜面分层法和分段分层法三种（图4-63），分层厚度不宜大于500mm。工程中可根据结构物的具体尺寸、捣实方法和混凝土供应能力，通过计算选择浇筑方案。

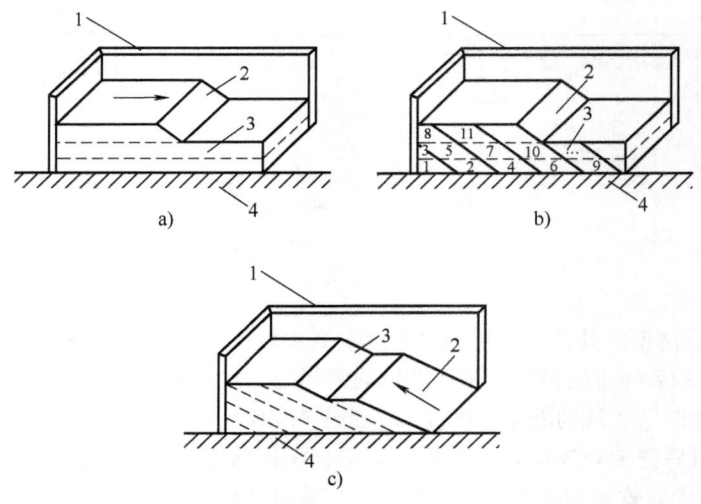

图 4-63 大体积混凝土浇筑方案
a）全面分层法 b）分段分层法 c）斜面分层法
1—模板 2—新浇筑的混凝土 3—已浇筑的混凝土 4—模板

① 全面分层法。全面分层法是在整个面积范围内按水平分层浇筑混凝土，要做到第一层全部浇筑完毕后浇筑第二层时，所到之处第一层混凝土均为初凝，如此逐层进行，直至浇筑完毕，

适用于平面尺寸不大的结构。全面分层要求的混凝土浇筑强度较高。

② 斜面分层法。当结构的长度超过厚度的 3 倍时，宜采用斜面分层法。斜面分层法适用于结构长度较大的工程，要求的混凝土浇筑强度较小，是目前工程中应用较多的施工方法。斜面分层法，施工时斜面的坡度不应大于新浇混凝土的自然流淌坡度，对一般混凝土控制其坡度不大于 1/3，对泵送混凝土控制在 1/6～1/10。分条宽度不宜大于 10m，每条振捣应从浇筑层斜面的下端开始，逐渐上移，或在不同高度处分区振捣，以保证施工质量。

③ 分段分层法。采用分段分层法施工时，块的宽度不宜小于 2m，因为分段宽度过小，就相当于斜面分层的施工方法。

要保证混凝土的整体性，则要求保证使每一浇筑层在初凝前就被上一层混凝土覆盖并捣实成为整体。混凝土浇筑的分层厚度取决于振动器的棒长和振动力的大小，并考虑混凝土的供应能力和可能浇筑量，一般不宜超过 500mm。为保证结构的整体性，应初定浇筑方案后计算混凝土浇筑强度 Q，以检验在现有供应能力下方案的可行性。混凝土的浇筑强度 Q（单位时间的浇筑量）可按下式计算：

$$Q = \frac{FH}{T} \tag{4-10}$$

式中　Q——混凝土的浇筑强度（m^2/h）；

　　　F——混凝土浇筑区的面积（m^2）；

　　　H——浇筑层厚度（m），取决于混凝土捣实方法；

　　　T——下层混凝土从开始浇筑到初凝为止所允许的时间间隔（h），一般等于混凝土初凝时间减去运输时间。

当混凝土泵连续作业时，混凝土泵的实际输出量应满足浇筑强度的要求。混凝土泵的实际平均输出量应根据混凝土泵的最大输出量、配管情况和作业效率确定。每台混凝土泵配备的混凝土搅拌运输车台数，可按下式计算：

$$N = \frac{Q_1}{V}\left(\frac{L}{S} + T_t\right) \tag{4-11}$$

式中　N——混凝土搅拌运输车台数（台）；

　　　Q_1——每台混凝土泵的实际平均输出量（m^3/h）；

　　　V——每台混凝土搅拌运输车的容量（m^3）；

　　　S——混凝土搅拌运输车平均行车速度（km/h）；

　　　L——混凝土搅拌运输车往返距离（km）；

　　　T_t——每台混凝土搅拌运输车总计停歇时间（h）。

2）裂缝控制。大体积混凝土结构浇筑的另一关键问题是容易开裂。在升温阶段，大体积混凝土浇筑初期，水化热聚积在内部不易散发，混凝土内部温度显著升高，而表面散热较快，形成较大的内外温差，混凝土内部因体积膨胀受到表面混凝土的约束而产生压应力，表面产生拉应力，当内外温差超过 25℃时，混凝土表面会产生裂纹。在降温阶段，混凝土内部逐渐冷却收缩，但由于受到地基土、垫层或桩的约束，使混凝土结构产生很大的拉应力，当拉应力超过当时龄期混凝土的极限抗拉强度时，混凝土会被拉裂产生裂缝，甚至会贯穿整个混凝土断面，使结构断裂，由此带来严重的危害。大体积混凝土结构浇筑时，上述两种裂缝（尤其是后一种裂缝）都应设法防止。

要防止大体积混凝土结构浇筑后产生裂缝，需降低混凝土的温度应力，减小浇筑后混凝土的内外温差。因此，应优先选用低水化热的水泥（如矿渣、火山灰、粉煤灰类水泥）；掺入适量的粉煤灰或矿渣粉，减少水泥用量；掺加高性能减水剂，降低浇筑速度和减小浇筑层厚度；采取蓄水法或覆盖法进行降温或进行人工降温措施，如风冷却、用冰水拌制混凝土；在混凝土内部埋设冷却水管，用循环水来降低混凝土温度。控制入模温度不高于30℃，最大温升不超过50℃，在覆盖养护或带模养护阶段，混凝土浇筑体表面以内40～80mm位置处的温度与混凝土浇筑体表面温度的差值不宜大于25℃；结束覆盖养护或拆模后，混凝土浇筑体表面以内40～80mm位置处的温度与环境温度差值不宜大于25℃。混凝土的降温速度不宜大于2.0℃/d。在混凝土浇筑后采取保温措施，延缓降温时间，提高混凝土抗拉能力，减少收缩阻力等。

大体积混凝土还可采用后期强度作为配合比及强度评定的依据。如采用龄期为60d（56d）、90d的强度等级，由此，可减少水泥用量。

大体积混凝土在施工和养护过程中，还应进行测温。测温点应选择具有代表性的部位，通过监测及时得到各测温点的温度数据、温度变化曲线、温度变化趋势分析等内容。根据实时监测分析的结果，采取针对性的技术措施，防止大体积混凝土产生温度裂缝。

此外，现代施工中，对超长体型的混凝土构件或结构，常采用预留后浇带、设置膨胀加强带、采用跳仓法施工等措施。在后浇带两侧混凝土收缩完成且龄期不少于14d后，补浇强度高一等级的微膨胀混凝土。采用跳仓法施工时，补仓浇筑应待周围块体龄期不少于7d后进行。

【例4-2】 某大体积混凝土基础长40m，宽20m，厚1.5m，连续浇筑，采用2台搅拌运输车供料，每台搅拌运输车的供料能力为25m²/h，泵送混凝土施工，运输时间为1h，混凝土初凝时间为2.5h，若采用插入式振动器振捣，已知振动器作用长度为250mm。试确定混凝土的浇筑方案。

解： 根据振动器作用部分长度250mm，浇筑分层厚度取300mm（小于1.25×250mm，且小于500mm）。

（1）全面分层法

$$Q = \frac{FH}{T} = \frac{40 \times 20 \times 0.3}{2.5 - 1} \text{m}^3/\text{h} = 160 \text{m}^3/\text{h} > 供料能力 50\text{m}^3/\text{h}$$

（2）分段分层法　层厚300mm，则分层层数n为5层，分段长度取为3m，沿长边方向浇筑，要保证上层混凝土的浇筑必须在下层混凝土初凝之前完成，故

$$Q = \frac{nF_{段}H}{T} = \frac{5 \times 3 \times 20 \times 0.3}{2.5 - 1} \text{m}^3/\text{h} = 60 \text{m}^3/\text{h} > 供料能力 50\text{m}^3/\text{h}$$

（3）斜面分层法　因采用泵送混凝土，取斜面坡度为1/7，即斜面与水平面的夹角$\alpha \approx 8°$，则

$$Q = \frac{F_{段}H}{T} = \frac{20 \times \frac{1.5}{\sin 8°} \times 0.3}{2.5 - 1} \text{m}^3/\text{h} = 43.11 \text{m}^3/\text{h} < 供料能力 50\text{m}^3/\text{h}$$

所以可采用斜面分层法。

例4-2中若分段分层法施工的分段长度取2m，则$Q = 40\text{m}^3/\text{h}$，也小于供料能力，能作为可选方案，但其施工方法与斜面分层法很接近。

4.3.5　混凝土密实成型

混凝土拌合物浇筑之后，需经密实成型才能赋予混凝土结构一定的外形和内部结构。强度、抗冻性、抗渗性、耐久性等皆与密实成型的好坏有关。

混凝土的密实成型的途径有三种：一是利用机械振动克服拌合物的黏着力和内摩擦力而使之液化、沉实；二是通过在拌合物中掺减水剂、增大坍落度等措施，使其自流成型；三是在拌合物中增加用水量以提高流动性，便于成型，然后用离心法、真空吸水法或透水模板，将多余的水

分和空气排出。工程中应用最多的是振捣密实，以下着重介绍振动密实成型。

1. 振动密实

振捣是通过机械振动使混凝土黏结力和骨料间的摩擦力减小，流动性增加，骨料在自重作用下下降，气泡逸出，孔隙减少，使混凝土密实地充满模板内的全部空间，达到密实成型的目的。振捣应能使模板内各个部位混凝土密实、均匀，不应漏振、欠振、过振，特殊部位的混凝土应采取加强振捣措施。

振动机械按其工作方式分为内部（插入式）振动器、外部（附着式）振动器、表面振动器和振动台，如图4-64所示。

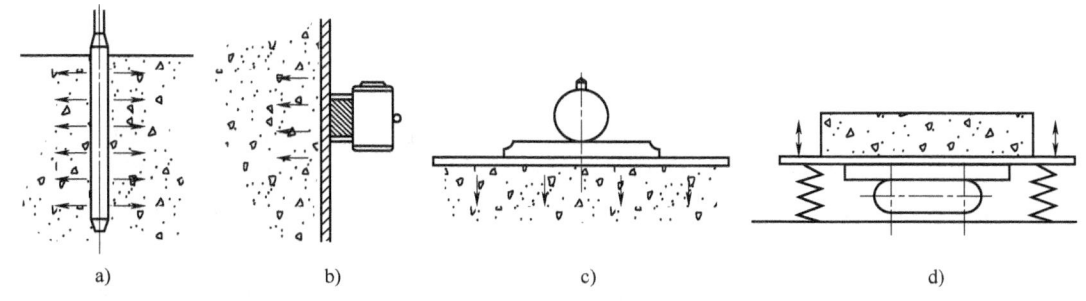

图 4-64 振动机械
a）内部（插入式）振动器 b）外部（附着式）振动器 c）表面振动器 d）振动台

1）插入式振动器又称为内部振动器或振动棒（图4-65），其工作部分是一棒状空心圆柱体，内部装有偏心振子，在电动机带动下高速转动而产生高频微幅的振动。按振动棒振动原理不同，可分为偏心轴式和行星滚锥式（简称行星式）两种。偏心轴式的激振原理是利用安装在振动棒中心具有偏心质量的转轴，在做高速旋转时所产生的离心力使振动棒产生圆振动，但由于其振动器的频率低，软轴磨损较大，已逐步被行星式取代。插入式振动器多用于振实梁、柱、墙、厚板和大体积混凝土结构等。

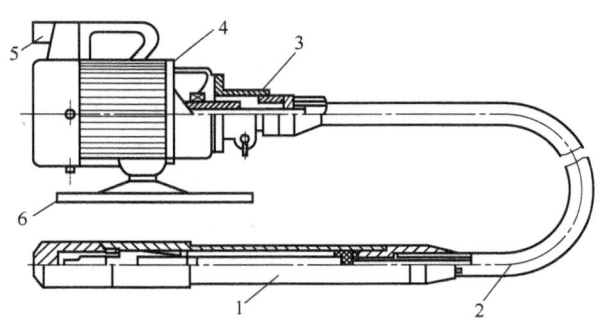

图 4-65 电动软轴行星式内部振动器
1—振动棒 2—软轴 3—防逆装置
4—电动机 5—电器开关 6—支座

插入式振动器振捣混凝土时，应垂直插入，快插慢拔均匀振捣，振动棒插入混凝土的深度不得大于振动棒工作部分长度，当分层浇筑时，振动棒头部应插入下层深度不应小于50mm深，以消除两层间的"接缝"。插点的分布有行列式排列和交错形排列两种，如图4-66所示。振动器两相邻插点的间距不应大于1.4R（R为振动器的作用半径），一般取棒半径的8～10倍；振动棒与模板距离不应大于0.5R。振动棒在各插点的振动时间，以混凝土表面基本平坦、不再明显塌陷、泛出水泥浆、不再冒气泡为止，防止漏振，保证混凝土的振动密实。

2）表面振动器又称为平板振动器，它由带偏心块的电动机和平板（木板或钢板）等组成。其作用深度较小，多用在楼板、地坪、道路、桥面等平面面积大而厚度较小的混凝土表面进行振捣。表面振动器振捣应覆盖振捣平面的边角，每次移动的间距应覆盖到已振实部分混凝土的边缘，重叠50mm左右，以防止漏振。在倾斜表面振捣时，应由低处向高处进行振捣。

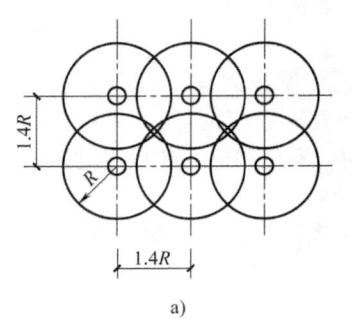 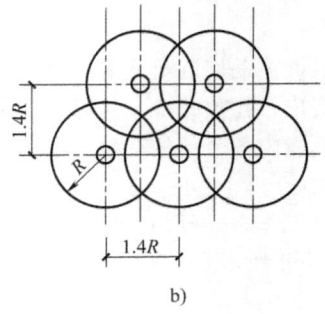

图 4-66　插入式振动器相邻插点的排列
a）行列式排列　b）交错形排列

3）外部（附着式）振动器通过螺栓或夹钳等固定在模板外部，通过模板将振动传给混凝土拌合物，因而模板应有足够的刚度。它宜用于振捣断面小且钢筋密的构件，如薄腹梁、箱形桥面梁以及地下密封的结构，无法采用插入式振动器的场合。其有效作用范围可通过实测确定。附着式振动器应与模板紧密连接，并根据混凝土浇筑高度和浇筑速度，依次从下往上振捣。附着式振动器设置的间距应通过试验确定，同时使用多台附着式振动器时应使各振动器的频率一致，并应交错设置在相对面的模板上。

2. 自密实混凝土

自密实混凝土又称为免振混凝土，是通过外加剂（包括高性能减水剂、超塑化剂、稳定剂等）、超细矿物粉等胶凝材料和粗细骨料的搭配，以及配合比的精心设计，使混凝土拌合物屈服剪应力减小到适宜范围，同时又具有足够的塑性黏度，使骨料悬浮于水泥浆中，不出现离析和泌水等问题，在不用外力振捣的条件下通过自重作用实现自由流淌，充分填充模板内的空间而形成密实且均匀的结构体。

自密实混凝土拌合物除应满足普通混凝土拌合物对凝结时间、黏聚性和保水性等的要求外，还应满足自密实性能的要求。自密实性能包括填充性、间隙通过性和抗离析性，自密实性能要求及试验方法参见《自密实混凝土应用技术规程》（JGJ/T 283—2012）。

填充性是指自密实混凝土拌合物在无须振捣的情况下，能均匀密实成型的性能。填充性的性能指标包括坍落度和扩展时间。间隙通过性用来描述新拌混凝土流过具有狭口的有限空间（如密集的加筋区），而不会出现分离、失去黏性或者堵塞的情况。自密实混凝土可以连续填满模板的最小间隔为限定尺寸，这个间隔常和加筋间隔有关。抗离析性是保证自密实混凝土均匀性和质量的基本性能。对于高层或者薄板结构来说，浇筑后产生的离析有很大的危害性，它可导致表面开裂等质量问题。填充性是自密实混凝土的必控项目，间隙通过性和抗离析性可根据建（构）筑物的结构特点和施工要求进行选择。

自密实混凝土流动性大，模板间的微小缝隙会造成跑浆、漏浆等现象，影响自密实混凝土均匀性和强度发展，因此模板应拼装紧密。自密实混凝土上表面模板应有抗自密实混凝土浮力的措施；浇筑形状复杂或封闭模板空间内混凝土时，应在模板上适当部位设置排气口和浇筑观察口，以确保浇筑密实，防止出现孔洞。自密实混凝土的浇筑效果主要取决于混凝土的工作性能，保持混凝土浇筑的连续性是其关键，如泵送混凝土过程中停泵时间过长，自密实混凝土自密实性能将变差，故必须对泵管内的混凝土进行处理。在浇筑过程中应选择适宜的布料点并控制间距，以控制混凝土流淌距离，保证混凝土质量。自密实混凝土所用粗骨料最大粒径小于20mm，骨料悬浮在浆体中，为避免因混凝土下落产生的冲击力过大造成自密实混凝土中骨料下沉产生离析，混凝土浇筑倾落高度应控制在 5m 以下。自密实混凝土应均匀、对称浇筑，均衡上升可以避免混凝土流动不均匀造成的缺陷，有利于排出混凝土内部气孔，同时可防止高差过大造成模板变形或其他质量、安全隐患。

4.3.6 混凝土养护

混凝土浇筑完毕，应按施工技术方案及时采取有效的养护措施，控制混凝土处在有利于硬化及强度增长的温度和湿度环境中，使硬化后的混凝土具有必要的强度和耐久性。

混凝土养护分为自然养护和人工养护两种方法，现场施工多采用自然养护。

混凝土的自然养护，即在平均气温高于 5℃ 的条件下在一定时间内使混凝土保持湿润状态。混凝土浇筑后应及时进行保湿养护，保湿养护可采用洒水、覆盖、喷涂养护剂等方式。

对采用硅酸盐水泥、普通硅酸盐水泥或矿渣硅酸盐水泥拌制的混凝土，养护的时间不得少于 7d；采用其他品种水泥时养护时间应根据水泥性能确定；采用缓凝型外加剂、大掺量矿物掺合料配制的混凝土不应少于 14d；抗渗混凝土、强度等级 C60 及以上的混凝土不应少于 14d。后浇带混凝土的养护时间不应少于 14d，地下室底层墙、柱和上部结构首层墙、柱宜适当增加养护时间。基础大体积混凝土养护时间应根据施工方案确定。

洒水养护宜在混凝土裸露表面覆盖麻袋或草帘后进行，也可采用直接洒水、蓄水等养护方式；洒水次数应能保持混凝土处于湿润状态，养护用水应与拌制用水相同。当日平均气温低于 5℃ 时，不应采用洒水养护。

混凝土的自然养护也可采用覆盖养护，宜在混凝土裸露表面覆盖塑料薄膜、塑料薄膜加麻袋、塑料薄膜加草帘进行；塑料薄膜应紧贴混凝土裸露表面，将敞露的混凝土表面全部覆盖严密，塑料薄膜内应保持有凝结水。采用此法可防止混凝土中的水分蒸发，保持混凝土的湿润，常用于柱子的养护。

当混凝土表面不便洒水或使用塑料布时，宜在混凝土裸露表面喷涂覆盖致密的养护剂进行养护，其作用类似于塑料薄膜。对采用薄膜或养护剂养护的混凝土，应经常检查薄膜或养护剂的完整情况和混凝土的保湿效果。喷涂养护剂养护要求养护剂应均匀喷涂在结构构件表面，不得漏喷。对养护剂保湿效果应通过试验检验。

带模养护是对竖向混凝土结构的一种行之有效的养护方法，它可解决混凝土表面过快失水的问题，也可以解决混凝土温差控制问题。通常将模板松开，在模板与混凝土表面形成缝隙，并在缝隙中灌水养护，其养护时间不宜少于 3d。带模养护结束后可采用洒水养护方式继续养护，必要时也可采用覆盖养护或喷涂养护剂养护方式继续养护。

混凝土养护期间，在混凝土强度未达到 1.2MPa 前，不得在其上踩踏或安装模板及支架。

大体积混凝土的养护，应进行热工计算确定其保温、保湿或降温措施，并应设置测温孔或埋设热电偶等测定混凝土内部和表面的温度，其养护时间应根据施工方案确定。基础大体积混凝土裸露表面应采用覆盖养护。当混凝土表面以内 40~80mm 位置的温度与环境温度的差值小于 25℃ 时，可结束覆盖养护。覆盖养护结束但尚未达到养护时间要求时，可采用洒水养护方式直至养护结束。

冬期浇筑的混凝土，当受冻的混凝土解冻后，其强度虽能继续增长，但已不能达到原设计的强度等级。混凝土受冻的危害与遭受冻结的时间有关，当混凝土经过养护达到一定强度后再遭受冻害，其最终强度损失会有所减轻，遭受冻害时混凝土的强度越高，则最终强度损失越小。遭受冻结后最终强度损失不大于 5% 的预养强度称为"混凝土受冻临界强度"。所以冬期混凝土施工应养护到其具有抗冻能力的临界强度后，方可撤除养护措施。根据当地多年气象资料统计，当室外日平均气温连续 5 日稳定低于 5℃ 时，应采取冬期施工措施；当室外日平均气温连续 5 日稳定高于5℃时，可解除冬期施工措施。当混凝土未达到受冻临界强度而气温骤降至0℃以下时，应按冬期施工的要求采取应急防护措施。

当日平均气温达到30℃及以上时，应按高温施工要求采取措施。在雨季和降雨期间，应按雨期施工要求采取措施。

混凝土浇筑后，在初凝前和终凝前应分别对混凝土裸露表面进行抹面处理，适时用木抹子磨平搓毛两遍以上，必要时，还应先用铁滚筒压两遍以上，防止产生收缩裂缝。

4.3.7 混凝土的质量检查

混凝土结构施工质量检查可分为过程控制检查和拆模后的实体质量检查。过程控制检查应在混凝土施工全过程中，按施工段划分和工序安排及时进行；拆模后的实体质量检查应在混凝土表面未做处理和装饰前进行。

1. 施工过程中的质量检查

在拌制和浇筑过程中，对拌制混凝土所用原材料的品种、规格和用量进行检查；用于检验混凝土强度的试件应在浇筑地点随机抽取进行抗压强度试验，对同一配合比混凝土，取样与试件留置应符合以下规定：

1）每拌制100盘且不超过100m³时以及每工作班拌制不足100盘时，取样不得少于一次。
2）连续浇筑超过1000m³时，每200m³取样不得少于一次。
3）每一楼层取样不得少于一次。
4）每次取样应至少留置一组试件。

当混凝土配合比由于外界影响有变动时，应及时检查并调整，混凝土的搅拌时间应随时检查。

试块尺寸及强度换算系数见表4-25。制作标准养护试块，经28d养护后做抗压强度试验，其结果作为确定结构或构件的混凝土强度是否达到设计要求的依据。

表4-25 混凝土试块尺寸及强度换算系数

骨料最大粒径/mm	试块尺寸	强度换算系数
≤31.5	100mm×100mm×100mm	0.95
≤40	150mm×150mm×150mm	1.00
≤63	200mm×200mm×200mm	1.05

注：对强度等级为C60及以上的混凝土试块，其强度换算系数可通过试验确定。

2. 现浇结构的外观检查

现浇钢筋混凝土拆模后，应检查构件的轴线位置、标高、截面尺寸、表面平整度、垂直度、外观缺陷、连接及构造做法；预埋件数量、位置；结构的轴线位置、标高、全高垂直度等。不影响受力和使用功能的外观和尺寸偏差属于一般缺陷，否则属于严重缺陷。对严重缺陷不得擅自处理，施工单位应制定专项修整方案，经论证审批后再实施。

现浇结构拆模后的尺寸允许偏差和检验方法应符合表4-26。

表4-26 现浇结构拆模后的尺寸允许偏差和检验方法

项 目		允许偏差/mm	检验方法
轴线位置	基础	15	钢尺检查
	独立基础	10	
	墙、柱、梁	8	
	剪力墙	5	

（续）

项　　目			允许偏差/mm	检验方法
垂直度	层高	≤5m	8	经纬仪或吊线、钢尺检查
		>5m	10	
	全高 H		$H/1000$ 且 ≤30	经纬仪、钢尺检查
标高	层高		±10	水准仪或拉线、钢尺检查
	全高		±30	
截面尺寸			+8，-5	钢尺检查
电梯井	井筒长、宽对定位中心线		+25，0	钢尺检查
	井筒全高 H，垂直度		$H/1000$ 且 ≤30	经纬仪、钢尺检查
表面平整度			8	2m 靠尺和塞尺检查
预埋设施中心线位置	预埋件		10	钢尺检查
	预埋螺栓		5	
	预埋管		5	
预留洞中心线位置			15	钢尺检查

注：检查轴线、中心线位置时，应沿纵、横两个方向量测，并取其中的较大值。

■ 4.4　预应力混凝土工程

4.4.1　概述

预应力结构可以定义为：在结构承受外荷载之前，预先对其在外荷载作用下的受力区施加压应力，以改善结构使用性能的结构形式。预应力结构可以改善混凝土结构的抗裂度和刚度，提高结构的耐久性；减小构件截面高度，减轻自重；充分利用高强钢材；具有良好的裂缝闭合性能与变形恢复性能；提高抗剪承载力；提高抗疲劳强度。此外，预应力混凝土结构具有良好的经济性。目前预应力结构不仅用于混凝土工程中，而且在钢结构工程中也有应用。

由于混凝土的抗拉强度很低，在荷载作用下，当普通钢筋混凝土构件中受拉钢筋应力为20～30MPa 时，其相应的拉应变为 $(1.0 \sim 1.5) \times 10^{-4}$，这大致相当于混凝土的极限抗拉应变，此时受拉混凝土可能会产生裂缝。但在正常使用荷载下，钢筋应力一般为150～200MPa，此时受拉混凝土不仅早已开裂，而且裂缝已展开较大宽度，同时构件的挠度也会增大。因此，为限制截面裂缝宽度、减小构件挠度，需要对普通钢筋混凝土构件施加预应力。

预应力混凝土根据其预应力施加工艺的不同，可分为先张法和后张法两种。

先张法是指在永久或临时台座或模板上先张拉预应力筋并用夹具临时锚固，在浇筑混凝土并达到规定强度后，放张预应力筋而建立预应力的施工方法，是预应力钢筋的张拉在混凝土浇筑之前进行的一种施工工艺。后张法是指结构构件混凝土达到规定强度后，张拉预应力筋并用锚具永久锚固而建立预应力的施工方法，是预应力钢筋的张拉在混凝土浇筑之后进行的一种施工工艺，它分为有黏结后张法和无黏结后张法两种。有黏结后张法施工是在混凝土构件中预设孔道，在混凝土达到一定强度后，在孔道内穿入预应力筋，以混凝土构件本身为支承张拉预应力筋，然后用特制锚具将预应力筋锚固形成永久预加力，最后在预应力筋孔道内压注水泥浆，并使预应力筋和混凝土黏结成整体。无黏结后张法不需在混凝土构件中留孔，而是将带有塑料套管的无黏结预应力筋与非预应力筋共同绑扎形成钢筋骨架，然后浇筑混凝土，待混凝土达到预期强度后进行张拉，形成无黏结预应力结构。

预应力混凝土结构根据预应力度的不同，可分为全预应力混凝土、部分预应力混凝土和钢筋混凝土三类；按预应力筋在体内与体外位置的不同，可分为体内预应力混凝土与体外预应力混凝土两类。

在预应力混凝土结构中所采用的混凝土应具有高强、轻质和高耐久性的性质。要求混凝土的强度等级不宜低于C40，并不应低于C30。目前，我国在一些重要的预应力混凝土结构中，已开始采用C50～C60的高强混凝土，混凝土强度等级最高已达到C80以上。在预应力混凝土构件的施工中，不得掺用对钢筋有侵蚀作用的氯盐等，否则会发生严重的质量事故。

4.4.2 预应力筋、锚（夹）具、张拉机械

1. 预应力筋

预应力筋通常由单根或成束的钢丝、钢绞线或钢筋组成。按材质划分，预应力筋包括金属预应力筋和非金属预应力筋两类。常用的金属预应力筋可分为预应力螺纹钢筋、预应力钢丝和钢绞线三类，非金属预应力筋主要指高强纤维和树脂复合材料（即FRP）预应力筋。对预应力筋的基本要求是高强度、较好的塑性以及较好的黏结性能。目前满足塑性性能要求的钢材的极限强度可达1800～2000MPa。

（1）预应力螺纹钢筋 预应力螺纹钢筋即大直径的螺纹钢筋（精轧螺纹钢筋），其外形如图4-67所示。由于高强钢筋中含碳量和合金含量对钢筋的焊接性能有一定的影响，尤其当钢筋中含碳量达到上限或直径较粗时，焊接质量不稳定。精轧螺纹钢筋可解决这一问题，它在钢厂用热轧方法直接生产一种无纵肋的钢筋，端部用螺纹套筒连

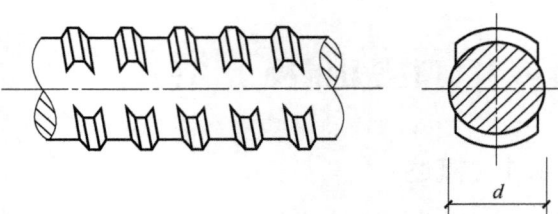

图4-67 预应力螺纹钢筋的外形

接。目前我国生产的品种有直径为18mm、25mm及32mm等大直径精轧螺纹钢筋，其强度标准值和设计值见表4-27。

表4-27 预应力螺纹钢筋的强度标准值和设计值 （单位：N/mm²）

种类	符号	公称直径 d/mm	屈服强度标准值 f_{pyk}	极限强度标准值 f_{ptk}	抗拉强度设计值 f_{py}	抗压强度设计值 f'_{py}
预应力螺纹钢筋	ΦT	18、25、32	785	980	650	435
			930	1080	770	
			1080	1230	900	

（2）预应力钢丝 预应力钢丝有两类：一类是，中强度预应力钢丝，它主要用于中、小跨度的预应力构件；另一类是，消除应力钢丝，其强度较高。这两类钢丝的外形都是光面带螺旋肋，如图4-68所示。

中强度预应力钢丝是将低碳钢通过冷拔、冷轧等冷加工或再进行稳定化热处理制成，其强度为800～1370MPa。中强度预应力钢丝常加

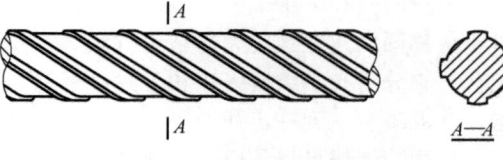

图4-68 预应力钢丝的外形

工成螺旋肋或刻痕等形式，提高了锚固性能，宜用于先张法施工的构件，由于存在脆性大、残余应力大等弱点，故使用较少。

消除应力钢丝是将高碳钢盘条经淬火、酸洗、拉拔和回火处理制成。经矫直回火后，可消除钢丝冷拔过程中产生的残余应力，其比例极限、屈服强度和弹性模量等也会有所提高，塑性也有所改善，同时也解决钢丝的调直问题。消除应力钢丝的松弛损失虽比消除应力前低一些，但仍然较高。于是人们又发展了一种称为"稳定化"的特殊生产工艺，即在一定的温度（如350℃）和拉应力下进行应力消除回火处理，然后冷却至常温。经"稳定化"处理后，钢丝的松弛值仅为普通钢丝的0.25～0.33。这种钢丝被称为低松弛钢丝，目前已在国内外广泛应用。消除应力钢丝的极限强度为1470～1860MPa，钢丝直径一般为3～8mm，其中直径3～4mm的钢丝主要用于先张法，5～8mm用于后张法。预应力钢丝的品种及其强度标准值和设计值见表4-28。

表4-28 预应力钢丝的强度标准值和设计值　　　　　　　（单位：N/mm²）

种类		符号	公称直径 d/mm	屈服强度标准值 f_{pyk}	极限强度标准值 f_{ptk}	抗拉强度设计值 f_{py}	抗压强度设计值 f'_{py}
中强度预应力钢丝	光面螺旋肋	Φ^{PM}　Φ^{HM}	5、7、9	980	1270	810	410
				780	970	650	
				620	800	510	
消除应力钢丝		Φ^{P}　Φ^{H}	5	1640	1860	1320	
			7	1380	1570	1110	
			9	1290	1470	1040	

（3）钢绞线　钢绞线是用冷拔钢丝绞扭而成，在绞线机上以一种稍粗的直钢丝为中心，其余钢丝则围绕其进行螺旋状绞合（图4-69），再经低温回火消除应力处理而成。钢绞线根据深加工的要求不同可分为标准型、刻痕和模拔等几种。钢绞线的强度高（极限强度为1570～1960MPa），柔性较好，施工方便，应用极为广泛。

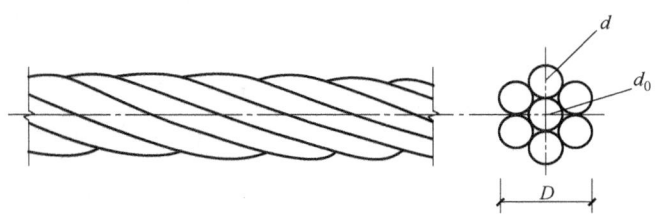

图4-69　预应力钢绞线的截面
D—钢绞线直径　d_0—中心钢丝直径　d—外层钢丝直径

1）标准型钢绞线：标准型钢绞线由冷拉光圆钢丝捻制，常用低松弛钢绞线，其力学性能优异，质量稳定，价格适中，是用途最广、用量最大的一种预应力筋。

2）刻痕钢绞线：由刻痕钢丝捻制而成，与混凝土的握裹力强，其力学性能与低松弛钢绞线相同。

3）模拔钢绞线：它是在捻制成型后，再经模拔处理制成。钢绞线内的钢丝在模拔时被挤压，各根钢丝间成为面接触，使钢绞线的密度提高约18%。在相同截面面积时，其外径较小，可减少所需孔道直径，或在相同直径孔道内可增加钢绞线的数量，且与锚具的接触面较大，锚固效率高。

钢绞线规格有 2～19 股，其中 7 股钢绞线由于面积较大、柔软、施工定位方便，适用于先张法和后张法预应力结构与构件，是目前国内外应用最广的一种预应力筋。表 4-29 给出了我国常用的几种钢绞线的规格及其强度设计值。

表 4-29　钢绞线的强度标准值和设计值　　　　　　　　　　（单位：N/mm²）

种　类		符　号	公称直径 d/mm	屈服强度标准值 f_{pyk}	极限强度标准值 f_{ptk}	抗拉强度设计值 f_{py}	抗压强度设计值 f'_{py}
钢绞线	1×3（三股）	ϕ^S	8.6、10.8、12.9	1760	1960	1390	390
				1670	1860	1320	
				1410	1570	1110	
	1×7（七股）		9.5、12.7、15.2、17.8	1760	1960	1390	
				1670	1860	1320	
				1540	1720	1220	
			21.6	1670	1860	1320	

应当注意的是，预应力钢丝、钢绞线的强度等级繁多，本书表中未列出的强度等级可按比例换算。此外，强度为 1960MPa 级的钢绞线作为后张预应力配筋时，应有可靠的工程经验。

预应力筋在最大力下的总伸长率 δ_{gt} 为 3.5%。各种预应力筋的弹性模量 E_s 见表 4-30。

表 4-30　预应力筋的弹性模量　　　　　　　　　　（单位：×10⁵MPa）

种　类	弹性模量 E_s
预应力螺纹钢筋	2.00
消除应力钢丝、中强度预应力钢丝	2.05
钢绞线	1.95

注：必要时可采用实测的弹性模量。

（4）无黏结预应力筋　无黏结预应力筋（图 4-70）是一种在施加预应力后沿全长与周围混凝土不黏结的预应力筋，它由预应力钢材、涂料层和包裹层组成。无黏结和有黏结的预应力筋的高强钢材要求完全一样，常用的钢材为 7 根直径 5mm 的碳素钢丝束及由 7 根 5mm 或 4mm 的钢丝绞合而成的钢绞线。无黏结预应力筋的制作，通常采用挤压涂塑工艺，外包聚乙烯或聚丙烯套管，套管内充防腐建筑油脂，经挤压成型，塑料包裹层裹覆在钢绞线或钢丝束上。

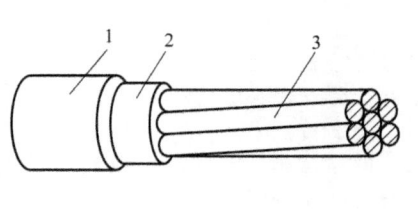
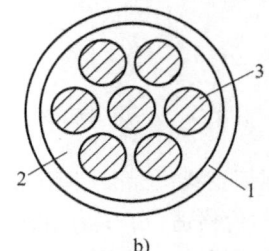

a)

b)

图 4-70　无黏结预应力筋
a）无黏结预应力筋　b）截面示意图
1—聚乙烯塑料套管　2—保护油脂　3—钢绞线或钢丝束

（5）非金属预应力筋　非金属预应力筋主要是指用纤维增强塑料（FRP）制成的预应力筋，主要有玻璃纤维增强塑料（GFRP）、芳纶纤维增强塑料（AFRP）及碳纤维增强塑料（CFRP）预应力筋等几种形式。

FRP预应力筋的外形有圆直式、绞线式、发辫式、网格式和矩形等形式。它与传统钢筋相比，具有密度小、抗拉强度高、耐腐性能好、抗疲劳性能以及电磁绝缘性好等优点，但也有一些不足之处，如应力-应变曲线无明显屈服台阶、弹性模量和抗剪强度较低、热稳定性较差、热胀系数与混凝土存在一定差别以及容易发生徐变断裂等。

2. 预应力筋用锚具、夹具及连接器

预应力筋用的锚具是在后张法预应力混凝土结构或构件中，为保持预应力筋的拉力并将其传递到混凝土上所用的永久性锚固装置。

夹具也称为工具锚，是在先张法预应力混凝土构件施工时，为保持预应力筋的拉力并将其固定在生产台座（或设备）上的临时性锚固装置；或在后张法预应力混凝土结构或构件施工时，在张拉千斤顶或设备上夹持预应力筋的临时性锚固装置。

连接器是用于连接预应力筋的装置。此外还有预应力筋与锚具等组合装配而成的受力单元，如预应力筋-锚具组装件、预应力筋-夹具组装件、预应力筋-连接器组装件等。

（1）性能要求

1）锚具的性能要求。在预应力筋强度等级已确定的条件下，预应力筋-锚具组装件的静载锚固性能试验结果，应同时满足锚具效率系数（η_a）等于或大于0.95和组装件预应力筋受力长度的总伸长率ε_{Tu}等于或大于2.0%两项要求。

锚具的静载锚固性能，应由预应力筋-锚具组装件静载试验测定的锚具效率系数（η_a）确定，锚具效率系数（η_a）应按表4-31计算。

表4-31　静载锚固性能要求

锚具类型	锚具效率系数	总伸长率
体内、体外束中预应力钢材用锚具	$\eta_a = \dfrac{F_{Tu}}{nF_{pm}} \geq 0.95$	$\varepsilon_{Tu} \geq 2.0\%$
拉索中预应力钢材用锚具	$\eta_a = \dfrac{F_{Tu}}{F_{ptk}} \geq 0.95$	$\varepsilon_{Tu} \geq 2.0\%$
纤维增加复合材料筋用锚具	$\eta_a = \dfrac{F_{Tu}}{F_{ptk}} \geq 0.90$	—

预应力筋-锚具组装件的破坏应是预应力筋的破断，锚具零件不应碎裂。

夹片式锚具的夹片在预应力筋拉应力未超过$0.8f_{ptk}$时不应出现裂纹。预应力筋-锚具（或连接器）组装件破坏时，夹片式锚具的夹片可以出现微裂缝或一条纵向断裂裂缝。

夹片式锚具的锚板应具有足够的刚度和承载力。当试验加载到$0.95f_{ptk}$后卸载时，其中心残余挠度不应大于相应锚垫板上口直径的1/600；加载至$1.2f_{ptk}$时，不应出现裂纹或破坏。对有抗震要求的结构所用的锚具应满足低周反复荷载性能的要求。在环境温度低于-50℃时，锚具应满足低温锚固性能的要求。

2）夹具的性能要求。夹具的静载性能，应由预应力筋-夹具组装件静载试验测定的夹具效率系数（η_g）确定。夹具效率系数应按下式计算：

$$\eta_g = \frac{F_{Tu}}{F_{ptk}} \quad (4\text{-}12)$$

式中 F_{Tu}——预应力筋单根试件的实测平均极限抗拉力（kN）；

F_{ptk}——预应力筋的公称极限抗拉力（kN）。

试验结果应满足夹具效率系数（η_g）等于或大于 0.95 的要求。

夹具应具有良好的自锚性能、松锚性能和安全的重复使用性能。主要锚固零件宜采取镀膜防锈。

3）连接器。永久留在混凝土结构或构件中的预应力筋连接器，应符合锚具的性能要求；用于先张法施工且在张拉后还将放张和拆卸的连接器，应符合夹具的性能要求。

（2）锚具、夹具和连接器的种类

1）锚具。常用的预应力筋用锚具按锚固机可分为支承式（如螺母锚具和镦头锚具）、锥塞式（如锥形锚具等）、夹片式（由锚杯和夹片组成，分为块状夹片锚具和包裹式夹片锚具两类）和握裹式（如挤压锚具和压花锚具等）四种。

锚具的种类很多，不同类型的预应力筋所配用的锚具不同，常用锚具类型和用途，见表 4-32。

表 4-32 常用锚具类型和用途

预应力筋品种	张拉端	固定端	
		安装在结构外部	安装在结构内部
钢绞线	夹片锚具 压接锚具	夹片锚具 挤压锚具 压接锚具	压花锚具 挤压锚具
钢丝束	镦头锚具 冷（热）铸锚具	冷（热）铸锚具	镦头锚具
预应力螺纹钢筋	螺母锚具	螺母锚具	螺母锚具

① 支承式锚具。螺母锚具由螺丝端杆、螺母和垫板三部分组成。张拉端和非张拉端都可使用螺母锚具，适用于直径 18~36mm 的预应力螺纹钢筋，如图 4-71 所示。锚具长度一般为 320mm，当为一端张拉或预应力筋的长度较长时，螺杆的长度应增加 30~50mm。

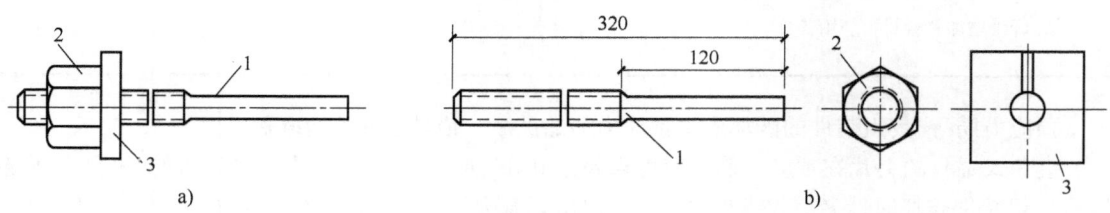

图 4-71 螺母锚具
a）螺母锚具 b）锚具零件
1—螺丝端杆 2—螺母 3—垫板

用于单根粗钢筋的镦头锚具一般直接在预应力筋端部热镦、冷镦或锻打成型。镦头锚具也适用于锚固多根钢丝束。钢丝束镦头锚具分为 A 型与 B 型。A 型由锚环与螺母组成，可用于张拉端；B型为锚板，用于固定端，其构造，如图4-72所示。

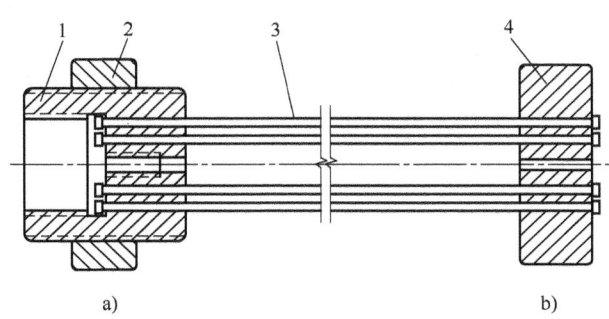

图4-72 钢丝束镦头锚具
a）张拉端锚具（A型） b）固定端锚具（B型）
1—锚环 2—螺母 3—钢丝束 4—锚板

镦头锚具的工作原理是将预应力筋穿过锚环的蜂窝眼后，用专门的镦头机将钢筋或钢丝的端头镦粗，将镦粗头的预应力束直接锚固在锚环上，待千斤顶拉杆旋入锚环内螺纹后即可进行张拉，当锚环带动钢筋或钢丝伸长到设计值时，将螺母沿锚环外的螺纹旋紧顶在构件表面，于是螺母通过支承垫板将预压力传到混凝土上。

镦头锚具的优点是操作简便迅速，不会出现锥形锚易发生的滑丝现象，故不发生相应的预应力损失。这种锚具的缺点是下料长度要求很精确，否则，在张拉时会因各钢丝受力不均匀而发生断丝现象。

② 锥塞式锚具。锥形锚具（图4-73）由锚环和锚塞组成，用于锚固钢丝束。锚环内孔的锥度应与锚塞的锥度一致。锚塞上刻有细齿槽，夹紧钢丝防止滑动。

锥形锚具的尺寸较小，便于分散布置。缺点是易产生单根滑丝现象，钢丝回缩量较大，所引起的应力损失也大，并且滑丝后无法重复张拉和接长，应力损失很难补救。此外，钢丝锚固时呈辐射状态，弯折处受力较大。

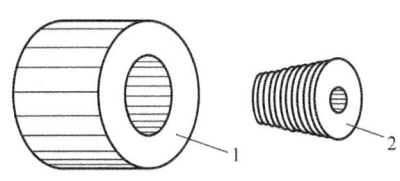

图4-73 锥形锚具
1—锚环 2—锚塞

锥形螺杆锚具用于锚固14~28根直径5mm的钢丝束。它由锥形螺杆、套筒、螺母等组成，如图4-74所示。

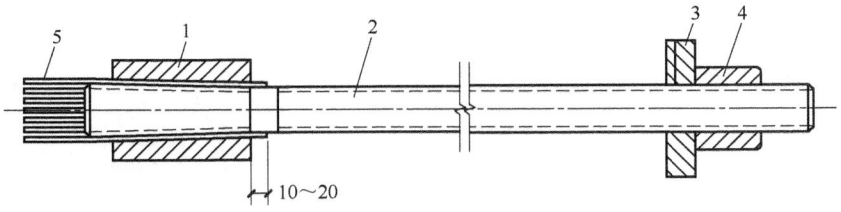

图4-74 锥形螺杆锚具
1—套筒 2—锥形螺杆 3—垫板 4—螺母 5—钢丝束

③ 夹片式锚具。XM型锚具属于多孔夹片锚具，是一种新型锚具。这是在一块单孔或多孔的锚板上，利用锥形孔装一副夹片夹持一根钢绞线的一种楔紧式锚具。这种锚具的优点是任何一根钢绞线锚固失效，都不会引起整束锚固失效，并且每束钢绞线的根数不受限制。

XM 型锚具由锚板与三片夹片组成，如图 4-75 所示。它既适用于锚固钢绞线束，又适用于锚固钢丝束；既可锚固单根预应力筋，又可锚固多根预应力筋。当用于锚固多根预应力筋时，既可单根张拉，逐根锚固，又可成组张拉，成组锚固。另外，它还既可用作工作锚具，又可用作工具锚具，随着预应力混凝土结构和无黏结预应力结构的发展，XM 型锚具已得到广泛应用，实践证明，XM 型锚具具有通用性强、性能可靠、施工方便、便于高处作业的特点。该锚具广泛应用于现代预应力混凝土工程。

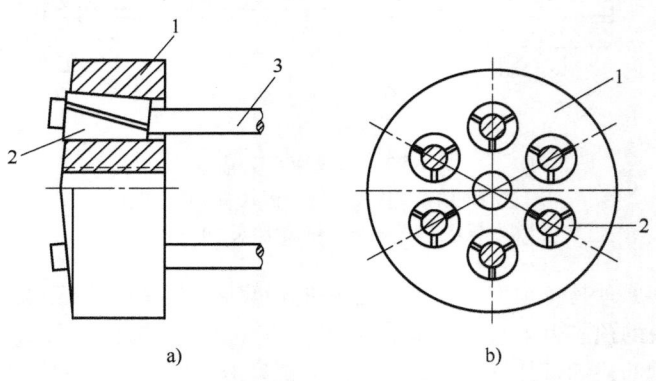

图 4-75　XM 型锚具
a）装配图　b）锚板
1—锚板　2—夹片（三片）　3—钢绞线

XM 型锚具的锚板上的锚孔沿圆周排列（也可做成单孔），夹片采用三片式，按 120°均分开缝，沿轴向有倾斜偏转角，倾斜偏转角的方向与钢绞线的扭角相反，以确保夹片能夹紧钢绞线或钢丝束的每一根外围钢丝，形成可靠的锚固。

XM 型锚具在充分满足自锚条件下，夹片的锥面选用较大的锥角，使 XM 锚具可当工作锚具与工具锚具使用。当用作工具锚具时，可在夹片和锚板之间涂抹一层能在极大压强下保持润滑性能的固体润滑剂（如石墨、石蜡等），当千斤顶回程时，用锤轻轻一击，即可松开脱落。当用作工作锚具时，具有连续反复张拉的功能，可用行程不大的千斤顶张拉任意长度的钢绞线。

QM 型锚具也属于多孔夹片锚具，它适用于钢绞线束。该锚具由锚板与夹片组成，如图 4-76 所示。QM 型锚固体系配有专门的工具锚具，以保证每次张拉后退楔方便，并减少安装工具锚具所花费的时间。

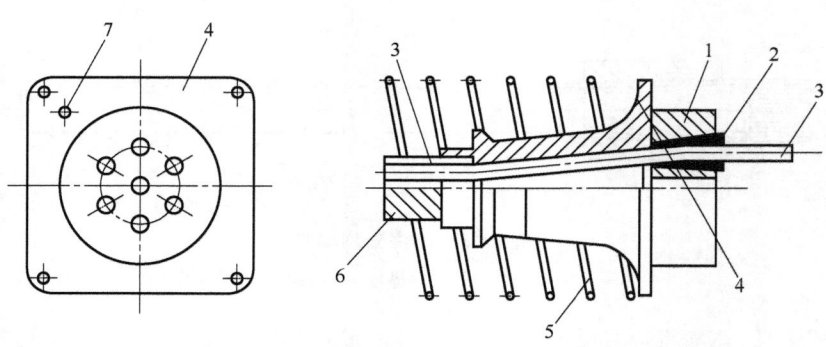

图 4-76　QM 型锚具及配件
1—锚板　2—夹片　3—钢绞线　4—喇叭形铸铁锚垫板
5—螺旋筋　6—预留孔道用的螺旋管　7—灌浆孔

OVM 型锚具是在 QM 型锚具的基础上,将夹片改为二片式,并在夹片背部上部锯有一条弹性槽,以提高锚固性能。

BM 型锚具是一种新型的夹片式扁形群锚,简称扁锚。它是由扁锚头、扁形垫板、扁形喇叭管及扁形波纹管等组成,构造如图 4-77 所示。

扁锚的优点是:张拉槽口小,可减小混凝土板厚,便于梁的预应力筋按实际需要切断后锚固,有利于减少钢材消耗;钢绞线单根张拉,施工方便。这种锚具特别适用于空心板、低高度箱梁以及桥面的横向预应力等张拉。

④ 握裹式锚具。钢绞线束的固定端的锚具除了可以采用与张拉端相同的锚具外,还可选用握裹式锚具。握裹式锚具有挤压锚具与压花锚具两类。

挤压锚具是利用液压压头机将套筒挤紧在钢绞线端头上的一种锚具。套筒内衬有硬钢丝螺旋圈,在挤压后硬钢丝全部脆断,一半嵌入外钢套,一半压入钢绞线,从而增加钢套筒与钢绞线之间的摩阻力。锚具下设有钢垫板与螺旋筋。这种锚具适用于构件端部的设计应力较大或端部尺寸受到限制的情况。挤压锚具构造如图 4-78 所示。

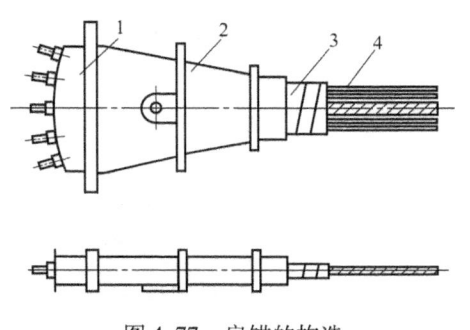

图 4-77 扁锚的构造
1—扁锚头 2—扁形垫板与喇叭管
3—扁形波纹管 4—钢绞线

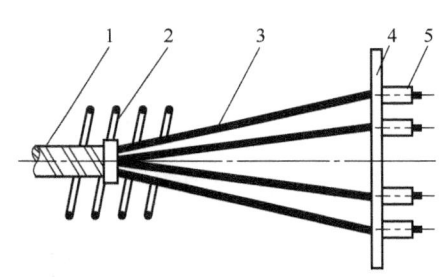

图 4-78 挤压锚具的构造
1—波纹管 2—螺旋筋 3—钢绞线
4—钢垫板 5—挤压锚具

压花锚具是利用液压压花机将钢绞线端头压成梨形散花状的一种锚具(图 4-79)。梨形头的尺寸对于 $\phi 15mm$ 钢绞线不小于 $95mm \times 150mm$。多根钢绞线梨形头应分排埋置在混凝土内。为提高压花锚具四周混凝土及散花头根部混凝土抗裂强度,在散花头的头部配置构造筋,在散花头的根部配置螺旋筋,压花锚具距构件截面边缘不小于 300mm。第一排压花锚具的锚固长度,对 $\phi 15mm$ 钢绞线不小于 950mm,每排相隔至少 300mm。多根钢绞线压花锚具构造,如图 4-80 所示。

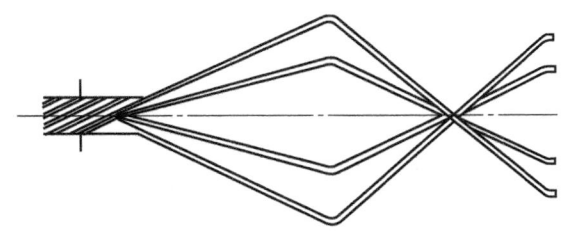

图 4-79 压花锚具

2)夹具。先张法施工中钢丝张拉与钢筋张拉均需要用夹具夹持钢筋并临时锚固,后张法有时也需要用夹具临时锚固钢筋。对钢丝及钢筋张拉所用夹具不同。

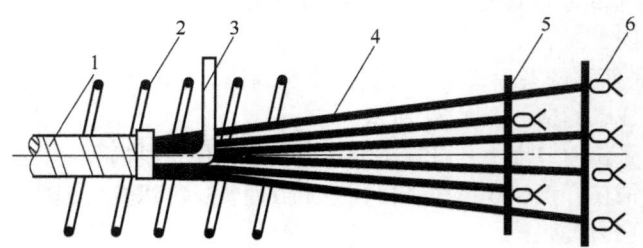

图 4-80 多根钢绞线压花锚具
1—波纹管 2—螺旋筋 3—灌浆管 4—钢绞线 5—构造筋 6—压花锚具

与预应力筋-锚具组装件类似,预应力筋-夹具组装件的破坏应是预应力筋的破断,而夹具零件不应碎裂。

① 钢丝用夹具。先张法中钢丝用夹具分两类:一类是将预应力筋锚固在台座或钢模上的锚固夹具;另一类是张拉时夹持预应力筋用的夹具。锚固夹具与张拉夹具都是重复使用的工具。夹具的种类繁多,此处仅介绍一些常用的钢丝夹具。图 4-81 所示为钢丝用锚固夹具,图 4-82 所示为钢丝用张拉夹具。

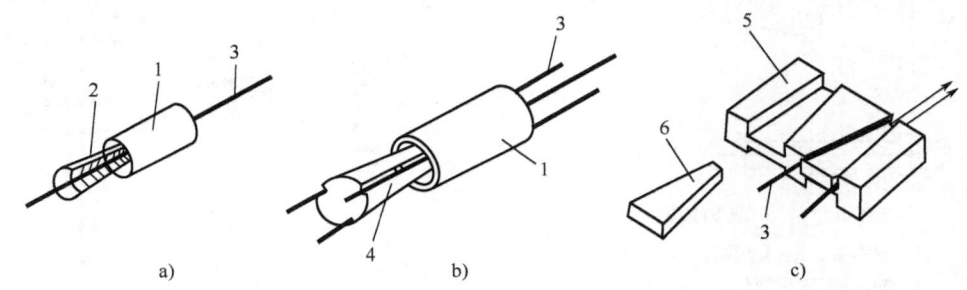

图 4-81 钢丝用锚固夹具
a) 圆锥齿板式 b) 圆锥槽式 c) 楔形
1—套筒 2—齿板 3—钢丝 4—锥塞 5—锚板 6—楔块

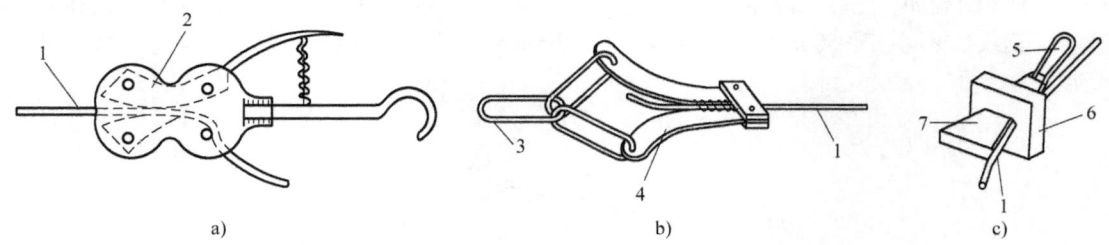

图 4-82 钢丝用张拉夹具
a) 钳式 b) 偏心式 c) 楔形
1—钢丝 2—钳齿 3—拉钩 4—偏心齿条 5—拉环 6—锚板 7—楔块

② 钢筋用夹具。钢筋锚固多用螺母锚具、镦头锚具和销片夹具等。张拉时可用连接器与螺母锚具连接,或用销片夹具等。

钢筋镦头也可作为锚具,直径 22mm 以下的钢筋用对焊机加热或冷镦,大直径钢筋可用压模加热锻打或成型。镦过的钢筋需经过冷拉，以检验镦头处的强度。

销片夹具由圆套筒和圆锥形销片组成（图4-83），套筒内壁呈圆锥形，与销片锥度吻合，销片有两片式和三片式，钢筋就夹紧在销片的凹槽内。

先张法用夹具除应具备静载锚固性能，还应具备良好的放松性能。需大力敲击才能松开的夹具，必须证明其对预应力筋的锚固无影响，且对操作人员安全不造成隐患。

③ 夹片式夹（锚）具的自锁与自锚。夹片式夹（锚）具本身须具备自锁和自锚能力。自锁即往销、齿板或楔块打入后不会反弹而脱出的能力；自锚即预应力筋张拉中能可靠地锚固而不被从夹具中拉出的能力。

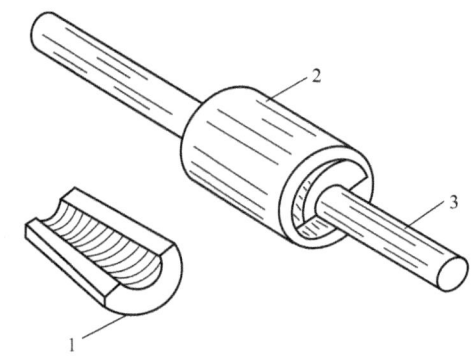

图4-83 两片式销片夹具
1—圆锥形销片 2—圆套筒 3—预应力筋

以锥销式夹具（图4-84）为例，锥销在顶压力 Q 作用下打入套筒，由于 Q 作用，在锥销侧面产生正压力 N 及摩擦力 $\mu_1 N$，根据平衡条件可得

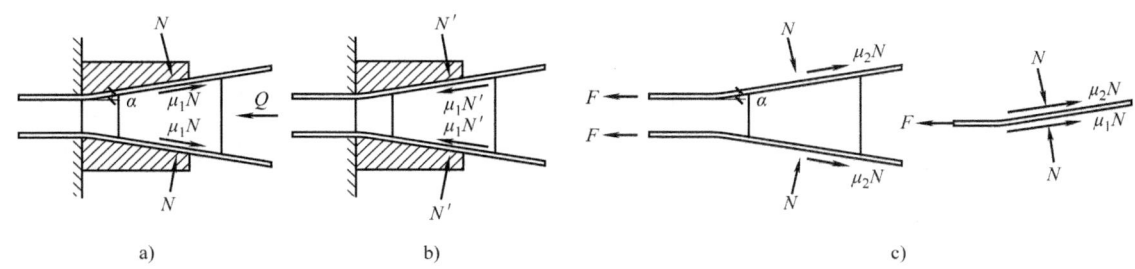

图4-84 锥销式夹具自锁、自锚计算简图
a）打入锥销 b）自锁状态 c）自锚状态

$$Q - n\mu_1 N\cos\alpha - nN\sin\alpha = 0 \qquad (4-13)$$

式中 n——锚固的预应力筋根数；

μ_1——预应力筋与锥销间的摩擦系数。

因为 $\mu_1 = \tan\varphi_1$（φ_1 为预应力筋与锥销间的摩擦角），代入式（4-13）可得

$$Q = n\tan\varphi_1 N\cos\alpha + nN\sin\alpha$$

所以

$$Q = \frac{nN\sin(\alpha + \varphi_1)}{\cos\varphi_1} \qquad (4-14)$$

锚固后，由于预应力筋内缩，正应力变为 N'，由于锥销有回弹趋势，故摩阻力 $\mu_1 N'$ 反向以阻止回弹。为使锥销自锁，则需满足下式：

$$n\mu_1 N'\cos\alpha \geq nN'\sin\alpha \qquad (4-15)$$

以 $\mu_1 = \tan\varphi_1$ 代入式（4-15）可得

$$n\tan\varphi_1 N'\cos\alpha \geq nN'\sin\alpha$$

即

$$\tan\varphi_1 \geq \tan\alpha$$

故
$$\alpha \leqslant \varphi_1 \tag{4-16}$$

因此，要使锥销式夹具能够自锁，α 角必须等于或小于锥销与预应力筋间的摩擦角 φ_1。张拉中预应力筋在 F 作用下有向孔道内滑动的趋势，由于套筒顶在台座或钢模上不动，锥销的自锁，预应力筋带着锥销向内滑动，直至平衡为止。根据平衡条件，可知
$$F = \mu_2 N\cos\alpha + N\sin\alpha$$

夹具如能自锚，阻止预应力筋滑动的摩阻力应大于预应力筋的拉力 F，如图 4-84c 所示，即
$$\frac{(\mu_1 N + \mu_2 N)\cos\alpha}{F} = \frac{(\mu_1 N + \mu_2 N)\cos\alpha}{\mu_2 N\cos\alpha + N\sin\alpha} = \frac{\mu_1 + \mu_2}{\mu_2 + \tan\alpha} \geqslant 1 \tag{4-17}$$

由式 (4-17) 可知 α、μ_2 越小，μ_1 越大，则夹具的自锚性能越好，μ_2 小而 μ_1 大则对预应力筋的挤压好，锥销向外滑动少。这就要求锥销的硬度（HRC40～HRC45）大于预应力筋的硬度，而预应力筋的硬度要大于套筒的硬度。α 角一般为 4°～6°，过大则自锁和自锚性能差，过小则套筒承受的环向张力过大。

3）连接器。用于不同预应力筋的连接器有不同的形式。

钢丝束的接长，可采用 DMC 型连接器。它是一个带内螺纹的套筒或带外螺纹的连杆。图 4-85 所示为带内螺纹套筒的 DMC 型连接器。

钢绞线束连接器，按使用部位不同可分为锚头连接器与接长连接器。锚头连接器设置在构件端部，用于锚固前段钢绞线束，并连接后段束。锚头连接器的构造如图 4-86 所示，其连接体是一块增大的锚板。锚板中部的锥形孔用于锚固前段束，锚板外周边的槽口用于挂住后段束的挤压头。连接器外包喇叭形白铁护套，并沿连接体外圆绕上打包钢条一圈，用打包机打紧钢条固定挤压头。

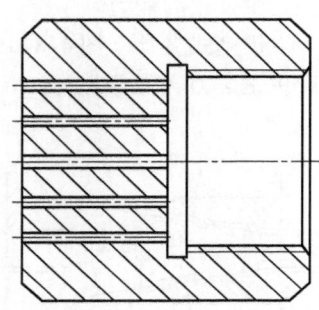

图 4-85 带内螺纹套筒的 DMC 型连接器

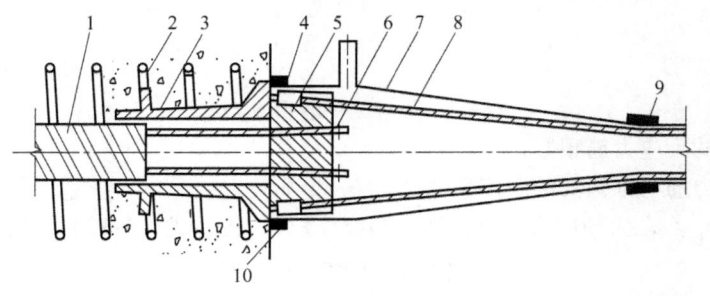

图 4-86 锚头连接器的构造

1—波纹管 2—螺旋筋 3—铸铁喇叭管 4—挤压锚具 5—连接体 6—夹片
7—白铁护套 8—钢绞线 9—钢环 10—打包钢条

接长连接器设置在孔道的直线区段，用于接长预应力筋。接长连接器与锚头连接器的不同之处是将锚板上的锥形孔改为孔眼，两段钢绞线的端部均用挤压锚具固定。张拉时连接器应有足够的活动空间。接长连接器的构造如图 4-87 所示。

精轧螺纹钢筋的连接器用于连接钢筋使之成为一体共同受力。这种连接器（YCL）的构造，如图 4-88 所示。

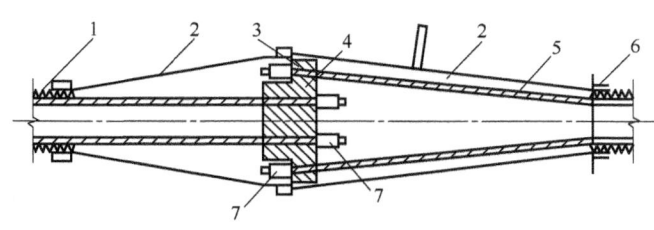

图 4-87 接长连接器的构造

1—波纹管　2—白铁护套　3—打包钢条　4—锚板　5—钢绞线
6—钢环　7—挤压锚具

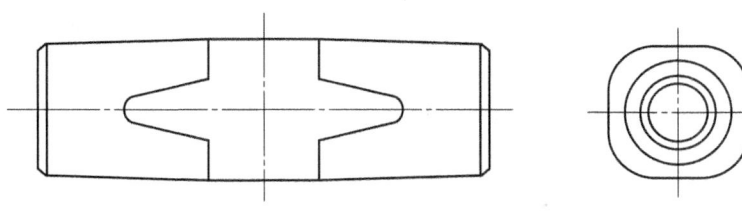

图 4-88　YGL 连接器的构造

3. 张拉机械

张拉机械分为电动张拉机械和液压张拉机械两类，前者多用于先张法，后者可用于先张法，也可用于后张法。

（1）电动张拉机械　在先张法台座上生产构件进行单根钢筋张拉，一般用小型电动螺杆张拉机（图 4-89），以弹簧、杠杆等设备测力。用弹簧测力时宜设置行程开关，以便张拉到规定的拉力时可自行停车。

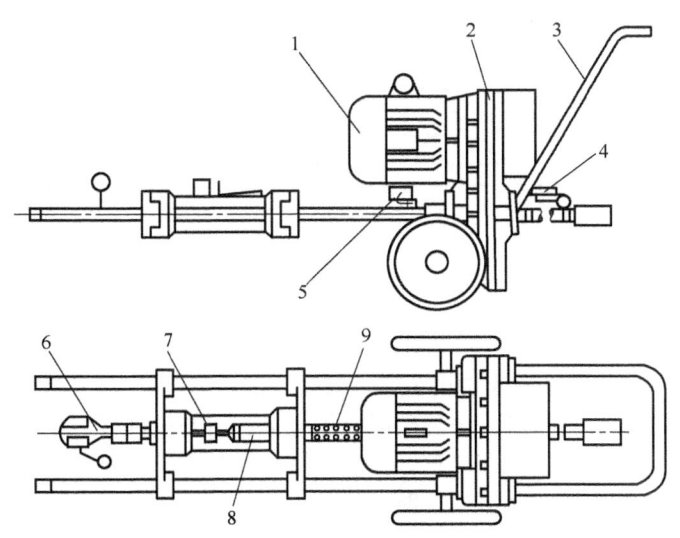

图 4-89　电动螺杆张拉机

1—电动机　2—减速箱　3—手柄　4—前限位开关　5—后限位开关　6—夹具
7—测力器　8—计量标尺　9—螺杆

对长线台座，由于放置钢筋的长度较大，张拉时伸长值也较大，一般电动螺杆张拉机或液压千斤顶的行程难以满足，故张拉小直径的钢筋可用卷扬机，图4-90所示为采用卷扬机张拉单根预应力筋的示意图。

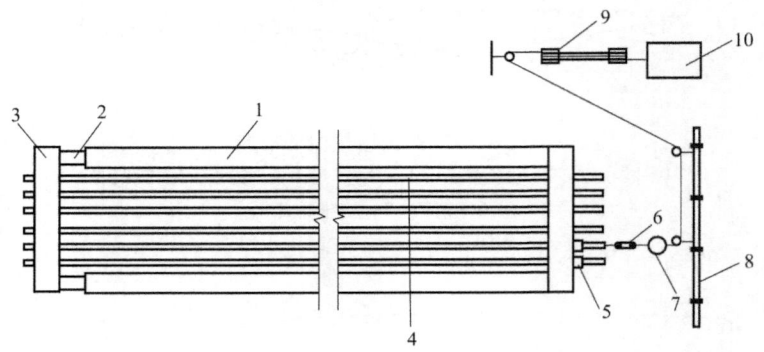

图4-90 用卷扬机张拉钢筋
1—台座 2—放松装置 3—横梁 4—预应力筋 5—锚固夹具 6—张拉夹具
7—测力计 8—固定梁 9—滑轮组 10—卷扬机

（2）液压张拉机械

1）普通液压千斤顶。先张法施工中常常会进行多根钢筋的同步张拉，当用钢台模以机组流水法或传送带法生产构件进行多根张拉时，可用普通液压千斤顶进行张拉。张拉时要求钢丝的长度基本相等，以保证张拉后各钢筋的预应力相同，因此，事先应调整钢筋的初应力。图4-91所示为用液压千斤顶进行成组张拉钢筋的示意图。

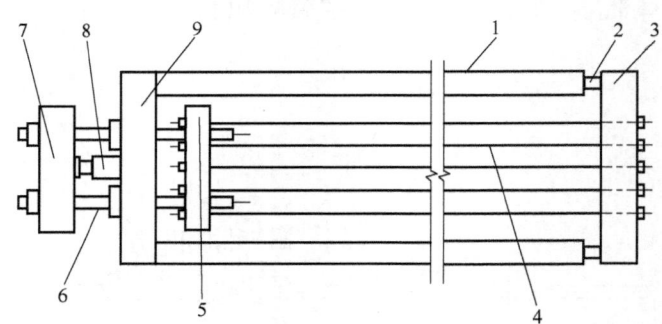

图4-91 液压千斤顶成组张拉钢筋
1—台模 2—放松装置 3、9—前、后横梁 4—钢筋 5、7—拉力架横梁 6—螺杆 8—液压千斤顶

2）拉杆式千斤顶。拉杆式千斤顶用于螺母锚具、锥形螺杆锚具、钢丝镦头锚具等。它由主油缸、主缸活塞、回油缸、回油活塞、连接器、传力架、活塞拉杆等组成。图4-92所示为用拉杆式千斤顶张拉时的工作示意图。张拉前，先将连接器旋在螺丝端杆上，相互连接牢固。千斤顶由传力架支承在构件端部的钢板上。张拉时，高压油进入主油缸，推动主缸活塞及拉杆，通过连接器和螺丝端杆，预应力筋被拉伸。千斤顶拉力的大小可由液压泵压力表的读数直接显示。当张拉力达到规定值时，拧紧螺丝端杆上的螺母，此时张拉完成的预应力筋通过螺母被锚固在构件的端部。锚固后回油缸进油，推动回油活塞工作，千斤顶脱离构件，主缸活塞、拉杆和连接器回到原始位置。最后将连接器从螺丝端杆上卸掉，卸下千斤顶，张拉结束。

目前常用的一种千斤顶是 Y160 型拉杆式千斤顶。另外，还有 YL400 型和 YL500 型千斤顶，其张拉力分别为 4000kN 和 5000kN，主要用于张拉力较大的钢筋张拉。

3）穿心式千斤顶。穿心式千斤顶是利用双液压缸张拉预应力筋和顶压锚具的双作用千斤顶。穿心式千斤顶适用于张拉端。XM 型锚具等夹片类的钢筋，配上撑脚与拉杆后，也可作为拉杆式千斤顶张拉带螺母锚具和镦头锚具的预应力筋。图 4-93 所示为 XM 型锚具和 YC60 型千斤顶的安装示意图。穿心式千斤顶的系列产品有 YC20D 型 YC60 型与 YC120 型等。

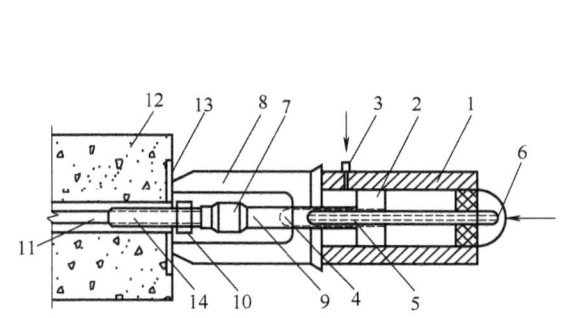

图 4-92　拉杆式千斤顶张拉时工作示意图
1—主油缸　2—主缸活塞　3—进油孔　4—回油缸
5—回油活塞　6—回油孔　7—连接器　8—传力架
9—拉杆　10—螺母　11—预应力筋　12—混凝土构件
13—预埋钢板　14—螺丝端杆

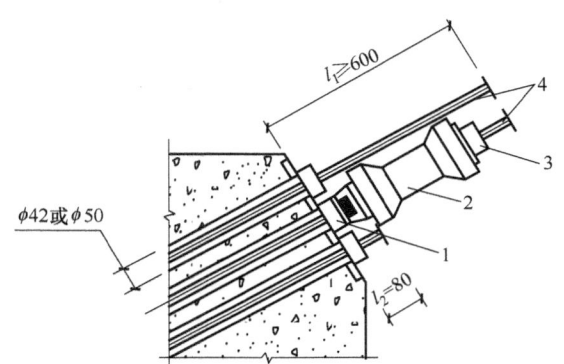

图 4-93　XM 型锚具和 YC60 型千斤顶的安装
1—工作锚具　2—YC60 型千斤顶
3—工具锚具　4—预应力筋

图 4-94 所示为 YC60 型千斤顶的构造，其工作原理是：张拉预应力筋时，张拉缸油嘴进油，顶压缸油嘴回油，顶压油缸、连接套和撑套连成一体右移顶住锚环，张拉油缸、端盖螺母及堵头和穿心套连成一体带动工具锚具左移张拉预应力筋，顶压锚固时，在保持张拉力稳定的条件下，顶压缸油嘴进油，顶压活塞、保护套和顶压头连成一体右移将夹片强力顶入锚环内，此时张拉缸油嘴回油，顶压缸油嘴进油，张拉油缸液压回程。最后，张拉缸油嘴、顶压缸油嘴同时回油，顶压活塞在弹簧力作用下回程复位。

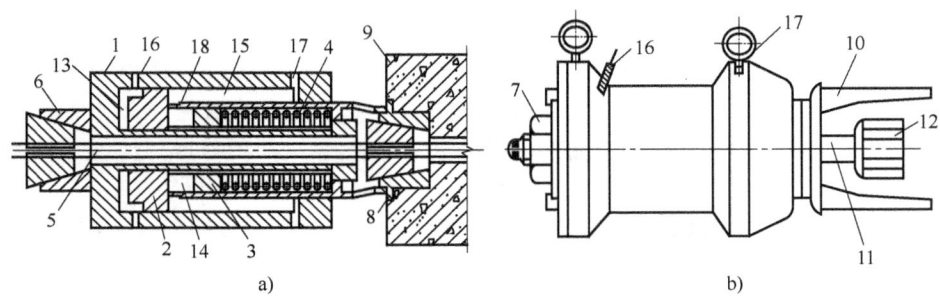

图 4-94　YC60 型千斤顶的构造
a）构造与工作原理　b）加撑脚后的外貌
1—张拉油缸　2—顶压油缸（即张拉活塞）　3—顶压活塞　4—弹簧　5—预应力筋　6—工具锚具
7—螺母　8—锚环　9—混凝土构件　10—撑脚　11—张拉杆　12—连接器　13—张拉工作油缸
14—顶压油缸　15—张拉回程油缸　16—张拉缸油嘴　17—顶压缸油嘴　18—油孔

大跨度结构、长钢丝束等引伸量大者，用穿心式千斤顶为宜。

4) 锥锚式千斤顶。锥锚式千斤顶是具有张拉、顶锚和退楔功能三个作用的千斤顶，用于张拉带锥形锚具的钢丝束。系列产品有 YZ38 型、YZ60 型和 YZ85 型。

锥锚式千斤顶图 4-95 的工作原理是当张拉油缸进油时，张拉活塞被压移，使固定在其上的钢筋被张拉；钢筋张拉后，改由顶压油缸进油，随即由顶压活塞将锚塞顶入锚圈中；张拉油缸、顶压油缸同时回油，则在弹簧力的作用下复位。

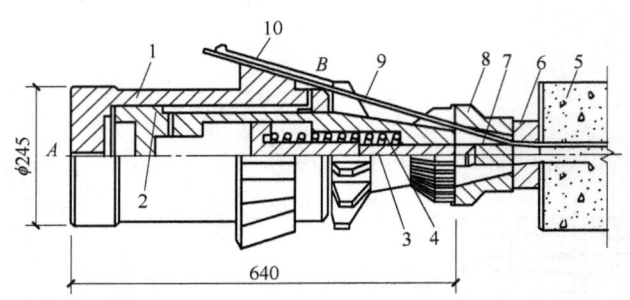

图 4-95　锥锚式千斤顶
1—张拉油缸　2—顶压油缸（张拉活塞）　3—顶压活塞　4—弹簧　5—混凝土构件　6—锚环
7—锚塞　8—对中套　9—预应力筋　10—楔块

5) 高压液压泵。高压液压泵是向液压千斤顶各个油缸供油，使其活塞按照一定速度伸出或回缩的主要设备。液压泵的额定压力应等于或大于千斤顶的额定压力。

高压液压泵分手动和电动两类，目前常使用的有：ZB4-500 型、ZB10/320~4/800 型、ZB0.8-500 与 ZB0.6-630 型等几种，其额定压力为 40~80MPa。

用千斤顶张拉预应力筋时，张拉力的大小是通过液压泵上的油压表读数来控制的。油压表的读数表示千斤顶张拉油缸活塞单位面积的油压力。在理论上如已知张拉力 N，活塞面积 A，则可求出张拉时油表的相应读数 p。但实际张拉力往往比理论计算值小。其原因是一部分张拉力被油缸与活塞之间的摩阻力抵消，而且摩阻力的大小受多种因素的影响且难以计算确定，为保证预应力筋张拉应力的准确性，应定期校验千斤顶，确定张拉力与油表读数的关系，校验期不应超过 6 个月。校正后的千斤顶与油压表必须配套使用。

4. 预应力筋、锚具、张拉机械的配套使用

锚具、夹具和连接器的选用应根据钢筋种类以及结构要求、产品技术性能和张拉施工方法等选择，张拉机械则应与锚具配套使用。在后张法施工中锚具及张拉机械的合理选择十分重要，例如对于直径 18~36mm 的预应力螺纹钢筋，固定端、张拉端多采用螺母锚具，张拉机械多配套采用拉杆式千斤顶。

较高强度等级的预应力锚具、夹具或连接器可用于较低强度等级的预应力筋，但较低强度等级的锚具不可用于较高强度等级的预应力筋。

4.4.3　先张法施工

1. 先张法施工工艺流程

先张法是在台座或模板上先张拉预应力筋，并用夹具临时锚固，在浇筑混凝土并达到规定强度后，放张预应力筋的施工方法。先张法施工工艺流程如图 4-96 所示。

先张法的主要施工工序为：在台座上张拉预应力筋至预定长度后，将预应力筋固定在台座的传力架上；然后在张拉好的预应力筋周围浇筑混凝土；待混凝土达到规定的强度后切断预应力筋。由于预应力筋的弹性回缩，使得与预应力筋黏结在一起的混凝土受到预压作用。因此，先张法是靠预应力筋与混凝土之间的黏结力来传递预应力。

先张法通常适用在长线台座（50～200m）上成批生产配直线预应力筋的混凝土构件，如屋面板、空心楼板、檩条等；也可以采用槽式台座，用于生产深梁、箱梁等。采用流水线生产预制楼板也有用钢模板作为台座。先张法的优点是生产效率高、施工工艺简单、夹具可多次重复使用等。

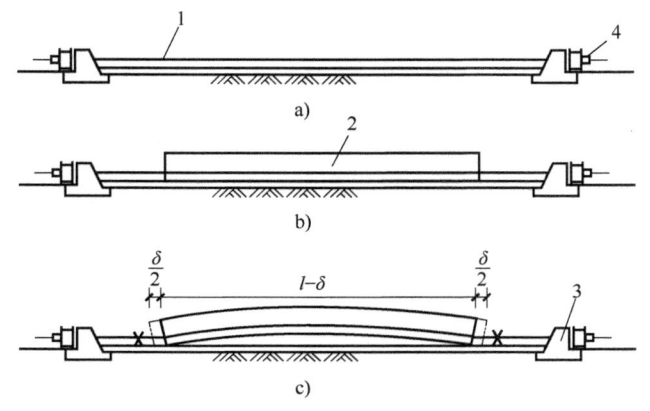

图 4-96　先张法施工工艺流程　　　　　　　先张法施工工艺
1—预应力筋　2—混凝土构件　3—台座　4—夹具

2. 先张法施工设备

用台座法生产预应力混凝土构件时，预应力筋锚固在台座横梁上，台座承受全部预应力的拉力，故台座应有足够的强度、刚度和稳定性，以避免台座变形、倾覆和滑移。

根据承力结构的不同，台座分为墩式台座、槽式台座、钢模台座等。

（1）墩式台座　以混凝土墩作为承力结构的台座称为墩式台座，一般用于生产中小型构件。台座长度较长，张拉一次可生产多根构件，从而减少因钢筋滑动引起的预应力损失，如图 4-97 和图 4-98 所示。生产中型构件可用图 4-97 所示墩式台座。台面局部加厚，以承受和传递张拉力。设计墩式台座时，应进行台座的稳定性和强度验算。

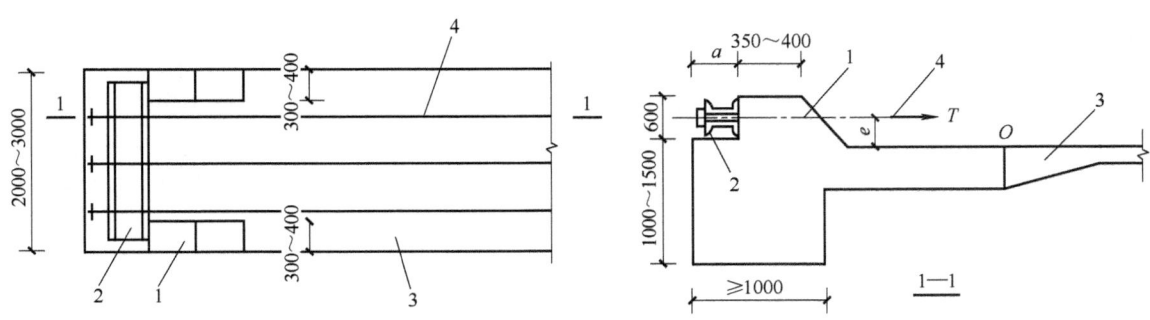

图 4-97　重力式墩式台座
1—混凝土墩　2—钢横梁　3—局部加厚的台面　4—预应力筋

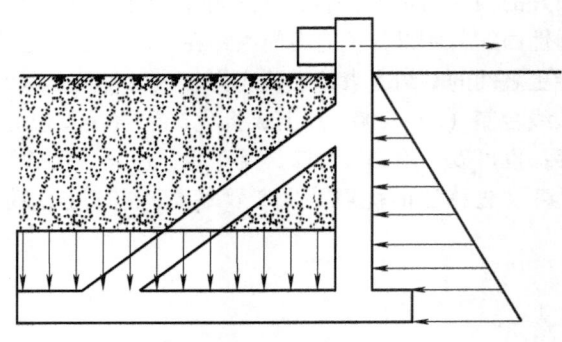

图 4-98 构架式墩式台座

稳定性是指台座抗倾覆能力。抗倾覆验算的计算简图，如图 4-99 所示，台座的抗倾覆稳定性按下式计算：

$$K_0 = \frac{M'}{M} \tag{4-18}$$

式中 K_0——台座的抗倾覆安全系数；
M——由张拉力产生的倾覆力矩，$M = Te$；
e——张拉力合力 T 的作用点到倾覆转动点 O 的力臂；
M'——抗倾覆力矩。

如忽略土压力，则

$$M' = G_1 l_1 + G_2 l_2 \tag{4-19}$$

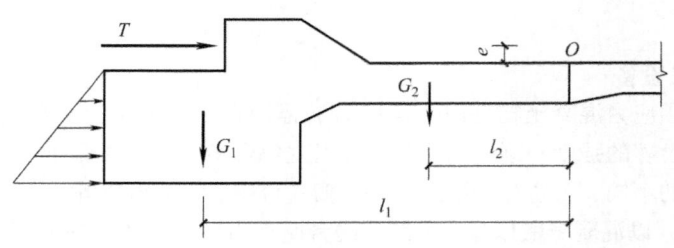

图 4-99 墩式台座的抗倾覆计算简图

进行强度验算时，支承横梁的牛腿，按柱子牛腿计算方法计算其配筋；墩式台座与台面接触的外伸部分，按偏心受压构件计算；台面按轴心受压杆件计算；横梁按承受均布荷载的简支梁计算，其挠度应控制在 2mm 以内，并不可产生翘曲。

（2）槽式台座　生产吊车梁、箱梁等预应力混凝土构件时，由于张拉力和倾覆力矩都较大，大多采用槽式台座（图 4-100）。由于槽式台座具有通长的型钢或钢筋混凝土作为压杆，可承受较大的张拉力和倾覆力矩，其上可加砌砖墙，加上养护罩后还可进行蒸汽养护，为方便混凝土运输和蒸汽养护，槽式台座多低于地面。为便于拆迁，台座的压杆也可分段浇制。槽式台座常用于生产梁、屋架等预应力较大的构件或双向预应力构件。

设计槽式台座也应满足抗倾覆稳定性和强度要求。

（3）钢模台座　钢模台座是将制作构件的模板作为预应力筋的锚固支座的一种台座。将钢模板做成具有一定刚度的结构，将钢筋直接放置在模板上进行张拉。这种模板主要在流水线生产中应用，用于生产屋面板、管桩、轨枕等较小构件等，图 4-101 所示为屋面板钢模台座的示意图。

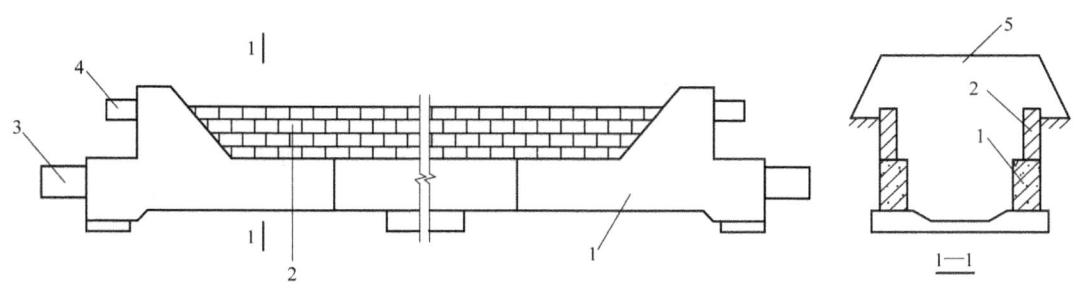

图 4-100 槽式台座
1—台座压杆 2—砖墙 3—上横梁 4—下横梁 5—养护罩

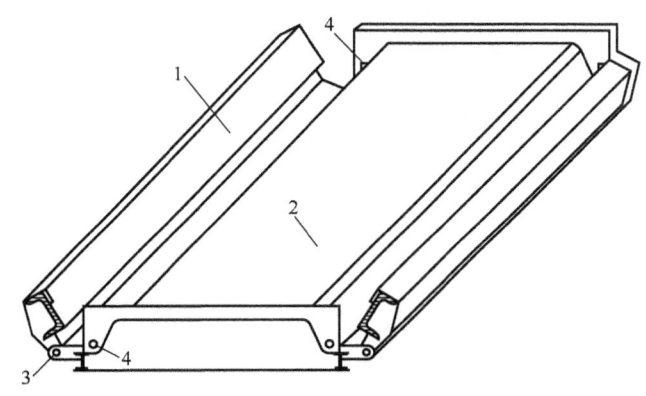

图 4-101 钢模台座
1—侧模 2—底模 3—活动铰 4—预应力筋锚固孔

3. 先张法施工工艺

（1）预应力筋的下料　先张法长线台座上的预应力筋（图 4-102），根据张拉装置不同，可采用单根张拉方式或整体张拉方式，其下料长度 L 按下式计算：

$$L = l_1 + l_2 + l_3 - l_4 - l_5 \tag{4-20}$$

式中　l_1——长线台座长度；
　　　l_2——张拉装置长度（含外露预应力筋长度）；
　　　l_3——固定端所需长度；
　　l_4、l_5——张拉端、固定端工具式拉杆长度。

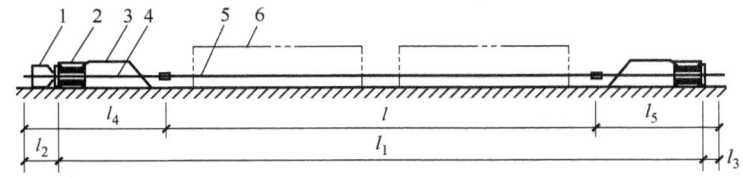

图 4-102 长线台座预应力筋下料长度计算简图
1—张拉装置 2—钢横梁 3—台座 4—工具式拉杆 5—预应力筋 6—待浇筑混凝土构件

（2）预应力筋的张拉　预应力筋的张拉应根据设计要求严格按张拉程序进行。

1）张拉前准备。预应力筋张拉前，应计算张拉力和张拉伸长值，并根据张拉设备标定结果确定液压泵压力表读数。张拉设备和油压表应配套标定和使用。

2）张拉控制应力。预应力筋应按设计控制张拉应力。从零拉力加载至初拉力后，量测伸长值初读数，再以均匀速度加载至张拉控制应力 σ_{con}，初拉力可取 $(0.1 \sim 0.2)\sigma_{con}$。

如要求抵消预应力筋的应力松弛后预应力筋与台座之间的温差等因素产生的预应力损失，可在设计控制应力的基础上相应提高 $0.05f_{ptk}$ 或 $0.05f_{pyk}$。但调整后的张拉控制应力 σ_{con} 应符合表 4-33 的规定。

表 4-33 张拉控制应力和超张拉允许最大应力

预应力筋种类	张拉控制应力 σ_{con}	调整后的最大应力限值 σ_{max}
消除应力钢丝、钢绞线	$0.75f_{ptk}$	$0.80f_{ptk}$
中强度预应力钢丝	$0.70f_{ptk}$	$0.75f_{ptk}$
预应力螺纹钢筋	$0.85f_{ptk}$	$0.90f_{ptk}$

注：f_{ptk} 为预应力筋极限抗拉强度标准值。

3）张拉程序。预应力筋张拉一般按以下程序进行：

$$0 \to 1.05\sigma_{con} \xrightarrow{\text{持荷 2min}} \sigma_{con} \to \text{固定}, \text{ 或 } 0 \to 1.03\sigma_{con} \to \text{固定}$$

上述张拉程序中，都采用了超过张拉控制应力的张拉值，目的是减少预应力筋的应力松弛造成的预应力损失。

所谓"应力松弛"，是指常温下钢材在持续高应力的作用下，预应力筋的应力随时间增长而降低的现象。应力松弛也是预应力筋的力学性能。松弛的数值与控制应力和延续时间有关，控制应力高，松弛也大，所以钢丝、钢绞线的松弛损失比螺纹钢筋大；松弛损失还随着时间的延续而增加，但在初期发展最快，第一小时内松弛最大。采用超张拉可弥补松弛引起的预应力损失。

采用应力控制方法张拉时，应校核张拉力下预应力筋伸长值。实测伸长值与计算伸长值的偏差不应超过 ±6%，否则应查明原因并采取措施后再张拉。

4）预应力筋的张拉注意事项。

① 做好材料、设备检查，并做好预应力筋张拉记录。

② 在已张拉钢筋（丝）后进行其他钢筋绑扎、预埋件安装、模板安装以及混凝土浇筑等操作时，防止踩踏、敲击或碰撞预应力筋。

③ 单根张拉时，应从台座中间向两侧对称进行，以防偏心损坏台座。多根成组张拉时，应用测力计抽查钢筋的应力，保证各预应力筋的初始应力一致。

④ 张拉要缓慢进行，顶紧夹片时，用力不要太猛，以防钢丝折断；在拧紧螺母时，应注意压力表读数始终保持所需的张拉力。

⑤ 预应力张拉完毕后，与设计位置的偏差不得大于 5mm，也不得大于构件截面最短边长的 4%。

⑥ 冬期施工张拉时，环境温度不得低于 -15℃。

⑦ 施工中必须注意安全，严禁正对钢筋张拉的两端站立人员，防止断筋回弹伤人。

（3）混凝土的浇筑与养护　预应力筋张拉完成后，钢筋绑扎、模板安装和混凝土浇筑等工作应及时完成。应选用合适的配合比尽量减少混凝土的收缩和徐变，减少预应力损失。混凝土的浇筑必须一次完成，不得留设施工缝，并应振捣密实。混凝土浇筑时，振动器不得碰撞预应力筋，混凝土未达到强度前，不允许碰撞或踩动预应力筋。

混凝土可采用自然养护或蒸汽养护。蒸汽养护时，由于预应力筋张拉后锚固在台座上，温度升高预应力筋膨胀伸长，使预应力筋的应力减小。混凝土逐渐硬结，而预应力筋由于预应力筋膨胀伸长引起的应力损失不能恢复。因此，应采取正确的养护制度以减少由于温差引起的预应力损失。一般可采用两次升温的措施：初次升温应在混凝土尚未结硬、未与预应力筋黏结时进行，初次升温的温差一般可控制在20℃以内；第二次升温则在混凝土构件具备一定强度（7.5～10MPa），即混凝土与预应力筋的黏结力足以抵抗温差变形后，再将温度升到养护温度进行养护，此时，预应力筋将和混凝土一起变形，预应力筋不再引起应力损失。

以机组流水法或传送带法用钢模制作预应力构件，湿热养护时钢模与预应力筋同步伸缩，故不引起温差预应力损失。

(4) 预应力筋的放张

1) 预应力筋放张。放张时构件的混凝土强度应符合设计要求，且同条件养护的混凝土立方体抗压强度不应低于设计强度等级的75%，采用消除应力钢丝和钢绞线作为预应力筋时，混凝土强度不应低于30MPa。

先张法预应力筋的放张顺序：

① 宜采取缓慢放张工艺进行逐根或整体放张。

② 对轴心受压构件，所有预应力筋宜同时放张。

③ 对受弯或偏心受压构件，应先同时放张预压应力较小区域的预应力筋，再同时放张预压应力较大区域的预应力筋。

④ 当不能按上述方法放张时，应分阶段、对称、相互交错放张，防止在放张过程中构件产生弯曲、裂纹和预应力筋断裂。

放张后，预应力筋的切断顺序，宜从张拉端开始依次切向另一端。

2) 放张方法。当预应力筋采用钢丝时，配筋不多的中小型钢筋混凝土构件，钢丝可用砂轮锯或切断机切断等方法放松。

配筋多的钢筋混凝土构件，预应力筋为螺纹钢筋时，不得用电弧切割，宜用砂轮锯或切断机切断。多根钢丝或钢筋的同时放松，可用液压千斤顶、砂箱、模块等。

采用湿热养护的预应力混凝土构件，宜热态放松预应力筋，而不宜降温后再放松。

4.4.4 后张法施工

后张法是指结构构件浇筑混凝土并达到规定强度后，通过张拉预应力筋并在结构上锚固而建立预应力的施工方法。后张法施工分为有黏结预应力施工与无黏结预应力施工。后张法施工不需要专门台座，直接在构件上张拉，便于在现场制作大型构件，适用于配直线及曲线预应力筋的构件。但与先张法相比其施工工艺较复杂、锚具消耗量大、成本较高。

无黏结预应力施工工艺与有黏结预应力比较相似，区别在于无黏结预应力的施工过程较为简单，它避免了预留孔道、穿预应力筋以及压力灌浆等施工工序，此外，无黏结预应力筋与混凝土之间没有黏结力，其预应力的传递完全依靠构件两端的锚具，因此对锚具的要求较高。

1. 有黏结预应力施工工艺

有黏结预应力混凝土结构是通过灌浆或与混凝土直接接触使预应力筋与混凝土之间相互黏结而建立预应力的混凝土结构。其主要施工工序为：浇筑混凝土构件，并在构件中预留孔道，待混凝土达到预定强度后，将预应力筋穿入孔道；利用构件本身作为受力台座进行张拉（一端锚固一端张拉或两端同时张拉），在张拉预应力筋的同时，使混凝土受到预压。张拉完成后，在张拉端用锚具将预应力筋锚住；最后在孔道内灌浆使预应力筋和混凝土构成一个整体，形成有黏结预应力结构（图4-103）。

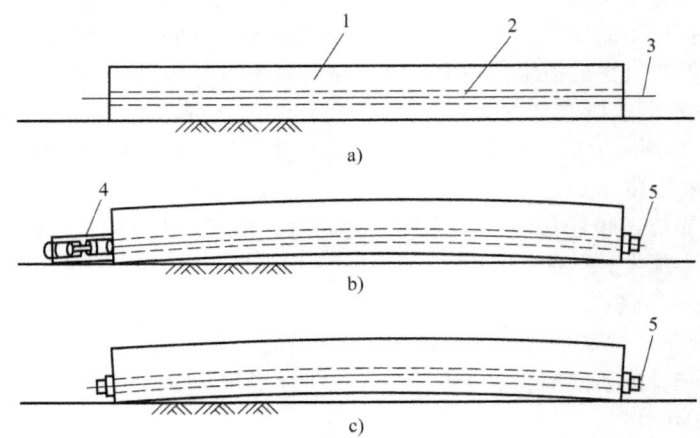

图 4-103 有黏结预应力施工工艺流程
1—混凝土构件 2—预留孔道 3—有黏结预应力筋 4—张拉千斤顶 5—锚具

(1) 构件的孔道留设 孔道留设是有黏结预应力后张法构件制作中的关键工作。孔道留设方法有钢管或胶管抽心法和预埋波纹管法。抽心法常用于预制构件厂,预应力孔道留设位置应准确、内壁光滑,端部预埋钢板应与孔道中心线垂直。孔道直径应比预应力筋(束)及连接器外径大 6~15mm,截面面积为钢筋的 3~4 倍,以便于预应力筋穿入、张拉和注浆黏结。应根据工程特点设置排气孔、泌水孔及灌浆孔,排气孔可兼作泌水孔或灌浆孔。一般在构件两端和中间每隔 12m 留一个直径 20mm 的灌浆孔,并在构件两端各设一个排气孔。当曲线孔道波峰和波谷的高差大于 300mm 时,还应在孔道波峰设置排气孔,排气孔间距不宜大于 30m;当排气孔兼作泌水孔时,其外接管道伸出构件顶面长度不宜小于 300mm。

1) 钢管抽芯法。预先将钢管埋设在模板内孔道位置处,在混凝土浇筑之后,每间隔 10~15min 慢慢转动钢管,使之不与混凝土黏结,待混凝土初凝后、终凝前抽出钢管,即形成孔道。该法只可留设直线孔道。

钢管要平直,表面要光滑,安放位置要准确。为防止在浇筑混凝土时钢管产生位移,需用钢筋井字架固定钢管,其间距不超过 1m。其连接可采用焊接或内螺纹套筒方法。钢管预埋时,每根钢管的长度一般不超过 15m,外露长度不少于 0.5m,以便于旋转和抽管,较长构件则用两根钢管,中间用套管连接。钢管的旋转方向两端要相反。

恰当掌握抽管时间很重要,过早会塌孔,太晚则抽管困难。一般在初凝后、终凝前,以手指按压混凝土不粘浆又无明显印痕时则可抽管。为保证顺利抽管,混凝土的浇筑顺序要密切配合。

抽管顺序宜先上后下,抽管可用人工或卷扬机,抽管要边抽边转,速度均匀,与孔道成一条直线。

2) 胶管抽心法。它是在绑扎构件钢筋时,在预应力筋的位置处安装固定胶管,待混凝土终凝后拔出的留孔方法。采用该方法,既可以留设直线孔道,也可以留设曲线孔道。

胶管常采用衬有钢丝网的厚壁胶管,利用其弹性易于拔出,胶管用钢筋井字架与其他钢筋固定牢靠,在直线段固定点间距不大于 0.5m,曲线段应适当加密。抽管宜先上后下,先曲后直。

3) 预埋波纹管法。波纹管为特制的带波纹的金属管或塑料管。波纹管预埋在构件中,浇筑混凝土后不再抽出。金属波纹管接长可采用大一规格的同波型波纹管作为接头管,接头管长度可取其直径的 3 倍,且不宜小于 200mm,两端旋入长度宜相等,接头部位采用防水胶带密封。

塑料波纹管接长则可采用塑料焊接机热熔焊接或采用专用连接管。

塑料波纹管是国外发展起来的一种新型制孔器。它采用的塑料为聚丙烯或高密度聚乙烯。管道外表面的螺旋肋与周围的混凝土具有较强的黏结力，从而能将预应力传递到管道外的混凝土。塑料波纹管具有耐腐蚀性能好、孔道摩擦损失小、可提高后张预应力结构的抗疲劳性能等优点。

后张法孔道留设时，应设置定位钢筋用于固定成孔管道。定位钢筋直径不宜小于10mm，间距不宜大于0.8m，将成孔管道与定位钢筋绑扎牢固。成孔管道的位置偏差应符合规范规定，预应力筋和预应力孔道的间距及预应力筋的保护层厚度也应符合设计要求。

（2）预应力筋张拉　张拉预应力筋时，构件混凝土的强度应按设计规定，并且同条件养护的混凝土立方体抗压强度不应低于设计强度的75%。此外，混凝土的强度还不应低于锚具所要求的混凝土最低强度。对梁和板现浇结构混凝土的龄期分别不宜小于7d和5d。

预应力筋的张拉控制应力、调整后的最大应力限值及常用的张拉程序同先张法施工，此处不再赘述。

预应力筋的张拉力大小，直接影响预应力效果，设计人员通常会在图样中标明张拉力的值，还需注明所考虑的预应力损失项目与取值，以便施工人员根据实际情况调整张拉力，确保预应力值准确。

预应力筋的张拉力p_j按下式计算：

$$p_j = \sigma_{con} A_p \tag{4-21}$$

式中　σ_{con}——预应力筋的张拉控制应力；

A_p——预应力筋的截面面积。

预应力筋的张拉控制应力应符合设计要求。施工时如需超张拉，其调整后的最大应力不宜超过限值。

预应力混凝土在施工中引起预应力损失的原因很多，产生的时间也先后不一。在进行预应力筋的应力计算与施工时，一般应考虑由以下因素引起的预应力损失：

1）锚具变形、预应力筋内缩和分块拼装构件接缝压密引起的应力损失σ_{l1}。

2）预应力筋与孔道壁之间、张拉端锚口及转向装置处摩擦引起的应力损失σ_{l2}。

3）混凝土加热养护时，预应力筋和承受拉力设备之间温差引起的应力损失σ_{l3}。

4）预应力筋应力松弛引起的应力损失σ_{l4}。

5）混凝土收缩和徐变引起的应力损失σ_{l5}。

6）环形结构中螺旋式预应力筋当直径不大于3m时，由对混凝土的局部挤压引起的应力损失σ_{l6}。

后张法施工中对以上第1）、2）、3）项预应力筋损失在张拉时应予以注意。此外，当采用多层叠浇法施工时，还应考虑构件之间的摩阻力的影响。

预应力筋张拉要求如下：

① 钢筋应力松弛引起的应力损失仍采用超张拉予以弥补。后张法预应力筋的超张拉相关要求与先张法相同。对塑料波纹管成孔管道，达到张拉控制力后，宜持荷2~5min。

② 对配有多根预应力筋的构件，应分批、对称地进行张拉。对称张拉是为避免张拉时构件截面处于过大的偏心受压状态。分批张拉，要考虑后批张拉预应力筋所产生的混凝土弹性压缩或伸长对先批张拉的预应力筋的张拉应力产生影响。因此，先批张拉的预应力筋的张拉应力增加或减小$\alpha_E \sigma_{pci}$，其计算公式为

$$\alpha_E = \frac{E_s}{E_c} \tag{4-22}$$

$$\sigma_{pci} = \frac{(\sigma_{con} - \sigma_{l1})A_p}{A_n} \tag{4-23}$$

式中　E_s——预应力筋的弹性模量；
　　　E_c——混凝土的弹性模量；
　　　σ_{pci}——后批张拉预应力筋在先批张拉预应力筋重心处产生的混凝土法向应力；
　　　σ_{con}——张拉控制应力；
　　　σ_{l1}——预应力筋的第一批应力损失（包括锚具变形和摩擦损失）；
　　　A_p——后批张拉的预应力筋的截面面积；
　　　A_n——构件混凝土的净截面面积（包括构件钢筋的折算面积）。

③ 预应力筋的张拉顺序应符合设计要求，并根据结构受力特点及操作安全，同时要考虑均匀、对称的原则来确定。对平卧叠浇的预应力混凝土构件，上层构件的质量产生的水平摩阻力，会阻止下层构件在预应力筋张拉时混凝土弹性压缩的自由变形，待上层构件起吊后，由于摩阻力影响消失会增加混凝土弹性压缩的变形，从而引起预应力损失。该损失值随构件形式、隔离层和张拉方式的不同而不同。对预制屋架等平卧叠浇构件，应从上而下逐层张拉，并采取逐层加大超张拉的办法来弥补该预应力损失，但底层超张拉值不宜比顶层张拉力大5%，如隔离层的隔离效果好，也可采用同一张拉应力值。对现浇预应力混凝土楼盖，宜先张拉楼板、次梁预应力筋，再张拉主梁预应力筋。

④ 减小预应力筋与预留孔孔壁摩擦会引起应力损失，预应力筋与孔壁的摩擦系数宜通过现场用压力差法测试，按下式计算：

$$\mu = \frac{-\ln(N_1/N_2) - kl}{\theta} \tag{4-24}$$

式中　N_1——张拉端的拉力（kN），取所测得压力扣除锚口预拉力损失后的力；
　　　N_2——固定端的拉力，取所测得压力加上锚口预拉力损失后的力；
　　　l——两端工具锚具间预应力筋的总长度（m），可近似取预应力筋在纵轴上的投影长度；
　　　θ——预应力筋曲线各段两端切线的夹角之和（rad），当端部区段预应力筋曲线有水平偏转时，尚应考虑端部曲线的附加转角；
　　　k——考虑孔道每米长度局部偏差的摩擦影响系数（m^{-1}），施工中孔道摩擦系数可取为各级张拉力相应摩擦系数的平均值。

为减少预应力筋与预留孔孔壁摩擦而引起的应力损失，可采用两端张拉的方法。采用两端张拉时，宜两端同时张拉；也可一端先张拉，另一端补张拉。一般情况下有黏结预应力筋长度不大于20m时可一端张拉，大于20m时宜两端张拉（直线形预应力筋一端张拉的长度可延长至35m）。

与先张法相同，当采用应力控制方法张拉时，应校核预应力筋的伸长值，如实际伸长值与计算伸长值偏差不应超过±%。

对一端张拉的单段曲线或直线预应力筋，其张拉伸长值 ΔL_p 可按下式计算：

$$\Delta L_p = \frac{\sigma_{pt}[1 + e^{-(\mu\theta + kl)}]l}{2E_p} \tag{4-25}$$

式中　l——预应力筋张拉端到固定端的计算长度（mm），可近似取预应力筋在纵轴上的投影长度；
　　　θ——预应力筋曲线两端切线的夹角之和（rad）；
　　　σ_{pt}——张拉控制应力扣除锚口预应力损失后的应力值（MPa）；
　　　E_p——预应力筋弹性模量（MPa），必要时，可采用实测数据。

对多曲线段或直线段与曲线段组成的预应力筋，可根据扣除摩擦损失后的预应力筋有效应力分布，采用分段叠加法计算其张拉伸长值。

预应力筋在张拉前处于松弛状态，因此需要先以（10% ~ 20%）σ_{con} 的初拉力予以预紧，因此，实际张拉伸长值需要在建立初拉力后开始测量。从初拉力至张拉控制力之间的伸长值 ΔL_1，可采用量测千斤顶油缸行程的方法确定，也可采用量测外露预应力筋长度的方法确定。当采用前一方法时，应扣除千斤顶体内的预应力筋张拉伸长值，张拉过程中工具锚具和固定工作锚楔紧引起的预应力筋内缩值。

考虑初拉力下预应力筋也有部分伸长值，实际张拉伸长值 $\Delta L = \Delta L_1 + \Delta L_2$。其中伸长值 ΔL_2，可根据张拉力与伸长值的正比关系推算（图4-104）：

$$\Delta L_2 = \frac{N_{con} - N_0}{N_0} \Delta L_1 \tag{4-26}$$

式中　ΔL_2——初拉力下的推算伸长值（mm）；

　　　ΔL_1——从初拉力至张拉控制力之间的实测张拉伸长值（mm）；

　　　N_0——初拉力（kN）；

　　　N_{con}——张拉控制力（kN）。

(3) 孔道灌浆　预应力筋张拉后，应随即进行孔道灌浆，尤其是钢丝束，张拉后应尽快进行灌浆，以防锈蚀并可增加结构的抗裂性和耐久性。

1) 灌浆材料。灌浆所用的水泥浆，应具备强度高、黏结力大、流动性大、干缩性及泌水性小等特点。因此，配置水泥浆常采用强度等级不低于 42.5 级的普通硅酸盐水泥（泌水率小），水灰比不应大于 0.45，普通工艺灌浆用水泥浆的稠度宜控制在 12 ~ 20s，采用真空灌浆工艺时稠度宜控制在 18 ~ 25s；3h 自由泌水率宜为 0，且不应大于 1%，泌水应在 24h 内全部被水泥浆吸收；24h 自由膨胀率采用普通灌浆工艺时不应大于 6%，采用真空灌浆工艺时不大于 3%。灌浆用水泥浆中氯离子含量不应超过水泥质量的 0.06%。

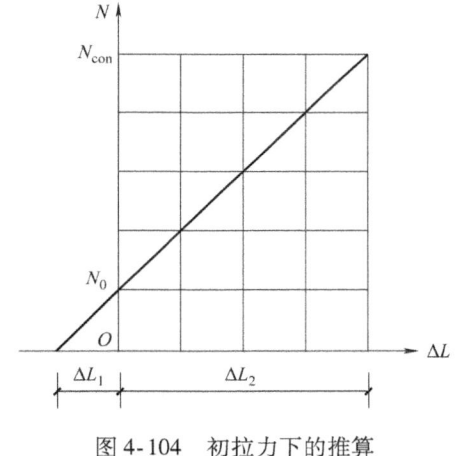

图 4-104　初拉力下的推算伸长值示意图

灌浆用水泥浆 28d 标准养护的边长为 70.7mm 的立方体水泥浆试块抗压强度不应低于 30MPa。灌浆用水泥浆宜采用高速搅拌机进行搅拌，搅拌时间不应超过 5min。水泥浆应在初凝前灌入孔道，拌和后至灌浆完毕的时间不宜超过 30min。

2) 灌浆施工。在浇筑混凝土之前需设置灌浆孔、排气孔、排水孔与泌水管。灌浆孔用于进水泥浆。排气孔是为了保证孔道内气流通畅以及水泥浆充满孔道，不形成死角。灌浆孔或排气孔在跨内高点处应设在孔道上侧方，在跨内低点处应设在孔道下侧方。排水孔一般设在每跨曲线孔道的最低点，开口向下，主要用于排出灌浆前孔道内冲洗用水或养护时进入孔道内的水分。泌水管用于排出孔道灌浆后水泥浆的泌水，并可二次补充水泥浆。

灌浆前应做好有关准备工作：

① 确认孔道、排气兼泌水管及灌浆孔畅通。

② 采用水泥浆、水泥砂浆等材料封堵锚具缝隙，用封锚罩封闭端部锚具。当采用真空灌浆工艺时，还应确认孔道的密封性。

施工中宜先灌注下层孔道，后灌注上层孔道。灌浆应连续进行，直至排气管排出的浆体稠度与注浆孔处相同且无气泡后,再顺浆体流动方向依次封闭排气孔;全部出浆孔封闭后,宜继续加压 0.5~0.7MPa,并稳压 1~2min 后封闭灌浆口。当泌水较大时,宜进行二次灌浆或泌水孔重力补浆。当因故停止灌浆时,应用压力水将未灌注完孔道内已注入的水泥浆冲洗干净。

(4)施工注意事项 预应力结构混凝土浇筑应避免预应力锚垫板与波纹管连接处及预应力筋连接处的管道移位或脱落,同时应采取保证预应力锚固区等配筋密集部位混凝土浇筑密实的措施。

当采用平卧重叠法制作预制构件时,应在下层构件的混凝土强度达到 5.0MPa 后,再浇筑上层构件混凝土,并应采取措施保证上、下层构件有效隔离。

对于后张预应力混凝土结构构件,侧模宜在预应力张拉前拆除;底模支架不应在结构构件建立预应力前拆除。

施加预应力时混凝土强度和工程所处环境温度要求与先张法相同。在灌浆时,如工程所处环境温度高于 35℃ 或日平均环境温度连续 5d 低于 5℃,则不宜进行施工。

预应力筋的张拉顺序应根据结构受力特点、施工方便及操作安全等因素确定。预应力筋张拉宜符合均匀、对称的原则。

2. 无黏结预应力施工工艺

无黏结预应力混凝土结构是配置与混凝土之间可保持相对滑动的无黏结预应力筋的后张法预应力混凝土结构。其主要施工工序为:将无黏结预应力筋准确定位,并与普通钢筋一起绑扎形成钢筋骨架,然后浇筑混凝土,如图 4-105a 所示;待混凝土达到设计规定的强度后进行张拉(一端锚固一端张拉或两端同时张拉),如图 4-105b 所示;张拉完成后,在张拉端用锚具将预应力筋锚住,形成无黏结预应力结构,如图 4-105c 所示。

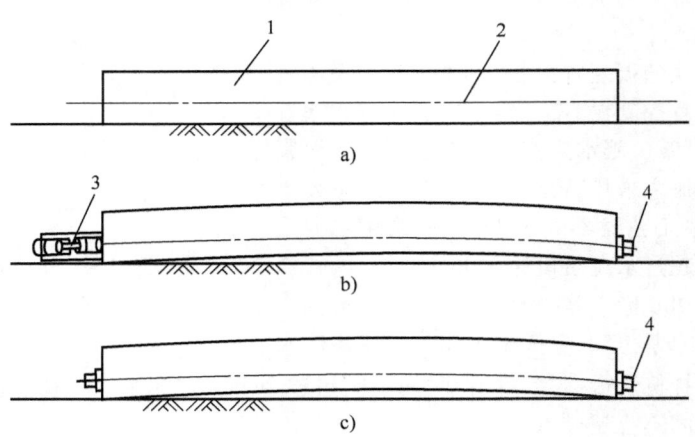

图 4-105 无黏结预应力施工工艺流程
1—混凝土构件 2—无黏结预应力筋 3—张拉千斤顶 4—锚具

(1)预应力筋的铺设 无黏结预应力筋在平板结构中通常为双向曲线配置,因此其铺设顺序很重要。如钢丝束的铺设一般根据双向钢丝束交点的标高差,绘制钢丝束的铺设顺序图,钢丝束波峰低的底层钢丝束先行铺设,然后依次铺设波峰高的上层钢丝束,这样可以避免钢丝束之间的相互穿插。铺设钢丝束波峰的形成用钢筋制成的"马凳"来架设。一般施工顺序是依次放置钢筋马凳,然后按顺序铺设钢丝束,钢丝束就位后,调整波峰高度及其水平位置,经检查无误后,用钢丝将无黏结预应力束与非预应力筋绑扎牢固,防止钢丝束在浇筑混凝土施工过程中位移。

无黏结预应力筋的铺设中应控制其间距。板中单根无黏结预应力筋的间距不宜大于板厚的6倍，且不宜大于1m；带状束的无黏结预应力筋根数不宜多于5根，束间距不宜大于板厚的12倍，且不宜大于2.4m；梁中集束布置的无黏结预应力筋，束的水平净间距不宜小于50mm，束至构件边缘的净距不宜小于40mm。

（2）无黏结预应力筋的张拉　无黏结预应力筋的张拉与普通后张法带有螺母锚具的有黏结预应力钢丝束张拉方法相似。无黏结预应力筋长度不大于40m时可一端张拉，大于40m时宜两端张拉。但由于无黏结预应力筋多为曲线配筋，故采用两端同时张拉效果更好。无黏结预应力筋的张拉顺序，应根据其铺设顺序，先铺设的先张拉，后铺设的后张拉。

无黏结预应力筋一般长度大，有时又呈曲线形布置，如何减少其摩阻损失值是一个重要的问题。影响摩阻损失值的主要因素是润滑介质、包裹物和预应力筋截面形式。摩阻损失值，可用标准测力计或传感器等测力装置进行测定。施工时，为降低摩阻损失值，宜采用多次重复张拉工艺。

（3）锚头端部处理　无黏结预应力筋由于一般采用镦头锚具，锚头部位的外径比较大，因此，钢丝束两端应在构件上预留有一定长度的孔道，其直径略大于锚具的外径。钢丝束张拉锚固以后，其端部便留下孔道，并且这部分钢丝没有涂层，因此应加以处理保护预应力钢丝。无黏结预应力筋锚头端部处理，目前常采用两种方法：第一种方法是在孔道中注入油脂并加以封闭，如图4-106a所示；第二种方法是在两端留设的孔道内注入环氧树脂水泥砂浆，其抗压强度不低于35MPa。灌浆时同时将锚头封闭，防止钢丝锈蚀，同时也起一定的锚固作用，如图4-106b所示。

预留孔道中注入油脂或环氧树脂水泥砂浆后，用强度等级C30及以上的细石混凝土封闭锚头部位。

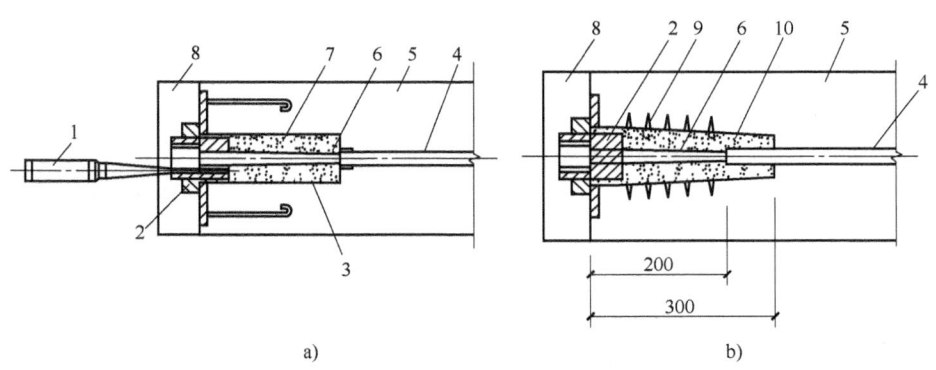

图4-106　锚头端部处理方法
a）油脂封闭　b）环氧树脂水泥砂浆封闭
1—油枪　2—锚具　3—端部孔道　4—有涂层的无黏结预应力筋　5—构件　6—无涂层的端部钢丝
7—注入孔道的油脂　8—混凝土封闭　9—端部加固螺旋钢筋　10—环氧树脂水泥砂浆

思考题

1. 简述钢筋进场验收的内容与要求。
2. 什么是钢筋的配料？钢筋配料包括哪些内容？
3. 如何进行钢筋下料长度的计算？
4. 钢筋连接有哪几类方法？一般要求有哪些？

5. 钢筋焊接形式有哪几种？分别适用哪些情况？
6. 闪光对焊有哪几种工艺？分别适用怎样的钢筋？
7. 钢筋电弧焊有哪些接头形式？
8. 竖向钢筋的接长宜用哪种焊接方法？
9. 钢筋网片宜用哪种焊接方法？
10. 钢筋机械连接常用的方法有哪几种？如何进行质量控制？
11. 在钢筋绑扎连接中，钢筋接头应遵循哪些规定？
12. 简述模板的作用和基本要求。
13. 现浇结构构件（基础、柱、梁板）的模板构造有哪些特点？
14. 组合模板由哪几种构件组成？如何进行配板设计？
15. 大模板由哪几部分组成？适用于哪种结构施工？
16. 大模板的组合方案有哪几种？外墙外侧的大模板应如何固定？
17. 滑升模板由哪几部分组成？试绘出其示意图，并说明各部分有什么作用。
18. 简述滑升模板的滑升原理。
19. 爬升模板有哪几种形式？其构造如何？爬升模板如何向上爬升？
20. 台模、隧道模、预应力薄板、压型钢板、塑料壳模等分别适用于哪些混凝土结构？
21. 举例分析框架结构、剪力墙结构、筒体结构及桥塔、储罐等混凝土结构施工的模板体系。
22. 试分析柱、剪力墙、梁、楼板等模板传力路经，绘制它们的计算简图。
23. 试分析柱、剪力墙、梁、楼板等模板的设计荷载。
24. 新浇混凝土的侧压力如何计算？哪些因素影响侧压力值？
25. 模板拆除有何要求？
26. 混凝土配制强度如何确定？
27. 常用的混凝土搅拌机是哪几种？
28. 混凝土搅拌制度包括哪些主要内容？分别应如何控制？
29. 混凝土运输为什么会发生离析？混凝土搅拌运输车运输混凝土为什么不易产生离析？
30. 混凝土浇筑应注意哪些事项？
31. 简述施工缝留设的原则。柱、深梁、主次梁楼板等的施工缝应如何留置？
32. 施工缝和后浇带施工应注意哪些问题？
33. 大体积混凝土有哪几种浇筑方案？如何保证混凝土浇筑的整体性？
34. 大体积混凝土结构浇筑的不同阶段分别会出现什么的裂缝？为什么？
35. 大体积混凝土浇筑方案中，哪种方案的浇筑强度（单位时间浇筑量）最小？
36. 如何确定泵送混凝土时混凝土车的台数？
37. 混凝土密实成型有几种途径？各适用于哪种情况？
38. 简述大体积混凝土裂缝出现的原理和预防措施。
39. 如何对混凝土工程进行质量检查？
40. 常用的预应力筋有几种？它们的外形及力学性质各有什么特点？
41. 预应力筋的锚（夹）具的性能有什么基本要求？
42. 预应力筋的锚（夹）具有哪些种类？它们的构造及与钢筋锚固（夹持）特性如何？
43. 什么是夹片式夹（锚）具的自锁和自锚？
44. 预应力筋连接器有哪些种类？
45. 张拉机械有哪几类？试述它们的张拉方法和作用原理。

46. 说明预应力钢筋、锚具、张拉机械应如何配套使用。
47. 什么是先张法？试述先张法的施工工艺特点。
48. 先张法施工的各环节如何控制预应力筋的张拉应力？
49. 什么是后张法？试述后张法（有黏结和无黏结）的施工工艺特点。
50. 后张法留设孔道有哪些方法？施工中应注意哪些问题？
51. 后张法施工的各环节如何控制预应力筋的张拉应力？
52. 孔道灌浆有什么意义？施工中有什么要求？
53. 简述无黏结预应力筋的施工工艺。其锚头端部应如何处理？

练习题

1. 某房屋有现浇钢筋混凝土主梁 L1 共 5 根，配筋图，如图 4-107 所示，③号、④号钢筋为 45°弯起，试计算各种钢筋的下料长度及 5 根梁的钢筋总质量。

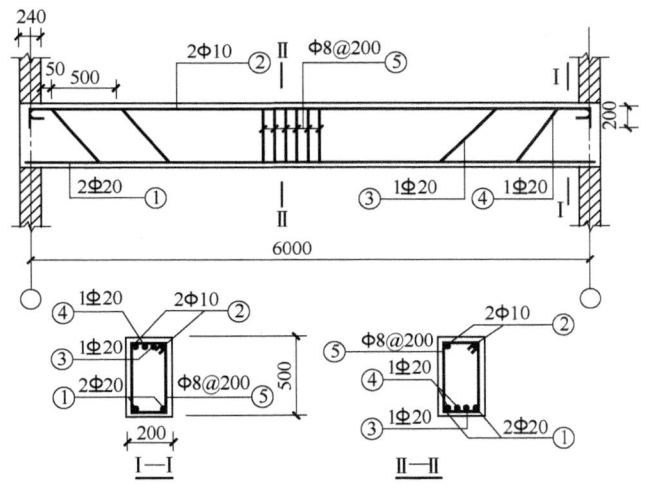

图 4-107 梁 L1 配筋图

2. 某高层混凝土剪力墙厚 200mm，采用大模板施工，模板高为 2600mm，已知现场施工条件为：混凝土温度 20℃，混凝土浇筑速度为 2.1m/h，混凝土坍落度为 150mm，采用泵管布料，试确定该模板设计的荷载设计值及荷载组合。

3. 某剪力墙长、高分别为 5700mm 和 2900mm，施工气温为 25℃，混凝土浇筑速度为 6m/h，采用组合钢模板，试选用内钢楞、外钢楞。

4. 某设备基础长 80m，宽 30m，厚 1.5m，不允许留施工缝，现采用泵送混凝土施工，共用 2 台搅拌运输车供料，每台搅拌运输车的供料能力为 33m³/h，途中运输时间为 0.5h，混凝土初凝时间为 2h，采用插入式振动器振捣，已知振动器作用长度为 250mm。试确定混凝土的浇筑方案。

5. 某 24m 跨预应力屋架下弦截面及配筋如图 4-108 所示。已知混凝土强度等级为 C50，弹性模量 $E_c = 3.45 \times 10^4$Pa，每束预应力筋为 16Φ5 碳素钢丝，标准强度 $f_{ptk} = 1570$MPa，$E_s = 2.0 \times 10^5$MPa。每束预应力筋张拉力为 310kN，预应力筋第一批预应力损失（即锚具变形和孔道摩阻）设为 $\sigma_{l1} = 80$MPa，4 束预应力筋采用对角对称张拉的顺序，分两批进行，求先批张拉预应力束的张拉力。

6. 某构件长度为 16m，预应力钢筋为 4Φ^{s}15.2 的钢绞线，抗拉强度标准值为 $f_{ptk} = 1860$MPa，单根预应力钢筋的截面面积为 140.00mm², $E_p = 1.95 \times 10^5$ Pa,控制张拉应力为 $0.6f_{ptk}$,超张拉 3%,初应力为 $0.1\sigma_{con}$,采用逐根张拉方法。液压泵的理论张拉力为 237.5kN,千斤顶油缸活塞面积为 3769.9mm²,实测 p-F 关系曲线,如图 4-109 所示,求计算最后一根钢筋初张拉与安装张拉时:

(1) 钢筋的张拉力分别为多少?

(2) 油压表的读数分别为多少?

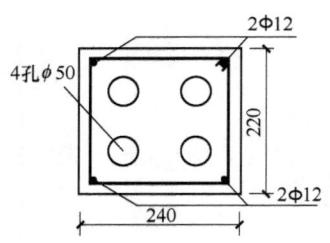

图 4-108 某 24m 跨预应力
屋架下弦截面及配筋

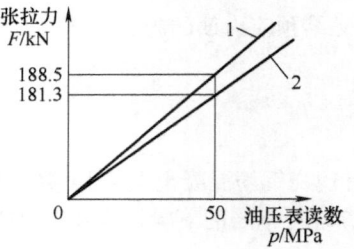

图 4-109 实测 p-F 关系曲线
1—理论曲线 2—校验曲线

第 5 章

结构吊装工程

本章导读

将结构拆分成许多独立的构件或单元,在工厂或施工现场预制、加工成型,然后利用起重机械按设计图要求在施工现场完成组装的全部施工过程,称为结构吊装工程。用这种施工方式完成的结构称为装配式结构。这种建造方式具有设计标准化、构件定型化、生产工厂化、安装机械化的优点,是建筑业施工现代化的重要途径之一。

结构吊装工程施工的主要特点可总结为:

(1) 机械化作业程度高 结构吊装主要利用自行杆式起重机、塔式起重机等起重设备,为充分发挥设备安装效率,应重视施工准备,做好施工现场平面布置。

(2) 预制构件类型多 为减少吊装次数及现场接头数量,吊装构件朝大型化、单元化发展。

(3) 吊装构件受力复杂 在构件安放和起吊过程中,其受力的大小、性质不断改变。因此,必要时应对构件在施工全过程中的强度、稳定性和变形进行验算,并采取相应的措施。

(4) 构件加工、预制及拼装质量要求严格 构件制作的外观尺寸及吊装单元的拼装精度是否达到设计要求,将直接影响安装的效率。

(5) 高处作业多 吊装构件量多、体大,工作面窄,高处作业多,施工时易发生工伤事故,因此必须加强安全技术措施。

本章重点介绍结构吊装工程中常用起重机械、吊装机具构件吊装工艺等,学习过程中同学们要了解各种起重机械的作用,熟悉各种起重设备的特点、工作原理,掌握起重机的选型方法以及主要构件的吊装工艺,思考装配式作业机械化的特点以及施工中面临的主要问题。

■ 5.1 起重机械

结构安装工程中常用的起重机械有桅杆式起重机、自行杆式起重机(履带式、汽车式和轮胎式)、塔式起重机及浮吊等。索具设备有卷扬机、钢丝绳、滑轮组、吊具(卡环、横吊梁)等。在特殊安装工程中,各种千斤顶、提升机等也是常用的起重设备。

5.1.1 桅杆式起重机

桅杆式起重机属于非标准起重装置,随着现代起重机械的快速发展和普及,其应用相对较少。但作为一种传统实用的起重设备,在一些特殊情况下仍有用武之地,例如:

1) 超高层结构的施工中,结构封顶后,大型内爬塔式起重机最后需要利用非标准起重机协助,以便进行高处拆除。

2) 在一些场地极为狭小的场合,也常利用非标准起重机进行吊装作业,弥补其他大型起重机无法进场的不足。

3) 在一些重型构件吊装时,经常利用具有大吨位起重特点的非标准起重装置辅助吊装。

1. 桅杆式起重机的构造

桅杆式起重机的类型有独脚拔杆、人字拔杆、悬臂拔杆、牵缆式桅杆起重机等。桅杆式起重机的缆风绳至少设置 6 根,并应根据缆风绳的最大拉力选择钢丝绳和地锚,地锚必须安全可靠。

起重量在 50kN 以下的桅杆式起重机,大多用圆木做成;起重量在 100kN 左右的,大多用无缝钢管做成,桅杆高度可达 25m;大型桅杆式起重机,其起重量可达 600kN,桅杆高度可达 80m,桅杆和吊杆都是用角钢组成的格构式截面。

牵缆式桅杆起重机的起重臂可起伏,机身可全回转,故可把起重半径范围内的构件吊到任意位置,适用于构件多且集中的工程,如图 5-1 所示。

随着吊装构件的大型化和标准起重机械的重型化,对桅杆式起重机的起重量也提出了越来越高的要求。现代桅杆式起重机也不局限于利用传统的卷扬机配合钢丝绳作为起重动力,出现了大量用刚性撑杆替代缆风绳的例子,以形成刚性的三角稳定体系,提高安全性。

2. 桅杆式起重机的优缺点及适用范围

桅杆式起重机具有以下特点:制作简单,装拆方便,能在比较狭窄的工地使用;起重能力较大;能解决缺少其他大型起重机械或不能安装其他起重机械的特殊工程和重大结构的困难;在无电源情况下,可用人工绞磨起吊。

其不足之处是,灵活性、移动性差,作业半径小,需要设置较多的缆风绳,施工速度较慢,因而只适用于安装工程量比较集中,工期较富余的工程。

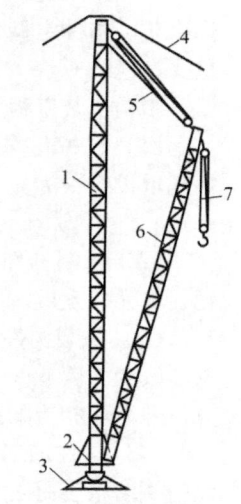

图 5-1 牵缆式桅杆起重机
1—桅杆 2—转盘 3—底座
4—缆风绳 5—起伏吊杆滑
轮组 6—吊杆 7—起重滑轮组

5.1.2 自行杆式起重机

自行杆式起重机可分为履带式起重机、汽车式起重机和轮胎式起重机三类,具有以下特点:自身有行走装置,移位及转场方便,操作灵活,使用方便,可 360°全回转,但稳定性较差,工作空间小(斜臂杆、底铰低)。

1. 履带式起重机

(1) 履带式起重机的特点 履带式起重机是一种具有履带行走装置的转臂起重机,如图 5-2 所示。按传动方式,履带式起重机可分为机械式(代号 QU)、液压式(代号 QUY)和电动式(代号 QUD)三种。目前常用液压式,电动式不适用于需要经常转移作业场地的建筑施工。履带式起重机的发展趋势是重型化、微型化、液压化、一机多用化和监控完善化。

履带式起重机主要由行走装置、回转机构、机身及起重臂等部分组成。习惯上,把取物装置、吊臂、配重和上车回转部分统称为上车，其余部分统称为下车。

履带式起重机的履带面积较大，对地面的轮压较低，行走时一般不超过 0.2MPa，可以在松软、不平的地面行驶和工作；车身可以原地做 360°回转；起重时不需设支腿，可以负荷行驶；工作臂可更换，起重能力强，常用的起重量为 100~500kN，故在装配式结构施工中应用广泛。新型履带式起重机具有起重量大、起吊高度高、吊装距离远等优点。2020年7月15日，在山东寿光市鲁清石化项目建设现场，SCC40000A 履带式起重机顺利完成了第 4 座千吨丙烯塔吊装。三一重工生产的 SCC40000A 是我国自主研发的超大吨位履带式起重机，最大额定起重量为 40000kN，最大起重力矩为 900000kN·m，采用人字形双臂架，增强了臂架系统的侧向承载稳定性。

图 5-2 履带式起重机实景图

履带式起重机

（2）履带式起重机的选用　选择履带式起重机进行起重吊装作业时，除考虑履带式起重机的优缺点外，还要从起重量（Q）、起重半径（R）、起吊高度（H）、起重臂长度（L）等条件进行综合分析（图5-3），见表5-1。

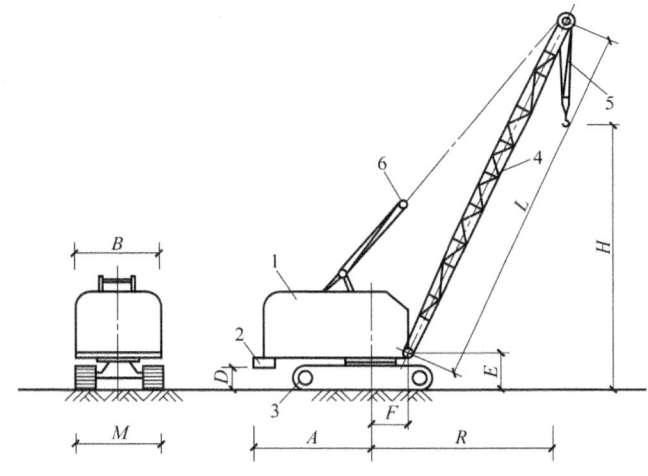

图 5-3 履带式起重机

1—机身　2—平衡重　3—行走装置（履带）　4—起重杆　5—起重滑轮组　6—变幅滑轮组
H—起吊高度　R—起重半径　L—起重臂长度

表 5-1 履带式起重机技术参数选择

技术参数	说　明
起重量	起重量必须大于所吊装构件的质量与索具质量之和；起重量与吊装幅度相关，当原机起重能力不足时，可通过增加配重提高其起重能力，并进行抗倾覆验算
起吊高度	起吊高度必须满足所吊构件的吊装高度要求
起重半径	当起重机可不受限制地开到所安装构件附近时，可不验算起重半径；当起重机受限不能靠近吊装位置作业时，则应验算当起重半径为一定值时，其起重量与起吊高度是否能满足吊装构件要求
起重臂长度	当起重臂须跨过已安装好的结构去吊装构件时，例如跨过屋架安装屋面板时，为了不与屋架碰撞，需求出其最小起重臂长度

土木工程中常用的履带式起重机有 W 型履带式起重机及 KH 系列、QUY 系列液压履带式起重机。W 型履带式起重机主要有 W_1-50 型、W_1-100 型、W_1-200 型。KH 系列液压履带式起重机主要有 KH70、KH100、KH125、KH150 等，这类履带式起重机的各机构均采用液压操纵，起重臂可通过加装不同长度的中间节组成多种长度的起重臂，起重主臂上还可安装鹅头臂，扩大起重机的使用范围。QUY 系列液压履带式起重机主要有 QUY35、QUY50、QUY80、QUY100、QUY150、QUY250。

起重机的技术性能常用曲线图表示，如图 5-4 所示。在实际工作中，对所使用的起重机，可根据不同的起重臂长度，做出详细的性能表以便查用。

（3）履带式起重机的使用和转移　起重机启动前应重点检查各安全防护装置及各指示仪表是否齐全完好，钢丝绳及连接部位是否符合规定，燃油、润滑油、液压油、冷却水等是否添加充足，各连接件有无松动。各项检查合格后方可进行正常作业。

起重机在正常作业时，地面坡度不得大于 3°，并应与沟渠、基坑保持安全距离。起重臂的最大仰角不得超过出厂规定，当无资料可查时，一般不得超过 78°。起重机变幅应缓慢平稳，严禁在起重臂未停稳前变换挡位；起升荷载达到额定起重量的 90% 及以上时，严禁下降起重臂。在起升荷载达到额定起重量的 90% 及以上时，升降动作应慢速进行，并严禁同时进行两种及以上动作。

采用双机抬吊作业时（图 5-5），应选用起重性能相似的起重机进行。抬吊时应统一指挥，动作应配合协调，并根据起重机能力，对起吊点进行荷载分配，荷载应分配合理，单机的起升荷载不得超过允许荷载的 80%。在吊装过程中，两台起重机的吊钩滑轮组应保持垂直状态。

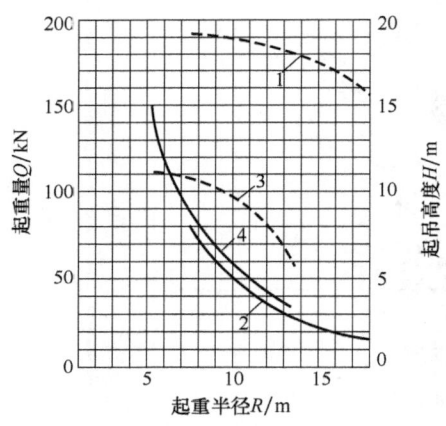

图 5-4　W_1-100 型起重机工作性能曲线
1—起重臂长 23m 时 H-R 曲线　2—起重臂长 23m 时 Q-R 曲线
3—起重臂长 13m 时 H-R 曲线　4—起重臂长 13m 时 Q-R 曲线

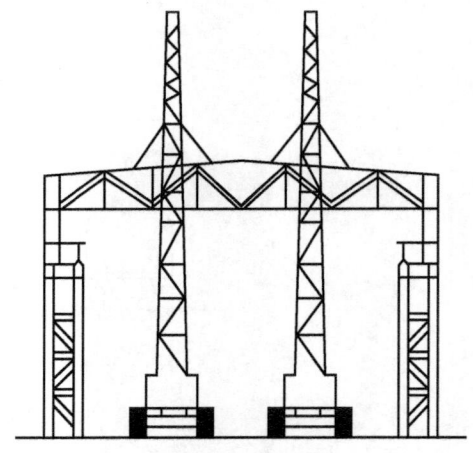

图 5-5　双机抬吊

起重机需负荷行走时，荷载不得超过允许起重量的 70%，行走道路应坚实平整，重物应在起重机正前方向，重物离地面不得大于 500mm，并应拴好拉绳，缓慢行驶。严禁长距离带载行驶。起重机上下坡道时应无荷行走，上坡时应将起重臂仰角适当放小，下坡时应将起重臂仰角适当放大，严禁下坡空挡滑行。起重机行走时，转弯不应过急；当转弯半径过小时，应分次转弯，当路面凹凸不平时，不得转弯，由于履带式起重机行走时易啃路面，一般可铺设石料、枕木、钢板或特制的钢木路基箱等提高地面承载能力。

履带式起重机机身稳定性较差，使用时必须严格遵守操作规程，在正常条件不宜超负荷吊装。在超负荷吊装或由于施工需要接长起重臂时，需进行稳定性验算，保证吊装作业中不发生倾覆事故。

2. 汽车式起重机

（1）汽车式起重机的特点　汽车式起重机是一种自行式全回转起重机，起重机构安装在载重汽车（越野汽车）底盘的一种起重机械，其行驶驾驶室与起重操纵室分开设置。汽车式起重机按起重量大小分为轻型、中型和重型三种起重量在200kN以内的为轻型，大于200kN、小于500kN的为中型，500kN及以上的为重型；按传动装置形式分为机械传动（代号为Q）、电力传动（代号为QD）、液压传动（代号为QY）三种；按起重臂形式分为伸缩臂和桁架臂两种（图5-6）。现在普遍使用的多为液压式伸缩臂汽车式起重机，吊臂内装有液压伸缩机构控制其伸缩。

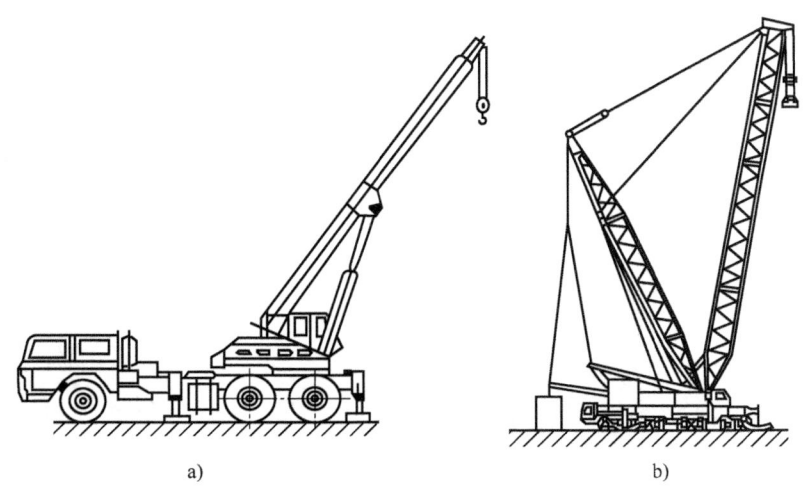

图5-6　汽车式起重机
a）伸缩式　b）桁架式

随着汽车载重能力不断提高，提供了制造大吨位汽车式起重机的可能性，同时，由于液压技术的广泛应用，使汽车式起重机在操作方面增加了许多优点。

汽车式起重机的优点是行驶速度快、机动性好、转移迅速、对路面破坏性小等，特别适合于流动性大、经常变换地点的作业。缺点是起吊时须支腿落地，不能负荷行驶，故使用上不如履带式起重机灵活；另外由于汽车式起重机机身长，所以行驶时转弯半径较大。

使用汽车式起重机时，因它自重较大，对工作场地要求较高，起吊前必须将场地平整、压实，以保证操作平稳、安全。此外，起重机工作时的稳定性主要依靠支腿，故支腿落地必须严格按操作规程进行。

（2）汽车式起重机的选用　在建筑钢结构领域，汽车式起重机得到广泛应用。同时，随着液压机构及高强度钢的使用，使得汽车式起重机无论是操作还是使用性能都具备了更多的优势。从起重量来看，轻型起重机主要用于装卸作业，大型汽车式起重机则用于结构安装。

起重机类型确定之后，还要确定起重机的型号与起重臂长度。起重机的型号主要根据起重量、起吊高度和起重半径三个技术参数来选择。如为了获得更高的起吊高度或更大的作业半径，汽车式起重机可附带副臂装置。详细起重性能需参见厂家的专用设备手册。

（3）汽车式起重机的使用　汽车式起重机在起重作业时，一般情况下起重机整体倾斜度不得大于1.5°，并且底盘车的手制器必须锁死。作业时不要扳动支腿操纵阀手柄。如需要调整支腿，必须将重物放至地面，并调整吊臂位于正前方或正后方，再进行调整。起吊重、大、高物体时，当重物吊离地面0.2~0.5m时，应停车检查起重机的稳定性、制动器的可靠性、重物的平稳性、绑扎的牢固性，确认无误后方可再起吊。起升卷扬筒上的钢丝绳圈数，在任何吊重情况下均不得少于3圈。

起重机的额定起重量是根据机件的承受能力及起重机的整体稳定性确定的，因此，在任何时候不得超载作业以免发生事故。

3. 轮胎式起重机

轮胎式起重机（图5-7）是把起重机构安装在加重型轮胎和轮轴组成的特制底盘上的一种全回转式起重机，其上部构造与履带式起重机基本相同。轮胎式起重机底盘上装有可伸缩的支腿，起重时可使用支腿以增强机身的稳定性，并保护轮胎，必要时支腿下面可加垫块，以增加支承面。在平坦地面上可不用支腿进行小起重量吊装及吊物低速行驶。

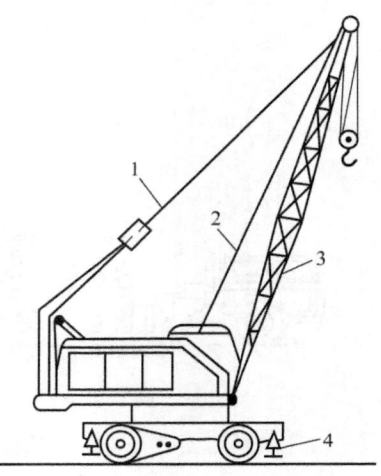

图5-7 轮胎式起重机
1—变幅索 2—起重索 3—起重杆 4—支腿

轮胎式起重机由起重机构、变幅机构、回转机构、行走机构、动力设备和操纵系统等组成。轮胎式起重机需使用特制底盘，根据起升荷载大小，可以装2根或3根轮轴，4~10个充气轮胎，重心低，起重平衡，轮距较宽，在硬质平整路面上可使用短吊臂吊着75%的额定起升荷载行驶，是单层工业厂房构件安装工程中使用十分广泛的起重机械。

与汽车式起重机相比，轮胎式起重机轮距较宽，稳定性好、车身短、转弯半径小，可在360°范围内工作。但其行驶时对路面要求较高，行驶速度比汽车式慢，不适于在松软泥泞的地面上工作。

4. 起重机抗倾覆稳定验算

起重机的抗倾覆稳定性是指起重机在自重和外荷载作用下抵抗倾覆的能力，它是影响起重机安全性能最重要的参数，也是起重机安全运行的基础。起重机的抗倾覆稳定性贯穿起重机的设计、生产、吊装的全过程。导致起重机失稳的因素很多，从结构安装角度主要包括：吊装超载、额外接长起重臂、风力过大、地面坡度陡、吊重下降时过大的制动力及回转时过大的离心力等。起重机抗倾覆稳定性验算非常重要，否则会有倾覆危险，导致人身伤亡、设备损失等质量安全事故。

影响起重机抗倾覆稳定性的因素主要包括荷载的作用性质和现场作业条件。对在工作或非工作时有可能发生整体倾覆的起重机，应通过计算来校核其整体抗倾覆稳定性所需满足的条件。

起重机抗倾覆稳定性验算时，主要考虑起升荷载、惯性力和风荷载三种作用，对于履带式起重机、汽车式起重机及轮胎式起重机，可按表5-2所列工况进行复核。

表 5-2　验算工况表

验算工况	自重系数 K_G	起升荷载荷载系数 K_p	水平惯性力荷载系数 K_i	风荷载荷载系数 K_f
1	1.0	$1.25+0.1G_b/p_q$	0	0
2		1.15	1.0	1.0
3		-0.2	0	0
4		0	0	1.1

注：1. 验算工况 1 表示无风静载；验算工况 2 表示有风动载；验算工况 3 表示突然卸载或吊具脱落；验算工况 4 表示暴风侵袭下的非工作状态。

2. G_b 表示臂架自重对臂架点按静力等效原则折算到臂端的重力；p_q 表示起升荷载，伸缩起重机不必验算工况 4。

起重机抗倾覆稳定性验算的主要方法为力矩法，其抗倾覆稳定的基本原则是：在最不利荷载工况下，稳定力矩的代数和应大于倾覆力矩的代数和，即

$$\sum M = K_G M_G + K_p M_p + K_i M_i + K_f M_f \geq 0 \tag{5-1}$$

式中　M_G——起重机自重对倾覆线的力矩（kN·m）；

M_p——起升荷载对倾覆线的力矩（kN·m）；

M_i——水平惯性力对倾覆线的力矩（kN·m）；

M_f——风荷载对倾覆线的力矩（kN·m）；

K_G——起重机自重荷载系数，对流动性较大的起重机取 1.0；

K_p——起升荷载荷载系数；

K_i——水平惯性力荷载系数；

K_f——风荷载荷载系数。

5.1.3　塔式起重机

1. 塔式起重机的分类和主要特点

塔式起重机（简称塔吊、塔机）按架设方式、变幅方式、回转方式、起重量大小不同，可分为多种类型，其分类和相应的特点见表 5-3。

表 5-3　塔式起重机的分类及主要特点

分类方法	类型	主要特点
架设方式	轨道行走式	底部设行走机构，起重机可沿轨道行走，对轨道两侧材料、构件进行吊装，作业范围大，可替代履带式和汽车式等起重机 需铺设专用轨道，路基工作量大、占用施工场地大
	固定式	无行走机构，底座固定，能增加标准节，塔身可随施工进度逐渐提高 缺点是不能行走，作业半径较小，覆盖范围有限
	附着自升式	须将起重机固定，每隔 16~36m 设置一道锚固装置与建筑结构连接，保证塔身稳定性。可自行升高，起吊高度大，占地面积小 需增设附墙架，对建筑结构会产生附加力，必须进行相关验算并采取相应的施工措施
	内爬式	塔身长度不变，底座通过附墙架支承在建筑物内部（如电梯井等），借助爬升系统随着结构的升高而升高，一般每隔 1~3 层爬升一次 优点是节约大量塔身，体积小，既不需要铺设轨道，又不占用施工场地；缺点是对建筑物产生较大的附加力，附着所需的支承架和相应的预埋件需要一定的用钢量；工程完成后，拆机下楼需要辅助起重设备

(续)

分类方法	类型	主要特点
变幅方式	动臂式	当塔式起重机运转受周围环境的限制，如邻近的建筑物、高压电线的影响以及群塔作业条件下，塔式起重机运转空间比较狭窄时，可尽量采用动臂塔式起重机，起重灵活性增强 吊臂设计采用"杆"结构，相对于平臂"梁"结构稳定性更好，可有效解决大起重能力的要求
	平臂式	小车变幅式的起重小车在臂架下弦杆上移动，变幅就位快，可同时进行变幅、起吊、旋转三个作业 由于臂架平直，与动臂式相比，起吊高度的利用范围受到限制
回转方式	上回转式	回转机构位于塔身顶部，驾驶室位于回转台上部，驾驶人视野广，均采用液压顶升接高（自升）、平臂小车变幅装置 通过更换辅助装置，可改成固定式、轨道行走式、附着自升式、内爬式等实现一机多用
	下回转式	回转机构在塔身下部，塔身与起重臂同时旋转 重心低，运转灵活，伸缩塔身可自行架设，采用整体搬运，转移方便
起重量	轻型	起重量 5~30kN
	中型	起重量 30~50kN
	重型	起重量 150~400kN

2. 塔式起重机的选型及工作原理

塔式起重机选型时可参考表 5-4。

表 5-4　塔式起重机的选型

结构形式	常用塔式起重机类型	说　明
普通建筑	固定式	因不能行走，作业半径较小，故用于高度及跨度都不大的普通建筑施工
大跨度场馆	轨道行走式	因可行走，作业范围大，故常用于大跨度场馆及长度较大的工业厂房的钢结构施工
高层建筑	附着自升式	因通过增加塔身标准节的方式可自行升高，故常用于高度100m左右的高层建筑施工。国内使用的附着自升塔式起重机多采用平臂式设计
超高层建筑	爬升式	爬升式塔身高度固定，依赖爬升框（爬升梁）固定于结构，与结构交替上升。特别适用于施工现场狭窄的 200m 以上的超高层施工 与附着自升式相比，爬升式不占用建筑外立面空间，幕墙等围护结构的施工不受干扰 国内爬升式起重机多采用平臂式设计，国外产品多为动臂式

目前建筑工程中爬升式和附着自升式塔式起重机最为常用，下面分别介绍这两种塔式起重机的工作原理。

（1）爬升式塔式起重机的爬升原理　一般情况下，爬升式起重机均附在高层建筑核心筒结构上，它的塔身长度不变，底座通过悬挂形式（图5-8）或简支形式固定在核心筒上（图5-9），一般每隔1~2层爬升一次。这种塔式起重机体积小，质量轻，安装简单，既不需要铺设轨道，又不占用施工场地，特别适用于施工现场狭窄的高层及超高层建筑施工。爬升式塔式起重机由塔身、套架、起重臂和平衡臂等组成。当布置多台塔式起重机时，往往相距较近，为避免碰撞，常采用动臂式塔式起重机。

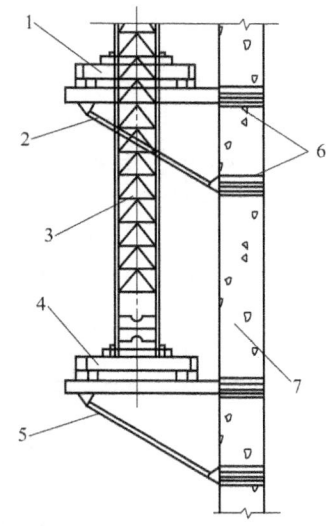

图 5-8　悬挂形式的爬升支承系统
1—上道爬升框　2—上支架　3—塔身
4—下道爬升框　5—下支架　6—预埋件
7—核心筒墙体

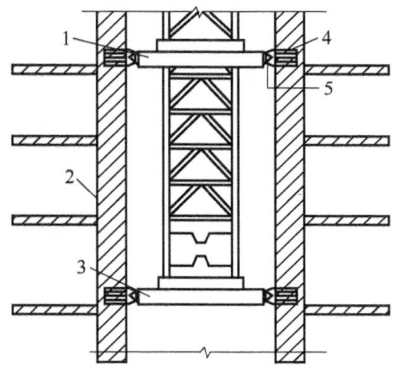

图 5-9　简支形式的爬升支承系统
1—上道爬升梁　2—核心筒剪力墙
3—下道爬升梁　4—预埋件
5—钢耳板（与爬升梁销接）

爬升式塔式起重机的自升过程大致分为以下三个阶段进行（图 5-10）：
1）收起套架上的横梁支腿，准备提升。
2）用吊钩起吊套架横梁至上一个楼层并与建筑物的主梁固牢。
3）收起塔身底座支腿，提升塔式起重机至需要的位置，翻出底座支腿与该层的主梁固牢，升塔完毕。

三个阶段结束即可开始吊装工作，隔 1~2 层后再进行自升，施工较简便，但施工完毕后，拆塔比较复杂。

爬升式塔式起重机在主体结构施工完成后，设备整机通常在数百米以上。虽然这类塔机采用整机分解拆除的方法，但分解后的每个单体质量仍很大。拆除时往往是用中型爬升式塔式起重机对大型爬升式起重机进行拆除，再用小型爬升式塔式起重机对中型爬升式塔式起重机进行拆除，最后使用小型专用拆除设备，逐渐拆除小型爬升式塔式起重机。专用拆除设备是一种在高处特殊拆除作业屋面起重机，拆装简单，结构轻，安全可靠性高。如北京的中央电视台新台工程中大型动臂式塔式起重机高处拆除分为 5 个步骤：使用 M600d 动臂式塔式起重机拆除 M1280d 塔式起重机；使用 16t 屋面起重机拆除 M600d 动臂式塔式起重机；使用 6t 屋面起重机拆除 16t 屋面起重机；使用简易把杆拆除 6t 屋面起重机；最后人工拆除把杆并利用现场施工升降机落地。

（2）附着自升式塔式起重机的顶升原理　附着自升式可采用平臂式或动臂式塔式起重机。对于外附自升式塔式起重机，初始安装高度一般较低，塔身只需安装到满足顶升套架工作需要的高度即可。塔身接高到设计规定的独立高度后，须使用锚固装置将塔身与建筑物拉结（附着），以减少塔身的自由高度，改善塔式起重机的稳定性，同时，可将塔身上部传来的力矩，以水平力的形式通过附着锚固装置传给已施工的结构。

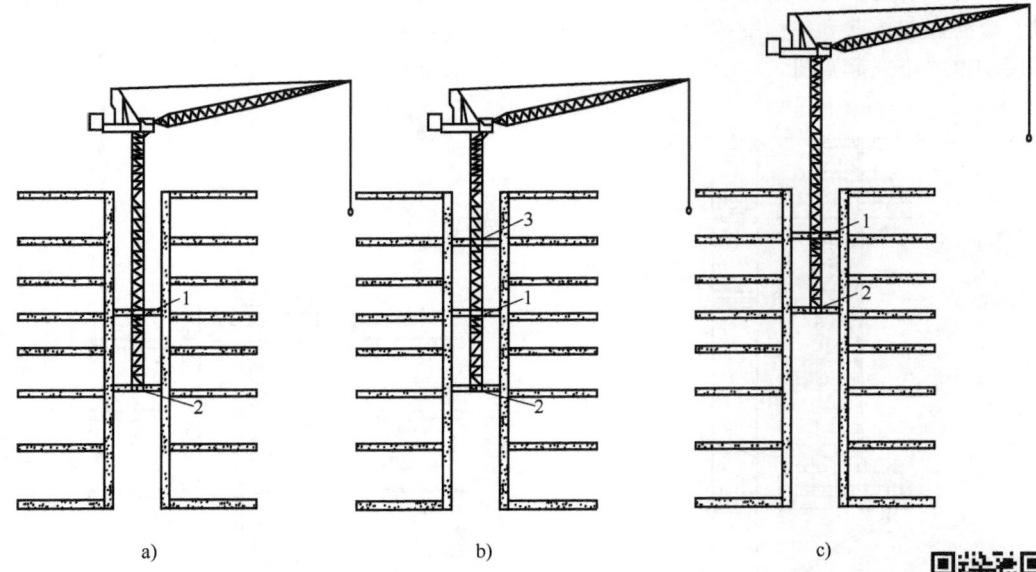

图 5-10 爬升式塔式起重机的爬升过程
a) 第一步：原始状态 b) 第二步：安装第三道爬升框 c) 第三步：爬升到位
1—上道爬升框 2—下道爬升框 3—第三道爬升框

爬升式塔式起重机的爬升过程

锚固装置的多少与建筑物高度、塔身结构、塔身自由高度有关。一般设置 2~4 道锚固装置即可满足施工需要。进行超高层建筑施工时，不必设置过多的锚固装置。因为锚固装置受到塔身传来的水平力，自上而下衰减很快，所以随着建筑物的升高，在验算塔身稳定性的前提下，可将下部锚固装置周转到上部使用，以便节省锚固装置费用。锚固装置由附着框架、附着杆、支座、顶紧螺栓和加强撑组成，如图 5-11 所示。

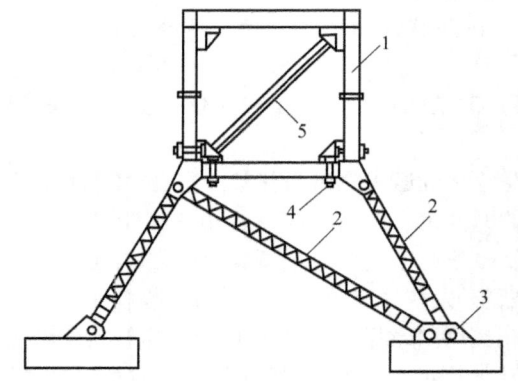

图 5-11 锚固装置的构造
1—附着框架 2—附着杆 3—支座 4—顶紧螺栓 5—加强撑

附着自升式塔式起重机的液压自升系统主要包括：顶升套架、长行程液压千斤顶、支承座、顶升横梁及定位销等。其顶升过程可分为五个步骤（图 5-12）：

1) 将标准节起吊到摆渡小车上，并将过渡节与塔身标准节相连的螺栓松开，准备顶升。
2) 开动液压千斤顶，将塔式起重机上部结构包括顶升套架向上升起到超过一个标准节的高度,然后用定位销将套架固定。塔式起重机上部结构的质量通过定位销传递到塔身上。

3)液压千斤顶回缩,形成引进空间,接着将装有标准节的摆渡小车推入引进空间。

4)利用液压千斤顶稍微提起待接高的标准节,退出摆渡小车,然后将待接的标准节平缓地落在下面的塔身上,并用螺栓加以连接。

5)拔出定位销,下降过渡节,使之与已接高的塔身连成整体。

在顶升前,必须按规定将平衡重和摆渡小车移动到指定位置,以保证顶升过程中的稳定。

附着式自升塔式起重机的顶升过程

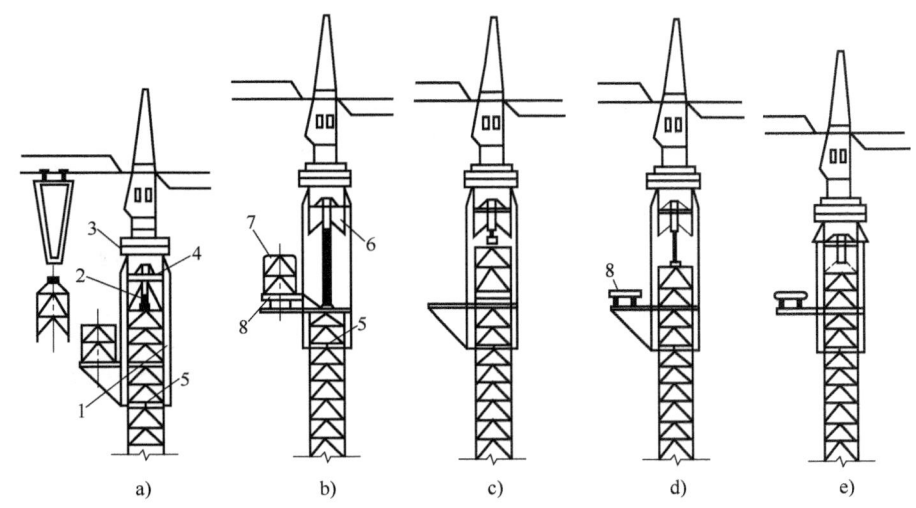

图 5-12 附着式自升塔式起重机的顶升过程

a)准备状态 b)顶升塔顶 c)推入标准节 d)安装标准节 e)塔顶与塔身连成整体
1—顶升套架 2—液压千斤顶 3—支承座 4—顶升横梁 5—定位销 6—过渡节 7—标准节 8—摆渡小车

5.1.4 其他形式的起重机

1. 门式起重机

门式起重机又称为龙门吊,主要用于长条形地下建筑的构件吊装(如地铁车站施工)、预制场构件吊移或架设桥梁大型构件,具有作业范围大、适应面广、通用性强等特点。

门式起重机

常用的龙门架采用钢结构或用装配式钢桥桁架(贝雷架)拼制,由两个立柱和上部的主梁组成,立柱下设有滚轮并置于铁轨上时,可在轨道上纵向移动,上部主梁设有行车,做横向移动。主梁可在立柱两边做成悬臂式,其结构的受力和场地面积的有效利用都更合理。常见的门式起重机起重量在 50~300kN,最大可达 1000kN,跨度为 5~40m。

图 5-13 所示为利用钢桥桁架拼制的门式起重机。

2. 浮吊

在通航河流上建桥,浮吊船是重要的工作船。常用的浮吊有铁驳轮船浮吊和用木船、型钢及人字把杆等拼成的简易浮吊。我国目前使用的浮吊船的起重量可达 5000kN。

通常简单浮吊可以利用两只船组拼成门船,用木料加固底舱,舱面上安装型钢组成的底板构架,上铺木板,其上安装人字把杆制成。起重动力可使用双筒电动卷扬机,安装在门船后部中线上。人字把杆用两根钢丝绳分别固定在船尾端两舷旁钢构件上。吊物平面位置的变动由门船移动来调节，另外还需配备电动卷扬机绞车、钢丝绳、锚链、铁锚用于移动及固定船位。

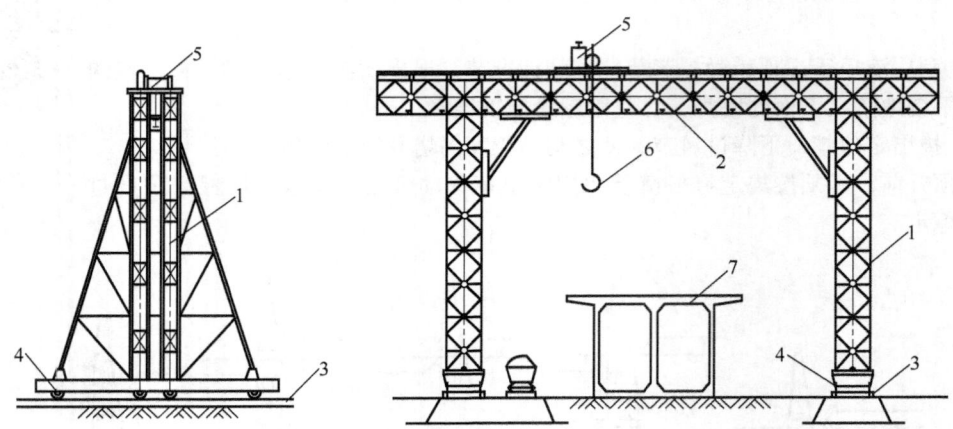

图 5-13　利用钢桥桁架拼制的门式起重机
1—立柱　2—主梁　3—起重机轨道　4—滚轮　5—行车卷扬机　6—吊钩　7—构件

3. 缆索起重机

缆索起重机适用于高差较大的垂直吊装和架空的纵向运输，吊运量从数十吨至数百吨，纵向运距从几十米至几百米。

缆索起重机由主索、天线滑车、起重索、牵引索、起重及牵引绞车、主索地锚、塔架、风缆、主索平衡滑轮、电动卷扬机、手摇绞车、链滑车及各种滑轮等部件组成。在吊装拱桥时，缆索吊装系统除了上述各部件外，还有扣索、扣索排架、扣索地锚、扣索绞车等部件。其布置方式如图 5-14 所示。

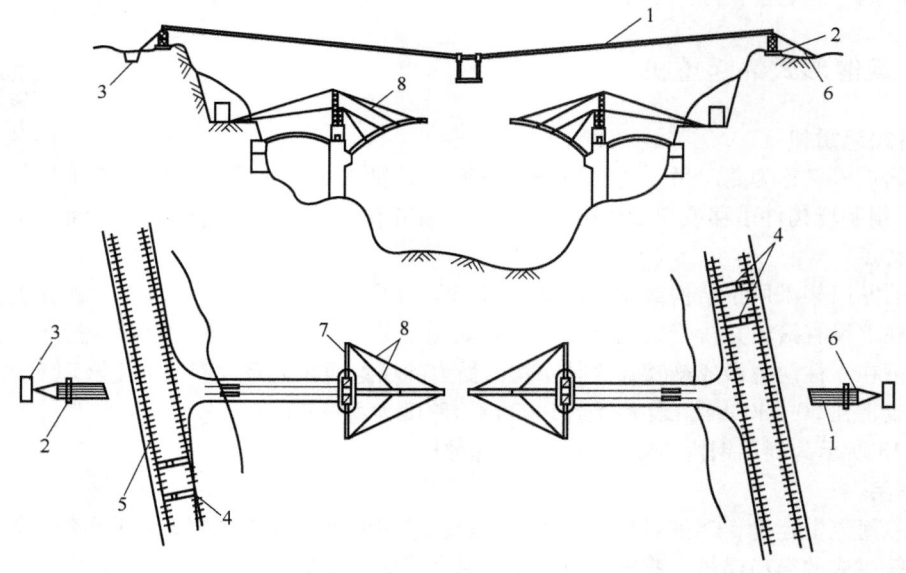

图 5-14　缆索吊装布置示例
1—主索　2—主索塔架　3—主索地锚　4—门式起重机　5—门式起重机轨道
6—主索张紧装置　7—杆件缆风架　8—扣索

5.2 吊装机具

5.2.1 卷扬机

用于结构吊装的卷扬机多为电动卷扬机,主要由电动机、卷筒、电磁制动器和减速机构等组成,如图5-15所示。卷扬机分快速和慢速两种:快速电动卷扬机主要用于垂直运输和打桩作业;慢速电动卷扬机主要用于结构吊装、预应力筋张拉等作业。结构吊装卷扬机选用的主要技术参数是卷筒牵引力、钢丝绳的速度和卷筒容绳量。

使用卷扬机应当注意:

1)卷扬机的安装位置应使距第一个导向滑轮的距离 l 为卷筒长度 a 的15倍,即当钢丝绳在卷筒边时,与卷筒中垂线的夹角不大于2°,如图5-16所示。

2)钢丝绳引入卷筒时应接近水平,并应从卷筒的下面绕入,以减少卷扬机的倾覆力矩。

3)为防止固定端拉脱,钢丝绳放出的最大长度要保证在卷筒上的缠绕量不少于5圈。

4)卷扬机在使用时必须做可靠的固定,以防止工作时滑移或倾覆,如做基础固定、压重物固定、设锚碇固定或利用构筑物等做固定。

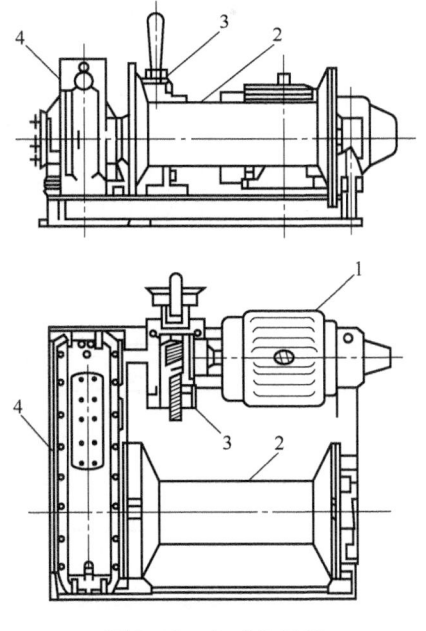

图5-15 电动卷扬机
1—电动机 2—卷筒 3—电磁制动器 4—减速机构

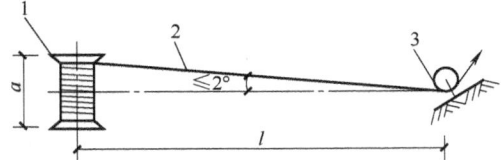

图5-16 卷扬机与第一个导向滑轮的布置
1—卷筒 2—钢丝绳 3—第一个导向滑轮

5.2.2 钢丝绳

钢丝绳的用途是悬吊、牵引或捆绑重物。钢丝绳由许多根直径为0.4~2mm、抗拉强度为1200~2200MPa的钢丝按一定规则捻制而成。土木工程施工常用的是双绕钢丝绳,它由若干根钢丝捻成股,再由多股围绕储油绳芯绕成绳。双绕钢丝绳按照捻制方向分为同向绕、交叉绕和混合绕三种，如图 5-17 所示。同向绕是钢丝捻成股的方向与股捻成绳的方向相同，这种绳的挠性好、表面光滑磨损小，但易松散和扭转，不宜用来悬吊重物。交叉绕是指钢丝捻成股的方向与股捻成绳的方向相反，这种绳不易松散和扭转，宜作为起吊绳，但挠性差。混合绕是指相邻的两股钢丝绕向相反，性能介于两者之间，制造复杂，用得较少。

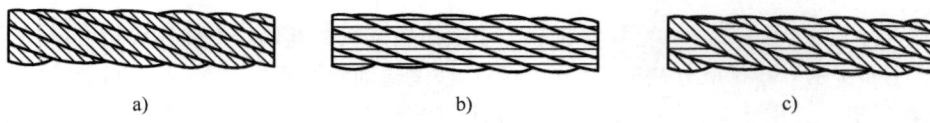

图 5-17　双绕钢丝绳的绕向
a) 同向绕　b) 交叉绕　c) 混合绕

钢丝绳的通常规格是以"股数×每股丝数"表示（图 5-18），按每股钢丝数量的不同，钢丝绳常用规格分为 $6×19$、$6×37$ 和 $6×61$ 三种。$6×19$ 钢丝绳在绳直径相同的情况下，钢丝粗，比较耐磨，但较硬，不易弯曲，一般用作缆风绳；$6×37$ 钢丝绳比较柔软，可用作穿滑轮组和吊索；$6×61$ 钢丝绳质地软，主要用于重型起重机械中。

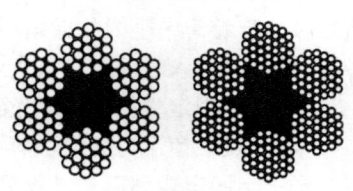

图 5-18　$6×19$、$6×37$ 钢丝绳断面

钢丝绳在选用时应考虑其用途，由于多根钢丝的受力不均匀性，钢丝绳的允许拉力应予以折减，允许拉力 $[F_g]$ 按下式计算：

$$[F_g] = \frac{\alpha F_g}{K} \tag{5-2}$$

式中　F_g——钢丝绳的钢丝破断拉力总和（kN）；
　　　α——换算系数（考虑钢丝受力不均匀性），见表 5-5；
　　　K——安全系数，见表 5-6。

表 5-5　钢丝绳破断拉力换算系数

钢丝绳规格	换算系数
$6×19$	0.85
$6×37$	0.82
$6×61$	0.80

表 5-6　钢丝绳安全系数

用　途	安全系数	用　途	安全系数
用作缆风绳	3.5	用作吊索（无弯曲）	6~7
用于手动起重装备	4.5	用作捆绑吊索	8~10
用于电动起重装备	5~6	用于载人升降机	14

5.2.3　滑轮组

滑轮组（图 5-19）由若干个定滑轮、动滑轮以及绕过它们的绳索组成，具有省力和改变力的方向的功能，是起重机械的重要组成部分。滑轮组共同负担构件质量的绳索根数称为工作线数，即在动滑轮上穿绕的绳索根数，滑轮组的省力系数主要取决于工作线数的多少。通常滑轮组的名称以组成滑轮组的定滑轮和动滑轮的数目来表示，如由4个定滑轮和4个动滑轮组成的滑轮组称为四四滑轮组。

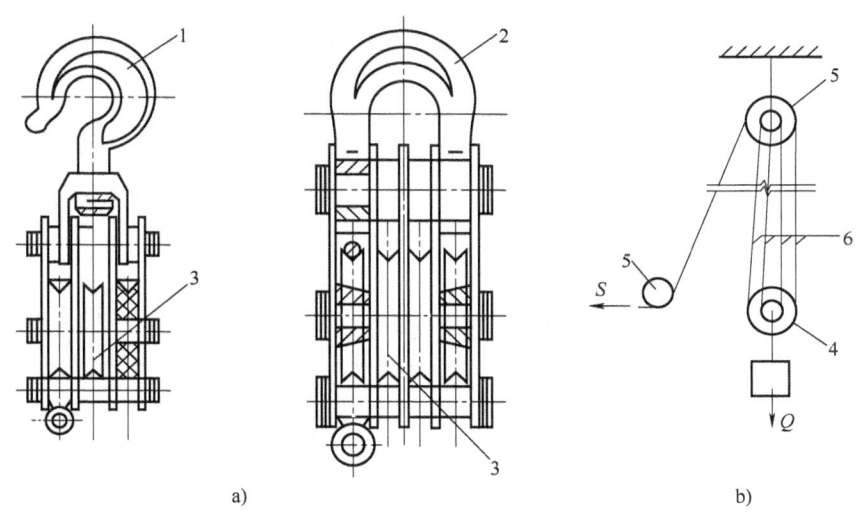

图 5-19 滑轮组
a) 滑车 b) 工作线数计算
1—开口吊钩 2—闭口吊钩 3—滑轮 4—动滑轮组 5—定滑轮组 6—工作线数

滑轮组钢丝绳跑头拉力 S（即作用于卷扬机的拉力），可按下式计算：

$$S = kQ \tag{5-3}$$

式中 S——跑头拉力；
Q——计算荷载；
k——滑轮组省力系数，

$$k = \frac{f^N(f-1)}{f^n - 1} \tag{5-4}$$

式中 f——单个滑轮的阻力系数，对青铜轴套轴承 $f = 1.04$；对于滚珠轴承 $f = 1.02$；对于无轴套轴承 $f = 1.06$；
n——工作线数；
N——当钢丝绳从定滑轮绕出时，$N = n$；当钢丝绳从动滑轮绕出时，$N = n - 1$。

5.2.4 吊具

吊具是吊装作业中用于捆绑、连接的重要工具，包括吊索、卡环、横吊梁等，如图5-20所示。

吊索常用 6×37 和 6×61 钢丝绳制作，用于绑扎材料或构件，分为环状和开口状两种。在开口式吊索上可根据需要装上卡环或吊钩等。

卡环主要用于吊索间连接或吊索与构件吊环的连接。卡环分为螺栓形和活络形两种。螺栓形需拧出螺栓销，安全性高。活络形则用拉绳拔销，便于解开。

横吊梁也称为铁扁担，用横吊梁吊柱可使柱身保持垂直，便于安装；用横吊梁吊屋架则可降低起吊高度和减少吊索的水平分力对屋架的压力。横吊梁有钢板横吊梁、桁架横吊梁、型钢横吊梁等形式。钢板横吊梁、桁架横吊梁多用于质量较大的构件吊装。型钢横吊梁一般用于长度较大的构件，如吊装屋架。

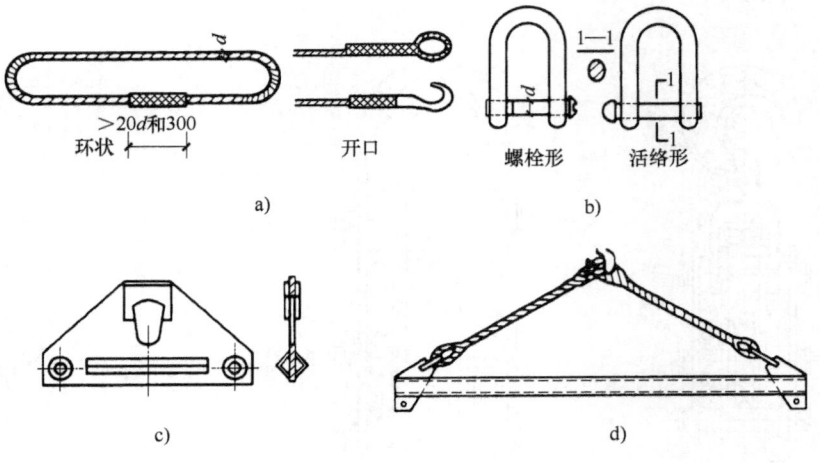

图 5-20 吊具
a) 吊索 b) 卡环 c) 钢板横吊梁 d) 型钢横吊梁

5.3 构件吊装工艺

5.3.1 预制构件的制作、运输和堆放

1. 构件的制作和运输

混凝土预制构件如柱、屋架、梁、桥面板等可在现场预制或工厂预制。整个预制场地应平整夯实，不可因受荷、浸水而产生地基的不均匀沉陷。预制时尽可能采用叠浇法，重叠层数由地基承载能力和施工条件确定，上、下层间应做好隔离层，上层构件的浇筑应等到下层构件混凝土达到设计强度的 30% 以后才可进行。

钢构件一般均在工厂加工制作，大型钢结构构件往往因运输或现场安装等条件限制，不能整件运输，常常采取"整体制作、拆分运输"的方法，因此需要在制作工厂进行预拼装，以免发生差错。

运输路线应根据道路、桥梁的实际条件确定，场内运输宜设置循环路线；运输道路要有足够的宽度和转弯半径。运输车辆应满足构件尺寸和载重要求，装卸构件过程中，应采取保证车体平衡、防止车体倾覆的措施，一般选用载重量较大的载重汽车和半拖式或全拖式的平板拖车。预制构件在运输时应采取防止构件移动或倾倒的绑扎固定措施，构件的支承位置、数量、支承方法以及混凝土预制构件运输前的强度均应符合设计要求；叠放运输构件之间应用隔板或垫木隔开，上、下垫木应保持在同一垂直线上。预制墙板等高度较大的构件，运输时的固定方式可参考桁架的固定方式；对构件边角部或绳索接触处的混凝土，宜采用垫衬加以保护。图 5-21 所示为构件运输示意图。

对于装配式建筑，预制构件运输、装卸、码放宜编制专项施工方案。方案主要包括工程概况（如工程、预制件介绍），运输、装卸、码放用工器具（如车辆、工用器具），运输车辆的数量及运输距离，运输道路（场内外），运输、装卸、码放的规定，安全文明施工以及堆放架计算书等。

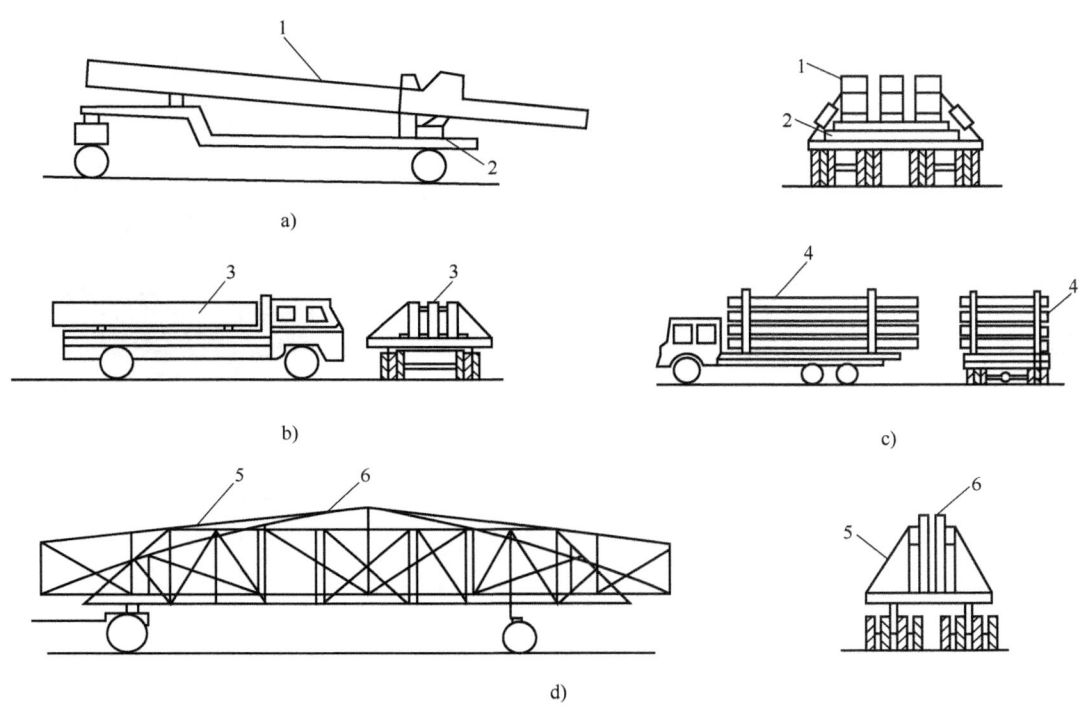

图 5-21 构件的运输
a）拖车运输柱子 b）运输梁 c）运送大型预制板 d）用钢拖架运输桁架
1—柱子 2—垫木 3—预制梁 4—预制楼板 5—钢拖架 6—大型桁架

2. 吊装前的构件堆放

预制构件的堆放应考虑便于吊升及吊升后的就位，特别是大型构件，如房屋建筑中的柱、屋架，桥梁工程中的箱梁、桥面板等，应做好构件堆放的布置图，以便一次吊升就位，减少起重机负荷开行。对于小型构件，则可考虑布置在大型构件之间，同时应以便于吊装，减少二次搬运为原则。为减少对施工场地占用，小型构件常采用随吊随运的方法。

5.3.2 起重机的选择

选择起重设备时，主要考虑以下几方面因素：

1）场地环境：要根据现场的施工条件，包括道路、邻近建筑物、障碍物等，来确定选择起重设备的类型。

2）安装对象：要根据待安装对象的高度、半径和质量来确定起重设备。

3）起重性能：要根据起重机的主要技术参数确定起重设备的选型。

4）资源情况：要根据自有设备和市场的实际情况来选择起重设备。

5）经济效益：要根据工期、整体吊装方案等综合考虑经济效益来决定起重设备的类型和大小。

1. 起重机类型的选择

起重机的选择与施工方案关系密切，而起重机的类型主要根据结构形式、构件质量、施工现场条件和当地现有起重设备等确定。

一般高度较低的建筑物，如单层工业厂房结构，选用履带式起重机吊装比较合理。对于较高的建筑物结构，可选用附着式塔式起重机吊装；对于筒体结构的超高层建筑，则采用爬升式起重机吊装较为合理。对于某些重型构件或设备吊装，则一般采用双机抬吊等办法来解决。图 5-22 所示为济南穿黄隧道工程采用双机抬吊超大直径盾构刀盘（直径 15.7m）的实景照片。

图 5-22 双机抬吊超大直径盾构刀盘的实景照片

2. 起重机型号的选择

起重机的类型确定之后，还需要进一步确定起重机的型号。起重机型号应根据吊装构件的尺寸、质量及安装高度确定。确保所选起重机的工作参数（即起重量、起吊高度、起重半径和最小起重臂长度）均满足结构吊装的要求。

（1）起重量 Q　起重机的起重量必须大于所安装构件的重力与索具重力之和，即

$$Q \geqslant Q_1 + Q_2 \quad (5-5)$$

式中　Q——起重机的起重量（kN）；

Q_1——构件的重力（kN）；

Q_2——索具的重力（kN）。

（2）起吊高度 H　起重机的起吊高度必须满足所吊装构件的安装要求（图 5-23），即

$$H \geqslant h_1 + h_2 + h_3 + h_4 \quad (5-6)$$

式中　H——起重机的起吊高度（m），从停机面算起至吊钩钩口；

h_1——吊装支座表面的高度（m），从停机面算起；

h_2——吊装间隙（m），视具体情况而定，一般不小于 0.3m；

h_3——绑扎点至构件吊起后底面的距离（m）；

h_4——索具高度（m），自绑扎点至吊钩钩口的距离。

（3）起重半径 R　在一般情况下，当起重机可以直接靠近构件吊装构件时，在计算了起重量 Q 及起吊高度 H 之后，便可查阅起重机工作性能表或曲线，选择起重机型号及起重臂长度，并可进一步查得在定重量 Q 及起吊高度 H 下的起重半径 R，作为确定起重机开行路线及停机位置时参考。

但在某些情况下，当起重机不能直接靠近构件吊装构件时，对起重半径就提出了一定要求，此时便根据起重量 Q、起吊高度 H 及起重半径 R 三个参数，查阅起重机工作性能表或曲线来选择起重机的型号及起重臂长度。

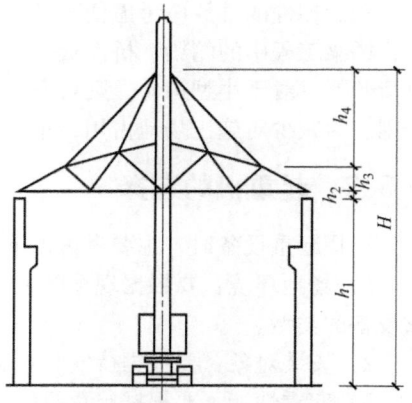

图 5-23 起吊高度计算简图

同一种型号的起重机可能有几种不同长度的起重臂，应选择一种既能满足三个吊装工作参数的要求又最短的起重臂。但有时由于各种构件吊装工作参数相差过大，也可选择几种不同长度的起重臂。例如吊装柱子可选用较短的起重臂，吊装屋面结构则选用较长的起重臂。

（4）最小起重臂长度 L　当起重机的起重臂需要跨越已安装好的结构去吊装构件时，如安装屋架或屋面板时，为使起重臂不与已安装好的结构相碰，需要确定起重机吊装该构件时的最小起重臂长度 L 及相应的起重半径 R，并据此查阅起重机工作性能表或曲线，复核起重量 Q 和起吊

高度 H。

起重机的最小起重臂长度可采用数解法计算（图5-24）。起重机臂长度 L 可分解为 l_1 和 l_2，即

$$L = l_1 + l_2 = \frac{h}{\sin\alpha} + \frac{f+g}{\cos\alpha} \tag{5-7}$$

式中 L——起重臂长度（m）；

h——起重臂底铰至构件吊装支座顶面的距离（m）（图5-24），$h = h_1 - E$；

h_1——停机面至构件吊装支座顶面的高度（m）；

E——起重臂底铰至停机面的距离（m），可根据厂家提供的起重机外形尺寸表确定；

f——起重吊钩需跨越已安装好结构的水平距离（m）；

g——起重臂轴线与已安装好结构间的水平距离（m），一般不小于1m；

α——起重臂的仰角°。

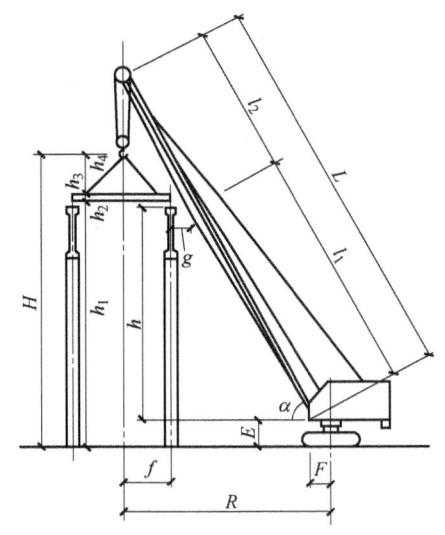

图 5-24 吊装屋面板时起重机最小臂长的计算简图

为使求得的起重臂长度最小，对式（5-7）进行一次微分，并令 $\frac{dL}{d\alpha} = 0$，则

$$\frac{dL}{d\alpha} = -\frac{h\cos\alpha}{\sin^2\alpha} + \frac{(f+g)\sin\alpha}{\cos^2\alpha} = 0 \tag{5-8}$$

进一步求解式（5-8），可得

$$\alpha = \arctan\sqrt[3]{\frac{h}{f+g}} \tag{5-9}$$

将 α 代入式（5-7），可得所需起重臂的最小长度 L。根据计算结果，选用适当的起重臂，然后根据实际采用的 L 及 α 值代入式（5-10），计算出起重半径 R，即

$$R = F + L\cos\alpha \tag{5-10}$$

式中 F——起重臂底铰至起重机回转中心的距离（m），可根据厂家提供的起重机外形尺寸表确定。

按计算出的 R 值及已确定的起重臂长度 L，查阅起重机技术性能表或曲线，复核起重量 Q 及起吊高度 H。如能满足构件的吊装要求，即可根据 R 值确定起重机吊装屋面板时的停机位置。

5.3.3 吊装前准备工作

为保证吊装安全、施工进度和吊装质量，必须做好和重视吊装前的准备工作。结构吊装准备工作主要包括三大内容：一是，技术准备工作，如熟悉设计图、图纸会审、计算工程量、编制专项吊装方案等；二是，现场准备工作，包括清理场地和修筑吊机行走道路，对被吊构件进行必要的检查，对构件安装位置进行必要的清理、弹线、编号，对吊点、吊具与索具进行承力复核和安全性检查等；三是，加强作业人员培训，做好技术交底和安全交底等。

构件的检查与清理包括：构件截面尺寸检查，构件外观质量（如变形、缺陷、损伤等），构件的型号与数量检查，构件混凝土强度检验，预埋件、预留孔的位置及质量检查等，并做相应清理工作。构件间结合面应清理干净，确保接触面无灰渣、无油污。

构件的弹线与编号主要包括以下内容：

1) 一般在柱子柱身三面弹出中心线，对工字形柱除在矩形截面部分弹出中心线外，为便于观察及避免视差，还需要在翼缘部分弹一条与中心线平行的线。

2) 梁的两端及顶面弹出安装中心线。

3) 屋架上弦顶面上应弹出几何中心线，并将中心线延至屋架两端下部，再从跨度中央向两端分别弹出天窗架、屋面板的安装定位线。

单层工业厂房钢筋混凝土柱基础一般采用现浇钢筋混凝土杯形基础，应先对基础的尺寸、外观质量等进行检查，杯口尺寸和标高偏差应满足验收规范的相关要求。杯底标高偏差较大时，可采用用水泥砂浆或细石混凝土抹平至所需标高。基础顶面应弹出十字交叉的安装中心线。

5.3.4 构件的绑扎

预制构件的吊装工艺过程主要有绑扎、吊装、就位、校正、最后固定等几道工序。构件的绑扎要求：一是，要保证构件在吊装过程中受力合理，不发生过大变形，不开裂；二是，要绑扎牢固，构件不滑脱；三是，方便安装就位。

1. 柱的绑扎

柱的绑扎方法、绑扎位置和绑扎点数，应根据柱的形状、长度、截面、配筋、起吊方法和起重机性能等确定。中、小型柱（质量≤13t），可绑扎一点；重型柱或配筋少而细长的柱，需绑扎两点。特殊情况下，绑扎点要经计算确定。下面介绍常用的绑扎方法。

(1) 一点斜吊绑扎法　当柱平放起吊的受弯承载力满足要求时，可采用一点斜吊绑扎法，图 5-25 所示为单层工业厂房牛腿柱的点斜吊绑扎法。柱起吊后柱身呈倾斜状态，由于吊索歪在柱的一侧，起重钩可低于柱面，故起重臂可较短，一般高重型柱吊装时用此法绑扎，但就位困难，需辅以人工插入杯口。

(2) 一点直吊绑扎法　当柱平放起吊的受弯承载力不足，需将柱由平放转为侧立后起吊时，可采用点直吊绑扎法，图 5-26 所示为牛腿柱的点直吊绑扎法。该法是用吊索围捆柱身，从柱面两侧分别扎住卡环，再与铁扁担相连。起吊后柱顶在吊钩之下，需要较大的起吊高度，但柱身呈直立状态，便于插入杯口。

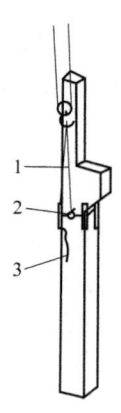

图 5-25　牛腿柱的点斜吊绑扎法
1—吊索　2—活络卡环
3—活络卡环插销拉绳

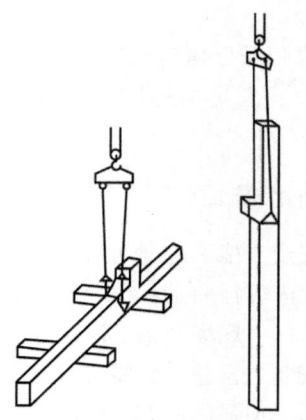

图 5-26　牛腿柱的点直吊绑扎法

(3) 两点绑扎法 当柱较长,一点绑扎受弯承载力不足时,可用两点绑扎起吊,如图 5-27 所示。此时,绑扎点位置,应使下绑扎点距柱重心距离小于上绑扎点至柱重心距离,柱吊起后即可自行回转为直立状态。

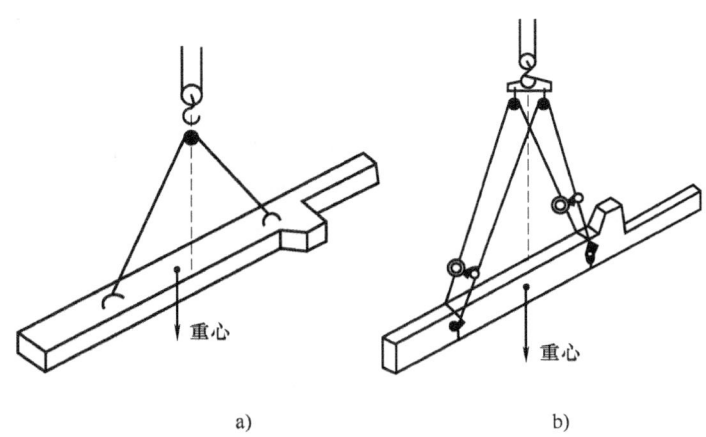

图 5-27 柱的两点绑扎
a) 两点斜吊绑扎法 b) 两点直吊绑扎法

2. 梁的绑扎

梁绑扎的位置应考虑起吊时构件的受力状态,特别对混凝土构件要防止其产生裂缝。对钢梁可在合适位置设置工具式吊耳（图 5-28）,既方便施工,又可保证施工的安全可靠。

3. 预制墙板的绑扎

预制墙板的特点是墙板高、厚度小,应防止墙板平面外变形过大,导致预制墙板开裂,因此,绑扎时的吊点合力宜与构件的重心在同一垂线上,据此确定预埋吊钩位置。吊具可采用横吊梁两点吊,也有采用可拆卸吊具（图 5-29）固定,在墙板上进行吊升。采用后者吊装时,墙板的垂直度更易控制,也便于安装。

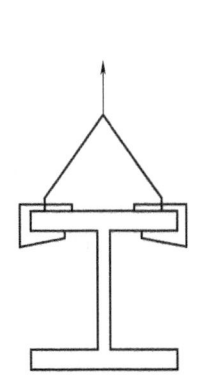

图 5-28 采用工具式吊耳
吊装工字形钢梁

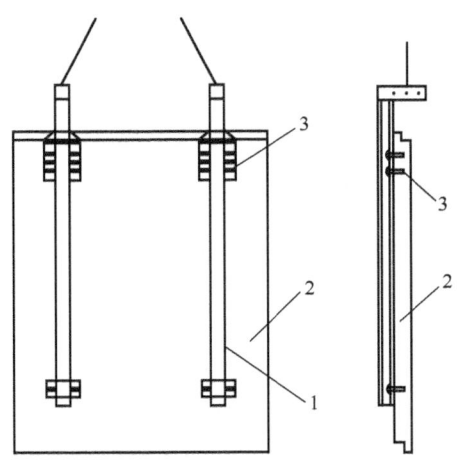

图 5-29 采用可拆卸吊具吊装预制墙板
1—可拆卸吊具 2—预制墙模 3—临时固定螺栓

4. 屋架的绑扎

屋架吊装阶段受力状态与正常使用阶段不同,屋架绑扎位置及吊点的数量一般由设计方案确定。如实际吊点与设计方案有所改变,应重新进行吊装验算。

屋架的绑扎点宜选在上弦节点处,左右对称,绑扎中心(即各支吊索的合力作用点)必须高于屋架重心,并在同一垂线上。屋架起吊后保持水平,不晃动、不倾翻。吊索与水平线的夹角不宜小于45°,以免屋架承受过大的水平分力。当夹角小于45°时,为减小屋架起吊高度和水平力,可采用横吊梁。

一般来说,屋架跨度小于或等于18m时绑扎两点;当跨度大于18m时需绑扎四点;当跨度大于30m时,应考虑采用横吊梁,以减小绑扎高度。对三角组合屋架等刚性较差屋架,下弦不能承受压力,故绑扎时也应采用横吊梁。图5-30为屋架绑扎方式示意图。

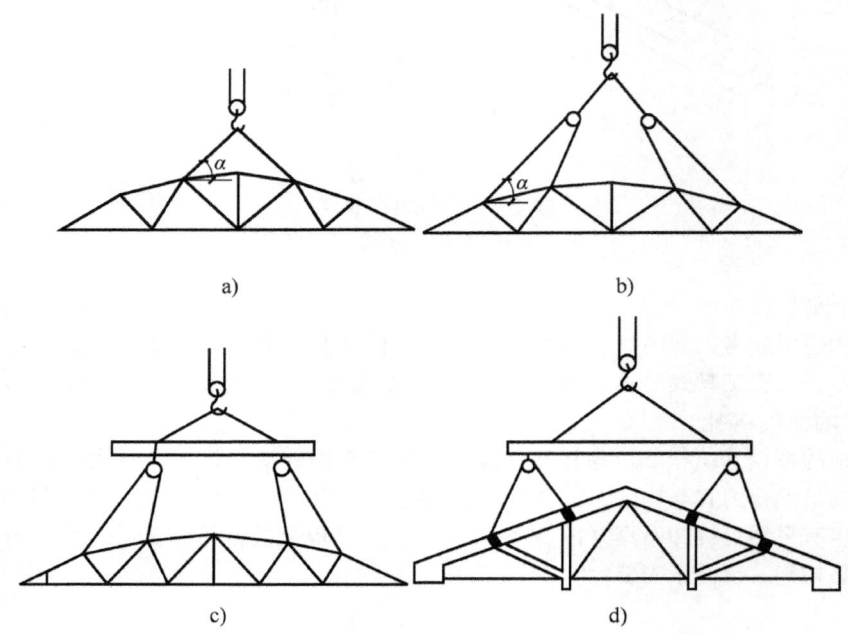

图5-30 屋架绑扎方式示意图
a)两点绑扎 b)四点绑扎 c)横吊梁绑扎 d)三角形组合屋架绑扎

5.3.5 构件的吊装

预制构件的吊装方法可分为平吊、竖吊、翻转吊三种,如图5-31所示。竖向预制构件一般采用竖吊方式;水平预制构件一般采用平吊方式;屋架等桁架一般采用翻转吊。梁类构件吊点数量不应少于2个,板类构件吊点不应少于4个,平面不规则时需考虑增加附加吊点或在薄弱部位增加靠梁,如图5-32所示。

预制构件吊装前必须检查作业环境、吊索具、防护用品;大雨及风力六级以上(含六级)等恶劣天气,必须停止露天起重吊装作业;作业时必须执行安全技术交底,听从统一指挥;使用起重机作业时,必须正确选择吊点的位置,合理穿挂索具,试吊。除指挥及挂钩人员外,严禁其他人员进入吊装作业区;起吊及落钩时,速度不宜过快,专人扶直就位,做到平缓起落,防止构件相互碰撞。

图 5-31 预制构件吊装
a) 平吊 b) 竖吊 c) 翻转吊

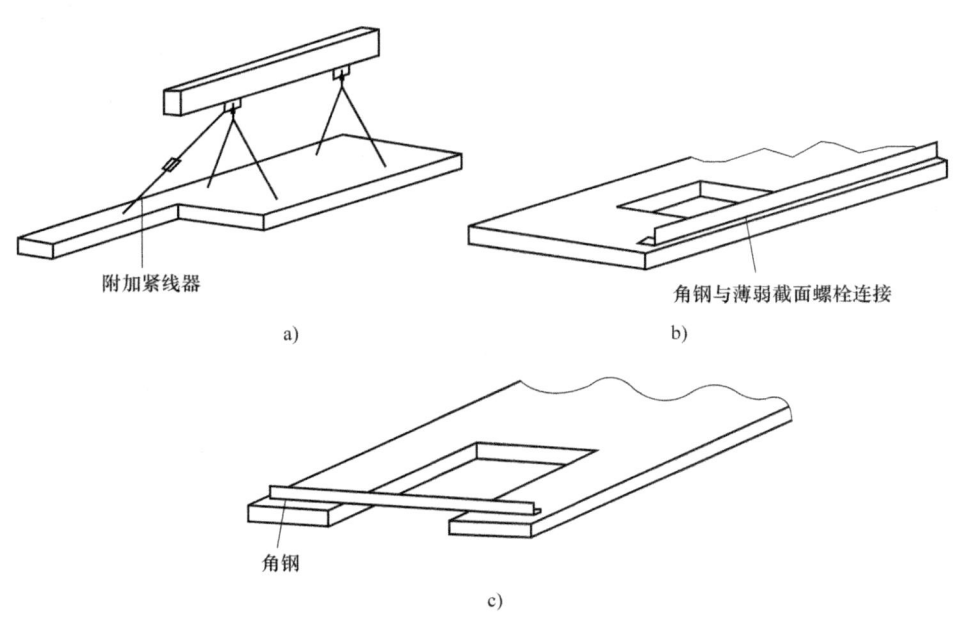

图 5-32 构件吊运加强措施
a) 附加吊点 b) 薄弱截面增加靠梁 c) 悬臂端增加靠梁

预制构件吊装时要缓慢起吊，待构件升至距地面60cm高时略作停顿，检查吊挂是否牢固，确认无误后继续作业。预制构件在距安装位置上方60cm左右高时略作停顿，施工人员手扶构件，控制构件缓慢下落就位，如图5-33所示。

1. 柱的吊装

柱的吊装方法应综合考虑起吊设备、柱的预制位置或吊装前就位位置、起吊高度等因素后确定。单层工业厂房柱的吊装分为旋转法和滑行法两种吊装方法。

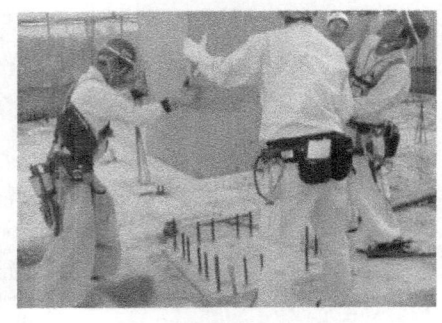

图5-33 预制构件吊装就位

（1）旋转法 采用旋转法吊装柱时，柱的平面布置宜使柱脚靠近基础，柱的绑扎点、柱脚中心与基础中心三点宜位于起重机的同一起重半径的圆弧上（常称三点共弧），如图5-34所示。起吊时，起重机的起重臂边升钩、边回转，柱顶随起重机的运动边升钩、边回转，而柱脚的位置在柱的旋转过程中是不移动的。当柱由水平转为直立后，起重机将柱吊离地面，旋转至基础上方，将柱插入杯口。用旋转法吊装时，柱在吊装过程中所受振动较小，生产效率较高，但对起重机的机动性要求较高。采用自行杆式起重机吊装时，宜采用此法。

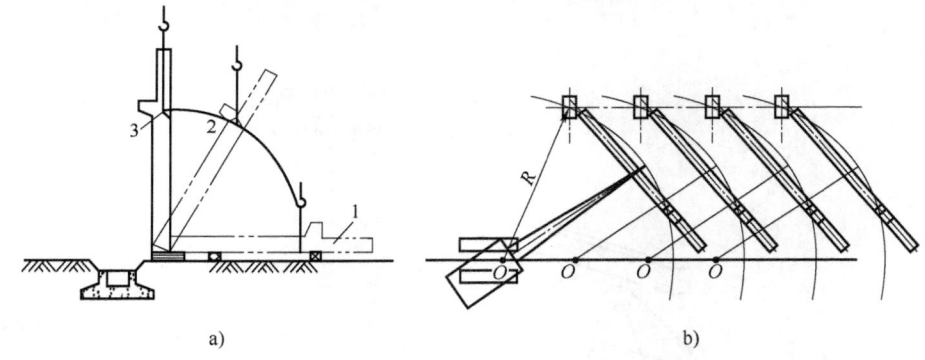

旋转法吊装柱

图5-34 旋转法吊装柱
a）旋转过程 b）平面布置
1—预制位置 2—吊升状态 3—直立状态

（2）滑行法 采用滑行法吊装柱时，起重机只升钩，起重臂不转动，使柱顶随起重钩的上升而上升，柱脚随柱顶的上升而滑行，直至柱子直立后，吊离地面，并旋转至基础杯口上方，插入杯口，如图5-35所示。滑行法对起重机的机动性要求较低，只需要起重上升一个动作。但柱在滑行过程中受到振动，对构件不利，因此宜在柱脚处采取加滑橇（托木）等措施，以减少柱脚与地面的摩擦。

旋转法和滑行法是柱吊装的两种基本方法，施工中应尽量按这两种基本方法来布置构件和吊升构件，但施工现场情况很复杂，应根据实际情况布置构件和灵活采用吊升方法。当用旋转法吊装柱时，由于各种条件限制，不可能将柱的绑扎点、柱脚和柱基中心三者同时布置在起重机的同一起重半径圆弧上，此时也可以灵活处理，采取绑扎点与柱基中心或柱脚与柱基中心两点共弧的办法来布置构件。

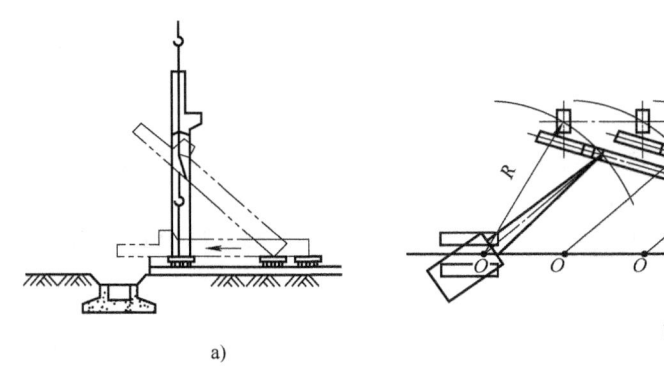

图 5-35 滑行法吊装柱
a) 旋转过程 b) 平面布置

滑行法吊装柱

2. 梁的吊装

预制梁吊起后应基本保持水平,因此多采用两点绑扎。吊点分别距杆件两端的距离为 $0.2L$(L 为构件长度)处,两根吊索要等长,绑扎点对称设置,吊钩对准梁的重心,以使吊车梁起吊后能基本保持水平。在梁的两端应绑扎溜绳,以控制梁的转动,避免悬空时碰撞柱子。

图 5-36 所示为工业厂房吊车梁的吊装。吊车梁就位时应缓慢降钩,使吊车梁端与柱牛腿面的横轴线对准。在吊车梁安装过程中,应用经纬仪或线锤校正柱子的垂直度,若产生了竖向偏移,应将吊车梁吊起重新进行就位,以消除柱的竖向偏移。

3. 其他构件的吊装

屋架吊升前应先直立放置在合适位置,以便起吊后直接安放到柱顶,避免起重机负荷开行,减小振动,以利于构件的保护。在屋架吊升至柱顶后,使屋架的两端两个方向的轴线与柱顶轴线重合,屋架临时固定后起重机才能脱钩。其他形式的桁架结构在吊装中都应考虑绑扎点及吊索与水平面的夹角,以防桁架弦杆在受力平面外的破坏。必要时,还应在桁架两侧用型钢、圆木做临时加固。

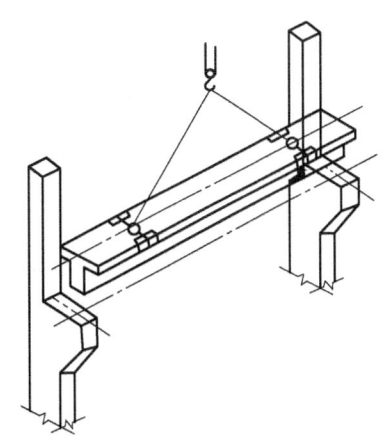

图 5-36 工业厂房吊车梁的吊装

装配式建筑预制叠合梁、板吊装前按设计要求确定预制叠合梁、板安装位置线及标高线,并完成支撑体系的搭设;还要确认预制叠合梁、板安装工作面,以满足构件安装要求。

5.3.6 构件的就位与临时固定

预制构件安装过程中应根据水准点和轴线校正位置,安装就位后应及时采取临时固定措施。预制构件与吊具的分离应在校准定位及临时固定措施安装完成后进行。临时固定措施的拆除应在装配式结构能达到后续施工承载要求后进行。

1. 柱的就位与临时固定

单层工业厂房中柱子就位是将柱子插入杯口并对准安装准线的一道工序。临时固定是用楔子等将已对位的柱子做临时性固定的一道工序,如图 5-37 所示。柱脚插入杯口后,并不立即降至杯底，而是停在离杯底 30~50mm 处进行对位。就位的方法是用钢楔块从柱的四边放入杯口，每个柱面不应少于两个钢楔块，但严禁将楔子重叠放置。初步校正垂直后，打紧楔块进行临时固定。对重型柱或细长柱以及多风或风大地区，在柱上部应采取稳妥的临时固定措施，确认牢固可靠后，方可指挥脱钩。

装配式结构对预制柱的上部斜支撑，其支撑点距离板底的距离不宜小于构件高度的 2/3，且不应小于构件高度的 1/2。支撑在地面上的支点，应使斜支撑与地面的水平夹角保持在 45°~60°。固定竖向预制构件斜支撑的地脚，优先采用预埋方式，并应注意预埋位置的准确性，如图 5-38 所示。

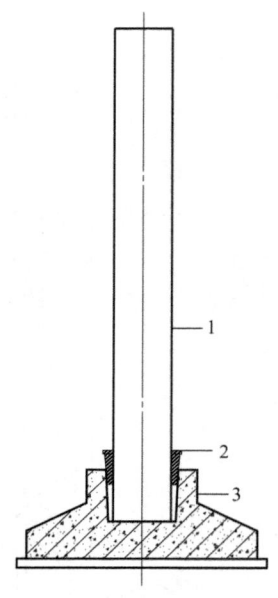

图 5-37 柱的就位与临时固定
1—柱子 2—楔块 3—基础

图 5-38 装配式结构预制柱的临时固定实景图

2. 桁架的就位和临时固定

桁架类构件受力平面外刚度很小，就位后易倾倒，因此桁架就位关键是使桁架的端头两个方向的轴线与柱顶轴线重合后，及时进行临时固定。图 5-39 所示以屋架为例说明桁架临时固定。第一榀屋架必须可靠，因为它是单片结构，侧向稳定性差，而且第二榀屋架的临时固定还要以第一榀屋架作为支撑，所以必须做好临时固定。第一榀屋架一般至少采用 4 根缆风绳从两边把桁架拉牢；第二榀屋架的临时固定是用工具式支撑（图 5-40）撑在第一榀屋架上，后续各榀屋架的临时固定，均用工具式支撑撑在前榀屋架上。

3. 预制梁、预制板的就位和临时固定

预制梁、预制板等水平构件在就位前应先进行纵横轴线和跨距复核，按梁、板和支座的安装中心线对位，并进行临时固定。

装配式结构预制梁、预制叠合板等水平受弯构件支撑体系一般采用可调钢管支撑搭设，可调支托上部铺设工字形钢或木方，如图 5-41 所示。构件就位后应根据标高控制线调节支撑立杆，控制水平构件标高，在确保立杆充分受力并顶紧后方可松开吊钩。独立支撑的间距需严格控制，不得随意加大支撑间距，并控制好独立支撑离墙体的距离，保证整个体系的稳定性。

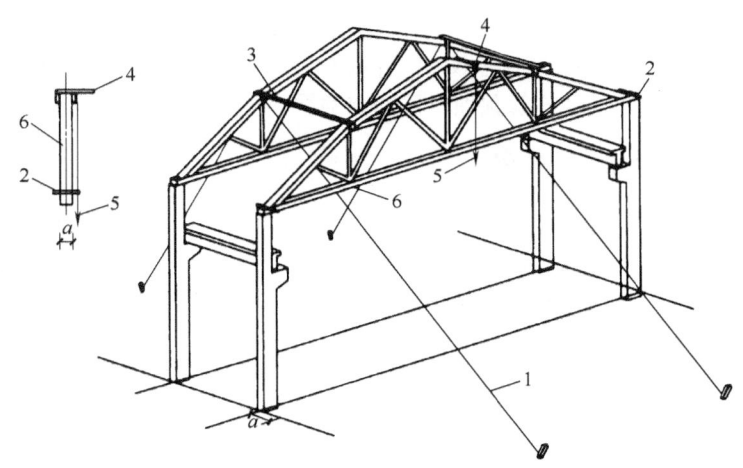

图 5-39　屋架的临时固定
1—缆风绳　2、4—挂线木尺　3—工具式支撑　5—线锤　6—屋架

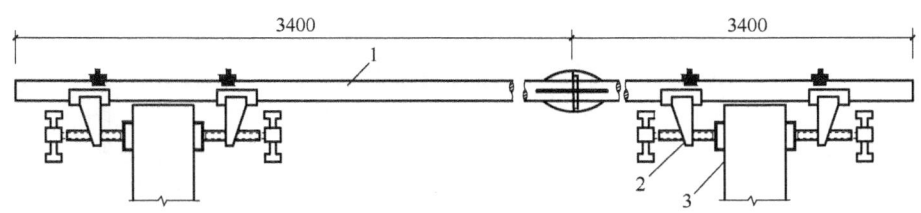

图 5-40　工具式支撑的构造
1—钢管　2—撑脚　3—屋架上弦

4. 预制墙板的就位和临时固定

预制墙板就位后应及时用定位架或用临时支撑固定。定位架设置有可调节螺杆，预制墙板的背面设置与调节螺杆连接的接驳器，通过螺栓与可调节螺杆连接（图 5-42），吊装就位后，用可调节螺杆作为临时撑杆稳定墙板。

图 5-41　预制叠合板的临时支撑

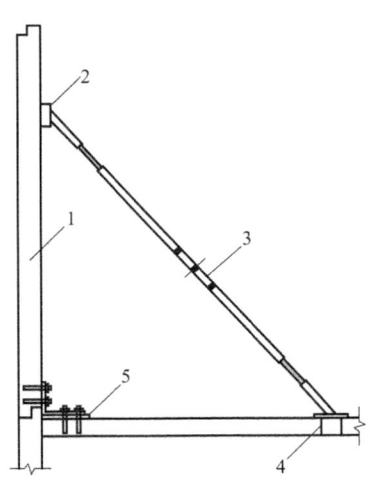

图 5-42　预制墙板的临时固定
1—预制墙板　2—接驳器　3—可调节螺杆
4—下部定位器　5—预埋件

预制墙板安装采用临时支撑时，每个预制墙板上的临时支撑不宜少于 2 道。墙板构件的上部斜支撑，其支撑点距离板底的距离不宜小于构件高度的 2/3，且不应小于构件高度的 1/2。斜支撑的地脚优先采用预埋方式，并注意预埋位置的准确性。

5.3.7 构件的校正和最后固定

1. 柱的校正和最后固定

柱的校正包括平面定位轴线、标高和垂直度的校正。柱平面定位轴线在临时固定前完成对位校正。以单层工业厂房为例，混凝土柱标高在柱吊装前通过调整基础杯底的标高予以控制，钢柱则通过在柱子基础表面浇筑标高块的方法进行校正。垂直度可用经纬仪观测，采用钢管撑杆校正器（图 5-43）或螺旋千斤顶进行校正。

混凝土柱校正完毕，即在柱底部四周与基础杯口的空隙之间浇注细石混凝土作为最后固定。浇注工作分两次进行，第一次浇至楔块底面，待混凝土强度达到 25% 设计强度后拔去楔块，第二次浇注混凝土至杯口顶面，使柱的底脚完全嵌固在基础内。

钢柱校正后即将锚固螺栓固定，并进行钢柱柱底灌浆。灌浆前，应在钢柱底板四周立模板。灌注砂浆应能自由流动，灌浆从一边进行连续灌注，灌注后覆盖养护。

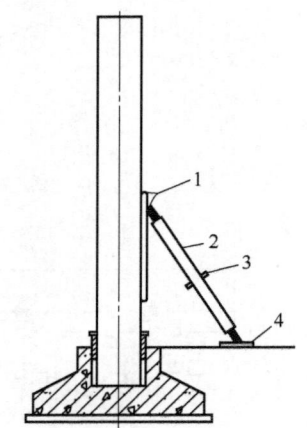

图 5-43　钢管撑杆校正器
1—端部摩擦板　2—可调钢管撑杆
3—转动手柄　4—底板

2. 桁架的校正和最后固定

桁架主要校正垂直偏差。检查时，可用线锤或经纬仪。下面以屋架为例说明桁架的校正方法。用经纬仪检查时，将仪器安置在被检查屋架的跨外，距柱横轴线为 a。然后，观测屋架上弦顶部、两端所挑出的挂线标尺上的标志（标尺上画出距屋架上弦轴线水平距离为 a 的标志）是否在同一垂直面上，如偏差超出规定数值，则转动屋架校正器上的螺栓进行校正，并在屋架端部支承面垫入薄钢片。校正完成后，立即用电焊焊牢作为最后固定。电焊时为了防止因焊缝收缩导致屋架倾斜，应在屋架两端的不同侧同时施焊。其他形式的桁架校正方法也与此类似。

3. 梁的校正和最后固定

梁的校正主要包括标高校正、垂直度校正和平面位置校正等。

以吊车梁为例，吊车梁的标高主要取决于柱子牛腿的标高。由于在进行杯形基础杯底抄平时，已对牛腿面至柱脚的高度进行过测量和调整，因此偏差不会太大。如存在少量偏差，可待安装轨道时，在吊车梁面上抹一层砂浆找平层加以调整。

吊车梁的平面位置和垂直度可在屋盖吊装前校正，也可在屋盖吊装后校正。但较重的吊车梁，由于摘钩后校正困难，则可边吊边校正。吊车梁平面位置的校正主要包括直线度和两吊车梁之间的跨距。吊装中心线对定位轴线的偏差不得大于 5mm。在屋盖吊装前校正时，不得有正偏差，以防屋盖吊装后柱顶向外偏移，使跨距偏差过大。在检查及拨正吊车梁中心线的同时，可用靠尺线锤检查吊车梁的垂直度。若发现有偏差，可在吊车梁两端的支座面上加斜垫铁纠正，每端叠加垫铁不得超过三块。

吊车梁的最后固定，是在吊车梁校正完毕后，用连接钢板等与柱侧面、吊车梁顶端的预埋件相焊接，并在接头处支模浇筑细石混凝土。

4. 预制墙板的校正和最后固定

预制墙板的校正通过可调节螺杆实现，但单块墙板不能完成最后固定，需要在吊装单元的所有墙板都安装完成,并相互连接或将现浇的节点、现浇的叠合墙板等都完成后才能形成稳定的结构,此时方可拆除调节螺杆。

思考题

1. 结构吊装工程施工的主要特点是什么?
2. 选择起重机械时,主要考虑哪些因素?
3. 简述桅杆式起重机的优缺点及适用范围。
4. 自行式起重机有哪几种类型?试述各自优缺点。
5. 履带式起重机有哪几个主要的技术参数?各参数之间存在何种相互关系?
6. 塔式起重机有哪几种类型?试述附着式自升塔式起重机的自升原理。
7. 简述内爬式起重机的自升原理。
8. 使用卷扬机应注意哪些问题?
9. 预制构件运输、堆放应注意哪些问题?
10. 结构吊装准备工作主要包括哪些方面?
11. 如何选择起重机械和吊装方法?
12. 选择起重机时最小臂长如何计算?
13. 构件吊装前的弹线与编号主要包括哪些内容?
14. 构件绑扎的基本要求是什么?
15. 柱子吊装绑扎时有哪几种吊装方法?各有哪些优缺点?
16. 屋架绑扎有哪些基本要求?
17. 柱子旋转法吊装和滑行法吊装有什么区别?
18. 预制构件的吊装方法主要分为哪几种?举例说明。
19. 混凝土柱吊装时的吊点位置如何确定?屋架吊装时绑扎点位置如何选定?
20. 如何进行桁架的就位和临时固定?
21. 如何进行预制梁、预制板的就位、临时固定、校正和最后固定?

练习题

1. 某钢筋混凝土结构单层厂房工程进行结构吊装,已知柱距为 8000mm,柱如图 5-44 所示,钢柱吊装采用旋转法吊升,起重机吊装柱时的起重半径为 9000mm,为提高吊装效率,拟采用停一点、吊两根柱,斜吊绑扎的方法,试进行预制柱的布置。

2. 某厂房柱的牛腿标高 8m,吊车梁长 6m,高 0.5m,当起重机停机面标高为 −0.5m 时,试计算安装吊车梁的起吊高度。

3. 车间跨度 21m,柱距 6m,屋面板厚度 300mm,停机面标高 −0.3m,拟选择的起重臂底铰中心距地面标高 1.8m,试选择履带式起重机的最小臂长。

4. 某车间柱距 6m,剖面图如图 5-45 所

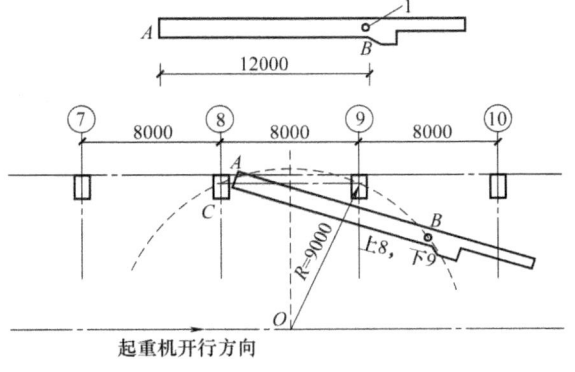

图 5-44 单层厂房柱预制布置示意图

1—吊点

示，屋架索具绑扎，如图 5-46 所示，已知屋架重 6kN，索具重 3kN，临时加固材料重 3kN；吊车梁高 0.6m，长 6m，重 28kN，索具重 2kN，索具绑扎点距梁两端均为 1m，吊索与水平面的夹角为 45°；屋面板厚 0.24m，起重机底铰距停机面的高度 $E=2.1m$。结构吊装时，场地相对标高为 -0.5m，吊装所需安装间隙均为 0.3m。

试求：

（1）吊装吊车梁的起重量及起吊高度。

（2）吊装屋架的起重量及起吊高度。

（3）吊装跨中屋面板所需的最小起重臂长度。

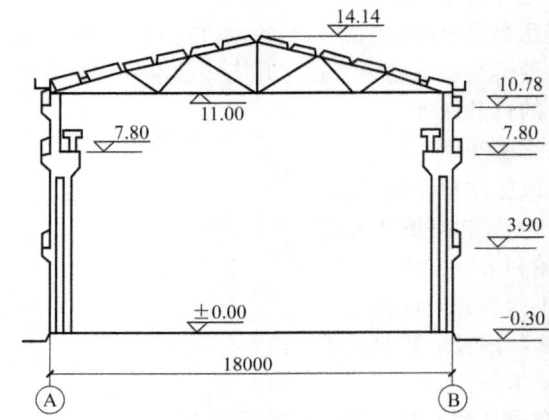

图 5-45 车间结构剖面图

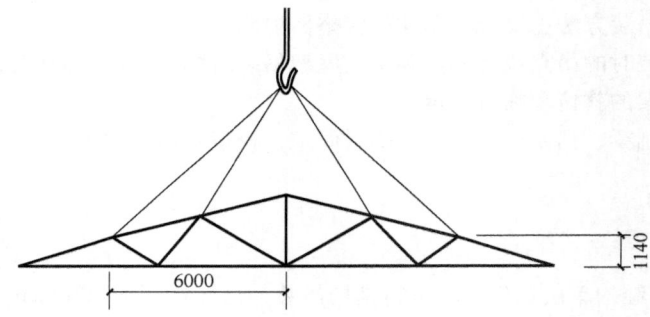

图 5-46 屋架索具及绑扎点示意图

第 6 章

建筑结构施工

本章导读

本章内容丰富，涉及砖混结构施工、现浇混凝土结构施工，以及装配式单层厂房、多层装配式结构及钢结构安装等内容。力求以各种建筑结构从基础到结构施工全过程的角度，叙述各种建筑结构的施工流程及关键技术。

同学们在学习中应注意两个方面：一是，学习时应与前面相关章节的内容相结合，这是由于涉及的各建筑结构的施工技术与之前的章节内容密切相关；二是，应对本章节的内容多作横向比较，这是因为本章涉及的诸多施工技术在各类建筑结构中都有应用，为避免重复，在编排上将不同基础、模板、脚手架、施工机具等分别置于不同建筑施工过程中叙述，注意横向比较可加深对教学内容的理解。

目前我国装配式建筑、钢-混凝土结构、钢结构施工技术发展迅速，机械化、自动化、标准化、信息化程度不断提升，希望同学们在学习教材知识的同时，积极关注、搜集、学习工程实践尤其是重大工程建设项目的施工技术资料和技术经验的总结（包括视频资料），紧跟新技术发展。

■ 6.1 砖混结构施工

砖混结构是指以砖、砌块等块体材料为竖向承重构件，混凝土或其他材料为梁、楼板等横向承重构件的结构。砖混结构适合开间和进深较小，房间面积小的低层或多层建筑。

6.1.1 砖混结构施工流程

砖混结构施工流程如图 6-1 所示。由施工流程可见砖混结构的主导工种工程是砌筑工程。砖混结构的楼板有预制楼板和现浇楼板两种，因此，楼面施工有所不同。如采用预制楼板则在圈梁浇筑后进行楼板安装，而现浇楼板则需支撑楼面模板、绑扎钢筋后浇筑楼板。砌体结构施工的工种多，各工种需穿插进行，因此施工中应做好多方面的协调。

6.1.2 砖基础施工

1. 建筑定位放线

（1）标志板及引桩的设置 由于土方开挖后，轴线桩要被挖除，这对以后基础墙定位带来麻烦。因此，在基础施工前应在建筑物的主要轴线部位设置标志板（龙门板）或引桩。标志板及引桩是进行放线和轴线复核的依据，因此，设置标志板及引桩应做到数量够用、位置准确、利于保护。

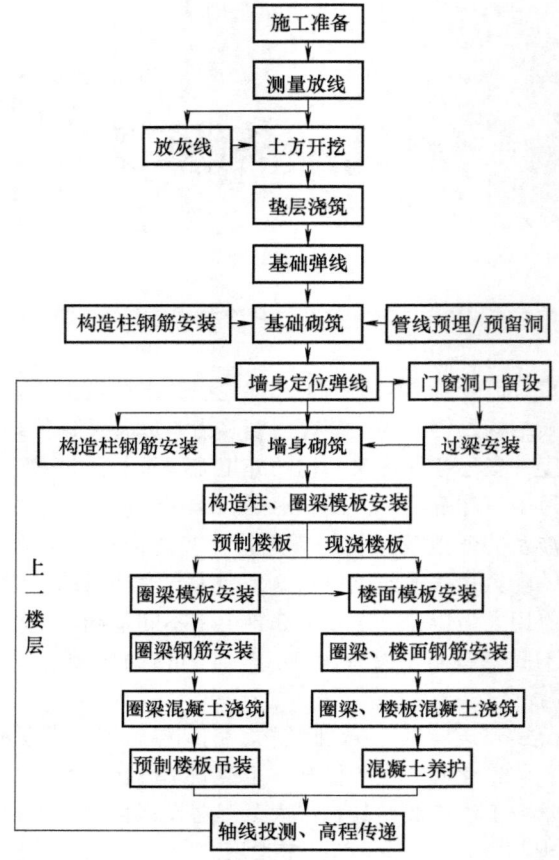

图 6-1 砖混结构施工流程

标志板上标明轴线和墙身位置，并在上面设置标高基准。标志板设在基槽外一定距离，对基础定位较为方便，但它占地较大，且易被碰动。因此，工程中也常采用控制轴线的引桩代替标志板，它是在轴线的延长线上设置定位桩，这种桩称为"引桩"。引桩只能确定轴线，标高则需另外测定。

图 6-2 所示为某工程的标志板设置，"基槽开挖灰线"是基槽开挖的依据。由于此时是在自然土上进行放线，因此工程中一般采用石灰粉洒于场地上，因此称为"灰线"。

1）标志板的设置。标志板的设置步骤和要求如下：

① 在建筑物的四角与内墙两端的基槽外侧先打设龙门桩，龙门桩应离基槽开挖外边线 1～1.5m（根据基槽开挖深度及土质而定）。

② 将水准点引至龙门桩上，同一建筑宜用同一标高，如遇地形起伏较大而选用两个标高时，应做标志，以防开挖基槽及基础施工时发生错误。

③ 根据龙门桩上的标高标志钉上标志板，标志板的标高差不应大于 5mm。

④ 用经纬仪或拉线后用线锤，通过轴线桩将轴线引至标志板的顶面上，并在其上钉上小钉作为标志，该钉称为轴线钉。轴线钉的允许偏差为 ±3mm。

⑤ 在轴线钉之间拉线，复核检查控制轴线之间的距离。如龙门板在同一标高上，则只要测量拉线交点间的间距；如标志板在不同标高上，则丈量时应注意保持钢尺的水平，防止测量误差。

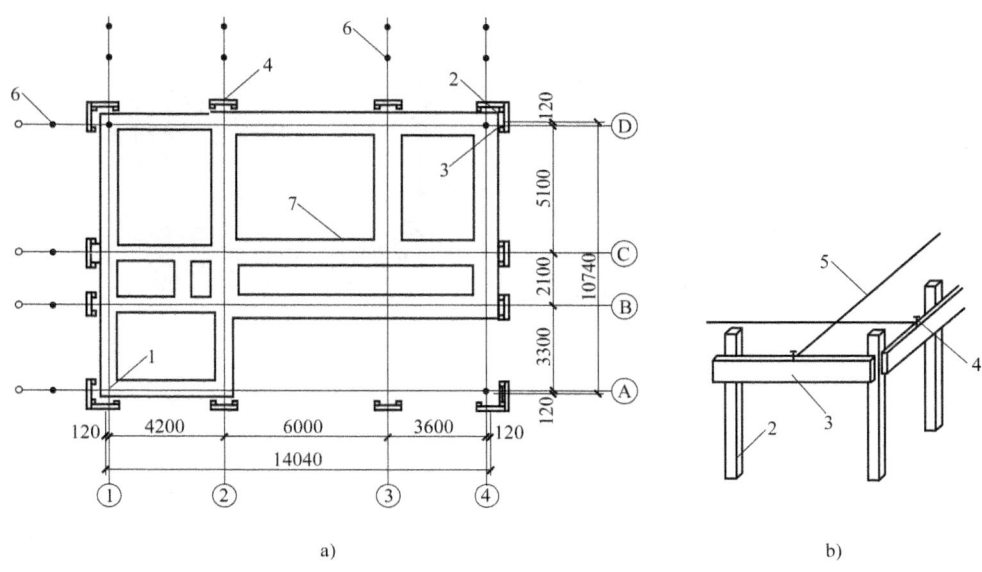

图 6-2 某工程的标志板设置
a）标志板平面布置　b）转角处标志板
1—轴线桩　2—龙门桩　3—标志板　4—轴线钉　5—准线　6—引桩　7—基槽开挖灰线

标志板完成后可进行灰线放设。灰线放设以标志板上的轴线钉为准，将基础宽标在龙门板上，再以基槽宽度拉线放出灰线。

2）引桩的设置。引桩是根据轴线桩或龙门板上的轴线钉，将轴线延长至建筑外若干距离，一般设在建筑外 5~10m 的位置，如该引桩将来还作为向上层投测轴线的依据，则应该在更远的位置，以免向上投测时经纬仪的仰角过大而不便测量。引桩应设在不易被碰到的位置，并应妥善保护。如附近有永久性建筑物，也可将轴线延伸至永久建筑物上划出标志作为引桩。

（2）放线复核　在进行基础放线前，应进行定位及轴线复测。应根据已设置的标志板或引桩等复核定位与规划红线、邻近建筑等基准点位的关系。为避免测量的重复错误，可选择与定位时不同的基准点作为复核点。放线的允许偏差见表 6-1。

表 6-1　放线的允许偏差

长度 L、宽度 B/m	允许偏差/mm
L（或 B）≤30	±5
30＜L（或 B）≤60	±10
60＜L（或 B）≤90	±15
L（或 B）＞90	±20

2. 基槽开挖

（1）土方开挖　土方开挖前应先计算好土方工程量，包括挖、填土方量，并根据原地面标高及设计标高，确定土方的弃留。土方不应堆在基坑边缘，外运或在场区平衡或临时堆放在远离基槽的区域。

基槽土方开挖可采用反铲或抓铲作业（图 6-3），小型基槽也可用人工开挖。挖土接近基底时应进行基底找平。基底找平用水准仪进行，其方法是在基槽侧壁打设一排小竹桩，其标高一致，一般离坑底 500mm 左右，竹桩间距 2m 左右；基底标高以上应预留一层土（厚度根据挖土机械确定）用人工清理，在人工清理时，以竹桩为基准找平基底（图6-4）。

a)　　　　　　　　　　　　　　b)

图 6-3　基槽开挖实例

a）反铲作业　b）抓铲作业

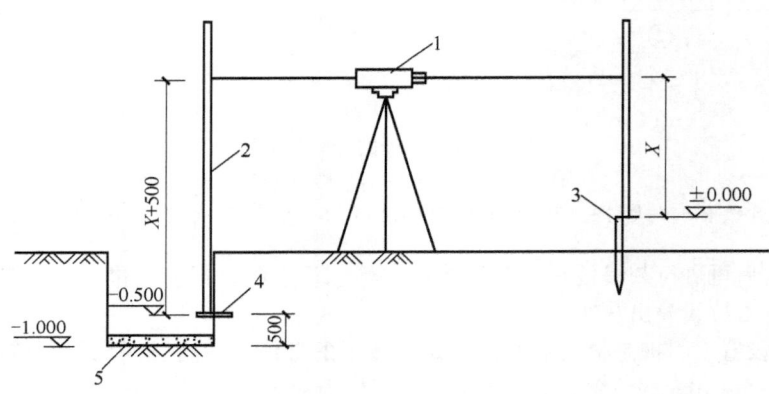

图 6-4　基底找平

1—水准仪　2—水准尺　3—龙门板　4—小竹桩　5—垫层

雨期施工或基槽（坑）挖好后不能及时进行下一工序时，可在基底标高以上留150～300mm厚的一层土不挖，待下一工序开始前再挖除。

在基槽（坑）开挖时，应做好排水和降水位工作。设置若干集水井或井点降水，以抽取槽（坑）内的积水，降低地下水位，而保证基础工程顺利进行。

（2）基槽（坑）验收　基槽（坑）开挖后的验收内容包括基槽（坑）的标高及平面位置，基槽的断面尺寸，地基土有无异常，如软硬点、空洞、旧基、暗浜等，如有地基处理的，则应验收地基处理的质量。基槽（坑）土方开挖工程的质量验收标准见表6-2。

表 6-2　基槽（坑）土方开挖工程的质量检验标准　　　　　　　　（单位：mm）

项	序	项　目	允许值/允许偏差	检验方法
主控项目	1	标高	0，-50	水准测量
	2	长度、宽度（由设计中心线向两边量）	+200，-50	全站仪或用钢尺量
	3	坡度	设计值	目测或用坡度尺检查
一般项目	1	表面平整度	±20	用2m靠尺
	2	基底土性	设计要求	目测或土样分析

基槽（坑）的验收应会同设计单位（或建设单位）共同进行，检查基底土质是否符合要求，并做好隐蔽工程记录，如有异常应会同设计单位确定处理方法。验收基槽（坑）时如发现有异常情况，要会同设计等有关单位进行处理。

3. 砖基础砌筑

砖基础一般为大放脚形式，通常采用二皮砖一收或二皮与一皮砖间隔一收的砌筑形式，退台宽度60mm。砌筑时退台处面层砖应丁砖砌筑。砖大放脚应该注意砖的组砌，避免通缝。图6-5所示为某砖大放脚的组砌，其他宽度的大放脚也可按类似的组砌方法施工。第4皮砖以上的砌筑，可按240mm厚墙体采用一顺一丁或梅花丁的砌筑方法。

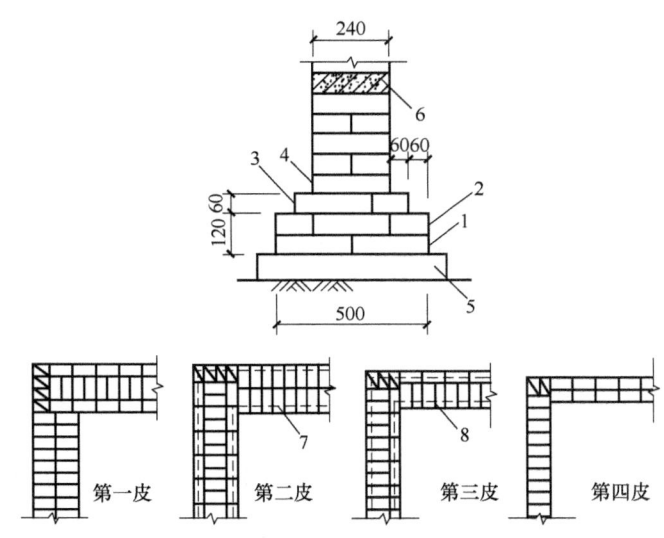

图6-5 某砖大放脚的组砌

1~4—第1~4皮砖 5—垫层 6—防潮层 7—第3皮砖外边线 8—第4皮砖外边线

皮数杆是砌体结构施工时砌砖皮数和高度的重要工具。虽然砖基础的高度较小，但为保证砌筑的平整度和灰缝厚度，施工中仍应在基础转角处和较长的墙体中间按间距15m左右设置一根。

基础墙的防潮层一般采用60mm厚细石防水混凝土、配置2Φ6纵向钢筋。如设计无具体要求，也可采用20mm厚1:2.5的水泥砂浆加防水剂铺设。抗震设防地区建筑物不应采用卷材作为基础墙的水平防潮层。

当砖基底标高不同时，应从低处砌起，并应由高处向低处搭接。当设计无要求时，搭接长度L不应小于基础底的高差H，搭接长度范围内下层基础应扩大砌筑，如图6-6所示。砌体的转角处和交接处应同时砌筑，当不能同时砌筑时应留设接槎。有悬挑的墙体（如出檐砌体）则应按层砌筑，同一砌筑层应先砌墙身后砌挑出部分，以保持悬挑部分的稳定，防止倾翻。

4. 基础土方回填

基础施工完成后，应及时进行土方回填，以防止基础浸水。填土前应清除基底的垃圾、树根等杂物，抽除坑穴内积水、淤泥。回填时基础两侧的土方应同时回填，并在两侧逐层回填，每层填土两侧高差不应过大，以防止将墙挤动引起过大的侧向位移或产生裂缝、坍塌。如不能做到双侧回填，单侧回填应在砌体具有足够的侧向承载能力后进行。

基础下往往设有地下管线，回填土应与管线埋设工作统筹安排，可以先进行管线的埋设工作，再进行土方回填，这样可以避免土方的二次开挖，但回填土方时应注意防止管线受损。

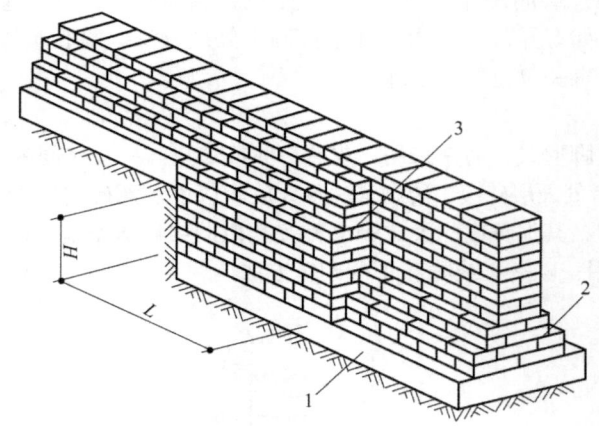

图 6-6　条形基础标高不同时的搭砌
1—垫层　2—大放脚　3—基础扩大部分

回填土应选择好的土料，尽量采用同类土；选择合适的压实机具，确保填土的密实度；注意应从最低处开始，整个宽度分层回填；填方施工结束后，应对填土的标高、边坡坡度、压实程度等进行检查验收。

6.1.3　上部结构施工

1. 砌体的构造施工

砖混结构的主导工种工程为块体的砌筑。本书第 3 章已讲述了砌体砌筑的施工工艺，在混合结构施工中应按有关技术要求和质量标准执行。砌体的砌筑应做到横平竖直、砂浆饱满、上下错缝、搭接牢固。

砖混结构承重墙、柱是由块材和砂浆砌筑而成的，其结构整体性和抗震性能较差，设置必要的构造措施十分重要，接槎、构造柱与圈梁等是提高砖混结构整体性的关键。接槎应保证先砌筑墙体与后砌筑墙体可靠搭接，构造柱、圈梁则在砌体结构中起到"箍"的作用，通过它们将墙体"箍"成一个整体。施工中应按设计及规范的要求做好相关结构的构造施工。

（1）接槎

1）砖墙接槎。砌体结构施工中，横墙、纵墙及内隔墙等总是先后砌筑的，同一堵墙也往往先砌筑两端，后砌筑中间。转角及交接处应同时砌筑，但总有不能同时砌筑而需设置临时间断的情况。施工中必须采用措施，严禁没有可靠措施的内、外墙分砌。

在抗震设防烈度 8 度及以上地区，对不能同时砌筑的临时间断处应砌成斜槎（图 6-7a），斜槎既便于先、后砌筑，也可保证砂浆饱满及接槎牢固，使接槎具有良好的整体性。斜槎的水平投影长度对普通砖不应小于高度 H 的 2/3（图 6-7a），对多孔砖砌体不应小于高度 H 的 1/2。斜槎的高度不应大于一步脚手架高度。

对非抗震设防及在抗震设防烈度 6 度、7 度地区临时间断处，当不能留斜槎时，除转角处外，可留设直槎（图 6-7b）。直槎处应加设拉结钢筋，每 120mm 墙厚放置 1Φ6 钢筋（墙厚为 120mm 时应设置 2Φ6 钢筋）。拉结钢筋沿墙高不应大于 500mm，且竖向间距偏差不应超过 100mm。埋入长度从留槎处算起每边均不应小于 500mm，对抗震设防烈度 6 度、7 度的地区不应小于 1000mm，末端应有 90°弯钩。

2）砌块接槎。砌块墙与后砌隔墙交接处，应设沿墙高每 400mm 在水平灰缝内设置不少于 2Φ4 的钢筋网片，伸入砌块墙和隔墙的长度分别为 400mm 和 600mm（图 6-8）。

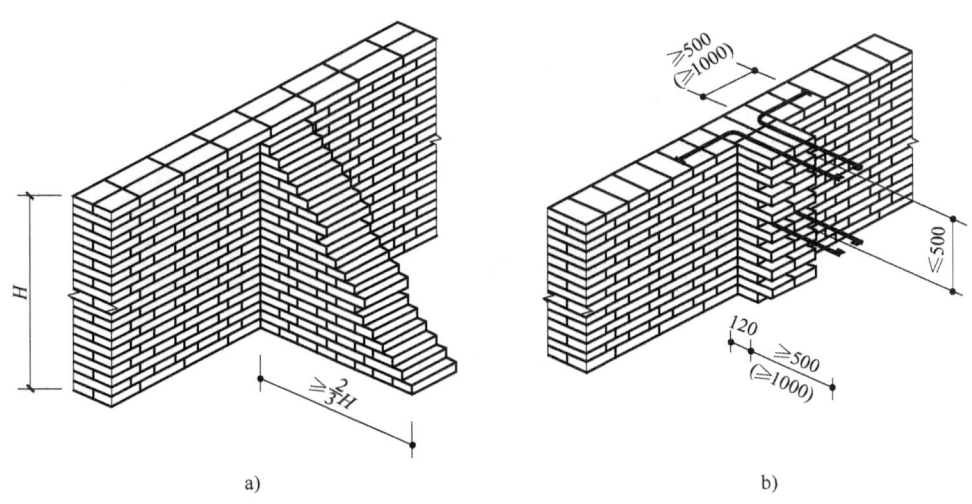

图 6-7 砖砌体的接槎
a) 斜槎 b) 直槎

小型空心砌块墙体转角处和纵横交接处应同时砌筑，不能同时砌筑的临时间断处也应砌成斜槎，斜槎水平投影长度不应小于斜槎高度 H。临时的施工洞口可预留直槎，但在补砌洞口时，应在直槎上、下搭砌的小砌块孔洞内用强度等级不低于 Cb20 或 C20 的混凝土灌实，如图 6-9 所示。

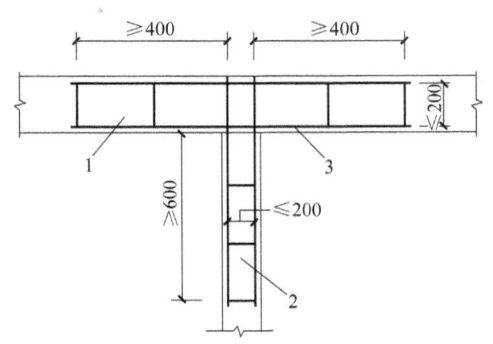

图 6-8 砌块墙与后砌隔墙交接处
1—砌块墙 2—后砌隔墙 3—钢筋网片

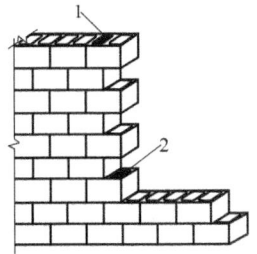

图 6-9 临时施工洞口的直槎砌筑
1—先砌洞口灌孔混凝土（随砌随灌）
2—后砌洞口灌孔混凝土（随砌随灌）

砌体接槎后砌墙体施工前应将接槎处的表面清理干净，并洒水湿润、填实砂浆，做到砂浆饱满、灰缝平直。

(2) 构造柱　由于构造柱在结构中并非实际受力的柱，其施工也与普通结构柱不同。构造柱应按先砌墙后浇柱的施工顺序进行。为使构造柱与墙体的连接牢固，连接处应砌成马牙槎。图 6-10 所示为砖和砌块砌体结构构造柱的实例照片。

为保证构造柱与墙体的连接牢固，连接应砌成马牙槎，并设置拉结钢筋。构造柱的马牙槎应从每层柱脚开始，先退后进，每一马牙槎沿高度方向的尺寸不宜超过 300mm。沿墙高每 500mm 设 2Φ6 拉结钢筋，每边伸入墙内的长度应符合设计要求，如图 6-11 所示。在浇灌混凝土之前，预留伸出的拉结钢筋应校正到准确位置。

图 6-10 构造柱
a) 砖砌体结构 b) 砌块砌体结构

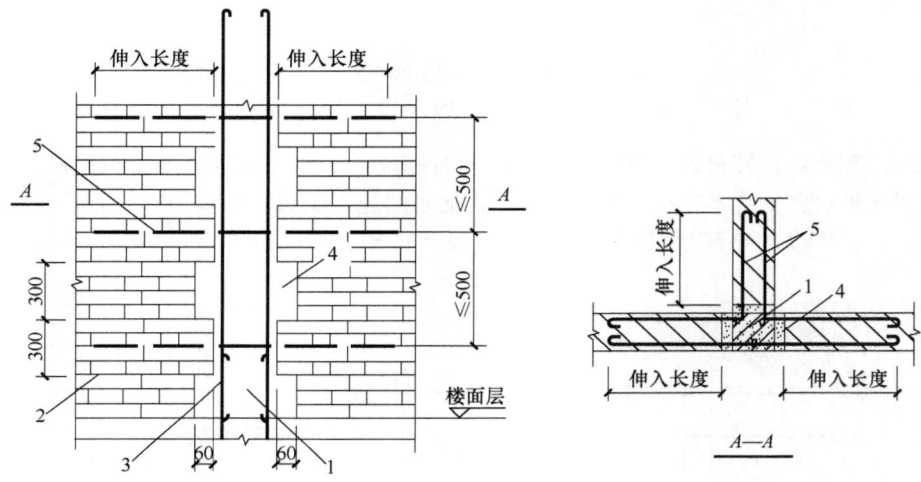

图 6-11 构造柱与墙体的连接
1—构造柱 2—墙 3—构造柱钢筋 4—马牙槎 5—拉结钢筋

构造柱纵向钢筋应伸入室外地面下 500mm，或与基础圈梁相连，在圈梁处应在圈梁内侧穿过，并保证构造柱的纵向钢筋上下贯通。

在浇灌砖砌体构造柱混凝土前，应将砌体和模板浇水润湿，并将模板内的落地砂浆、砖碴和其他杂物清除干净。构造柱混凝土可分段浇灌，每段高度不宜大于 2m。在施工条件较好并能确保浇灌密实时，也可每层浇灌一次。浇灌混凝土前，在上、下柱的结合面处先注入适量水泥砂浆（与构造柱混凝土配合比相同的水泥砂浆），再浇灌混凝土。振捣时，振捣器应避免触碰砖墙。

（3）过梁和圈梁　预制过梁一般采用预制构件生产厂的成品，在施工中根据进度运输进场进行安装，必要时也可在现场进行加工。当门窗等洞口砌筑到过梁或圈梁的底标高时，应暂停施工，对搁置预制梁、板的砌体顶面进行找平。安装梁时采用水泥砂浆坐浆，当设计无具体要求时，应采用 1:3 的水泥砂浆。

圈梁一般采用现浇形式，应按设计要求施工。现浇圈梁可在梁底部留出孔洞，用以放置搁置模板的横挑梁，横挑梁穿入后可以直接安放圈梁侧模板。在圈梁施工完成后将该孔口封闭（图 6-12）。

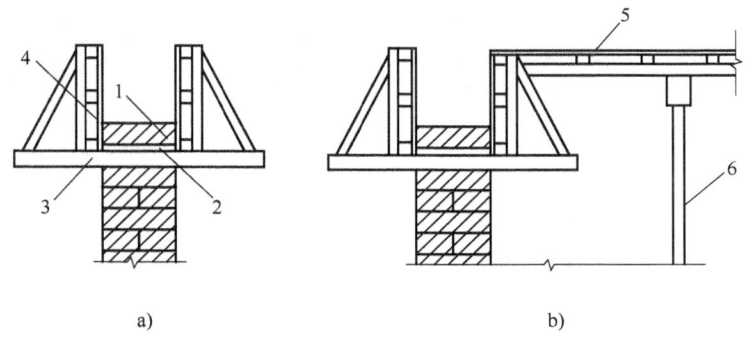

图6-12 圈梁模板
a）预制楼板 b）现浇楼板
1—墙体 2—预留孔洞 3—横挑梁 4—圈梁侧模板 5—楼面模板 6—支撑

2. 楼层的轴线投测和高程传递

在砖混结构墙体施工过程中，还应将轴线及标高逐层向上投测和传递。

（1）轴线投测 楼面上的轴线投测可用经纬仪进行。将经纬仪放置在引桩位置或投测轴线的延长线上，后视基础墙立面上的轴线标志，用正倒镜取中的方法，将轴线投测至上层楼板的外侧，再引至楼板面，如图6-13所示。投测时仪器应与墙面有足够的距离，一般应大于投测高度，以防止测量时仰角过大，造成观察困难及测量误差。轴线引至楼面后，再用钢尺校核轴线间距，内墙轴线则可在楼面上从外墙轴线测量得到。

轴线投测也可用线锤，由于线锤受风等外界影响较大，故测量精度较低，因此，只有在建筑层数不多、无风的条件下方可采用线锤投测。

（2）高程传递 砖混结构施工中，需将标高逐层向上传递，即高程传递。由于砖混结构往往高度较小，一般可用以下简单的测量方法：

1）利用皮数杆传递高程。皮数杆上的刻度是包括一个楼层，从该层楼板面标高，过梁底、面标高至楼板底、面标高等都一一标明，因此，只要皮数杆标高设置准确，则可直接利用皮数杆将标高传递至上一楼面，它是逐层向上传递的。

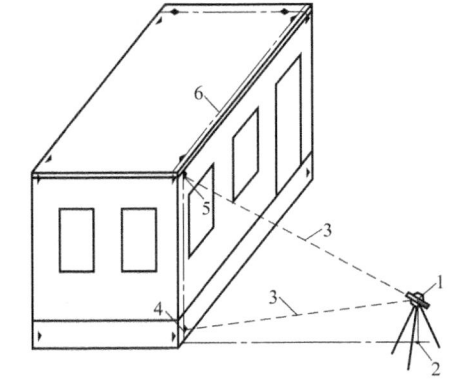

图6-13 轴线投测
1—经纬仪 2—经纬仪定位点 3—投测视线 4—基础轴线标志 5—楼层轴线标志 6—楼面轴线

2）钢尺丈量法。用钢尺沿基准水准点（如某墙角的±0.000）直接向上丈量，引至楼面。这种方法对各层楼面标高的传递均从一个基准水准点出发，因此，无累积误差，传递精度较高。

高程传递至楼面后，再用水准仪将楼面标高引至墙角等位置，然后可每片墙上弹出标高线。通常弹在楼、地面设计标高上0.5m或1m处，因此也称为0.5m线或1m线。由于每片墙的两侧均有设置，给以后的标高标志控制带来很大方便。

3. 多层建筑脚手架

砌筑用脚手架是砌筑过程中堆放材料和人工操作的临时性设备。脚手架的基本要求是：其宽度应满足工人操作、材料堆置和运输的需要，坚固稳定，装拆简便，能多次周转使用。脚手架的宽度一般为1.0~1.2m，砌筑用脚手架的每步架

碗扣式钢管脚手架

高度一般为 1.2～1.4m，外脚手架考虑砌筑、装饰两用，其步架高一般为 1.6～1.8m。

高度较小的外脚手架一般沿建筑物外围从地面搭起，既可用于外墙砌筑，又可用于外装饰施工。落地式脚手架的主要形式有钢管扣件式、门式等。多立杆式钢管扣件式脚手架应用较为广泛。

图 6-14 所示为钢管扣件式脚手架。

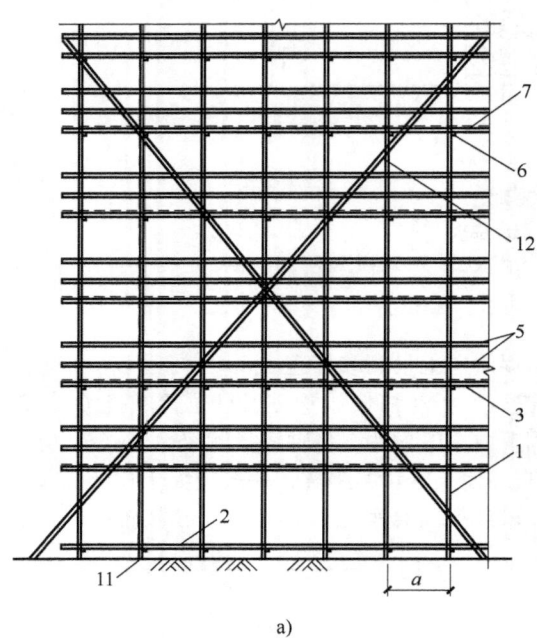
a)

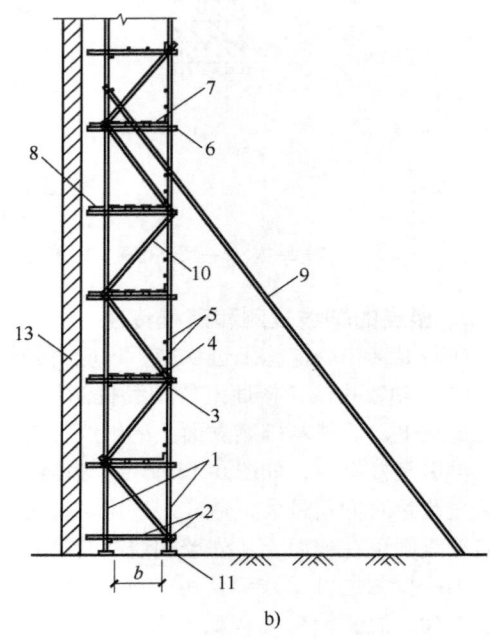
b)

图 6-14　钢管扣件式脚手架
a）正立面　b）侧立面
1—立柱　2—扫地杆　3—纵向水平杆　4—挡脚板　5—栏杆　6—横向水平杆　7—作业脚手板
8—内侧脚手板　9—斜抛撑　10—横向斜撑　11—垫板　12—剪刀撑　13—主体结构

脚手架的布置应满足作业要求。搭设高度，立杆纵距及横距、步高，脚手板铺设，作业层数等均应与施工工况相适应，并应落实施工安全措施，如安全网、防坠栏杆等构造。双排钢管扣件式脚手架的最大搭设高度不应超过 50m，超过 50m 的双排脚手架应采用分段搭设。

剪刀撑和连墙件是保证稳定的重要构造措施，施工中应按规范做好施工方案，并予以落实。

剪刀撑宽度不应小于 4 跨且不应小于 6m，剪刀撑与水平面的夹角取 45°～60°。高度在 24m 及以上的双排脚手架应在外侧面全立面连续设置剪刀撑；高度在 24m 以下的双排脚手架应在外侧两端、转角及中间间隔不超过 15m 的立面上各设置 1 道。剪刀撑应由底至顶连续设置。开口型双排脚手架的两端必须设置连墙件和横向斜撑。

多立杆式钢管扣件式脚手架为空间结构，其纵向刚度远远大于横向刚度。当脚手架高度较小时，可设置斜抛撑以防止脚手架倾覆；当脚手架高度较大时，应采用连墙件与主体结构连接。

连墙件必须采用可承受拉力和压力的构造，高度大于 24m 的脚手架与建筑应采用刚性连接。连墙件与脚手架一端应靠近脚手架的主节点，偏离主节点的距离不应大于 300mm。

高度小于或等于 50m 的双排脚手架连墙件竖向间距不应大于 3 倍步距，水平间距不应大于 3 倍立杆的纵距，每个连墙件覆盖的面积不应大于 40m²。开口型脚手架的两端必须设置连墙件，连墙件竖向间距不应大于建筑层高，且不应大于 4m。

4. 楼面施工

砖混结构的楼面形式分为预制楼板和现浇楼板两类。现浇楼板对提高砖混结构的抗震性能较为有利，近些年来一般都采用现浇楼板。

（1）预制楼板施工　预制楼板均为工厂生产，现场施工主要是楼板安装。

在吊装前应在圈梁顶面用水泥砂浆进行抄平，抄平可利用墙上的水准线测定标高。抄平的标高一般在楼（屋）面板板底标高下20mm，在吊装预制楼板时，再随吊随铺20mm厚的砂浆，这样才能保证预制楼板搁置平稳。如直接将预制楼板搁置在结硬的抄平层上，则预制楼板往往会发生翘动，易发生板块开裂。楼板搁置后，应铺设板缝锚固钢筋，并及时嵌缝，以防止碎砖、垃圾掉入其中。嵌缝混凝土浇筑前应将拼缝内的垃圾清除干净，用高压气将浮灰吹出，并洒水湿润。

（2）现浇楼板施工　现浇楼板应先进行模板支撑，再绑扎钢筋，同时埋设有关管线，如电气管、电气盒等，待隐蔽工程验收后浇筑混凝土。现浇楼板一般与圈梁同时浇筑，故支模时也应一并考虑。可按图6-12的形式留出挑梁，在内侧与楼面模板连通。

安放钢筋时，钢筋的规格间距、搭接长度均应符合设计及规范要求，此外，钢筋的保护层垫间隔件（也称为垫块）的厚度和间距应符合设计和规范的要求，避免混凝土浇筑时压弯钢筋。悬臂板的负钢筋位置切勿放置错误，并应有可靠的措施以防止浇筑混凝土时负钢筋被压到下面而造成质量事故。

砖混结构的混凝土楼面属于混凝土施工，有关施工工艺和技术、工程质量标准等将在本书6.2节详细讨论。

6.2　现浇混凝土结构施工

6.2.1　地下室结构施工

1. 地下室结构施工流程

地下室结构施工流程如图6-15所示。地下室为现浇混凝土结构，施工主导工种工程为模板、钢筋和混凝土三部分。由于地下室一般埋深较大，从流程图可见，与砖基础相比，地下室在土方开挖前一般需进行基坑支护。

图6-15所示流程中墙体和楼面施工顺序为先浇筑竖向结构、后浇筑水平楼板。工程中也有竖向结构与水平结构同时浇筑的方法，这一方法在楼板浇筑时竖向结构的强度还很低，所有荷载均由模板支撑承担，易于发生模架坍塌。先浇筑竖向结构，后浇筑水平楼板的方法有利于模板支架的稳定，因为浇筑水平楼板时竖向结构已有一定强度，可对模板支架提供侧向支承。

2. 地下室底板施工

（1）底板防水　地下结构防水是重要的环节，一旦发生渗漏，不仅影响建筑的正常使用，而且影响结构的耐久性。地下室防水首先应从混凝土防水着手，其次在地下结构的底部和侧面做好防水保护层。底板的防水保护层应在混凝土浇筑前施工，而侧墙的防水保护层则在墙体完成后施工。

地下室底板防水可采用柔性卷材防水和涂料防水。

卷材防水施工前应先将阴、阳角做圆弧处理，并清理基层，使基层表面平整光滑、洁净干燥，然后涂刷（或喷涂）界面处理剂。界面处理剂应先涂刷阴、阳角及桩头周围等节点部位，再进行大面积的涂刷。

待界面处理剂完全干燥后在转角、桩头等特殊部位先铺贴防水附加层，再进行大面积卷材铺贴。卷材铺贴应按先平面后立面的顺序，卷材铺贴方法及两幅的搭接宽度均应符合规范要求。

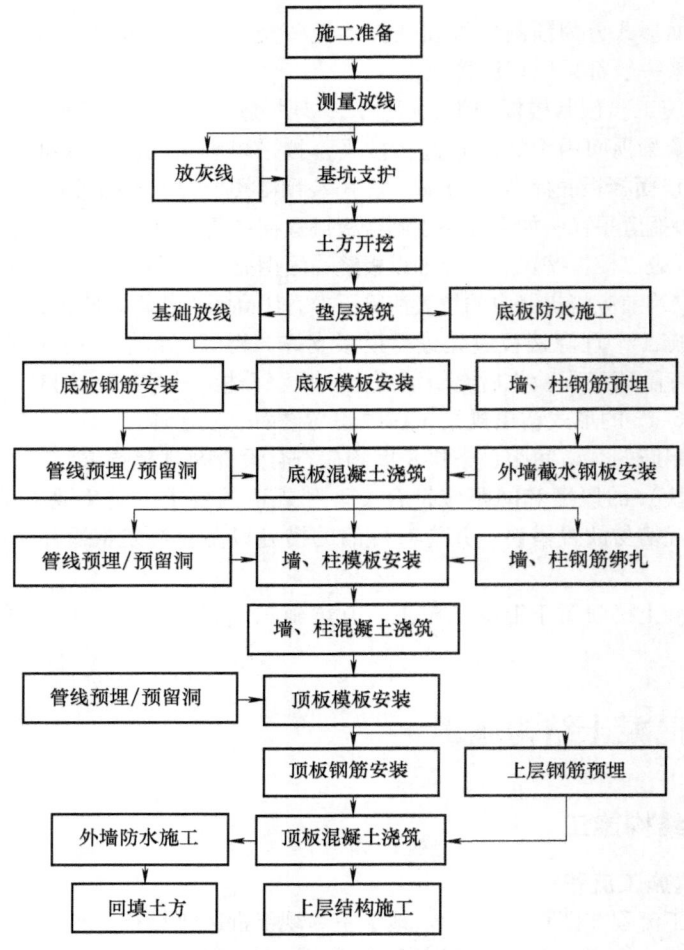

图 6-15 地下室结构施工流程

最后施工防水保护层,通常防水保护层为 50mm 厚 C20 细石混凝土,细石混凝土保护层,混凝土应密实,表面抹平压光。

图 6-16 所示为某工程地下室底板卷材防水的施工实况照片。

(2) 模板安装 地下室底板可分为平板式和梁板式两种,梁板式基础又分为上翻梁和下翻梁。图 6-17 所示为这几种基础底板的形式的照片,施工过程分别是钢筋绑扎、梁模板拆除及砖胎模施工。

地下室底板的模板形式由基础形式确定。

对平板式底板,只需在底板周边设置侧模即可,施工比较方便。

上翻梁式底板施工有两种方法:底板和梁同时浇筑;底板和梁先后浇筑。如采用底板与梁分开浇筑的方法,则在底板混凝土浇筑完成后,待底板混凝土强度达到 1.2MPa 后,再在底

图 6-16 地下室底板卷材防水

板上支梁模板。如采用底板与梁同时浇筑,则梁的模板底部应设置钢筋马凳或其他形式的支架,将模板架空,并设置侧模支撑,防止混凝土浇筑时发生移位和变形,如图 6-18 所示。

图 6-17 地下室基础底板的形式
a) 平板式（钢筋绑扎） b) 上翻梁式（梁模板拆除） c) 下翻梁式（砖胎模施工）

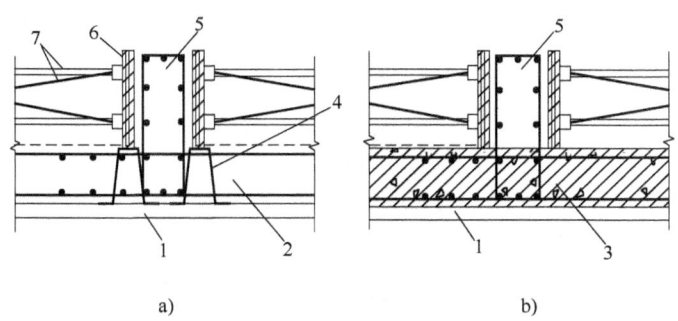

图 6-18 上翻梁式基础的梁模板支撑
a) 底板和梁同时浇筑 b) 底板和梁先后浇筑
1—垫层 2—基础底板（未浇筑） 3—基础底板（已浇筑）
4—支承侧模的马凳 5—上翻梁 6—侧模 7—模板支撑

下翻梁的侧模在底板下方，混凝土浇筑后无法拆除，因此一般均采用砖胎模。施工中先放出基础梁的轴线和梁的外边线，按照梁的外边线砌筑砖胎模（图 6-19）。

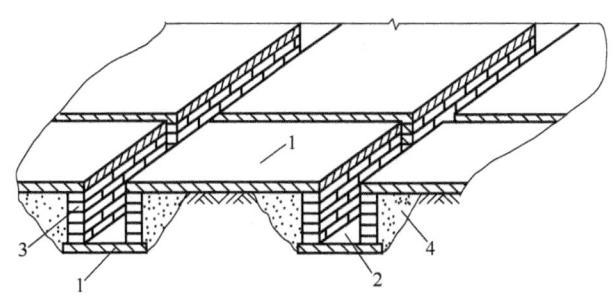

图 6-19 下翻梁的砖胎模
1—垫层 2—下翻梁基槽 3—砖胎模 4—槽边填土

（3）钢筋施工 地下室底板钢筋的绑扎顺序如下：

钢筋翻样，测量、弹线→排放保护层间隔件→下层钢筋排放、绑扎→设置上层钢筋的支承架→上层钢筋排放、绑扎→墙、柱预留钢筋绑扎。

基础钢筋直径较大，应采用闪光对焊或机械连接（如螺纹连接）。底板钢筋绑扎的同时应将柱的钢筋按锚固要求预埋在底板中，并应可靠地固定，防止柱的钢筋倾斜。

基础底板和梁的钢筋在铺设时还应放置钢筋间隔件。图 6-20 所示为各种间隔件的形式，它们适用于不同构件及不同部位。

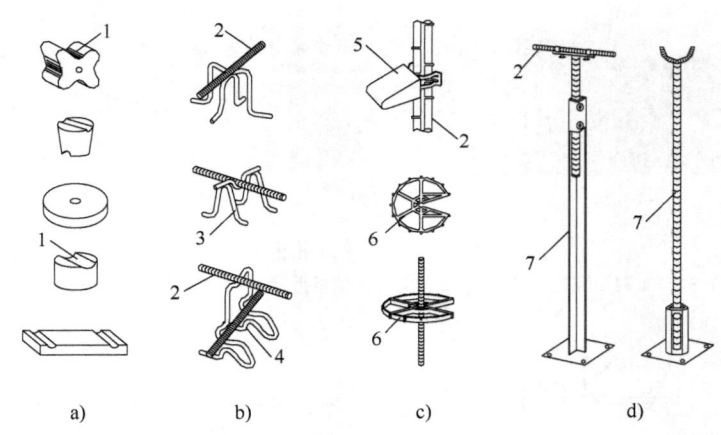

图 6-20 钢筋保护层间隔件
a) 混凝土 b) 金属（钢筋） c) 塑料 d) 定型架
1—钢筋槽 2—钢筋 3—单层支架 4—双层支架 5—塑料块 6—塑料环 7—支架立柱

厚大底板上层钢筋质量重，混凝土浇筑前需采用支承架临时支撑，以防倾覆造成事故。工程常用的支承架形式有定型支架、型钢焊接、粗钢筋弯制等，图 6-21 所示为型钢焊接的支承架示意图和工程实例照片。支承架的形式及支承架间距等应根据上皮钢筋的荷载计算确定。

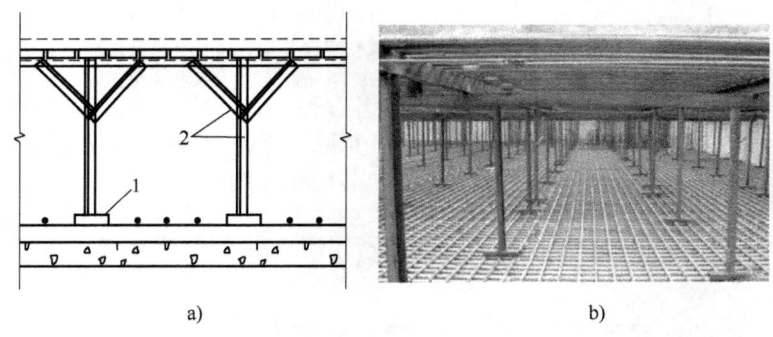

图 6-21 底板上层钢筋支承架
a) 型钢焊接的支承架示意图 b) 工程实例照片
1—垫板 2—支承架

（4）混凝土浇筑　基础底板的混凝土应采用预拌混凝土，到现场采用混凝土泵送，这是目前混凝土施工的基本方法，该方法方便高效、节能环保。

混凝土运输中应防止分层离析并控制混凝土从开始运输到输送入模的延续时间（见第 4 章表 4-20），运至指定卸料地点时应检测混凝土的坍落度。

当基础底板面积较小时，可采用混凝土泵车直接布料；当基础底板面积较大时，可采用固定泵并铺设泵管浇筑（图 6-22）。采用固定泵浇筑底板时，泵管往往需要向下布设，此时混凝土拌合物因重力作用向下溜滑，在输送斜管的上段形成空气段"气弹簧"的效应而发生堵管。当管道倾角为 7°～15°时应采取措施，如在输送斜管的顶部应设置排气阀等。当管道倾角大于 15°时，输送斜管底部混凝土可自行流出，因此不必采取其他措施。

基础底板的厚度较大，采用斜面分层法进行混凝土浇筑是最常用的方法。浇筑时应遵循"斜面分层、自然流淌、一次到顶、连续浇捣"的原则，斜面的坡度可取 1:5～1:7。多台混凝土作业时应根据每台混凝土泵的输送能力,将基础底板分块,多台协同整体浇筑。控制覆盖的每层、每段混凝土的时间不大于其初凝时间,保证混凝土的层间及分块之间不出现冷缝。

图 6-22 基础底板泵送混凝土施工
a)泵车 b)固定泵

基础底板泵送混凝土施工

基础底板的体积较大,混凝土浇筑后水泥的水化热大且释放比较集中,为防止大体积混凝土结构产生裂缝,应采取措施减小混凝土的内外温差。主要技术措施有:优先选用水化热低的水泥、降低水泥用量、掺入适量的粉煤灰、降低浇筑速度和减小浇筑层厚度等。此外,在浇筑后应进行测温,监测控制混凝土内外温差不超过25℃。

底板混凝土浇筑后,必须进行二次抹面工作,以减少混凝土的表面裂缝,随后覆盖保温、保湿材料进行大体积混凝土的养护。

后浇带是底板常见构造,如图 6-23 所示。后浇带两侧的混凝土先行浇筑,后浇筑带内混凝土,因此,后浇带两侧需设置侧模。侧模一般采用双层钢板网,大孔网与小孔网各一层,大孔网放置在靠近先浇混凝土的一侧,小孔网放置在后浇的一侧。后浇带的钢筋穿过两侧钢板网的孔洞通长贯通。为防止钢板网在混凝土浇筑时侧向变形,在两侧的网片间设置支撑(图6-24)。

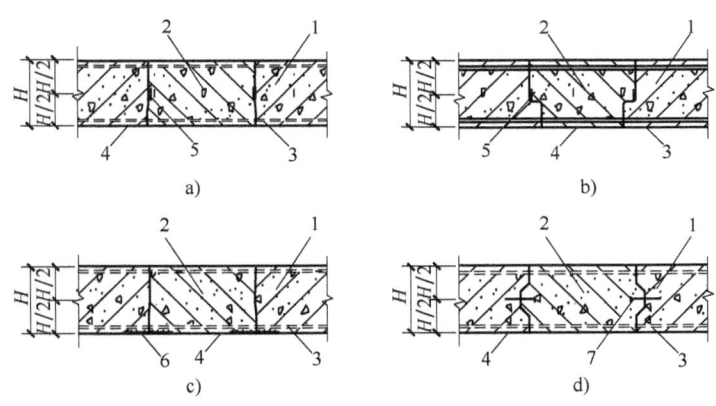

图 6-23 后浇带的防水构造
a)、b)膨胀止水带防水 c)外贴式止水带防水 d)中埋式止水带
1—先浇混凝土 2—后浇带(补偿收缩混凝土) 3—结构主筋 4—迎水面
5—遇水膨胀止水条(胶) 6—外贴式止水带 7—中埋式止水带

后浇带分为沉降后浇带和温度后浇带,它们的封闭时间不同。沉降后浇带应在主体结构封顶后封闭;温度后浇带可在两侧混凝土施工45d后封闭。由于间隔时间较长,后浇带内的钢筋可能锈蚀或沾上水泥浆等而影响与混凝土的黏结力,因此在后浇带两侧混凝土浇完后应采取措施,如在钢筋上涂刷防锈层、铺设挡板遮盖等,这样既可防止后浇带的污染,又方便人员通行,减少安全隐患。

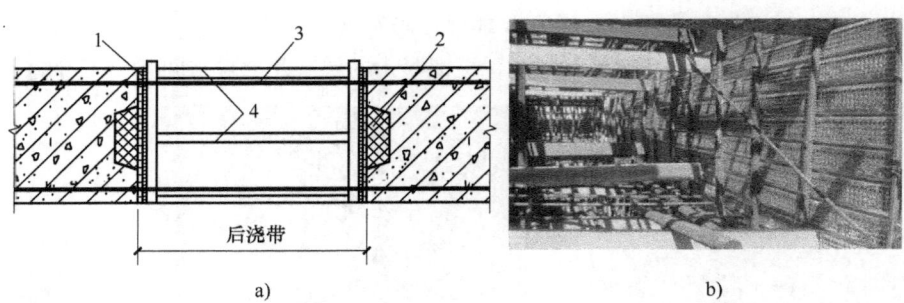

图 6-24 后浇带侧模支撑
a）侧模支撑 b）工程实例
1—双层钢板网 2—通长企口木条 3—钢筋 4—顶撑

后浇带的混凝土强度等级应比基础底板提高 5~10MPa，并可掺入微膨胀剂。封闭混凝土浇筑前应进行施工缝的处理：清除带内的所有垃圾，凿去结合面的浮浆、浮石，用压力水清洗基底并使之湿润。混凝土浇完后，应立即覆盖草包等并洒水养护。

3. 地下室墙及楼（顶）板施工

地下室墙及楼（顶）板的施工与上部现浇混凝土结构的施工方法类似，有关模板、钢筋和混凝土施工将在后续章节中详细叙述，此处仅讨论地下室外墙防水施工要点。

地下室外墙抗渗是施工中应引起重视的一个问题，施工中应从混凝土的配合比、浇筑、养护等多个环节采取措施，以保证其抗渗性能满足结构使用和耐久性要求。

地下室外墙应采用防水混凝土，防水混凝土的抗渗等级根据地下室埋置深度确定（表6-3）。施工试配的防水混凝土的抗渗等级应比设计要求提高 0.2MPa。

表 6-3 防水混凝土设计抗渗等级

地下室埋置深度 H/m	设计抗渗等级
$H < 10$	P6
$10 \leq H < 20$	P8
$20 \leq H < 30$	P10
$H \geq 30$	P12

底板与外墙的施工缝以及楼（顶）板与外墙的施工缝，应根据墙厚采取中埋止水带、外贴止水带、膨胀止水条、注浆等形式（图6-25），保证施工缝处的止水效果。中埋止水带的效果较好，且便于施工，是目前应用最广的一种形式。

墙板模板的对销螺栓通常采用设置螺栓孔的方法，这种方法是在混凝土浇筑后拔出螺栓，再进行封孔，螺栓孔易形成渗水通道。地下室外墙模板的对销螺栓不能按通常设置螺栓孔的方法，应采用封闭式的形式，常用的有埋入式穿墙螺栓和带止水片的穿墙螺栓，如图6-26所示。

竖向结构不易覆盖保温材料，浇水易流失，因此外墙混凝土的养护比较困难。改进的方法可采用带模养护法及养生薄膜养护法等。带模养护法是在墙体混凝土强度达到 1.2MPa 后，将模板松开 5~10mm 缝隙，在模板顶部设置带孔水管，水管位于模板与墙板接缝处，不断向墙板面处淋水，10~15d 养护期内不拆除侧模。这样，既可防止水分过量蒸发，起到养护作用，也可防止混凝土表面的热量过快散失而引起快速降温，造成表面裂缝。养生薄膜养护法是当混凝土模板拆除后，在混凝土表面覆盖塑料薄膜或喷涂一层养生薄膜，通过养生薄膜阻止混凝土内的水分蒸发，起到保水养护的作用。

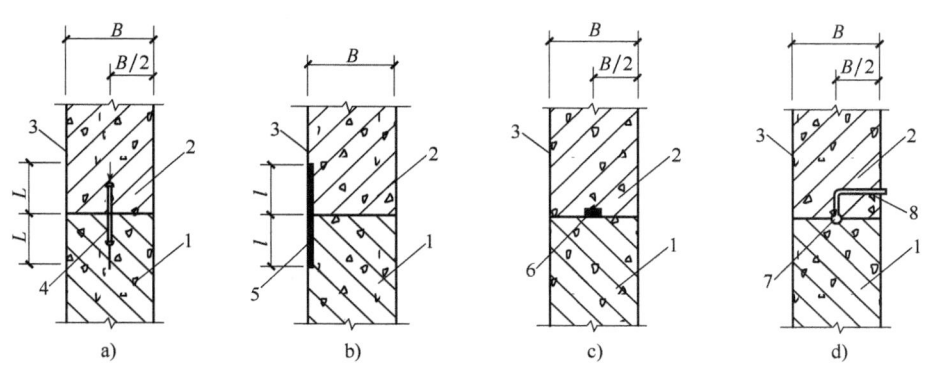

图 6-25 施工缝防水构造
a) 中埋止水带 b) 外贴止水带 c) 膨胀止水条 d) 注浆
1—先浇混凝土 2—后浇混凝土 3—结构迎水面 4—中埋止水带
5—外贴止水带（外涂防水涂料或外抹防水砂浆） 6—遇水膨胀止水条（胶） 7—预埋纵向注浆管 8—注浆导管

注：钢板止水带 $L \geqslant 150mm$，橡胶止水带 $L \geqslant 200mm$，钢边橡胶止水带 $L \geqslant 120mm$；
外贴止水带 $l \geqslant 150m$，外涂防水涂料 l 取 $200mm$，外抹防水砂浆 l 取 $200mm$。

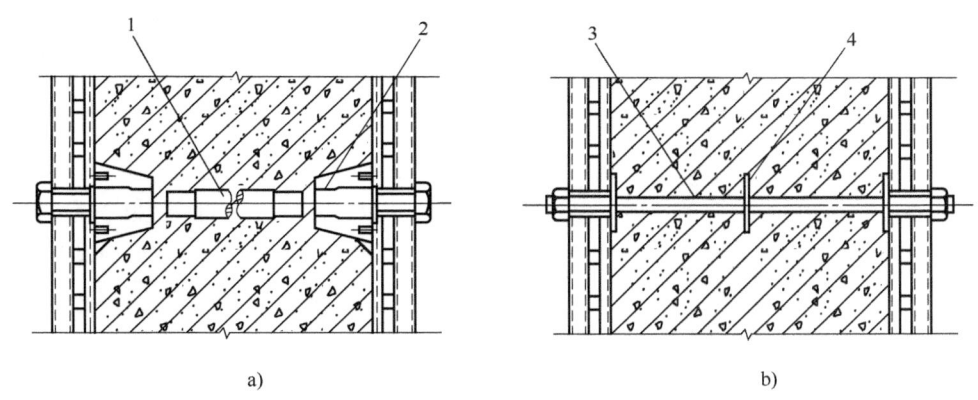

图 6-26 地下室外墙模板的穿墙螺栓
a) 埋入式穿墙螺栓 b) 带止水片的穿墙螺栓
1—埋入的螺栓 2—可拆卸的锥形螺母 3—穿墙螺栓 4—止水片

在外墙施工完成后，外侧还需铺贴防水层和保护层。卷材的铺贴根据墙体防水层铺贴与混凝土墙体浇筑的先后分为外防外贴和外防内贴两种方法。外防外贴法是在主体结构墙体浇筑完成后进行防水层铺贴的方法；外防内贴法是先进行外保护墙施工，在外保护墙面上铺贴防水层，然后进行主体结构墙体混凝土浇筑的方法，如图 6-27 所示。

地下室墙板的裂缝是一个质量通病，虽然一般的裂缝宽度不大，渗水量很小，对结构受力并无大的影响，但它对结构的正常使用及耐久性不利。在施工中除了注意各施工环节外，还可采取以下措施：

1) 采用混凝土后期强度，以 90d 龄期强度作为设计强度，从而可减少水泥用量，降低水化热，防止裂缝产生。

2) 增加墙体水平钢筋的数量或调整水平钢筋的间距，如采用小直径、小间距的配置方法。

3) 选择良好的混凝土级配，掺入磨细粉煤灰，严格控制砂、石含泥量。

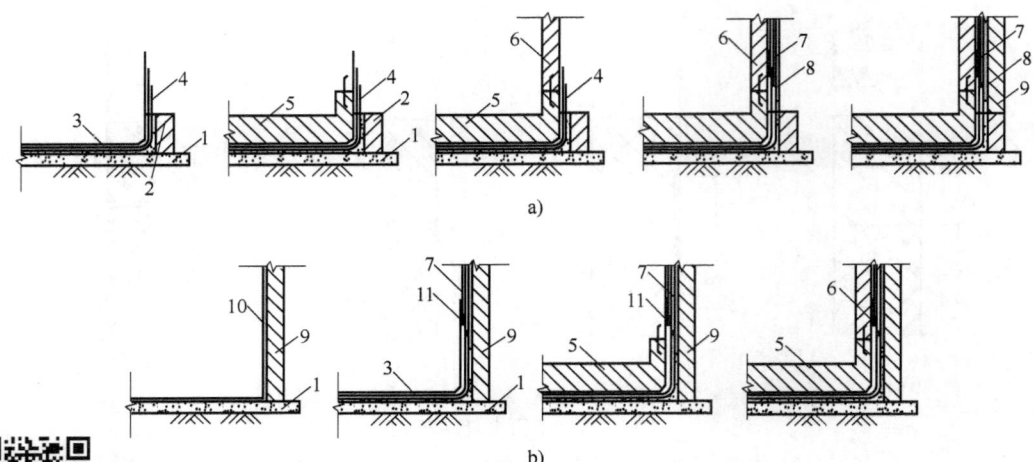

图 6-27 外防水卷材施工程序
a) 外防外贴法 b) 外防内贴法
1—垫层 2—下部保护墙 3—平面卷材 4—甩槎 5—地下室底板 6—地下室墙板 7—立面卷材 8—保护层 9—保护墙 10—抄平层 11—接槎

防水卷材铺贴

4）适当掺加微膨胀剂。一些工程实践证明，适当掺入微膨胀剂对改善裂缝有一定帮助，但应注意掺入微膨胀剂的混凝土养护阶段必须保持良好的湿润条件。

6.2.2 现浇混凝土框架结构施工

1. 现浇混凝土框架结构施工流程

现浇混凝土框架结构的主导工种工程与地下室相同，也是模板、钢筋及混凝土三部分。其混凝土浇筑方法有两种：一种方法是柱与梁板先后浇筑，在柱的混凝土达到一定强度后再进行水平结构混凝土的浇筑；另一种方法是梁板等水平结构与柱同时浇筑，如图 6-28 所示。前者施工工序较多，但有利于模板支撑的稳定，工程中宜选择柱与梁板先后浇筑的方法。

2. 柱的施工

（1）柱模板 由于框架柱的截面尺寸不大，因此，采用木模板、组合钢模板最为合适。图 6-29 所示为柱模板的工程实例照片。

柱模板安装前首先应做好柱底找平，然后进行柱底部的定位。柱的定位可以用木框、混凝土块或钢筋架等（图 6-30），其中以钢筋架定位最佳。钢筋架的定位可靠、不易移位。钢筋架的尺寸按柱截面确定，将其与柱底竖向钢筋焊接，以此控制模板的位置。

柱模板可分片安装，也可整体安装。分片安装是在钢筋绑扎后，分别合上柱子四侧模板，并安装柱箍。整体安装是预先将柱的四侧模板组拼成整体，在柱钢筋绑扎后用吊装的方法将柱模板套到钢筋骨架外。

柱模板安装完成后应采取措施防止倾倒，支撑稳定后可进行模板垂直度校正。

柱模板安装质量控制主要有模板的变形、垂直度及稳定性三方面。

（2）柱的钢筋绑扎 直径较小的柱纵向钢筋可采用绑扎法，直径较大的钢筋可采用机械连接（如螺纹连接）或电渣压力焊等方法（图6-31）。机械连接的接头、套筒尺寸以及电焊的技术参数均应符合设计及有关规范要求。

柱的箍筋绑扎应按设计图要求先在柱纵向钢筋上划出箍筋间距。箍筋绑扎应与主筋保持垂直。保护层间隔件宜采用塑料间隔件，也可采用混凝土间隔件。

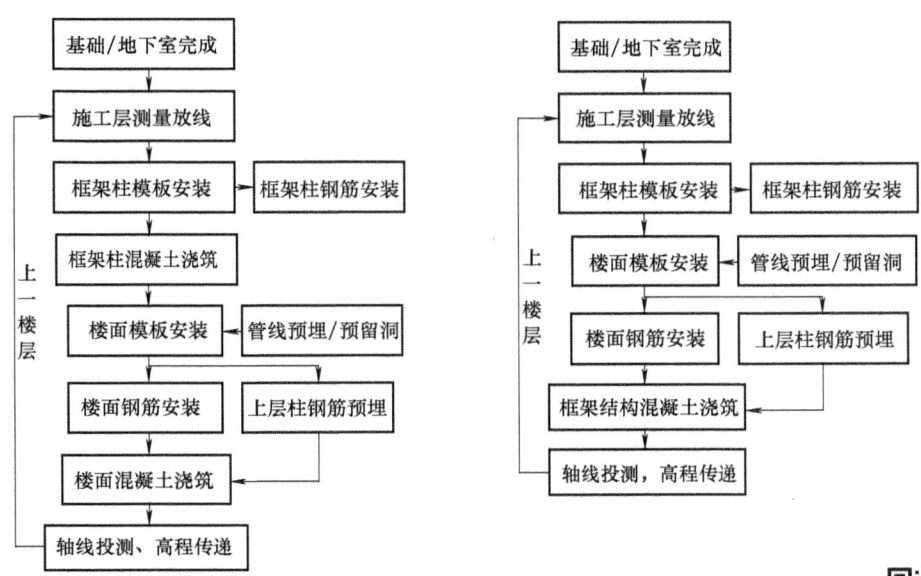

图 6-28 现浇混凝土框架结构施工流程
a）柱与梁板先后浇筑 b）柱与梁板同时浇筑

现浇混凝土
框架结构
施工流程

图 6-29 柱模板的工程实例照片
a）木模板 b）组合钢模板

（3）柱的混凝土施工 框架柱混凝土是垂直向下浇筑的，为防止混凝土浇筑过程发生离析现象，应控制浇筑倾落高度，尽可能采用泵送混凝土将泵管伸入柱内。对粗骨料粒径大于25mm的混凝土，倾落高度不应大于3m；对粗骨料粒径不大于25mm的混凝土，倾落高度不应大于6m。当不能满足上述要求时应设置串筒、溜管、溜槽等装置（图6-32）。

柱的混凝土养护以养生薄膜包裹方法养护最为有效，且施工方便。

3. 楼面施工

（1）楼面的模板支撑 模板工程属于危险性较大的分部工程，其安全应引起足够重视，模架施工前应编制施工专项方案。

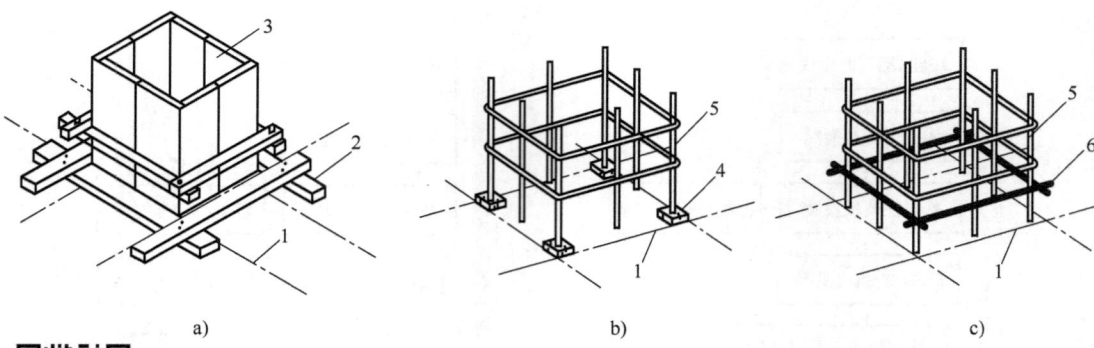

柱的定位边线及模板

图6-30 柱的定位
a) 木框 b) 混凝土块 c) 钢筋
1—柱的定位边线 2—定位木框 3—柱模板 4—定位混凝土块
5—柱钢筋 6—定位钢筋架

图6-31 柱的纵向钢筋连接
a) 螺纹连接 b) 电渣压力焊连接

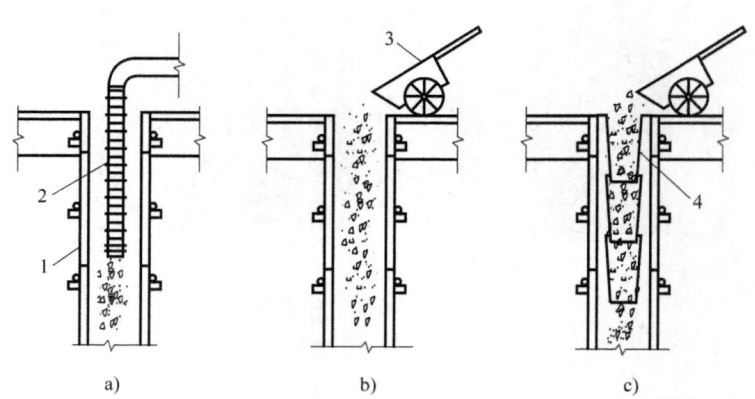

图6-32 框架柱的混凝土浇筑
a) 布料管浇筑 b) 直接浇筑 c) 串筒浇筑
1—柱模板 2—混凝土布料管 3—手推车 4—串筒

模板支撑必须经过计算确定，方案设计首先应初步确定板下立杆间距，再计算布置梁下立杆，然后调整确定板下立杆的布置方式，最后进行纵横向水平杆以及竖向、水平剪刀撑的设计。

我国规定模架钢管规格为 $\phi 48.3 \text{mm}/3.6\text{mm}$，钢管扣件多立杆式排架也是常用的模架形式，其搭设要点如下：

1) 架体的高宽比。架体的高宽比是保持稳定的重要条件。模架搭设的高宽比不应大于3。如高宽比不满足要求,应在四周和中部与主体结构可靠连接,按水平间距不宜超过8m、竖向间距不宜超过2步架高设置连墙件,且应与水平杆同层设置。如四周有空间部位,应该超出顶部承载区投影范围向外延伸,扩大模架的搭设范围。

2) 立杆。立杆是承受上部荷载的主要杆件,必须满足承载力、刚度和稳定性的要求。

高大模板支架单根立杆的轴力控制应符合《混凝土结构工程施工规范》(GB 50666—2011)的规定:单根立杆的轴力标准值不宜大于12kN,高大模板支架单根立杆的轴力标准值不宜大于10kN,立杆间距不宜大于1.2m。

除截面很小的梁以外(如梁高小于200mm),所有梁下均应设置立杆,截面较大的梁应进行验算确定立杆数量。

梁下立杆顺梁方向的间距应与板下立杆成模数设置,即梁下立杆间距与板下立杆间距相等或为板下立杆间距的$1/n$,以使水平杆能贯通布置。

3) 水平杆。纵横向水平间距决定了立杆步距的大小,直接影响立杆的计算长度。横向水平间距不应大于1.8m。

为保证立杆安全工作,水平杆必须在每个步高沿纵横双向贯通设置。当立杆在一条直线无法贯通时,应将水平杆延伸不少于2跨。

离立杆底部200mm位置处应设置水平扫地杆,其布置方式与水平杆相同。

4) 剪刀撑。剪刀撑包括竖向剪刀撑和水平剪刀撑,它使架体形成几何不变体,大大增加刚度、提高架体承载力。

竖向剪刀撑应与地面成45°~60°,在垂直面上由底至顶连续设置。竖向剪刀撑宽度为5~8m,在模架的外围形成封闭,内部按间距5~8m纵横双向连续设置。对荷载及高度较大的加强型模架的竖向剪刀撑还应加密。

在竖向剪刀撑的顶部交点平面应设置连续水平剪刀撑,水平剪刀撑至架底平面的距离以及剪刀撑的间距不应超过8m。对荷载及高度较大的加强型模架的水平剪刀撑也应加密。

5) 基础。支撑底部应支承在坚实地面或楼板上。如地基松软,则应进行压实处理,并设置硬地面。立杆下为混凝土楼板时,应使上、下立杆在同一轴线上,并在上层楼面模架拆除后方可拆除下层模架,必要时应复核楼板的承载力。

立杆底部应铺放垫木或型钢。

图6-33所示为某工程三层框架结构及地下室的水平楼面模板支撑的立面图。

(2) 楼面板模板 框架结构楼面模板包括梁和板两部分(见第4章图4-21)。梁模板的面板可采用木模板、多层胶合板或定型钢模板,主、次肋可采用钢管、槽钢或方木。楼板模板面积大,多用胶合板,也可采用型钢模板拼装而成,其下设置楞条。支撑则可采用钢材或木材。图6-34所示为楼板模板施工过程的实例照片。

拆除梁侧模板时混凝土强度应保证其表面及棱角不受损伤。梁板的底模及其支架拆除应符合设计要求。当设计无具体要求时,结构的混凝土强度应符合规范对底模拆除时的混凝土强度要求。

框架结构楼面模板还可采用一种工业化模板——台模。台模是一种用于浇筑楼面结构的大型工具式模板。常以一个房间设置一块台模,在楼面混凝土浇筑完成后移出并转到上层。由于框架结构外墙为填充墙,在结构施工阶段为敞开的,因此可使台模从外墙柱间移出。台模的转移可采用两种方法:用起重机的C形吊钩将台模吊出墙面(图4-42b),或用人力将其推出(图4-42a),再用起重机整体吊运至上层或其他施工段。由于这样的转运过程好似模板在空中"飞"上楼层,故台模也称为"飞模"。采用C形吊钩转运的施工如图4-43所示。

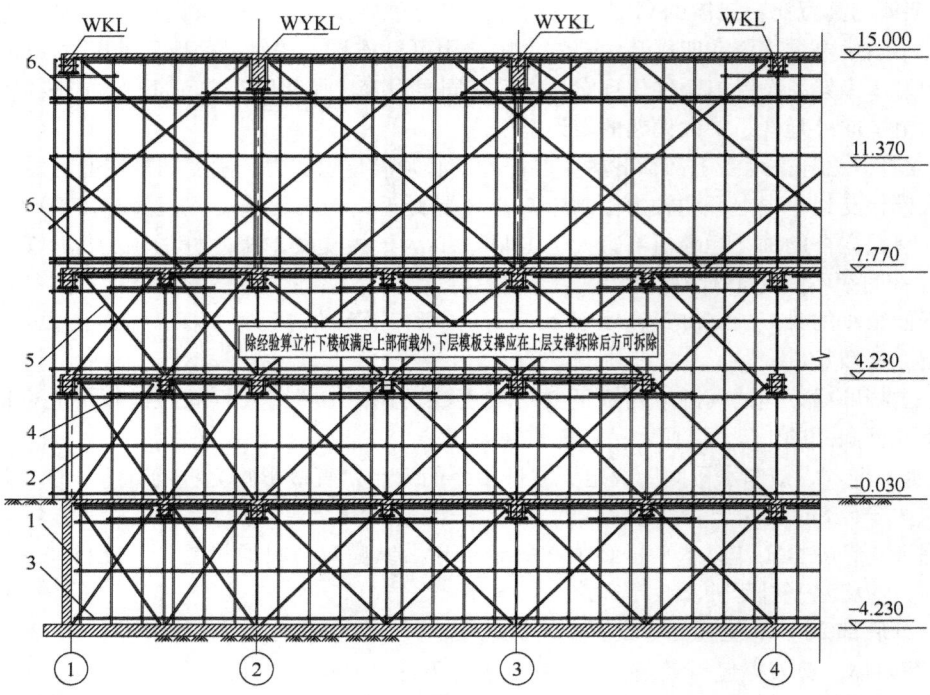

楼面模板支撑

图 6-33 某工程水平楼面模板支撑的立面图
1—立杆　2—水平杆（双向）　3—水平扫地杆　4—梁下小横杆
5—竖向剪刀撑　6—水平剪刀撑

（3）钢筋工程施工　楼面钢筋绑扎前应做好准备工作，对楼板模板支撑进行检查验收，清理板面杂物、锯末、垃圾等。

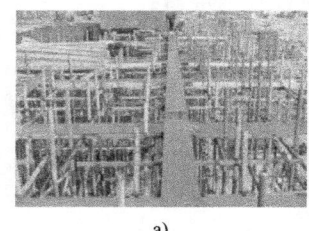   

a)　　　　　　　　　　b)　　　　　　　　　　c)　　　　　　　　　　d)

图 6-34 楼板模板施工过程的实例照片
a) 搭设钢管支撑　b) 铺设梁底模　c) 完成状态 1（支撑）　d) 完成状态 2（板面）

梁、板与柱的交接处钢筋位置应按设计要求放置，如设计无具体要求，应保证主要受力构件和构件中主要受力方向钢筋的位置。如，框架节点梁纵向受力钢筋应放在柱纵向钢筋的内侧；当主、次梁底标高相同时，次梁下部钢筋应放在主梁下部钢筋之上；板、次梁与主梁交叉处，板钢筋在上，次梁钢筋在中层，主梁钢筋在下。

楼板的钢筋保护层间隔件有多种类型，金属、塑料、混凝土等均可使用，放置间距应符合规范要求。

（4）混凝土浇筑　梁、板混凝土浇筑前应在墙、柱的预留钢筋上设置楼板标高，作为楼板混凝土浇筑的标高控制点。清理模板上的杂物和钢筋上的油污以及混凝土施工缝表面的浮浆和松动的石子，封闭模板的缝隙和孔洞，对木模板应浇水湿润，但不得有积水。

梁、板混凝土的浇筑顺序一般从远端逐渐向近处浇筑，有利于混凝土输送管或临时便道的布置与拆除。在梁、板叠合部位，梁、板的混凝土应同时浇筑，可以先将梁按浇筑厚度分层斜面浇筑，当达到板底位置时即与板的混凝土一并浇筑。混凝土的倾倒方向应与浇筑方向相反，如图 6-35 所示。

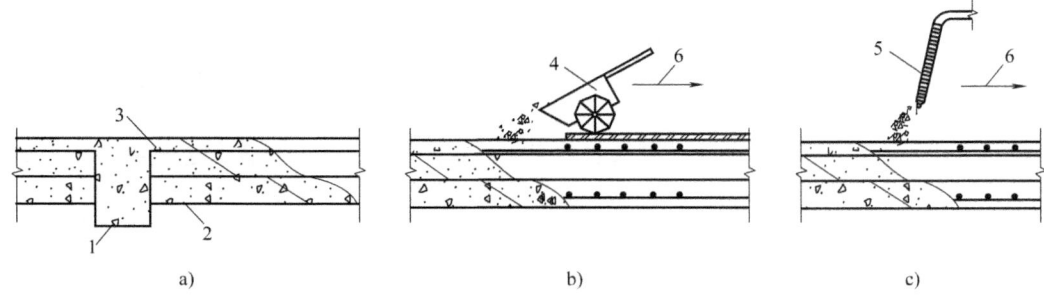

图 6-35　梁、板混凝土浇筑
a）梁板的施工　b）手推车布料　c）泵管布料
1—主梁　2—次梁　3—楼板　4—手推车　5—混凝土泵管　6—浇筑方向

梁、板混凝土分层连续推进，在浇筑混凝土同时，开始振捣，两者紧密配合，每层振实后再下料。在振动棒振动完后，用平板振动器普振一遍，再用杠尺刮平、木抹子搓平，待初凝后、终拧前进行二次压光。

板混凝土布料时虚铺厚度应略大于板厚，用振动器振捣，并检查混凝土厚度与标高，混凝土楼板时，不得用振动棒铺摊混凝土。

框架结构柱、梁、板的混凝土强度等级往往不同，如柱混凝土设计强度等级高于梁、板混凝土设计强度等级的情况。不同强度等级的混凝土的节点处施工时应采取措施，确保节点处混凝土浇筑的质量。

不同强度等级的混凝土的节点宜先浇筑高强度等级混凝土，后浇筑低强度等级混凝土。

当柱的混凝土设计强度比梁、板混凝土设计强度高 1 个等级时，柱、墙位置梁、板高度范围内的混凝土经设计单位同意，可采用与梁、板混凝土设计强度等级相同的混凝土进行浇筑。当柱混凝土设计强度比梁、板混凝土设计强度高 2 个等级及以上时，则应在交界区域采取分隔措施。

不同强度等级混凝土的分隔位置应设置在低强度等级的构件中，且距离高强度等级构件边缘不应小于 500mm（图 6-36），以扩大高强度混凝土的范围，确保结构的安全。交界处可采用钢丝网板分隔，使交界面工整清晰。分隔位置两侧的混凝土分别浇筑，但应保证在一侧混凝土浇筑后的初凝前，覆盖完成另一侧混凝土，因此分隔位置不属于施工缝，而是临时隔断。

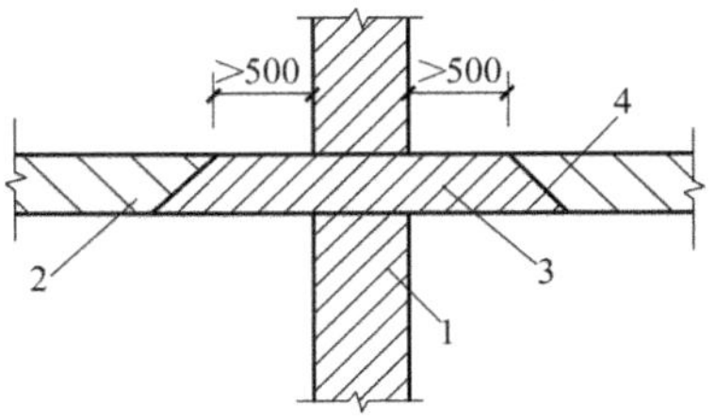

图 6-36　不同强度等级混凝土的分隔
1—柱（高混凝土强度）　2—梁、板（低混凝土强度）　3—扩大的高强度混凝土区域　4—分隔位置

6.2.3　现浇剪力墙结构施工

剪力墙结构施工流程与地下室基本相同，本节不再叙述。

剪力墙结构的建筑往往具有层数多、高度大的特点，虽然其主导工种工程也是模板、钢筋及混凝土，但从施工角度还要考虑垂直运输设备、脚手架、轴线投测和高程传递、模板的转运、墙体钢筋绑扎、混凝土输送等，这些都与多层建筑有显著不同。

1. 高层建筑机械选择

塔式起重机、施工电梯以及混凝土输送设备是高层建筑施工必备的施工机械。

（1）塔式起重机　塔式起重机简称为塔机，它的类型很多，从架设方式可分为行走式、附着式、内爬式；从起重变幅方式可分为动臂式、小车变幅式和折臂式等。各类起重机的性能在第5章已介绍。工程中常用附着式或内爬式，动臂式或小车变幅式为多。

1）塔式起重机的选择及布置。塔式起重机主要根据工程条件、起重物件、施工方法、工期等，并结合起重机性能选择。

首先应初步确定塔式起重机形式和布置位置，计算工程物件的起重量、起吊高度及数量，再根据建筑体形、平面尺寸及施工进度计划、流水段划分等，确定起重机的选择。

塔式起重机的布置位置应考虑塔式起重机的覆盖范围及起重能力、塔式起重机基础设置、建筑物立面的相对关系及附着条件、塔式起重机的安拆等条件。

塔式起重机的平面布置主要考虑工作的覆盖范围及相应的起重能力。一般要求起重半径应能覆盖整个建筑，同时考虑材料堆场、装卸及部分加工等区域的物料吊运。对使用大模板施工的剪力墙结构，则要求覆盖所有大模板施工范围。这是由于塔式起重机起重能力与起重半径有关。

安装与拆除条件也是塔式起重机平面布置应考虑的重要因素，特别是附着塔式起重机。平面位置应确保起重臂和平衡臂可顺利下降，还应留出足够的作业空间。

图6-37所示为某L形建筑塔式起重机平面布置的几种方案。其中图6-37中a、b、c三种方案均为附着式，a方案塔式起重机布置在建筑的长边外侧，起重半径为50m，可覆盖整个建筑，而且装拆方便，布置较为合理；b方案将塔式起重机置于短边一侧，需将起重半径增加至70m，方可满足覆盖建筑的要求，装拆方便，该方案可行，但需选择较大的起重机，且工作效率较低；c方案的塔式起重机工作可以覆盖整个建筑，而且起重半径最小，40m即可满足，该方案可行。图6-37d为内爬式，35m的起重半径即可满足覆盖整个建筑的要求，但内爬式塔式起重机的拆除较为复杂；内爬式塔机随着建筑物爬升，比较适合于超高层建筑。实际工程中塔式起重机的布置还需结合材料堆场、运输道路、附着的墙体等其他因素综合考虑。

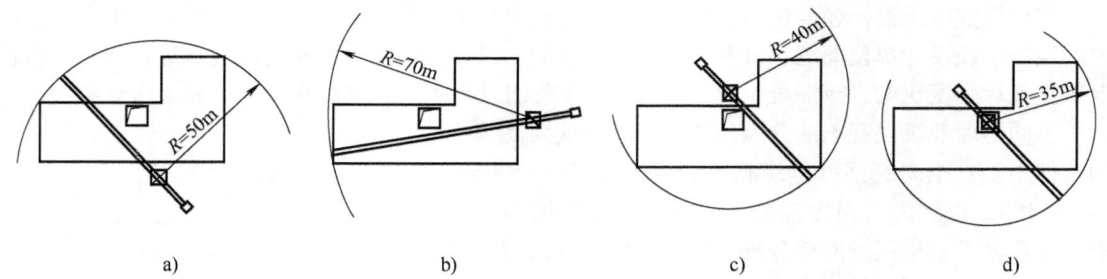

a)　　　　　　　　　b)　　　　　　　　　c)　　　　　　　　　d)

图6-37　某L形建筑塔式起重机布置的几种方案
a）置于长边　b）置于短边　c）置于内折角处　d）置于电梯井内处

图6-38所示为附着式和内爬式塔式起重机的工作实况照片。其中附着式塔式起重机是采用小车变幅，内爬式塔式起重机则是采用折臂变幅。

2）塔式起重机基础。当地基承载力较高时，附着式塔式起重机常可采用整体式混凝土基础。基础面积主要根据场地的地基承载能力、塔式起重机结构自重、当地的风荷载及负荷大小来确定。地基土较差，则应采用桩基础。对设置在基坑内的塔式起重机，基础需采用组合式，下部为桩基础，而塔式起重机承台则置于地面附近，通过格构式钢立柱将荷载传递到桩基础上，如图6-39所示。塔式起重机基础可根据地质条件及塔式起重机产品说明书布置，在特殊情况下应经过专项设计和计算。

图 6-38 塔式起重机
a) 附着式 b) 内爬式

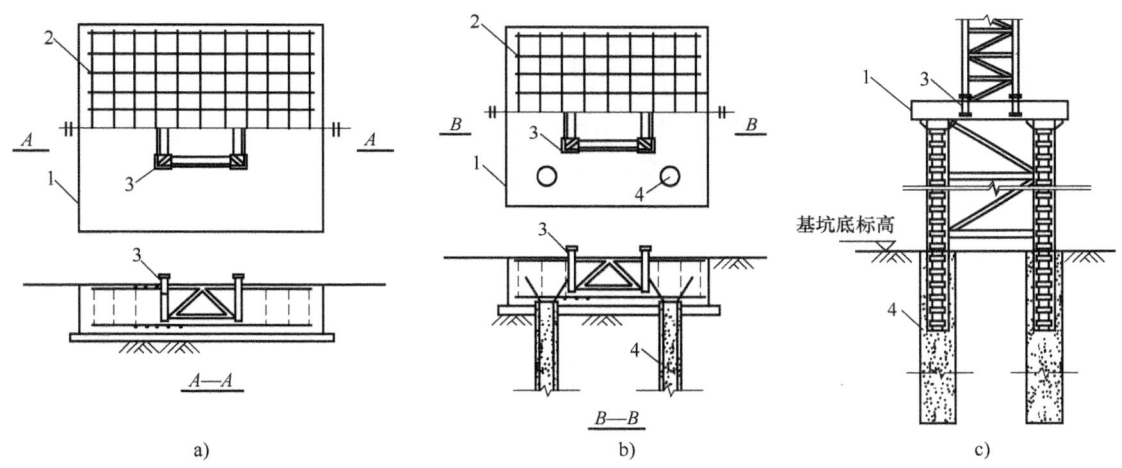

图 6-39 塔式起重机基础构造
a) 整体式混凝土基础 b) 桩基础 c) 组合基础
1—基础/承台 2—底板/承台钢筋 3—塔身底部锚固 4—桩

3) 附着。附着式塔式起重机随施工向上超过限定的自由高度后,需通过锚固装置将塔身与剪力墙进行附着,以减小塔身长细比,改善塔身结构受力,同时,可将塔身上部传来的力矩、水平力等通过附着装置传给结构。一般自由高度超过 30m 时,须装设第一道锚固装置,之后塔身每增高 20~30m 应加设一道。锚固装置一般采用三杆式或四杆式,如附着距离较大,则应采用空间桁架式,如图 6-40 所示。

内爬式塔式起重机的附着装置要比附着式更复杂,它要承受上部整体塔式起重机的荷载,因此,被附着的墙体混凝土必须达到足够的强度。附着装置可以将预埋件预埋在结构内,然后用带销孔的加劲耳板焊接或用高强螺栓固定在预埋件上,再安装塔式起重机支承架。

图 6-41 所示为附着式和内爬式塔式起重机的附着。

(2) 施工电梯 施工电梯是高层建筑施工必不可少的设备,是用于载物和载人的施工机械,又称为人货两用电梯。其载重量一般为 10~30kN,运行速度为 1~60m/min。常用的施工电梯有固定式和车载式。工程施工中一般采用固定式施工电梯。

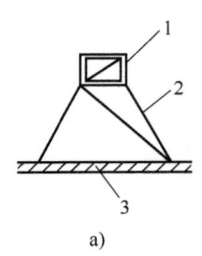 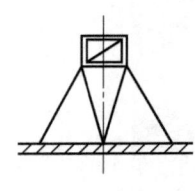 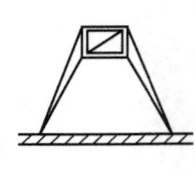 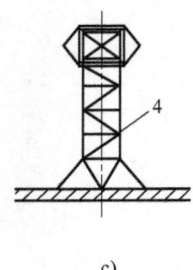

图 6-40 附着装置的布置方式
a) 三杆式 b) 四杆式 c) 空间桁架式
1—塔身 2—附墙杆 3—建筑结构 4—桁架

图 6-41 塔式起重机的附着
a) 附着式 b) 内爬式

固定式施工电梯是一种安装在建筑物外部、施工期间用于运送施工人员及小型建筑器材的垂直提升机械。它也是高层建筑施工中垂直运输的重要机械之一。

固定式施工电梯按运行方式分为无对重和有对重两种，按其控制方式分为手动控制式和自动控制式。建筑施工电梯的主要部件为带有底笼的平面主框架结构、梯笼和立柱导轨架，这三者组成基本单元。施工电梯的梯笼可设单笼或双笼（图6-42）。电梯的基础一般为现浇钢筋混凝土基础，它带有预埋地脚螺栓，与电梯立柱连接。施工电梯沿高度也需要附墙装置将立柱与主体结构连接起来。在施工

图 6-42 双笼施工电梯

楼层人员和材料出入口应设置通道，与梯笼接通，通道及其周边的脚手架应做封闭处理。在建筑内设置安全防护门并做好安全警示，防止高处坠落。

2. 脚手架

高层建筑施工脚手架与单层或多层建筑最大的区别就是其搭设高度大，工程中以升降式脚手架为主，如采用多立杆式脚手架需要采取一定的技术措施。

（1）多立杆式脚手架 双排脚手架搭设高度不宜超过50m。对钢管扣件式脚手架如果超过50m，应采用分段搭设、分段卸载的措施，分段搭设的高度不应超过20m。图6-43所示为分段搭设多立杆式脚手架。分段搭设的方法可采用固定在建筑物结构上的三脚架，也可采用挑梁式的支承结

构,即设置在主体结构上的型钢悬挑梁。这类分段搭设的脚手架是高度在100m以下的建筑。

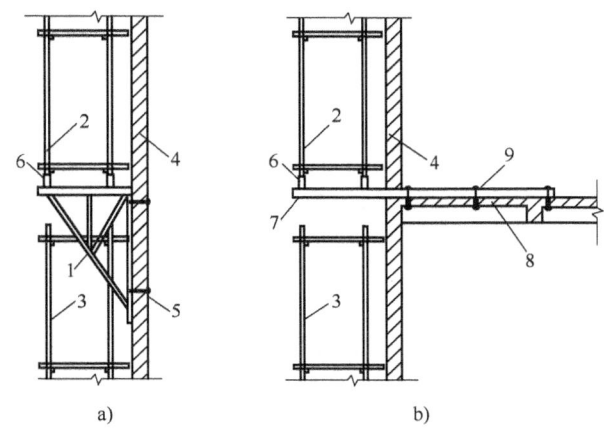

图6-43 分段搭设多立杆式脚手架
a) 三脚架悬挑 b) 挑梁式悬挑
1—悬挑三脚架 2—上段脚手架 3—下段脚手架 4—结构墙 5—附墙螺栓
6—联系钢梁 7—悬挑梁 8—楼面结构 9—固定螺栓

（2）升降式脚手架 升降式脚手架是沿结构外表面搭设的脚手架,脚手架可随结构施工逐层向上提升,提升高度不受限制。升降式脚手架根据升降方式,可分为自升式、互升降式和整体升降式三种类型。它适用于高度较大的建筑。这类脚手架沿高度方向不需满搭,只搭设满足施工操作及安全各项要求的高度;附着于墙面或支承在楼面,因此,不占施工场地,也不需进行地基处理;脚手架可沿结构升降,结构施工时逐层往上提升,而装修施工时又可逐层下降;脚手架及其上承担的荷载传给与之相连的结构,对这部分结构的强度有一定要求。

（3）整体钢平台 超高层建筑中央一般均设置有混凝土核心筒,其墙体也属于剪力墙。混凝土核心筒施工中,整体钢平台有明显的优越性,结构整体好、升降快捷方便、机械化程度高、经济效益显著。整体钢平台是超高层建筑核心筒混凝土结构施工的基本设施。

整体钢平台是将剪力墙的脚手架与模板合成整体的一体化施工体系。其提升动力可采用电动倒链、电动螺旋提升机或液压提升系统,使整个钢平台系统沿建筑物内墙、外墙或柱整体向上爬升。图6-44所示为整体钢平台施工实例,它通过设在建（构）筑物内部的支承钢立柱及立柱顶部的钢平台,利用液压设备或升板机进行脚手架的升降,同时也可升降建筑的模板。

超高建筑脚手架应根据实际的建筑高度、结构类型及施工进度等进行选择。

3. 轴线投测和高程传递

当建筑达到一定高度后,传统方法进行轴线投测和高程传递不仅精度难以保证,而且测量作业也有困难。

图6-44 整体钢平台施工实例

此时可采用激光铅垂仪或全站仪等先进仪器从建筑内部进行测量,这是工程中常用的方法,也称为天顶法。类似的,高程传递也可采用全站仪进行。

（1）楼层轴线投测 内控法楼层轴线投测的方法如下（图6-45a）:
1）将激光铅垂仪或全站仪放置在首层轴线控制点（根据实训内容可布置若干控制点）。

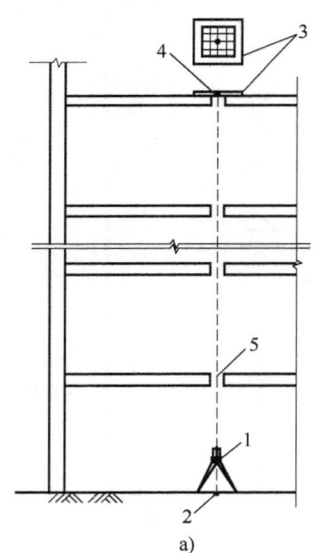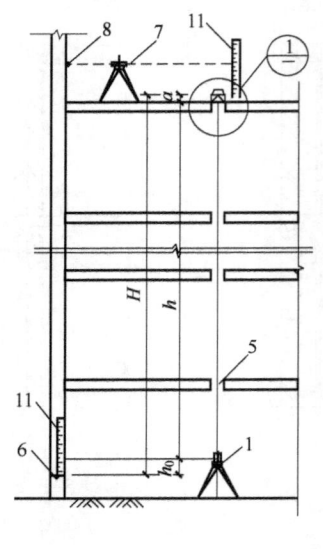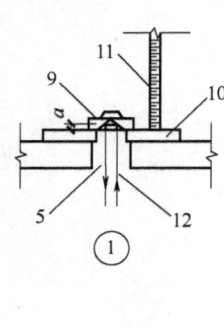

图 6-45 内控法测量
a) 轴线投测　b) 高程传递
1—全站仪　2—底层轴线控制点　3—接受靶　4—楼层接受点　5—楼面留孔　6—底层标高基准线
7—水准仪　8—投测的楼层标高　9—反射棱镜　10—钢板　11—标尺　12—测距激光束

2) 将接受靶置于楼层轴线控制点相应的位置。
3) 整平、对中仪器，打开激光束，聚焦接受靶光点。
4) 依据楼层接受点进行轴线放测（接受靶收到的光点即为首层轴线控制点对应的楼层接受点）。

（2）楼面高程传递　内控法楼面高程传递的方法如下（图6-45b）：
1) 将全站仪放置在首层测点（可采用轴线测设的控制点）。
2) 在楼面与首层测点相应的位置上放置钢板和反射棱镜，事前先量测棱镜常数 a（棱镜面至棱镜横轴的距离）。
3) 整平、对中全站仪，打开激光束。
4) 置平全站仪望远镜，测定仪器相对底层水平基准线的高度 h_0。
5) 将望远镜指向天顶，测读仪器至反射棱镜的垂直距离 h。
6) 计算楼面 0.000 至楼面棱镜横轴的高差 H：

$$H = h_0 + h - a \tag{6-1}$$

7) 由式（6-1）可知楼面棱镜面的标高，则依据 H 在楼层设置楼层标高基准线，如 0.5m 线或 1m 线。

4. 剪力墙模板和钢筋施工

（1）模板　剪力墙的模板一般均采用大模板，一般墙体采用平模，角部则设置小角模进行组合，在电梯井等部位则可采用大模板组合成筒模，如图6-46所示。由于剪力墙建筑一般标准层的层数较多，大模板需多次周转，因此通常采用定型的钢大模板或木（夹板）面板、钢楞的大模板，以满足施工的反复使用。在楼层间的转运提升可采用塔式起重机或自行爬（提）升，如图6-47所示。

剪力墙结构每层的施工流程与地下室类似，但外墙模板应在外墙钢筋绑扎之前先行安装，确保高处作业的安全。

图 6-46 剪力墙的模板

a）平模　b）小角模　c）筒模

图 6-47 大模板的转运

a）塔式起重机转运　b）自行爬升

大模板转运提升至上层楼面后，就位后应临时固定，进行轴线、标高及垂直度校正，还应做好板块之间以及转角节点等拼缝的校正，做到拼缝严密不漏浆。校正完成后应及时连接，做好最后固定，确保其后施工时的安全。大模板安装的质量检查标准见表 6-4。

表 6-4　大模板安装的质量检查标准

项次	项目名称	允许偏差/mm	检查方法
1	垂直度	5	用 2m 靠尺检查
2	位置	2	用尺检查
3	上口宽度	+2，-0	用尺检查
4	标高	±10	用尺检查

（2）钢筋　图 6-48 所示为剪力墙结构的构件组成，剪力墙构件包括墙身、墙柱及墙梁等，因此钢筋施工应根据不同的构件，按一定顺序进行绑扎安装。

剪力墙钢筋的施工步骤如下：放线→清除预留钢筋的砂浆→校正、调直预留钢筋→划出钢筋水平位置线→绑扎竖向钢筋→绑扎水平钢筋→绑扎拉筋→安装保护层间隔件→校正、固定→验收。

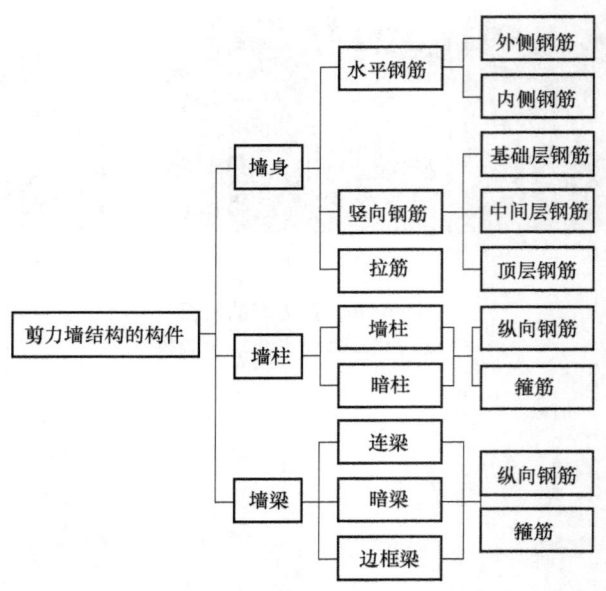

图 6-48　剪力墙结构的构件组成

施工中应注意剪力墙水平钢筋应放在竖向钢筋的外侧,如墙体有暗梁、暗柱时,应先绑暗梁、暗柱,再绑周围水平钢筋。墙体钢筋绑扎完后,安装保护层间隔件。墙体保护层也可采用塑料或混凝土间隔件(图 6-49)。

a)　　　　　　　　　　b)

图 6-49　剪力墙钢筋保护层间隔件
a) 塑料间隔件　b) 混凝土间隔件

钢筋工程作为隐蔽工程,柱的钢筋绑扎完毕后,应由施工人员及施工班组自检,合格后再由项目质量检查员及监理工程师进行全面检查,办理相关的验收记录(如隐蔽工程验收记录)后,方可进行下道工序的施工。

5. 泵送混凝土

(1) 泵送方式　高度较大的建筑的混凝土输送可采用接力泵送和一泵到顶两种方法。

接力泵送就是通过上、下泵接力的方式。下泵泵送到一定高度,然后由上泵输送到混凝土浇筑点。这一方法对混凝土泵的要求较低,泵送稳定,且较经济,但施工比较烦琐。采用接力泵送时,应使上、下泵输送能力匹配,并应对上泵设置部位的结构进行承载力验算,必要时应对楼板进行加固。

一泵到顶的方法施工简单,但对混凝土泵的要求较高,施工工艺较复杂。但目前已有超高压混凝土泵,为高层建筑一台泵泵送的施工提供了设备保障。

（2）泵的选择　混凝土泵的选择应根据输送管路布置方案及浇筑工作量、浇筑高度、混凝土配合比以及施工进度等确定。一般的混凝土泵，排量为 30~80m³/h，水平运距为 200~300m，垂直运距为 50~100m。超高压混凝土泵的垂直运距可达 500m 以上。

由于配管条件不同，泵的实际输出量可取最大输出量的 80%~90%。泵的最大水平输送距离可按式（6-2）确定，或根据混凝土泵的产品性能表（曲线）确定，必要时也可通过试验验证。

$$L_{\max} = \frac{p_e - p_f}{\Delta p_H} \tag{6-2}$$

式中　$L_{\max}$——混凝土泵最大输送水平距离（m）；

p_e——混凝土泵额定工作压力（MPa）；

p_f——混凝土泵系统及泵体内部压力损失（MPa）；

Δp_H——混凝土在水平输送管内流动时每米的压力损失（MPa/m）。

最大竖向输送距离则可按表 6-5 进行换算。应该注意，如有锥形管或弯管时，输送距离也应折减。

表 6-5　混凝土输送管水平换算长度

管类别或布置状态	换算单位	管规格/mm	水平换算长度/m
向上垂直管	每米	管径	
		100	3
		125	4
		150	5
倾斜向上管	每米	管径	
		100	$\cos\alpha + 3\sin\alpha$
		125	$\cos\alpha + 4\sin\alpha$
		150	$\cos\alpha + 5\sin\alpha$

注：表中 α 为输送管与水平面的夹角。

（3）管道布置　向上输送的管道十分重要，需要选择耐高压管道，合理配置管道、管径，做好管道连接处的密封，防止漏浆、堵管及爆管等现象。

布管前应先确定混凝土泵的位置。混凝土泵安装场地应平整坚实，道路畅通，并接近水源，做好排水设施。

向高处泵送混凝土可分为垂直升高和倾斜升高两种。向上泵送过程中，在混凝土泵的分配阀换向吸入混凝土时或停泵时，混凝土拌合物的重力将对混凝土泵产生一个逆流压力。

需在垂直向上配管下端与混凝土泵之间配置一定长度的水平管，以平衡竖向管道混凝土的逆流压力，提高泵送效率。地面的水平管长度不宜小于竖向管长度的 1/4，且不宜小于 15m。垂直泵送高度超过 100m 时，混凝土泵机出口处应设置截止阀，以防混凝土拌合物反流。超高泵送时，还可在竖向管中增设 S 形缓冲管段，如图 6-50 所示。

垂直输送的固定泵在泵送过程中，会受到很大的泵管输送时引起振动力以及竖向管道混凝土反流的压力，因此，竖向管不应直接支承在弯管上，管道的支架也不得设置在脚手架上，而应与主体结构固定牢固。

（4）布料　在泵车作业高度范围内，剪力墙混凝土的布料可直接利用泵车附装的布料杆，但高度较大时，则需专用的混凝土布料机。布料机按构造可分为以下三种：移置式布料机、自升式布料机和塔式布料机。

图 6-50　超高泵送的 S 形缓冲管段

移置式布料机（图6-51a）是一种置于楼层上的布料机，它借助塔式起重机转移到不同楼层。它有两节水平回转的臂架，回转角度分别为300°和360°，作业面积约为300m²，也有一种移置式布料机采用垂直折臂方式。

自升式布料机（图6-51b）由两部分组成：布料系统和支承结构。布料系统采用垂直折臂，支承结构则与内爬式起重机类似，利用顶升装置可沿结构自行顶升和接高。自升式布料机可装设在建筑物内部（如电梯井等处），它随着混凝土结构的施工，逐层向上爬升。

塔式布料机（图6-51c）是近几年开发的新型布料机，也称为独立式布料机。它的布料臂长，起重半径大，安装类似塔式起重机，固定在地面，依靠长臂可进行大范围的布料，而且不需移动或提升布料机，施工非常方便。

混凝土布料机

a)　　　　　　　　　　　b)　　　　　　　　　c)

图6-51　混凝土布料机
a）移置式　b）自升式　c）塔式

（5）泵送　混凝土泵启动后，应先泵送适量的水湿润混凝土泵的料斗、活塞及输送管的内壁等直接与混凝土接触的部位。混凝土泵和管道内壁应润滑，润滑材料可用水泥净浆、1:2水泥砂浆，或与混凝土成分相同配合比的水泥砂浆。

开始泵送时，混凝土泵应匀速缓慢运行随时可反泵的状态，然后由慢转快，待各系统运转正常后可转入正常泵送。

正常泵送时，应尽量不停顿地连续进行。若混凝土供应不及时，宜采用间歇泵送方式，放慢泵送速度，间歇泵送可采用每隔4～5min进行两个行程反泵，再两个行程正泵的方式。

泵送完毕时，应将混凝土泵和输送管清洗干净。清洗混凝土输送管可采用水洗法或气洗法。它们分别是用压力水或压缩空气推送海绵球或塑料球进行，工程中以水洗较多。

6.3　装配式单层厂房施工

单层厂房结构形式一般为排架，有装配式混凝土结构，也有装配式钢结构，或混凝土-钢组合结构。单层厂房施工主导工种工程是结构吊装。从结构吊装角度，混凝土结构和钢结构的工艺基本相同，但混凝土构件的质量重，因此需要较大型号的起重机。

6.3.1　装配式单层厂房施工流程

装配式单层厂房施工流程如图6-52所示。装配式单层厂房施工的主导工种工程是结构吊装。结构构件可根据工程条件采用工厂预制或现场预制，对运输不便的大型构件则应在现场制作。

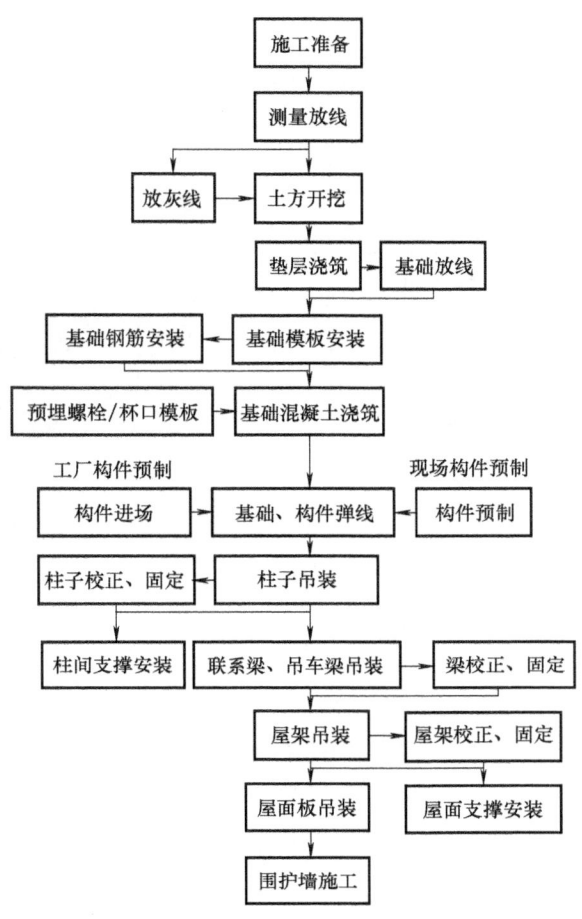

图 6-52 装配式单层厂房施工流程

6.3.2 独立基础

单层厂房基础形式以独立基础居多，如地基承载力不满足要求时，也可增设工程桩。

独立基础通常做成锥形或阶梯形等形式，如图 6-53 所示。对预制混凝土柱和钢柱都可以采用带杯口的杯形基础，将柱子插入基础。由于钢柱底部连接构造容易加工，因此，钢柱基础采用螺栓连接，无须设置杯口。

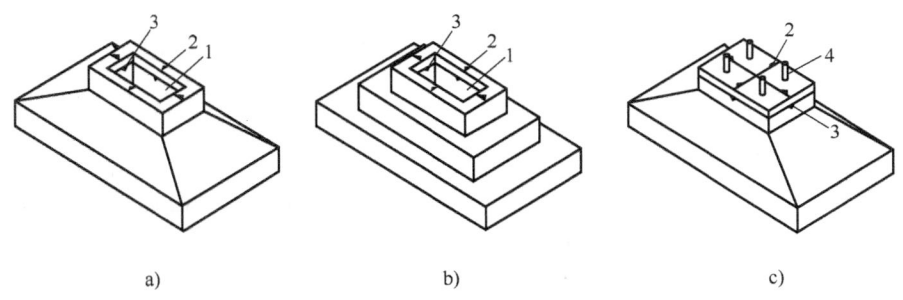

图 6-53 独立基础
a）锥形（带杯口） b）阶梯形（带杯口） c）锥形（无杯口）
1—杯口 2—安装中心线 3—标高基准线 4—地脚螺栓

1. 模板

由于独立基础较小，可采用木模板或组合模板。根据不同形式，外模板一般有 2～3 层。杯形基础的杯口模板通常拼成一个整体。为便于拆模，杯口木模板外可包一层薄钢板。图 6-54 所示为带杯口的阶梯形独立基础模板的构造和工程实例。

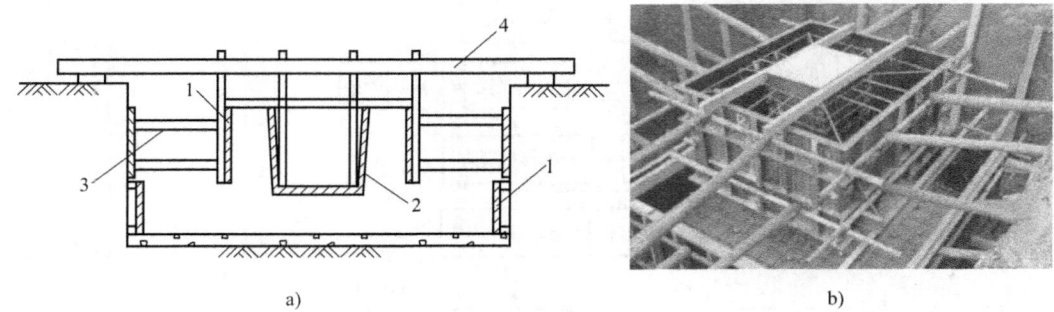

图 6-54　带杯口的阶梯形独立基础模板的构造和工程实例
a）模板的构造　b）工程实例
1—阶梯侧模　2—杯口模板　3—支撑　4—横挑梁

2. 混凝土浇筑

基础混凝土浇筑施工时，应注意以下几点：

1）混凝土应按阶梯分层浇筑。对杯口高的基础，阶梯部分应分层浇筑。

2）坡度大于 1∶6 的锥形基础斜面应设置模板，并应随混凝土浇捣分段支设并顶压紧密。严禁不支模，用铁锹拍实。

3）杯形基础杯口混凝土浇捣时，应注意杯口模板的位置。由于杯口模板下端容易移动，浇捣混凝土时，应在四侧分层、对称、均匀地进行，避免将杯口模板挤向一侧。

3. 地脚螺栓

地脚螺栓的埋置方法有直埋法、套管法及钻孔法三种。

直埋法是用定位板控制地脚螺栓的距离，并设立支架予以固定。在基础底板钢筋绑扎时埋入螺栓，与钢筋连成一体，然后浇筑混凝土。采用此法在施工中特别是混凝土振捣时易产生偏差，并难以调整。

套管法与直埋法类似，但是将套管预埋入混凝土，套管的内径一般为地脚螺栓的 2～3 倍。混凝土达到一定强度后套管内插入螺栓，对准中心线并注浆锚固螺栓。

钻孔法是先浇筑混凝土基础，在已结硬的混凝土基础上用金刚钻头钻孔，再用套管法类似的方法埋入螺栓、对准中心线并注浆锚固螺栓。套管法和钻孔法定位较精确，施工方便。

6.3.3　结构吊装准备

1. 场地平整和施工道路

结构吊装前应做好场地平整。场地平整的基本要求与其他结构工程施工类似，但结构吊装场地应考虑运输车辆及吊装机械的要求。由于构件的尺寸和质量较大，临时道路及堆场除应满足施工的基本要求外，还应考虑运输车辆的载重、车辆的宽度、转弯半径等以及吊装机械开行路线、起重机与堆场对地基承载力的要求，以确保机械作业顺利进行。

2. 基础及构件的弹线

（1）基础　基础混凝土浇筑后，在基础顶面弹出十字中心线（图 6-53）。中心线对应柱的安装中心线,作为柱吊装时临时固定及校正定位的依据。

为控制柱子的安装标高,应对柱底基础面标高进行找平或调整。杯形基础可在杯口内侧面弹出标高基准线(图6-53)。在吊装前根据柱的制作误差,按标高基准线调整杯底找平的厚度。无杯口的基础因不需进行杯底找平,因此可将标高基准线设置在基础侧面,或在施工过程中直接用水准仪测量。在柱子安装时进行标高控制。弹线后应在线的两端做出红色三角标志,以便柱的安装和校正时进行观测。

(2) 构件　预制构件吊装前,应按在构件和相应的支承面标志出中心线、标高控制尺寸,也就是构件弹线。

柱的弹线包括柱身安装中心线、牛腿面与柱顶屋架安装中心线、柱底部水平标高线等。这些线对于柱的定位、标高控制及垂直度校正都有很大作用。柱的形式不同,弹线的位置也不尽相同,一般都要求在柱身三面弹出中心线,该中心线应与杯形基础的十字中心线相对应。牛腿面与柱顶的安装中心线则与吊车梁和屋架的安装中心线对应。柱底部水平标高线则作为其他构件安装时水平控制的基准线。

屋架弹线包括屋架的纵向中心线,以控制屋面板、天沟及天窗架等构件在屋架上的定位和屋面板的搁置长度。此外,还要弹出控制屋面板、天沟及天窗架等位置的横向控制线。

吊车梁、天窗架等构件均应在顶面及端面弹出安装中心线,并标明吊装方向,天窗架上弦也与屋架类似应弹出屋面板的安装位置等。

图6-55给出了混凝土构件的弹线,对钢结构构件也类似,钢结构构件同时还应检查安装螺栓孔的位置与尺寸。

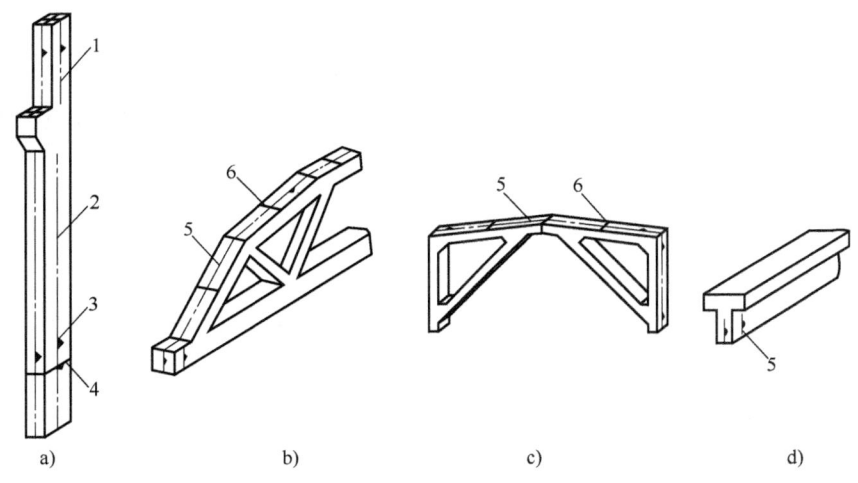

图6-55　混凝土构件的弹线
a) 柱　b) 屋架　c) 天窗架　d) 吊车梁
1—上柱中心线　2—下柱中心线　3—标记
4—标高控制线　5—屋面板安装中心线　6—屋面板定位线

3. 预制构件进场

(1) 构件的运输　单层厂房的构件一般在工厂预制加工,有时,大型柱、屋架等构件也可在现场预制。

预制柱、梁等构件的尺寸均较大,因此运输车辆宜选用长度较大的平板车。在运输过程中叠放的构件之间必须用隔板或垫木隔开,并绑扎牢固。上、下垫木应按设计规定的位置设置,并保持在同一垂直线上。运输道路的宽度和转弯半径应满足运输车辆的开行要求。图6-56所示为构件的运输实例照片。

图 6-56　构件的运输
a）钢柱　b）屋架

（2）构件的堆放　堆放场地的地基应进行加固，做好硬地，防止地基沉降。

构件的堆放分为临时堆放和吊装前堆放。在施工前应预先做好构件布置图，特别是柱、梁等大型构件尽可能一次运输到位，避免二次转运。对于小型构件，则可考虑布置在大型构件之间。为减少堆场用地，构件可采用叠放方式，但叠层数不宜超过 4 层。叠放构件的垫木也应满足设计要求。构件运至现场后，按构件堆放布置图，依编号、吊装顺序进行就位和集中堆放。

（3）构件清点和验收　构件数量、长度、质量和安装标高等是吊装起重机械选择、吊装工艺、施工工期的确定的依据，因此在构件进场前应做好统计。构件的数量、长度和安装标高等可通过施工图进行计算统计得出；构件的质量应根据构件的几何尺寸分别计算；最后将各构件的数量、长度和安装标高等计算统计的结果列表备用。

钢结构构件应用钢尺对其外形尺寸进行全数检查，包括构件连接处的截面几何尺寸，柱、梁连接处的腹板中心线偏移，受压构件（杆件）弯曲矢高，安装孔位等，钢结构还应检查构件端部铣平和安装缝坡口质量。

6.3.4　结构吊装

结构吊装应编制结构吊装方案，主要内容包括结构吊装方法、构件吊装工艺、机械选择、施工平面布置等。其中部分内容在第 5 章已介绍，本章主要讨论结构吊装顺序、构件的校正及结构吊装平面布置等几方面。

1. 结构吊装顺序

根据具体的结构状况、场地、设备等条件，单层厂房结构的吊装顺序因方法不同而不同，常用的有分件吊装法和综合吊装法。

（1）分件吊装法　分件吊装法的吊装顺序，如图 6-57 所示。图中的编号是起重机吊装构件吊装的顺序。分件吊装法施工中，起重机每开行一次，仅吊装一种或几种构件。通常按照某种构件和与其关联的构件归为一类，按顺序一次吊装完成，再进行另一类构件的吊装。单层厂房通常分三次开行吊装完全部构件：

1）第一次开行，吊装柱子，经校正及固定，浇筑混凝土后再进行其后一类构件的吊装。
2）第二次开行，吊装基础梁、墙梁、吊车梁、连系梁及柱间支撑等。
3）第三次开行，依次按节间吊装屋架、天窗架、屋面板及屋面支撑等。

分件吊装法具有一系列优点：每次吊装同类型构件，施工速度快，吊装效率高；可以选择小型的起重机，利用不同起重臂适应不同类型构件的吊装；构件分类吊装，运输组织方便，现场平面布置简单；不同构件安装之间有时间间隔，为校正、焊接、养护提供充分的时间等。

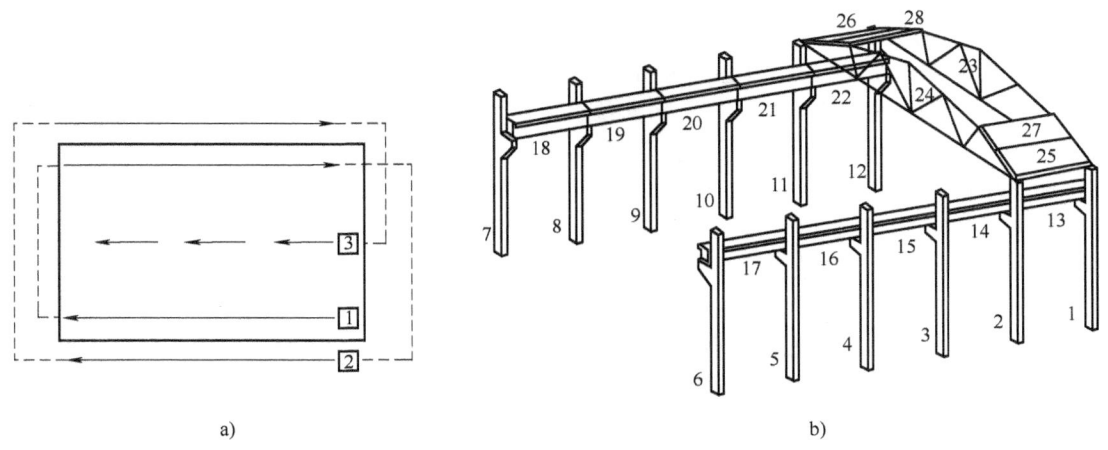

图 6-57 分件吊装法
a) 起重机开行路线 b) 构件吊装顺序

分件吊装法

分件吊装法的缺点是：起重机行走频繁，机械作业费用较高；不能及早为下道工序创造工作面，阻碍了工序间的流水施工。

这种吊装方法是目前装配式单层工业厂房吊装中广泛采用的一种方法。

（2）综合吊装法 综合吊装法是指起重机在厂房内一次开行中就吊装完一个节间内的各种类型的构件。吊装的顺序，如图 6-58 所示。即先吊装 4~6 根柱子，并加以校正和最后固定，随后吊装这个节间内的吊车梁、连系梁、屋架和屋面板等构件。一个节间的全部构件吊装完后，起重机移至下一个节间进行吊装，直至整个厂房吊装完毕。

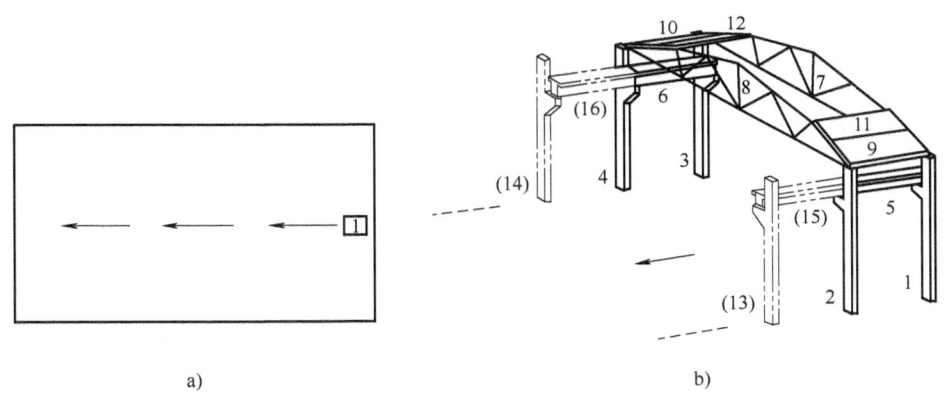

图 6-58 综合吊装法
a) 起重机开行路线 b) 构件吊装顺序

综合吊装法的优点是起重机行走路线短，在一个节间可将该节间所有构件安装完成，为后续工种开出工作面，有利于工序间的交叉流水作业，可缩短工期；一个节间完成后随即进行校正、固定，及早形成整体，施工阶段的结构稳定性好，也有利于构件制作误差和吊装误差的及时发现和纠正，保证工程质量。

这种吊装方法对起重机起重性能的要求较高，同一起重臂下需满足所有构件吊装的要求；各类构件吊装交叉进行，索具更换频繁，作业效率较低；场地上各类构件同时堆放，运输组织工作复杂；先吊装的构件的校正、固定需消耗工时，难以连续作业。

2. 构件的吊装和校正

构件吊装阶段的绑扎、吊升和临时固定等可参考第 5 章的有关内容。

（1）柱底的校正　柱的校正包括平面位置、标高和垂直度。柱平面定位轴线在临时固定、就位时应校正完成。定位后可进行垂直度校正。

杯形基础是通过杯底找平控制柱的标高。杯底在设计中均留有 50mm 的找平高度，基础完成后依据实际柱长（柱底到柱顶或牛腿面的长度）和杯施工后的标高进行找平，以控制柱子插入后柱顶及牛腿的标高与设计的偏差符合要求。

采用螺栓连接的柱底需进行标高找平。工程中常用预留标高法，它是在基础顶面预留出 50mm 左右用以调整标高。它可用螺母调整，也可通过标高块进行调整。

调整螺母是将基础面浇筑至柱底设计标高下 50～60mm，作为预留标高，在地脚螺栓上加设调整螺母，如图 6-59a 所示。吊装前依据基础侧面的标高基准线或用直接测量标高的方法将调整螺母的上表面旋转到柱底标高。柱子吊装就位后，拧紧紧固螺母，固定柱脚。必要时，还可再次旋转柱脚底板下的调整螺母进行微调。该方法调整方便并可二次微调，精度高，偏差可控制在 1mm 以内。

设置标高块的方法则是在基础顶面也预留 50～60mm 标高，然后按柱底标高浇筑混凝土标高块或放置钢垫块找平，将柱子直接搁置在找平的标高块上，如图 6-59b 所示。

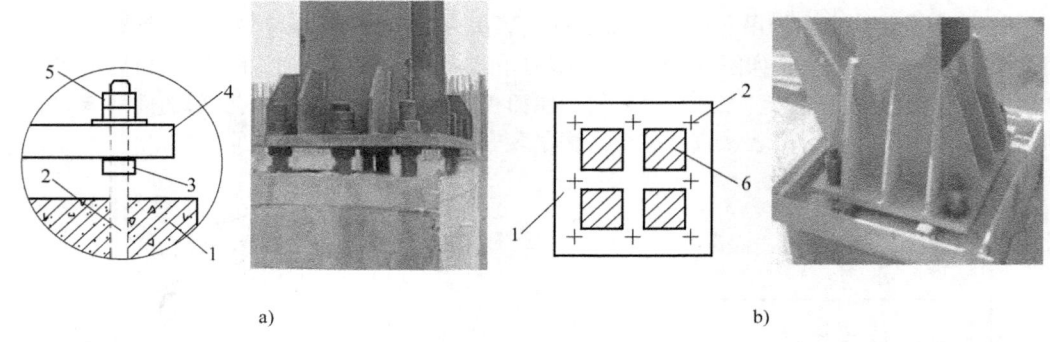

图 6-59　钢柱预留偏差调整法
a）螺母调整　b）标高块调整
1—柱脚底板　2—地脚螺栓　3—调整螺母　4—混凝土基础　5—紧固螺母　6—标高块

柱的垂直度校正应在相互垂直的两轴线方向上采用经纬仪，同时校测垂直度，测量时两个方向的水平夹角 α 应接近 90°。图 6-60 所示为某钢柱的垂直度校正的示意图。校正工具可采用钢管撑杆或缆风绳，杯形基础也可用千斤顶。

钢柱校正后应及时将锚固螺栓固定，进行柱底灌浆。灌浆前，应在钢柱底板四周立模板，清洁基础表面，排出积水。灌浆应采用无收缩、高流动性的砂浆，从一侧连续灌注。灌注后应及时覆盖养护。

杯形基础在柱校正完成后应及时用钢楔固定，在柱底部四周与基础杯口的空隙之间分两次浇筑细石混凝土，捣固密实，使柱的底脚完全嵌固在基础内作为最后固定。浇筑工作分两次进行：第一次混凝土浇至楔块底面，待其强度达到 25% 设计强度后，拔去楔块再第二次浇筑混凝土至杯口顶面。

（2）梁、桁架的校正与最后固定　高度不大的梁的校正较简单，主要是控制轴线位置和梁底的平整度。如梁底平整度不能达到要求，可用钢楔片进行调整，最后焊接固定。

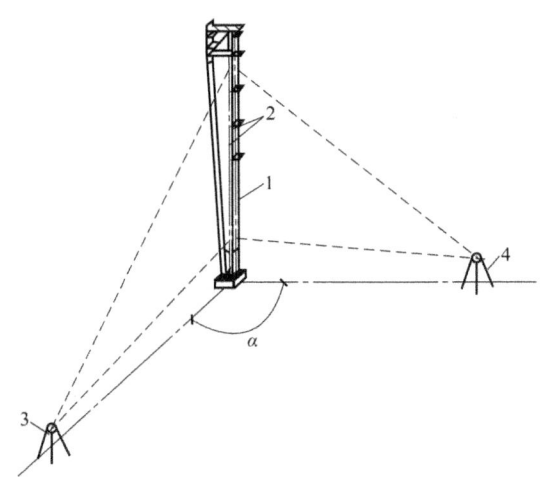

图 6-60 某钢柱的垂直度校正
1—柱　2—安装中心线　3—经纬仪 A　4—经纬仪 B

高度较大的梁或桁架的校正除应控制定位位置外，重点是垂直度的调整。由于在临时固定时跨中垂直度一般用垂直度校正器已进行初调，最后再微调。调整后在桁架端部支承面垫入钢楔片并焊接固定。施焊时应在桁架两端的两侧同时施焊，以防因焊缝收缩导致桁架倾斜。

3. 吊装平面布置

单层厂房吊装平面设计是吊装方案中的重要内容，它包括预制构件临时堆放、起重机开行路线、吊装阶段的构件布置图等。这几方面相互关联，设计中需要相互协调、综合考虑。如果混凝土构件在现场预制，则还应做好预制阶段的构件布置图。如前所述，构件的临时堆放应尽可能与吊装阶段一致，可避免二次搬运。设计中可先确定一个初步方案，进行计算和布置，再进行调整优化，最后完成有关布置图及编写说明。

起重机的开行分为跨内开行和跨外开行。开行路线应根据采用的分件吊装法或综合吊装法，协调构件的堆放、吊装工艺、平面布置（预制方法）等进行设计。图 6-57 和图 6-58 所示为两种吊装方法的基本开行路线。

在开行路线布置图中需注明起重机的开行方向、线路与轴线的位置尺寸关系、作业停机点等详细信息。开行方向根据吊装总体顺序可以确定，开行的位置则由起重机性能、吊装工艺及构件布置形式确定。以图 6-61 为例说明斜向布置、旋转法吊装柱的开行路线及构件的布置。

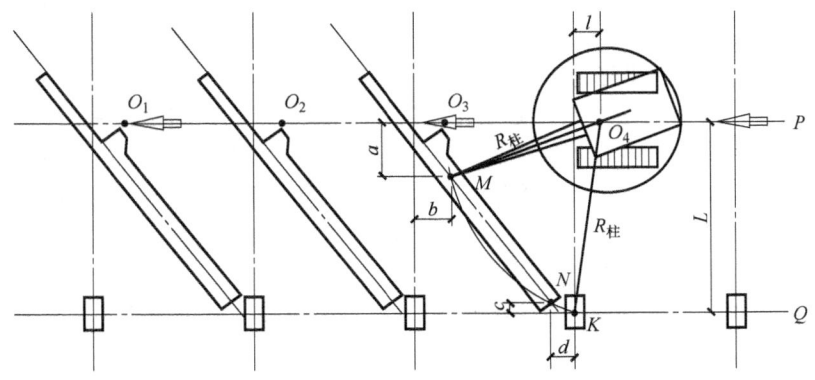

图 6-61 柱子的斜向布置

图 6-61 所示为该方案的初步布置图,由计算得到起重机吊装该柱的起重半径为 $R_柱$。

(1) 确定开行路线　开行路线 P 线至柱基中心线 Q 的距离 L 需满足起重机的工作性能,即 L 不得大于起重机的最大起重半径 R_{max},也不应小于起重机的最小起重半径 R_{min},同时应保证起重机可畅通行驶。

(2) 确定停机点　根据 L 可确定停机点:以柱基中心 K 为圆心,以吊装柱时的起重半径 $R_柱$ 为半径画圆弧,交起重机开行路线于 O_4 点,O_4 点即为吊装 4 轴柱的停机位置。类似的,可确定其他柱的停机点 O_1、O_2、O_3 等。

(3) 吊装阶段柱的布置　从 O_4 点为圆心,以起重机的起重半径 $R_柱$ 为半径画圆弧,然后在靠近柱基的弧上定一点 N,再在圆弧上定点 M,使 M 至 N 的距离等于吊点至柱脚的距离。量出吊点、柱脚与柱列纵横轴线的距离 a、b、c、d,按此放置待吊的柱子即可。布置时还应注意柱的牛腿朝向应与安装后的柱牛腿位置一致,避免起吊后柱子在空中旋转。图 6-61 牛腿朝向说明该柱的行车梁在柱的北侧。

上述布置也可作为柱子现场预制的位置,这时只要以 MN 为中心线画出柱模板的外形尺寸,作为支模放线的依据。如采用两根柱叠浇的方法,则停机点需在这两柱的中间,即梁柱基础中心连线的垂直平分线与 P 线的交点处。

图 6-62 所示为某工程预制混凝土柱起吊和吊升的工程实例。该柱采用 3 根叠浇、直吊绑扎法起吊。由于 3 层叠浇,无法直接吊装,需在吊装阶段将其吊运到待吊的位置。

a)　　　　　　　　　　　　　　b)

图 6-62　预制混凝土柱吊装

a) 预制柱起吊　b) 柱吊升

图 6-63 所示为某工程屋架的布置图。该屋架为现场预制,8 榀屋架分两处采用 4 层平卧叠浇法。①~④轴及⑤~⑦轴间分别放置 4 榀。屋架布置和吊装的初步方案为斜向布置、同侧就位。经计算吊装屋架的起重半径为 $R_屋$。

(1) 确定开行路线　吊装屋架起重机沿跨中的中心线行驶,其开行路线的位置容易确定;开行方向与吊装顺序有关,还需考虑行驶道路的畅通,避免与构件相碰。图 6-63 中初步确定的开行方向合理。在扶直阶段由⑧轴向①轴开行,在扶直⑧~⑤轴组屋架时起重机可畅通开行至 O_5,扶直⑤轴屋架后,可行驶至④~①轴组屋架附近进行屋架扶直。在吊装阶段由①轴向⑧轴按顺序进行屋架吊装,其行驶均无障碍。

(2) 确定停机点　根据起重机吊装屋面系统时的起重半径确定停机位置。吊装各屋架时,起重机开行路线为跨内中心线,其停机点位于开行路线上,停机点与屋架设计所在位置的中点的距离为吊装屋架的起重半径 $R_屋$。图 6-63 中②轴屋架设计位置的中点为 W_2,吊装该屋架时起重机的停机点为 O_2,O_2 在起重机的开行路线上,它距 W_2 点的距离为 $R_屋$。

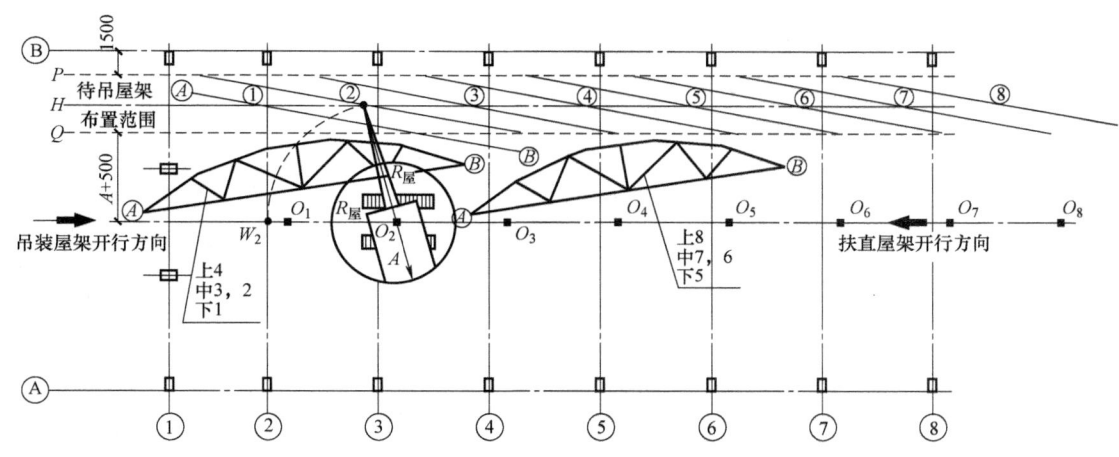

图 6-63 屋架扶直后的斜向就位

（3）吊装阶段屋架布置　图 6-63 中 P、Q 线之间的位置为吊装阶段屋架布置的范围，为给起重机留出作业的空间，P 线距 B 轴、Q 线距起重机尾部回转范围应保持一定安全距离，图 6-63 分别取 1500mm 和 $A+500$mm（A 为起重机尾部至回转中心的距离）。

各屋架应布置在 P、Q 线之间，此时屋架已扶直，处于直立状态。各屋架放置位置的中点至相应的停机点的距离为吊装屋架时的起重半径 $R_屋$。此时应注意斜放屋架的方位应便于起重机开行和作业，将屋架彼此平行布置也较为方便。

以吊装时的停机点为圆心，以起重半径 $R_屋$ 为半径画弧，交 P、Q 线之间的中线 H，交点即是相应轴线位置屋架的中心。再以此为圆心，以 1/2 屋架跨度为半径作弧，交 P、Q 线，这两个交点间连线即为屋架放置的位置。

（4）屋架预制位置　在 P、Q 线的外侧可布置预制屋架。放置的位置宜靠近 Q 线，位置和方向都应避免影响起重机的开行和作业。屋架应注意两端的朝向，避免吊升时在空中掉头。采用多层叠浇时，屋架的上下顺序应按照先吊装、后扶直的原则。

图 6-64 所示为某单层厂房多层叠浇屋架扶直和吊装的施工实例。该屋架采用 3 层叠浇、横吊梁四点吊升。

a)　　　　　　　　　　　　b)

图 6-64　单层厂房多层叠浇屋架吊装
a）屋架扶直　b）屋架吊升

6.4　多层装配式结构安装

装配式结构采用工业化生产的方式来建造，可实现机械化施工，提高生产率和施工质量，实现节能减排，是我国大力推广的一种建筑结构。多层装配式结构主要有框架和剪力墙两大类。框架有钢结构或混凝土结构，而剪力墙一般指混凝土结构。

6.4.1 框架结构施工

混凝土装配式框架结构是以预制柱、预制梁、预制板组成的承重结构，其内外墙多用轻质砌体或墙板。装配式框架结构可分为全装配式（图6-65）和装配-现浇式两种类型，装配-现浇式一般指现浇柱、预制梁和预制板的结构。此外，装配式框架楼板也可采用预制板、叠合楼板，也有个别工程采用现浇楼板。图6-66所示为装配式框架施工的工程实例。

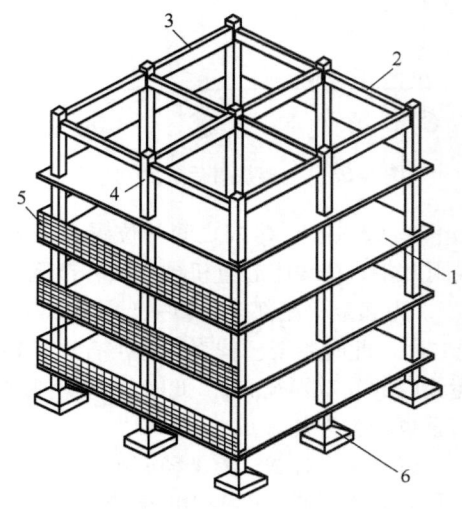

图 6-65　全装配式框架结构
1—楼板　2—横梁　3—纵梁　4—柱子　5—墙板　6—基础

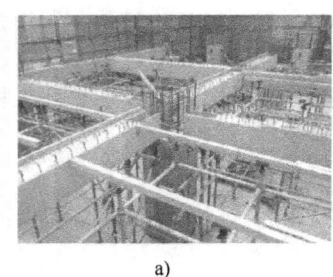  

a)　　　　　　　　　　　　b)　　　　　　　　　　　　c)

图 6-66　装配式框架施工
a）全装配式　b）装配-现浇式　c）叠合楼板

1. 施工流程

全装配式框架结构的基础与现浇结构基本相同，上部结构施工主导工种工程为结构吊装，现场没有大量的模板和钢筋工作。图6-67所示为全装配式框架结构标准层的施工流程。

2. 结构吊装顺序

与单层厂房类似，装配式框架结构的吊装也可分为分件吊装法和综合吊装法两种，如图6-68所示。由于建筑有多个楼层，因此实际工程分件和综合还应考虑在楼层中的展开。如按楼层分层施工，则可采用分层的分件吊装法或综合吊装法；如不分层而在一个或若干节间内施工，则应采取综合吊装法。

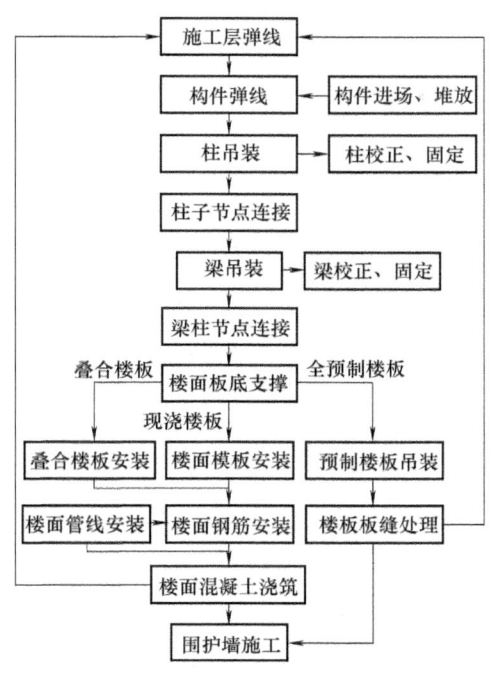

图6-67 全装配式框架结构标准层的施工流程

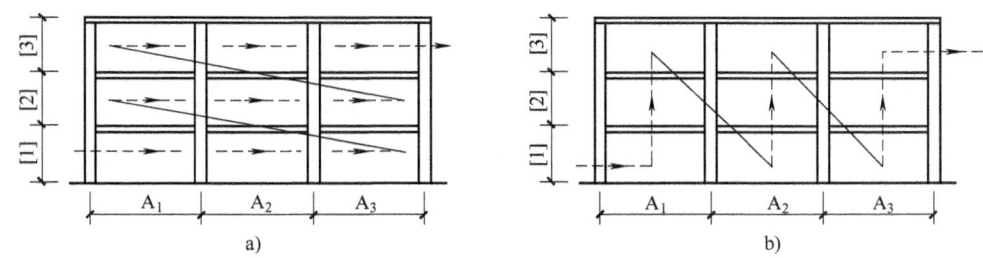

图6-68 装配式框架结构吊装顺序
a）分件吊装法 b）综合吊装法
A_1、A_2、A_3—施工段 [1]、[2]、[3]—施工层（与楼层高度相同）

结构吊装顺序还应考虑柱-柱、柱-梁、楼板节点以及现浇部位的施工。吊装过程中应为这部分施工留出施工时间和作业空间。

3. 吊装机械

多层房屋结构吊装常用塔式起重机有：轨道式和自升式起重机（包括内爬式和附着式），建筑高度较小的也可采用履带式起重机。由于预制构件的质量重，用于吊装施工的起重机需要具备较大的起重量。

图6-69所示为轨道塔式起重机用分层分段吊装法吊装框架结构的例子。工程分为Ⅰ~Ⅳ四个施工段，起重机在Ⅰ施工段以分件吊装法完成一层柱和梁、板的吊装，再沿轨道行走至后面Ⅱ施工段，之后再进入Ⅲ施工段和Ⅳ施工段。一层结构完成后转向上面的楼层施工。

图6-70所示为两层框架结构，建筑高度较小，选择履带式起重机采用综合吊装法。由起重机[A]，在CD跨内从①轴向⑥轴推进，完成CD跨一层到顶层整个区域的吊装，此时起重机

[A] 的起重半径较小，满足 CD 跨吊装即可。在起重机 [A] 完成若干节间后，如完成①~③轴全部吊装后，起重机 [B] 可进入 AB 跨，也采用综合吊装法完成吊装，由①轴向⑥轴推进，同时完成 BC 跨的结构吊装。起重机 [B] 的起重臂需满足Ⓐ~Ⓒ轴之间的构件吊装，相对较长。该图中括号内的数字表示二层结构构件的编号。

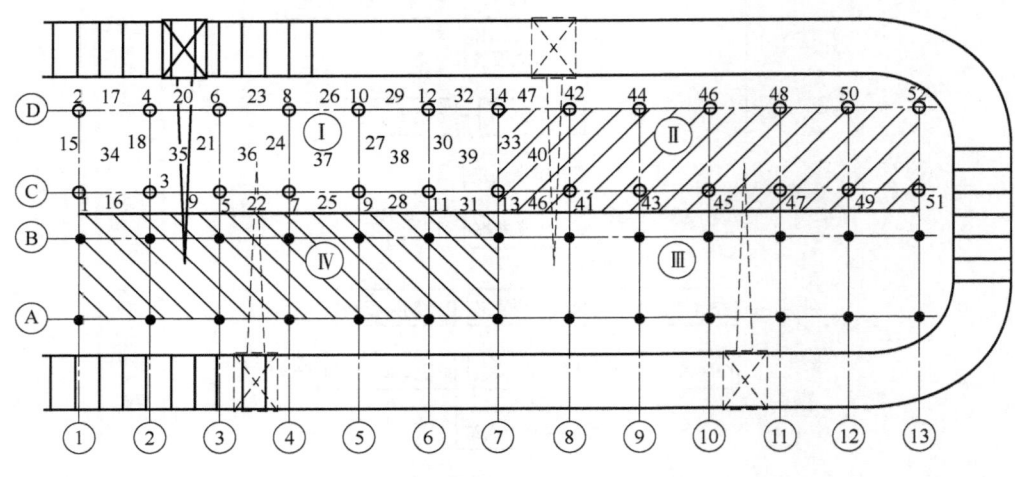

图 6-69　分层分段吊装法

Ⅰ、Ⅱ、Ⅲ、Ⅳ—施工段编号　1、2、3、……—构件吊装顺序

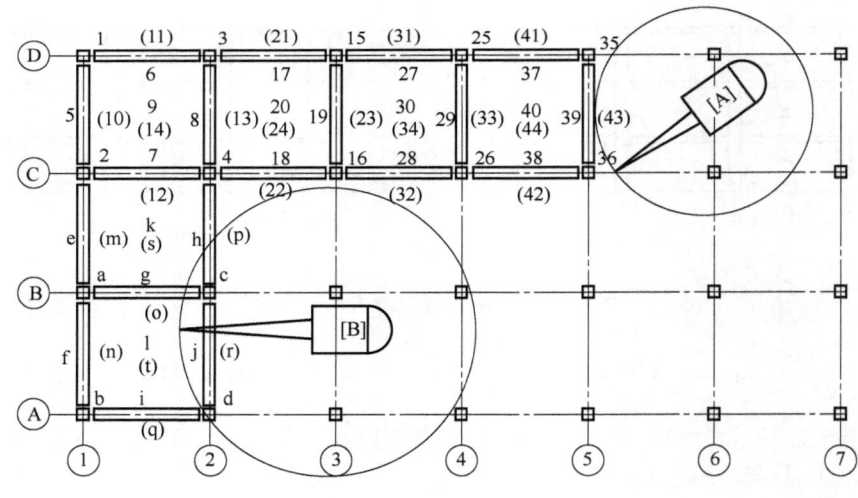

图 6-70　综合吊装法

1、2、3、4……—起重机 [A] 吊装顺序　a、b、c、d……—起重机 [B] 吊装顺序

4. 施工工艺

（1）构件的运输和堆放

1) 运输。装配式框架结构的构件均在工厂预制，在吊装前运至工地。由于其质量重、高度大，但墙厚较小，运输一般采用低平板车。运输中柱、梁可采用分层叠放的方式，但叠层不应过多，以 2~3 层为宜。为防止墙板振动受损，预制墙板不应平卧，应采用直立放置的方法。预制的叠合楼板可水平叠放。如构件超高、超宽则应有专门运输车辆和质量安全保证措施。

构件运输时混凝土强度应达到混凝土强度标准值的 100%。运输过程中需要构件之间设置垫木。水平放置的柱、梁、板等的垫木应保持在一个水平面上,垫木的间距应满足构件的抗弯能力,多层垫木应上、下对齐在同一垂直线上。直立放置的构件应做好防侧倾的措施,宜采用定制的预制墙板专业堆放架,墙板之间也应用垫木隔开,如图6-71所示。

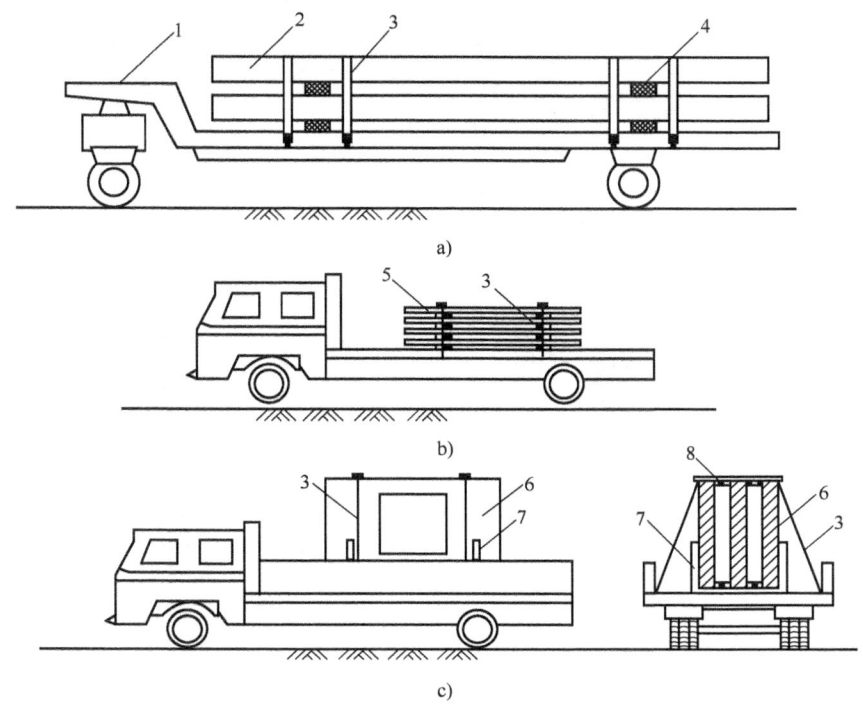

图6-71 构件的运输
a)柱、梁 b)楼板 c)墙板
1—平板车 2—柱/梁 3—绑扎绳索 4—垫木 5—楼板 6—墙板 7—堆放架 8—限位卡

2)堆放。构件的堆放场地必须平整坚实,并设置排水措施,宜设置混凝土硬地坪。

预制构件应按建筑安装顺序和部位分类合理堆放,力求吊装时按顺序逐一吊装,避免二次搬运。

柱、梁及预制叠合板在现场采用平卧放置的方法,其垫木位置应与运输一致。最下层构件应垫高,避免与地面直接接触,多层平放的层数不应大于5层。

预制墙板堆放应采用堆放架。堆放架应有足够的承载力、刚度和稳定性。构件堆放方法采用对称放置或顺序放置。

构件放置后应做好编号和标识,方便吊装时根据构件所在建筑位置直接吊升就位。

(2)柱的吊装(图6-72) 由于多层房屋柱的总高较大,整根柱子吊装很困难,因此,柱的长度可为一层一节,也可为几层一节,这主要取决于结构设计及起重机械的起重能力。长度较小的柱可采用一点绑扎法,长度大于12m的柱宜采用两点绑扎法。必要时应对吊装位置进行吊装验算。

上节柱的安装应在下节柱的梁及柱间支撑安装完成后下节柱的连接混凝土或灌浆达到设计强度后方可进行。柱就位后应随即进行固定和校正,防止倾斜或倾倒。必要时应设置临时固定,临时固定一般采用可调斜撑,它既可稳定柱身,也可在后续校正中进行调节。可调斜撑下端可固定在已施工完成且稳定的构件上。图6-73所示为柱临时固定在相邻的柱上。吊装中还应妥善保护预留钢筋。

图 6-72 框架柱的吊装
a）多层柱的吊升 b）吊装固定后的柱

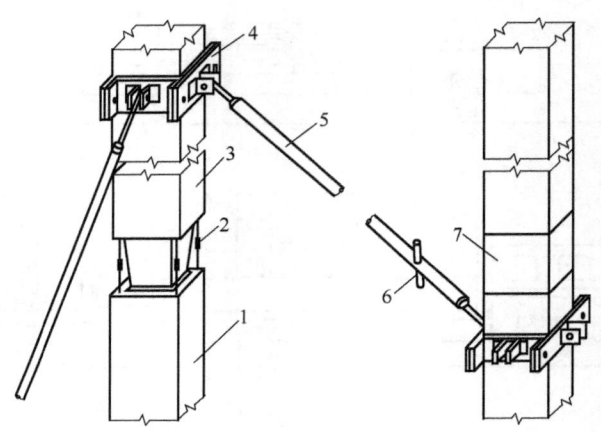

图 6-73 柱的临时固定
1—下节柱 2—钢筋连接接头 3—上节柱 4—固定夹箍
5—可调斜撑 6—调节把手 7—已固定柱

（3）柱的连接

1）连接方式。楼层上，上下两节柱间的连接是框架结构的关键。上下柱的连接可采现浇榫接、钢板焊接（图 6-74）或灌浆连接等。套筒灌浆连接构造简单、施工方便，已得到广泛应用。

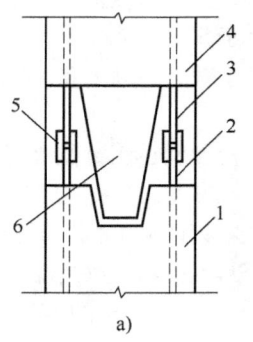 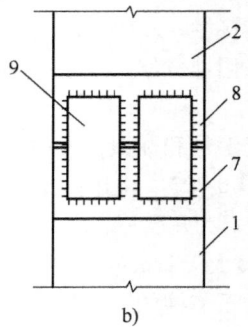

图 6-74 柱的连接
a）榫接 b）钢板焊接
1—下节柱 2—下节柱预留钢筋 3—上节柱 4—上节柱预留钢筋 5—钢筋接头
6—连接榫头 7—下节柱钢帽 8—上节柱钢帽 9—焊接钢板

2) 套筒灌浆连接。套筒灌浆连接是在金属套筒中插入带肋钢筋并注入灌浆料拌合物，通过拌合物硬化形成整体并实现传力的钢筋对接。套筒灌浆连接分为全灌浆套筒连接和半灌浆套筒连接，前者是指套筒端均采用灌浆连接方式；后者是指一端采用灌浆连接，另一端采用机械连接的方式。图6-75所示为灌浆套筒的照片。

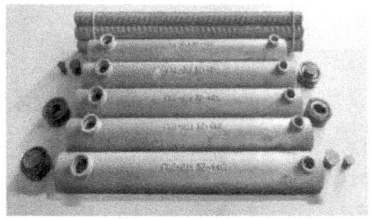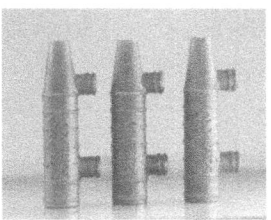

图6-75　灌浆套筒

在构件预制阶段应进行钢筋隐蔽工程检查，拆模后对灌浆套筒的位置及外露钢筋位置、长度等进行检查。材料进场时检验套筒外观质量、标识和尺寸偏差及灌浆料的性能，并应抽取灌浆套筒和灌浆料制作对中连接接头试件，并进行抗拉强度检验。图6-76所示为框架柱钢筋套筒灌浆连接示意图。套筒可设置在上节柱的柱底或下节柱的柱顶，另一柱则在柱顶、柱底预留连接钢筋。

灌浆料是以水泥为基本材料，并配以细骨料、外加剂及其他材料混合而成，其质量对连接接头可靠性至关重要。灌浆料应满足规定流动性、早强、高强及硬化后微膨胀等性能，施工前应按规范进行检测。灌浆料的抗压强度1d不应小于35MPa，3d不应小于60MPa，28d不应小于85MPa。竖向膨胀率3h不应小于0.02%，24h与3h差值为0.02%~0.50%。灌浆料在搅拌后还应具有良好的流动度，以确保灌浆饱满度，初始流动度不应小于300mm，30min流动度不应小于260mm。流动度采用截锥流动度试验获得，如图6-77所示。

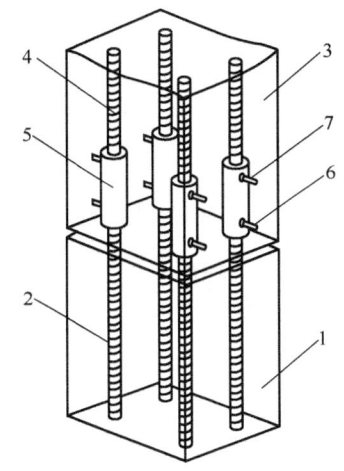

图6-76　框架柱钢筋套筒灌浆连接示意图

1—下节柱　2—下节柱钢筋　3—上节柱
4—上节柱钢筋　5—灌浆套筒
6—灌浆孔　7—出浆孔

采用套筒灌浆连接的柱在吊装前应先检查各个柱连接面标高，安装前在支承面上设置钢垫片找平，并可在四角加塞楔形垫片对柱的垂直度进行精细的调整。

柱属于竖向构件，宜采用连通腔、一点灌浆的方式。灌浆区域应形成密闭空腔，设置预留灌浆孔、出浆孔与排气孔。当不采用连通腔灌浆方式时，构件就位前应设置坐浆层。

吊装时将连接钢筋插入套筒内，采用压浆法从灌浆套筒的灌浆孔注入，当灌浆料拌合物从构件其他灌浆孔、出浆孔流出后应及时封堵。当一点灌浆遇到问题时应查明原因，需要改变灌浆点时，各灌浆套筒已封堵的灌浆孔、出浆孔应重新打开，待灌浆料拌合物再次流出后进行封堵。

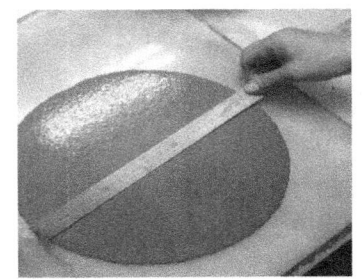

图6-77　灌浆料的流动度试验

灌浆作业的环境温度低于5℃时不宜施工，低于0℃时不得施工；当环境温度高于30℃时，应采取降低灌浆料拌合物温度的措施。灌浆料在加水后应在30min内用完，散落的或剩余的拌合物不得再次使用。

灌浆操作全过程应有专职检验人员负责现场监督并及时形成施工检查记录。

在灌浆料强度未达到35MPa前，不应扰动连接接头。柱子的临时固定措施的拆除应在灌浆料抗压强度能确保结构达到后续施工承载要求后进行。

图6-78所示为某工程预制柱钢筋套筒灌浆连接的实例照片。

（4）梁、板施工　框架梁的形式有普通预制梁和叠合预制梁两种，都可直接吊装就位。预制梁吊装后施工梁-柱节点，梁-柱节点也可采用现浇连接节点或灌浆连接节点。叠合梁则在节点施工同时，还要进行上层叠合部分的混凝土浇筑，这种情况，一般梁-柱节点也采用现浇形式，可与叠合梁现浇部分一并施工。有的工程设计梁的连接位于梁中，梁-梁节点钢筋也可绑扎、焊接、机械连接或灌浆连接，如图6-79所示。

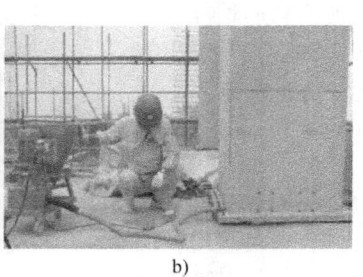

图6-78　预制柱的套筒灌浆
a）对位　b）灌浆

图6-79　梁-梁节点钢筋的灌浆连接

图6-80所示为采用灌浆连接法的装配式框架结构施工示意图。该施工方法在框架结构的柱、梁连接部位预留孔道，在对应连接的柱、梁上预留后锚固钢筋，对位插入后进行化学灌浆，形成整体。

装配式框架结构的楼板常采用叠合楼板。叠合楼板是由预制板和现浇钢筋混凝土层叠合而成的装配整体式楼板。它具有整体性好，板的跨度大等优点。叠合楼板下层预制板既是楼板结构的组成部分之一，又是现浇叠合层的永久性模板，可减少模板支撑，顶棚可不做抹灰。

下层预制板的厚度较薄，一般仅厚50~80mm，可采用预应力板或非预应力板。为使上下叠合层可靠结合，预制薄板按叠合面需做处理。一种方法是叠合面承受的剪应力较小，叠合面不设抗剪钢筋，仅对板面混凝土上表面做处理，如划毛混凝土使之粗糙；另一种方法是在上表面设有劲性钢筋桁架，钢筋桁架同时还可加强薄板刚度，有利减少薄板下的支撑。工程中采用劲性桁架形式的较多。

叠合楼板的施工（图6-81）十分方便，将预制薄板吊装就位，下部设置支撑，支撑间距和数量应经计算确定，由于薄板本身可以承受较大荷载，且现浇叠合层的厚度较小，因此其支撑数量比全现浇楼面大大减少。

如楼板采用全预制方式则其施工为吊装及节点处理，如为全现浇楼板则在柱、梁安装完成后按现浇框架楼面施工。不论楼板采取何种施工方法，在楼板施工过程中都应做好柱、梁的固定，必要时应采取加固措施，确保施工过程中结构的整体稳定。

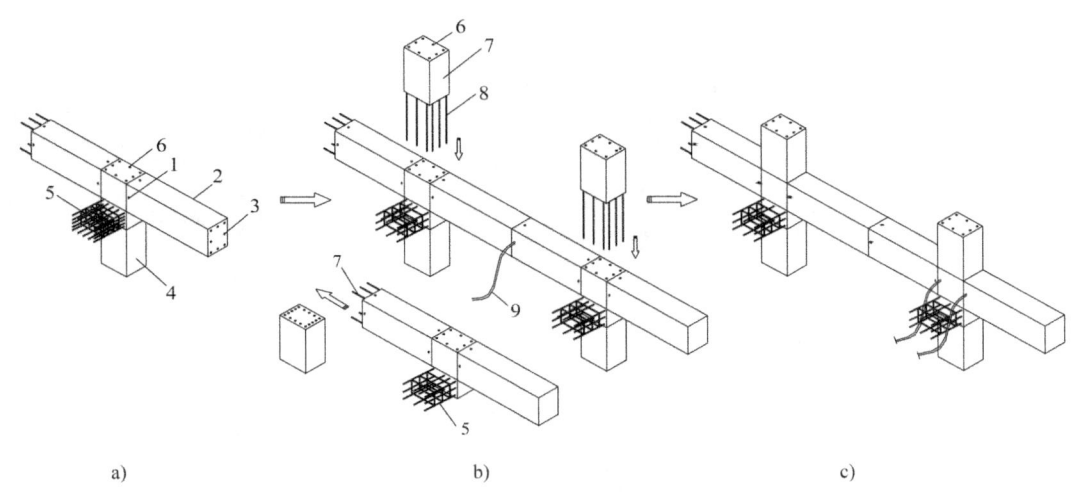

图 6-80 灌浆连接法的装配式框架结构施工示意图
a）梁的安装 b）梁节点注浆、上节柱的安装 c）梁-柱节点注浆
1—注浆孔 2—梁预留孔 3—梁 4—下节柱 5—现浇梁预留钢筋
6—柱预留孔 7—上节柱 8—预留后锚固钢筋 9—注浆管

图 6-81 叠合楼板的施工
a）板的吊装 b）板底支撑

6.4.2 剪力墙结构施工

装配式剪力墙结构多为住宅建筑，它有多种形式。从结构体系分，有整体装配式、内浇外挂、盒子式等。整体装配式是所有墙体均采用预制剪力墙吊装而成。内浇外挂是建筑的横墙采用现浇、外纵墙采用预制墙板，如楼板和隔墙板也采用预制板，也称为"一模三板"，即横墙采用现浇施工，外纵墙、楼板及隔墙板采用预制装配式。盒子式则是将建筑的部分墙、地和顶面组成一体，形成"盒子"，再吊装组合成建筑结构，如图 6-82 所示。

从剪力墙的形式分，有预制实心墙板和叠合墙板，叠合墙板又分为双面叠合墙板和单面叠合墙板，此外，预制墙板还可带保温或外装饰。图 6-83 所示为剪力墙墙板的实例。

图 6-82 盒子式结构施工

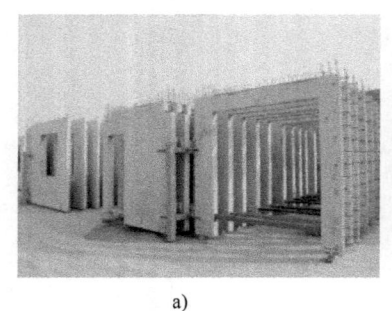  

a)　　　　　　　　　　　　b)　　　　　　　　　　　　c)

图 6-83　剪力墙墙板

a）预制实心墙板　b）双面叠合墙板　c）单面叠合墙板（带装饰）

1. 施工流程

图 6-84 所示为装配式剪力墙结构的施工流程，装配式剪力墙结构施工的主导工种工程为结构吊装。预制实心墙板和叠合墙板施工有所区别，预制实心墙板上、下层板需进行套筒灌浆连接和竖向板缝处理，叠合墙板则需进行叠合混凝土的浇筑，单面叠合墙板还需进行内侧模板安装。装配式剪力墙结构的楼板也可有预制或叠合式，其施工与装配式框架结构类似。装配式剪力墙结构楼梯、阳台板及空调板等一般均为预制构件，在结构吊装过程中适时安装。

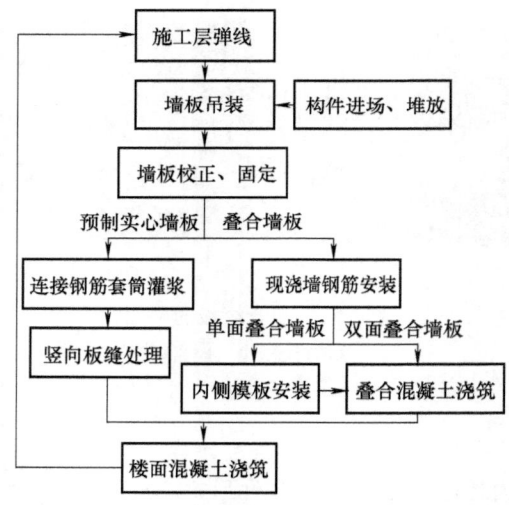

图 6-84　装配式剪力墙结构的施工流程

2. 墙板吊装

墙板吊装宜从中间向两端进行，并按先横墙、后纵墙，先内墙、后外墙，最后吊装隔断墙的顺序，并逐间进行封闭，确保结构在施工阶段的稳定。

墙板吊装时应用专用的吊具，并应注意墙板吊索或横吊梁吊索与水平面的夹角不宜小于60°，起吊时应保持平稳，避免横向拖拉。初步就位后随即设置限位及临时支撑。临时支撑系统可用附带可调节螺杆的斜撑，定位后还可进行垂直度调节。预制实心墙板和双面叠合墙板设置预埋件可直接与斜撑连接，单面叠合墙板因内侧有现浇叠合墙，因此它与斜撑通过预制板上凸出的混凝土块连接，该混凝土块上预埋螺栓，其厚度与现浇墙厚相同。图 6-85 所示为单面叠合墙板的临时固定的实例照片。

图 6-85 单面叠合墙板的临时固定

预制墙板的校正以放线时弹出的墙板边线为依据，进行三方面校正：借助吊索直接进行平面的定位；通过板底垫块调整墙板两端高差，再用千斤顶进行微调；用调节螺杆调节垂直度。预制墙板的安装对轴线位置偏差不应大于 10mm，高度小于 5m 的墙板垂直度偏差不大于 5mm。

3. 灌浆连接

上、下层剪力墙的灌浆连接方法与柱的连接基本相同。由于墙板的长度大、配筋各异，因此，连通腔灌浆方式的连接需合理划分灌浆区域，分仓进行灌浆，如图 6-86 所示。分仓长度控制在 1~3m，连通灌浆区内两个套筒间距不宜超过 1.5m。施工前应对各连通灌浆区进行封堵，并确保相互密闭不漏浆；连通区域的封堵材料不应减小结合面的设计面积；每个区域均应预留灌浆孔、出浆孔与排气孔。剪力墙也宜采用一点灌浆的方式。

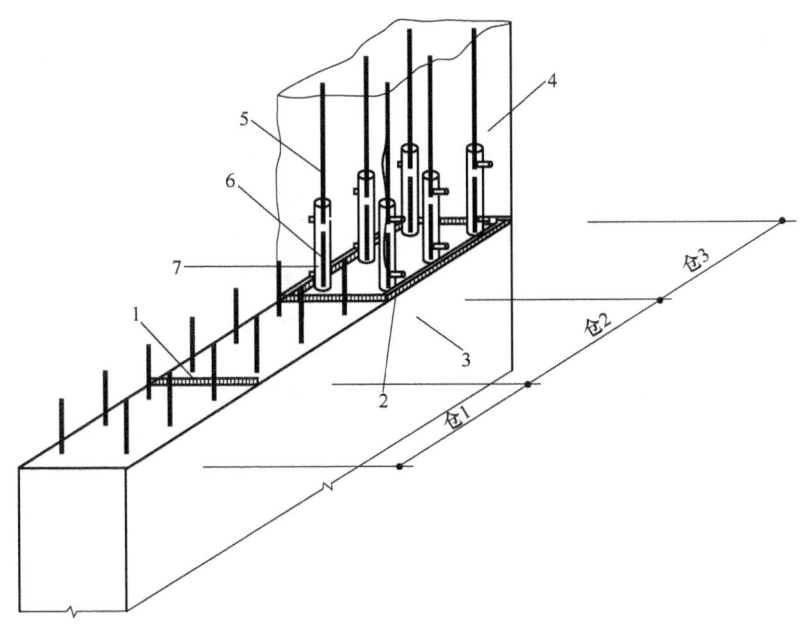

图 6-86 预制墙板板底的灌浆分仓
1—分仓分隔条 2—四周封堵 3—下层墙 4—上层墙 5—上层钢筋 6—下层预留钢筋 7—灌浆套筒

分区封仓前应先将上下接触面用吹风机清理，并湿润表面，然后在缝内压紧塞入泡沫条或

PVC管类衬条，用专用封仓料填抹深度15～20mm，再去除衬条。填抹后待封仓料强度达到要求后方可灌浆，一般不应低于30MPa，常温下需养护24h。

图6-87所示为预制墙板套筒灌浆的施工实例照片。

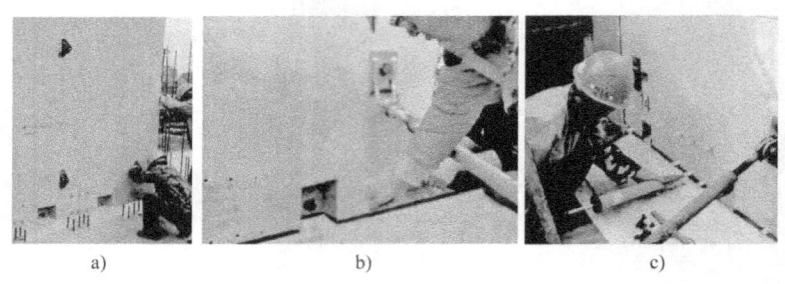

图6-87 预制墙板套筒灌浆
a) 吊装对位 b) 板底封堵 c) 灌浆

4. 后浇结构施工

装配式剪力墙结构板块连接销键多，节点与接缝的构造比较复杂，此外还要做好防水、保温等处理。因此，不仅对构件生产要求较高，而且吊装后的后浇部分施工质量也十分重要。

后浇结构主要有几方面的工作：预制墙板缝间的连接；叠合楼板的施工；对叠合墙板还有现浇叠合的混凝土施工。叠合楼板的施工与框架结构类似。

预制墙板竖向板缝的连接又称为"整体连接"（图6-88），是将墙板及其预留锚固钢筋和附加钢筋互相连接，然后浇筑混凝土。每层内外墙板吊装就位后，对伸出墙板的预留锚固钢筋进行整形校正，插入竖向板缝附加钢筋，并与下层附加钢筋拉通连接。设置竖向板缝模板并浇筑混凝土，连成上下贯通的结构，竖向板缝还应做好防水构造。由于竖向板缝截面较小，混凝土的坍落度宜适当放大，可取120～150mm，并振捣密实，必要时可采用微膨胀混凝土。

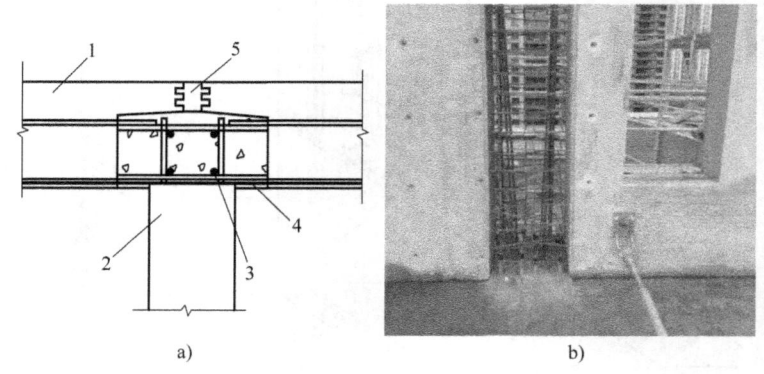

图6-88 墙板竖向板缝连接
a) 连接构造 b) 工程实例
1—外墙板 2—内墙板 3—附加钢筋 4—预留锚固钢筋 5—防水构造

对叠合墙板结构还需要进行现浇部分混凝土的施工。双面叠合墙板无须支撑模板，在现浇部分钢筋安装完成后即可浇筑混凝土。单面叠合墙板则需在预制外墙板安装后，进行现浇部分钢筋绑扎，现浇墙体钢筋应和预制墙板钢筋按设计进行连接，形成整体。在内侧进行模板支撑，再浇筑混凝土（图6-89）。

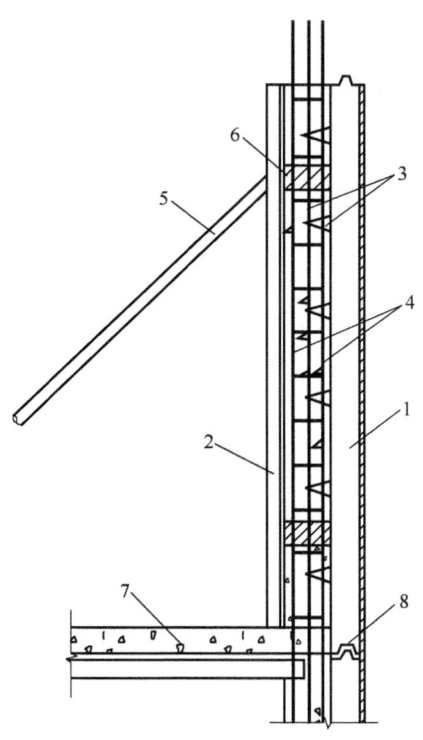

图 6-89 单面叠合墙板的现浇混凝土
1—预制墙板 2—内侧模板 3—预制墙板预留钢筋 4—现浇层钢筋
5—支撑杆 6—定位块 7—楼板 8—防水构造

6.5 钢结构安装

钢结构是现代建筑工程中使用较多的结构形式之一。钢结构工程安装技术在我国的应用越来越广泛，钢结构具备的诸多优越性被重视，钢结构工程的应用因此而增加。

6.5.1 钢构件的工厂制作

钢结构工程大部分工作在钢构件加工厂完成。钢构件的加工、制作质量，特别是构件尺寸、螺栓孔直径、位置等的精度直接影响钢结构现场安装。钢构件在工厂加工制作的基本流程如下：钢结构施工详图设计→编制制作施工指导书→购入原材料和矫正→放样、号料、切割→边缘加工→制孔→组装（小装配、焊接和矫正）→摩擦面处理→除锈和涂装→验收和运输。

1. 钢结构施工详图设计

施工详图设计是钢结构工程施工的第一道工序，也是至关重要的一步，详图设计的质量直接影响整个工程的施工质量。其工作是将设计单位完成的钢结构设计图深化成可指导施工的详图。施工详图通常由钢结构制造厂或施工单位编制，其内容一般包括：图纸目录、相关说明、平面定位图、构件布置图、节点图、预埋件图、构件详图、零件图等，其中还应包括材料统计表和汇总表（包括高强度螺栓、栓钉统计表）、标准做法图、索引图和图表编号等。施工详图编制的好坏直接反映了承接钢结构加工的制作单位的生产设备能力、积累的加工经验以及质量管理经验。

2. 放样、号料、切割

放样是钢结构制作的首道工序，设计图上不可知的尺寸或近似尺寸可以在放样时得到。放样以设计图为准，发现问题则应及时反馈给设计师，以便及时改进并完善设计。放样方法包括手工放样、比例放样与光学投影放样、数字放样与数控号料、切割。

数字放样是把放样、号料、切割三道工序转变为计算机数据处理、数控号料、切割这三道工序。若已知钢板规格，则运用电子计算机进行排料，然后将数据输入数控切割机，就可切割出所需形状的外板。但对要进行冷加工及火工热加工的双向曲度外板，则仍然需要手工展开肋骨剖面线，制作三角样板作为加工外板用。

放样时，铣、刨的工件要考虑加工余量，所有加工边一般要留加工余量5mm。焊接构件要按工艺要求放出焊接收缩量。如果设计图要求桁架起拱，放样时上、下弦应同时起拱。起拱时，一般规定垂直杆的方向仍然垂直于水平方向线，而不与下弦杆垂直。

号料是利用样板、样杆或根据设计图，在板料及型钢上画出孔的位置和零件形状的加工界线。号料的一般工作内容包括：检查核对材料；在材料上画出切割、铣、刨、弯曲、钻孔等加工位置；打冲孔；标注出零件的编号等。号料应以有利于切割和保证零件质量为原则。号料所画的实笔线条粗细以及粉线在弹线时的粗细均不得超过1mm；号料敲凿印间距，直线为40~60mm，圆弧为20~30mm。零件外形尺寸允许偏差为±1.0mm，孔距允许偏差为±0.5mm。

号料以后的钢材，须按其所需的形状和尺寸进行切割下料。常用的切割方法有机械切割、气割、等离子切割。对于厚度小于12mm以下的直线形切割，常采用剪切下料。气割多应用于带曲线的零件和厚钢板的切割。各类型钢及管材的切割通常采用锯割。等离子切割主要用于薄钢板、钢条、不易氧化的不锈钢材料及有色金属（如铜或铝）等的切割。

3. 边缘加工和制孔

切割后的钢板或型钢在焊接组装前需做边缘加工，形成焊接坡口角度和相关部分严格要求的尺寸。板件的外露边缘、焊接边缘、直接传力的边缘，需要进行铲、刨、铣等的加工。常用的边缘加工方法主要有：铲边、刨边、铣边、碳弧气刨、气割和坡口机加工等。边缘加工的允许偏差见表6-6。

表6-6 边缘加工的允许偏差

项　　目	允　许　偏　差
零件宽度、长度	±1.0mm
加工边直线度	$L/3000$，且不应大于2.0mm
相邻两边夹角	±6°
加工面垂直度	$0.025t$，且不应大于0.5mm
加工面表面粗糙度	0.05mm

焊缝坡口一般可采用气割、铲削、刨边机加工等方法；对某些零部件精度要求较高时，可采用铣床进行边缘铣削加工，加工后的允许偏差应符合表6-7的规定。

表6-7 零部件铣削加工后的允许偏差　　　　　　　　（单位：mm）

项　　目	允　许　偏　差
两端铣平时零件长度、宽度	±1.0
铣平面的平面度	$0.02t$，且不大于0.3
铣平面的垂直度	$h/1500$，且不大于0.5

注：t为铣平面的厚度，h为铣平面的高度。

孔加工在钢结构制造中占有一定的比例，尤其是高强度螺栓的采用，使孔加工在数量上和在精度要求上都有了很大的提高。制孔可采用钻孔、冲孔、铣孔、铰孔、镗孔和锪孔等方法。制孔应符合以下规定：

1）制成的螺栓孔，应垂直于所在位置的钢材表面，倾斜度应小于1/20，孔周边应无毛刺、破裂、喇叭口或凹凸的痕迹，切屑应清除干净。

2）制成孔眼的边缘不应有裂纹、飞刺和大于1.0mm的缺棱，由于清除飞刺而产生的缺棱不得大于1.5mm。

3）高强度螺栓连接件当采用大圆孔或槽孔时，只可在同一个摩擦面中的盖板或芯板项目按相应的扩大孔型制孔，其余仍按标准圆孔制孔。

4. 组装

组装，也可称为拼装、装配、组立。组装工序是把制备完成的半成品和零件按设计图规定的运输单元，装配成构件或者部件，然后将其连接成整体的过程。钢结构构件宜在工作平台和组装胎架上组装，常用的方法有地样法、仿形复制装配法、立装、卧装、胎模装配法等。

工程中钢梁一般采用 H 型钢，可分为焊接 H 型钢和热轧 H 型钢。焊接 H 型钢截面更加灵活，因此应用更广。钢柱多采用焊接"十"形截面或箱形截面，也可采用焊接宽翼缘 H 型钢。对于板块的组装、焊接、矫正等可以在一条流水线上完成。流水线上的组装设备有多个自动点焊机和一个定位设备，可以同时在多个位置定位点焊，当点焊完成后，流水作业到焊接工区，所有的焊接几乎可全部实现自动化。

焊接 H 型钢梁与钢柱一般采用胎模装配法安装，即先在装配胎具上进行焊接小装配，框架短梁与柱身再进行焊接总装配，形成运输出厂的适合施工现场吊装能力的带框架节点的梁柱段，如图6-90所示。对于复杂钢结构，还需在构件运往工地安装之前在制造工厂预先将其按成型位置拼装在一起，用来检验最终的钢结构线形、几何尺寸和构件之间的连接是否正确。为了节省预拼装场地和大量的劳动力，可利用计算机进行预拼装。

在工厂进行焊接组装时，为提高焊接效率，减少夹泡、气泡等焊接缺陷，可采用 CO_2 气体保护焊。H 型钢的翼缘与腹板、箱形柱的四个角区可采用自动埋弧焊进行焊接组装。对于高层建筑钢结构中的箱形柱，其柱面板与内置横隔板形成 T 形接头，位于箱内的接头必须采用熔嘴电渣焊才能完成。

图6-90 梁柱段

焊接后应对焊缝质量进行检查，检查分为外观检查和焊缝内部缺陷检查。外观检查主要采用目视检查，辅以磁粉探伤或渗透探伤。外观检查的内容主要有：表面形状、焊缝尺寸、焊缝表面缺陷等。建筑钢结构中，焊缝一般分为一级、二级、三级三个质量等级，等强连接的焊缝的质量等级最低为二级。钢结构的焊缝内部缺陷的无损检测方法主要为射线探伤和超声波探伤，超声波探伤应用广泛。一级焊缝应采用超声波探伤进行全数检验，二级焊缝应进行抽检，比例应不小于20%。严格检查裂纹、未焊透、未熔合缺陷，防止危害性大的缺陷漏检。

5. 摩擦面处理

采用摩擦型高强度螺栓连接时，其连接节点处的钢材表面应进行处理，处理后的抗滑移系数必须符合设计文件的要求。摩擦面处理的方法一般有喷砂（丸）、酸洗、砂轮打磨等。喷砂

(丸)处理的效果较好,质量容易保证,目前大型金属结构厂基本上都采用该方法。经处理后的摩擦面在出厂前应按批做抗滑移系数检验,最小值应符合设计要求。

6. 除锈和涂装

钢构件的除锈和涂装应在制作质量检验合格后进行。为防止腐蚀,钢材表面需涂刷防护涂层,但除锈质量直接影响底漆的附着力和涂层保护寿命,因此钢构件在涂装之前应先进行除锈处理。

钢构件表面除锈的方法分为喷射或抛射除锈、手工和动力工具除锈、火焰除锈三种。构件的除锈方法与除锈等级应与设计文件采用的涂料相适应。

喷射或抛射除锈等级用字母"Sa"表示,分四个等级。Sa1等级为轻度的喷射或抛射除锈,钢材表面应无可见的油脂或污垢,没有附着不牢的氧化皮、铁锈和油漆涂层等附着物;Sa2等级为彻底的喷射或抛射除锈,钢材表面无可见的油脂和污垢,氧化皮、铁锈等附着物已基本清除,其残留物应是牢固附着的。$Sa2\frac{1}{2}$等级为非常彻底的喷射或抛射除锈,钢材表面无可见的油脂、污垢、氧化皮、铁锈和油漆涂层等附着物,任何残留的痕迹应仅是点状或条状的轻微色斑。Sa3等级为使钢材表观洁净的喷射或抛射除锈,钢材表面无可见的油脂、污垢、氧化皮、铁锈和油漆涂层等附着物,并显示均匀的金属光泽。

手工和动力工具除锈用字母"St"表示,分两个等级。St2等级为彻底的手工和动力工具除锈,钢材表面无可见的油脂和污垢,没有附着不牢的氧化皮、铁锈和油漆涂层等附着物。St3等级为非常彻底的手工和动力工具除锈,钢材表面应无可见的油脂和污垢,并且没有附着不牢的氧化皮、铁锈和油漆涂层等附着物,除锈应比St2更为彻底,底材显露部分的表面应具有金属光泽。

火焰除锈用字母"Fl"表示,它包括在火焰加热作业后,以动力钢丝刷清除加热后附着在钢材表面的产物。只有Fl一个等级,要求钢材表面应无氧化皮、铁锈和油漆涂层等附着物,任何残留的痕迹应仅为表面变色(不同颜色的暗影)。

涂料、涂装遍数、涂层厚度均应符合设计文件的要求。涂装时的环境温度和相对湿度应符合涂料产品说明书的要求。当设计对涂层厚度无要求时,宜涂装4~5遍;涂层干漆膜总厚度:室外不应小于$150\mu m$,室内不应小于$125\mu m$,允许偏差为$-25\mu m$。涂装时当产品说明书无要求时,室内环境温度宜在5~38℃,相对湿度不应大于85%,构件表面有结露时不得涂装。涂装后4h内不得淋雨。摩擦面不得涂装,安装焊缝处应留出30~50mm暂不涂装。

钢构件涂装后,应按设计图进行编号,编号的位置应符合便于堆放、安装、检查的原则。对大型构件还应标明质量、重心位置和定位标记。

7. 验收

构件制作完成后应进行质量验收。钢构件出厂时应提交的资料包括:产品合格证,施工详图和设计变更文件,制作中对技术问题处理的协议文件,钢材、连接材料和涂装材料的质量证明书或试验报告,焊接工艺评定报告,高强度螺栓摩擦面抗滑移系数试验报告,焊缝无损检验报告及涂层检测资料,主要构件验收记录、预拼装记录(需预拼装时),构件发运和包装清单等。

6.5.2 多高层钢结构现场安装

钢结构的现场安装应按施工组织设计进行。安装程序的原则是保证结构的稳定性,不导致永久性变形。为了保证钢结构的安装质量,在运输及吊机吊装能力的范围内,尽量扩大分段拼装的段长,减少现场拼缝焊接量和散件拼装量。

1. 准备工作

(1)内业准备 熟悉合同、设计图及相关规范,参加图纸会审,并做好施工现场调查记录等。完成施工总平面规划，形成施工平面布置图，主要包括结构平面纵横轴线尺寸，塔式起重机的布置及起重半径，现场施工道路，车辆、起重机械开行路线，配电箱及电焊机布置，排水系统，施工材料、构件堆放位置，办公、生活区域布置等。

（2）测量基准点交接与放线　依据测量基准控制点，测放钢结构安装的主控轴线，并对所有钢柱定位轴线和标高进行放线测量。

（3）人员、机具设备、材料的准备　编制详细的机具设备、工具、材料进场计划，根据施工进度安排构件进场，对构件进行验收或修理，满足施工要求。

制作爬梯、砌体吊笼、作业吊篮、防风棚等钢结构安装专用工具，方便施工。

（4）吊装准备　根据构件质量、数量、尺寸，准备不同规格的钢丝绳、卡环、夹具等吊装用辅助配件，并准备校正钢柱用的垫块、缆风绳、千斤顶等施工必备工具。

2. 安装施工工艺

（1）施工工艺流程　多高层钢结构安装施工工艺流程如图6-91所示。

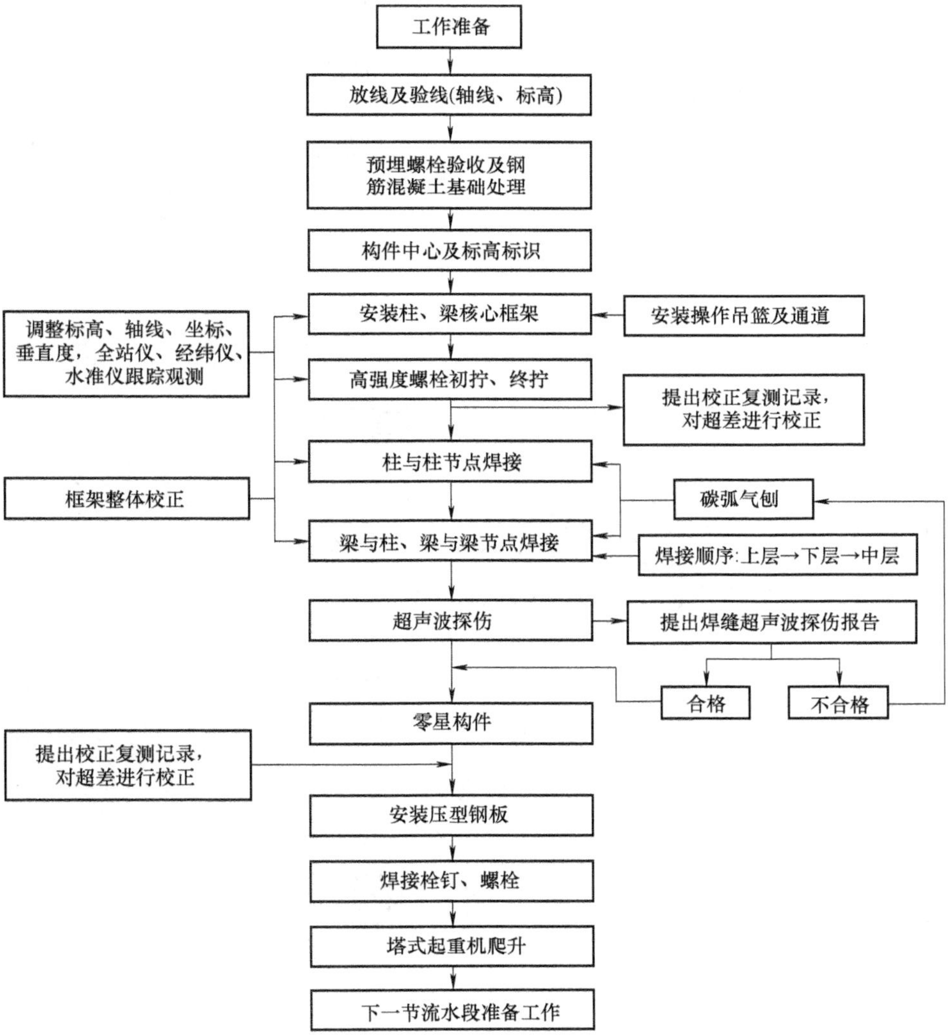

图6-91　多高层钢结构安装施工工艺流程

（2）吊装方案 在制定钢结构安装方案时，应根据建筑物的结构特点、平面形状、建筑高度、单个构件的质量和尺寸、施工现场条件等选用起重机械。起重机布置在建筑物的侧面或内部，并满足在起重半径范围内的构件安装要求。多高层的钢结构房屋一般选择采用塔式起重机完成吊装，对于地下部分或低楼层的较重钢构件，也可选择采用汽车式起重机或履带式起重机完成。

塔式起重机的选择应注意以下内容：

1）起重机性能：塔式起重机根据吊装范围的最重构件、位置及高度，选择相应塔式起重机最大起重力矩（或双机起重力矩的80%）所具有的起重量、起重半径、起吊高度。

2）起重机数量：根据建筑物平面形式、施工现场条件、施工进度、起重机性能等，布置1台、2台或多台。在满足起重性能要求的情况下，尽量做到就地取材。

3）起重机类型选择：在多层与高层钢结构施工中，主要吊装机械一般都选用自升塔式起重机，包括内爬式和附着式两种。

（3）安装流水段划分 多高层钢结构安装需按照建筑物平面形式、结构形式、安装机械数量和位置、工期及现场施工条件等划分流水段。流水段内的最重构件应在吊装机械的起重能力范围内，起重设备的爬升高度应满足下节流水段内构件的起吊高度，每节流水段可根据结构特点和现场条件在平面上划分流水区进行安装。

多高层钢结构的吊装，在分片分区的基础上，多采用综合吊装法，其吊装顺序一般如下：

1）平面从中间或某一对称节间开始，以一个节间的柱网为一个吊装单元，按钢柱→钢梁→支撑顺序吊装，并向四周扩展，以减少焊接误差。图 6-92 所示为某高层钢结构办公楼标准层平面流水段划分。

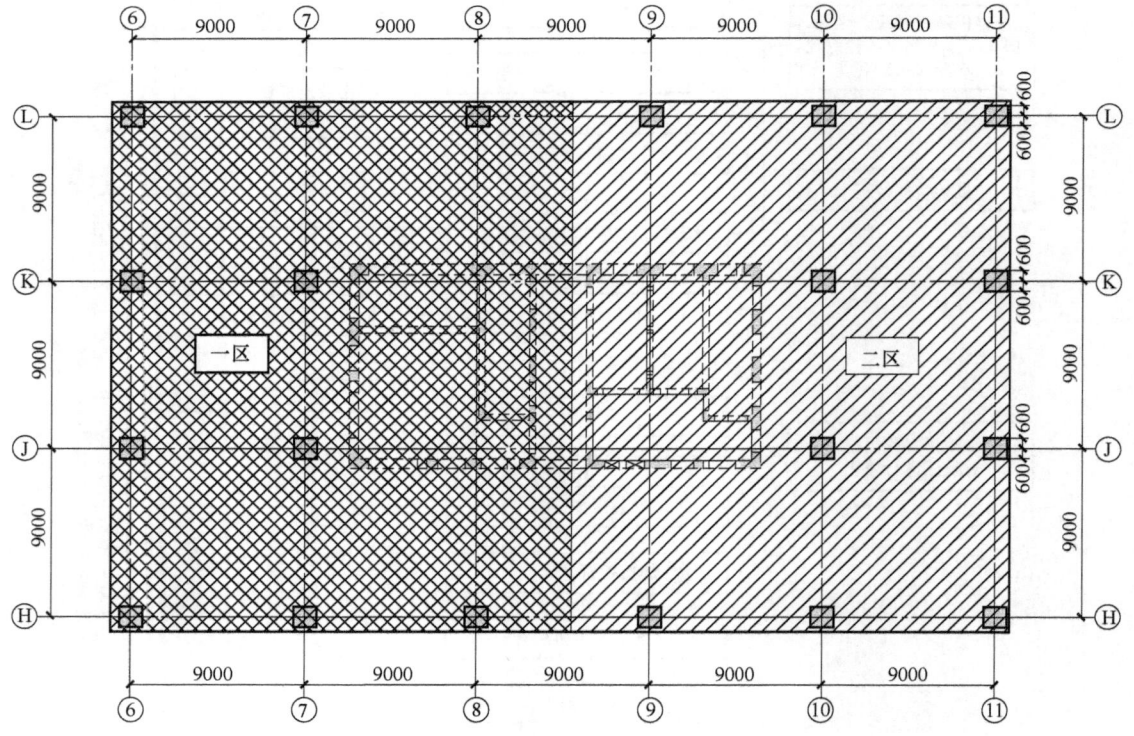

图 6-92 标准层平面流水段划分

2) 垂直方向由下至上组成稳定结构后，分层安装次要结构，逐节间逐楼层进行安装，并采取对称安装、对称固定的工艺，以便有利于消除安装误差积累和节点焊接变形，使误差降低到最小限度。

对于钢筋混凝土核心筒-钢框架结构房屋，钢结构的流水施工应与混凝土结构施工相适应，垂直方向施工流程需注意钢结构施工的楼层不能与土建施工的楼层相差太大，一般相差5或6层为宜。上面两层进行钢结构安装，中部两层进行压型钢板的铺设，最下面两层绑扎钢筋，浇筑混凝土。一般混凝土核心筒结构的施工领先钢结构安装6层以上，以满足钢柱与内筒间钢框架梁连接的及时性。

(4) 地脚螺栓预埋和支承面　钢框架底层的柱脚依靠地脚螺栓固定在基础上。地脚螺栓安装精度直接关系到整个钢结构的安装精度，是钢结构安装工程的第一步。整体埋设思路：为保证预埋螺栓的埋设精度，将每一根柱下的所有螺杆用角钢或钢模板连接成一个整体框架（图6-93），在基础底板钢筋绑扎完、基础梁钢筋绑扎前将整个框架进行整体就位并临时固定，然后绑扎基础梁钢筋，待基础梁钢筋绑扎完后对预埋螺栓进行第二次校正固定，交付验收，合格后浇筑混凝土。

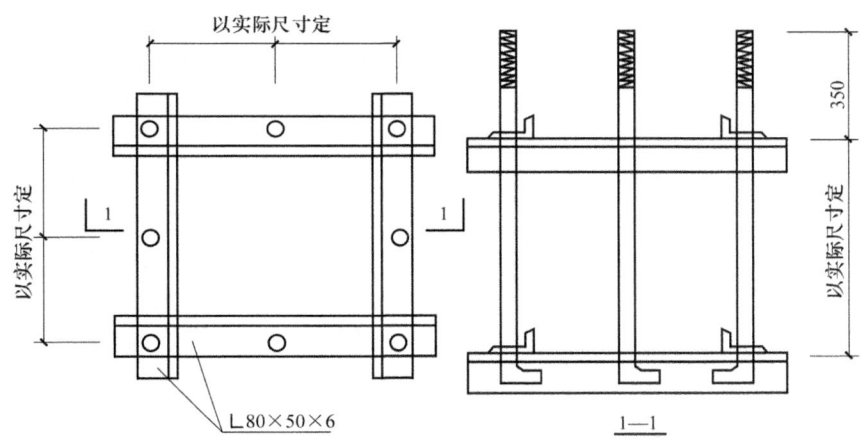

图6-93　预埋螺栓整体预埋示意图

基础顶面可直接作为柱的支承面，也可在基础顶面预埋钢板作为柱的支承面。单层和多层钢结构房屋以基础顶面作为钢柱支承时，其标高允许偏差为±3m，高层允许偏差为±2mm；单层和多层钢柱的地脚螺栓中心偏移允许偏差为±5mm，高层为±2mm。为了便于柱子做垂直度校正，在钢柱脚下可采用钢垫板或无收缩砂浆坐浆垫板（图6-94a），也可采用螺栓调节（图6-94b）。钢结构安装在形成空间刚度单元后，应及时对柱脚底板和基础顶面的空隙采用细石混凝土或无收缩灌浆料二次浇灌。

(5) 安装和校正　多高层钢结构的柱子，多为3～4层一节，节与节之间用坡口焊连接。现场安装时，先安装楼层的一节柱，随即安装主梁，迅速形成空间结构单元，并逐步流水扩大拼装单元，单柱不得长时间处于悬臂状态。柱与柱、主梁与柱的接头处用临时螺栓连接，安装使用的临时螺栓数量应根据安装过程所承担的荷载计算确定，并要求每个节点上临时螺栓不应少于安装孔总数的30%，且不得少于2个。

钢结构的柱、梁、支撑等主要构件安装就位后，立即进行校正。校正时，应考虑风力、温差、日照等外界环境和焊接变形等因素的影响。一般柱子的垂直偏差要校正到±0，安装柱与柱之间的主梁时，要根据焊缝收缩量预留焊缝变形量。

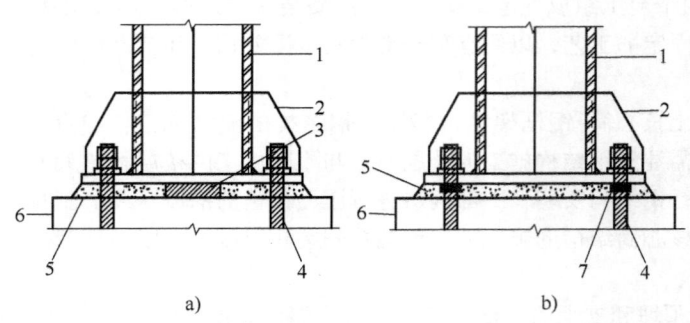

图 6-94 钢柱支承
a) 钢垫板 b) 螺栓调节
1—钢柱 2—加劲肋 3—钢垫板 4—地脚螺栓 5—细石混凝土（无收缩水泥基灌浆料） 6—基础 7—调节螺母

(6) 连接和固定 钢构件的现场连接是钢结构施工中的重要问题。对连接的基本要求为：提供设计要求的约束条件，应有足够的强度和规定的延性，制作和施工简便。

目前多高层钢结构的现场连接，主要是采用高强度螺栓和焊接。各节钢柱间多为坡口焊连接。梁与柱之间的连接多采用高强度螺栓连接或坡口焊-高强度螺栓混合连接。梁与梁之间的连接多采用铰接形式，采用高强度螺栓连接。为避免焊接变形造成错孔导致高强度螺栓无法安装，对于混合连接方式，应先栓后焊。

柱与柱、柱与梁焊接连接时，应注意焊接顺序。正确的焊接顺序能减少焊接变形，保证焊接质量。一般情况下应从中心向四周扩散，采用结构对称、节点对称的焊接顺序。

为使接头处被连接板搭叠密贴，高强度螺栓的拧紧应从螺栓群中央顺序向外，逐个拧紧。为了减小先拧与后拧的预拉力的差别，高强度螺栓的拧紧必须分初拧和终拧两步进行。初拧的目的是使被连接板达到密贴，对常用的 M20、M22、M24 螺栓，初拧扭矩一般为 200~300N·m。对于钢板较厚的大型节点，螺栓数量较多，在初拧后还需增加一道复拧工序，复拧的扭矩仍等于初拧扭矩，以保证螺栓均达到初拧值。扭剪型高强度螺栓的终拧是采用扳手拧掉螺栓尾部梅花头；大六角头高强度螺栓的终拧采用电动扭矩扳手。

焊接完成后，检查人员需对焊缝进行外观检查和超声波探伤检查，凡不合格的焊缝在清除后，以同样的焊接工艺进行补焊，一条焊缝修理不得超过 2 次。

(7) 防火涂料施工 钢结构防火涂料工程应由具有相应资质的施工单位或生产单位进行施工。进入施工现场的各种钢结构防火涂料产品，应具有生产厂家提供的型式认可证书、型式检验报告、产品合格证、产品说明书、施工工艺等技术资料。

钢结构的防火涂料施工应在钢结构安装就位，与其相连的其他杆件安装完毕并验收合格，并且表面除锈后，才能进行喷涂施工。喷涂前应清除钢结构表面的尘土、油污及杂物，构件连接处的缝隙应用防火涂料或其他防火材料补平后方可施工，并应确保不被后继工程损坏。

钢结构防火涂料分为厚涂型和薄涂型两种。薄涂型的涂层厚度一般为 2~7mm，耐火极限为 0.5~2h，宜采用喷涂工艺施工，每遍喷涂厚度不宜超过 2.5mm，喷涂压力宜为 0.4~0.6MPa。施工时，应按产品施工工艺规定的施工间隔进行涂覆；喷涂后的涂层应完全闭合，轮廓清晰，无流挂、粉化、空鼓、脱落、漏涂和宽度大于 0.5mm 裂纹等缺陷。操作者应适时检测涂层厚度，直到符合施工组织设计规定的厚度方可停止喷涂。

厚涂型的涂层厚度一般为 8~50mm，耐火极限可达 0.5~3h，宜采用压送式喷涂机喷涂，当气压为 0.4~0.6MPa 时，喷枪口直径宜为 6~10mm。配料应严格按使用说明书中的配合比加料或加稀释剂，并使涂料均匀，稠度适宜。涂料开封后宜在当日使用完，配好的涂料应在规定时间内用完。喷涂施工应分层进行，每层喷涂厚度宜为 5~10mm，并应按产品施工工艺规定的施工间隔进行涂覆，直至达到所需厚度。施工过程中，操作者应适时检测涂层厚度，直到符合施工组织设计规定的厚度方可停止喷涂。喷涂后的涂层应厚度均匀，无流挂、粉化、空鼓、脱落。

6.5.3 大跨度屋盖结构安装

大跨度屋盖结构的安装方法主要有高空拼装法、滑移法、提（顶）升法。高空拼装法适用于各种空间网格结构，根据结构形式的不同，可分为高空散装法和高空分段（分块）吊装法。滑移法适用于能设置平行滑轨的各种空间网格结构，尤其适用于跨越施工（待安装的屋盖结构下部不允许搭设支架或行走起重机）或场地狭窄、起重运输不便等情况。提升法适用于周边支承及多点支承空间网格结构，顶升法适用于支点较少的空间网格结构，均可分为单元提升（顶升）和整体提升（顶升）。

1. 高空拼装法施工

高空拼装法是指搭设支撑胎架（脚手架或型钢支架）将构（杆）件直接在设计位置进行拼装的一种施工方法，又称为高空原位拼装法。由于高空散装法需搭设满堂支撑胎架，支撑的搭设时间较长，工期较长，并且需要结构下方有合适的场地，应用相对较少。目前工程中多采用高空分段（分块）吊装法。

高空分段（分块）吊装法是指搭设点式型钢支撑或条形脚手架支撑，将结构进行合理分段（分块），然后由起重机械吊装至安装位置，高空拼接，并将次桁架（或次结构）随后补装的安装方法。

对网架结构来说，一般采用分块或分条的方法，其中块状分割指沿网架纵、横方向分割后的矩形或正方形，条状是指沿网架长跨方向分割为几段，每段的长度可以是一个至三个网格，其长度方向为网架短跨的方向。

对大跨度空间桁架来说，一般采用分段拼装法，对于双向交叉空间桁架，把弦杆截面稍大的桁架作为主桁架分段拼装，另一方向桁架作为次桁架分单元或散件安装，如图 6-95 所示。

大跨度空间桁架简述高处分段吊装法的施工工艺如下：

（1）构件的分段分节　一般来说，吊装单元必须自成体系，有足够的强度和刚度，以确保在吊装及安装过程中单元不会产生局部破坏或永久变形，否则应采取临时措施进行加固。

在工厂分段拼装的构件应满足运输条件，一般来说，高度 <4m，长度 <18m。桁架上弦和下弦的分段口错开距离在 500mm 以上。为保证焊接质量，提高现场安装效率，复杂节点一般工厂制作。图 6-95 所示为桁架的分段分节示意图。

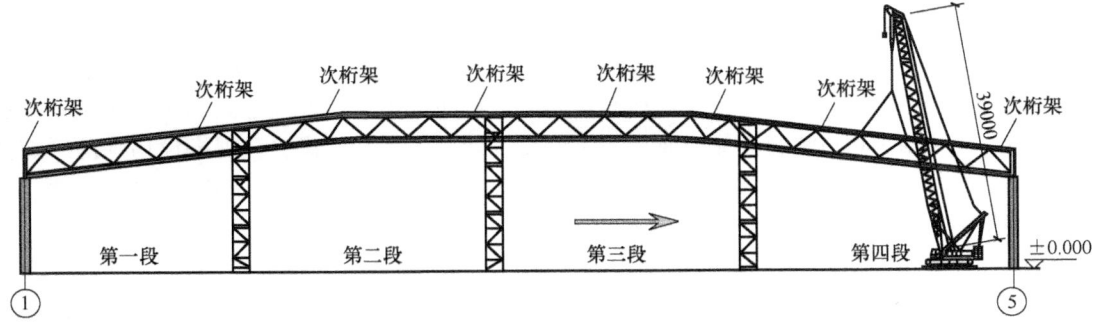

图 6-95　桁架的分段分节示意图

（2）支撑胎架的设计和布置　支撑胎架一般采用格构式钢柱，图 6-96 所示为用于支撑倒三角桁架的格构式钢管支撑胎架。支撑胎架可采用点式，也可采用框架体系。对于平面桁架结构一般采用点式支撑，对于空间桁架体系一般采用框架支撑体系。

支撑胎架一般设置在桁架分段处附近，支撑柱最好布置在主体结构混凝土基础上，或通过一些转换结构将力传递到主体结构混凝土基础，并应对基础承载力进行验算。对支撑胎架设置在回填土上的情况，要进行支撑胎架基础设计，甚至要设置桩基，以满足支撑受力要求。

支撑顶部的设计要满足桁架的校正和支撑卸载的要求。

支撑胎架的承载力、刚度和整体稳定性均应满足《钢结构设计标准》（GB 50017—2017）的相关规定。一般情况下荷载工况考虑构件恒荷载、胎架自重、施工活荷载和风荷载。拼装

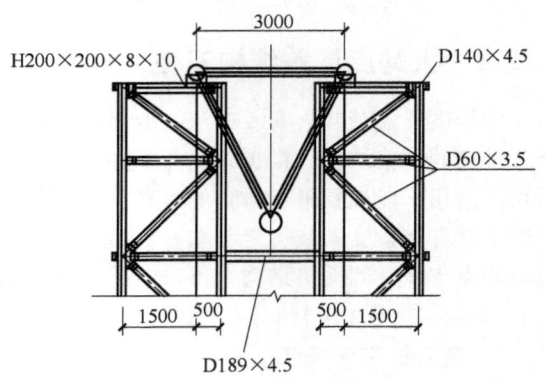

图 6-96　某工程支撑胎架节点构造

支架的水平位移除了满足钢结构设计规范的要求之外，还需设置缆风绳（图 6-97）等措施，尽量减小位移量，提高支撑胎架的整体稳定性，以保证构件拼装精度要求。

在安装过程中应对支撑垂直度、位移、支座沉降进行监测，发现位移超限等问题时应及时预警，并立即采取措施。

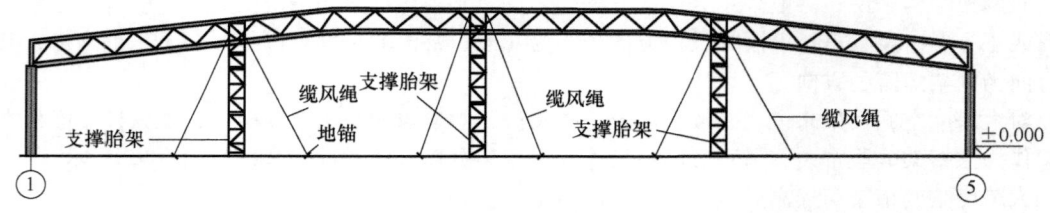

图 6-97　缆风绳构造

（3）高空拼装　拼装顺序的设计宜考虑对称施工，减少累积误差，控制焊接、温差等造成的结构内应力。对环向闭合结构或超长结构体系，考虑设置合拢缝。但应尽量考虑采用流水施工，方便机械设备和材料的组织。

2. 滑移法施工

滑移法是指先用起重机械将分块（榀）单元吊到屋盖一端的设计标高上，然后利用牵引设备在事先设置的滑轨上将其滑移到设计位置，完成屋盖整体安装的方法。这种安装方法，由于在完成框架柱、边框梁的施工以后进行，而且主结构是架空作业，因此对建筑物内部施工没有影响，与下部土建施工可以平行立体作业，大大缩短工期。同时，滑移法只需搭设局部的拼装支架，如果建筑物端部有平台可利用，可不搭设拼装支架。因此，这种施工方法，在大跨度钢桁架结构和网架结构安装中已经广泛使用。

（1）适用范围

1）滑移法可用于建筑平面为矩形、梯形或多边形等平面。

2）支承情况可为周边简支或点支承与周边支承相结合等情况。

3）当建筑平面为矩形时，可在两侧边框梁上设置滑轨，采用两点牵引。

4）当跨度较大时，可在跨中增设滑轨，实行三点或四点牵引，这时结构不会因分段后加大挠度。

5）滑移法适用于现场狭窄、山区等地区施工，也适用于跨越施工。

（2）滑移牵引设备　小型构件的滑移施工时牵引设备可采用卷扬机。对于超大型构件，为确保滑移同步，多采用自锁型液压爬行器、液压泵源系统和计算机同步控制系统完成同步控制滑移。

自锁型液压爬行器（图6-98）是一种能自动夹紧轨道形成反力，从而实现推移的设备。此设备可抛弃反力架，省去了反力点的加固问题，省时省力，且由于与被移构件刚性连接，同步控制较易实现，就位精度高。自锁型液压爬行器为组合式结构，一端以楔形夹块与滑移轨道连接，楔形夹块具有单向自锁作用，另一端以铰接点形式与滑移胎架或构件连接，中间利用液压油缸驱动爬行。当液压油缸伸出时，楔形夹块工作（夹紧），自动锁紧滑移轨道；液压油缸缩回时，楔形夹块不工作（松开），与液压油缸同方向移动。

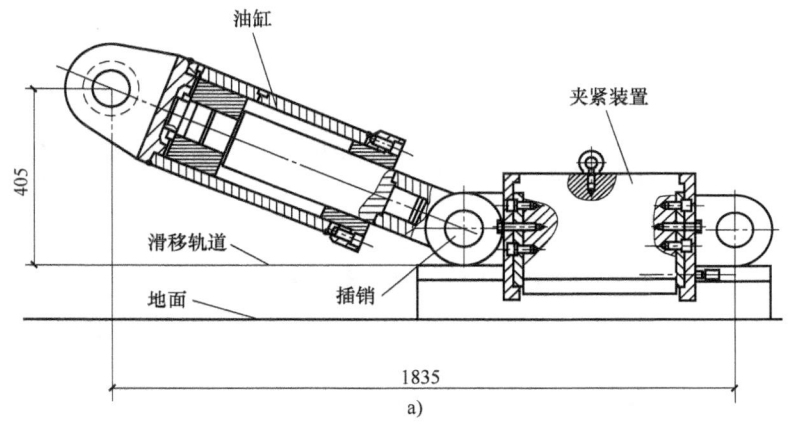

b）

图6-98　自锁型液压爬行器
a）构造图　b）实景图

液压同步滑移施工技术采用计算机控制，通过数据反馈和控制指令传递，可全自动实现同步动作、负荷均衡、姿态矫正、应力控制、操作闭锁、过程显示和故障报警等多种功能。

（3）施工方法　根据滑移对象和方法，滑移法可分为累积滑移法、支撑胎架滑移法和主结构滑移法。

1）累积滑移法。累积滑移法是指先将条状单元滑移一段距离后（能连接上第二条单元的宽度即可），吊装第二条单元，与第一条单元连接后两条一起再滑移一段距离，然后吊装第三条，再一起滑移一段距离，以此类推，直至安装完最后一条单元为止。

以某运动中心管桁架屋盖结构为例，简述其滑移过程。首先进行第一榀管桁架的空中拼装，桁架组榀焊接完成后，经测量校正后进行组榀卸载，然后滑移一段距离，空出原占位区域，并在高空拼装第二榀管桁架，并安装连系杆件；组榀卸载后累积整体向北滑移，并安装第三榀管桁架及其连系构件；重复上述步骤，直至完成滑移区管桁架的施工。屋盖累积滑移安装示意图如图6-99所示。

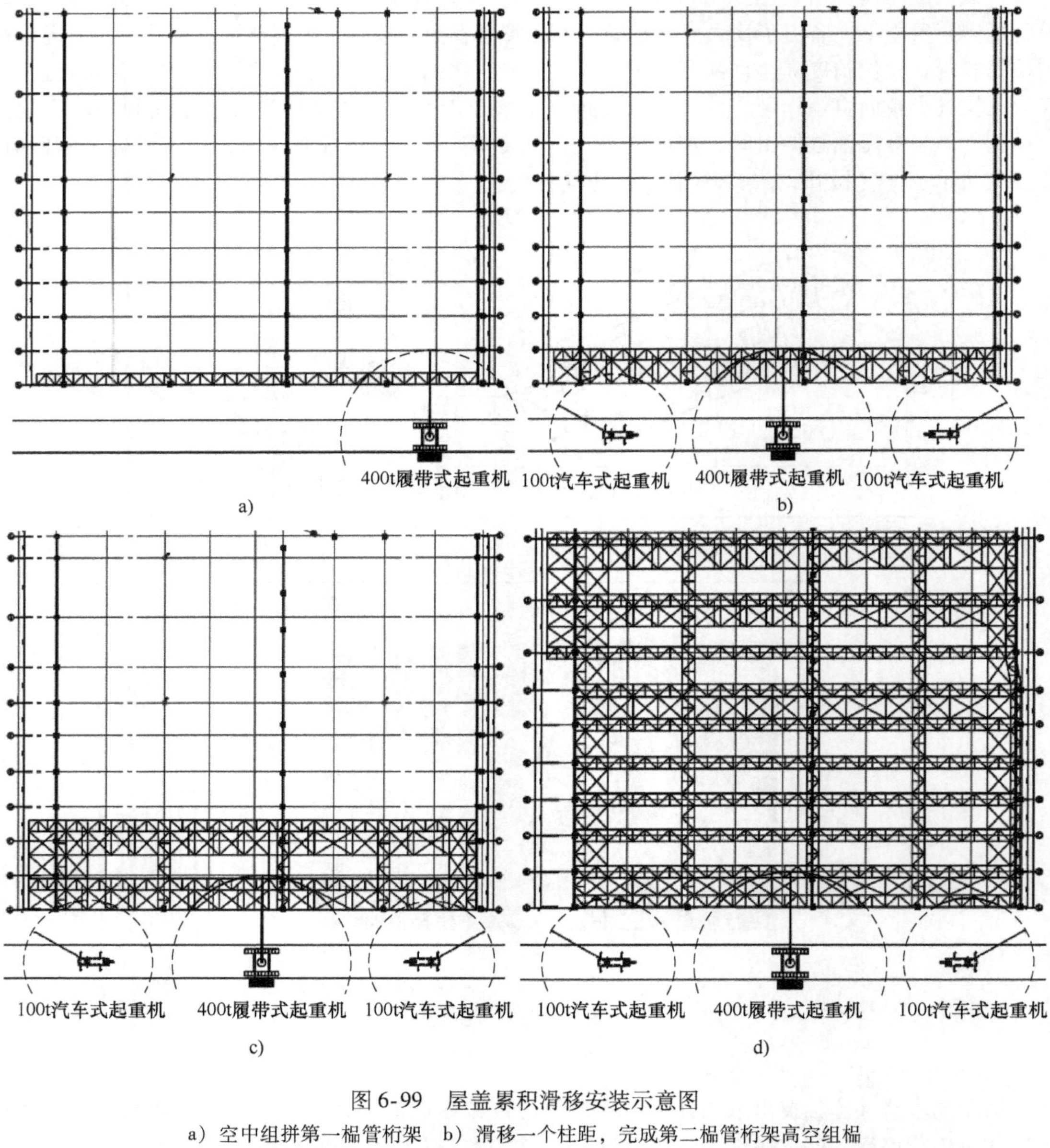

图6-99 屋盖累积滑移安装示意图
a) 空中组拼第一榀管桁架 b) 滑移一个柱距，完成第二榀管桁架高空组榀
c) 累积滑移，完成第三榀管桁架高空组榀 d) 重复上述步骤，完成全部屋盖安装

2）支撑胎架滑移法。大跨度结构两端支座间没有连系梁，而是单根柱支点承重，滑轨无法安装，因此在拼装支撑胎架的下面设滑轨，滑动支撑胎架，利用有限的措施、材料完成整体结构安装，多用于网架屋盖结构。

支撑胎架滑移法是指按构件刚度定出分块单元，在拼装胎梁上按设计位置拼装好，降落拼装支点，将支撑胎架往前滑移一个分块单元，再与已拼装好的结构拼接，连接成整体的方法。

3）主结构滑移法。主结构滑移法是指将单个结构（如一榀桁架）一次滑移到位，然后再滑移后续单个结构，直至整个大跨度结构施工完成。当大跨度结构下部无法搭设支撑胎架并无法行走吊机时可选择此滑移法。此滑移方法对滑移轨道要求较高，而且单个结构必须加设加固措施，但是此滑移法对桁架上部结构（如屋面）施工影响较小，将前几个单体结构滑移完成后即可插入桁架上部结构施工。

3. 提升法施工

提升法是指以安装构件竖向运动为主的一种结构安装方法，根据提升设备的不同主要有电动螺旋千斤顶提升法与液压千斤顶提升法。

（1）基本原理　提升法是将提升器具固定在可承载的位于高处的结构物（可以为已建的工程结构或临时搭设的提升塔架）上，将下方的被提升物（或构件、结构）逐渐提升至一定高度进行安装的一种施工方法，如图6-100所示。

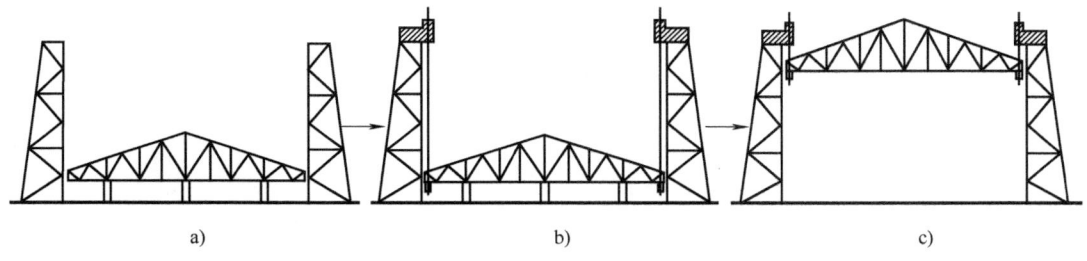

图6-100　提升法安装钢屋架过程示意图
a）构件地面安装　b）提升设备安装　c）提升到位固定

（2）构成　提升法常用的钢索液压提升装置，一般由承重系统、提升执行系统、液压动力系统和检测控制系统组成。其中的承重系统主要由支承架、锚具、钢绞索等组成；提升执行系统（液压提升器）以LSD40液压提升器为例，提升器主要由中间的穿心式液压千斤顶和两端的夹紧机构组成；液压动力系统（也称为泵站）主要作用是提供高压油、低压油，满足液压提升器的工作需要，泵站除了有电动机、液压泵之外，还安装有各类液压控制元器件；检测控制系统主要由各类检测传感器、电气控制柜、操作台等组成，随着提升控制精度要求的提高，现在正由传统的常规电气控制向计算机控制发展。

（3）特点　用钢绞索作为承重件可进行长距离无接头连续提升。以液压作为提升动力，动作平稳，速度可调，噪声小。液压提升器夹紧机构具有单向自锁性，一旦偶遇故障或突然意外停电，夹紧机构能及时将承载钢绞索锁紧，荷载随即悬停，安全可靠性高。既能提升荷载又能带荷载下降，下降工作时，提升器夹紧机构采用液压自动开启，并且有卡爪板失灵报警保护功能，保证动作可靠，一旦发生异常均能自动保护及报警。多台提升器可通过群控联合作用，集群使用时组合方式灵活，设备安装简捷，运输方便。

 思考题

1. 简述砖混结构的施工流程。
2. 简述砖基础基槽（坑）开挖后的验收内容。
3. 标志板设置的步骤和要求有哪些？

4. 砖基础的砌筑形式有哪些？
5. 砖墙接槎有什么要求？
6. 砌块接槎有什么要求？
7. 如何保证构造柱与墙体连接牢固？
8. 简述地下室结构的施工流程。
9. 地下室底板防水施工应注意哪些问题？
10. 上翻梁式底板有哪两种施工方法？
11. 地下室底板钢筋的绑扎顺序是怎样的？
12. 厚大底板上部钢筋质量重，存在什么施工风险？可采取哪些预控措施？
13. 施工中可以采取哪些措施预防地下室墙板裂缝的出现？
14. 试述现浇混凝土框架结构的施工流程。
15. 柱子混凝土施工的要点有哪些？
16. 现浇楼面模板支撑施工，对多立杆式钢管扣件式排架支撑有哪些要求？
17. 梁、板混凝土的浇筑顺序是怎样的？
18. 塔式起重机基础构造形式有哪几种？
19. 高层建筑施工时起重机布置应考虑哪些因素？
20. 试述高层现浇剪力墙结构施工时楼层的轴线投测和高程传递的方法。
21. 泵送混凝土时管道布置应注意哪些问题？
22. 泵送混凝土有哪些基本要求？
23. 单层厂房结构的吊装顺序有哪几种？各有什么优缺点？
24. 简述全装配式框架结构的施工流程。
25. 多层装配式框架结构柱吊装时有哪些要求？
26. 多层装配式框架结构柱的连接方式有哪些？
27. 简述竖向预制构件吊装前的准备工作。构件安装时如何设置临时支撑？
28. 装配式混凝土剪力墙结构中通常在哪些部位设置后浇区域？
29. 叠合板拼缝有哪些？
30. 钢构件在工厂加工制作的基本流程是什么？放样和号料有什么要求？
31. 钢结构焊缝质量检查有哪些方法？等强对焊的最低焊缝质量等级是几级？抽检比例是多少？
32. 简述多高层钢结构安装施工工艺流程。
33. 常用的大跨度屋盖结构安装方法有哪些？
34. 简述逐条累积滑移法的工作原理。

第 7 章 桥梁结构施工

本章导读

本章概述了桥梁的基本组成和主要类型，介绍了桥梁墩台以及梁桥、拱桥、悬索桥上部结构的主要施工方法和施工工艺。通过本章的学习，同学们应了解各类桥的受力特点；熟悉其主要施工方法和施工要求。建议同学们通过分析桥梁上部结构各种施工方法中的关键技术问题，重点掌握其中的施工原理和规律。

目前我国桥梁结构施工技术发展迅速，希望同学们在学习教材知识的同时，积极关注、搜集、学习工程实践尤其是桥梁重大工程建设项目的施工技术资料和技术经验总结（包括视频资料），紧跟新技术发展。

7.1 概述

7.1.1 桥梁的基本组成

公路或城市道路如遇到江河、山谷或其他路线等，需要搭建桥梁跨越障碍，以保障路线通行。一般来说，桥梁由四个基本部分组成，即上部结构、下部结构、支座系统和附属设施，如图 7-1 所示。

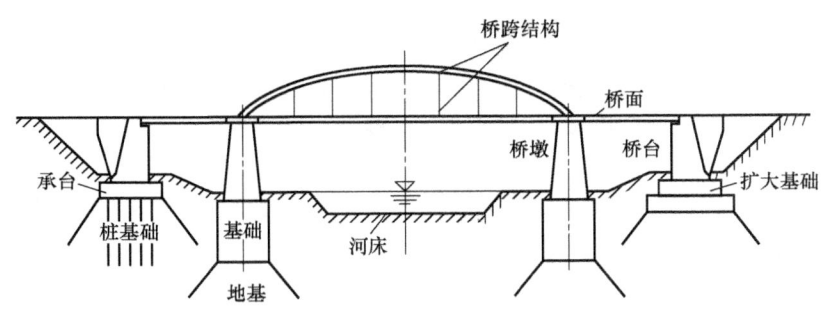

图 7-1　桥梁的基本组成

1）上部结构是跨越障碍的主要承重结构，是桥梁支座以上（无铰拱起拱线或刚架主梁底线以上）跨越桥孔结构的总称，如图 7-1 中的桥跨结构。当跨越幅度越大时，上部结构的构造也就越复杂，施工难度也相应增加。

2）下部结构包括桥墩、桥台和基础，如图 7-1 所示。

桥墩和桥台是支承上部结构并将其传来的恒荷载和车辆等活荷载再传至基础的结构物。通常设置在桥两端的称为桥台，设置在桥中间部分的称为桥墩。桥台除了上述作用外，还与路堤相衔接，并抵御路堤土压力，防止路堤填土的塌落。单孔桥只有两端的桥台，而没有中间的桥墩。

桥墩和桥台的下面是墩台基础，它是保证桥梁墩台安全并将荷载传至地基的结构，承担了从桥墩和桥台传来的全部荷载，这些荷载包括竖向荷载以及地震力、船舶撞击墩身等引起的水平荷载。由于基础往往深埋于水下地基中，在桥梁施工中是难度较大的一个部分，也是确保桥梁安全的关键之一。

3）支座系统是设在桥墩（台）顶部、用于支承上部结构并将荷载传递到桥墩（台）上的装置，它不仅要传递很大的荷载，而且要保证上部结构按设计要求能产生一定的变位，以满足上部结构在荷载、温度变化或其他因素作用下的位移功能。

4）附属设施包括桥面系（即桥面构造系统，包括桥面铺装、桥面板、栏杆等）、伸缩缝、锥形护坡等。

7.1.2 桥梁的主要类型

按照受力体系分类，桥梁有梁、拱、索三大基本体系，其中梁桥以受弯为主，拱桥以受压为主，悬索桥以受拉为主。另外，由上述三大基本体系的相互组合，派生出在受力上也具组合特征的多种桥型，如刚架桥和斜拉桥等，以下分别阐述各种桥梁体系的主要特点。

1. 梁桥

梁桥（图 7-2a）是一种在竖向荷载作用下无水平反力的结构，由于外力的作用方向与承重结构的轴线接近垂直，因而与同样跨径的其他结构体系相比，梁桥内产生的弯矩最大，通常需用抗弯、抗拉能力强的材料（钢、钢筋混凝土、钢-混凝土组合结构等）来建造。

对于中、小跨径桥梁，目前在公路上应用最广的是标准跨径的钢筋混凝简支梁桥，施工方法有预制装配和现浇两种。这种梁桥的结构简单，施工方便，简支梁对地基承载力的要求也不高，其常用跨径在 25m 以下，当跨径较大时，需采用预应力混凝土简支梁桥，但跨度一般不超过 50m。为了改善受力条件和使用性能，地质条件较好时，中、小跨径梁桥均可修建连续梁桥，对于很大跨径的大桥和特大桥，可采用预应力混凝土梁桥、钢梁桥和钢-混凝土组合梁桥。

2. 拱桥

拱桥（图 7-2b）的主要承重结构是拱圈或拱肋（拱圈横截面设计成分离形式时称为拱肋）。拱结构在竖向荷载作用下，桥墩和桥台将承受水平推力。同时，根据作用力和反作用力原理，墩台向拱圈（或拱肋）提供一对水平反力，这种水平反力将大大抵消在拱圈（或拱肋）内由荷载所引起的弯矩。因此，与同跨径的梁相比，拱的弯矩、剪力和变形都要小得多，鉴于拱桥的承重结构以受压为主，通常可用抗压能力强的圬工材料（如砖、石、混凝土）和钢筋混凝土等来建造。

拱桥外形美观，跨越能力大，在条件许可的情况下，修建拱桥往往是经济合理的，一般在跨径 500m 以内均可作为比选方案。应当特别注意的是，拱桥的下部结构和地基必须能承受足够大的水平推力作用，以确保拱桥的安全。

3. 刚架桥

刚架桥又称为刚构桥（图 7-2c），是一种桥身主要承重结构为刚架的桥梁。它是由受弯的上部梁（或板）结构与承压的下部柱（或墩）整体结合在一起的结构体系。由于梁和柱的刚性连接，梁因柱的抗弯刚度而得到卸载作用，整个体系是压弯结构，也是有推力的结构。刚架桥能增加桥下净空高度，常用作跨线桥。

a) b)

c) d)

e)

图 7-2 桥梁结构类型

a）梁桥 b）拱桥 c）刚架桥 d）悬索桥 e）组合体系桥

4. 悬索桥

悬索桥（图 7-2d）是用悬挂在两边塔架上的强大缆索作为主要承重结构的桥梁，在桥面系竖向荷载作用下，通过吊杆使缆索承受很大的拉力。缆索锚于悬索桥两端的锚碇结构中，为了承受巨大的缆索拉力，锚碇结构十分重要，多采用重力式锚碇，或者依靠天然完整的岩体来承受水平拉力（隧道式锚碇），缆索传至锚碇的拉力可分解为垂直和水平两个分力，因而悬索桥也是具有水平反力（拉力）的结构。

悬索桥的承载系统包括缆索、塔柱和锚碇三部分，因此结构自重较轻，能够跨越其他桥型不能逾越的特大跨度。悬索桥受力简单明了，成卷的钢缆易于运输，在将缆索架设完成后，便形成了强大稳定的结构支承系统，施工过程中的风险相对较小。

5. 组合体系桥

主要承重构件采用两种独立结构体系组合而成的桥梁称为组合体系桥，如拱和梁的组合、梁和桁架的组合、悬索和梁的组合等。组合体系可以是静定结构，也可以是超静定结构；可以是无推力结构，也可以是有推力结构。结构构件可以用同一种材料制成，也可以用不同的材料制成。图 7-2e 所示为 2012 年重建后的苏州斜港双层钢结构拱梁组合体系特大桥。

桥梁除按照受力体系分类外，还可按照以下分类：

1）按用途划分，有公路桥、铁路桥、公铁两用桥、农桥、人行桥、水运桥（渡槽）及其他专用桥梁（如通过管道、电缆等）。

2）按桥梁全长和跨径划分，有特大桥、大桥、中桥、小桥和涵洞。

3）按主要承重结构所用的材料划分，有圬工桥（包括砖桥、石桥、混凝土桥）、钢筋混凝土桥、预应力混凝土桥、钢桥、钢-混凝土组合桥、木桥等。

4）按跨越障碍的性质划分，有跨河桥、立交桥、高架桥和栈桥等。

5）按桥面在桥跨结构的不同位置划分，有上承式桥、下承式桥和中承式桥。

7.2 桥梁墩台施工

桥梁墩台施工是桥梁工程施工中的一个重要环节，其施工质量的优劣，不仅关系到桥梁上部结构的制作与安装质量，而且对桥梁的使用功能、使用安全也有重大影响。因此，墩台的位置、尺寸和材料强度等都必须符合设计和规范要求。在施工过程中，应准确地测定墩台位置，正确地进行模板制作与安装，同时采用经过检验的合格建筑材料，严格执行施工方案，符合规范的相关规定，以确保施工质量。

桥梁墩台施工方法通常分为三大类：一是，现场就地浇筑混凝土；二是，预制拼装钢筋混凝土或预应力混凝土构件；三是，现场就地砌筑块石或混凝土砌块。现大多数桥梁工程采用现场就地浇筑混凝土，优点是工序简便，机具较少，技术操作难度较小，但是施工期限较长，需耗费较多的劳力与物力。

随着施工机械（起重机械、混凝土泵送机械及运输机械）有了很大进步，采用预制装配构件建造桥梁墩台的施工方法有了许多新的进展，其特点是工厂化生产的预制构件质量易控制，构件现场安装机械化程度高，工人劳动强度降低。同时，可加快工程进度、提高工程效益，对狭窄的施工场地、交通繁忙的城市交通网络工程和施工环境恶劣的跨海桥梁工程的桥梁墩台建造有着更重要的意义。

7.2.1 混凝土及钢筋混凝土墩台的施工

就地浇筑的混凝土墩台施工有两个主要工序：一是制作与安装墩台模板；二是混凝土浇筑。

1. 墩台常用的模板

墩台常用的模板一般包括固定式模板、拼装式模板、整体吊装式模板、组合式钢模板及爬模等。

（1）固定式模板　固定式模板一般用木材或竹材制作，其各部件均在现场加工制作和安装。固定式模板主要由立柱、肋木、壳板、撑木、拉杆、钢箍、枕梁与铁件等组成。固定式模板的优点是适应性强，能根据墩台形状进行制作和组装，不需起重设备，运输、安装方便。但存在重复使用率很低，材料消耗量大，装拆费时费工的缺点。固定式模板一般只宜用于中、小规模的墩台。

（2）拼装式模板　拼装式模板是将各种尺寸的标准模板利用销钉连接，并与拉杆、加劲构件等组成墩台所需形状的模板。为了便于模板周转使用，将墩台表面划分为若干小块，尽量使每部分板扇尺寸相同。板扇高度通常与墩台分节灌筑高度相同，一般可为 3～6m，宽度可为 1～

2m，具体视墩台尺寸和起吊条件而定。拼装式模板由于在厂内加工制造，因此板面平整、尺寸准确、体积小、质量轻、拆装容易、运输方便，应用广泛。

（3）整体吊装式模板　整体吊装式模板是将墩台模板水平分成若干段，每段模板组成一个整体，在地面拼装后吊装就位，其构造如图 7-3 所示。分段高度可视起吊能力而定，一般可为 2～4m。整体吊装式模板的优点是安装时间短，无须设置施工缝，无高处拼装作业，有利于施工进度、质量和安全控制；该种模板一般刚度较强，可少设置拉筋或不设置拉筋，节约钢材；还可利用模外框架作为简易脚手架，不需另搭施工脚手架；装拆方便，对建造较高的桥墩较为经济。

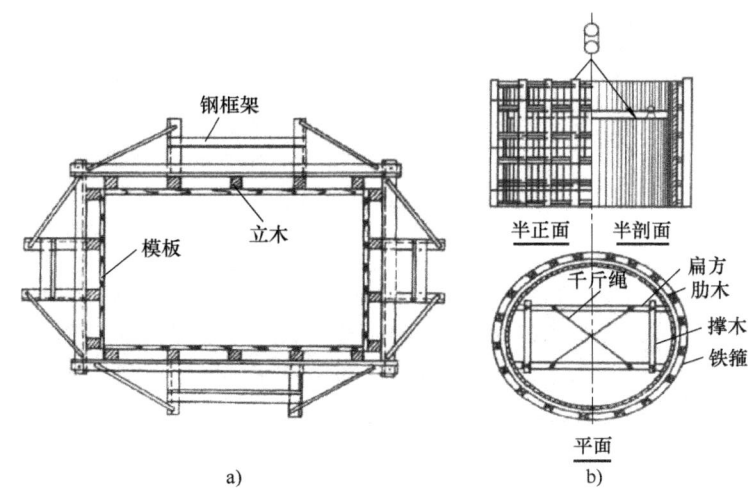

图 7-3　整体吊装式模板

（4）组合式钢模板　组合式钢模板是以各种长度、宽度及转角标准构件，用定型的连接件将钢模板拼成结构用模板，具有体积小、质量轻、运输方便等优点，适用于地面拼装、整体吊装。

（5）爬模　公路或铁路通过深沟、宽谷或大型水库时常采用高桥墩桥梁，高桥墩可分为实体墩、空心墩与刚架墩，其中以空心墩较为常用。空心墩施工时通常运用内置液压式爬模进行施工。

内置液压式爬模系统主要由爬架装置、操作平台、吊架、模板系统、中线控制系统、液压提升装置以及辅助设备等构成。爬架装置由套管支承架和提升架构成，用来支承平台产生的质量以及施工当中的荷重。操作平台为施工人员提供作业场地并可放置适当的作业机具，操作平台随液压千斤顶和提升架一起上升。吊架属于悬挂式脚手，提供装拆模板、混凝土养护的操作面。模板系统由大模板、收分模板、抽拉模板、钢围带、模板拉杆、倒链组合而成，模板和模板之间通过螺栓连接。通过人力，借助倒链的提升达成模板的拆装与爬升。液压提升装置由穿心千斤顶、高压输油管、液压控制台、分油阀以及限位器组合而成，是平台提升的动力装置。辅助设备包括全站仪、激光铅垂仪、配电盘、混凝土养护水管、防雨棚和安全网等构成。内置式液压爬模构造如图 7-4 所示。

墩壁承载体混凝土强度满足设计要求，且不小于 10MPa 方可爬升，安牢靴座并检查角钢，检测各个支腿的承受能力情况，开启液压装置，待液压表的读数正常以后便可以开始提升，平台的提升高度应满足一节模板的装置高度。工作平台提升到一定位置以后，用挂钩吊住最下层的模板，拆除解体模板，然后组装模板。每一次爬升以后旋转丝杆，改变模板的曲率和矢长，直到达到标准的半径后加固。爬模组装过程中应及时调整平台，对称放置平台上的工具和材料，固定脚手铺板。螺栓应在安装之前涂油，安装时加垫圈，并且用扳手固定。

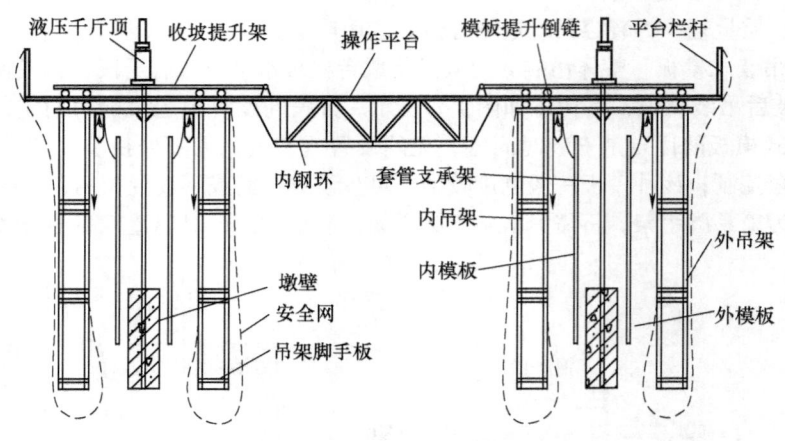

图 7-4　内置式液压爬模构造

2. 混凝土浇筑

墩台混凝土施工前，应将基础顶面冲洗干净，凿除表面浮浆，整修连接钢筋。浇筑混凝土时，应经常检查模板、钢筋及预埋件的位置和保护层的尺寸，确保位置正确，不发生变形。混凝土施工中，应保证混凝土的配合比、水灰比和坍落度等技术性能指标满足规范和设计要求。灌注时水平分层、对称且连续进行作业。

桥梁墩台结构一般属于大体积混凝土工程，应编制大体积混凝土施工专项方案，做好混凝土测温工作，控制混凝土升温、降温阶段的裂缝。对桥台与墩身来说，因常年浸泡在泥、水中，除需满足结构强度外，还必须具备良好的耐久性和抗渗性，同时还应有较好的抗冲击、抗震及耐侵蚀性能。因此，严格控制大体积墩台混凝土温度应力，减少温度裂缝的产生，是保证桥梁工程质量的关键。

以某圆柱墩为例（图 7-5），其施工要点如下：

1）钢筋笼应在钢筋加工场集中成型，在胎架上制作，现场安装。模板安装前后重点检查垫块安装质量。

2）模板安装应确保牢固，安装完毕后，应对其垂直度、平面位置、顶部高程、节点联系及纵横向稳定性进行检查。

图 7-5　圆柱墩施工

3）墩柱顶部混凝土应高于设计高程 3~5cm，在后续施工中凿除。

4）混凝土泵送施工时，泵管不得接触墩身模板，避免泵送混凝土时泵管的冲力使模板偏位。

5）墩高超过 10m，分段施工。下一节段施工时，已浇筑节段的混凝土强度不低于 2.5MPa。

7.2.2　石砌墩台的施工

石砌墩台具有就地取材和经久耐用等优点。石砌墩台砌筑施工要点如下：

1）砌筑前应按设计图放出实样，挂线砌筑。

2）砌筑基础的第一层砌块时，如基底为土质，不需坐浆，在已砌石块的侧面铺上砂浆即可；如基底为石质，应将其表面清洗、润湿后，先坐浆再砌石。

3）砌筑斜面墩台时，斜面应逐层放坡，保证满足设计规定的坡度。砌块错缝搭砌，砌块间用砂浆黏结并保持一定的缝厚，所有砌缝均要求砂浆饱满。形状比较复杂的工程，应先做出配料设计图（图7-6），注明块石尺寸。形状比较简单的，也要根据砌体高度、尺寸、错缝等，先行放样，配好料石后再砌。

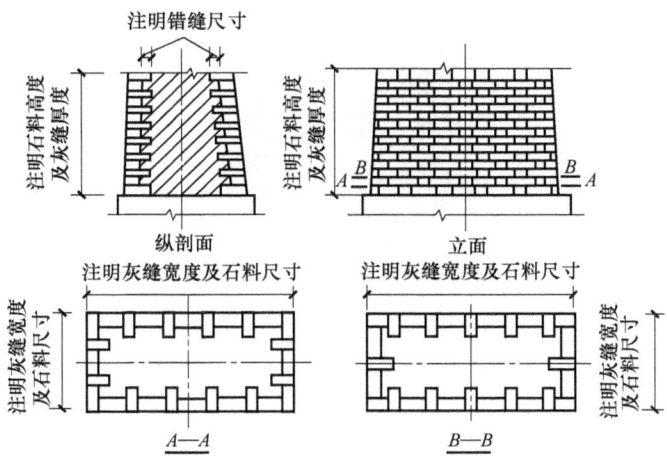

图 7-6 桥墩配料大样图

4）砌筑方法：同一层石料及水平灰缝的厚度要均匀一致，每层按水平砌筑，且保证石料丁顺相间，和砌石灰缝互相垂直。砌石顺序为先角石，再镶面，后填腹。填腹石的分层高度应与镶面相同；圆端、尖端及转角形砌体的砌石顺序，应自顶点开始，按丁顺排列接镶面砌石。以图7-7所示的桥墩砌筑为例，圆端形桥墩的圆端顶点不得有垂直灰缝，第一层砌石应从顶端开始先砌石块（图7-7a），然后按丁顺相间排列，安砌四周镶面石；第二层砌石与第一层砌石错缝砌筑（图7-7b）。

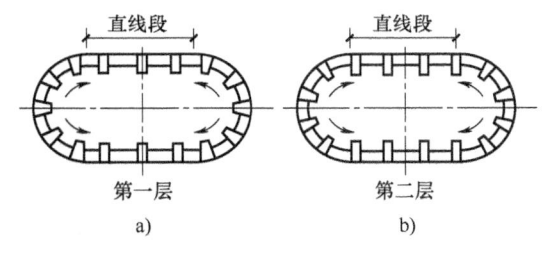

图 7-7 圆端形桥墩的砌筑
a）第一层 b）第二层

5）墩台顶帽施工：墩台顶帽是用以支承桥跨结构的，其位置、高程及垫石表面平整度等均应符合设计要求，以避免桥跨结构安装困难，或出现压碎或裂缝，影响墩台的正常使用与耐久性。墩台顶帽施工的主要工序如下：

① 墩帽、台帽放样。
② 墩帽、台帽模板支设。
③ 钢筋和支座垫板的制作安装。

7.3 桥梁上部结构施工

桥梁上部结构传统的施工方法为满堂支架就地浇筑施工，随着技术的发展，产生了预制安装法、悬臂施工法、逐孔施工法、顶推施工法和转体施工法等。

7.3.1 梁桥施工

1. 支架现浇法

支架现浇法是在桥位处搭设支架，在支架上浇筑混凝土，待混凝土达到设计强度后拆除模板、支架，如图7-8所示。

图7-8 支架现浇法

支架现浇法施工无须预制场地，而且不需要大型起吊设备、运输设备；无须做梁间或节间的连接工作，桥跨结构整体性好。其缺点主要是施工中的支架、模板耗用量大，施工费用高；搭设支架影响地面交通、排洪等；工期长，施工质量易受季节性气候的影响；预应力混凝土梁因受混凝土收缩、徐变的影响将产生较大的预应力损失。

为了避免支架对地面交通、排洪的影响，可以通过设置桁架（贝雷架）增大支撑间距，如图7-9所示。

图7-9 桁架梁支架现浇法

2. 预制安装法

预制安装法是指将预制的钢筋混凝土梁运输到施工现场，采用一定的架设方法进行安装、搭设。其施工过程包括简支梁的预制、运输和安装搭设三部分，其中安装搭设是施工的关键。

从架梁的工艺类别来划分，预制安装法有高空加设法、陆地架设法、浮吊架设法等。

（1）高空加设法　架桥机在公路、铁路中的应用十分普遍，适合于架设中、小跨径的多跨简支梁桥。其优点是架梁速度快，不受水深和墩高的影响，且在作业过程中不阻塞通航。

1) 导梁式架桥机架梁。导梁式架桥机架梁时，需要专用的运梁设备，将梁由预制场地或临时存放地点运至架桥机尾部，架桥机空载运行到位，以前方墩台为支点，待架的梁由架桥机上的起重机吊住，移送到桥位，然后落梁。图 7-10 所示为导梁式架桥机架梁实景图。

图 7-10　导梁式架桥机架梁实景图

导梁式架桥机架梁作业流程如下（图 7-11）：

① 运梁车拉运预制混凝土箱梁到架桥机尾部，前吊梁小车将箱梁前端吊起，箱梁的尾端支撑在运梁车上的可移动小车上（图 7-11a）。

② 可移动小车和前吊梁小车同步向前运行，当可移动小车运行至后吊梁小车处，后吊梁小车将混凝土箱梁尾端吊起（图 7-11b）。

③ 前吊梁小车和后吊梁小车将箱梁同步运行到待架位置（图 7-11c）。

④ 将箱梁落至安装位置（图 7-11d）。

⑤ 在桥面铺设临时钢轨，解除架桥机前、后支腿底部支撑，自行支腿沿辅助导梁、主梁后支腿沿钢轨将架桥机主梁同步向前运行到位；到位后，后支腿支撑在已架好的桥面上，前支腿支撑在桥墩（N+3 号墩）上（图 7-11e）。

⑥ 前吊梁小车与辅助导梁尾端连接，解除辅助导梁前支腿、后支腿与桥墩（N+2 号墩、N+3 号墩）的支撑，辅助导梁向前运行（图 7-11f）。

⑦ 辅助导梁运行至辅助导梁自行提升绞车处，绞车与辅助导梁连接，辅助导梁继续向前运行（图 7-11g）。

⑧ 辅助导梁运行到位，将其前、后支腿支撑于桥墩（N+3 号墩、N+4 号墩）上，准备进行下一孔箱梁的架设（图 7-11h）。

2) 联合架桥机架梁。联合架桥机（图 7-12）由一根两跨长的钢导梁、两套门式起重机和一个托架（又称为蝴蝶架）三部分组成。导梁顶面铺设运梁平车和托架行走的轨道，门式起重机顶横梁上设有吊梁用的行走小车。

联合架桥机架梁作业流程如下：

① 在桥头拼装钢导梁，梁顶铺设钢轨，并纵向拖拉导梁就位。

② 拼装托架和门式起重机，用托架将两个门式起重机移运至架梁孔的桥墩（台）上。

③ 由平车轨道运送预制梁至架梁孔位，将导梁两侧可以安装的预制梁用两个门式起重机吊起，横移并落梁就位。

④ 将导梁所占位置的预制梁临时安放在已架设好的梁上。

⑤ 纵向拖拉导梁至下一孔后，将临时安放的梁由门式起重机机架设就位，完成一孔梁的架设工作，并用电焊将各梁连接起来。

⑥ 在已架设的梁上铺接钢轨，再用托架顺序将两个门式起重机托起并运至前一孔的桥墩上。如此反复，直至将各孔梁全部架设好为止。

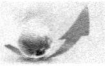

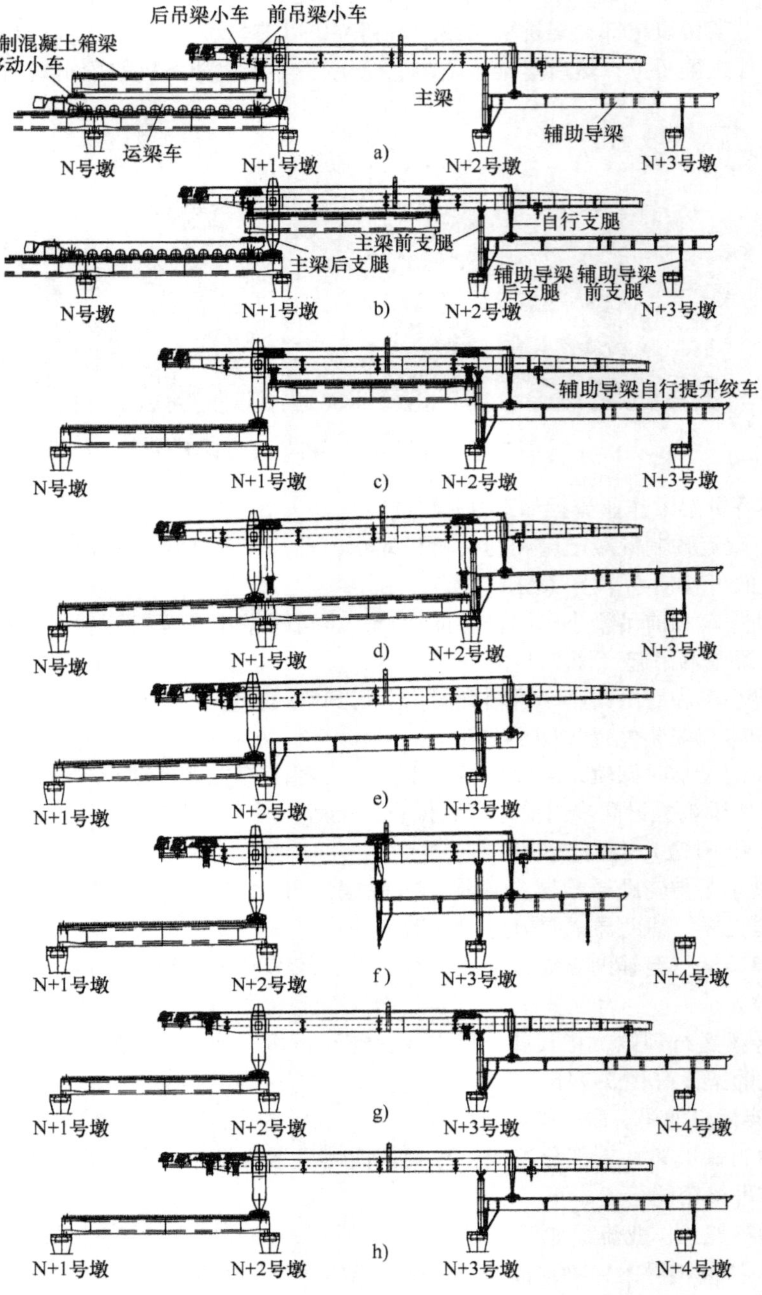

图 7-11 导梁式架桥机架梁流程

3）流动式架桥机架梁。流动式架桥机是一种能够单独完成提梁、运梁以及架梁等工作的一体化架桥机，图 7-13 所示为 SLJ900 型全工况流动式架桥机。与导梁式架桥机相比，其改导梁式为无导梁式，改驮运方式为跨运方式，且没有其他辅助装置，结构简单，操作更加方便，效率更加高效，解决了在紧邻隧道口、隧道外以及隧道内架设箱梁的难题，特别适用于多山地区的铁路、公路桥梁建设。

SLJ900 型全工况流动式架桥机架梁作业流程如下：

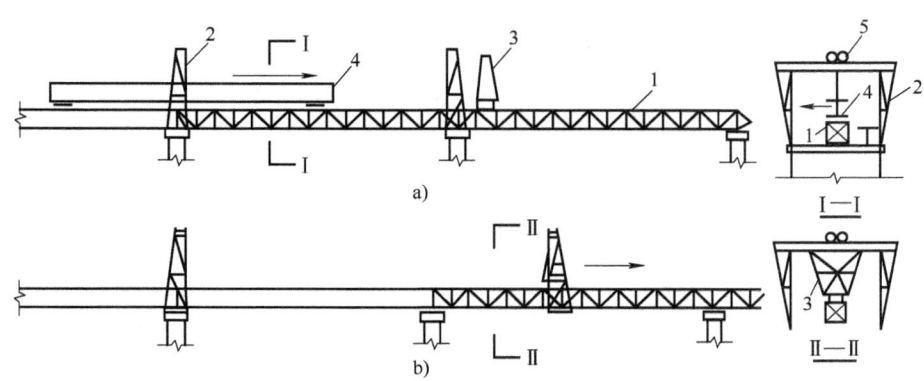

图 7-12 联合架桥机架梁
1—钢导梁 2—门式起重机 3—托架（蝴蝶架） 4—预制梁 5—行走小车

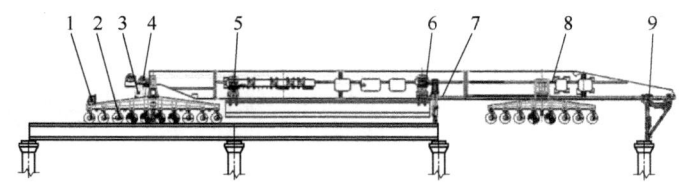

图 7-13 SLJ900 型全工况流动式架桥机
1—驾驶室 2—后车 3—动力舱 4—卷扬机 5—后小车 6—前小车 7—中支腿 8—前车 9—主支腿

1）架桥机将梁运至桥头，然后伸出主支腿，将前车的所有悬挂整体上升，使其能够完全支撑在桥墩上面（图 7-14a）。

2）将前车所有轮组脱离地面，通过后车驱动以及主支腿定扭矩马达共同驱动使架桥机的中支腿到达桥头指定位置（图 7-14b）。

3）将中支腿伸出，支撑在桥头，然后遥控主支腿上的拖轮电动机将主支腿驶至前面的桥墩台座，支撑起主支腿，完毕后收回中支腿（图 7-14c）。

4）整个流动式架桥机再次通过后车和拖轮电动机的共同作用将箱梁运到目标位置（图 7-14d）。

5）卷扬机开始工作，箱梁下降过程中通过前、后小车对箱梁微调使箱梁安装孔能够与台座安装孔对齐，最终使箱梁降落到目标位置，完成落梁（图 7-14e）。

6）待卷扬脱钩完成后，通过后车驱动开始退车，当全车完成退至桥面，前车整体悬挂下降至轮组完全着地，最后收回主支腿，箱梁架设结束（图 7-14f）。架桥机空车驶回梁场，进行下一孔梁的架设。

（2）陆地架设法

1）自行式起重机架梁。在桥梁不高，场内又可设置行车便道的情况下，用汽车式起重机或履带式起重机架设中、小跨径的桥梁十分方便。由于大型自行式起重机本身有动力，架设迅速，不需要架设桥梁用的临时动力设备，因此，一般中、小跨径的预制梁（板）的架设安装多采用大型自行式起重机。此法视吊装质量不同，可以采用一台起重机架设（图 7-15）、两台起重机架设、起重机和绞车配合架设等方法。

2）跨墩门式起重机架梁。在不通航的中、小河流上，当桥梁不太高，架梁孔数多，桥下水流平缓、水深不大（不超过 5m），可以采用一台或两台跨墩门式起重机架梁，如图 7-16 和图 7-17 所示。这时需要在水上桥墩的两侧架设门式起重机轨道便桥，便桥基础可用木桩、钢桩或钢筋混凝土桩。

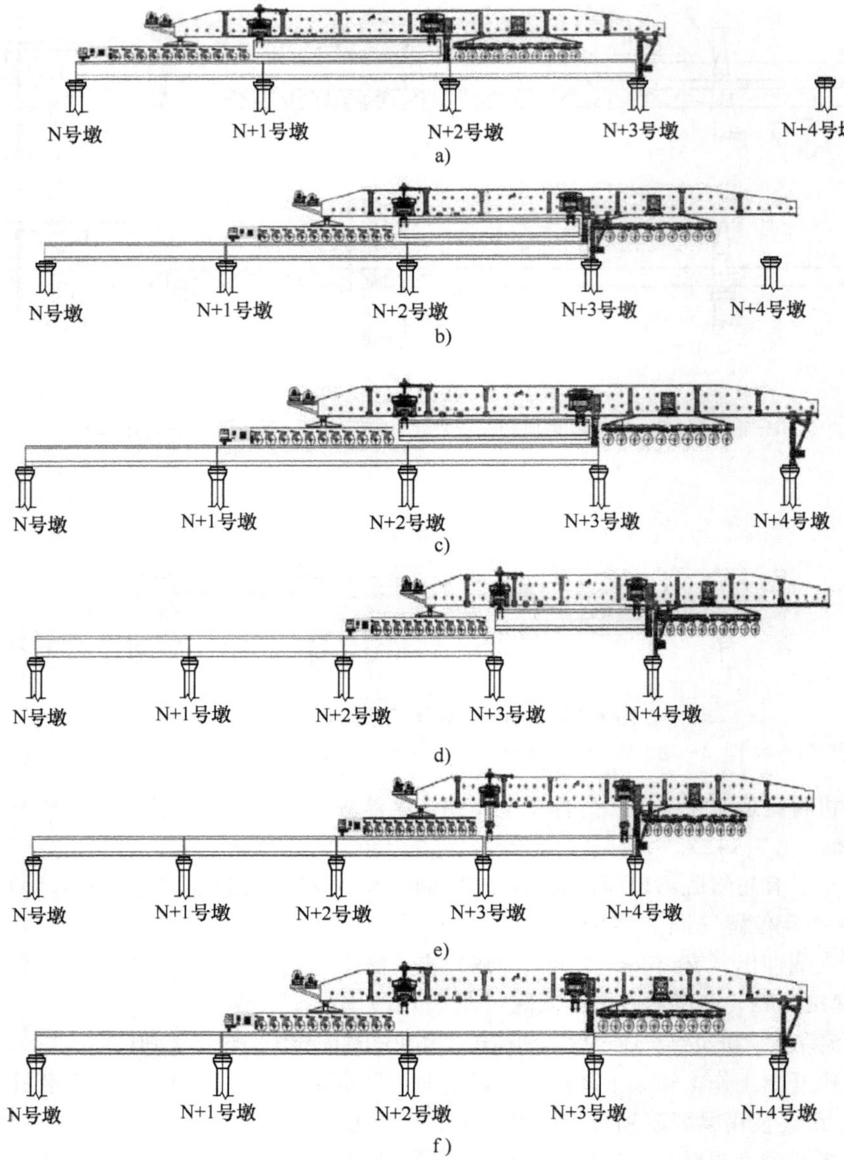

图 7-14 SLJ900 型全工况流动式架桥机架梁作业流程

a) 运梁至桥头，准备首次重载过孔　b) 首次重载过孔　c) 二次重载过孔准备　d) 二次重载过孔
e) 落梁过程　f) 梁架设结束

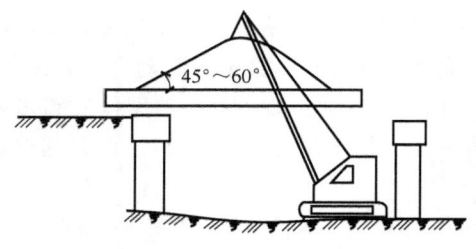

图 7-15 自行式起重机架梁

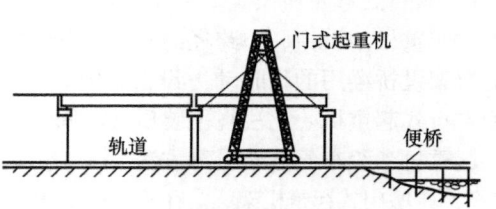

图 7-16 跨墩门式起重机（单机）架梁

图 7-17 跨墩门式起重机（双机）架梁实景图

3）摆动式支架架梁。将预制梁沿路基牵引到桥台上并悬出一小段（悬出距离根据梁的截面尺寸和配筋确定），悬出的梁端底下设置木支架（图 7-18），前方用牵引绞车牵引梁端到对岸桥台，此时支架随之摆动而到对岸。摆动式支架架梁应在梁的后端用制动绞车牵引制动，以防止支架摆动过快。此法较适用于桥梁高跨比稍大的场合。当河中有浅水时也可用此法架梁，但需在水中设置一个简单小墩，以供设立木支架用。

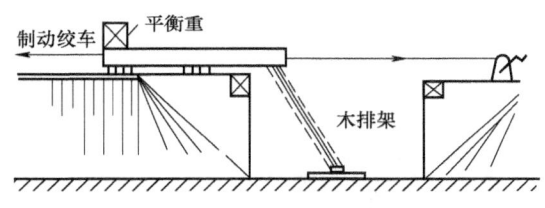

图 7-18 摆动式支架架梁

4）移动支架架梁。此法是在架设孔的地面上，顺桥轴线方向铺设轨道，其上设置可移动支架，预制梁的前端搭在支架上，通过移动支架将梁移运到要求的位置后，再用龙门架或人字拔杆吊装，如图 7-19 所示；或者在桥墩上设枕木垛，用千斤顶卸下，再将梁横移就位。利用移动支架架设，设备较简单，可安装重型的预制梁；无动力设备时，可使用手动卷扬机或绞盘移动支架进行架设。但在桥孔下有水、地基过于松软的情况下不宜使用，为保证架设安全，一般也不适宜桥墩过高的场合。

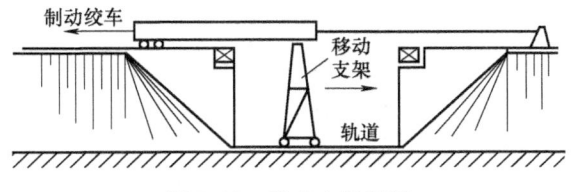

图 7-19 移动支架架梁

（3）浮吊架设法　浮吊架设法适用于海上和深水河流上修建桥梁，如图 7-20 所示。该法用可回转式伸臂浮吊（图 7-21a）或钢制万能杆件和贝雷钢架拼装固定式悬臂浮吊（图 7-21b）进行架梁作业，施工比较方便。

浮吊架设法需在岸边设置临时码头来移运预制梁。架梁时，浮吊要锚固可靠，在流速不大情况下，可用预先抛入河中的混凝土锚来作为锚固点。

图 7-20 浮吊架设实景图

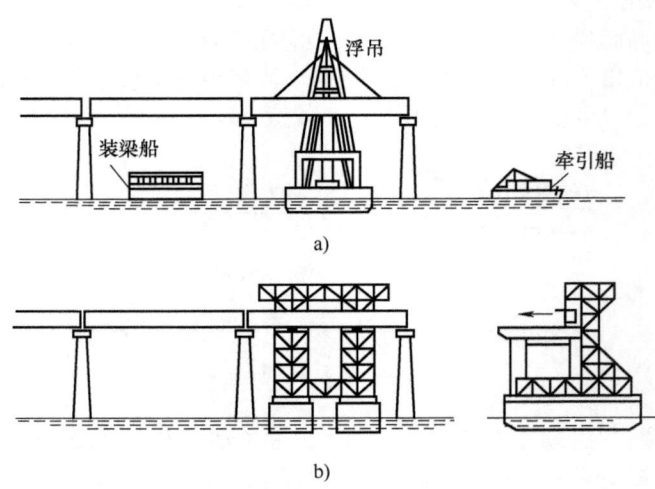

图 7-21 浮吊架设法
a) 可回转式伸臂浮吊　b) 固定式悬臂浮吊

浮吊架设法的优点是高处作业少，吊装能力大，工效高；缺点是需大型浮吊，费用高，周期长。

3. 悬臂施工法

悬臂施工法（图 7-22）是从桥墩开始向跨中不断接长梁体构件（包括拼装与现浇）的悬出架桥法，是国内外大跨径预应力混凝土悬臂梁、连续梁及钢构桥中最常用的施工方法之一。主要包括悬臂浇筑施工法和悬臂拼装施工法。

悬臂拼装施工法利用移动式或固定式悬拼吊机逐步将预制梁段起吊就位，以环氧树脂胶为接缝材料，通过对预应力束施加应力，使各梁段连接成整体。

悬臂浇筑施工法采用移动式挂篮作为主要的施工设备之一，以桥墩为中心，对称向两岸利用挂篮逐段浇筑梁段混凝土，待混凝土达到要求的强度后，张拉预应力束，再移动挂篮，进行下一节段的施工。

悬臂施工法中，挂篮是最重要的施工设备。目前，采用比较多的挂篮形式有菱形挂篮、三角形挂篮和组合贝雷梁式挂篮等，施工中可根据实际情况选用，图 7-22 所示为菱形挂篮。在梁段悬臂施工过程中，为避免因挂篮前端沉降量过大而导致梁的线形难以控制及新、旧混凝土结合面产生裂隙，要求挂篮必须具备足够的刚度。菱形挂篮、三角形挂篮与组合贝雷梁式挂篮相比，主桁架由刚性三角体系组合而成，刚度较大，抗变形能力、承载能力均较强。组合贝雷梁式挂篮刚度相对较小，前端悬臂在荷载作用下沉降量较大，但结构简单，所用材料在拆卸后可重复使用，因此成本较低。

图 7-22 悬臂施工法

在悬臂施工过程中，还要防止挂篮倾覆：

1）箱形梁段施工过程中挂篮体系的防倾覆。通常措施是借助梁体腹板内的竖向精轧螺纹钢筋或者在顶板预留孔内穿精轧螺纹钢筋将挂篮后端锚固在箱形梁顶板上，以保证挂篮体系的稳定。

2）挂篮前移过程中的防倾覆。在挂篮前移过程中，后端锚固须解除，此时挂篮后端上翘，使挂篮后端的倒钩走行轮紧紧勾住轨道梁顶板的下缘，以此避免挂篮的前倾坠落，这就要求轨道梁必须被紧紧锚固在箱形梁面上，如图 7-23 所示。

悬臂施工法的主要特点有：

1）桥梁在施工过程中，主梁或与桥墩固接，或在桥墩附近支承，在主梁上将产生负弯矩。因此，该施工法适用于运营状态下结构受力与施工状态比较接近的桥梁，如连续梁、悬臂梁、刚架桥等。

2）对墩、梁不固接的预应力混凝土梁桥，在施工时需采取措施，使墩、梁临时固接，保证施工期结构的稳定。

3）对施工中墩梁固接的桥墩可能承受因施工而产生的弯矩。

悬臂浇筑施工法施工简便，结构整体性好，施工中可不断调整位置；悬臂拼装施工法施工速度快，桥梁上下部结构可平行作业，但施工精度要求比较高；悬臂施工法可不用或少用支架，施工不影响通航或桥下交通，节省施工费用，降低工程造价。

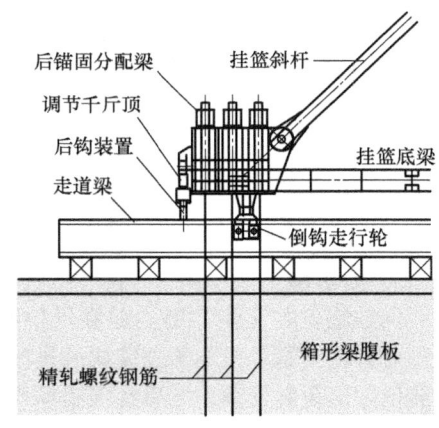

图 7-23 悬臂施工法挂篮的后端锚固

4. 逐孔施工法

逐孔施工法是中等跨径预应力混凝土简支梁和连续梁的一种施工方法。它使用一套设备从桥梁的一端逐孔施工，直到对岸。其从施工设备、梁体构件制造等方面可分为使用移动支架逐孔组拼预制节段施工和使用移动模架逐孔现浇施工。采用逐孔施工的主要特点在于施工能连续操作，可以使桥梁结构选择最佳的施工接头位置和合理的结构形式。同时，由于连续施工，也便于使用接长的预应力索筋，不仅简化了施工操作，而且可按最优的位置布置索筋，节省高强材料。

使用移动支架逐孔组拼预制节段施工，是将每一桥跨分成若干节段，在预制场生产，架设时采用临时支承梁或移动支架（架桥机）承担组拼节段的自重，通过张拉预应力筋，使安装跨的梁与施工完成的桥梁结构按照设计的要求连接，完成安装跨的架梁工作，随后，移动支承梁至下一桥跨。

移动模架逐孔现浇施工,也称为使用移动支架逐孔浇筑施工,是在可移动的支架、模板上进行钢筋绑扎、混凝土浇筑,待混凝土达到足够强度后,张拉预应力筋,移动支架、模板,进行下一孔梁的施工。由于此法是在桥位上现浇施工,可免去大型运输和吊装设备,使桥梁整体性好,同时它又具有在桥梁预制厂的生产特点,可提高机械设备的利用率和生产效率。使用移动模架逐孔现浇施工宜在桥梁跨径小于50m的多跨长桥上使用。

逐孔施工的体系转换有三种:由简支梁转换为连续梁、由悬臂梁转换为连续梁以及由少跨连续梁逐孔延伸转换为所要求的体系等。在体系转换中,不同的转换途径将得到不同的结构内力叠加过程,而最终的恒荷载内力(包括混凝土的收缩、徐变内力重分布)将向着连续梁桥按照全联一次完成的恒荷载内力靠近。

可使用移动模架法进行现浇施工的桥梁结构形式有简支梁、连续梁、刚构桥和悬臂梁桥等钢筋混凝土或预应力混凝土桥,所采用的截面形式可为T形或箱形截面等。

对中、小跨径连续梁桥或建造在陆地上的桥跨结构,可以使用落地式或梁式移动支架,如图7-24所示。

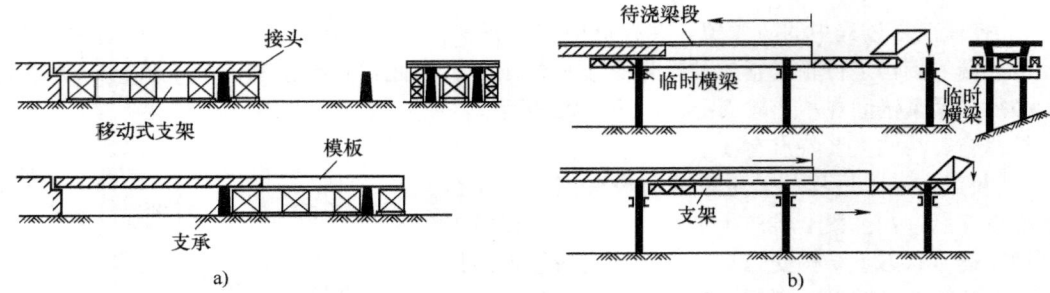

图7-24 移动模架逐孔现浇施工
a) 落地式移动支架 b) 梁式移动支架

5. 顶推施工法

顶推施工法(图7-25)是在沿桥纵轴方向的桥台后设置预制场地,分节段预制,并用纵向预应力筋将预制节段与施工完成的梁段连接成整体,然后通过顶推装置竖向、水平施力,将梁体向前顶推出预制场地,之后在预制场连续进行下一节段梁的预制,循环操作直至施工完成。

根据顶推装置布置不同,可分为单点顶推与多点顶推。集中设在一处的称为单点顶推,将总的顶推力分散到多个桥墩上的称为多点顶推。

顶推施工法的特点:可运用简易的施工设备建造长大桥梁,施工费用低,施工平稳无噪声,可在水深、山谷和高桥墩上采用,也可在曲率相同的弯桥和坡桥上使用;对变坡度、变高度的多跨连续梁桥和夹有平曲线或竖曲线较长的桥梁均难以适用;主梁在固定场地分段预制,连续作业,便于施工管理,避免了高处作业,结构整体性好;顶推施工时,梁的受力状态变化很大,施工阶段梁的受力状态与运营阶段的受力状态差别较大,因此在梁的截面设计和预应力钢束布置时为同时满足施工与运营的要求,

图7-25 顶推施工法

将需要较大的用钢量。

6. 转体施工法

随着桥梁建设技术的不断进步，桥梁转体施工技术越来越成熟。所谓转体施工法是指将桥梁结构在非设计轴线的位置，如平行于繁忙交通干线的两侧空地，浇筑或拼装成型，然后通过旋转作业逐步将其在设计轴线处就位并合龙，从而实现对障碍物的跨越。这种施工方法可以将在障碍物上空的作业转化为在障碍物两侧近地面或岸边的作业，在修建运输繁忙的高速公路和铁路跨线桥时其优势更加明显。转体施工法如图7-26所示。

图 7-26 转体施工法

转体施工的主要特点：可利用施工现场的地形安排构件制造的场地；施工期间不断航，不影响桥下交通；施工设备少，装置简单，容易制作和掌握；减少高处作业，施工工序简单，施工迅速；转体施工适用于单跨、双跨和三跨桥梁，可在深水、峡谷中建桥采用，同时也适用于平原区以及城市跨线桥。

转体施工法根据桥梁结构的转动方向，可分为平面转体施工法、竖向转体施工法以及平竖综合转体施工法，其中以平面转体施工法应用最多。在转体施工中，桥梁结构的支座位置一般设定为施工时的旋转支承和旋转轴，桥梁完工后，按设计要求改变支承情况。

桥梁转体施工与非转体施工之间的最主要差别在于承台基础的施工。采用桥梁转体施工方案时，承台基础将分为上、下两盘分别施工，并且在两盘之间安装球面铰，使得承台上盘相对于承台下盘可以转动。当桥梁转体到位后，在承台上、下盘之间灌注混凝土，将转动空间彻底封闭，使承台上、下盘固结为一个整体，如图7-27所示。

当大跨度转体桥梁承台上盘施工完毕开始施工上部转体桥梁时，采用的施工方法与常规大跨度桥梁的施工方法并无差异，常用的有支架现浇法和悬臂施工法等，此处不再赘述。

图 7-27 转体施工法的承台施工

7.3.2 拱桥施工

拱桥在我国的应用历史悠久，也是目前公路上使用广泛的一种桥梁体系。拱桥可用砖、石、混凝土等抗压性能良好的材料建造，大跨度拱桥则用钢筋混凝土或钢材建造。拱桥的结构形式多样，最基本的组成部分包括基础、墩

中国创造：
大跨径拱桥技术

台、拱圈及拱上结构。对于拱桥来说，无论是哪一种结构形式，当桥面承受荷载作用时，最终都通过承压结构或吊杆体系将荷载传递到拱圈上，然后再通过拱圈传递到拱桥基础上。因此拱圈是拱桥最基本也是最重要的承力构件。

当拱圈受到桥面荷载作用后其轴线长度必然缩短，从而使拱圈内不仅承受拱内压力，同时还伴随着剪力和弯矩。通过拱脚作用于拱桥基础上的轴向力除产生竖向反力外，还产生水平反力。由于水平推力的存在，拱的弯矩比相同跨径梁的弯矩小很多，拱圈内主要承受压力。特别对于大跨径桥梁，静荷载占全部荷载的绝大部分，因此合理选择拱的轴线，使拱圈在静载作用下主要受压，就可以充分利用抗压性能较好的石料和混凝土材料。

拱桥传统的施工方法为满堂支架就地砌筑和浇筑，即在支架上砌筑和浇筑主拱圈后，进行拱上建筑的施工，随后落架完成全桥工程。由于支架施工不利于拱向大跨度发展，缆索吊装法、悬臂施工法、转体施工法以及劲性骨架法等无支架施工方法应运而生。

1. 有支架施工

（1）拱架安装　砌筑石拱桥或安装混凝土预制块拱桥，以及现浇钢筋混凝土拱圈时，需要搭设拱架，以承受全部或部分主拱圈和拱上建筑的重力，保证拱圈的形状符合设计要求。拱架按结构形式可分为有支柱式拱架、撑架式拱架、扇形拱架、钢桁架式拱架、组合式拱架等；按其使用的材料可分为钢拱架、木拱架、竹拱架和"土牛拱胎"（即先在桥下用土或砂、卵石填筑一个"土胎"，然后在上面砌筑拱圈，砌成之后再将填土清除）。拱架应结合拱桥跨度大小、材料、机具设备条件和桥址环境，采用不同的结构形式，应满足稳定可靠，结构简单，受力合理，装卸便利和能重复使用的原则。图7-28所示为采用钢桁架式拱架施工拱圈示意图。

拱架应进行内力分析，对杆件截面强度和刚度计算以及拱架整体抗倾覆稳定性进行验算。

进行拱桥特别是矢跨比较小的拱桥施工时，对于拱架预拱度的设置应格外重视。通常情况下，主要考虑拱圈自重、拱架承重、墩台位移、拱架基础下沉、拱架跨中挠度等因素导致的拱架沉降，并根据这些沉降设置拱架的预拱度。拱架在拱顶处的总预拱度可根据实际情况进行组合计算。一般情况下，拱顶处的总预拱度可在 $L/800 \sim L/400$ 范围内取值。

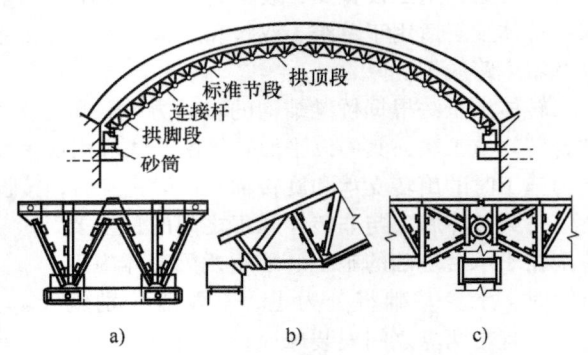

图7-28　采用钢桁架式拱架施工拱圈示意图
a) 标准节段　b) 拱脚段　c) 拱顶段

（2）拱圈及拱上建筑的施工

1) 拱圈的施工。拱圈的施工一般可根据跨度的大小、构造形式等分别采用不同的施工方法，以拱架受力均匀，变形量小，不使已筑桥梁结构产生裂缝，且施工过程尽可能简便为原则。现浇钢筋混凝土拱圈的施工方法如下：

① 连续浇筑法：当拱桥的跨度较小（一般小于16m）时，按拱圈的全宽和全厚，自两端拱脚向拱顶对称连续浇筑，并且在拱脚处混凝土初凝前全部完成。否则，须在拱脚处预留间隔缝，并最后浇筑间隔缝混凝土。

② 分段浇筑法：当拱桥的跨度较大（一般大于16m）时，为避免拱架不均匀变形而导致拱圈产生裂缝，以及减少混凝土收缩应力，应采取分段浇筑法施工。分段的长度为6~15m，分段位置应使拱架受力对称均匀，一般分段点应设在拱架支点、节点处及拱顶、拱脚处，分段点处设间隔缝，其宽度为50~100cm，以利于施工操作和钢筋连接。为缩短拱圈合拢和拱架拆除的时

间，间隔缝内混凝土的强度，可采用比拱圈高一个等级的半干硬混凝土。填充间隔缝混凝土应在拱圈分段混凝土强度达到70%设计强度后进行，且应由两拱脚向拱顶对称进行，最后填充拱顶和两拱脚间隔缝。封拱合拢温度一般宜接近当地的年平均温度。

③ 分环浇筑法：为减轻拱架的负担，箱形截面拱圈一般采用分环、分段的浇筑方法。若底板分段浇筑合拢后，再浇筑上面一环（腹板和顶板，或仅为腹板和隔板），则合拢后的底板可与拱架共同受力。分段分环浇筑施工顺序如图 7-29 所示。

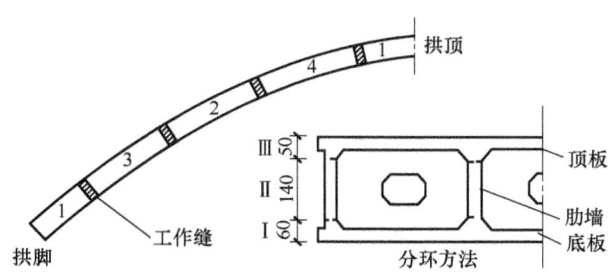

图 7-29　分段分环浇筑施工顺序

④ 钢管混凝土浇筑：钢管混凝土拱桥施工，一般采用节段悬拼法或转体施工法安装钢管拱，然后浇筑钢管混凝土。钢管拱既是浇筑混凝土的支架和模板，又是钢管混凝土拱的组成部分。钢管混凝土拱多采用泵送顶升浇筑法施工。输送泵一般设于两岸拱脚处，大跨度拱也可分段对称泵送混凝土。在钢管上应每隔 30m 左右设一个排气孔，以减小管内空气压力，有助于空气的排出，加强管内混凝土的密实度。另外，施工时混凝土中应加入适量的减水剂和微膨胀剂，以提高混凝土的和易性，并减小混凝土凝结时的收缩。

2) 拱上建筑的施工。拱上建筑的施工，应在拱圈合拢、圬工强度达到设计强度30%以上时进行。若拱架先松离拱圈，则应在圬工强度达到70%以后进行。

为避免使拱圈产生过大的不均匀变形，一般应从拱脚向拱顶分层、对称进行拱上建筑的施工。

对多孔连续拱桥，若桥墩不是按单孔受力设计的，则应注意相邻对称均衡施工。

(3) 拱架卸落与拆除

1) 拱架卸落。为使拱架所承受的重力能够逐渐地转移到由拱圈自身承受，安装拱架时应在适当的位置安放卸落拱架的专用设备，以保证拱架能均匀卸载。在满布式拱架中，落架设备应置于拱盔的立柱下面，而在拱式拱架中，应置于拱铰的位置上。

常用的卸落设备有砂筒和千斤顶等。

砂筒一般用钢板制成，筒内装干燥、均匀、洁净的砂子，砂筒的构造如图 7-30 所示。木塞打开后，砂子在压力作用下，从下部泄砂孔流出。由砂子的泄出量，可控制拱架的卸落高度，且可使拱架卸落均匀不受振动。砂筒构造简单且承载力较大，是一种相当完善的落架设备。我国曾用直径 0.86m 的砂筒，卸落跨度 170m 的混凝土箱形拱桥的拱架，效果良好。

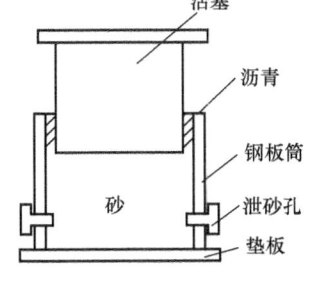

图 7-30　砂筒的构造

大吨位液压千斤顶卸落拱架，常与拱圈内力调整同时进行，多用于大跨度拱桥的建造。其卸落方法是，利用拱顶处的千斤顶，撑开两个半拱，则拱顶上升。当上升高度达到拱在自重下的挠度与拱架的弹性挠度之和时，拱架荷载被解除，拱架即可卸落。控制千斤顶在拱顶处的位置和作用力的大小，便可实现拱圈内力的调整。

2）拱架拆除。拱架荷载通过落架设备逐渐解除。拱架脱离拱圈后，即可拆除。

桁架式拱架可利用拱圈作为临时支承，进行分节拆除。拆除的拱架节段利用起重机吊移。

2. 无支架施工

(1) 转体施工法　转体施工法是将拱圈或整个上部结构分成两个半跨，分别在河的两岸利用地形或简单支架浇筑或预制装配成半拱。然后，利用动力装置将两半拱转动至桥轴线位置上或设计标高处合拢成拱。它适用于各类单孔拱桥的施工。

转体施工法有平面转体施工、竖向转体和平竖结合转体施工三种，本书主要介绍前两种。

1）平面转体施工。平面转体施工分为有平衡重转体施工和无平衡重转体施工两种。

① 有平衡重转体施工。有平衡重转体施工系统由转体体系、平衡体系和牵引体系组成。其中施工的关键结构是转体装置。可参见本书第 7.3.1 节相关内容。

② 无平衡重转体施工。无平衡重转体施工是把有平衡重转体施工中的拱圈和索拉力，锚在两岸的岩体中，从而节省了庞大的平衡重材料，一般构造如图 7-31 所示。锚固体系由锚碇、尾索、平撑、锚梁及立柱组成。锚碇设在引道或边坡岩石上，锚梁支于立柱上。两个方向的平撑及尾索形成三角形稳定体，使锚块和上转轴为一确定的固定点。拱箱转至任意角度，均可由锚固体系平衡拱箱的扣索力。

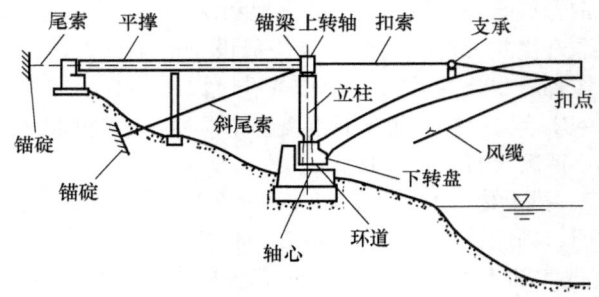

图 7-31　拱桥无平衡重转体一般构造

2）竖向转体施工。竖向转体施工是将桥跨分为两个半拱，分别竖向或靠山仰坡，或水平地在简易支架上制拱。待混凝土硬结后，利用牵引、悬吊系统，使半拱在立面上旋转（向下或向上旋转）合拢。图 7-33 所示为我国三峡莲沱公路桥，跨度 114m 中承式钢管混凝土拱的竖向转体施工示意图。

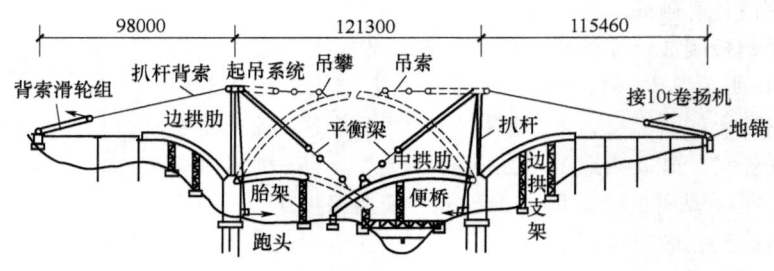

图 7-32　竖向转体施工

(2) 悬臂施工法　悬臂施工法是不设任何支架（包括满布式或拱式），在桥位处悬臂进行拱圈节段混凝土浇筑或拼装，最后在拱顶处合拢的一种修建混凝土拱桥的施工方法。

悬臂施工法可分为悬臂桁架施工法和塔架斜拉索施工法两大类。

1)悬臂桁架施工法(图7-33)。首先在斜拉筋扣吊的一段钢支架上,就地浇筑第一节段拱箱(拱脚段),以后各段均用挂篮从左右两岸悬臂浇筑混凝土,如图7-33a所示。施工至立柱部位,用临时斜杆和上拉杆,将立柱、拱圈组成桁架,并用拉杆或缆索将其锚固于台后,然后逐节向跨中施工,如图7-33b所示。

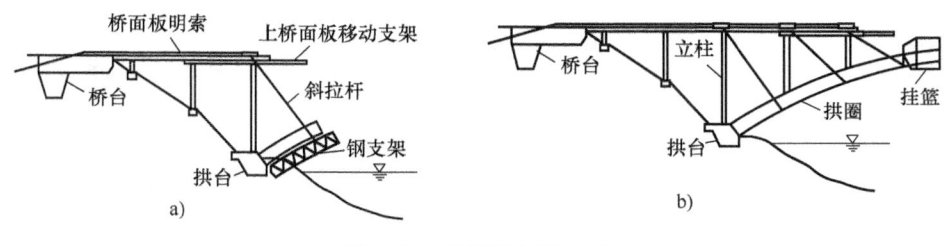

图7-33 悬臂桁架施工法

2)塔架斜拉索施工法。在拱脚墩台处安装临时塔架,用斜拉索一端拉住拱圈节段,另一端与塔架连接,这样逐节向跨中悬臂架设,直至拱顶合拢,如图7-34所示。

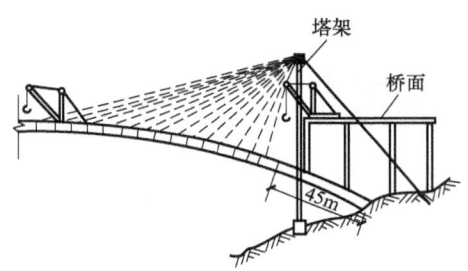

图7-34 塔架斜拉索施工法

7.3.3 悬索桥施工

悬索桥又称吊桥,是指以通过索塔悬挂并锚固于两岸(或桥两端)的缆索(或钢链)作为上部结构主要承重构件的桥梁,由主缆、索塔、加劲梁、吊杆、鞍座、锚碇等组成,如图7-35所示。

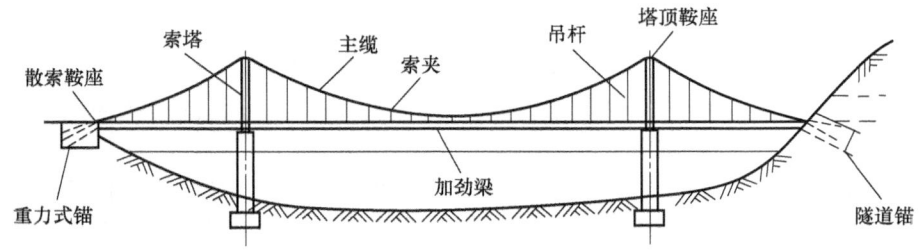

图7-35 悬索桥的构造

索塔主要有钢塔和混凝土塔,在我国较多采用混凝土塔。悬索桥的锚碇是锚块基础、锚块、钢缆的锚碇架及固定装置等的总称,其主要类型有隧道锚和重力式锚,均采用现浇法施工。主缆由若干钢丝绳或平行钢丝组成,现在大跨径悬索桥主缆都采用后者,即平行钢丝,对应施工方法有空中架线法和预制索股法。鞍座是在塔顶及桥台上直接支承主缆并将主缆的荷载传递至索塔和桥台的装置。鞍座大致可分为主索鞍座、散索鞍座和副鞍座;按制作方法可分为全铸式、全焊式、铸焊式。

悬索桥的主要承重构件是主缆，它主要承受拉力，一般用抗拉强度高的钢材（钢丝、钢缆等）制作。由于悬索桥可以充分利用材料的强度，并具有用料省、自重轻的特点，因此悬索桥在各种体系桥梁中的跨越能力最大，跨径可以达到1000m以上。主缆几何形状由力的平衡条件决定，一般接近抛物线。从主缆垂下许多吊杆，把桥面吊住，在桥面和吊杆之间常设置加劲梁，同缆索形成组合体系，以减小荷载所引起的挠度变形。

现在大跨度悬索桥的施工方法具有典型性，根据结构特点，其施工步骤主要如下：

1）施工塔、锚碇的基础，同时加工制造上部结构施工所需的构件，为上部结构施工做准备。

2）施工索塔及锚体，其中包括鞍座、锚碇钢框架安装等施工。

3）主缆系统安装架设，其中包括牵引系统、猫道的架设、主缆索股预制和架设、紧缆、上索夹、吊索安装等。

4）加劲梁节段的吊装架设，包括整体化焊接等。

5）桥面铺装，主缆缠丝防护，伸缩缝安装，桥面构件安装等。

悬索桥施工步骤示例如图7-36所示。

下面主要说明索塔、鞍座、主缆和加颈梁的施工和架设。

1. 索塔施工

索塔结构有钢塔结构和混凝土塔结构，混凝土塔结构均采用现浇结构。施工方法根据其规模、形状、施工地点的地形条件，以及其经济性，可采取浮吊施工法、塔式起重机施工法、爬升式起重机施工法等。

1）浮吊施工法是将施工的部件或桥塔节段由水上浮吊架设施工，优点是可以大大缩短施工工期。

2）塔式起重机施工法是在桥塔侧旁预先安装塔式起重机，以吊装桥塔节段，优点是施工的垂直度易得到控制。

3）爬升式起重机施工法是在塔柱上安装爬升导轨，爬升式起重机沿此导轨，随着桥塔的施工高度增高而向上爬升，这种方法的要点是施工时必须严格控制塔柱的垂直度。

桥塔模板有单面整体提升模板、翻转模板和爬模。对于索鞍孔道顶部的混凝土，要在主缆架设完成后浇筑，以方便索鞍及缆索的施工。主塔的施工主要是垂直度监控，即每段混凝土施工完毕后，在温度相对稳定时，随时对塔身垂直度进行监控，以便调整塔身混凝土施工，应避免在温度变化剧烈时进行测试，同时随时观测混凝土质量，及时对混凝土配合比进行调整。

2. 鞍座施工

塔顶设有主鞍座，边跨主缆进入锚碇之前可能设副鞍座；在锚碇前沿，主缆散开，需设散索鞍；若主缆散索中不改变其方向，则只需设散索套。在采用空中送丝法制成的主缆中，位于丝股和锚杆之间的中介环节，称为鞍跟。

（1）主鞍座施工　鞍座根据设计要求分为整铸式鞍座、铸焊式鞍座、拼装式鞍座等。整铸式鞍座是其整体或半体采用普通铸造方法（铸钢）浇铸而成，它能较为简便地解决鞍座外形复杂、质量较大的问题。特别是鞍座槽道为系列同心阶梯圆弧曲面，一般需铸造成型后再进行精加工。图7-37所示为某大桥塔顶主鞍座示意图，中间顶上是承托悬索桥主缆的槽道，两侧有多道竖向肋板将槽道部分和底座部分连成一体。为便于加工、运输和现场吊装，一般将其分成基本对称的两半体制造后栓合。

铸焊式鞍座是槽道部分铸造而成，下底板及结构加强肋则用厚钢板制造，彼此对位后焊接。这种鞍座由于采用了分体铸造方法，铸造缺陷有所减少且较易处理，随着焊接工艺的发展，采用这种形式的鞍座越来越多。

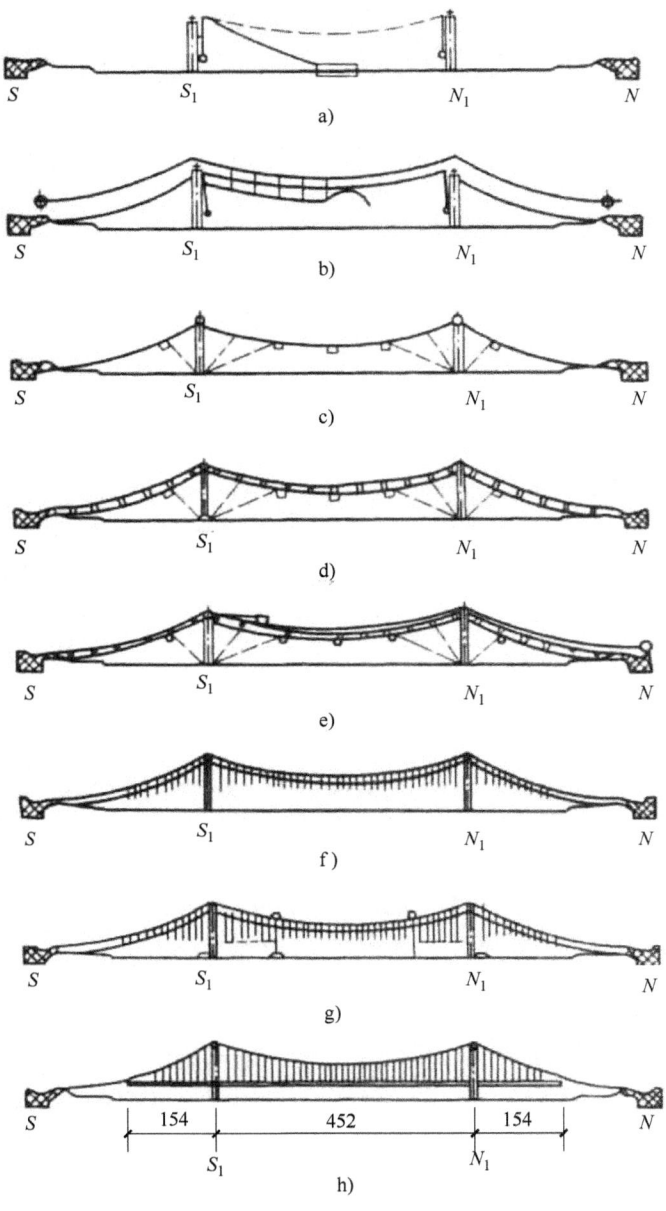

图 7-36 悬索桥施工步骤（单位：m）
a）导索架设 b）猫道承重索架设 c）猫道面铺装架设 d）主缆钢丝束拽拉系统的安装
e）主缆钢丝束拽拉架设及线形调整 f）索夹、吊索安装 g）加劲梁吊装 h）悬索桥全图

拼装式鞍座各部分分体铸造，经机械加工后，采用螺栓连接成整体。拼装式鞍座无焊接变形及焊后热处理问题，但对其分体各部分结合面的加工精度和装配质量要求较高，整体性能对此较为敏感。比较典型的拼装式鞍座如图 7-38 所示，图 7-38a 中鞍座整体或半体以侧壁某一位置分成上、下两部分分别铸造，加工其结合面后栓接；图 7-38b 为单独铸出槽道镶块，镶入槽底。

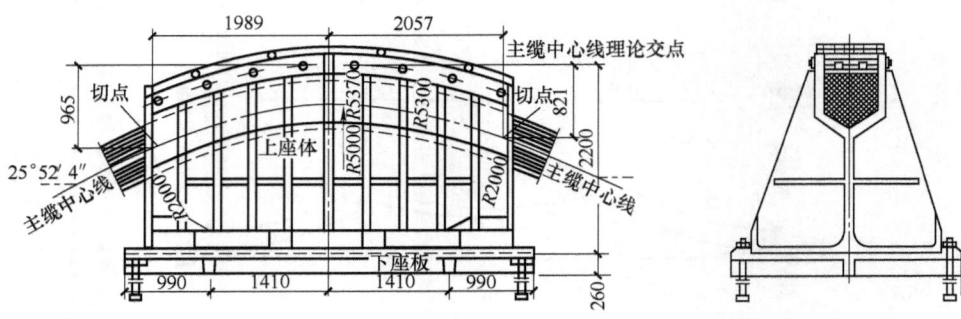

图 7-37　某大桥塔顶主鞍座示意图

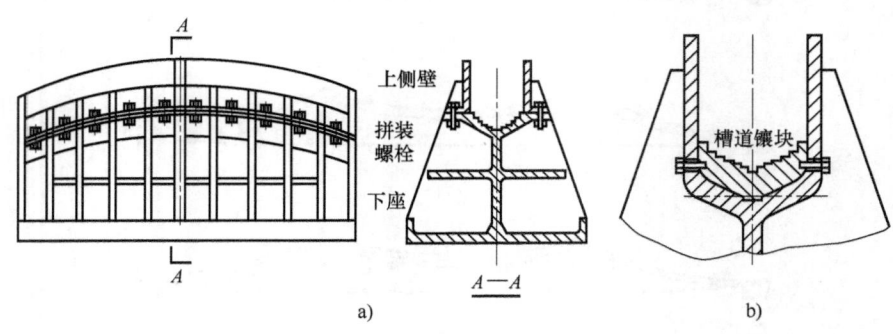

图 7-38　拼装式鞍座示意图

若边跨较大，致使主缆在边跨靠岸端的坡度平缓，为使主缆对水平线的倾角变陡以便进入锚碇，须在边跨靠岸端设墩（或钢排架），墩顶设置副鞍座。主缆在副鞍座处的转角一般不大，其施于副鞍座的压力也较小，使副鞍座的制造比较容易。从副鞍座到锚块混凝土前锚面还有相当大的距离，随着缆力的增加，副鞍座也将发生向河侧的纵移，故副鞍座应设置在摇轴、摆柱或辊轴上，在施工过程中也应先使副鞍座向岸侧有一个预偏量。

（2）散索鞍及散索套　在锚碇前段，主缆在这里散开。当主缆散开的同时有一向下的转折角时，就需要设一个散索鞍。

如果主缆在散开的同时不改变其总方向，那就不用散索鞍而用散索套。

（3）靴跟及锚杆　在采用空中送丝法制成的主缆中，位于丝股和锚杆之间的连接构件是靴跟及其附件。靴跟的功能有两个：一是，传力，丝股套在靴跟的槽道上，而锚杆则连接在靴跟的销钉上；二是，调节长度，丝股的实际长度因施工误差等因素而会有偏差，靴跟中有调节长度的附件，可以进行纠正，使丝股的长度符合设计要求。

3. 主缆架设

对主跨大于 500m 的悬索桥，其主缆形式主要为平行线钢缆。平行线钢缆根据假设方法分为空中送丝法（AS 法）及预制索股法（PWS 法）。

（1）空中送丝法　多数悬索桥都用空中送丝法架设主缆（图 7-39）。在桥两岸的索塔和锚碇等都已安装就绪后，沿主缆设计位置，在两岸锚碇之间设置一无端牵引绳。将送丝轮扣牢在牵引绳上，且将缠满钢丝的卷筒放在一岸的锚碇旁，从卷筒中抽出钢丝头，暂时固定在某靴跟处（可编号为 A），称这一钢丝头为"死头"。继续将钢丝向外抽，由死头、送丝轮和卷筒将正在输送的丝形成一个钢丝套圈，用动力机驱动牵引绳，于是送丝轮就带着钢丝送向对岸。在钢丝套圈送到对岸时，将套圈从送丝轮上取下，套到其对应的靴跟（可编号为 A'）上。图 7-39 所示为送丝工艺示意图。随着牵引绳的驱动，送丝轮又被带回对岸，取下套圈套在靴跟 A 上，然后又送回对岸，这样进行上百次，当其套在两岸对应靴跟（例如 A 及 A'）上的丝数达到一根丝股钢丝的设计数目时，就将钢丝"活头"剪断，并将该"活头"同上述暂时固定的"死头"用钢丝连接器连起来，这样，一根丝股的空中编束就完成了。

空中送丝法的主缆每一丝股内的钢丝根数通常为 300～600 根，需再将这种丝股配置成六角形或矩形并挤紧成为圆形。它的施工必须设置脚手架、配备送丝设备，还需要有稳定送丝的配套措施。为使主缆各钢丝均匀受力，必须对钢丝长度和丝股长度分别进行调整，还应及时进行紧缆和缠缆。

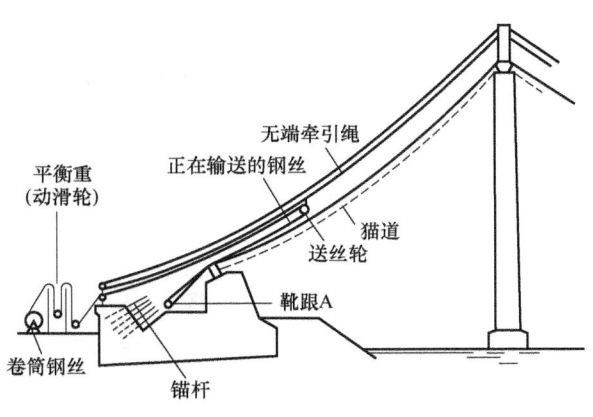

图 7-39　送丝工艺示意图

(2) 预制索股法　预制索股每束 61 丝、91 丝或 127 丝。两端嵌固热铸锚头，在工厂预制，先配置成六角形，然后挤紧成圆形。架设的过程同空中送线法一样，但在猫道上要设置导向滚轮以支持索股。

润扬大桥由两根总重约 21000t 的主缆作为吊挂钢箱梁的受力结构，每根主缆由 184 束平行钢丝束股构成，每束索股又由 127 丝 $\phi 5.3mm$ 的镀锌高强钢丝编制组成，每束索股单位长度重为 22.06kg/m，重约 58t，长约 26000m。主缆索股采用门架式牵引系统、双线往复式牵引方式进行架设施工。同时，将牵引卷扬机与放索机构分置于两岸，减小主卷扬机牵引索的运行长度，以降低牵引力。润扬大桥主缆索股的牵引系统总体布置如图 7-40 所示。

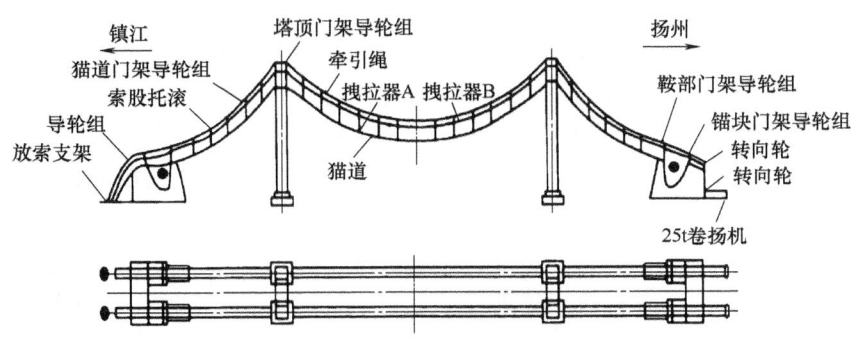

图 7-40　润扬大桥主缆索股的牵引系统总体布置

虎门大桥每束 127 丝，每丝直径 5.2mm，每根主缆 110 束，采用门架式拽拉器牵引索股，如图 7-41 所示。在猫道上设置若干个猫道门架安装门架导轮组，牵引索通过这些导轮组，牵引索上固接有拽拉器，通过主（副）牵引卷扬机的收（放）索或放（收）索，使牵引索带动拽拉器穿过导轮组做往复运动。索股前端与拽拉器相连，使得索股前段约 30m 长悬在空中运行，而索股后段则支承在导向滚轮上运行。

(3) 主缆调整　主缆在自由悬挂状态下的长度可以根据施工时的温度、边界条件、水平距离等因素计算出来。按上述长度设置基准丝，它在自由悬挂状态下的垂度也可以计算出来。理论上，实测值应符合计算值，但实际上由于温度、边界条件、水平距离等因素使两者存在着偏离，

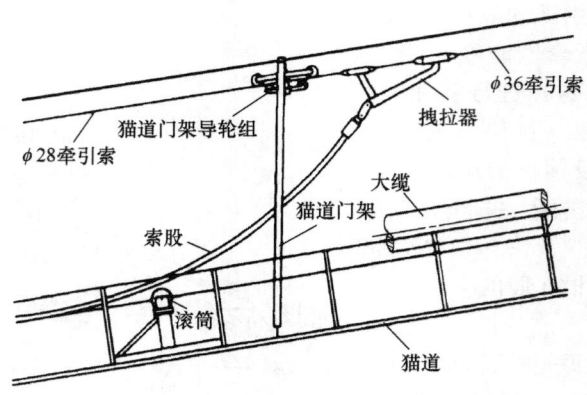

图 7-41　门架式拽拉器牵引方式

故需要精密计算并进行校正。

空中送丝法基准丝的数目和位置,应以能适应钢丝的垂度校核为原则。将每一丝股在安装时的第一根丝（或头几根丝）取为基准丝,随后安装的丝用先前安装的基准丝来校核。校核的原则就是让钢丝处于自由悬挂状态,要求其垂度同基准丝（或经用基准丝校正的先前安装的丝）一样。

预制索股法各丝股的长度也是不同的,在每一丝股中,其转角处应设一根基准丝,如图 7-42 所示,其他各丝乃至整股的长度都是以它为基准丝来制造的。其左上角是带色丝,用来检查安装在主缆中的丝股是否扭曲。各主缆架设的第一根丝股称为基准股,它是以后各丝股垂度调整的基准,必须精确测量其垂度。若垂度偏差超过允许值,就应在一端锚碇处放松或收紧丝股来调整。测量时应用千斤顶在塔顶鞍座处将丝股顶高少许,使之处在自由悬挂状态。

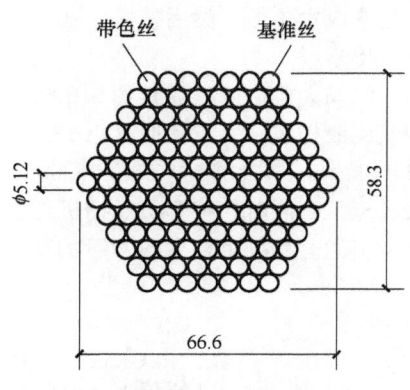

图 7-42　平行丝股的基准丝和带色丝

基准股以外的其他各股称为一般股。一般股采用相对垂度调整法,即测出待调整股与基准股的垂度差,将实测值与理论值比较,得出相对垂度差 Δf,然后根据悬链线弦长与垂度的关系由 Δf 求得相应的放松（或收紧）Δs。丝股调整好以后必须在鞍座内及时锁定。

（4）主缆挤紧

1）主缆初整圆。初整圆的目的是为下一步挤紧做准备,初整圆在气温稳定的夜间进行。首先在主跨 1/4、1/2、3/4 处,边跨 1/2 处确定钢丝束排列有无差异、钢丝是否平行,若有则及时调整。然后用 $\phi 10mm$ 小钢丝绕两圈,两端用倒链滑车连于猫道横梁上,边收紧倒链边用木槌敲打。初整圆后,用钢带打包捆扎,捆扎间距开始较大,例如汕头海湾大桥开始为 60m,然后用二分法加密,直到 5m 一道。初整圆后主缆表面基本平顺,无凹凸不平现象,但空隙率尚未达到设计要求。

2）挤紧。紧缆机包含一个安装在主缆外面的环状刚性钢架,内有 6 个（或 8 个,乃至 12 个）置于径向的千斤顶,千斤顶可以是液压式或螺旋式,在各千斤顶的活塞顶端装有按大缆最终直径制造的圆弧状靴块,千斤顶的另一端则

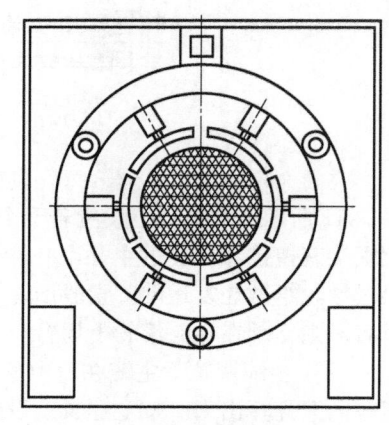

图 7-43　主缆紧缆机示意图

是抵紧在上述环状钢架上，如图 7-43 所示。主缆的正式挤紧作业应采用紧缆机将主缆挤压形成圆形，紧缆顺序宜以跨中向两侧方向进行，挤紧间距为 1m。挤紧后在挤紧压块前后各用钢带捆扎一道，间距约 0.5m。挤紧前应拆除丝股的定型包扎带和初整圆的捆扎带。开机后应控制千斤顶的顶压力，每一千斤顶的顶压力一般是 700~1000kN。

紧缆机能够沿着主缆移动。汕头海湾大桥采用千斤顶的顶压力和主缆直径双控标准，只要达到其中一个标准即自动停机。在紧缆机离开 5m 之后测量主缆的竖向及横向直径，算出空隙率。海湾大桥挤紧后空隙率的目标值平均为 20%。考虑到挤紧捆扎后的主缆直径回弹增大，在挤紧时适当调小缆径，控制在 18% 左右，实测得主缆横径为 57.5~58cm，竖径为 54.6~55.4cm，横、竖直径差为 3cm，呈椭圆形断面，空隙率为 17.8%，满足设计要求。

3）索夹及吊索。索夹有两种构造形式。一种是用竖缝分成两半，吊索骑跨在索夹上，如图 7-44 所示，用高强度螺栓将两半拉紧，使索夹内壁压紧主缆，从而产生摩擦力以防止索夹滑动。在索夹两半之间应保留适当的缝隙（图 7-45 中为 38mm），以确保螺杆拉力能用于产生索夹对主缆的压力。高强螺杆位置应尽可能向内靠近，使螺杆拉力对索夹壁的偏心较小，同时可以使螺杆较长，有利于螺杆吸收更多的应变能，以防拉裂和减少应力损失。

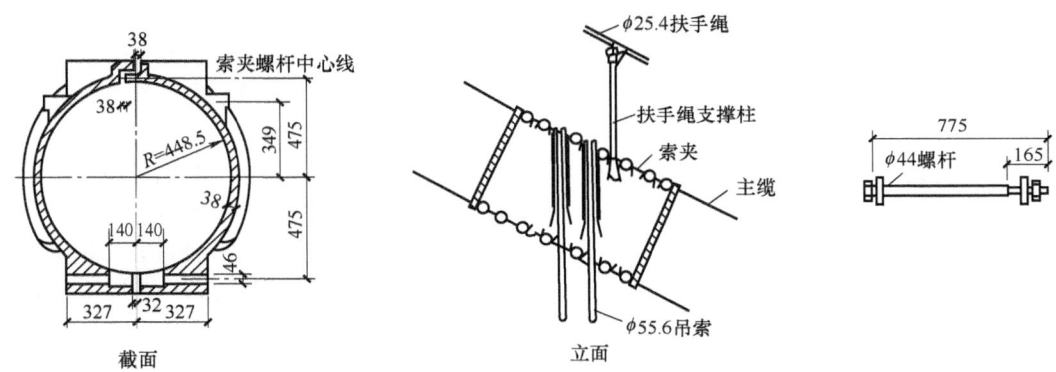

图 7-44　用竖缝分成两半的索夹

一般在每缆每一吊点有两根钢丝绳骑在索夹之外，则吊索钢丝绳有 4 个截面共同受力。设吊索总力为 P，吊点处主缆切线同水平线的夹角为 α，则其沿主缆切向的分力为 $P\sin\alpha$，这也是使索夹沿主缆滑动的力。由此可以求得全部高强螺杆必需的预拉力为

$$\sum N = \frac{P\sin\alpha}{f} \tag{7-1}$$

式中　f——摩擦系数，其经验值可达 0.6。

当螺杆预拉力相当大时，主缆直径在索夹处局部缩小，使索夹滑动受到较大的阻力。图 7-45 中，上、下两排共有 14 个高强螺杆，由此可以求得每个螺杆必需的拉力。在施工及运营中，因螺杆钢材的松弛、主缆钢丝相互位置在重复加载中自行调整及镀锌层的受挤变形等影响，螺杆顶拉力的损失显著，因此，在施工时需要重复拧紧螺杆。

另一种索夹构造是在索夹下方铸成竖向节点板，在板上钻制孔眼，吊索端头的锚杯用销钉与此孔眼相连。其索夹较常见的是分成上、下两半。图 7-45 所示为英国塞文桥的索夹构造，用矩形齿状水平缝分成两半，高强螺杆与缝的方向垂直，斜吊索上端的锚杯借销钉连接在与索夹下半铸在一起的节点板上，这种构造也可以将索夹分成左、右两半，两半的下部均铸有节点板，安装后并在一起。

4. 加劲梁架设

加劲梁架设的主要工具是缆载起重机。架设顺序可以从桥塔开始，向主跨跨中及边跨岸边

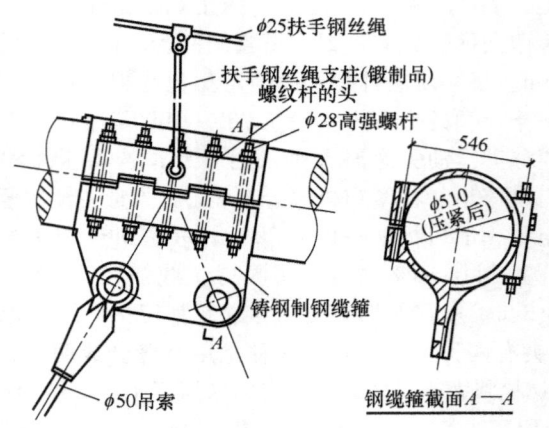

图 7-45 带竖向节点板的索夹构造

前进,也可以从主跨跨中开始,向桥塔方向逐段吊装。

加劲梁多为钢桁架。在每一梁段拼好以后,立即将其与对应的吊索相连,使其自重由吊索传给主缆。对于三跨悬索桥而言,一般需要四台缆载起重机,分别从两塔各向两个方向前进。由于各桥边跨和主跨的跨径比不同,为了使塔顶纵向位移尽可能小,应仔细推算索塔两侧加劲梁段的吊装次序,得出合理的施工方案。

从桥塔开始吊装的优点是施工比较方便,缺点是桥塔两侧的索夹首先夹紧,此时主缆形状与最终几何线形差别最大,因而主缆中的次应力较大。当加劲梁的重力逐渐作用到主缆上时,主缆将产生较大的位移,改变原来悬链线的形状,所以在吊装过程中加劲梁上缘一般都顶紧而下缘张开,直至全部吊装完毕下缘才闭合。如果强制使其下缘过早闭合,结构或其连接件有可能因强度不够而破坏。因此在架设开始阶段,使各梁段在上缘铰接,而使下缘张开。等到一部分梁段已到位,主缆线形比较接近最终线形时,再将这一部分梁段下缘强制闭合。

思考题

1. 桥梁的基本组成是什么?
2. 混凝土墩台施工常用的模板有哪几类?各有什么特点?
3. 混凝土墩台施工中混凝土浇筑有什么要求?
4. 石砌墩台施工要点有哪些?
5. 桥梁上部结构施工常用的方法有哪几类?
6. 梁桥预制安装法有哪几种?
7. 简述导梁式架桥机架梁的施工步骤。
8. 陆地架设法有哪几种方式?
9. 梁桥悬臂施工法的主要特点是什么?施工过程中应注意什么问题?
10. 简述逐孔施工法的方式。
11. 简述拱桥拱圈施工的方式。
12. 简述拱桥转体施工法。桥梁转体施工与非转体施工之间的最主要差别是什么?
13. 简述悬索桥施工的主要步骤。
14. 简述主缆架设的两种方式。

第 8 章

路 面 施 工

> **本章导读**
> 路面施工是保证路面质量和寿命的重要环节之一。路面结构设计、材料组合设计为路面技术等级和使用性能提供技术保障,而路面施工是设计图变为现实工程的具体实践。路面施工作为一个系统工程,注重施工过程管理和质量控制,必须做到设计、施工、管理、监测协调配合,严格要求、层层把关、优化施工工艺、提高施工质量。
> 本章内容重点讲述新建路面施工技术。建议同学们在学习过程中注意结合路面设计,紧密联系实际,了解路面施工常用的施工机械,掌握路面基层、沥青面层和水泥混凝土面层的施工工艺和控制要求。

■ 8.1 概述

8.1.1 道路结构层

构成道路的实体是"路基"和"路面"以及分布于全线的桥梁、涵洞等。道路结构层分为路面结构层和路基结构层,如图 8-1 所示。

路面是用各种筑路材料铺筑在道路路基上直接承受车辆荷载的层状构造物,它不但要承受车轮荷载的作用,而且要受到自然环境因素的影响。由于行车荷载和大气因素对路面的影响作用一般随深度而逐渐减弱,因而路面通常是多层结构,将品质好的材料铺设在应力较大的上层,从而形成了路基之上采用不同规格和要求的材料。道路一般采用分别铺设垫层、基层和面层的路面结构形式,如图 8-2 所示。

路基是指按照路线位置和一定技术要求修筑的作为路面基础的带状构造物。它承受着本身的岩土自重和路面重力,以及由路面传递而来的行车荷载,是整个公路构造的重要组成部分。路基典型横断面的形式有:路堤(填方)、路堑(挖方)和半堤半堑(有填有挖)路基,如图 8-3 所示。

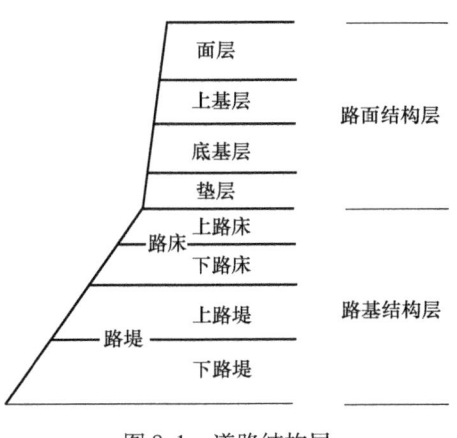

图 8-1 道路结构层

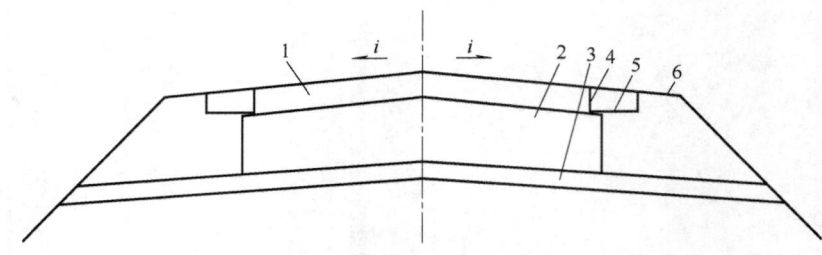

图 8-2 路面结构划分示意图
1—面层 2—基层 3—垫层 4—路缘石 5—加固路肩 6—土路肩

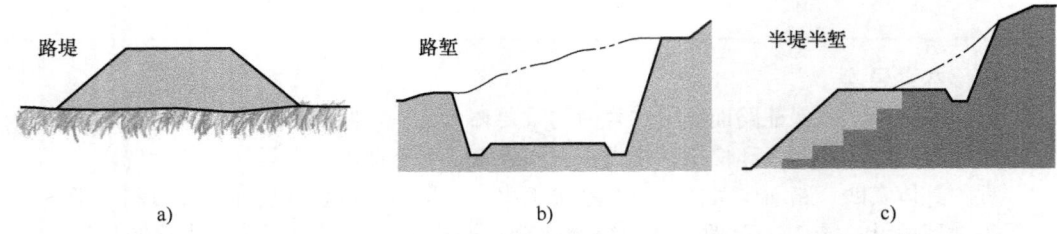

图 8-3 路基横断面的形式
a) 路堤 b) 路堑 c) 半堤半堑

  道路自上而下的结构为面层、基层和路基。根据路面面层材料的不同，可以将道路划分为沥青路面和水泥混凝土路面两种主要类型。根据基层材料的刚度，可以将基层划分为柔性基层、半刚性基层和刚性基层三种主要类型。路面施工一般是指基层的施工和面层的施工。

  图 8-4 所示为某公路工程的施工流程。其中路面施工内容包括施工准备工作、路面各结构层施工过程、施工管理以及工程质量的检查验收和评定等。在施工过程中要保证原材料质量合格、配合比准确、材料拌和均匀、摊铺平整、粗细骨料不离析、碾压密实、接缝平整等技术环节，确保施工质量。

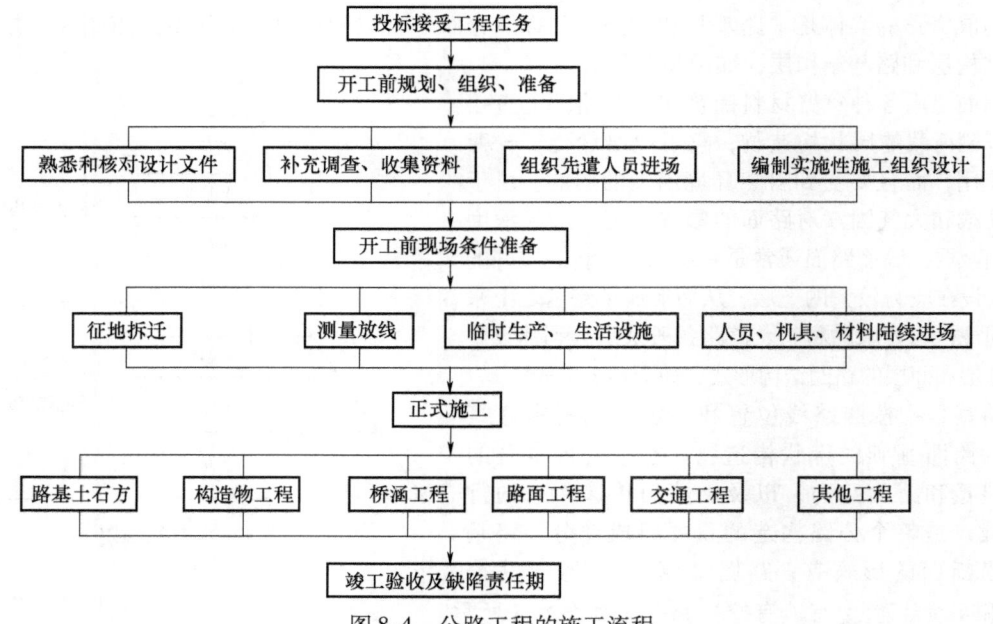

图 8-4 公路工程的施工流程

本章主要介绍路面结构的施工。

8.1.2 施工机械

路面施工中需对骨料及混合料拌和，再由专业车辆运输至施工路段，进行摊铺和压实。在各环节中涉及的施工机械主要有拌和设备、运输车辆、摊铺设备、碾压设备等。

1. 拌和设备

（1）稳定土基层拌和机械　稳定土基层拌和机械通常分为路拌机械和厂拌设备两大类。

1）路拌机械。路拌机械可将二灰土、二灰碎石、水稳砂砾等各种不同配合比材料进行就地拌和。路拌机械按照行走方式的不同，可分为履带式和轮胎式两种。履带式稳定土拌和机的特点是附着力大，整机稳定性好，但是机动性差，不便于运输。轮胎式稳定土拌和机在应用了低压宽基轮胎后，整机稳定性和附着力都有很大的提高，机动性好，在施工中应用较为广泛。

稳定土拌和机根据轮胎位置的不同，可分为后置式、中置式、前置式三种。后置式稳定土拌和机的特点是不产生轮迹，维修、保养方便，转弯半径小，在目前应用较为广泛。中置式稳定土拌和机的特点是稳定性好，但维修、保养不方便，转弯半径较大。前置式稳定土拌和机会在作业面上产生轮迹，目前已逐渐被淘汰。

2）厂拌设备。厂拌设备是将土、碎石、砾石、水泥石灰粉煤灰、水等材料按施工配合比在固定地点拌和均匀的专用生产设备。拌和好的成品料通过混合料储仓的溢料管送到堆料皮带输送机上或直接卸到运输车上送至施工现场。厂拌设备一般由供料系统、拌和系统、控制系统、输送系统和成品储存系统五大部分组成。厂拌设备的优点是级配精度高，拌和质量好。在公路路面施工中，为保证工程质量，应尽可能采用厂拌设备施工。

（2）水泥混凝土搅拌机　水泥混凝土搅拌机按照搅拌原理可分为自落式和强制式两类，一般由搅拌筒、进料装置、卸料装置、传动装置和配水系统等主要部分组成，具体介绍详见第4章。强制式搅拌机与自由式相比，搅拌作用强烈、搅拌时间短、生产效率高，适用于搅拌坍落度在 3cm 以下的普通混凝土与轻骨料混凝土。所以，在大面积的路面施工中应用较为广泛。

（3）沥青混凝土拌和设备　沥青混凝土拌和设备按其作业特点可分为循环作业式（间隙式）拌和机、连续作业式拌和机和综合作业式拌和机三种类型。

1）循环作业式拌和机。沥青混合料中各类材料的称量、烘干与加热、拌和等工艺过程都是按一定的间隔周期进行的，也就是按份数拌制的。

2）连续作业式拌和机。混合料中各种配料的定量加料、烘干与加热、拌和与出料等工艺都是连续进行的。

3）综合作业式拌和机。混合料中各砂石料的供给与烘干加热过程是连续进行的，而砂石料与沥青的称量、拌和以及成品的出料则分周期进行。

2. 运输车辆

混合料的运输应综合考虑拌和能力、运输距离、道路状况、车辆吨位等因素，合理确定运输车辆的数量。一般应采用较大吨位的运料车，对高速公路、一级公路，宜待等候的运料车多余 5 辆后开始摊铺。当运料有防低温、防黏、防离析等要求时，应对装料进行特殊处理。

对防低温的材料，运输车辆顶部应加棉被覆盖保温、防雨、防污染等，以保证混合料的质量。对有防黏要求的材料，车厢内侧应涂刷防粘薄膜，车厢底部不得有积液。车辆接料时应按前、后、中三次移动装料，以减少离析现象，装料车，如图 8-5 所示。

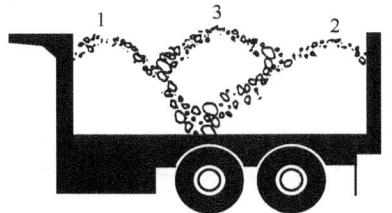

图 8-5　装料车
1、2、3—移动装料顺序

3. 摊铺设备

（1）水泥混凝土路面摊铺机械　水泥混凝土路面常采用滑模摊铺机进行摊铺。滑模摊铺机如图8-6所示，滑模摊铺机安装在履带底盘上，行走装置在模板外侧移动，支撑侧边的滑动模板沿机器长度方向安装。在机器的宽度以内，机器的方向和水平位置靠固定在路面两侧桩上拉紧的导向钢丝或高强尼龙绳来控制。机器底盘的水平位置靠与导向钢丝相接触的传感装置来自动控制。附设的传感器也同时促动摊铺机的转向装置，以使导向钢丝和滑模之间保持一定的距离。滑模摊铺机作业时，不需要另架设轨道和模板，就能按照要求使路面板按压成型，这种摊铺机可实现多种功能的摊铺，如路肩、路缘石等。

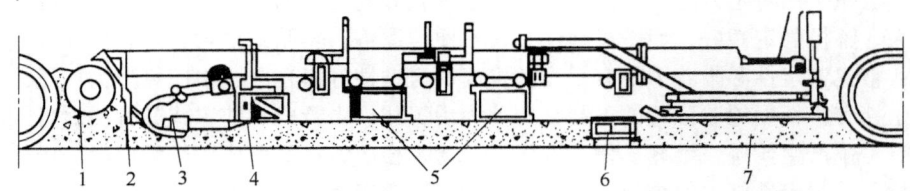

图8-6　水泥混凝土路面滑模摊铺机示意图

1—螺旋摊铺器　2—刮平器　3—振动器　4—刮平板　5—差动式振动板　6—光面带　7—混凝土面层

（2）沥青路面摊铺机械　沥青混合料摊铺机是用来将拌制好的沥青混合料均匀摊铺在已整修好的路面基层上的专用设备。沥青混合料的摊铺，如图8-7和图8-8所示。

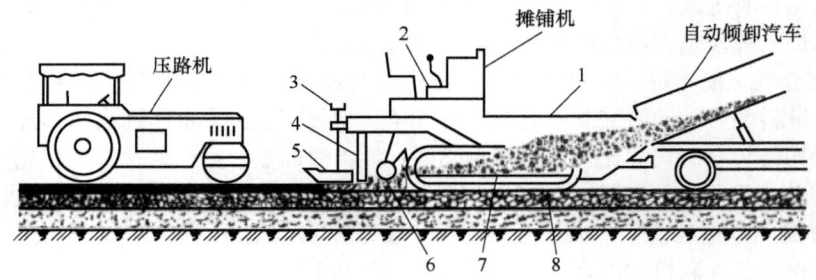

图8-7　沥青混合料摊铺机示意图

1—料斗　2—驾驶台　3—厚度调节螺杆　4—振动器　5—摊平板　6—螺旋摊铺器　7—送料器　8—履带

图8-8　沥青混合料摊铺机

摊铺机按行走方式可分为自行式摊铺机和拖式摊铺机两种，高级公路路面施工中常用前者。自行式摊铺机又可分为轮胎式自行式摊铺机、履带式自行式摊铺机及复合式自行式摊铺机三种。轮胎式摊铺机的优点有：行驶速度快（可达20km/h）；可自行转移工地；机动性和操纵性能好；对单独的小面积高堆或深坑适应性较好，不致过分影响铺层的平整度；弯道摊铺质量好；结构简单、造价低。其缺点有：对路面平整度的敏感性较强；料斗内的材料多少会改变后驱动轮胎的变形量，从而影响铺层的质量。

履带式摊铺机的履带大多加装胶垫，以免履带对地面造成压痕，同时可借此降低对地面的压力。履带式摊铺机的优点是：牵引力与接地面积都较大，减少对下层的作用力，对下层平整度不太敏感。其缺点是：行驶速度低，不能很快地自行转移工地；对地面较高的凸起点适应能力差；机械式传动式摊铺机在弯道上作业时会使铺层边缘不整齐；此外，其制造成本较高。

复合式摊铺机作业时，利用履带行走装置；运输时，采用充气轮胎装置。复合式摊铺机广泛应用于小规模沥青混合料摊铺施工。

（3）沥青及碎石洒布机 在采用沥青透层、封层、表面处治式、乳化沥青稀浆混合料、贯入式施工工艺铺筑沥青路面时，是用沥青及碎石洒布机将碎石或沥青洒布到碾压好的碎石基层、沥青层等路面结构上。沥青洒布机如图 8-9 所示。

4. 碾压设备

（1）水泥混凝土捣实机械 水泥混凝土捣实机械的类型按其工作方法的不同可分为插入式振动器、附着式振动器及平板式振动器和台式振动器。有关介绍见本书第 4 章。

（2）压实机械 用于沥青路面施工的压路机包括轮胎压路机、单钢轮压路机、双钢轮压路机、振动式压路机等，如图 8-10 所示。压路机工作原理是借助重力（或重力 + 激振力）使沥青混合料颗粒产生位移，从而排列更加紧密，达到稳定、密实的目的。

图 8-9 沥青洒布机

图 8-10 压路机的类型

a）轮胎压路机 b）单钢轮压路机 c）双钢轮压路机 d）振动式压路机

8.2 路面基层施工

新建路面的基层按照结构组合设计要求，分为柔性基层、半刚性基层和刚性基层。柔性基层选用沥青稳定碎石、沥青贯入式、级配碎石、级配砂砾等；半刚性基层选用水泥稳定土或粒料、石灰与粉煤灰稳定土或粒料等，也称为无机结合料稳定类基层；刚性基层选用碾压式水泥混凝土、贫混凝土等。根据结合料的类型，基层可以分为以下四类：无机结合料稳定类、粒料类、沥青结合料类和水泥混凝土类。本节重点介绍无机结合料稳定类基层和粒料类基层的施工工艺。

8.2.1 无机结合料稳定类基层施工

在土或骨料中掺入一定量的无机结合料（如水泥、石灰），加水拌和摊铺整平，碾压密实，其强度和稳定性符合规范要求的材料称为无机结合料稳定类材料，以此修筑的路面称为无机结合料稳定类路面。

无机结合料稳定类基层整体性好，承载力高，刚度大，水稳定性好，且较为经济。它广泛适用于高等级公路的路面基层和底基层。

根据施工拌和方式的不同分为厂拌法和路拌法。厂拌法是指混合料集中在拌和厂拌和，并应用摊铺机摊铺的集中施工方法；路拌法是指使用稳定拌和机械就地拌和并用平地机或摊铺机摊铺整平的就地施工方法。一般高等级公路的基层或底基层多采用厂拌法施工，低等级公路基层或底基层可采用路拌法施工。

1. 厂拌法施工

厂拌法施工一般是在中心站用强制式拌和机、双转轴桨叶式拌和机等设备进行混合料集中拌和，现场用稳定土摊铺机、沥青混凝土摊铺机或水泥混凝土摊铺机进行摊铺。无机结合料厂拌法大致的施工工艺，如图8-11所示。

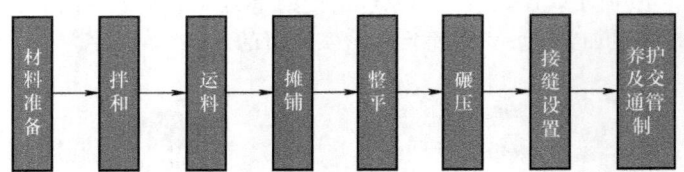

图8-11 厂拌法的施工工艺

（1）材料准备 土块应粉碎，应保证材料的最大粒径和级配符合要求。不同粒级的碎石或砾石以及细骨料（包括石屑和砂）应隔离，分别堆放。在潮湿多雨地区或其他地区的雨期施工时，应注意采取措施防止材料雨淋，尤其是细骨料表面应覆盖遮雨布等防护。

（2）拌和 稳定土混合料正式拌和时，应将土块粉碎，使最大尺寸不超过15mm。配合比要准确，拌和要均匀，加水量要略大于最佳含水率的1%左右，混合料运到现场摊铺碾压时，应正好接近最佳含水率。成品料运到现场摊铺前应覆盖，以防水分蒸发。

（3）运料 应尽快将拌和好的混合料运送到铺筑现场。车上的混合料应该有覆盖布，减少水分损失。

（4）摊铺 如下承层是稳定细料土，应先将下承层顶面拉毛，再摊铺上层混合料。摊铺机的生产能力应与拌和机的生产能力相适应。应尽量减少摊铺机摊铺过程中停机待料的情况。应采用沥青混凝土摊铺机或稳定土摊铺机摊铺混合料，同时在摊铺机后面应人工消除粗细骨料离析现象，特别应该铲除局部粗骨料"窝"，并用新拌混合料填补。

（5）整平 混合料拌和均匀后应立即用平地机初平。一般在直线段，由两侧向路中心刮平；在曲线段，由内侧向外侧刮平。然后，用轮胎压路机、轮胎拖拉机或平地机快速碾压一遍。不平整的地方，用齿耙把表面5cm耙松；必要时，用新拌的混合料找平，再进行碾压。每次整平碾压，均需按要求调整坡度和路拱。为避免出现薄层贴补，在总厚度满足要求的情况下，摊铺时宜

"宁高勿低",整平时宜"宁刮勿补"。

(6) 碾压 整平后当混合料处于最佳含水率不超过 1%~2% 的范围时,进行碾压。如表面水分不足,应适当洒水。在人工摊铺和整平的情况下,应先用拖拉机、6~8t 双轮压路机或轮胎压路机碾压 1~2 遍,再用重型轮胎压路机、振动压路机或 12t 以上的三轮压路机进行碾压。碾压结束之前,用平地机终平一次,使高程、路拱和超高符合设计要求,局部低洼之处不得找补,以免出现薄层贴补现象。

(7) 接缝设置 无机结合料混合料摊铺时必须连续作业不中断,如果因故中断且中断时间超过 2h,则应设置搭接缝;同日施工的两个工作段的衔接处应搭接拌和。第一段拌和后,留 5~8m 不进行碾压。第二段施工时,将前段留下的部分再加部分水泥重新拌和,并与第二段一起碾压。应注意每天最后一段末端缝的处理。水泥稳定土施工应避免纵向接缝,在必须分两幅施工时,应采用垂直相接纵缝。

(8) 养护及交通管制 养护期应采取洒水保湿措施,在铺筑上层之前,至少养护 7d。养护方法根据情况可采用洒水、覆盖砂等方法。未采用覆盖措施时,应封闭交通。采用覆盖砂或喷洒沥青膜养护,不能封闭交通时,应限制车速不得超过 30km/h。养护期结束,应立即施工上层,以免产生收缩裂缝;或先铺封层,开放交通,待基层充分开裂后,再施工上层,以减少反射裂缝。

2. 路拌法施工

无机结合料路拌法大致的施工工艺,如图 8-12 所示。

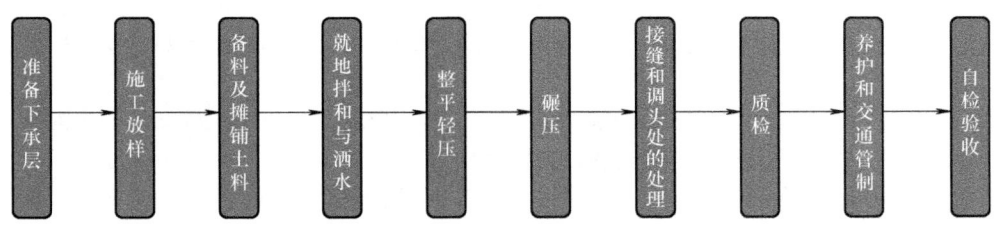

图 8-12 路拌法施工工艺

(1) 准备下承层和施工放样 水泥稳定土施工前,应检查下承层是否合格。下承层表面应平整、坚实,具有规定的路拱。下承层的平整度和压实度应符合检查验收规定的要求。

对于土基,应用 12~15t 三轮压路机或等效的碾压机械进行碾压检验,发现土过干、表面松散或土过湿或"橡皮土"现象,应采取换土、挖开晾晒、掺生石灰或粒料等措施进行处理。

对于底基层或原路面,应进行弯沉的测定、坡度和路拱的检验。强度达不到要求的,须采用增加底基层的密实度、加厚底基层、改善底基层的材料或挖换质量好的材料等措施进行修补。

在水泥稳定土的下承层(土基或底基层)上恢复中线,测量断面高程,并在两侧路肩边缘外设置指示桩,在桩上标定水泥稳定土的设计高程。运料前,应用洒水车对底基层均匀洒水,使其表面湿润。

(2) 备料及摊铺土料 采集土前应先将树木、草皮和杂土清除干净。同时根据各路段水泥稳定土层的宽度、厚度及预定的干密度,计算各路段所需要的干燥土的数量。根据料场的含水率和所用运料车的吨位,计算每车料的堆放距离。

土料应按计算的数量和间距进行堆放,并做好排水工作。较大的土块应进行粉碎和筛除,然后用平地机整平。

摊铺前,应事先通过试验确定土的松铺系数。摊铺土一般应在铺水泥的前一天进行。摊铺长度按日进度的需要量控制,满足次日要完成掺加水泥、拌和、碾压成型的量即可。雨期施工时,如第二天下雨，不宜提前摊铺土。

除洒水车外，严禁其他车辆在土层上通行。

（3）就地拌和与洒水　采用稳定土拌和机进行就地拌和，拌和深度应达稳定层底并宜侵入下承层5～10mm，严禁在拌和层底部留有素土夹层。

在拌和过程结束时，如果混合料的含水率不足，应用喷管式洒水式（普通洒水车不适宜用作路面施工）补充洒水。洒水后，应再次进行拌和，使水分在混合料中分布均匀。同时洒水及拌和过程中，应及时检查混合料的水量，含水率宜略大于最佳含水率。

混合料拌和均匀后应色泽一致，没有灰条、灰团和花面，没有粗细颗粒"窝"或"带"，即无明显粗细骨料离析现象，且水分合适和均匀。

（4）整平轻压　整平方法与厂拌法相同。

（5）碾压　水泥稳定土整平后，应立即用15t三轮压路机、振动压路机或轮胎压路机在路基安全宽度内进行碾压。

当含水率达到最佳含水率时，碾压不得少于6遍。碾压时，应由两侧路肩向路中心，由曲线内侧向外侧进行碾压。错轮时，后轮迹的重叠宽度不得小于后轮宽度的1/2。路面的两侧应多压2～3遍。

碾压过程中，发生橡皮土、松散、起皮等现象，应及时翻开换料或加水泥重新拌和，或用其他方法处理，使其达到规定的要求。终压前，应用平地机终平一次，局部低洼之处不得找补，以免出现薄层贴补。

为满足水泥稳定土表面的平整，对于砂砾质土，适宜用轮胎压路机或钢轮压路机碾压；对于砂质黏土，适宜用轮胎压路机碾压；振动压路机适用性较广，且压实效果良好，现已被广泛应用在工程中。

压路机不得在已完成的或正在碾压的路段上掉头或紧急制动，以避免破坏基层表面。

（6）接缝和调头处的处理　路拌法施工的接缝处理同厂拌法。

如拌和机械或其他机械必须在已压成的水泥稳定土层上调头，应采取保护调头作业段的措施。一般在准备用于调头的8～10m长的稳定土层上，先覆盖一张厚塑料布或油毡纸，然后铺上约10cm厚的土、砂或砂砾。调头完成后，用平地机将塑料布上大部分土除去，然后人工除去余下的土，并收起塑料布。

（7）养护和交通管制　水泥稳定土经拌和、压实后，在规定的7d养护期内，可以用帆布、粗麻布、稻草等湿润养护。若用砂养护，砂层需7～10cm厚，铺匀后，洒水保持湿润。其他注意事项与厂拌法相同。

8.2.2　粒料类基层施工

粒料类基层是以级配碎石、级配砾石、天然砂砾、填隙碎石、未筛分碎石等颗粒材料填筑而成的路面基层，其中级配碎石和级配砾石力学性能更为优良，适用于各类交通荷载等级的路面基层。粒料类基层的施工具有相似之处，以下对级配碎石基层施工过程进行简要介绍。

级配碎（砾）石基层是指粗、中、小碎石各按一定比例混合，其颗粒组成符合规定的密实级配要求，且塑性指数和承载比均符合规定要求的混合料。级配碎石是应用极为普遍的筑路材料，广泛用于柔性路面的基层和底基层。

级配碎（砾）石的施工应做到骨料级配是密实级配，配料应准确，细料的塑性指数应符合规定，混合料必须搅拌均匀，掌握好各个结构的压实厚度，在最佳含水率时进行碾压等施工环节。级配碎（砾）石的施工一般采用路拌法，为满足质量要求，级配碎（砾）石有时采用集中拌和法。

级配碎（砾）石路拌法的施工工艺如图8-13所示。

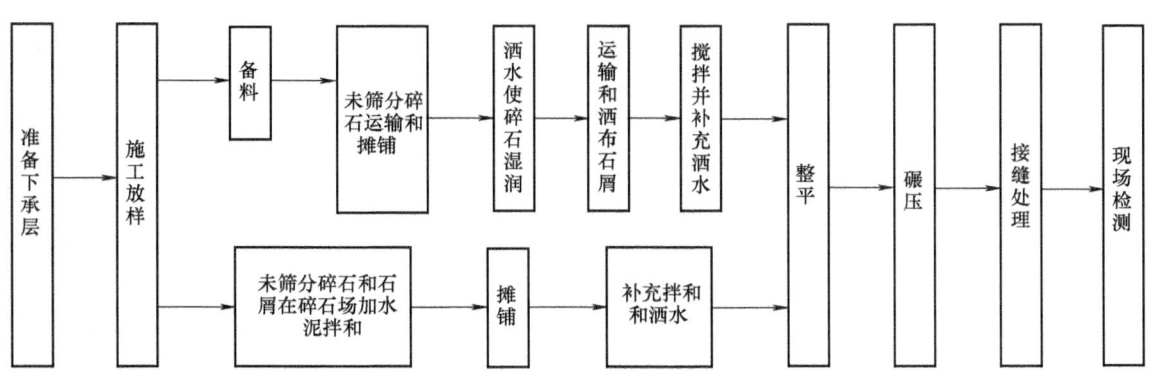

图 8-13　级配碎（砾）石路拌法的施工工艺

1. 准备下承层

级配碎（砾）石的下承层表面应平整、坚实，具有一定的路拱，平整度和压实度应满足相关规范要求。下承层必须用 12~15t 的三轮压路机或等效的压路机进行碾压（碾压 3~4 遍）检验，发现过干、表层松散时，应及时洒水。对于底基层，压实度检查和弯沉测定的结果不符合要求的，应采用补充碾压、换填好料、挖开晾晒等措施，使之达到规范的要求。应逐个检查各断面的标高是否满足误差的要求。

2. 施工放样

在下承层上恢复中线。直线段每 15~20m 设一桩，平曲线段每 10~15m 设一桩，并在两侧路肩边缘外 0.3~0.5m 设指示桩。逐个断面进行高程测量，并在指示桩上标记结构层的设计高度。

3. 备料

严格控制料场碎石质量完全符合要求。不同骨料应分开堆放，细骨料应覆盖，防止雨淋。根据各路段基层或底基层的宽度、厚度及预定的干密度和松铺系数，计算所需要的各种骨料的数量，根据运料车辆的车厢体积，计算每车材料的堆放间距。

4. 拌和

拌和均匀是级配碎石形成强度和良好性能的关键。拌和过程中含水率宜高于最佳含水率 1%~2%，以抵消运输和摊铺过程中水分散失及利于碾压成型。拌和机应保持良好的工作态度，应根据级配碎石材料最大粒径情况适当调整叶片，使其具有适当的尺度。

5. 运输和摊铺骨料

1) 骨料装车时，应控制每车料的数量基本相同。

2) 同一料场的路段，运输应由远到近按计算的间距堆放，堆放的时间不宜过长，一般仅提前数天。料堆间每隔一定距离应留缺口用于排水。

3) 应事先通过试验确定骨料的松铺系数，一般人工摊铺时为 1.4~1.5，平地机摊铺时为 1.25~1.35。

4) 采用粗细不同的多种骨料时，应将粗骨料铺在下面，并处于湿润状态，再将细骨料铺在上面。级配碎石的未筛分碎石摊铺平整后，在其较湿润的情况下，向上运送石屑，用平地机并辅以人工将石屑均匀摊铺在碎石层上，或用石屑洒布机将石屑直接均匀洒布在碎石层上。

5) 检查松铺材料层的厚度，必要时应进行减料或补料工作。

6. 碾压

整平后，当含水率满足要求时，应立即用 12t 以上三轮压路机、振动压路机或轮胎压路机进行碾压。

1）应由两侧路肩向路中心、由曲线内侧向外侧进行碾压，后轮应重复1/2轮宽，且需超过两段的接缝处。一般需碾压6~8遍，使表面没有明显轮迹。压路机的碾压速度头两遍宜为1.5~1.7km/h，以后为2.0~2.5km/h。

2）路面两侧区域应多压2~3遍。

3）严禁在正在碾压的路段上掉头或紧急制动。

4）含有土的级配碎（砾）石层，应进行滚浆碾压，直到表层没有多余的细土泛出表面为止，然后将表面薄层土或滚浆清除干净。

7. 接缝处理

作业段的衔接处，应搭接拌和。第一段拌和后，应留5~8m先不碾压。第二段施工时，将留下的部分一起加水拌和，整平后进行碾压。施工时，应尽量避免纵向接缝。当必须分幅铺筑时，应搭接拌和，前半幅全宽碾压密实，后半幅拌和时，应将前半幅相邻处的边部0.3m左右搭接拌和，整平后一起碾压。

8. 现场检测

压实后的级配碎石应进行材料含水率、筛分析、现场压实度、平整度试验，并检测压实后的结构厚度是否满足要求。同时进行含水率、现场压实度、弯沉量、承载板回弹模量、平整度等现场检测。

■ 8.3 沥青混凝土路面施工

沥青混凝土路面施工

按技术品质和使用情况分类，沥青路面可分为沥青混凝土路面、沥青碎石路面、沥青贯入式路面等。沥青混凝土路面是指用沥青混凝土做面层的路面。沥青混凝土是经人工选配具有一定级配组成的矿料（碎石或碎砾石、石屑或砂、矿粉等）与一定比例用沥青材料，在严格控制条件下拌制而成的混合料。较小的孔隙率使沥青混凝土路面具有透水性小、水稳定性好、耐久性高，有较强的抵抗自然因素的能力，使用年限达15~20年及以上。沥青混凝土路面适用于各级公路面层。大致施工流程如图8-14所示。

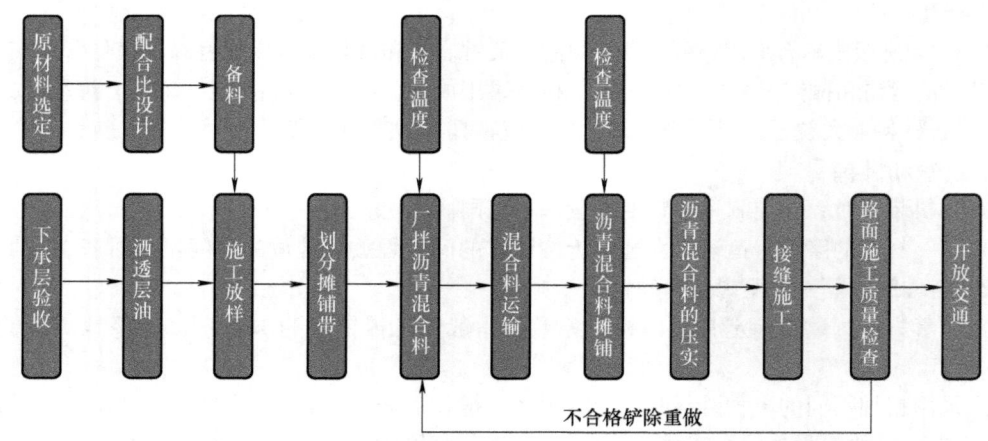

图8-14 沥青混凝土路面施工流程

8.3.1 一般要求

沥青路面施工是一种机械化、规模化的连续生产过程。因此，在施工前必须做好充分的准备工作，保证在施工时有充足且质量合格的材料储备，同时调配性能良好、满足规模生产的机械设备及技术人员。施工准备阶段主要包括以下工作：

1. 技术准备

路面施工技术准备是工程顺利实施的主要依据。其内容主要包括：熟悉和审查设计文件、编制施工组织设计、技术安全交底和施工放样等。

2. 场地要求

拌和场和储料场占地面积应符合合同文件及施工进度、质量要求。料场应进行硬化，硬化方案可采用垫层＋基层＋10cm C20 混凝土面层等方式；拌和厂硬化应设置完善的排水设施；场内道路（包括拌和场至主线之间的道路）必须硬化，并确保清洁、平整，防止泥土污染骨料，或因颠簸造成混合料离析。细骨料必须搭建牢固的防雨棚来保存。外加剂及矿粉等材料，采用仓库存放。拌和场内应具备完善的排水设施并做好绿化环保工作。靠近运输道路一侧的料堆必须采取防尘措施。拌和楼处宜设置密封式的废粉收集处集中转运回收粉，避免产生环境污染。在高压、高温的设备处应设置安全警告标示和设备操作规程，由专人巡视安全，做好安全工作。

3. 人员和施工机械要求

人员和设备准备是路面工程施工能否顺利进行的物质保证，做好人员和设备两方面的准备工作，才能保证施工质量，避免不必要的经济损失。人员准备包括建立施工组织机构和组建施工队伍。设备准备即配备满足施工要求的施工机械和配件。做好设备保养、调试运转工作，保证在施工期间一般不发生影响施工进度和质量的故障。按照每个作业面实行至少两台同型号摊铺机梯队作业以保证摊铺面质量的施工要求，一个施工点应配备以下主要施工机械和仪器：

（1）间歇式沥青混合料拌和机　对于新建高速公路，单台不宜低于3000型，产量额定值大于240t/h，由计算机系统控制全部生产过程，在生产过程中应能随时打印出每盘混合料的详细参数。冷料仓不少于5个，并与配合比中骨料种类相匹配。同时具有添加矿粉、消石灰等外加剂的两套提升设备。矿粉仓必须配备振动装置，防止矿粉起拱。宜安装400t以上沥青储料罐和80t以上热储料仓。通到拌和楼、拌和锅的粉尘回收管应焊牢封闭或拆除，将除尘器内的回收粉输出管道通到废粉收集处内，集中转运。

（2）摊铺机　同型号沥青混合料摊铺机3台（其中一台备用），摊铺机中螺旋送料器上应安装反向叶片，减少摊铺时摊铺机中间部位的离析。配备非接触式平衡梁（安装长度大于6m），用于沥青摊铺机的平整度控制，保证摊铺机摊铺出平整光滑的路面。

（3）压路机　每个工作面宜配备不少于5台压路机（轮胎压路机及双钢轮压路机），并根据试验段确定以上机械具体数量及组合方式。

（4）运输车辆　载重量为28～40t的自卸汽车不少于20辆。运输车车厢内板应平滑，配备能覆盖到车厢板上口以下20cm宽度的篷布（或采用棉被覆盖）。

（5）试验仪器　为保证能及时检测、控制施工质量，必须配备性能良好，精度符合合同文件规定及试验规程需要的质量检测仪器，并配备足够的易损部件。

4. 路面材料准备

为了保证骨料之间不相互混杂，要求不同规格骨料之间应隔离。骨料堆场宜搭棚，至少应将细骨料用油布覆盖，以避免骨料淋湿。骨料技术要求应符合《公路沥青路面施工技术规范》（JTG F40—2004）的要求。骨料在送进拌和设备时的含水率不应超过1%。

沥青路面使用的各种材料运至现场后必须取样进行质量检测，经评定合格后方可使用。沥青路面的骨料的选择必须经过认真的料源调查，确定料源应尽可能就地取材；质量符合使用要求，石料开采必须注意环境保护，防止破坏生态平衡；骨料粒径规格以方孔筛为准，不同料源、品种、规格的骨料不得混杂堆放。

沥青面层的配合比设计的成功与否将直接影响到面层的质量，配合比应采用质量优良的材料进行严谨的设计优化和现场检验。

密级配沥青混合料宜根据公路等级、气候及交通条件按《公路沥青路面施工技术规范》选择采用粗型（C型）或细型（F型）混合料，面层沥青混合料的配合比可按照该规范中附录B的要求进行设计。

5. 试验段铺筑

在生产配合比设计完成及其他技术准备工作完成后，应马上进行试验段的铺筑。试验段宜选在直线段，长度不少于300m。施工前应对下承层进行清理并经监理工程师验收，合格后方可继续。

试验路段施工分为试拌和试铺两个阶段，按照规模施工的要求确定以下内容：

1）验证用于施工的骨料配合比例，通过试拌决定拌和时间、拌和温度、除尘风门开度等。

2）根据各种机械施工能力相匹配的原则，确定适宜的施工机械，按生产能力决定机械数量与组合方式。

3）通过试铺决定合适的铺筑厚度、松铺系数、摊铺速度、压实机具的组合方式、碾压速度、碾压次数及施工缝处理方法等。

4）确定每一作业段的合适长度。

5）确定标准施工方法。

试铺结束后，施工单位提交试验段总结报告，试验段总结报告经总监办批准后即可作为申报正式开工的依据。

8.3.2 沥青混合料的拌和

1. 拌和时间

拌和时间的确定以所有颗粒是否全部裹覆沥青，并以沥青混合料拌和均匀为标准。间歇式拌和机每锅拌和时间宜为30～50s（其中干拌时间不得少于5s）。热矿料二次筛分用的振动筛筛孔应依据矿料级配选用，其安装角度应根据材料的可筛分性、振动性能力等由试验确定。拌和厂拌和的沥青混合料应均匀一致，无花白料，无结团成块或严重的粗细料离析现象，不符合要求时不得使用，并应及时调整。沥青混合料拌和后，如果不立即摊铺，可放入成品储料仓。在有保温设备的储料仓中，为避免沥青混合料老化，其温度下降不应超过5℃，储料仓的储料时间不宜超过24h，最多不应超过48h。

2. 拌和温度

混合料需要在一定的温度下拌和，以使沥青达到要求的流动性，较好地裹覆矿料颗粒。但拌和温度过高会导致沥青老化，严重影响沥青混合料的使用性能。沥青与矿料的加热温度应调节到能使拌和的沥青混合料出厂温度满足要求。骨料温度应比沥青温度高10～20℃，严格掌握沥青和骨料的加热温度以及沥青混合料的出场温度。当混合料出厂温度过高，已影响沥青与骨料的黏结力时，混合料不得使用，已铺筑的沥青路面予以铲除。

3. 拌和检验

沥青混合料拌和过程中，拌和楼控制室要逐盘记录沥青和各种矿料的用量和温度，并定期对拌和楼的计量和测温系统进行校核；没有材料计量和温度自动计量装置的拌和机不得使用。沥青混合料应符合批准的工地配合比的要求，应在目标值的允许偏差范围内。

8.3.3 沥青混合料的运输

沥青混合料的运输应注意以下几点：

1) 运送沥青混合料的汽车应有紧密清洁光滑的金属底板,底板应涂一薄层油水混合液,以防止混合料粘到底板上,但不得有余液积聚在车厢底部。不允许用石油衍生剂作为汽车底板的涂料。装卸前,汽车底板应排干积水。每辆汽车都应用帆布篷覆盖,保护混合料不受天气的影响,减小水分的损失。

2) 装料时汽车应前后移动,避免混合料离析;运料汽车应在摊铺机前 10~30cm 处停住,不得撞击摊铺机;卸料过程中运料汽车应挂空挡,靠摊铺机推动前进,以确保摊铺层的平整度。

3) 沥青混合料运输车的运量应较拌和能力或摊铺能力有所富余,施工过程中摊铺机前方应有运料车等候卸料。对高速公路和一级公路,开始摊铺时在施工现场等候卸料的运料车一般不宜少于 5 辆。

4) 沥青混合料运至摊铺地点后应检查拌和质量,沥青混合料不宜低于规定温度,不符合《公路沥青路面施工技术规范》(JTG F40—2004)对温度的要求,或已经结成团块、已遭雨淋湿的混合料不得铺筑在道路上。

8.3.4 沥青混合料的摊铺

沥青混合料摊铺作业是保证沥青路面密实度和平整度的关键工序之一,原则上应采用机械摊铺,在路幅狭窄、曲线半径过小或路面加宽部分等小规模工程可采用人工摊铺。高速公路、一级公路和城市快路、主干路应采用机械摊铺,宜采用两台以上摊铺机组成梯队作业,进行联合摊铺。

热拌沥青混合料应采用摊铺机摊铺,在喷洒有黏层油的路面上铺筑改性沥青混合料或 SMA(沥青玛蹄脂碎石混合料,由沥青、纤维稳定剂、矿粉及少量的细骨料组成沥青混合料)时,宜使用履带式摊铺机。铺筑高速公路、一级公路沥青混合料时,一台摊铺机的摊铺宽度不宜超过 6m,单向双车道或三车道以上高速公路宜采用两台或更多台摊铺机前后错开 10~20m,呈梯队方式同步摊铺。摊铺机必须连续缓慢、不间断地摊铺,以提高平整度,减少混合料的离析。摊铺速度宜控制在 2~6m/min 的范围内,对改性沥青混合料及 SMA 宜控制在 1~3m/min 的范围内。摊铺机应采用自动找平方式。

沥青混合料的摊铺温度应满足表 8-1 的规定。摊铺机摊铺过程中,应均匀、缓慢、连续不间断地摊铺,不得随意变换速度和中途停顿,以免出现混合料离析导致平整度降低。

表 8-1 热拌沥青混合料的施工温度 (单位:℃)

施工工序		石油沥青的标号			
		50 号	70 号	90 号	110 号
沥青加热温度		160~170	155~165	150~160	145~155
矿料加热温度	间隙式拌和机	骨料加热温度比沥青温度高 10~30			
	连续式拌和机	矿料加热温度比沥青温度高 5~10			
沥青混合料出料温度		150~170	145~165	140~160	135~155
混合料储料仓储存温度		储存过程中温度降低不超过 10			
混合料废弃温度,高于		200	195	190	185
运输到现场温度,不低于		150	145	140	135
混合料摊铺温度,不低于	正常施工	140	135	130	125
	低温施工	160	150	140	135
开始碾压的混合料内部温度,不低于	正常施工	135	130	125	120
	低温施工	150	145	135	130
碾压终了的表面温度,不低于	钢轮压路机	80	70	65	60
	轮胎压路机	85	80	75	70
	振动压路机	75	70	60	55
开放交通的路表温度,不高于		50	50	50	45

聚合物改性沥青混合料的施工温度根据实践经验并参照表 8-2 选择。通常宜较普通沥青混合料的施工温度提高 10~20℃。对采用冷态胶乳直接喷入法制作的改性沥青混合料，骨料烘干温度应进一步提高。

表 8-2 聚合物改性沥青混合料的正常施工温度范围　　　　　　　　（单位：℃）

工　序	聚合物改性沥青品种		
	SBS 类	SBR 胶乳类	EVA、PE 类
沥青加热温度	160~165		
改性沥青现场制作温度	165~170	—	165~170
成品改性沥青加热温度，不大于	175	—	175
骨料加热温度	190~220	200~210	185~195
改性沥青 SMA 混合料出厂温度	170~185	160~180	165~180
混合料最高温度（废弃温度）	195		
混合料储存温度	拌和出料后降低不超过 10		
摊铺温度，不低于	160		
初压开始温度，不低于	150		
碾压终了的表面温度，不低于	90		
开放交通时的路表温度，不高于	50		

8.3.5 沥青混合料的碾压

沥青混合料的压实应控制混合料的压实速度、温度、厚度、遍数、压实方式的确定及特殊路段的压实（陡坡与弯道）。

1) 应选择合理的压路机组合方式及碾压步骤，以达到最佳效果。沥青混合料压实宜采用钢筒式压路机与轮胎压路机或振动压路机组合的方法，初压不宜使用轮胎压路机，以确保面层平整。压路机的数量应根据路面宽、生产率等因素决定。

2) 沥青混合料的压实层的最大厚度不宜大于 100mm，沥青稳定碎石混合料的压实层厚度不宜大于 120mm，但采用大功率压路机且经试验证明能达到压实度时允许增大到 150mm。

3) 沥青路面施工应配备足够数量的压路机，选择合理的压路机组合方式及初压、复压、终压（包括成型）的碾压步骤，以达到最佳碾压效果。高速公路铺筑双车道沥青路面的压路机数量不宜少于 5 台。施工气温低、风大、碾压层薄时，压路机数量应适当增加。

4) 压路机应慢而均匀地碾压，在碾压过程中压路机不应突然改变碾压路线和方向，以免导致混合料推移。压路机碾压速度应符合表 8-3 的要求。

表 8-3 压路机碾压速度　　　　　　　　（单位：km/h）

压路机类型	初　压		复　压		终　压	
	适宜	最大	适宜	最大	适宜	最大
钢筒式压路机	2~3	4	3~5	6	3~6	6
轮胎压路机	2~3	4	3~5	6	4~6	8
振动压路机	2~3（静压或振动）	3（静压或振动）	3~4.5（振动）	5（振动）	3~6（静压）	6（静压）

8.3.6 沥青路面的质量检测

沥青混合料生产过程中，必须按规定对各种原材料进行抽样检查，质量符合规范规定的有关技术要求。沥青路面铺筑过程中必须随时对铺筑质量进行评定，质量检测的内容、频度、允许误差应符合《公路沥青路面施工技术规范》（JTG F40—2004）的要求，规定见表8-4、表8-5。

表8-4 热拌沥青混合料的检查频度和质量要求

项　目		检查频度及单点检验评价方法	质量要求或允许偏差		试验方法
			高速公路、一级公路	其他等级公路	
混合料外观		随时	观察骨料粗细、均匀性、离析、油石比、色泽、冒烟、有无花白料、油团等各种现象		目测
拌和温度	沥青、骨料的加热温度	逐盘检查评定	符合《公路沥青路面施工技术规范》规定		传感器自动检测、显示并打印
	混合料出厂温度	逐车检查评定	符合《公路沥青路面施工技术规范》规定		传感器自动检测、显示并打印，出厂时逐车按 T 0981 人工检测
		逐盘测量记录，每天取平均值评定	符合《公路沥青路面施工技术规范》（JTG F40—2004）规定		传感器自动检测、显示并打印
矿料级配（筛孔）	0.075mm	逐盘在线检测	±2%（2%）	—	计算机采集数据计算
	≤2.36mm		±5%（4%）	—	
	≥4.75mm		±6%（5%）	—	
	0.075mm	逐盘检查，每天汇总1次取平均值评定	±1%		《公路沥青路面施工技术规范》附录G总量检验
	≤2.36mm		±2%		
	≥4.75mm		±2%		
	0.075mm	每台拌和机每天1~2次，以2个试样的平均值评定	±2%（2%）	±2%	T 0725 抽提筛分与标准级配比较的差
	≤2.36mm		±5%（3%）	±6%	
	≥4.75mm		±6%（4%）	±7%	
沥青用量（油石比）		逐盘在线监测	±0.3%	—	计算机采集数据计算
		逐盘检查，每天汇总1次取平均值评定	±0.1%	—	《公路沥青路面施工技术规范》附录F总量检验
		每台拌和机每天1~2次，以2个试样的平均值评定	±0.3%	±0.4%	抽提 T 0722、T 0721

（续）

项目	检查频度及单点检验评价方法	质量要求或允许偏差		试验方法
		高速公路、一级公路	其他等级公路	
马歇尔试验：空隙率、稳定度、流值	每台拌和机每天1~2次，以4~6个试样的平均值评定	符合《公路沥青路面施工技术规范》规定		T 0702、T 0709，《公路沥青路面施工技术规范》附录B、附录C
浸水马歇尔试验	必要时（试件数同马歇尔试验）	符合《公路沥青路面施工技术规范》规定		T 0702、T 0709
车辙试验	必要时（以3个试件的平均值评定）	符合《公路沥青路面施工技术规范》规定		T 0719

表 8-5　公路热拌沥青混合料路面施工过程中工程质量的控制标准

项目		检查频度及单点检验评价方法	质量要求或允许偏差		试验方法
			高速公路、一级公路	其他等级公路	
外观		随时	表面平整密实，不得有明显轮迹、裂缝、推挤、油汀、油包等缺陷，且无明显离析		目测
接缝		随时	紧密平整、顺直、无跳车		目测
		逐条缝检测评定	3mm	5mm	T 0931
施工温度	摊铺温度	逐车检测评定	符合《公路沥青路面施工技术规范》（JTG F40—2004）规定		T 0931
	碾压温度	随时	符合《公路沥青路面施工技术规范》规定		插入式温度计实测
厚度	每一层次	随时，厚度50mm以下 厚度50mm以上	设计值的5% 设计值的8%	设计值的8% 设计值的10%	施工时插入法量测松铺厚度及压实厚度
	每一层次	1个台班区段的平均值 厚度50mm以下 厚度50mm以上	-3mm -5mm	—	《公路沥青路面施工技术规范》附录G 总量检验
	总厚度	每200m²一点单点评定	设计值的-5%	设计值的-8%	T 0912
	上面层	每200m²一点单点评定	设计值的-10%	设计值的-10%	
压实度[2]		每200m²检查1组逐个试件评定并计算平均值	实验室标准密度的97%（98%） 最大理论密度的93%（94%） 试验段密度的99%（99%）		T 0924、T 0922《公路沥青路面施工技术规范》附录E
平整度（最大间隙）	上面层	随时，接缝处单杆评定	3mm	5mm	T 0931
	中下面层	随时，接缝处单杆评定	5mm	7mm	T 0931

(续)

项　目		检查频度及单点检验评价方法	质量要求或允许偏差		试验方法
			高速公路、一级公路	其他等级公路	
平整度（标准差）	上面层	连续测定	1.2mm	2.5mm	T 0932
	中面层	连续测定	1.5mm	2.8mm	
	下面层	连续测定	1.8mm	3.0mm	
	基层	连续测定	2.4mm	3.5mm	
宽度	有侧石	检测每个断面	±20mm	±20mm	T 0911
	无侧石	检测每个断面	不小于设计宽度	不小于设计宽度	
纵断面高程		检测每个断面	±10mm	±15mm	T 0911
横坡度		检测每个断面	±0.3%	±0.5%	T 0911
沥青层层面上的渗水系数，不大于		每1km不少于5点，每点3处取平均值	300mL/min（普通密级配沥青混合料）200mL/min（SMA混合料）		T 0971

8.4　水泥混凝土路面施工

水泥混凝土路面施工主要有施工准备、混凝土拌合物的搅拌和运输、混凝土的摊铺及振捣、混凝土的修正与养护、接缝、面层抗滑和养护等施工工序。水泥混凝土摊铺主要有轨道摊铺机摊铺和滑模摊铺机摊铺两种方式。水泥混凝土路面施工工艺流程，如图8-15所示。

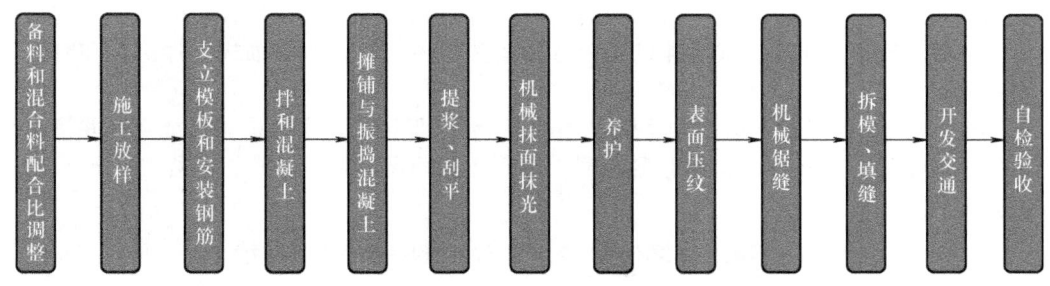

图8-15　水泥混凝土路面施工工艺流程

8.4.1　施工准备

施工准备工作内容有搅拌厂的设置、设备要求、模板的设置、对材料和设备的检测等。

水泥混凝土路面施工

1. 搅拌厂的设置、设备要求

搅拌厂宜设在摊铺路段的中间位置。搅拌厂的内部设置应满足供水、供电、钢筋加工使用要求，并尽量减少用地。应确保施工期间水泥、粉煤灰和砂石料的储备与供应。水泥仓库应覆盖或设置顶棚防雨，并设在地势较高处，严禁水泥、粉煤灰受潮或浸水。

应根据公路等级的不同，选用满足规范要求的施工机械设备。各等级公路均不得使用体积计量、小型自落滚筒搅拌机，不得使用人工控制加水量。一般施工技术水平下，不同等级的公路水泥混凝土路面施工的设备要求应满足表8-6的要求。

表8-6　不同等级的公路水泥混凝土路面施工的设备要求

摊铺机械装备	高速公路	一级公路	二级公路	三级公路	四级公路
滑模摊铺机	√	√	√	—	○
轨道摊铺机	▲	√	√	√	○
三辊轴机组	○	▲	√	√	√
小型机具	×	○	▲	√	√
碾压混凝土机械	—	○	○	○	▲
计算机自动控制强制搅拌楼（站）	√	√	√	▲	○
强制搅拌楼（站）	×	○	▲	√	√

注：√表示应使用；▲表示有条件使用；○表示不宜使用；×表示不得使用。

2. 模板的设置

模板由钢模或其他材料制成，并符合路面平、纵、横设计要求，保证模板连接牢固可靠、支立稳固，使在浇筑混凝土时能经受捣实和饰面设备的冲击和振动而不产生位移，模板高度与混凝土路面厚度相同。

3. 对材料、设备的检测

开工前，应对计划使用的原材料进行质量检验和混凝土配合比优选；对施工机械设备、仪器、模板机具等进行全面检测、调式、校核和维修等。

8.4.2　混凝土拌合物的搅拌

1）拌和楼（机）投入生产前，应进行标定和试拌。拌和楼（机）配料计量偏差不得超过规范的要求。施工中应每15d校验一次拌和楼（机）计量精确度。根据拌合物的性质确定最佳拌和时间，一般情况下，单立轴式搅拌机拌和时间宜为80~120s，双卧轴式搅拌机拌和时间宜为60~90s。

2）拌和站配置的混凝土总拌和设备的生产能力要求保证满足实际的摊铺能力，并按总拌和能力确定拟使用的拌和楼（机）数量和型号，混凝土路面不同摊铺方式下的拌和站最小配置容量见表8-7。

表8-7　混凝土路面不同摊铺方式下的拌和站最小生产能力配置　（单位：m^3/h）

摊铺宽度	滑模摊铺	碾压混凝土	三辊轴机组摊铺	小型机具摊铺
单车道3.75~4.5m	≥150	≥100	≥75	≥50
双车道7.5~9m	≥300	≥200	≥100	≥75
整幅宽≥12.5m	≥400	≥300	—	—

3）搅拌混凝土过程中，不能使用带有冰雪、表面沾染尘土和局部曝晒过热的碎石料。拌合物应均匀一致，拌合物不得出现生料、干料、离析和外加剂结团等现象。拌和过程中，应加强拌合物质量控制，并对水灰比及其稳定性、坍落度及其损失率、振动黏度系数、纤维体积率、含气量、泌水率、表观密度、温度、凝结时间、水化发热量、改进VC值、离析、压实度、松铺系数等项目进行检测。

8.4.3　混凝土拌合物的运输

混凝土运输过程中应防止漏浆、漏液和污染路面，途中不得随意耽搁，运输过程应减少颠簧。根据施工进度、运量、运距及路况，选配车型和车辆数量，总运力应比总拌和能力略有富余，以确保新拌水泥混凝土在规定时间内运到摊铺现场。

混凝土的运输应保证到现场的拌合物具有适宜摊铺的工作性。不同摊铺工艺、混凝土搅拌工艺的混凝土拌合物从搅拌机出料到运抵现场的允许最长时间应满足表8-9的要求。不满足时，可采用通过试验调整缓凝剂的剂量等措施来保证拌合物的工作性能。

表8-8 混凝土拌合物出料到运抵现场的允许最长时间

施工气温/℃	滑模摊铺/h	三辊轴机组摊铺、小型机具摊铺/h	碾压铺筑/h
5～9	1.5	1.20	1.0
10～19	1.25	1.0	0.8
20～29	1.0	0.75	0.6
30～35	0.75	0.40	0.4

8.4.4　混凝土的摊铺及振捣

1. 滑模摊铺机施工

高速公路、一级公路施工，宜选配能一次摊铺2～3个车道宽度（7.5～12.5m）的滑模摊铺机；二级以及二级以下公路路面的最小摊铺应小于单车道设计宽度；硬路肩的摊铺宜选配中、小型多功能滑模摊铺机（图8-6），并宜连体一次摊铺路缘石。

滑模摊铺机的特点是不需要轨模，用由四个液压缸支承腿控制的履带行走机构行走。整个摊铺机的架支承在4个液压缸上，它可以通过控制机构上下移动，调整摊铺层厚度。在摊铺机的两侧设有随机移动的固定滑模板，因此不需另设轨模。这种摊铺机一次通过就可以完成摊铺、捣实、整平等多道工序。

（1）基准线设置　滑模摊铺混凝土路面的施工应设置基准线。基准线设置形式有单向坡双线式、单向坡单线式和双向坡双线式三种。基准线宽度除应保证摊铺宽度外，尚应满足两侧650～1000mm横向支距的要求。基准线桩纵向间距直线段不应大于10m，竖曲线、平曲线路段视曲线半径大小应加密布置，最小2.5m。线桩固定时，基层顶面到夹线臂的高度宜为450～750mm。基准线桩夹线臂夹口到桩的水平距离宜为300mm。基准线桩应钉牢固。单根基准线的最大长度不宜大于450m。基准线设置精度要求应满足表8-9的要求。

表8-9 基准线设置精度要求

项　目	中线平面偏位/mm	路面宽度偏差/mm	面板厚度/mm		纵断高程偏差/mm	横坡偏差（%）	连接纵缝高差/mm
			代表值	极值			
规定值	≤10	≤15	≥-3	≥-8	±5	±0.10	±1.5

（2）摊铺　摊铺机在进行混凝土试摊铺时，应制定消除误差的方法、程序和保证措施，必须对所摊出的路面标高、厚度、宽度、冲线、横坡度等技术参数进行测量。操作手应根据测量结果及时微调摊铺机上传感器、挤压板、拉杆打入夯力、抹平板的压力及侧模边缘位置。从摊铺机起步—调整—正常摊铺，应在10m内完成。摊铺效果达到要求的摊铺机参数应固定并保护起来，不允许非操作手更改。

摊铺过程中的操作要领来源于振动黏度理论和摊铺机工艺设计原理。滑模摊铺机与其他的区别是不能倒车重铺，必须一遍铺成，达到振动密实，排气充分，挤压平整、外观规整的目的。每台摊铺机都有其最佳参数设定位置，需要摸索出初始设定位置和最优参数。

操作滑模摊铺机应缓慢、匀速、连续不间断作业。停机次数越多，摊铺机挤压的底板静止压力造成影响平整度的横向槽越多。严禁料多追赶，然后随意停机等待致使时间间歇摊铺。摊铺速度应根据混凝土的稠度、供料多少和设备性能控制在 0.5~3.0m/min，一般宜控制在 1m/min 左右。

（3）振捣　正常摊铺时，振动频率可为 6000~11000r/min，宜采用 9000r/min 左右。应防止混凝土过振、欠振或漏振。应根据混凝土的稠度大小，随时调整摊铺的振动频率或速度。摊铺机起步时，应先开启振动棒振捣 2~3min，再缓慢平稳推进。摊铺机脱离混凝土后，应立即关闭动捣棒组。

2. 轨道摊铺机施工

轨道摊铺机型号应根据路面车道或设计宽度选择，参数要求见表 8-10。最小摊铺宽度不得小于单车道 3.75m。

表 8-10　轨道摊铺机的参数要求

项　　目	发动机功率/kW	最大摊铺宽度/m	摊铺厚度/mm	摊铺速度/(m/min)	整机质量/t
三车道轨道摊铺机	33~45	11.75~18.3	150~600	1~3	13~38
双车道轨道摊铺机	15~33	7.5~9.0	250~600	1~3	7~13
单车道轨道摊铺机	8~22	3.5~4.5	250~450	1~3	≤7

（1）轨道模板安装　安装时，以轨道模板顶面高程为基准控制路面表面的高程，其高程控制的精确度、铺轨是否平直、接头是否平顺、模板的刚度都将直接影响路面表面的质量和行驶性能。模板应安装稳固、顺直、平整、无扭曲，相邻模板连接应紧密平顺，底部不得有漏浆、前后错茬、高低错台的现象。设置纵缝时，应按要求间距，在模板上预先做孔放置拉杆。在横向缩缝及胀缝处设置的传力杆须与中线及路面平行，并垂直于接缝面，传力杆长度的一半再加 5cm 涂一层沥青以确保面板自由伸缩。各种钢筋的安装位置偏差不得超过 1cm。

（2）摊铺

1）轨道摊铺机的机型选择应根据路面车道数和设计宽度，按照规范要求选择技术参数。按混合料布料方式选择，采用的摊铺机械主要有刮板式、箱式、螺旋式，其中刮板式、箱式适用于摊铺连续配筋或钢筋水泥混凝土路面。

2）刮板式摊铺机能在模板上自由前后移动，导管也能左右移动，刮板可以任意方向旋转摊铺。这种摊铺机质量轻，易操作，但摊铺能力较小。

3）箱式摊铺机摊铺混凝土，在摊铺机前进时从横向移动的箱中卸下，同时箱子的下端按松铺厚度刮平混凝土。混凝土一次全部放入箱内，质量重，摊铺均匀而准确。

4）碾压混凝土路面铺筑松铺系数应根据混凝土配合比、施工机械由试铺确定。采用高密实度摊铺机时，松铺系数易控制在 1.05~1.15。

（3）振捣　混凝土的振捣可采用振动棒组合振动板与振动梁进行振捣。应配备符合规范要求的工作效率的振动棒、振动板和振动梁。振动方式有斜插连续拖行及间歇垂直插入两种。当面板厚度超过 15cm，坍落度小于 300mm 时，必须插入振捣；连续拖行振捣时，宜随着坍落度的大小增减作业速度；间歇振捣时，振实混凝土后，慢慢拔出，再移动到下一处，移动距离不宜过大。

8.4.5　水泥混凝土路面的修整、锯缝及养护

振实后的混凝土应进行整平、收光、压纹。

压纹是提高水泥混凝土路面行车安全的重要举措。施工前,用纹理制作机对混凝土路面进行拉槽,在不影响平整度前提下,使路表面有一定的粗糙度。

经振捣密实的水泥混凝土表面应保证其路拱准确、平整度符合要求。表面整修前应做好清边整缝,清除黏浆,修补掉边、缺角。

当混凝土硬化到足以承受锯缝设备时,即可开始锯缝作业。锯缝作业完成后,应立即把所有锯屑和杂物彻底清除干净。

混凝土板表面修整完毕后,应及时采用湿润养护和塑料薄膜养护 14~21d。养护质量应满足表 8-11。

表 8-11　水泥混凝土路面养护质量标准

项 目		高速公路、一级公路	其他等级公路
平整度	平整度仪 σ/mm	2.5	3.5
	三米直尺（h）/mm	5	8
	国际平整度指数 IRJ/(m/km)	4.2	5.8
抗滑	构造深度 TD/mm	0.4	0.3
	抗滑值 SRV（BPN）	45	35
	横向力系数 SFC	0.38	0.30
相邻板高差/mm		3	5
接缝填缝料凹凸/mm		3	5
路面状况指数（PCI）		≥70	≥55

8.4.6　水泥混凝土路面的质量检测

表 8-12 为《公路水泥混凝土路面施工技术细则》（JTG/T F30—2014）对水泥混凝土路面铺筑质量及检查项目、频率的规定,检查方法参见《公路工程水泥及水泥混凝土试验规程》（JTG 3420—2020）中的规定。

表 8-12　水泥混凝土路面铺筑质量标准及检查项目、频率和方法

项次	检查项目	质量标准		检查频率	
		高速公路、一级公路	其他公路	高速公路、一级公路	其他公路
1	弯拉强度[①] 标准小梁弯拉强度/MPa	按《公路水泥混凝土路面施工技术细则》（JTG/T F30—2014）附录 H 评定		每班留 2~4 组试件,日进度 <500m 留 2 组；≥500m 留 3 组；≥1000m 留 4 组,测算 f_{cs}、f_{min}、C_v[②]	每班留 1~3 组试件,日进度 <500m 留 1 组；≥500m 留 2 组；≥1000m 留 3 组,测算 f_{cs}、f_{min}、C_v[②]
	路面钻芯劈裂强度换算弯拉强度/MPa			每车道每 3km 钻取 1 个芯样,单独施工硬路肩为 1 车道,测算 f_{cs}、f_{min}、C_v[②]	每车道每 2km 钻取 1 个芯样,单独施工硬路肩为 1 车道,测算 f_{cs}、f_{min}、C_v[②]

(续)

项次	检查项目		质量标准		检查频率	
			高速公路、一级公路	其他公路	高速公路、一级公路	其他公路
2	板厚度/mm		平均值≥-5；极值≥-15，C_v值符合设计规定		路面摊铺宽度内每100m左右各2处，连接摊铺每100m单边1处	路面摊铺宽度内每100m左右各1处，连接摊铺每100m单边1处
3	纵向平整度	σ[3]/mm	≤1.32	≤2.00	所有车道连续检测	
		IRI[3]/(m/km)	≤2.20	≤3.30		
		3m直尺最大间隙Δh/mm（合格率≥90%）	≤3	≤5	每半幅车道100m 2处，每处10尺	每半幅车道200m 2处，每处10尺
4	抗滑构造深度 TD/mm	一般路段	0.70~1.10	0.50~0.90	每车道及硬路肩每200m测2处	每车道每200m测1处
		特殊路段[4]	0.80~1.20	0.60~1.00		
5	摩擦系数 SFC	一般路段	≥50	—	行车道、超车道全长连续检测，每车道每20m连续检测1个测点	一般路段免检，仅检查特殊路段，每车道每20m连续检测1个测点，不足20m测1个测点
		特殊路段[4]	≥55	≥50		
6	取芯法测定抗冻等级[5]	严寒地区[6]	≥250	≥200	每车道每3km钻取1个芯样	每车道每5km钻取1个芯样
		寒冷地区[6]	≥200	≥150		

① 标准小梁弯拉强度用于评定施工配合比；钻芯劈裂强度用于评价实际面层施工密实度及弯拉强度。
② f_{cs}为平均弯拉强度，f_{min}为最小弯拉强度；C_v为统计变异系数。
③ 动态平整度σ与IRI可选测一项。
④ 高速公路、一级公路特殊路段指立交匝道、平交口、弯道、变速车道、组合坡度不小于3%、桥面、隧道路面及收费站广场等处；其他公路指设超高路段、加宽弯道段、组合坡度大于或等于4%坡道段、交叉口路段、桥面及其上下坡段、隧道路面及集镇附近路段等处。
⑤ 取芯法测定抗冻性仅在有抗冰冻要求的地区必检。
⑥ 严寒地区指当地最冷月平均气温低于-8℃的地区；寒冷地区指当地最冷月平均气温在-8℃~-3℃的地区。

思考题

1. 简述公路工程的施工流程。
2. 道路施工主要有哪些常用的施工机械？
3. 路面基层厂拌法和路拌法施工的工艺流程是怎样的？施工中应注意哪些问题？
4. 简述级配碎（砾）路拌法的施工工艺。
5. 简述沥青混凝土路面施工工艺流程及其施工的一般要求。
6. 简述水泥混凝土路面施工工艺流程。

第 9 章

隧道施工

本章导读

隧道施工是指修建隧道及地下洞室的施工方法、施工技术和施工管理的总称。隧道施工过程通常包括：在地层中挖出土石，形成符合设计轮廓尺寸的坑道；进行必要的初期支护和砌筑最后的永久衬砌，以控制坑道围岩变形，保证隧道施工安全和长期安全使用。

隧道施工方法的选择主要依据工程地质和水文地质条件，并结合隧道断面尺寸、长度、衬砌类型、隧道的使用功能，以及施工技术水平等因素综合研究确定。根据隧道穿越地层的不同情况和目前隧道施工方法的进展，隧道施工方法可以分为山岭隧道施工工法、浅埋隧道施工工法以及水下隧道施工工法等三大类。其中，山岭隧道施工包括矿山法和掘进机法；浅埋隧道施工包括浅埋暗挖法、明挖法、盖挖法和盾构法；水下隧道施工包括沉管法和盾构法等。

隧道施工技术主要研究解决上述各种施工方法所需的技术方案和措施，如开挖、掘进、支护和衬砌等。然而，由于地质勘探的局限性、地质条件的复杂性和多变性，隧道施工过程中经常会遇到突然变化的地质条件和意外情况，由此造成的工程事故（如塌方、涌水等）屡见不鲜，造成了严重的经济损失和人员伤亡，因此选择合理的施工工艺对隧道的施工安全和施工质量具有重要意义。

本章将重点介绍矿山法隧道、盾构法隧道的施工工艺。

9.1 矿山法隧道施工

矿山法是指以开挖地下坑道的作业方式修建隧道的施工方法，属于隧道暗挖施工的传统方法。《地铁设计规范》（GB 50157—2013）将矿山法定义为"修筑隧道的暗挖施工方法"；而《城市轨道交通工程基本术语标准》（GB/T 50833—2012）将矿山法定义为"用钻眼爆破或机械开挖的方法修筑隧道的施工方法"。

当前工程界习惯上仍沿用矿山法的概念，但严格来说应称为现代矿山法。为区别起见，早期的矿山法可称为传统矿山法，目前的矿山法可称为现代矿山法，其中根据理论原理、控制方法的不同，现代矿山法又包含新奥法、浅埋暗挖法、新意法等其他衍生方法。早期修筑的隧道主要采用传统矿山法，人们用圆木、型钢、钢轨等作为支架，对开挖面形成强力支承。与此同时，因其与钻眼、爆破技术结合在一起，故也称为"钻爆法"。20世纪60年代，奥地利学者米勒（L. Muller）发明了新奥法，并在世界各国得到了迅速推广和应用。20世纪80年代新奥法传入我国，广大科技工作者和工程师们相继开展了大量的理论研究、工程实践，很快发展形成了锚喷构筑法，成为我国当前隧道建造的主要理念之一，特别是针对浅埋软弱地层，经过近半个世纪的研究与实践，逐步构建了浅埋暗挖法。矿山法施工技术随着技术进步与适应性扩大而不断地发展。

矿山法隧道一般根据地质条件及隧道断面大小，合理采用开挖方法，并架设初期支护，最后采用模板台车浇筑混凝土二次衬砌。矿山法隧道一般适用于有稳定围岩或部分含水率小的土质区间隧道。矿山法施工的基本原则可以归纳为"少扰动、早支撑、慎撤换、快衬砌"。

本节主要介绍矿山法隧道的施工工法及开挖、支护及衬砌的施工工艺。

9.1.1 主要施工工法

矿山法施工工法的选择一般要根据工程的地质情况、周边环境及交通状况、地下构筑物情况、结构断面尺寸、结构埋深、工期要求、经济效益以及环境保护等因素综合确定。开挖方法可分为全断面开挖法、台阶开挖法和分部开挖法，主要的施工工法见表9-1。

表9-1 矿山法隧道主要施工工法

施工工法	工法概况	示意图
全断面开挖法	按隧道设计开挖断面，一次开挖到位的施工方法。先将洞室一次开挖成形，然后再衬砌的施工方法。适用于围岩很稳定、无塌方掉块危险或断面尺寸较小时	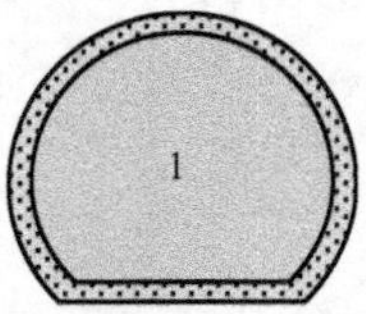
两台阶法	在稳定性较差的岩层中施工时，将整个坑道断面分为两层，由上向下分部进行开挖，每层开挖面的前后距离较小而形成两个正台阶	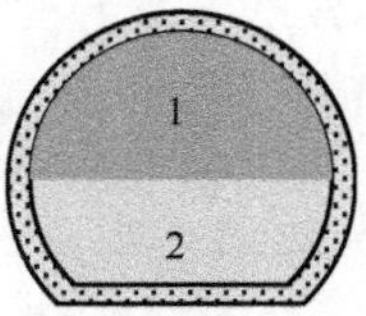
正台阶环形开挖法	即环形开挖留核心土法，上部导坑弧形断面留核心土平台，拱部初期支护，再开挖中部核心土的施工方法	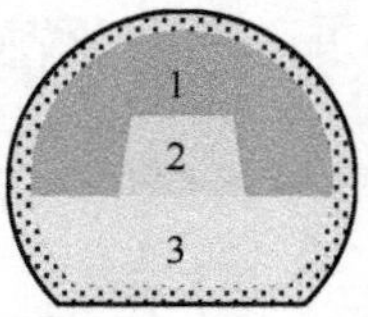
单侧壁导坑阶法	将断面分成侧壁导坑、上台阶、下台阶，先开挖隧道一侧的导坑，并进行初期支护，再分部开挖剩余部分的施工方法	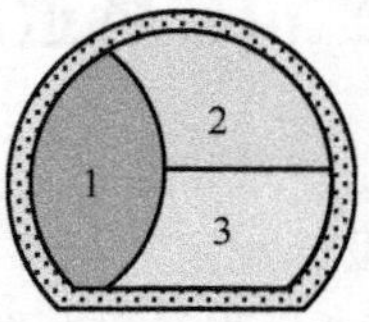
双侧壁导坑法（眼镜工法）	先开挖隧道两侧的导洞，并进行初期支护，再分部开挖剩余部分的施工方法	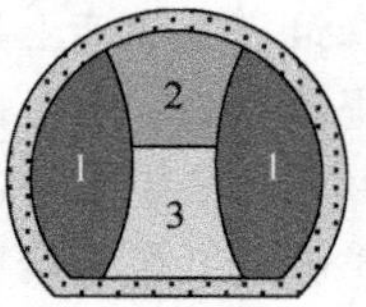

(续)

施工工法	工法概况	示意图
中隔墙法（CD法）	在软弱围岩大跨度隧道中，先开挖隧道的一侧，并在设计中间部位作中隔壁，然后再开挖另一侧的施工方法	
交叉中隔墙法（CRD法）	在软弱围岩大跨度隧道中，先分部开挖隧道的一侧，施作部分中隔壁和横隔板，并封闭成环；再分部开挖隧道另一侧，完成横隔板施工，最终隧道整个断面封闭成环的施工方法	

新奥法是应用岩体力学理论，以维护和利用围岩的自承能力为基点，采用锚杆和喷射混凝土为主要支护手段，及时进行支护，控制围岩的变形和松弛，使围岩成为支护体系的组成部分，并通过对围岩和支护的量测、监控来指导隧道施工和地下工程设计施工的方法和原则。新奥法的基本原理是充分利用围岩的自承能力和开挖面的空间约束作用，采用以锚杆和喷射混凝土为主要支护手段，及时对围岩进行加固，约束围岩的松弛和变形，并通过对围岩和支护结构的监控、测量来指导地下工程的设计与施工。新奥法是指导矿山法施工的基本原理，应用非常广泛，台阶法以及各种分部开挖法都是新奥法原理的应用。

新奥法的主要原则如下：
1）充分保护围岩，减少对围岩的扰动。
2）充分发挥围岩的自承能力。
3）尽快使支护结构闭合。
4）加强监测，根据监测数据指导施工。

1. 全断面开挖法

全断面法开挖空间大、工序少（图9-1），其施工工序如下：用钻孔台车钻孔，然后装药、连接导火索；退出钻孔台车，引爆炸药，开挖出整个隧道断面；排除危石；喷射拱圈混凝土，必要时安设拱部锚杆；用装碴机将石碴装入运输车辆，运出洞外；喷射边墙混凝土，必要时安设边墙锚杆；根据需要可喷第二层混凝土和隧道底部混凝土；开始下一循环；通过量测判断围岩和初期支护的变形，待基本稳定后，施作二次模筑混凝土衬砌。

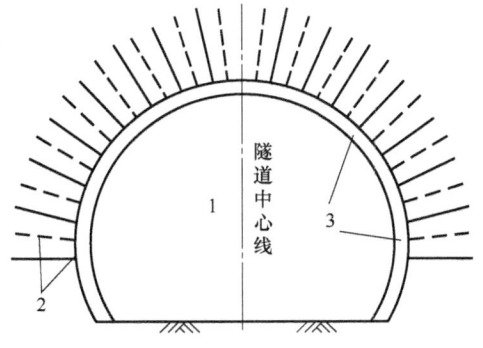

图9-1 全断面开挖法施工工序
1—全断面开挖 2—喷锚支护 3—模筑衬砌

全断面开挖法主要适用于Ⅰ～Ⅲ级围岩。当断面在50m² 以下，隧道处于Ⅲ级围岩地层时，为了减少对地层的扰动次数，在采取局部注浆等辅助施工措施加固地层后，也可采用全断面开挖法施工。但在第四纪地层中采用全断面开挖法施工时，断面一般均在20m² 以下，且施工中仍须特别注意。

2. 台阶开挖法

台阶开挖法是指先开挖隧道上部断面（上台阶），上台阶超前一定距离后开始开挖下部断面（下台阶），上、下台阶同时并进的施工方法。台阶开挖法根据台阶长度不同，划分为长台阶法、短台阶法和超短台阶法三种。施工中要根据两个条件来决定采用哪种工法：一是，对初期支护形成闭合断面的时间要求，围岩越差，要求闭合时间越短；二是，对上部断面施工所采用的开挖、支护、出碴等机械设备需要施工场地大小的要求。对软弱围岩，主要考虑前者，以确保施工安全；对较好的围岩，主要考虑如何更好地发挥机械设备的效率，保证施工中的经济效益，因此只考虑后者。

台阶法（图9-2）的作业顺序如下：

（1）上半断面开挖

1）用两臂钻孔台车钻眼，装药爆破，地层较软时也可用挖掘机开挖。

2）安设锚杆和钢筋网，必要时加设钢支撑、喷混凝土。

3）用推铲机将石碴推运到台阶下，再由装载机装入车内运至洞外。

4）根据支护结构形成闭合断面的时间要求，必要时在开挖上半断面后，可建筑临时底拱，形成上半断面的临时闭合结构，然后在开挖下半段时再将临时底拱挖掉。

（2）下半断面开挖

1）用两臂钻孔台车钻眼，装药爆破。装碴直接运至洞外。

2）安设边墙锚杆（必要时）和喷混凝土。

3）用反铲挖掘机开挖水沟，喷底部混凝土。

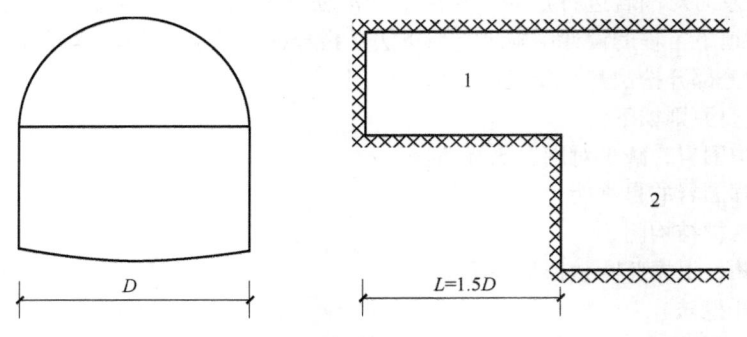

图9-2　台阶法
1—上台阶开挖　2—下台阶开挖　D—隧道开挖净宽

一般来说，长台阶法开挖断面小，有利于维持开挖面的稳定，适用范围较全断面开挖法广，一般适用于Ⅰ～Ⅲ级围岩。在上、下两个台阶上，分别进行开挖、支护、运输、通风、排水等作业线，因此台阶长度长。但台阶长度过长，如大于100m，则增加了支护封闭时间，同时也增加了通风排烟、排水的难度，降低了施工的综合效率。因此，长台阶一般在围岩条件相对较好、工期不受控制、无大型机械化作业时选用。

短台阶法适用于Ⅲ～Ⅴ级围岩，台阶长度定为10～15m，即1～2倍开挖宽度，主要是考虑既要实现分台阶开挖，又要实现支护及早封闭。上台阶一般采用小药量的松动爆破，出碴采用人工或小型机械转运至下台阶。因此，台阶长度又不宜过长，如果超过15m，则出碴所需的时间显得过长。短台阶法可缩短支护闭合时间，改善初期支护的受力条件，有利于控制围岩变形。缺点是上部出碴对下部断面施工干扰较大，不能全部平行作业。

超短台阶法是全断面开挖的一种变异形式，适用于Ⅴ～Ⅵ级围岩，一般台阶长度为3～5m。台阶长度小于3m时，无法正常进行钻眼和拱部的喷锚支护作业；台阶长度大于5m时，利用爆破将石碴翻至下台阶有较大的难度，必须采用人工翻碴。超短台阶法只能采用交替作业。超短台阶法上、下断面相距较近，机械设备集中，作业时相互干扰大，生产效率低，施工速度慢。

3. 分部开挖法

分部开挖法是将隧道断面分部开挖逐步成型,且一般将某部超前开挖,故也可称为导坑超前开挖法。分部开挖可分为多种方案,如正台阶环形开挖法(环形开挖留核心土法)、单侧壁导坑法、双侧壁导坑法等。其他分部开挖法如中隔墙法(简称 CD 法)和交叉中隔墙法(简称 CRD 法)等一般适用于软弱地层的施工,特别是对控制地表沉陷有严格要求的区段,主要用于城市地铁施工中。除此之外,一些新的施工工法也已应用到地铁施工中,如中洞法、侧洞法、洞桩法、拱盖法等。

(1)正台阶环形开挖法 正台阶环形开挖法(环形开挖留核心土法)是上部导坑弧形断面留核心土平台,拱部初期支护,再开挖中部核心土的施工方法。在环形开挖留核心土法中,因为上部留有核心土支挡着开挖面,而且能迅速及时地建造拱部初次支护,所以开挖工作面稳定性好,与台阶开挖法一样,核心土和下部开挖都是在拱部初次支护保护下进行的,施工安全性好。

正台阶环形开挖法适用于一般土质或易坍塌的软弱围岩中,施工工序参见表 9-2。

表 9-2 正台阶环形开挖法施工工序

序号	图 示	施工步骤及措施
1	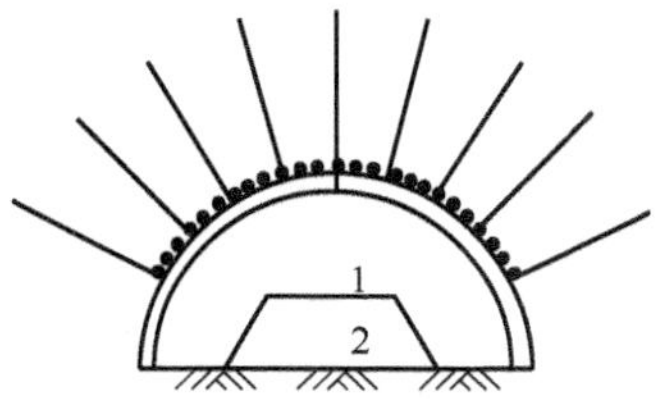	上台阶开挖支护:在围岩拱部 120°角范围内,施作 ϕ42mm 小导管超前支护;开挖上台阶 1、2 土体,留核心土;初喷 3~5cm 混凝土;架立钢格栅,设置径向锚杆;挂网喷射混凝土
2	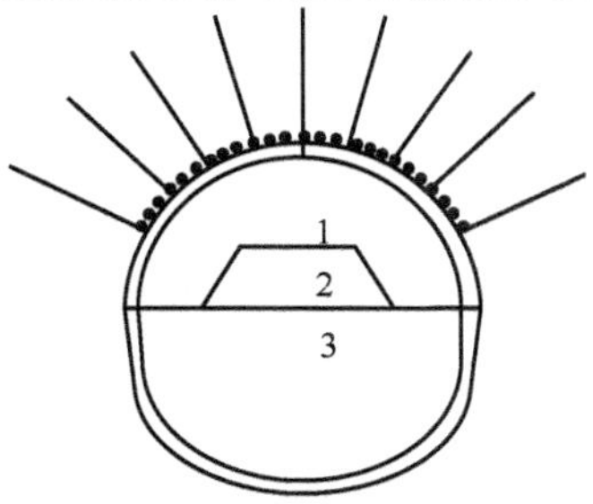	下台阶开挖支护:开挖下台阶 3 土体;架立钢格栅;挂网喷射混凝土
3	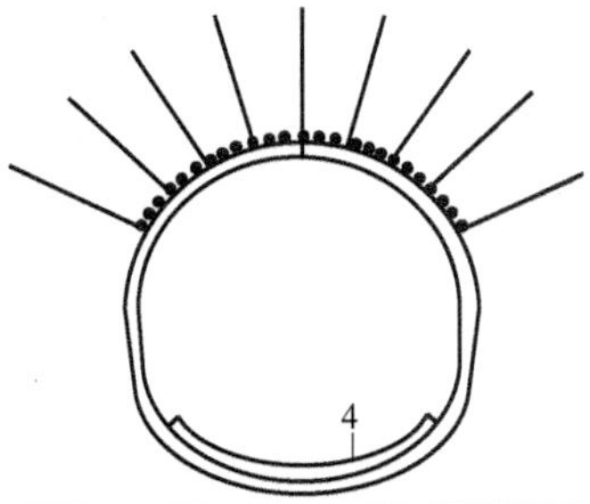	施作仰拱衬砌 4:基面处理;设置 5cm 厚垫层;绑扎钢筋;浇筑底板混凝土
4	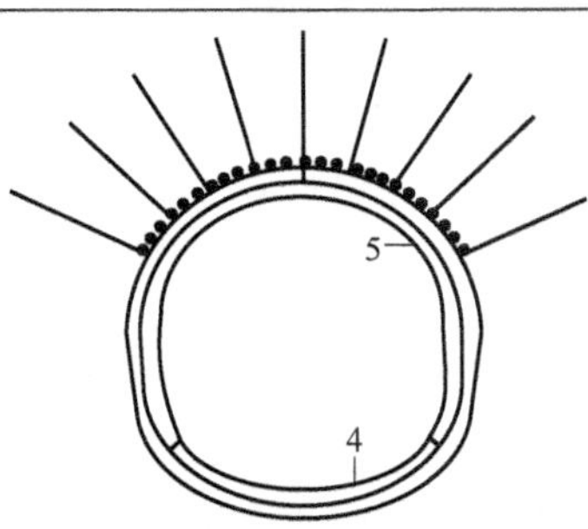	施作边墙及拱部衬砌 5:边墙及拱部基面处理;施作边墙和拱部无纺布及防水板;绑扎边墙及拱部钢筋;浇筑边墙及拱部混凝土

(2) 单侧壁导坑法　单侧壁导坑法是指先开挖隧道一侧的导坑，并进行初期支护，再分部开挖剩余部分的施工方法。

单侧壁导坑法是将断面横向分成 3 块或 4 块，每步开挖的宽度较小，而且封闭型的导坑初次支护承载能力大，所以，单侧壁导坑法适用于断面跨度大，地表沉陷难以控制的软弱松散围岩中。单侧壁导坑法施工工序参见表 9-3。

表 9-3　单侧壁导坑法施工工序

序号	图　示	施工步骤及措施
1	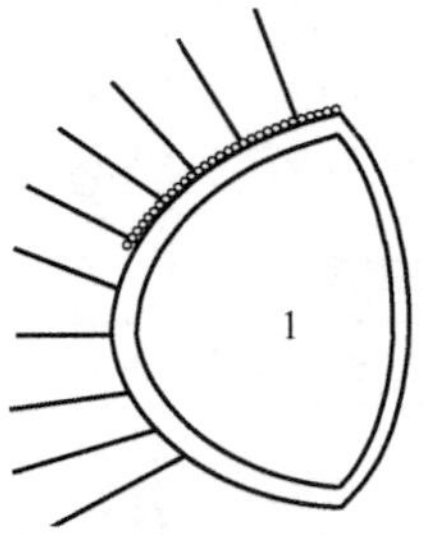	导洞 1 开挖支护：开挖导洞 1 土体；初喷混凝土，设置锁脚锚杆；挂网喷射混凝土
2	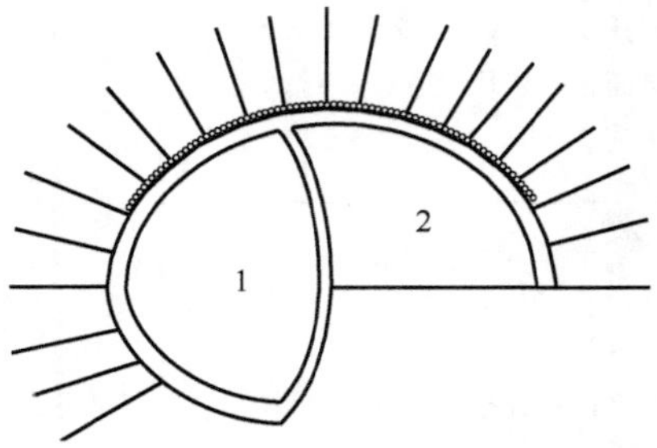	导洞 2 开挖支护：开挖导洞 2 土体；初喷混凝土，设置锁脚锚杆；挂网喷射混凝土
3	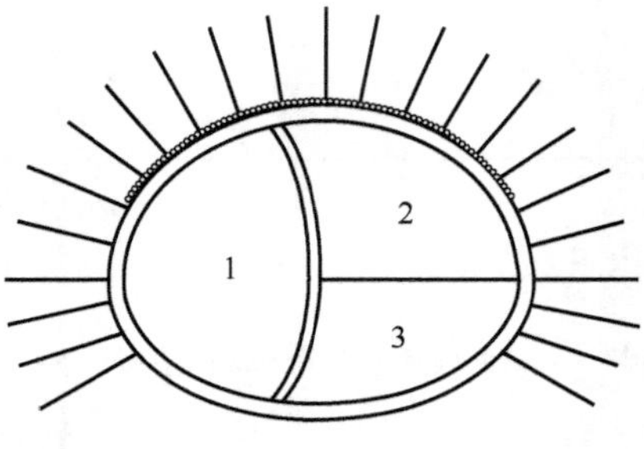	导洞 3 开挖支护：开挖导洞 3 土体；初喷混凝土，设置锁脚锚杆；挂网喷射混凝土
4	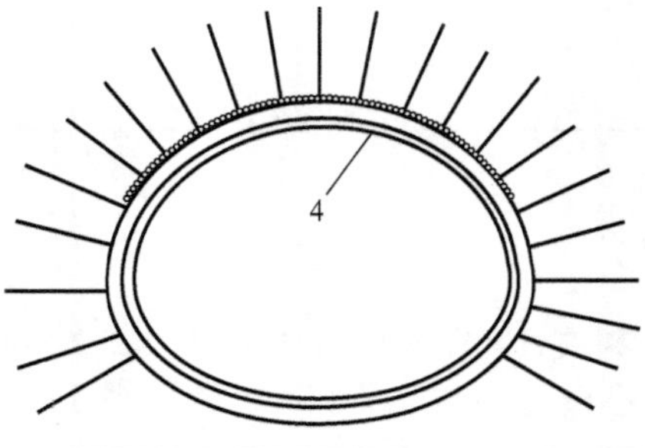	施作边墙及拱部衬砌 4：边墙及拱部基面处理；施作边墙和拱部无纺布及防水板；绑扎边墙及拱部钢筋；浇筑边墙及拱部混凝土

(3) 双侧壁导坑法　双侧壁导坑法又称为双侧壁导洞法或眼镜工法，其原理是：利用两个中隔壁把整个隧道大断面分成左中右 3 个小断面施工，左、右导洞先行，中间断面紧跟其后；初

期支护仰拱成环后，拆除两侧导洞临时支撑，形成全断面。现场实测表明，双侧壁导坑法所引起的地表沉降仅为短台阶法的1/2。双侧壁导坑法虽然开挖断面分块多，扰动大，初次支护全断面闭合的时间长，但每个分块都是在开挖后立即各自闭合的，所以在施工中变形几乎不发展。双侧壁导坑法施工安全，但速度较慢，成本较高。

双侧壁导坑法适用于围岩较差的Ⅴ级围岩条件下的行车隧道开挖，在浅埋大跨度隧道施工时，采用双侧壁导坑法能够控制地表下沉，保持掌子面的稳定，安全可靠。双侧壁导坑法施工工序参见表9-4。

表9-4 双侧壁导坑法施工工序

序号	图示	施工步骤及措施
1	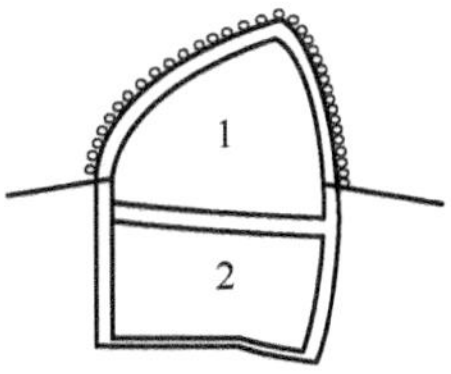	施作超前小导管，注浆加固地层；台阶法开挖导洞1与导洞2土体，导洞2滞后导洞1约3m，施作初期支护和临时支撑，并打设锁脚锚杆
2	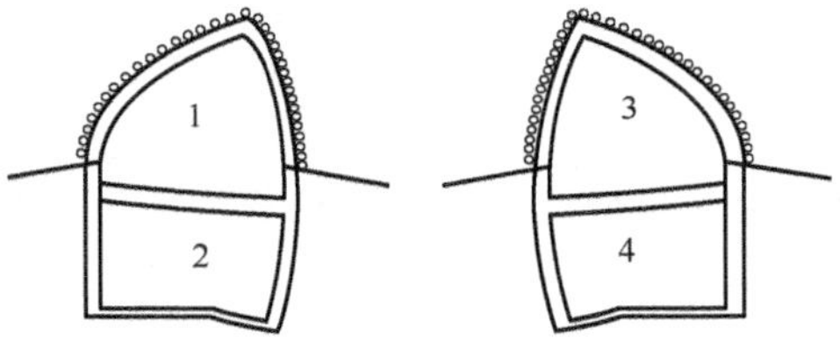	施作超前小导管，注浆加固地层；台阶法开挖导洞3与导洞4土体，导洞4滞后导洞3约3m，施作初期支护和临时支撑
3	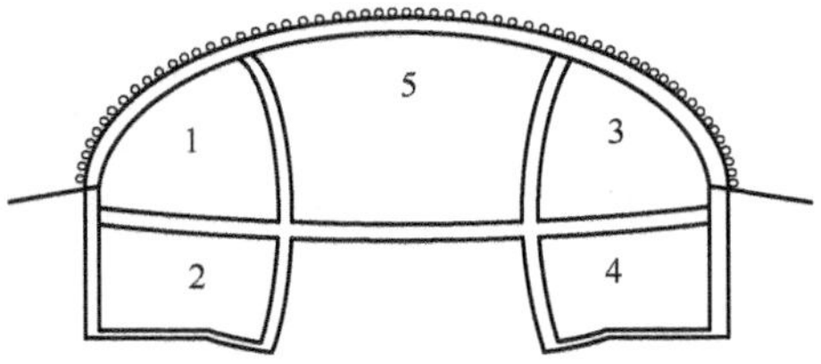	施作超前小导管，注浆加固地层；台阶法开挖导洞5土体，施作初期支护和临时支撑
4	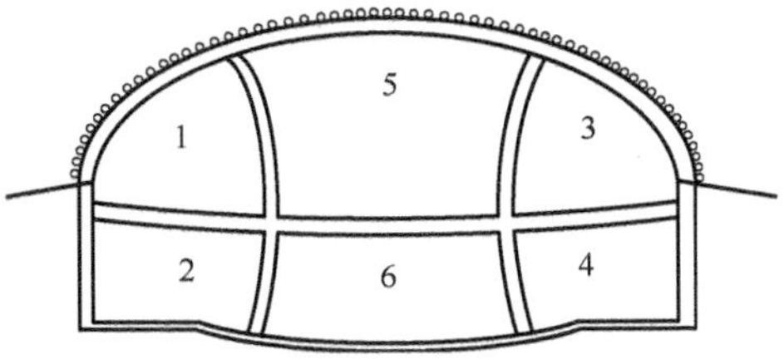	滞后导洞5约3m开挖导洞6土体，施作初期支护
5	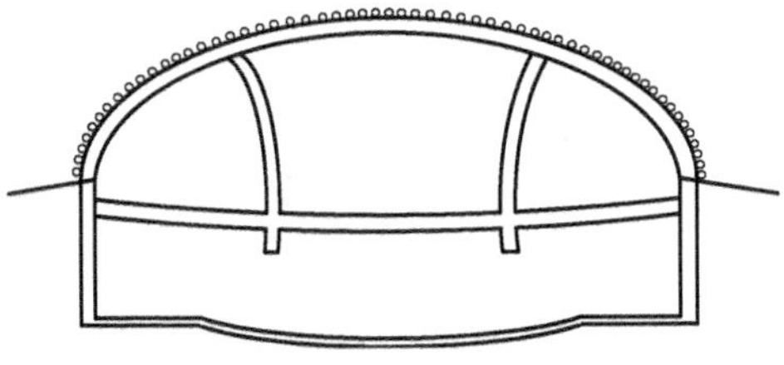	分段拆除下部临时支撑，基面处理；铺设仰拱防水板；施作混凝土保护层

(续)

序号	图示	施工步骤及措施
6	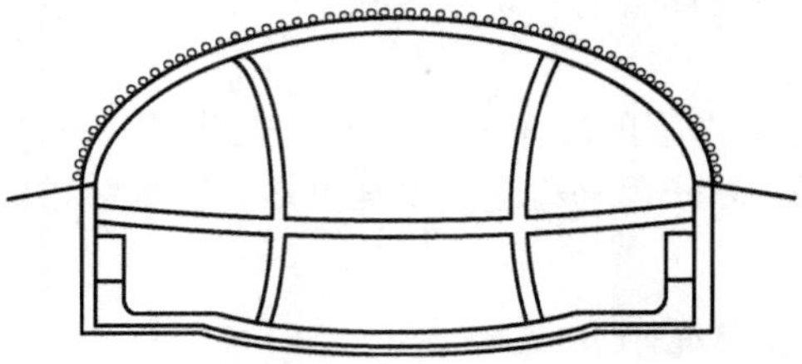	施作仰拱二次衬砌；接长竖向支撑；接长边墙防水板；施作下部侧墙二次衬砌
7	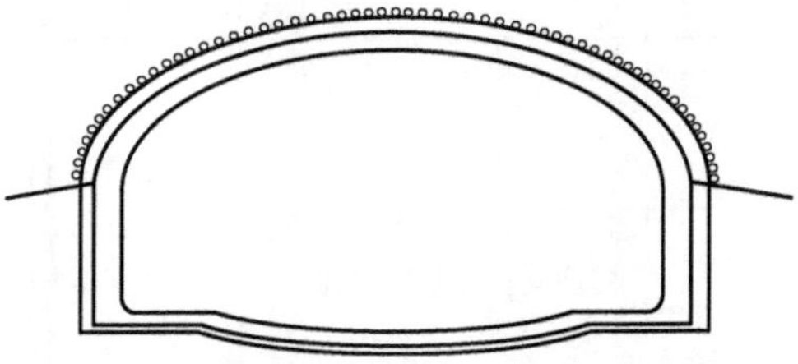	分段拆除上部临时支撑，基面处理；接长边墙及拱部防水板；施作上部二次衬砌，完成结构施工

（4）中隔壁法　中隔壁法也称为 CD 法（Center Diaphragm），它是在软弱围岩大跨度隧道中，先开挖隧道的一侧，并在设计中间部位作中隔壁，然后再开挖另一侧的施工方法。CD 法的优点是各部分封闭成环的时间短，且由于支护刚度大，结构受力均匀，变形相对较小；缺点是临时支撑的施作和拆除较困难、成本较高，有必要采用爆破时，必须控制装药量，避免破坏中隔墙，左右侧导坑施工相互干扰大。

中隔壁（CD）法施工工序参见表 9-5。

表 9-5　中隔壁（CD）法施工工序

序号	图示	施工步骤及技术措施
1	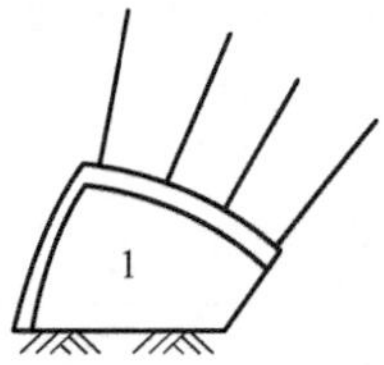	导洞 1 开挖支护：经地质超前预报，当发现围岩破碎时，增设 φ42mm 超前小导管；开挖导洞 1 土体；初喷 3~5cm 混凝土，架立拱部钢格栅及中隔壁，设置锁脚锚杆；挂网喷射混凝土
2	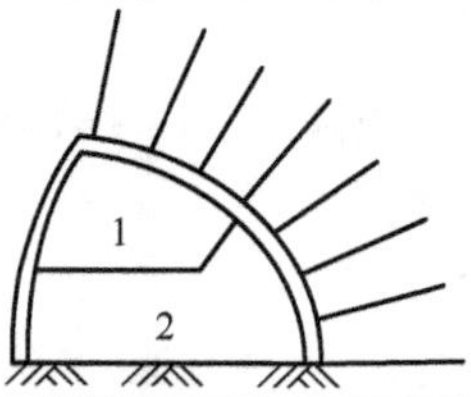	导洞 2 开挖支护：开挖导洞 2 土体；初喷 3~5cm 混凝土，架立钢格栅及中隔壁，设置锁脚锚杆；挂网喷射混凝土
3	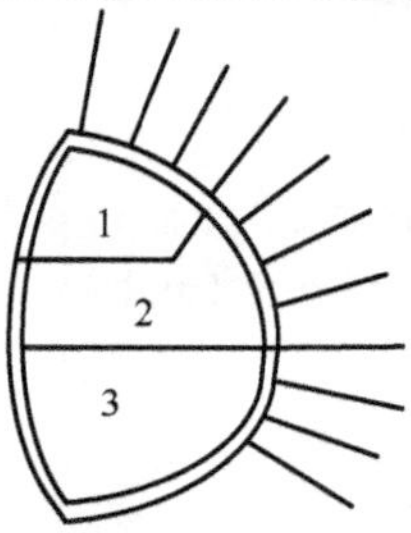	导洞 3 开挖支护：开挖导洞 3 土体；初喷 3~5cm 混凝土，架立钢格栅及中隔壁，设置锁脚锚杆；挂网喷射混凝土

(续)

序号	图 示	施工步骤及技术措施
4	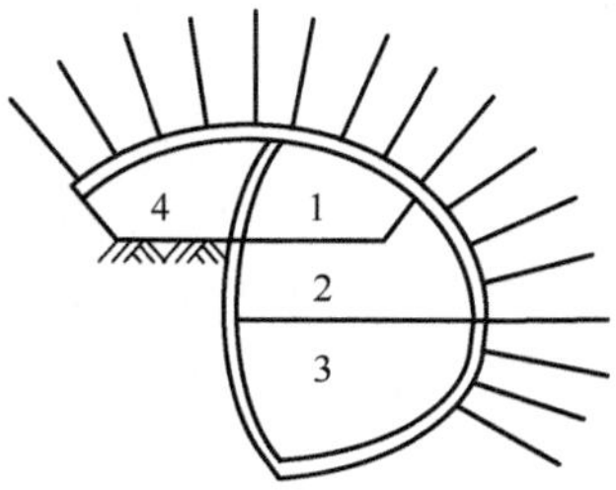	导洞4开挖支护：φ42mm 小导管注浆超前支护；开挖导洞4土体；初喷3~5cm混凝土，架立钢格栅，设置锁脚锚杆；挂网喷射混凝土
5	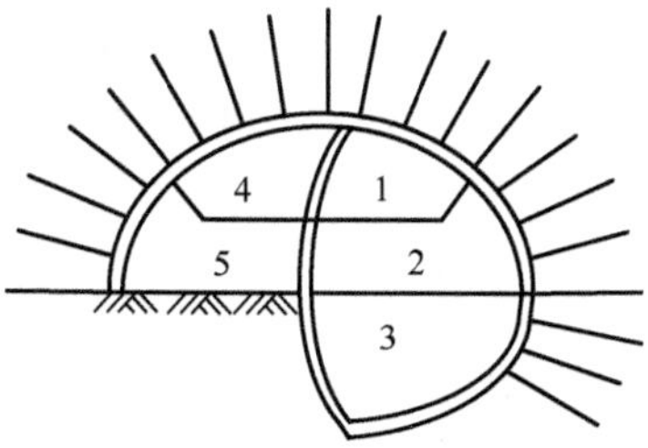	导洞5开挖支护：开挖导洞5土体；初喷3~5cm混凝土，架立钢格栅，设置锁脚锚杆；挂网喷射混凝土
6	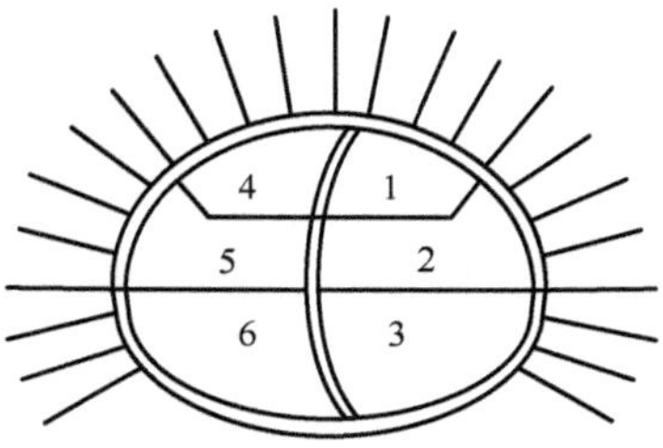	导洞6开挖支护：开挖导洞6土体；初喷3~5cm混凝土，架立钢格栅，设置锁脚锚杆；挂网喷射混凝土
7	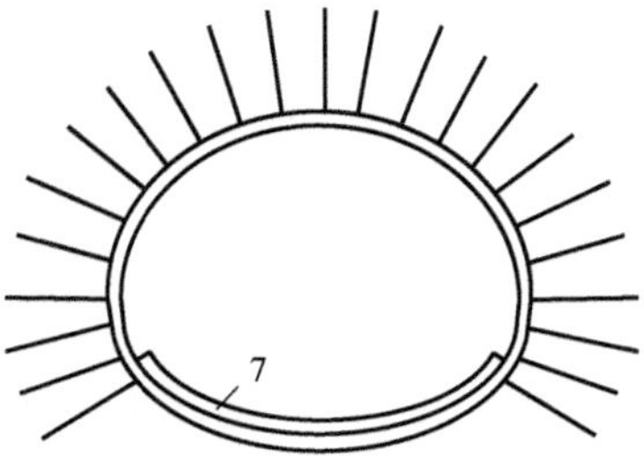	浇筑底板混凝土7；分段拆除中隔壁；基面处理；绑扎仰拱钢筋；浇筑仰拱混凝土
8	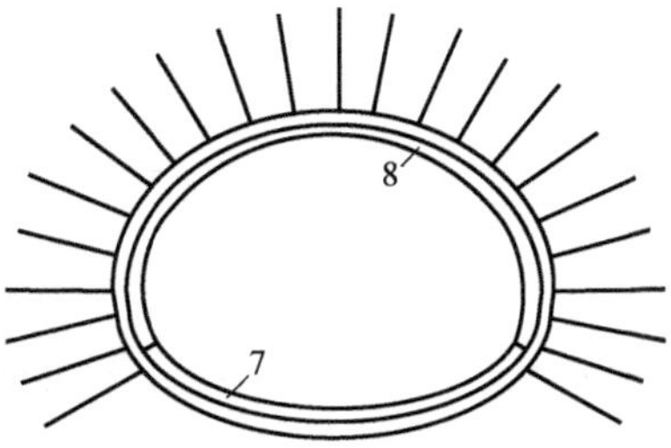	施作边墙及拱部衬砌8：基面处理，施作拱墙防水板；绑扎边墙及拱部钢筋；立模、浇筑边墙及拱部混凝土

CD 法主要适用于地层较差和不稳定岩体，且地面沉降要求严格的地下工程施工。

（5）交叉中隔壁法　交叉中隔墙法也称为 CRD 法（Center Cross Diaphragm），是在软弱围岩大跨度隧道中，先分部开挖隧道的一侧，施作部分中隔壁和横隔板，并封闭成环；再分部开挖隧道另一侧，完成横隔板施工，最终隧道整个断面封闭成环的施工方法。CRD法的优点是各部开挖及支护自上而下，步步成环，及时封闭，各分部封闭成环时间短，中隔壁能有效地阻止支护结构收敛变形和下沉，在控制地面沉降和土体水平位移等方面优于其他工法；缺点是拆除中隔壁时风险较大，工序繁杂，施工速度较慢。

交叉中隔墙（CRD）法施工工序见表9-6。CRD法适用于开挖跨度大于8m且不超过20m的地下暗挖工程。一般开挖断面较大，围岩相对较软弱，地面沉降要求严格的地段采用。

表9-6 CRD法施工工序

序号	图示	施工步骤及技术措施
1	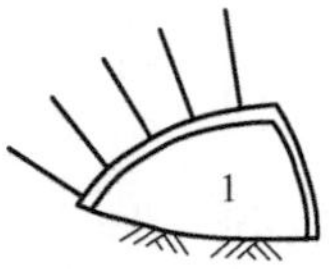	导洞1开挖支护：开挖导洞1土体；初喷3~5cm混凝土，架立拱部钢格栅及中隔壁，并设置锁脚锚杆；挂网喷射混凝土
2		导洞2开挖支护：开挖导洞2土体；初喷3~5cm混凝土，架立钢格栅及中隔壁，设置径向锁脚锚杆；施作横联，实现封闭；挂网喷射混凝土
3	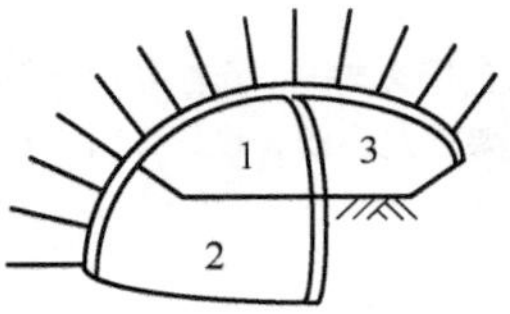	导洞3开挖支护：开挖导洞3土体；初喷3~5cm混凝土，架立拱部钢格栅及中隔壁，设置锁脚锚杆；挂网喷射混凝土
4	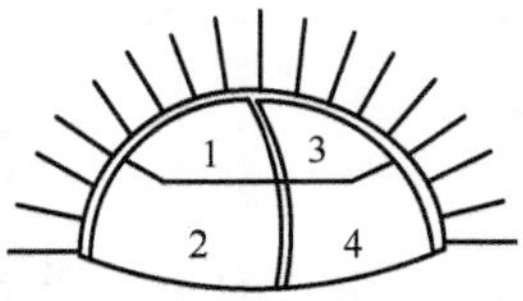	导洞4开挖支护：开挖导洞4土体；初喷3~5cm混凝土，架立拱部钢格栅，设置锁脚锚杆；挂网喷射混凝土
5	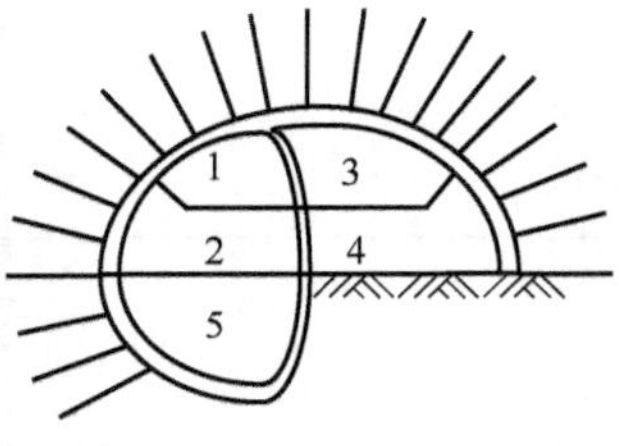	导洞5开挖支护：开挖导洞5土体；初喷3~5cm混凝土，架立拱部钢格栅及中隔壁，设置锁脚锚杆；挂网喷射混凝土
6		导洞6开挖支护：开挖导洞6土体；初喷3~5cm混凝土，架立拱部钢格栅，设置锁脚锚杆；挂网喷射混凝土

(续)

序号	图示	施工步骤及技术措施
7	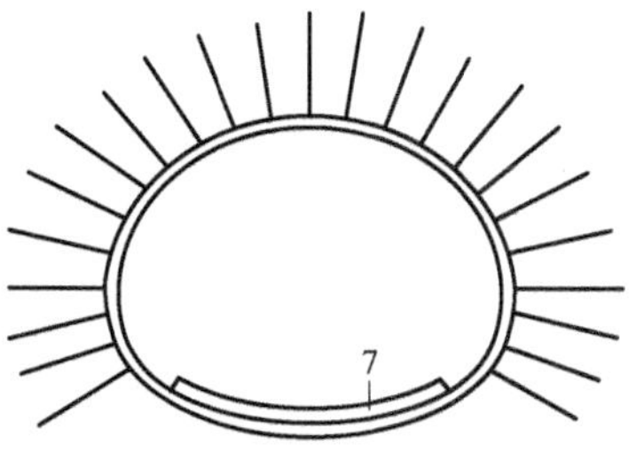	浇筑底板混凝土7；分段拆除中隔壁；基面处理；绑扎仰拱钢筋；浇筑仰拱混凝土
8	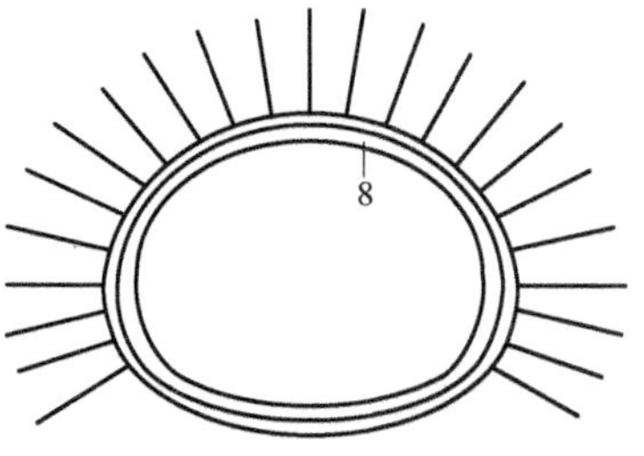	施作边墙及拱部衬砌8；基面处理，施作边墙及拱部防水板；绑扎边墙及拱部钢筋；立模，浇筑边墙及拱部混凝土

9.1.2 隧道开挖施工

隧道开挖主要可分为人工开挖、机械开挖和钻爆开挖等方法，目前隧道施工主要以钻爆开挖为主。

1. 人工开挖

人工开挖是采用较为简单的掘进器具，如铁锹、风镐等进行隧道掘进的施工方法。目前矿山法人工开挖作为辅助开挖方法，适用于Ⅵ、Ⅴ级软弱地层以及狭窄的施工作业空间；在施工空间允许的条件下，通常与小型挖掘机械配合使用。这种开挖方式人力成本较高、掘进速度极慢，单日进尺在1~2m，且对隧道内开挖环境、噪声、粉尘、通风等条件都有较高要求，但人工开挖对周边环境扰动小且可有效控制超挖问题，目前人工开挖仍应用于软岩地层矿山法车站导洞施工中。

2. 机械开挖

机械开挖是采用挖掘机械进行隧道掘进的施工方法。矿山法施工由于作业空间的限制，选取的机械偏向于小型化，目前国内隧道机械开挖多采用中小型开挖机械，另外铣挖机、液压冲击锤、掘进机等机械也有部分国内外隧道工程应用。开挖机械的选择一般考虑施工作业条件与成本控制，选择合适的机械开挖方式，既能增加施工效率，又可以减少环境的扰动。机械开挖适用于土质隧道及对爆破振速有特殊要求的岩质隧道施工。

3. 钻爆开挖

在目前条件下，开挖隧道的主要方法仍然是钻孔爆破法。钻爆开挖作业是隧道钻爆法施工中首要的一项，它是在岩体上钻凿出一定孔径和深度的炮眼，并装上炸药进行爆破，从而达到开挖的目的。开挖作业包括钻眼、装药、爆破、通风、出碴等几项内容。目前爆破开挖中常用控制爆破技术类型为微差控制爆破、光面爆破、预裂爆破等。

不同控制爆破方法的施工流程差异不大，主要差别在于装药方式、起爆顺序及辅助装置的适用。图9-3所示为爆破作业流程。

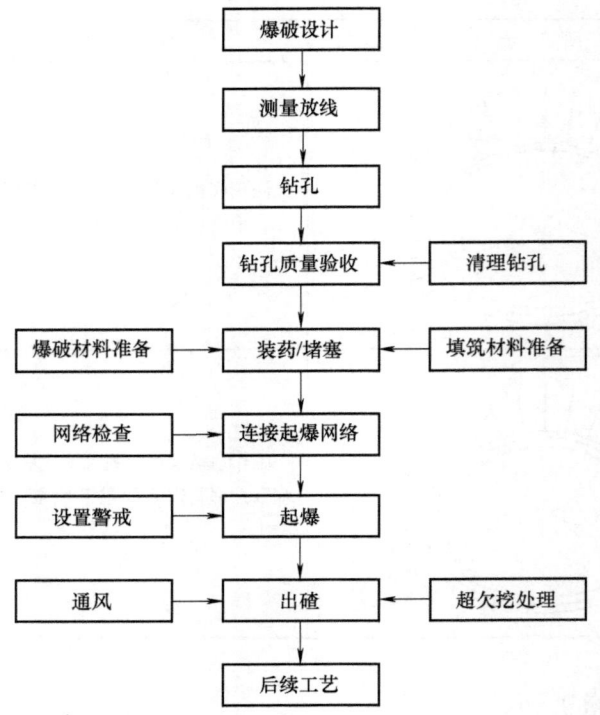

图 9-3 爆破作业流程

(1) 钻孔　目前，广泛采用的钻孔设备有凿岩机（手持式风钻、液压钻）、钻孔台车、全液压钻机和风动钻机。大断面开挖时一般采用台架打眼或"人机套打"方式，即台车开挖与人工手持式风钻台架相配合，长短炮眼结合，可达到更好的控制爆破效果。

钻孔作业要点如下：

1) 严格按照炮眼的设计位置、深度、角度和孔径，分工定点、定值进行。

2) 防止炮眼交叉打穿，炮眼总数不应小于设计的 90%，掏槽炮眼位置误差不得大于 5cm；如果出现大的偏差，应废弃重钻，保证钻孔质量。

3) 掌握周边眼的外插角，太大会导致超挖大，太小会造成欠挖或下一循环"作业净空"不够。

4) 注意平行打眼，同时如掌子面明显不平整，应调整炮眼的孔深，使炮眼底在一个平面上。

(2) 验孔、清孔　钻孔完成后，及时清理孔口的浮碴，并利用胶管向孔内吹气，吹净钻孔内石碴、岩粉等；吹净后利用炮棍检查炮孔角度、深度、方向以及有无堵孔、卡孔情况，与设计做比较，若相差较大则应适当调整参数或者重新钻孔。

(3) 装药　装药结构分以下三种方式：

1) 起爆药卷放在靠近眼口的第二个药卷位置，雷管聚能穴朝向眼底，称为正向起爆装药。

2) 起爆药卷放在靠近眼底的第二个药卷位置，雷管聚能穴朝向眼口，称为反向起爆装药。

3) 起爆药卷放在炮眼装药中部，称为双向起爆装药。图 9-4 所示为常用的正、反向连续装药结构。

为控制周边爆破产生的能量，达到光面爆破或者控制爆破振动，采用切缝管或聚能管装药，如图 9-5 和图 9-6 所示。

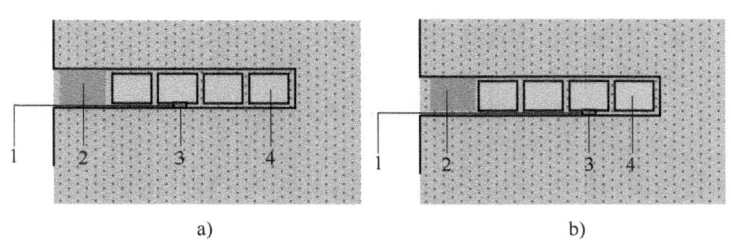

图 9-4 常用的正、反向连续装药结构
a) 正向装药 b) 反向装药
1—引线 2—炮泥 3—引爆药卷 4—普通药卷

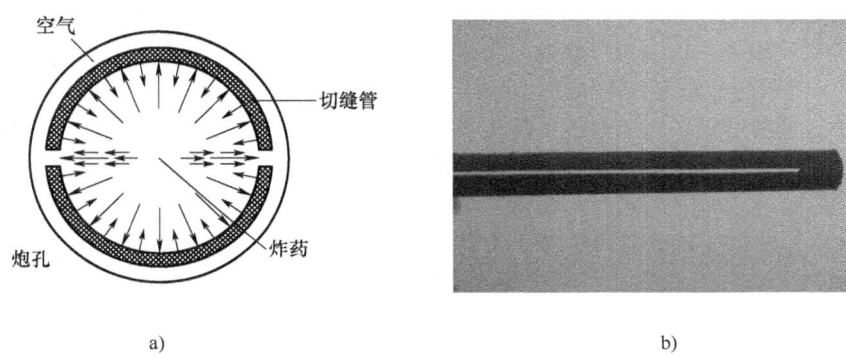

图 9-5 切缝管装药
a) 切缝管原理图 b) 切缝管实物

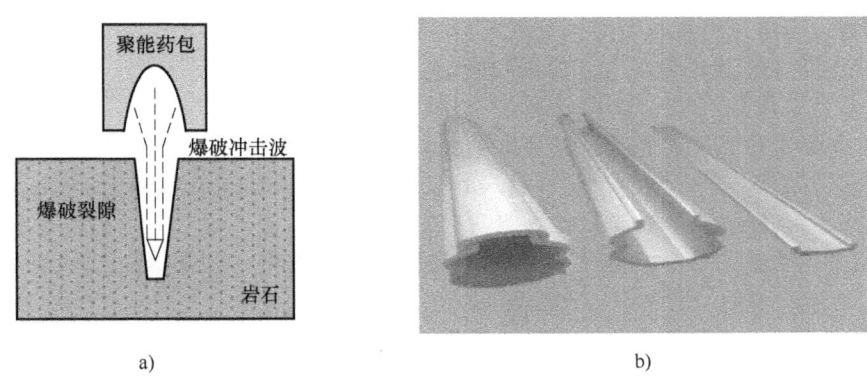

图 9-6 聚能管装药
a) 聚能管原理图 b) 聚能管实物

装药作业要点如下：

1) 利用炮棍将药卷缓慢推入炮眼指定位置，注意推入的速度及炮棍的角度；当采用空气间隔装药时，要提前计算好药卷装入深度，或采用绑定竹片的方法。

2) 严格按照炮眼的设计装药量装填，可以按设计要求连续装药或间隔装药或不耦合装药，总的装药长度不宜超过炮眼深的 2/3，靠炮眼口的剩余长度用炮泥堵塞好。

3) 间隔装药药卷之间的距离通过现场殉爆试验确定。

4) 不耦合装药时，药卷置于炮眼孔的中央，药卷与孔壁间留有空气间隙，为保证药卷位置准确，可采用塑料扩张套管定位。

5) 深眼爆破时，为了克服管道效应所造成的炸药熄爆，可采用合理的装药结构和增大装药直径，并选用合适的不耦合系数的方法。

(4) 堵塞　堵塞炮眼的目的是最大化发挥炸药的威力，提升爆破效率。隧道爆破所使用的炮眼堵塞材料一般为沙子和黏土的混合物，其比例通常为沙子 50%～40%，黏土 50%～60%。堵塞长度视炮眼直径而定，一般不能小于 20cm，炮眼直径在 45cm 以上时，堵塞长度应不小于 45cm。堵塞可采用分层人工捣实法进行。

(5) 连接起爆网路　在爆破工程中，起爆网路可以设计成串联、并联和混合联 3 种形式。

1) 串联。串联的优点是：消耗电能小，接线简单，易于操作，便于检查，导线消耗少。缺点是：一个不通，会造成全部雷管拒爆；或因敏感度高的雷管先爆而使电路中断，造成其他雷管拒爆。为了提高这种网路的准爆可靠性，实际爆破中也常采用复式串联网路。

2) 并联。并联的优点是：不致因为其中一个雷管断路而引起其余雷管拒爆。缺点是：电爆网路中电流大，需要断面较大的母线，连接线消耗多，漏接雷管不易发现；此外当各雷管电阻不同时，通过电流就不同，可能产生拒爆现象。这种方法适用于导坑等小断面爆破。图 9-7 为并联网路示意图。

3) 混合联。混合联可分为串并联和并串联两种。混合联是实际工作中采用较多的方法。它要求各支路的电阻基本平衡，否则会造成瞬发雷管发火时间的差异，更会造成毫秒雷管秒量的额外误差。

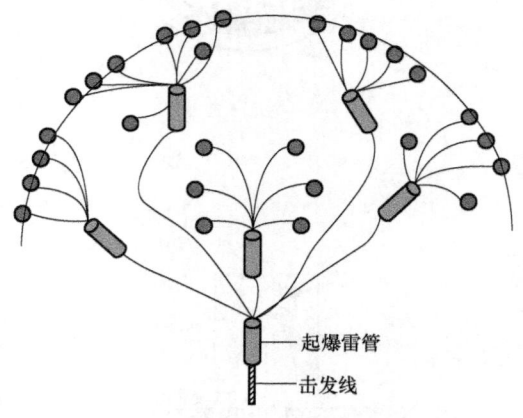

图 9-7　弧导光面爆破采用并联网路示意图

网路连接应由里向外，并防止起爆雷管附近有其他连线交错，以避免传爆雷管击断导爆管。

(6) 起爆　起爆材料是指装有一定量炸药，可利用由外界能激发产生的效应完成起爆功能的元件和小型装置，用以在安全距离处通过发爆（点火、通电或激发枪）和传递，使安装在药包或药卷中的雷管起爆，并引发药包或药卷爆炸，从而爆破岩石。起爆材料类型常见的有电雷管（图 9-8）、塑料导爆管与非电雷管（图 9-9）、导爆索与继爆管（图 9-10）以及数码电子雷管（图 9-11）。

电雷管的原理是在火雷管中加设电发火装置，利用导电线传输电流使装在雷管中的电阻发热而引起雷管爆炸。

塑料导爆管与非电雷管是在聚乙烯塑料管的内壁涂有一层高能炸药，管壁上的高能炸药在冲击波作用下可以沿着管道方向连续稳定爆轰，从而将爆轰传播到非电雷管使雷管起爆。塑料导爆管抗电、抗火、抗冲击性能好；起爆、传爆性能稳定。它不能直接起爆炸药，应与非电毫秒雷管配合使用。其在运输和使用过程中抗破坏能力强、安装简单、使用方便、价格便宜，且可作为非危险品运输。

导爆索是以单质猛炸药黑索金或泰安作为索芯的传爆材料。它经雷管起爆后，可以直接引爆其他炸药，继爆管是配合导爆索使用的，是具有毫秒级延期作用的爆破器材。

数码电子雷管是采用电子控制模块对起爆过程进行控制的电雷管，具备雷管起爆延期时间控制、起爆能量控制功能，内置雷管身份信息码和起爆密码，能对自身功能、性能以及雷管点火元件的电性能进行测试。

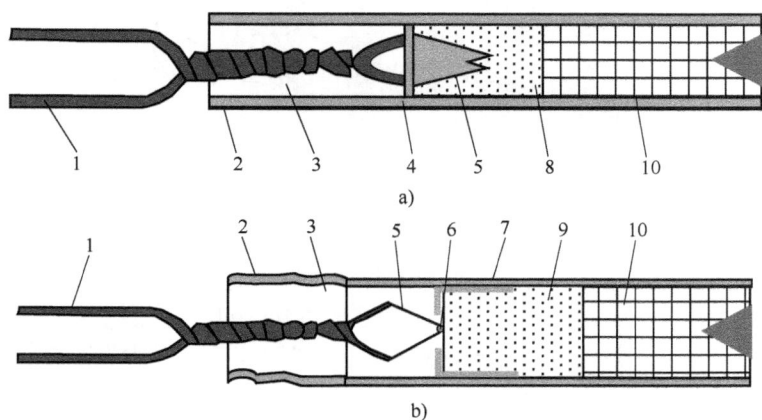

图 9-8　电雷管

a）直插式　b）引火头式

1—脚线　2—管壳　3—密封塞　4—纸垫　5—桥丝　6—引火头　7—加强帽
8—起爆药 DDNP（重氮二硝基苯酚）　9—正起爆药　10—副起爆药

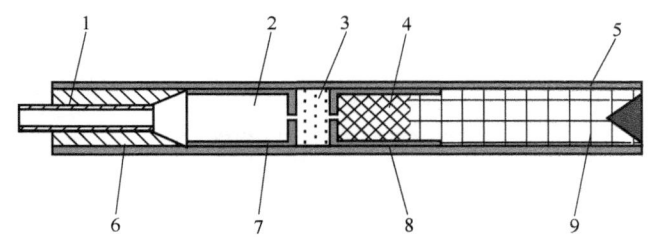

图 9-9　塑料导爆管与非电雷管

1—塑料导爆管　2—消爆空腔　3—延期药　4—正起爆药　5—金属管壳　6—塑料联结套
7—空信帽　8—加强帽　9—副起爆药

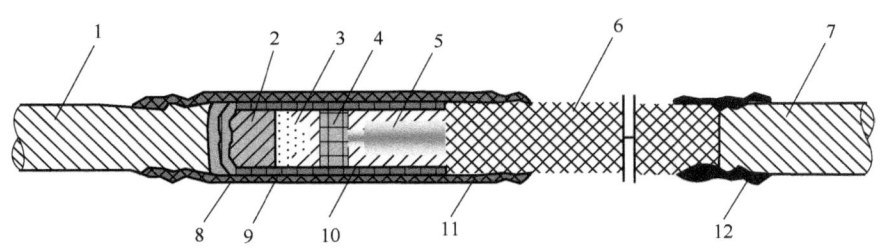

图 9-10　导爆索与继爆管

1—导爆索　2—副起爆药　3—加强帽　4—缓冲剂　5—大内管　6—消爆管　7—导爆索
8—雷管壳　9—正起爆药　10—纸垫　11—外套管　12—连接管

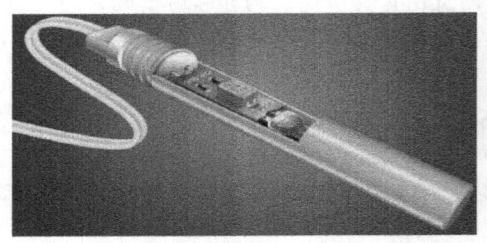

图 9-11　数码电子雷管实物图

根据起爆的原理和使用器材不同，通用的起爆方法大致分两种：非电起爆法和电起爆法。

非电起爆法又可分为导爆索起爆和导爆管起爆；导爆索起爆是将一端直接插入孔底炸药中，用火雷管引爆导爆索本身，并传爆至炮眼引爆炸药的方法。目前地铁施工中利用较多的为导爆管施工，其工作过程为：引爆雷管，使传爆元件中的导爆管起爆、传爆，导爆管传爆到连接块中的传爆雷管时，雷管起爆，再引起周围的导爆管起爆和传爆，以此类推，不断传递，使所有炮眼炸药起爆，如图 9-12 所示。

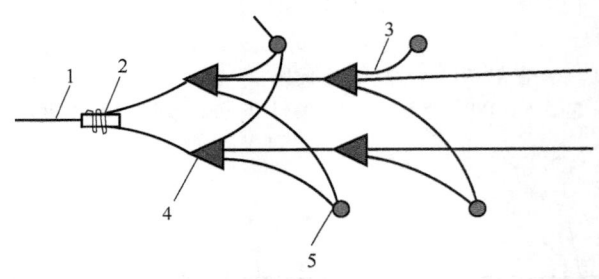

图 9-12　导爆管起爆系统

1—击发导爆管　2—8 号雷管及胶布　3—传爆导爆管　4—连接块　5—炮眼

电起爆法最大的特点是可以用仪表检查电雷管的质量和起爆网路的连接情况，从而保证起爆网路的正确性和可靠性，只要网路设计准确，计算无误，便能保证安全起爆；由于电起爆适应有瓦斯的爆破环境，因而其适用范围更广；其主要缺点是准备工作比较复杂，需要一定的电力设备，网路设计计算较为烦琐，相对于导爆管起爆而言，不宜广泛推广使用。

起爆网路的雷管，采用电雷管引爆网路，电力起爆地点必须在安全地点（一般 300m 以远）。最安全的起爆方法是采用 300m 长的导爆管，用击发枪起爆网路。

（7）瞎炮处理　放炮时，炮眼内的装药未发生爆炸，雷管未爆炸，俗称"瞎炮"。

瞎炮预防的措施主要有：

1）爆破器材要妥善保管，严格检验，禁止使用技术性能不符合要求的爆破器材。

2）防止导爆管破裂或拉断，防止油、水、泥沙进入导爆管管口段。

3）防止爆破器材在有水的工作面被水浸泡，避免爆破器材受潮。

4）同一串联支路上使用的电雷管，其电阻差不应大于 0.8Ω，重要网路不超过 0.3Ω。

5）提高爆破设计质量。设计内容包括炮孔布置、起爆方式、延期时间、网路敷设、起爆电流、网路检测。网路检测指电力起爆电雷管网路。

6）提高操作质量。电力起爆要防止漏接、错接和折断脚线，网路接地电阻不得小于 $1\times 10^5\Omega$，并要经常检查开关和线路接头是否处于良好状态。要防止炸药卷连续装药时，药卷之间有泥沙、岩屑等堵塞；药卷之间要"紧接"，其间隔超过殉爆距离时，会产生瞎炮。

（8）通风　各隧道工程应根据现场实际情况选择经济合理的通风方式、通风机械、风机及风管参数。研究通风设备的系统布置，满足通风要求。研究施工通风的管理制度，保证现场施工通风。监测洞内空气指标和通风系统的各项指数，评估通风效果。

隧道通风方案设计流程：通风方式选择与布置→风量计算→选择通风设备→设备布置安装→质量检查。

通风方式选择与布置应根据施工方法、设备条件、掘进长度、开挖面积以及污染物质的含量与种类等情况确定。

（9）装碴与运输　将开挖的石碴迅速装车运出洞外，是提高隧道掘进速度的重要环节。该项作业往往占全部开挖循环作业时间的35%～50%，控制着隧道的施工速度。因此，正确选择并准备足够的装碴机械和运输车辆，确定合理的装碴运输方案，维修好线路，减少相互干扰，提高装碴效率是加快隧道施工速度，尤其是加快长大隧道施工速度的关键。

在选择出碴方式时，应根据隧道或开挖断面的大小、围岩的地质条件、一次开挖量、机械配套能力、经济性及工期要求等相关因素综合考虑。

装碴运输作业由以下3个环节组成：装碴、运输和卸碴。

1）装碴。装碴就是将开挖爆破的石碴装入运输车辆。

① 装碴方式。装碴的方式可采用人力装碴或机械装碴。机械装碴速度快，可缩短作业时间，目前隧道施工中一般都采用机械装碴，但仍需配备少数人工辅助。

② 装碴机械。装碴机械的类型很多，按其扒碴机构形式可分为：铲斗式、蟹爪式、立抓式和挖斗式。铲斗式装碴机为间歇性非连续装碴机，有翻斗后卸、前卸和侧卸3种卸碴方式，如图9-13所示。蟹爪式、立抓式、挖斗式装碴机（图9-14）是连续装碴机，均配备刮板（或链板）转载后卸机构。

　　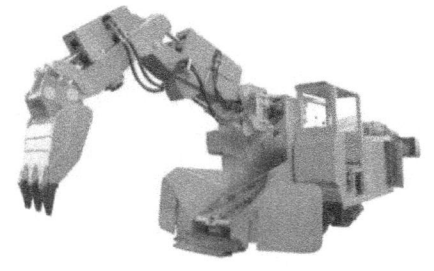

图9-13　铲斗式装碴机　　　　　　　图9-14　挖斗式装碴机

装碴机的选择应充分考虑围岩及隧道条件、工作宽度以及运输车辆的匹配和组织，要求外形尺寸小，坚固耐用，操作方便且生产效率高，以充分发挥各自的工作效能，缩短装碴时间。

2）运输。出碴和进料有有轨运输和无轨运输两种方式。长大隧道的施工常用有轨运输，需铺设轻型窄轨线路，用专门的出碴车辆装碴，小型机车牵引。隧道施工常用无轨运输，利用自卸汽车等进行运输。

① 有轨运输。有轨运输常用的牵引机车分电动和内燃两类。隧道施工中常用的电动牵引机车为蓄电池电机车，俗称电瓶车。它具有体积小，无废气污染，不需架设供电线路，使用较安全等特点，但也存在需要有专门的充电设备，牵引力有限等缺点。内燃机车具有较大的牵引动力，配合大型出碴斗车可以加快出碴速度。但在机车运行中排出有毒废气，必要时需安装废气净化装置或配备强大的通风设施。

运输轨道布置对行车调度、车辆周转、出碴进料影响较大，应根据隧道长度、工期要求及开挖方法等选择合理的方案进行布置。常用的轨道布置形式有单车道和双车道。单车道运输能力较低，一般用在地质条件较差或小断面开挖的隧道中。双车道可使进出隧道的列车各行一股道，具有互不影响、车辆周转快的特点，是提高隧道运输效率的主要方法之一。调车方法是指结合洞内轨道布置，在开挖面附近为配合出碴所进行的调车作业。

较常用的调车设备有简易道岔、平移调车器、水平移车器和浮放道岔等。轨道延伸是指隧道开挖面附近不足一节钢轨长度部分和掘进进尺部分实施的临时性轨道延伸，常用的方法有扣轨、爬道、短轨节等。待开挖面向前推进后，将连续的几根短轨换成长轨。

为了提高有轨运输能力，加快隧道施工速度，应备齐足够数量的牵引机车和出碴斗车，还要编制列车运行图。机车、斗车数目根据计算进行确定。列车运行图是根据隧道施工方法，轨道布置及机车车辆配备情况，各施工工序在隧道中所处的位置和进度安排，以及装碴、调车、编组、运行、错车、卸碴、列车解体等所需要的时间，综合考虑确定列车数量后编制而成的。

② 无轨运输。无轨运输不需要铺设复杂的运输轨道，具有运输速度快、管理工作简单、配套设备少等特点。但由于内燃机排放大量废气，对洞内空气污染较为严重，尤其在长大隧道中使用时，需要有强大的通风设备。

无轨运输采用大型自卸汽车。在隧道工程中，无轨运输车辆应选用车身低矮、车斗容量大、转弯半径小、车体坚固、轮胎耐磨、配有废气净化装置、能双向驾驶的自卸汽车，以增加运行中的灵活性，避免洞内回车和减轻对洞内空气的污染。

由于无轨运输采用的装碴、运碴设备都是自配动力，属于自行式，其调车作业主要是解决回车、错车和装碴场地问题。根据不同的隧道开挖断面和洞内运输距离，常用的调车方式如下：

a. 有条件构成循环通路时，最好制定单向行使的循环方案，以减少回车、错车需用场地及待避时间。

b. 当开挖断面较小，只能设置单车通道而装碴点距洞口又较近时，可考虑汽车倒行进洞至装碴点装碴，正向开行出洞，不设置错车、回车场地，如果洞内运行距离较长，可在适当位置将导洞向侧壁加宽构成错车、回车场地，以加快调车作业。

c. 当隧道开挖断面较大，足够并行两辆汽车时，应布置成双车通道，在装碴点附近回车，空车、重车各行其道，可以提高出碴速度。

3）卸碴。卸碴工作主要是考虑石碴如何处理以及卸碴场地的布置。由洞内运出的石碴，一般可考虑进行以下三方面的处理：

① 选用合乎强度标准的岩块加工成衬砌混凝土材料的粗骨料。

② 用作路基填方或洞外工作场地填方。

③ 弃置于山谷或河滩。

在弃碴场地的选择上，应考虑卸碴方便，不占良田，不堵塞航道，不污染环境。

9.1.3 隧道支护施工

在地层中开挖出导坑后，出现了岩壁临空面，改变了围岩的应力状态，产生了趋向隧道内的变形位移。同时，由于开挖扰动以及随时间推移的变形量的增长，又降低了围岩的强度。当围岩应力超过围岩强度时，围岩的变形发展过大，从而造成失稳。其表现通常为围岩向洞内的挤入、张裂、沿结构面滑动，甚至最后发生坍塌。

围岩的变形是个动态过程。对于坚硬稳固的围岩，开挖成洞后其强度足以承受重分布后的应力，因而不致失稳。但对于破碎、软弱围岩，开挖后随着暴露时间的增加，变形随之发展，就会造成失稳。尤其是在隧道拱部、洞口、交岔洞，以及围岩呈大面积平板状且结构面发达的部位，更易失稳。

因此，为了有效地约束和控制围岩的变形，增强围岩的稳定性，防止塌方，保证施工和运营作业的安全，必须及时、可靠地进行临时支护和永久支护。临时支护的种类很多，按材料的不同和支护原理的不同有：木支撑、钢支撑、钢木混合支撑、钢筋混凝土支撑，锚杆支护、喷射混凝土支护、锚喷联合支护等。永久支护一般是采用混凝土衬砌。

1. 锚杆支护

锚杆是隧道支护最基本的组成部分，它是用金属或其他高抗拉性能的材料制作的一种杆状构件。使用某些机械装置，黏结介质，并通过一定的施工操作，将其安设在地下工程的围岩或其他工程体中，即能形成承受荷载、阻止变形的围岩拱结构或其他复合结构物的锚杆支护。

根据使用目的不同，锚杆在矿山法隧道中一般有超前锚杆、锁脚锚杆、系统锚杆等。超前锚杆是沿开挖轮廓线，以一定的外插角打入开挖工作面，形成对前方围岩的预支护。锁脚锚杆是指隧道开挖采用先拱后墙的方式开挖时，为确保安全，在进行下一步施工开挖之前，在拱脚处垂直岩壁打入的锚杆，防止拱顶收缩、掉拱。系统锚杆是在隧道周边上按一定间距径向布置的锚杆群。

矿山法工程中常用的锚杆有砂浆（锚固剂）锚杆（图9-15a）、中空注浆锚杆（图9-15b）、自进式锚杆（图9-15c）三类。砂浆锚杆是使用水泥砂浆作为锚固剂的锚杆，该类锚杆安装简便，成本较低廉，但是锚固力较弱，多用于岩石构造较完整的边坡保护或者临时锚固的地点，井下不多见。中空注浆锚杆是空心锚杆的一种，多用于相对稳定完整的岩层，树脂、工程胶水、速凝水泥等锚固剂自锚杆中心注入，比普通锚杆锚固质量更好。自进式锚杆主要用于断层破碎带开挖支护施工，在复杂地质条件下取代普通砂浆锚杆，克服了普通砂浆锚杆诸如塌孔、无法插杆、注浆不饱满等难题，发挥了锚杆支护的作用，提高了围岩的承载能力，保证了围岩的整体稳定性，具有较好的应用价值。

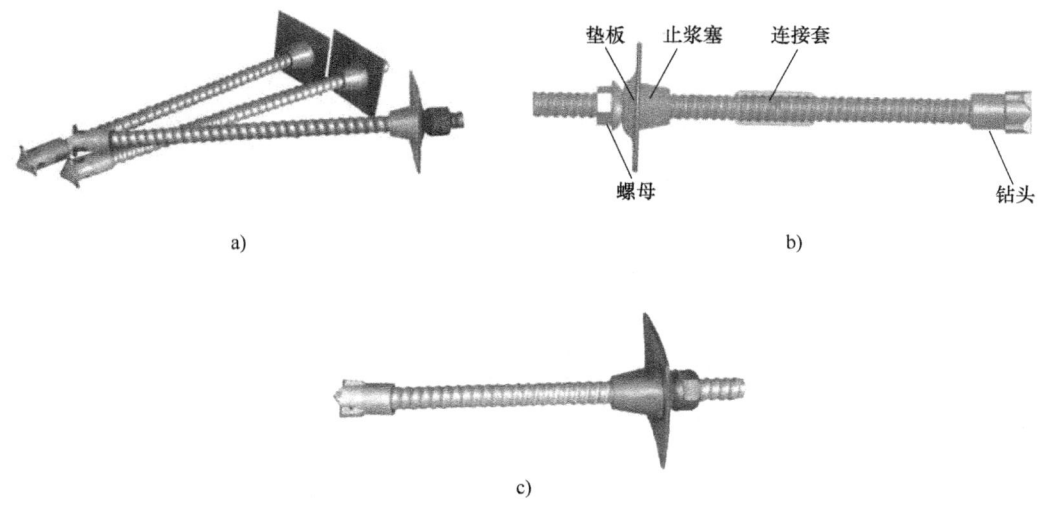

图9-15 锚杆实物示意图
a）砂浆锚杆 b）中空注浆锚杆 c）自进式锚杆

砂浆（锚固剂）锚杆、中空注浆锚杆和自进式锚杆施工工艺流程如图9-16～图9-18所示。锚杆施工应满足以下一般规定：

1）隧道工程坑道开挖后，应尽快安设锚杆。

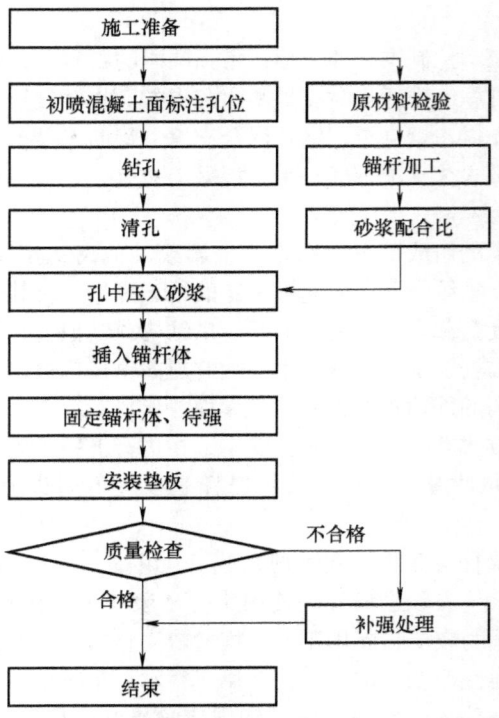

图 9-16 砂浆（锚固剂）锚杆施工工艺流程

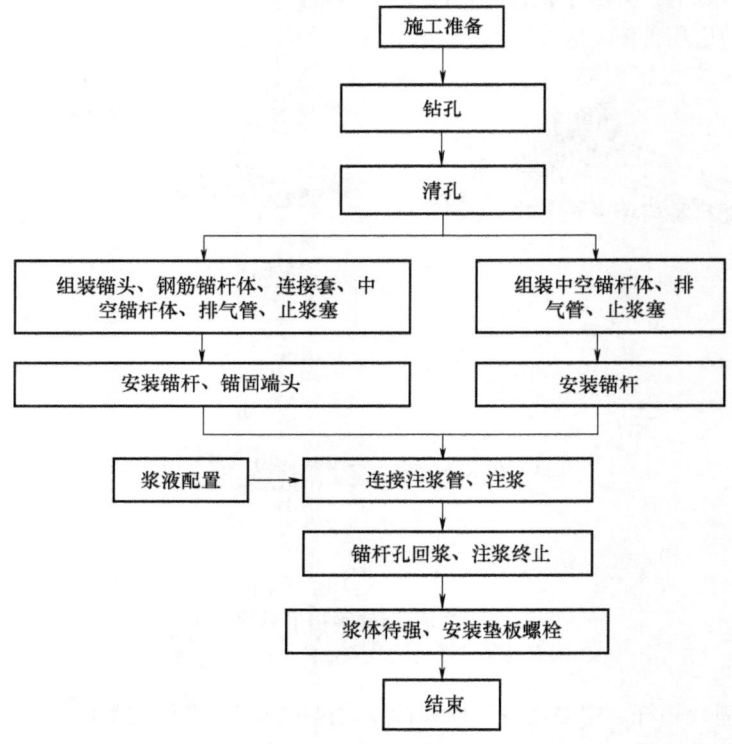

图 9-17 中空注浆锚杆施工工艺流程

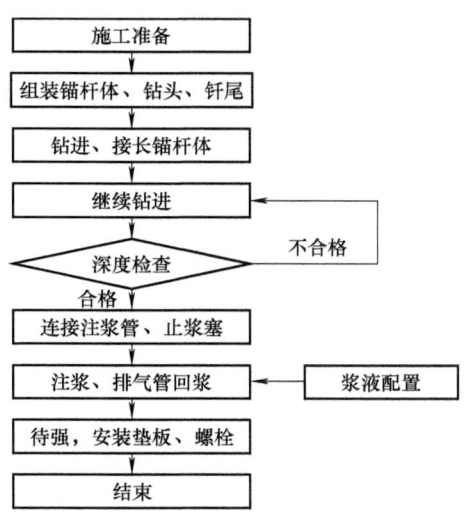

图 9-18 自进式锚杆施工工艺流程

2）一般宜先喷射混凝土，再钻孔安设锚杆。

3）锚杆的孔位、孔径、孔深及布置形式应符合设计要求；锚杆杆体露出岩面长度不应大于喷层的厚度；应确保隧道工程辅助稳定措施中的锚杆施工质量符合设计要求。

砂浆锚杆施工要点见表 9-7，中空注浆锚杆施工要点见表 9-8，自进式锚杆施工要点见表 9-9。

表 9-7 砂浆锚杆施工要点

序号	工 序	施 工 要 点
1	锚杆准备	杆体直径均匀，无严重锈蚀，弯折现象
2	定位	定出锚杆开孔位置，孔位允许偏差 ±150mm
3	钻孔	① 钻孔前对围岩进行检查，看有无掉块、开裂现象，确保安全 ② 钻孔与围岩面或所在部位岩层的主要结构面垂直 ③ 钻孔的深度误差不大于 ±50mm。钻孔圆而直，直径大于杆体直径 15mm
4	清孔	成孔后采用高压风吹洗清孔，检查锚杆孔位间距、深度、角度是否符合要求，深度误差不大于 ±50mm。发现不合格钻孔应废弃重钻
5	注浆与锚索安装	① 砂浆强度等级不低于 M20 ② 将注浆管插至距孔底 5~10cm，利用高压风将砂浆不断压入眼底，注浆管跟着缓缓退出眼孔，并始终保持注浆管口埋在砂浆内。注浆管全部抽出后，立即把锚杆插入眼孔，然后用木楔堵塞眼口防止砂浆流失 ③ 安装好的锚杆不得敲打或悬挂重物 ④ 注浆嘴不得对人放置
6	锚杆验收	① 锚杆入孔到底时孔口无水泥浆流出，须拔出锚杆重新注浆安装 ② 杆体插入孔内长度不小于设计规定 95%，安装数量符合设计要求 ③ 锚杆垫板与喷混凝土面密贴

表 9-8 中空注浆锚杆施工要点

序号	工 序	施 工 要 点
1	施工准备	① 对水、电、设备管线进行检查，并试运行，确保其处于安全状态 ② 现场锚杆符合要求 ③ 作业人员佩戴好个人防护用品 ④ 施工前对现场围岩进行检查，确保安全
2	测量定位	按设计要求定出锚杆孔位，并做好标记，孔位允许偏差为 ±150mm
3	钻进安装	① 检查锚杆体钻头的水孔是否畅通，若有异物堵塞，应及时清理 ② 锚杆对准布设的孔位慢慢钻进，直至设计深度。保持锚杆外露长度为 10~15cm
4	清理检查	① 锚杆钻入设计深度后，用水和高压风洗孔 ② 检查锚杆间距、长度、角度是否符合要求，发现不合格应废弃重钻
5	锚杆注浆	① 配制浆液时，操作工人戴胶手套、护目镜、穿长筒胶鞋 ② 注浆料由杆体中孔灌入，上仰孔应按要求设置止浆塞和排气孔，根据技术交底要求控制注浆压力 ③ 注浆采取交错、间隔进行，注浆结束后检查其效果，不合格者应补浆 ④ 注浆时，作业工人不准站注浆口附近
6	验收	① 安装数量符合要求，锚杆打入长度不小于设计的 95% ② 水泥浆体强度达 10.0MPa 后方可上紧垫板螺母，锚杆垫板与喷混凝土面密贴

表 9-9 自进式锚杆施工要点

序号	工 序	施 工 要 点
1	施工准备	① 用人工或机械将要施工的场地平整好，以便潜孔钻机能够行驶、进出及操作；根据需要搭设工作平台或搭设脚手架，以便操作 ② 将各种风管和水管接好，保持各种管路畅通，空压机司机和注浆手及潜孔钻司机到位，空压机、潜孔钻机、注浆泵、灰浆搅拌机试机无故障，备好各种料具
2	钻孔	① 空压机启动后，开启潜孔钻机，根据地形及地质情况，调整好潜孔钻机的钻进角度 ② 给潜孔钻套上专用的纤尾套，将锚杆与纤尾套连接牢固，并在第一节锚杆的前端套上钻头，并根据地质情况确定锚杆的长度，以便现场拼接锚杆 ③ 当一节锚杆钻进后，在前一节锚杆的尾部套上带有人工涂抹润滑剂的连接套后再连接好后一节锚杆，直到每根锚杆钻到需要长度
3	注浆	① 通过快速注浆接头将锚杆尾端注浆泵相连，启动灰浆搅拌机，人力将水泥和其他外加剂材料按配合比配制好，输入到搅拌机中进行加水搅拌 ② 搅拌均匀后，输入压浆泵，压浆时要保持压浆高压管顺直，压浆量根据压浆泵压力的大小或根据灰浆搅拌机的消耗速度确定 ③ 压浆完毕后，立即安装好止浆塞，再进行锚固，将拱形垫板套在锚杆外露部分，与地表或岩层密贴，在垫板外上好球形螺母
4	结束工作	当钻孔和注浆完毕后，首先撤走各类机械设备；拆除各类脚手架；再进行场地清理

2. 喷射混凝土支护

喷射混凝土是地下工程施工中为尽快使开挖土体面稳定的一种支护措施。借助喷射机械，利用压缩空气作为动力，将水泥、石子、水配合的拌合料，并掺加速凝剂，通过高压管高速喷射到受喷面上，依靠高速喷射时骨料的反复连续撞击压密混凝土硬化而成，使喷射的混凝土能够在几分钟内终凝，且强度增长快，并与其他支护措施（如锚杆、钢筋网）联合形成支护，整体共同承受拉应力和剪应力，大幅度地提高工作面土体的承载力，并快速稳定。喷射混凝土应采用自动计量拌和站生产，混凝土搅拌车运输，机械手配合喷射机施工。

（1）施工工艺流程　喷射混凝土的施工工艺流程如图9-19所示。

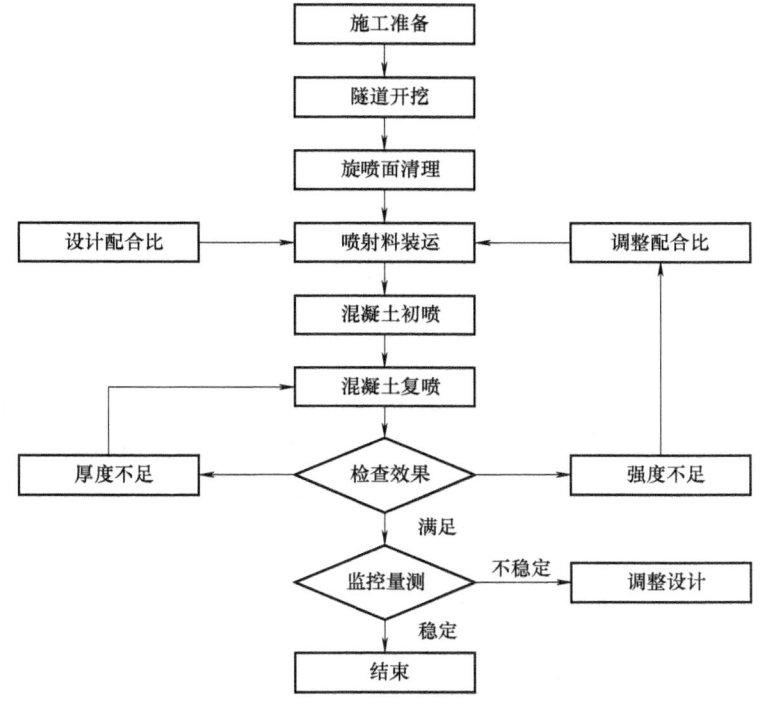

图9-19　喷射混凝土的施工工艺流程

喷射混凝土的工艺流程有干喷、潮喷、湿喷和混合喷四种。它们之间的主要区别是各工艺的投料程序不同，尤其是加水和速凝剂的时机不同，应优先选用潮喷。

1）干喷。干喷的缺点是产生的粉尘多，回弹量大，加水是由喷嘴处的阀门控制的，水灰比的控制程度与喷射手操作的熟练程度有关。但使用的机械较简单，机械清洗和故障处理容易。其工艺流程如图9-20所示。

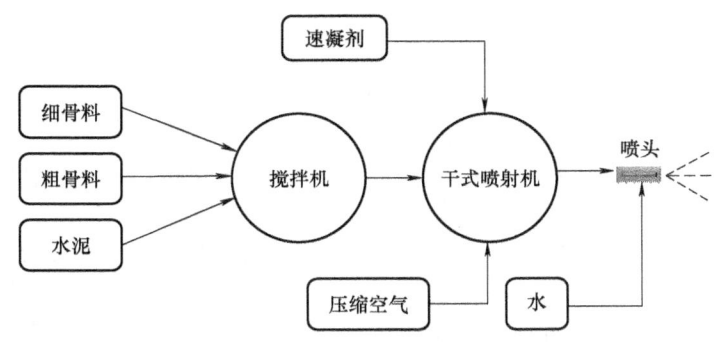

图9-20　干喷、潮喷工艺流程

2）潮喷。潮喷是将骨料预加少量水，使之呈潮湿状，再加水泥拌和，从而降低上料、拌和和喷射时的粉尘。但大量的水仍是在喷头处加入和喷出的。潮喷工艺流程和适用机械与干喷工艺相同，它是目前隧道施工现场使用较多的一种工艺，类似于混合喷射（SEC 喷射）工艺。

3）湿喷。湿喷是将骨料、水泥和水按设计比例拌和均匀，用湿式喷射机压送到喷头处，再在喷头处添加速凝剂后喷出。其工艺流程如图 9-21 所示。

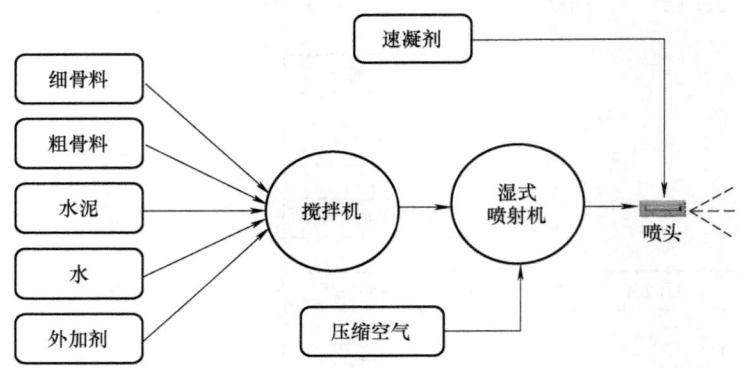

图 9-21 湿喷工艺流程

湿喷混凝土质量容易控制，喷射过程中的粉尘和回弹量很少，坍落度应控制在 5~6cm，做到喷射时不离析，水泥砂浆不粘管，以确保质量。但对喷射机械要求较高，机械清洗和故障处理较麻烦。对于喷层较厚的软岩和渗水隧道，则不宜使用湿喷。

4）混合喷射（SEC 喷射）。混合喷射又称为水泥裹砂造壳喷射法，是先将一部分砂加第一次水拌湿，再投入全部水泥强制搅拌造壳；然后加第二次水和减水剂拌和成 SEC（Sand Enveloped with Cement）砂浆；将另一部分砂和石、速凝剂强制搅拌均匀，再分别通过砂浆泵和干式喷射机将拌和成的砂浆及干混合料由高压胶管输送到混合管混合，最后由喷头喷出。

混合喷射是分次投料搅拌工艺与喷射工艺的结合，其关键是水泥裹砂造壳技术。混合喷射工艺使用的主要机械设备与干喷工艺基本相同，但混凝土的质量比干喷混凝土质量好，且粉尘和回弹量有大幅度减少。但使用机械数量较多，工艺较复杂，机械清洗和故障处理较麻烦。因此，混合喷射工艺一般只用在喷射混凝土量大和大断面隧道工程中。

混合喷射混凝土强度等级可达到 C30~C35，而干喷和潮喷混凝土强度较低，一般只能达到 C20。以上几种喷射方式，各有其特点，在施工中应结合具体情况选用。

（2）喷射混凝土配合比　配合比必须满足喷射混凝土工艺流程的基本要求，即易喷射，不易堵管，减少回弹量和粉尘；同时，要符合设计要求的质量好、强度高、密实度高、防水性能好及达到其他物理力学指标等。

水泥与砂质量比一般为 1:4.5~1:4，每立方米干骨料中，水泥用量为 375~400kg。实践表明，这种配合比能满足喷射混凝土强度要求，回弹量也较少。含砂率一般为 45%~55%。含砂率低于 45% 或高于 55%，均容易造成堵管、回弹量大、强度低且收缩加大。应特别强调，不宜采用细砂，它会影响喷射混凝土强度，增加其收缩开裂等；宜用中砂或中粗混合砂，砂子含水率应控制在 5%~7%（按质量计）。水灰比一般以 0.4~0.45 为宜。经验表明，水灰比太小，将导致粉尘多，回弹量大，黏性低，喷层会产生干斑、砂窝等现象，并影响喷射混凝土的密实性；水灰比太大，又会导致喷射混凝土的强度低、速凝效果差，造成喷层流淌、滑移、坍塌等。速凝剂和其他外加剂的最佳掺量值，应由试验确定，并要求达到各龄期的设计强度。工程实践表明，速凝剂效果因水灰比和施工温度的不同而有差异。水灰比越大，速凝效果就越差；施工温度越高，速凝效果就会越好。当施工温度低于5℃时，即使加入速凝剂，喷混凝土也很难成形。

（3）机械设备　为保证喷射混凝土质量，减少粉尘和回弹量，施工中所使用的主要机械设备有：喷射机、喷射机械手、强制式搅拌机（拌和机）、压力水泵、压风机（压缩空气机）、上料机等。

1）喷射机。按混凝土拌合料的加水方法不同，喷射机可分为干式、湿式和介于两者之间的半湿式三种。干式喷射机施工方法简单，速度快，但粉尘太多，喷出料回弹量损失较大，且要用高强度等级水泥。湿式喷射机表现为进入喷射机的是已加水的混凝土拌合料，因而喷射中粉尘含量低，回弹量也减少，是理想的喷射方式。但是湿料易于在料罐、管路中凝结，造成堵塞和清洗麻烦。混合式也称为潮式，即混凝土拌合料含水率为5%~8%的潮料（按体积计），这种料喷射时粉尘减少，由于比湿料黏结性小，不黏罐，是干式和湿式的改良方式。

应根据工程量的大小、工期的长短、施工具体条件等正确选定喷射机的类型和数量。若混凝土的工程量不大且工期也不太长，可选用小型移动式混凝土搅拌机；若混凝土的工程量大且工期长，则宜选用中、大型混凝土喷射机群（组），以满足输送距离的要求。当喷射工作面有渗水或潮湿基面时，宜选用干式喷射机；当施工现场对粉尘要求较严格时，宜选用湿式或潮式喷射机。

2）喷射机械手。喷射混凝土时，回弹量大，粉尘多，劳动条件差。为了解决这一问题，同时为了提高支护机械化程度，近年来设计、试制了多种机械手。国产的有HJ-1型简易机械手和液压机械手。

液压机械手的特点是各动作部分皆由液压驱动，机械手可以在喷头后面控制喷射作业。

（4）施工要点　喷射混凝土施工要点参见表9-10。

表9-10　喷射混凝土施工要点

序号	工序	施工要点	图　示
1	施工准备	① 对机械设备、风、电和管线路检查，并试运行 ② 施工人员佩戴好个人防护用品 ③ 喷射混凝土前，应检查开挖断面尺寸，清除开挖面杂物，设置控制喷层厚度标志	
2	搅拌运输	① 拌和站集中拌制，拌和时间不小于120s ② 混凝土由罐车运输，运输中搅拌筒保持3~6r/min，运输中保持混凝土均质性，做到不分层，不离析，不漏浆	
3	开机	① 湿式喷射机一定放在围岩稳定地段，开始时先送风，再开机，最后供料；结束时先停料，再关机，最后停风 ② 喷射时，控制好风压，喷射距离，避免回弹骨料伤人	

（续）

序号	工序	施工要点	图示
4	喷射	① 自下而上喷射，先将低洼处大致喷平，在顺序分层、往复喷射 ② 整体喷射前应进行初喷，厚度不小于4cm ③ 先喷钢架与围岩之间的混凝土，再喷两钢架之间的混凝土 ④ 有钢架时边墙应从墙脚开始向上喷射，一次喷射厚度7~15cm，拱部一次喷射厚度5~10cm ⑤ 喷射时喷头与受喷面保持0.8~1.2m的距离，喷射角度尽可能接近90°，喷射压力控制在0.5~0.8MPa ⑥ 喷射进度要适当，有利于混凝土的压实，风压过大，回弹增加；风压过小，喷射速度过小，压实度小，影响混凝土强度 ⑦ 喷浆结束后，及时对湿式喷射机进行清洗，防止下次使用出现堵管造成的管道炸裂伤人	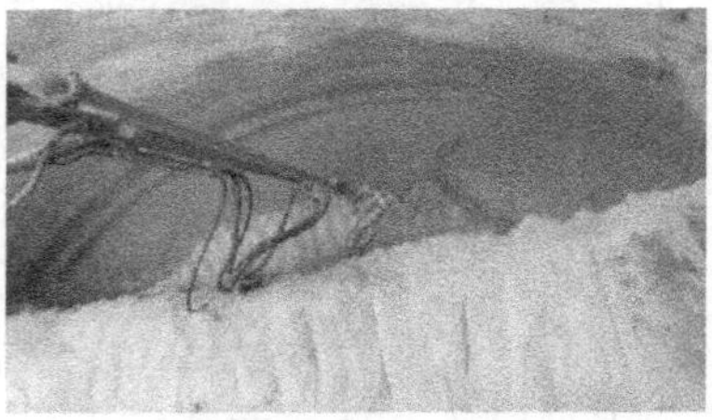
5	质量控制	① 按照埋设标志控制喷射混凝土的厚度 ② 分层喷射时后一层要在前一层混凝土凝固后进行，如果凝固1h后再喷射，要先用高压风和水清洗喷层表面 ③ 厚度检查点数的60%及以上大于设计厚度 ④ 最小厚度不小于设计厚度的1/2，且不小于3cm ⑤ 平均厚度大于设计厚度	
6	安全文明施工	① 喷混凝土作业前应清除工作面松动的岩石，确认作业区无塌方、落石等危险源存在 ② 喷混凝土作业人员应佩戴防尘口罩、防护眼镜等防护用具 ③ 施工中喷嘴前严禁站人	

3. 钢架支护

钢架不宜在受力较大的拱顶及其他受力较大的部位分节。格栅钢架的主筋直径不宜小于18mm，且焊接应符合设计要求。钢架适用于稳定性较差的各级围岩的支护。

（1）施工工艺　钢架施工工艺流程如图9-22所示。

（2）施工要点　钢架施工要点参见表9-11。

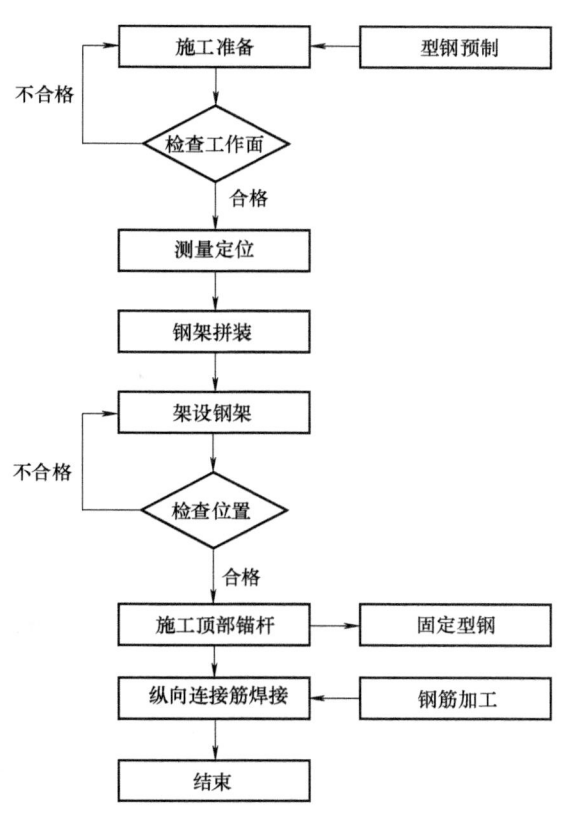

图 9-22 钢架施工流程

表 9-11 钢架施工要点

序号	工 序	施工要点	图 示
1	型钢拱架加工	① 型钢拱架采用冷弯机弯曲成型,连接板采用液压联合冲剪机冲孔 ② 拱架节点焊接长度应大于4mm,且对称焊接,焊接部位不得有假焊、漏焊现象,焊缝表面不得有裂纹、焊瘤等缺陷 ③ 施工人员培训合格后上岗,焊工持证上岗	
2	格栅拱架加工	① 根据格栅截面设计模具,做好模具后放样线直接固定在硬化场地上,必须保证焊接牢固和竖向垂直,"8"字钢筋采用格栅钢架八字筋成型机加工,对焊接头 ② 拱架加工允许偏差为:主筋全长±10mm,弯折位置20mm。箍筋内净尺寸±3mm	

(续)

序号	工序	施工要点	图示
3	拼装验收	首榀拱架拼装验收，后续拱架每50榀验收一次，并按单位编号。拱架尺寸准确，弧形圆顺，周边拼装允许偏差±3mm，平面翘曲小于2cm。	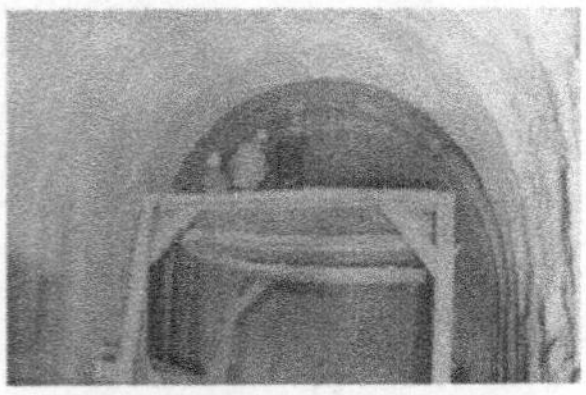
4	测量定位	拱架安装前检查开挖断面及中线、高程，并确定拱架安设位置及标高准确	
5	拱架安装	①拱架拼装前确认单元编号，拱架不得侵入二次衬砌断面，各节拱架间以螺栓连接，连接板要密贴 ②拱架紧贴掌子面，连接板处设置4根定位系筋，相邻两榀拱架之间设置$\phi 22mm$螺纹纵向连接钢筋，间距1m，焊接牢固 ③分部开挖时拱架及时落底接长，封闭成环 ④拱脚采用壁厚5mm的$\phi 42mm$锁脚锚杆焊接牢固 ⑤$\phi 22mm$砂浆锚杆通过L形钢筋焊接牢固，拱脚处采用钢板垫实，垫板底部密实不得有虚碴	
6	检查验收	①拱架安装允许偏差为：拱架间距±10cm，横向位置和高度±5cm，垂直度±2° ②连接筋、锁脚锚杆与拱架焊接饱满，不得有假焊、漏焊现象； ③拱架的混凝土保护层厚度允许偏差为−5mm ④每20m检查一次，段落内拱架数量不得少于设计值	
7	安全文明施工	①隧道内搬运钢架应装载牢固，固定可靠，防止发生碰撞 ②不得利用装载机作为钢架安装作业平台 ③钢架节段及钢架之间应及时连接牢固，防止倾倒 ④钢架安装完成后应及时施作锁脚锚杆，并与之连接牢固，钢架地脚严禁悬空或置于虚碴上 ⑤钢架侵入限界需要更换时，应采取逐榀更换、先立新钢架后拆除废钢架的方法，严禁先拆废钢架后立新钢架或同时更换相邻的多榀钢架	

4. 复合式衬砌

隧道作为地下结构物,除了应满足使用要求外,还必须具有耐久性。一般除了地质坚硬,不易风化的Ⅰ级围岩外,都应施作混凝土衬砌。

复合式衬砌是由初期支护、二次衬砌及中间夹防水层组合而成的衬砌形式。隧道开挖后周围地层应力原有平衡被破坏,为了防止坑道变形和坍塌应及时施作初期支护。初期支护可以采用喷射混凝土衬砌和锚杆喷射混凝土衬砌;当岩石条件较差时,在喷层中增设钢筋网或钢拱架,或采用钢纤维喷射混凝土。在围岩变形基本稳定之后,可以施作二次衬砌。二次衬砌常为整体式现浇混凝土衬砌或喷射混凝土衬砌,其中整体式现浇混凝土衬砌表面平顺光滑,外观视觉较好,通风阻力较小,适用于对洞内环境要求较高的场合。二次衬砌除了起饰面和增加安全度的作用外,实际上也承受了在其施工后发生的外部水压、软弱围岩的蠕变压力、膨胀性地压或者浅埋隧道受到的附加荷载等。

复合式衬砌应满足以下规定:

1)初期支护宜采用锚喷支护,即由喷射混凝土、锚杆、钢筋网和钢拱架等支护形式单独或组合使用,锚杆支护宜采用全长黏结锚杆。

2)二次衬砌宜采用模筑现浇混凝土或模筑现浇钢筋混凝土结构,衬砌截面宜采用连接圆顺的等厚衬砌断面,仰拱厚度宜与拱墙厚度相同。

3)在确定开挖断面时,除应满足隧道净空和结构尺寸外,还应考虑初期支护并预留适当的变形量,预留变形量的大小可根据围岩级别、断面大小、埋置深度、施工方法和支护情况等,采用工程类比法及现场监控量测结果进行调整确定。

5. 支护防排水技术

渗漏是隧道的常见病害之一,长期的渗漏水,可能造成隧道侵蚀破坏,影响行车安全。因此必须在隧道内设置防排水层,使隧道衬砌不漏不渗。

(1) 隧道防水 隧道的防水做法是,一般在隧道内部施作复合式衬砌,采用夹层防水层。隧道开挖后用锚喷将岩面整平,在岩面上铺设一层土工布或PE泡沫垫层,然后再铺设一层防水板。防水板多为合成高分子卷材,目前工程使用较多的有PVC、LDPE和EVA等。

防水板铺设时有不同的工艺,其差别主要表现在防水板的固定和板间的搭接方法。防水卷材的厚度和宽度有不同的规格,使用时有环向铺设和纵向铺设两种。为了保证接茬的密封质量,一般在两幅卷材接茬处都要搭接10cm。卷材接茬有冷粘法和热合法两种。

冷粘法主要用于PVC等防水卷材的胶合。使用时将专用胶黏剂用刷子涂刷在接缝边缘,待胶黏剂稍干后将两幅卷材粘在一起。这种方法的优点是施工方便,施工速度快。热合法主要用于EVA和LDPE等防水卷材的搭接。施工时将两幅卷材平行放好,压茬宽度不小于10cm,然后用专门的热合焊缝机将两卷材边缘压合于一起。目前工程使用的焊缝机多为双焊缝机(图9-23),即在两焊缝中间留有一道宽1cm的气道,接缝焊完后,可用充气筒向气道内注气,若气道内气压不断降低,说明焊缝不够严实,应检查补焊;若气道压力保持不变,说明焊缝完好。热合法的最大优点就在于施工期间可随时进行质量检测。防水板搭接双焊缝示意图如图9-24所示。

隧道衬砌变形缝是为了满足隧道纵向发生不均匀变形的要求。隧道衬砌受外界荷载、温度和应力的影响,隧道衬砌将发生变形,这种变形沿隧道纵向是不均匀的,为适应隧道衬砌变形的要求,区间变形缝间距一般为60m,同时在结构形式变化较大处或地质条件变化较大的部位以及区间与车站接口处,根据具体情况设置变形缝。变形缝处没有混凝土填充,丧失结构自防水的能力,因此,衬砌变形缝也是隧道防水的薄弱环节,其施工主要依靠止水带,其防水构造如图9-25所示。

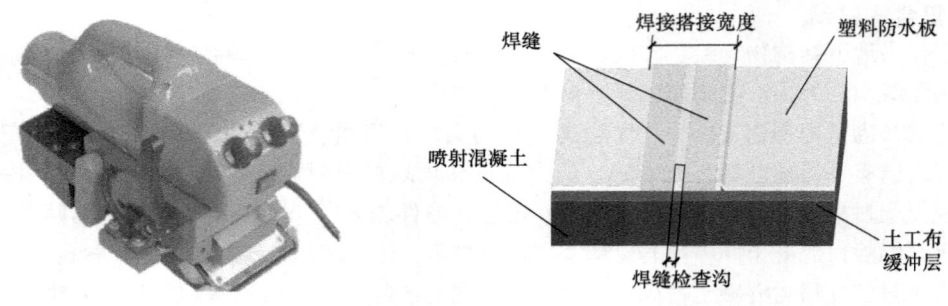

图 9-23 双焊缝机　　　　图 9-24 防水板搭接双焊缝示意图

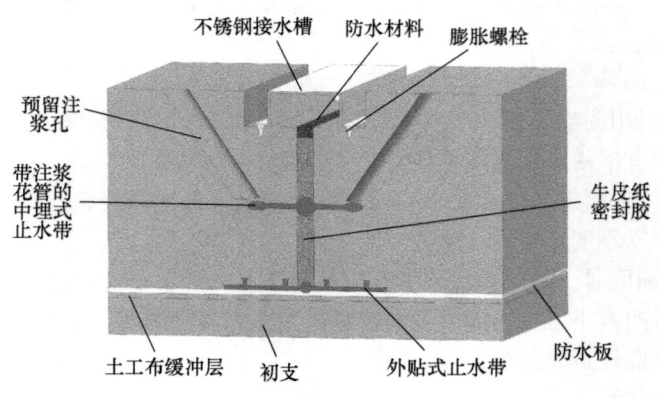

图 9-25 变形缝防水构造

隧道衬砌施工缝包括环向施工缝和纵向施工缝，是由于衬砌施工过程中混凝土不能一次性连续浇筑过长或必须分部施工而设置的施工接缝，这种接缝是结构自防水的薄弱环节，施工缝处理的好坏将会直接影响隧道的防水质量和使用寿命，因此，必须认真做好施工缝的防水处理。

纵向施工缝施工在先浇筑混凝土初凝后、终凝前，根据止水带的规格，在混凝土基面中间压磨出一条平直、光滑槽；拆除混凝土模板后，凿毛施工缝，用钢丝刷清除界面上的浮碴，并涂 2~5mm 厚的水泥浆，待表面干燥后，用配套的胶黏剂或水泥钉固定止水带，再浇筑下一循环混凝土，其防水示意图如图 9-26 所示。环向施工缝采用端头模板固定木条或金属构件等，混凝土浇筑完后形成凹槽，槽的深度为止水带厚度的一半，宽度为止水带宽度；之后进行清洗，清除残碴，磨光槽壁，然后将止水带粘贴在槽中，定位模板台车，浇筑下一循环的混凝土，其防水示意图如图 9-27 所示。

在洞壁上固定防水卷材的方法有两种：一种是，有钉铺设法；另一种是，无钉铺设法。所谓有钉铺设法是将防水卷材在洞壁上摊平，用塑料垫片固定在洞周壁面上。垫片的布置形式有梅花形和矩形；一般边墙垫片间距约 1m，拱顶约 80 cm。为了防止垫片上的钉孔渗漏水，在防水卷材固定好后，在垫片四周涂刷一层胶黏剂，再用一块稍大的塑料板将原先的垫片封盖，从而达到完全防水的目的。所谓无钉铺设法是先用塑料垫片及射钉固定土工布等防水卷材垫层，然后将防水卷材有规律地摊铺，在塑料垫片处用专用的平头烙铁将防水卷材与垫片热合。由于塑料垫片与防水卷材为同质材料，所以两者热合牢固，质量可靠。

（2）隧道排水　一般来说，山岭公路隧道防排水系统多属排水型，即地下水从围岩渗出，经管路系统排出洞外，与要保证地下水位稳定，地下水不能外排的水密型地铁防水工程不同。对于山岭隧道，地下水的排水流程为：围岩→环向排水管→纵向排水管→横向排水盲管→中央排水管→洞外出水口。

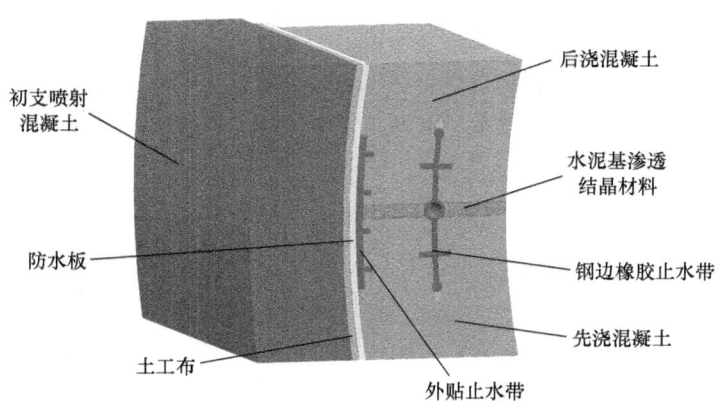

图 9-26　纵向施工缝防水示意图

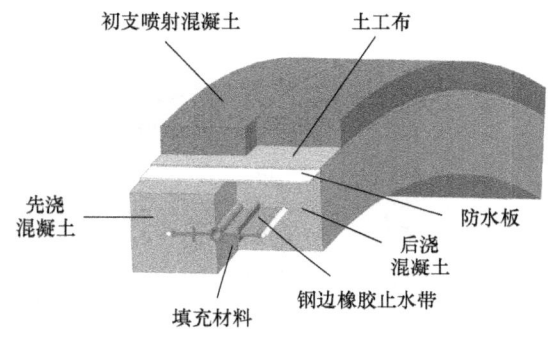

图 9-27　环向施工缝防水示意图

9.2　盾构法隧道施工

盾构法是使用盾构修建隧道的方法，属于地下暗挖隧道的一种，它使用盾构在地下掘进，在防止开挖面坍塌、保持开挖面稳定的同时，在机内安全地进行隧道的开挖作业和衬砌作业，从而构筑成隧道，如图 9-28 所示。

按照这个定义，盾构法由稳定开挖面、盾构挖掘和衬砌三大要素组成。盾构挖掘需要解决三个最根本的问题：切削工作面、平衡工作面压力、排出土舱渣土。对于隧道衬砌，盾构在地层中推进时，通过盾构的外壳和管片来支承四周围岩、防止土砂崩塌进行隧道施工，闭胸式盾构是用泥土加压或泥水加压来抵抗开挖面的土压力和水压力，以维持开挖面的稳定性；敞开式盾构是以开挖面自立为前提，否则需要采用辅助措施。

图 9-28　盾构法隧道施工示意图

盾构施工的主要原理就是尽可能在不扰动围岩的前提下完成施工，从而最大限度地减少对地上和地下建筑物、构筑物的影响。

用盾构进行隧道施工自动化程度高、节省人力、施工速度快、一次成洞、作业不受气候影响，有利于控制地面隆沉，能最大限度地减少对地面建筑物与隧道上部环境的影响；在隧道洞线较长、埋深较大的情况下，用盾构施工更为经济合理。随着长距离、大直径、大埋深、复杂断面盾构施工技术的发展、成熟，盾构越来越受到重视和青睐，目前已逐渐成为地铁隧道的主要施工方法。

9.2.1 典型盾构工法

1. 土压平衡盾构工法

采用土压平衡盾构进行隧道施工，其总体施工概况如图 9-29 所示，由刀盘切削下来的土体进入土舱后由螺旋输送机输出，并在螺旋输送机内形成压力梯降；盾构向前推进的同时，螺旋输送机排土，使排土量等于开挖量，即可使开挖面的地层始终保持稳定，排土量通过调节螺旋输送机的转速和出土闸门的开度予以控制；从螺旋输送机出来的渣土通过皮带输送机转运，皮带输送机将渣土卸到渣土车上；渣土车再通过电瓶车牵引运至盾构隧道的竖井；地面上的门式起重机将渣土车吊到地面，并卸在渣坑内，使用挖掘机将渣土装至自卸汽车上外运，土压平衡盾构结构如图 9-30 所示。

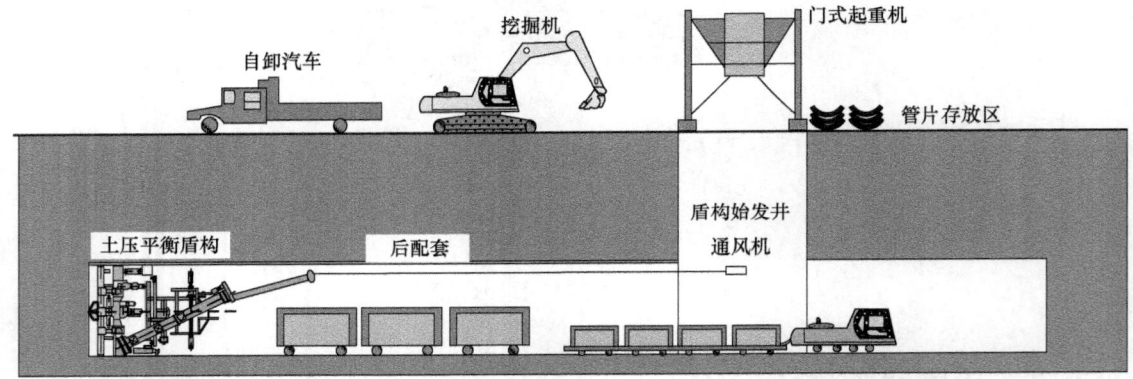

图 9-29 土压平衡盾构工法总体施工概况

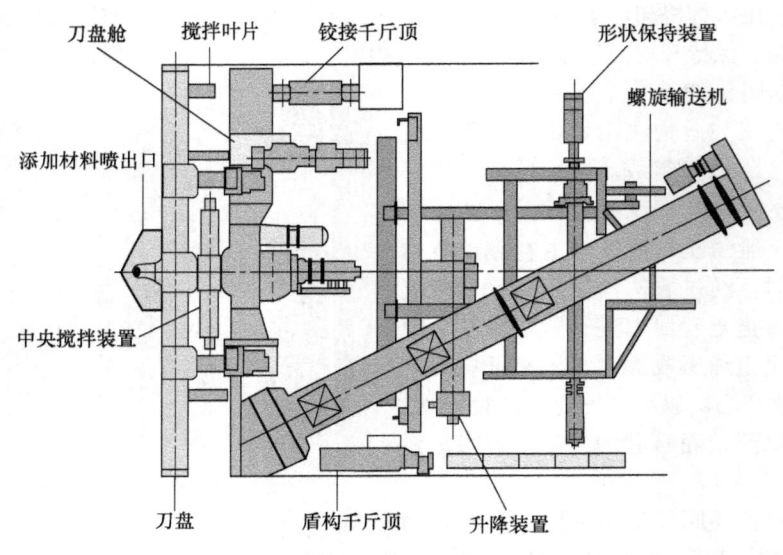

图 9-30 土压平衡盾构结构

2. 泥水平衡盾构工法

采用泥水平衡盾构进行隧道施工,其总体施工概况如图 9-31 所示。送泥泵从设置在地面上的调浆池抽取泥水(水与膨润土的混合物),经送泥管送到泥水平衡盾构泥水舱;在泥水舱内,充满压力的泥水贯入地层若干厘米深,使膨润土嵌入到土颗粒间的缝隙里,形成一层"蛋糕",从而使开挖面土层变得较稳定和不透水;通过泥水平衡盾构刀盘旋转,将开挖面已形成的"蛋糕"状土体切削下来,与泥水舱内的膨润土浆液混合,然后通过排泥泵和隧道内的中继泵经由排泥泵送到地面上的泥水分离站。泥水分离站将开挖的渣土从膨润土浆液中分离出来;分离出来的泥水进行质量调整后可循环使用,再通过送泥泵送入盾构的泥水舱。本质上,泥水平衡盾构工法是将泥膜作为媒体,由水压力来平衡土体压力的隧道掘进方法。泥水平衡盾构使用送排泥泵通过管道从地面直接向开挖面进行送排泥,开挖面完全封闭,具有高安全性和良好的施工环境。换言之,泥水平衡盾构既不对围岩产生过大的压力,也不会受到围岩压力的反压,故对周围地基影响较小。一般不需辅助施工(除高透水地层、砾石地层外)。特别是在开挖断面较大时,控制地表沉降方面优于土压平衡盾构。

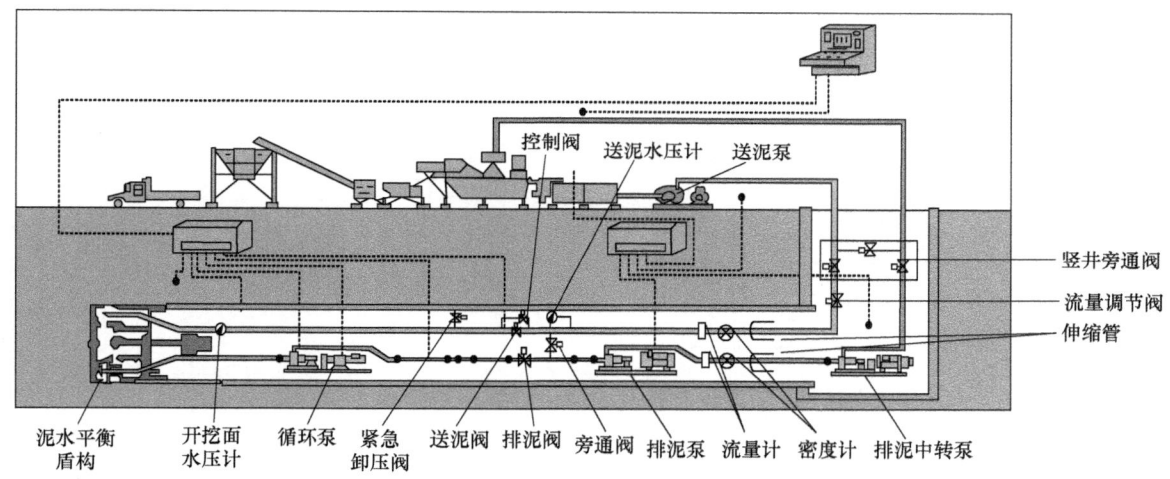

图 9-31 泥水平衡盾构工法总体施工概况

3. 特种盾构工法

特种盾构工法也称为异形盾构工法,是指采用特种盾构施工隧道的方法。所谓特种盾构是指单圆盾构以外的其他类盾构。

特别是在日本,根据使用目的开发出了尽量减少断面死区、构筑经济断面形状的盾构隧道工法,以及开发了可以穿越密集地下建筑空隙的、在有限地下空间构筑的盾构隧道工法。近年来我国也在特种盾构工法上不断取得重大进展。目前,特种盾构工法主要有扩径盾构工法、球体盾构工法(图 9-32)、多圆盾构工法、H&V 盾构工法、变形断面盾构工法(图 9-33)、偏心多轴盾构工法、ECL 盾构工法等。

9.2.2 盾构掘进施工

1. 盾构始发技术

盾构始发是指利用反力架和负环管片,将始发基座上的盾构,由始发竖井推入地层,开始沿设计路线掘进的一系列作业。盾构始发是盾构施工的关键节点之一,属于风险较大、风险集中或工序转换时容易发生质量安全事故的工程重要部位和环节。其主要内容包括:始发前竖井端头的地层加固、安装盾构始发基座、盾构组装及试运转、安装反力架、凿除洞门临时墙和围护结构、洞门密封、盾构姿态复核、拼装负环管片、盾构贯入作业面建立土压和试掘进等。盾构始发流程，如图9-34所示。

图9-32　球体盾构机

图9-33　变形断面盾构机

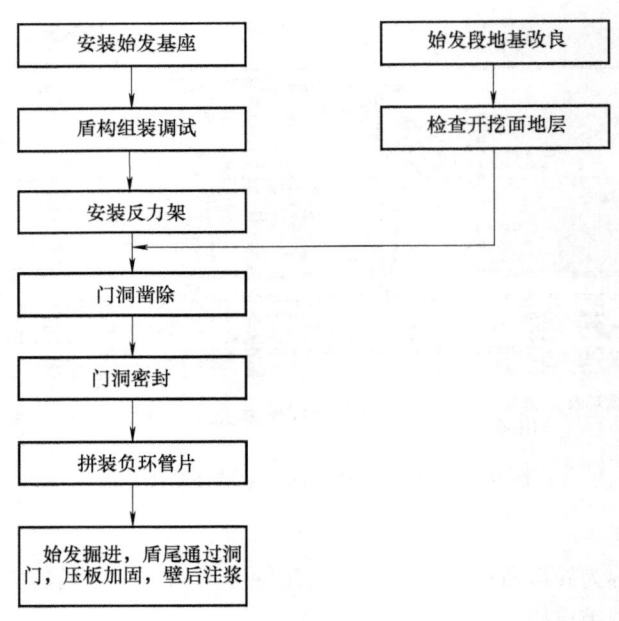

图9-34　盾构始发流程

（1）端头加固　在始发掘进和到达掘进时，随着竖井挡土墙的拆除，端头土体结构的作用荷载和应力将发生变化，需对始发掘进和到达掘进的竖井端头地层进行土体加固。地层加固的目的是：防止拆除临时墙时的振动影响；在盾构贯入开挖面前，能使围岩自稳及防止地下水流失；防止开挖面坍塌；防止地表沉降等。地层加固有深层搅拌法、高压旋喷注浆法、冷冻法等。

盾构法隧道施工中，端头土体加固是盾构始发、到达技术的一个重要组成部分，端头土体也是盾构始发、到达事故多发地带，即端头土体加固的成功与否直接关系盾构能否安全始发、到达。因此，合理选择端头加固施工工法和必要的加固监测，是保证盾构法隧道顺利施工非常重要的环节。

端头土体加固与一般地基加固的不同之处是不仅有强度要求，还有抗渗透性要求。在此基础上，还要考虑经济的要求，这主要由加固长度、宽度，加固方法的选择来决定。即加固方法是否存在风险性过大,或过于保守,加固范围过大等。

冻结法有造价高、解冻后沉降等缺点;旋喷桩加固虽然效果好,但其造价远高于深层搅拌桩;目前,端头加固多采用深层搅拌法,并在搅拌桩加固体与连续墙间无法加固的间隙处用旋喷法进行补充加固。

端头土体加固最常见的问题有两点:一是,加固效果不好,造成开洞门时土体坍塌,二是,加固范围不当,造成始发时水土流失。

端头土体加固的效果不好是在始发过程中经常遇到的问题,采取的主要措施是必须根据端头土体情况选择合理的加固方法,而且要加强过程控制,特别要严格控制一些基本参数。对于加固区与始发井间形成的间隙要采取其他方式处理。

端头加固范围一般为隧道衬砌轮廓线外左右两端各 3.0m、顶板以上 3.0m、底板以下 2.5m,加固长度根据土质而定,富水地层加固长度必须大于盾构本体长度。加固后地层应具有良好的均匀性和整体性;在凿除洞门后能够自稳,且具有低渗透性。端头加固完成后,应进行钻孔取芯试验以检查效果,取芯试件无侧限抗压强度应达到 $\sigma_{cu} \geq 1MPa$,黏聚力 $c \geq 0.5MPa$;在加固区钻水平孔和垂直孔检查渗水量。水平孔分布在盾构隧道上、下、左、右部和中心处各一个,深 8m,其渗透系数 $\leq 1.0 \times 10^{-8} cm/s$,其渗水量总计不大于 10L/min。垂直孔在加固区前端布置 2 个孔和施工中钻孔误差较大的部位布设 1 个,其渗水量不大于 2L/min。检查孔使用后,采用低强度水泥砂浆封孔。

(2) 洞门凿除　洞门混凝土凿除前,端头加固的土体须达到设计所要求的强度、渗透性、自立性等技术指标后,方可开始洞口凿除工作。

洞门壁混凝土采取人工用高压风镐凿除,凿除工作分两步进行。第一步,先凿除外层 500mm 厚混凝土并割除钢筋及预埋件,保留最内层钢筋;外层凿除工作先上部后下部,钢筋及预埋件割除须彻底,以保证预留洞门的直径。第二步,当盾构组装调试完成,并推进至距离洞门 1.0~1.5m 时,凿除里层。里层凿除方法是根据断面的不同,将其分割成 9~20 块,然后按照顺序凿除。分割为 12 块的施工方法的具体做法是,在洞门中心位置上凿 3 条水平槽,沿洞门周围凿条环槽,然后开 2 条竖槽,将洞门分割成 12 块。洞门凿除顺序具体如图 9-35 所示。

(3) 洞门密封　为了防止盾构始发或到达时泥土、地下水从盾壳和洞门的间隙处流失,以及盾尾通过洞门时背衬注浆浆液的流失,在盾构始发或到达时需安装洞门密封装置。

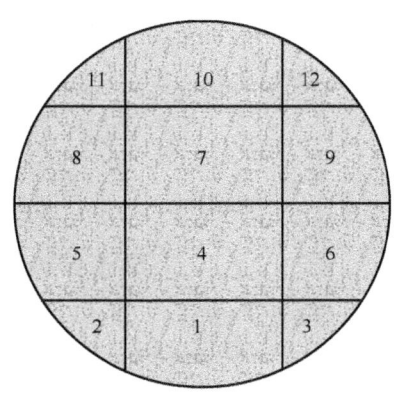

图 9-35　洞门凿除顺序

洞口密封的施工分两步进行:第一步,在结构的施工过程中,做好洞门预埋件工作,预埋件必须与结构的钢筋连接在一起。第二步,在盾构正式始发或到达前,应先清理完洞口的渣土,然后进行洞口密封装置的安装。

洞门密封装置由帘布橡胶板、扇形压板、防翻板、垫片和螺栓等组成。安装洞门密封装置前,应对帘布橡胶板的整体性、硬度、老化程度等进行检查,对圆环板的成圆螺栓孔位等进行检查,并提前把帘布橡胶板的螺栓孔加工好,然后将洞门预埋件的螺栓孔清理干净,最后按照帘布橡胶板、圆环板、扇形压板、防翻板的顺序进行安装。

土压平衡盾构始发时,为防止盾构进入洞门时刀盘损坏帘布橡胶板,可在帘布橡胶板外侧涂抹一定量的油脂。随着盾构向前推进,需根据情况对洞门密封板进行调整,以保证密封效果,如图 9-36 所示。

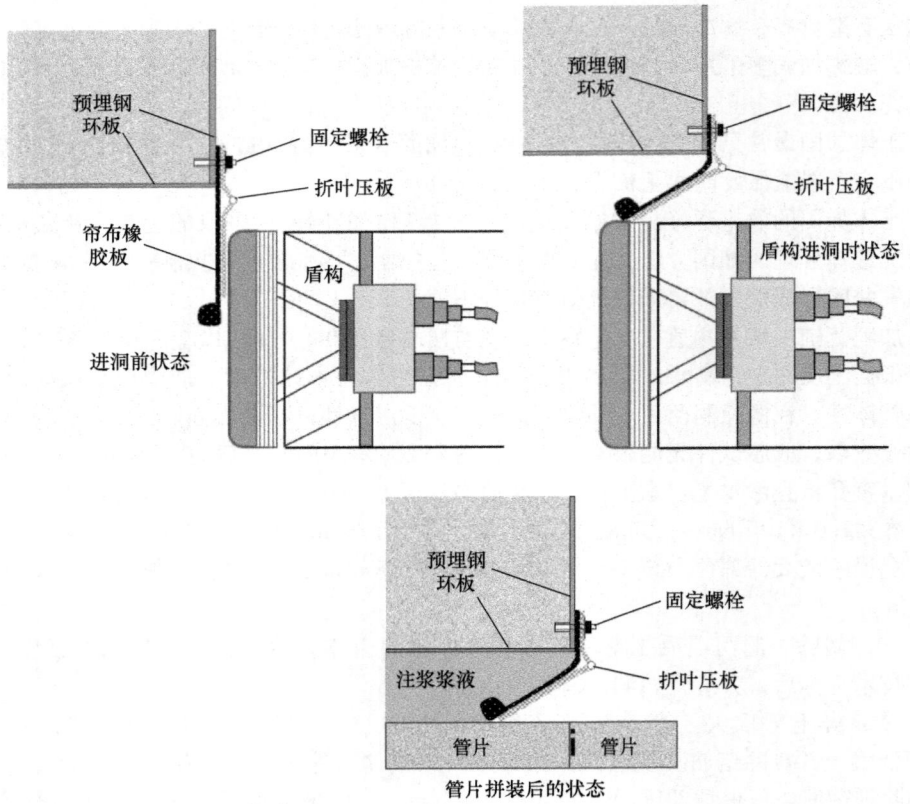

图 9-36　土压平衡盾构始发洞门密封示意图

泥水平衡盾构始发时，除防止泥土、地下水从盾体和洞门的间隙处流失外，还要防止循环泥浆的流失。同时为建立一定的泥水压力，在盾构始发时一般需安装由两道相同密封组成的洞门临时密封装置，如图 9-37 所示。

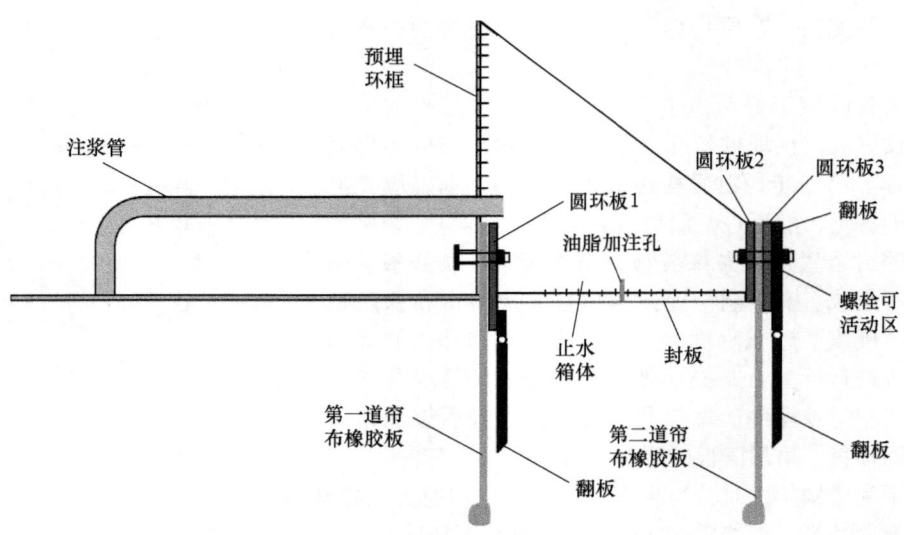

图 9-37　泥水平衡盾构始发洞门密封示意图

盾构进入预留洞门前，在外围刀盘和帘布橡胶板外侧涂润滑油，当盾构刀盘全部通过第一道密封后，开始向泥水舱内加压，压力仅满足泥浆充满泥水舱，然后在两道密封间利用预留油脂加注孔向内注油脂，使油脂充满两道帘布橡胶密封间的空隙。当盾尾通过第一道密封，且防翻板下翻后，进一步加注油脂，使洞门临时密封起到很好的防水效果。当盾尾通过第二道密封，且防翻板下翻后，要及时利用油脂加注孔向内继续注油脂，使油脂压力始终高于泥水压力 0.01MPa 左右，从而使盾构顺利始发，并减少始发时的地层损失。

（4）拼装负环管片　当完成洞门凿除、洞门密封装置安装及盾构组装调试等工作后，组织相关人员对盾构设备、反力架、始发基座等进行全面检查验收。验收合格后，开始将盾构向前推进，并安装负环管片。

1）盾尾壳体内安装管片支撑垫块，为管片在盾尾内的定位做好准备，如图9-38所示。

2）从下至上一次安装第一环管片，要注意管片的转动角度一定要符合设计，换算位置误差不能超过10mm。

3）安装拱部的管片时，由于管片支撑不足，一定要及时加固。

4）第一环负环管片拼装完成后，用推进油缸把管片推出盾尾，并施加一定的推力把管片压紧在反力架上，用螺栓固定后即可开始下一环管片的安装。

5）管片在被推出盾尾时，要及时支承加固，防止管片下沉或失圆。同时也要考虑盾构推进时可能产生的偏心力，因此支撑应尽可能稳固。

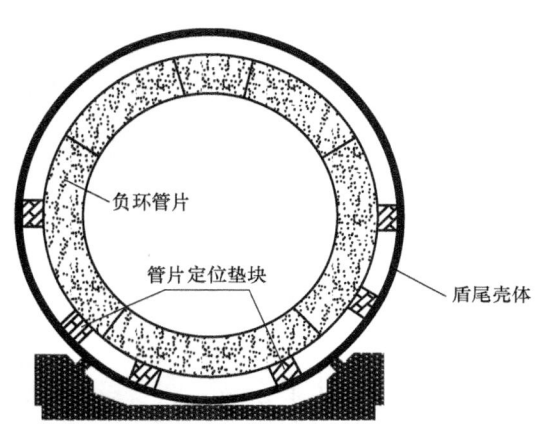

图 9-38　负环管片拼装示意图

6）当刀盘抵达掌子面时，推进油缸已经可以产生足够的推力稳定管片，可以把管片定位垫块取掉。

（5）始发掘进要点

1）盾构始发掘进时的总推力应控制在反力架承受能力以下，同时确保在此推力下刀具切入地层所产生的扭矩小于始发基座提供的反扭矩。

2）在盾构推进、建立土压过程中，应认真观察洞门密封、始发基座、反力架及反力架支撑的变形、渣土状态等情况，发现异常，应适当降低土压力（或泥水压）、减小推力、控制推进速度。

3）由于始发基座轨道与管片有一定的空隙，为了避免负环管片全部推出盾尾后下沉，可在始发基座导轨上焊接外径与理论间隙相当的圆钢，利用圆钢将负环管片托起。

4）在盾构内拼装好整环后，利用盾构推进油缸将负环管片缓慢推出盾尾，直至与负钢环接触，并用管片螺栓连接固定。负环管片的最终位置要以推进油缸的行程进行控制，在第一一环负环管片与负钢环之间的空隙用早强砂浆或钢板填满，确保推进油缸的推力能较好地传递至反力架。第二环负环管片及其后管片将按照正常的安装方式进行安装。

5）随着负环管片拼装的进行，应不断用准备好的木楔填塞负环管片与始发基座轨道及三角支撑之间的间隙，待洞门维护结构完全拆除后，盾构应快速地通过洞门进行始发掘进施工。

6）当始发掘进至第 50~60 环时，可拆除反力架及负环管片。盾构施工中，始发掘进长度应尽可能缩短，但不短于以下两个长度中较长的一个：一是，管片外表面与土体之间的摩擦力应大于盾构的推力，根据管片的自重及管片与土体间的摩擦系数，计算出此长度；二是，始发长度应能容纳配套设备。

7）始发前盾尾钢丝刷必须用 WR90 油脂进行涂抹，且必须达到涂抹质量（饱满、均匀），每根钢丝上均粘有油脂。

8）严禁盾构在始发基座上滑行期间进行盾构纠偏作业。

9）盾构始发过程中，严格进行渣土管理，防止由于渣土管理控制不当，造成地表沉降或隆起；开始掘进后，必须加强地表沉降监测，及时调整盾构掘进参数。

10）当盾尾完全进入洞门密封后，调整洞门密封，及时通过同步注浆系统对洞门进行注浆，封堵洞圈，防止洞门密封处出现漏泥水和所注浆液外漏现象的发生。

11）在始发阶段由于盾构设备处于磨合阶段，要注意对推力、扭矩的控制，同时也要注意各部位油脂的有效使用。

2. 土压平衡盾构掘进技术

（1）土压平衡盾构基本原理　在正常掘进时，盾构刀盘切削下来的土充满土舱，利用土舱泥土压力与开挖面的水、土压力相平衡；同时用螺旋输送机进行排土作业，并始终保持开挖土量与排土量的平衡，以保持正面土体的稳定，使盾构机在尽量不松动围岩的状态下掘进。

土压平衡盾构施工工艺流程如图 9-39 所示。

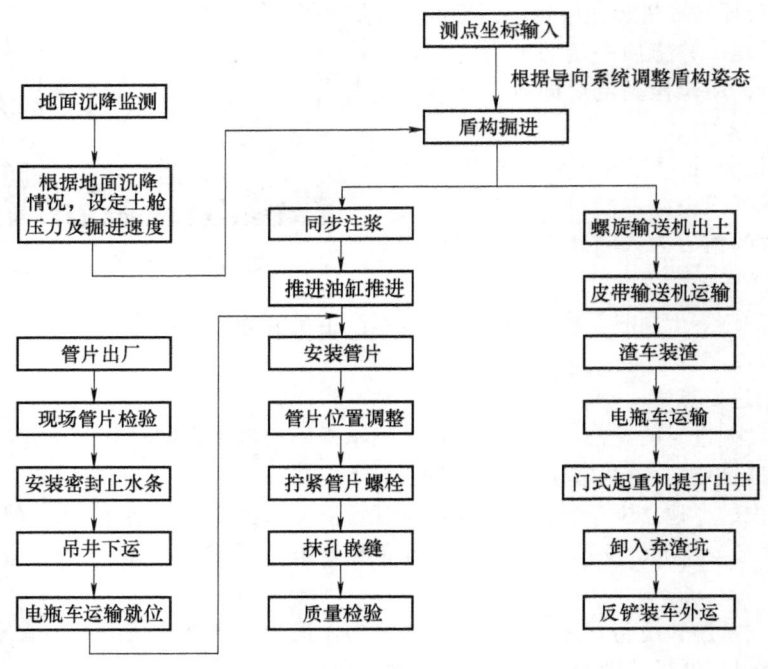

图 9-39　土压平衡盾构法施工工艺流程

（2）土压平衡工况掘进

1）掘进特点。土压平衡工况掘进时，刀盘切削下来的土充满土舱，然后利用土舱内泥土压与作业面的土压和水压相抗衡。与此同时，用螺旋输送机排土设备进行与盾构推进量相应的排土作业，掘进过程中，始终维持开挖土量与排土量相平衡，以保持正面土体稳定，并防止地下水土的流失而引起地表过大沉降。

保持土舱压力的目的是控制地表变形和确保开挖面的稳定。如果土舱压力不足，可能发生开挖面漏水或坍塌；如果压力过大，会引起刀盘扭矩或推力的增大而导致掘进速度下降或开挖面隆起。土舱压力是利用开挖下来的渣土填充土舱和气体等平衡介质来建立的，根据地层情况确定土舱内渣土量,通过使开挖的渣土量与排出的渣土量相平衡的方法来保持。因此,根据地层特性和盾构掘进中所产生的地表变形、刀盘扭矩、推力和掘进速度等变化及时调整土舱压力。根据地层自稳能力和土仓压力的变化及时观测并适当地控制螺旋输送机的转速。

2) 掘进控制。在盾构掘进中,保持土舱压力与作业面压力(土压、水压之和)平衡是防止地表沉降,保证建筑物安全的一个很重要的因素。土压平衡盾构掘进控制程序如图9-40所示。

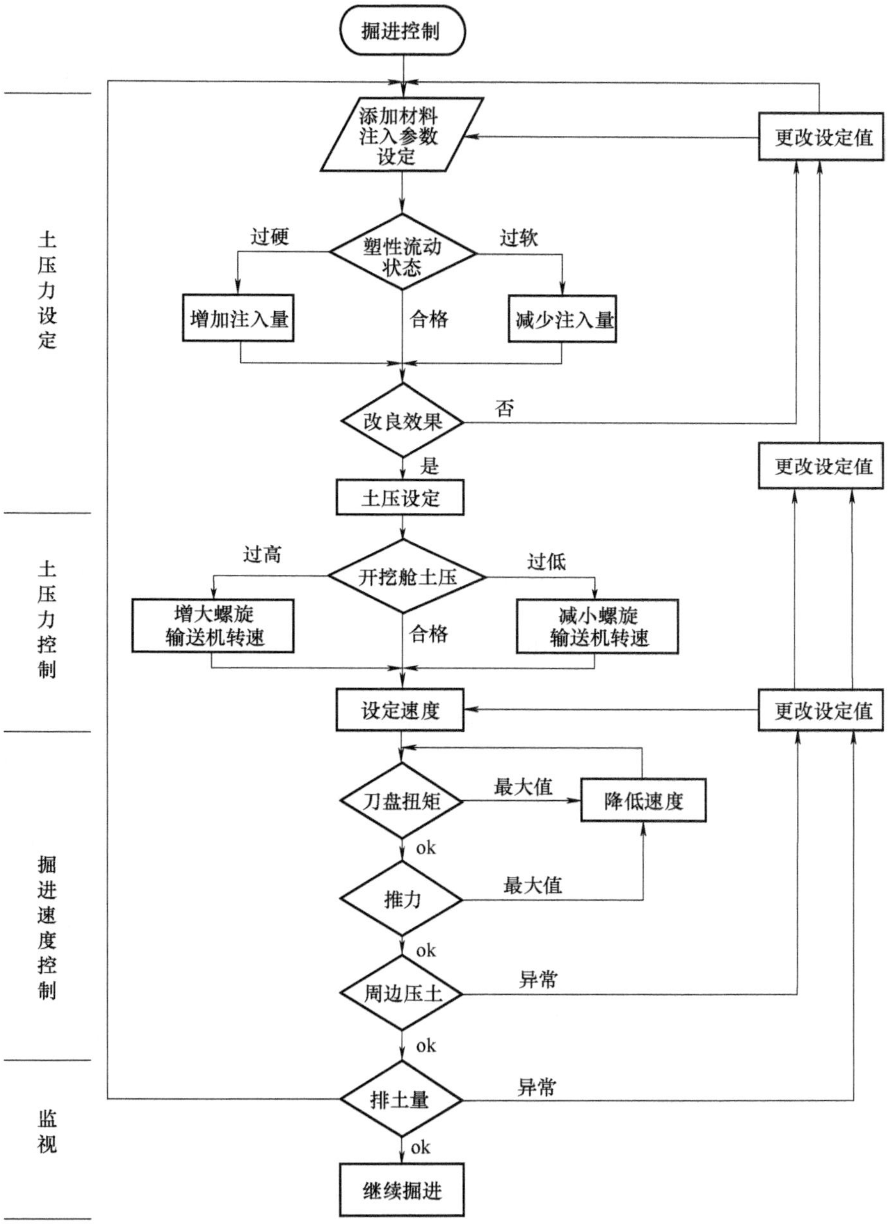

图 9-40　土压平衡盾构掘进控制程序

① 土舱压力值的选定。土舱压力值 p 值应能与地层土压力 p_0 和静水压力相抗衡,在地层掘进过程中根据地质和埋深情况以及地表沉降监测信息,进行反馈和调整优化。地表沉降与工作面稳定关系及其相应措施对策见表9-12。

表 9-12　地表沉降与工作面稳定关系及其相应措施与对策

地表沉降信息	工作面状态	p 与 p_0 关系	措施与对策	备注
下沉超过基准值	工作面塌陷与失水	$p_{max} < p_0$	增大 p 值	p_{max}、p_{min} 分别表示 p 的最大峰值和最小峰值
隆起超过基准值	支撑土压力过大，土舱内水进入地层	$p_{min} > p_0$	减小 p 值	

② 土舱压力的保持。土舱压力主要通过维持开挖土量与排土量的平衡来实现。可通过设定掘进速度、调整排土量，或设定排土量、调整掘进速度两条途径来达到。

③ 排土量的控制。排土量的控制是盾构在土压平衡工况模式下工作时的关键技术之一。

理论上螺旋输送机的排土量 Q_s 是由螺旋输送机的转速来决定的，当推进速度和 p 值设定时，盾构可自动设置理论转速 N 为

$$Q_s = V_s N \tag{9-1}$$

式中　V_s——设定的每转一周的理论排土量；

Q_s——与掘进速度决定的理论渣土量 Q_0 相当，Q_0 计算公式为

$$Q_0 = Avn_0 \tag{9-2}$$

A——切削断面面积；

n_0——松散系数；

v——推进速度。

通常，理论排土率用 $K = Q_s/Q_0$ 表示。

理论上，K 等于 1 或接近 1，这时渣土就具有低的透水性且处于良好的流塑状态。事实上，地层的土质不一定都具有这种特性，这时螺旋输送机的实际出土量就与理论出土量不符，当渣土处于干硬状态时，因摩擦阻力大，渣土在螺旋输送机中的输送遇到的阻力也大，同时容易产生固结、阻塞现象，实际排土量将小于理论排土量，这时 $Q_0 > Q_s$，$K < 1$，必须依靠增大转速来增大实际排土量，以使之接近 Q_0。当渣土柔软而富有流动性时，在土舱内高压力的作用下，渣土自身有一个向外流动的能力，从而使实际排土量大于螺旋输送机转速决定的理论排土量，这时 $Q_0 < Q_s$，$K > 1$，必须依靠降低螺旋输送机的转速来降低实际排土量。当渣土的流动性非常好时，由于螺旋输送机对渣土的摩擦阻力减小，有时还可能产生渣土喷涌现象，这时，转速很小就能满足出土要求，K 值接近于 0。

渣土的排出量必须与掘进的挖掘量相匹配，以获得稳定而合适的支撑压力值，使掘进机的工作处于最佳状态。当通过调节螺旋输送机的转速仍不能达到理想的出土状态时，可以通过改良渣土的流塑状态来调整。

④ 渣土具有的特性。在土压平衡工况模式下渣土应具有以下特性：良好的流塑状态、良好的黏-软稠度、低内摩擦力、低透水性。

一般地层岩土不一定具有这些特性，从而使刀盘摩擦增大，工作负荷增加。同时，密封舱内渣土流塑状态差时，在压力和搅拌作用下易产生泥饼、压密固结等现象，从而无法形成有效对开挖舱密封和良好的排土状态。当渣土具有良好的透水性时，渣土在螺旋输送机内排出时无法形成有效的压力递降，土舱内的土压力无法达到稳定的控制状态。

当渣土满足不了这些要求时，需通过向刀盘、混合舱内注入添加剂对渣土进行改良，采用的添加剂种类主要是泡沫剂或膨润土。

3）保证土压平衡的技术措施。确保土压平衡而采取的主要技术措施如下：

① 拼装管片时，严防盾构后退，确保正面土体稳定。

② 同步注浆充填环形间隙，使管片衬砌尽早支承地层，控制地表沉陷。

③ 切实做好土压平衡控制，保证掌子面土体稳定。

④ 利用信息化施工技术指导掘进管理，保证地面建筑物的安全。

⑤ 在砂质土层中掘进时向开挖面注入黏土材料、泥浆或泡沫剂，使搅拌后的切削土体具有止水性和流动性，既可使渣土顺利排出地面，又能提供稳定开挖面的压力。

4）渣土改良。为了使刀盘切削下来的渣土具有好的流塑性、合适的稠度、较低的透水性和较小的摩擦阻力，根据盾构穿越的地层条件，可有选择地通过盾构专用装置向刀盘前面、土舱及螺旋输送机内注入添加剂，如泡沫剂、膨润土或聚合物等，利用刀盘的旋转搅拌、土舱搅拌装置搅拌及螺旋输送机旋转搅拌，使添加剂与渣土充分混合，以改良舱内土质，使其保持一定程度的塑性流动状态，达到稳定土压平衡、减小摩擦阻力、防止泥饼形成等目的。不同厂家为防止泥饼产生，在结构设计上进行了改进。

例如，岩石地层以及岩、土混合地层含泥量小，开挖下来的渣土流塑性差，形成对开挖面支撑和止水作用的平衡压力效果差，并且地层和渣土对刀盘、刀具和螺旋出土机构的磨损大，因此盾构掘进中应采取渣土改良措施，向刀盘前、土舱内和螺旋输送机内注入添加剂，以改善渣土的流塑性，稳定工作面和防止喷涌，并降低对刀盘、刀具和螺旋出土机构的磨损。

(3) 掘进模式　土压平衡盾构一般有三种掘进模式（图9-41），即敞开模式、局部气压模式和土压平衡模式，每一种掘进模式具有各自的特点和适用条件。

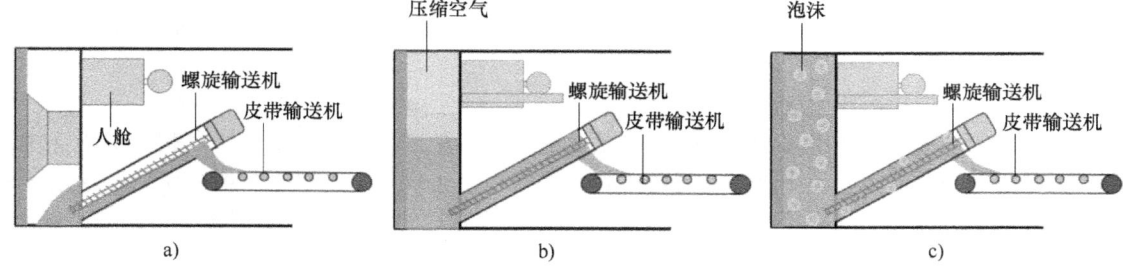

图9-41　土压平衡盾构的三种掘进模式
a）敞开模式　b）局部气压模式　c）土压平衡模式

1）敞开模式。土压平衡盾构面对开挖面是稳定性较好、地下水少的岩层时，可以采用敞开模式掘进，不用调整土舱压力。盾构切削下来的渣土进入土舱内即刻被螺旋输送机排出，土舱内仅有极少量的渣土，土舱基本处于清空状态，掘进中刀盘和螺旋输送机所受反扭力较小。采用敞开模式掘进时，以滚刀破岩为主，采用高转速、低扭矩和适宜的螺旋输送机转速推进；同步注浆时浆液可能渗流到盾壳与周围岩体间的空隙甚至刀盘处，为避免此现象发生可采取适当增大浆液黏度、缩短浆液凝结时间、调整注浆压力、管片背后补充注浆等方法来解决。

2）局部气压模式。局部气压模式也称为半敞开模式，是掘进中土舱内的渣土未充满土舱，尚有一定的空间（调节螺旋输送机的转速，土舱内保持2/3左右的渣土），通过向土舱内输入压缩空气与渣土共同支撑开挖面和防止地下水渗入的掘进方法。

土压平衡盾构机如果掘进中遇到围岩稳定，但富含地下水的地层；或者施工断面上大部分围岩稳定，仅有局部会出现失压崩溃的地层或者破碎带，此时应增大推进速度以求得快速通过，并暂时停止螺旋输送机出土、关闭螺旋输送机出土闸门，使土舱的下部充满渣石；并向开挖面和土舱中注入适量的添加材料（如膨润土、泥浆或添加剂）和压缩空气，使土舱内渣土的密水性增加，同时也使添加材料在压力作用下渗进开挖面地层，在开挖面上产生一层致密的"泥膜"，通过气压和泥膜阻止开挖面涌水和坍塌现象的发生；然后再控制螺旋输送机低速转动以保证在螺旋输送机中形成"土塞"，这样就可以安全快速地通过这类不良地层。该掘进模式适用于具有一定自稳能力和地下水压力不太大的地层，其防止地下水渗入的效果主要取决于压缩空气的压力，在上软下硬地层施工时多采用这种模式，施工时以滚刀破岩为主破碎硬岩，以齿刀、刮刀为主切削土层。在河底段掘进时，需要添加泡沫剂、聚合物、膨润土等改善渣土的止水性，以使土舱内的压力稳定平衡。

3）土压平衡模式。土压平衡盾构对于开挖地层稳定性不好或有较多的地下水的软质岩地层时，需采用土压平衡模式；此时需根据前面地层的不同，保持不同的渣舱压力。盾构在掘进开挖面土体的同时，使掘进下来的渣土充满土舱内，并且使土舱内的渣土密度尽可能与隧道开挖面上的土壤密度接近。在推进油缸的推力作用下，土舱内充满的渣土形成一定的压力，土舱内的渣土压力与隧道开挖面上的水土压力实现动态平衡，这样开挖面上的土壤就不会轻易塌落，达到既完成掘进又不会造成开挖面土体的失稳。

土舱内的压力可通过改变盾构掘进速度或螺旋输送机转速（排土量）来调节，保证使掘削土量与排土量相对应，使土舱中的流塑性渣土的土压力能始终与开挖面上的水土压力保持平衡，保证开挖面的稳定性。土仓内的压力大小根据安装在土舱壁上的压力传感器来获得，螺旋输送机转速（排土量）根据压力传感器获得的土压自动调节。

采用土压平衡模式时，以齿刀、切刀为主切削土层，以低转速、大扭矩推进。土舱内土压力值应略大于静水压力和地层土压力之和。在不同地质地段掘进时，根据需要添加泡沫剂、聚合物、膨润土等以改善渣土性能，也可在螺旋输送机上安装止水保压装置，以使土舱内的压力稳定平衡。

3. 泥水平衡盾构掘进技术

（1）泥水平衡盾构基本原理　泥水平衡盾构是将一定浓度的泥浆泵入泥水盾构的泥水室中，随着刀盘切下来的渣土与地下水顺着刀槽流入开挖室中，泥水室中的泥浆浓度和压力逐渐增大，并平衡开挖面的泥土压和水压，在开挖面上形成泥膜或在泥水压作用下形成渗透壁，对开挖面进行稳定挖掘。为了使开挖面保持相对稳定而不坍塌，应控制进入泥水室的泥水量和渣土量与从泥水室中排出的泥浆量相平衡。

泥水平衡盾构主要用于不稳定地层的开挖，这种不稳定地层可能是各种各样的，从渗透性一般到渗透性很强（如含有少量干细砂或流砂的砾石）。泥水平衡盾构使用液态介质来支承掌子面能达到较高的封闭压力（0.4~0.5MPa，在特殊情况下可达到0.8MPa），因此当工程的静水压力比较大时，通常选择泥水平衡盾构而不用土压平衡盾构。因为泥水平衡盾构能够精确地控制泥水压力（在±5kPa），这种盾构方法还特别适用于对地层扰动控制严格的隧道掘进，诸如对沉陷和隆起等极其敏感的建筑物下进行掘进的情况。

（2）掘进参数管理　泥水压力与开挖面的水土压力应保持平衡，排出渣土量与开挖渣土量应保持平衡，并应根据掘进状况进行调整和控制。

1）切口水压的设定。盾构切口水压由地下水压力、静止土压力、变动土压力组成，切口水压力应介于理论计算值上、下限之间，并根据地表建（构）筑物的情况和地质条件适当调整。

2）掘进速度。正常掘进条件下，掘进速度应设定为20~40mm/min；在通过软硬不均地层时，掘进速度控制在10~20mm/min。在设定掘进速度时，应注意以下几点：

① 盾构启动时，需检查推进油缸是否顶实，开始推进和结束推进之前速度不宜过快。每环掘进开始时，应逐步提高掘进速度，防止启动速度过大冲击扰动地层。

② 每环正常掘进过程中，掘进速度值应尽量保持恒定，减少波动，以保证切口水压稳定和送、排泥管的畅通。在调整掘进速度时，应逐步调整，避免速度突变对地层造成冲击扰动和造成

切口水压摆动过大。

③ 推进速度的快慢必须满足每环掘进注浆量的要求,保证同步注浆系统始终处于良好的工作状态。

④ 掘进速度选取时,必须注意与地质条件和地表建筑物条件匹配,避免速度选择不合适对盾构刀盘、刀具造成非正常损坏和造成隧道周边土体扰动过大。

3) 掘削量的控制。掘进时实际掘削量可由下式计算得到:

$$Q = (Q_2 - Q_1)t \tag{9-3}$$

式中　Q_2——排泥流量(m^3/h);

　　　Q_1——送泥流量(m^3/h);

　　　t——掘削时间(h)。

当发现掘削量过大时,应立即检查泥水密度、黏度和切口水压。此外,也可以利用探查装置,调查土体坍塌情况,在查明原因后应及时调整有关参数,确保开挖面稳定。

4) 泥水指标控制。

① 泥水密度。泥水密度是泥水主要控制指标。送泥时的泥水密度控制在 $1.05 \sim 1.08 \text{g/cm}^3$;使用黏土、膨润土(粉末黏土)提高相对密度;添加 CMC 来增大黏度。工作泥水的配制分两种,即天然黏土泥水和膨润土泥水。排泥密度一般控制在 $1.15 \sim 1.30 \text{g/cm}^3$。

② 黏度。黏性泥水在砂砾层可以防止泥浆损失、砂层剥落,使作业面保持稳定。在坍塌性围岩中,使用高黏度泥水。但是泥水黏度过高,处理时容易堵塞筛眼,造成作业性下降;在黏土层中,黏度不能过低,否则会造成开挖面塌陷或堵管事故,黏度一般控制在 25 ~35s。

③ 析水率。析水率是泥水管理中的一项综合指标,与泥水的黏度有很大关系,悬浮性好的泥水就意味着析水率小,反之就大。泥水的析水率一般控制在 5% 以下,降低含砂量和提高泥水的黏度是保证析水率合格的主要手段。

④ pH 值。泥水的 pH 值一般在 8~9。

4. 盾构到达技术

(1) 盾构到达施工程序　盾构到达是指盾构沿设计路线,在区间隧道贯通前100m至车站的整个施工过程。

盾构到达一般按下列程序进行:洞门凿除→接收基座的安装与固定→洞门密封装置的安装→到达段掘进→盾构推上接收基座,如图9-42所示。

到达设施包括盾构接收基座(也称为接收架)、洞门密封装置。接收架一般采用盾构始发架。

(2) 盾构到达的准备工作　盾构到达前,应做好以下工作:

1) 制定盾构接收方案,包括到达掘进、管片拼装、壁后注浆、洞门外土体加固、洞门围护拆除、洞门钢圈密封等工作的安排。

2) 对盾构接收井进行验收并做好接收盾构的准备工作。

3) 盾构到达前 100m、50m 时,必须对盾构轴线进行测量、调整。

4) 盾构切口离到达接收井距离约 10m 时,必须控制盾构推进速度、开挖面压力、排土量,以减小洞门地表变形。

5) 盾构接收时应按预定的拆除方法与步骤,拆除洞门。

6) 当盾构全部进入接收井内基座上后,应及时做好管片与洞门间隙的密封,做好洞门堵水工作。

(3) 盾构到达施工要点

1) 盾构到达前应检查端头土体加固效果,确保加固质量满足要求。

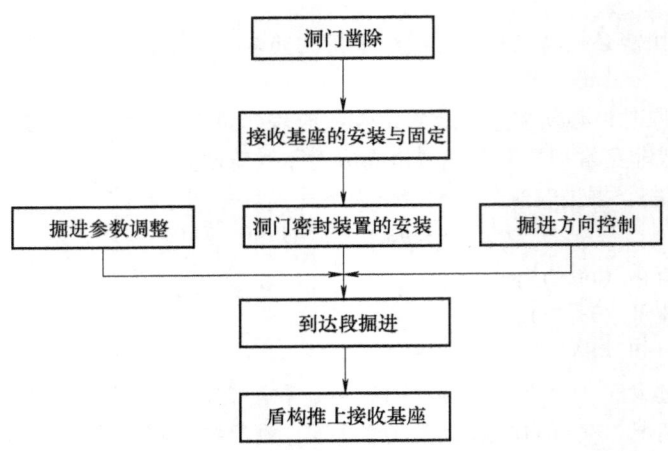

图 9-42　盾构到达施工程序

2）做好贯通测量，并在盾构贯通之前 100m、50m 对盾构姿态进行人工复核测量，确保盾构顺利贯通。

3）及时对到达洞门位置及轮廓进行复核测量，不满足要求时及时对洞门轮廓进行必要的修整。

4）根据各项复测结果确定盾构姿态控制方案并提前进行盾构姿态调整。

5）合理安排到达洞门凿除施工计划，确保洞门凿除后不暴露过久。并针对洞门凿除施工制定专项施工方案。

6）盾构接收基座定位要精确，定位后应固定牢靠。

7）增加地表沉降监测的频次，并及时反馈监测结果指导施工。盾构到站前要加强对车站结构的观察，并加强与施工现场的联系。

8）为保证近洞管片稳定，盾构贯通时需对近洞口 10~15 环管片进行纵向拉紧。

9）帘布橡胶板内侧涂抹油脂，避免刀盘刮破影响密封效果。

10）在盾构贯通后安装的几环管片，一定要保证注浆及时、饱满。盾构贯通后必要时对洞门进行注浆堵水处理。

11）盾构到达时各工序衔接要紧密，以避免土体长时间暴露。

（4）到达位置复核测量　盾构到达施工位置范围时，应对盾构位置和盾构隧道的测量控制点进行测量，对盾构接收井的洞门进行复核测量，确定盾构贯通姿态及掘进纠偏计划。在考虑盾构的贯通姿态时须注意两点：一是，盾构贯通时的中心轴线与隧道设计轴线的偏差；二是，接收洞门位置的偏差。综合这些因素在隧道设计中心轴线的基础上进行适当调整，纠偏要逐步完成。

（5）盾构到达段掘进　根据到达段的地质情况确定掘进参数：低速度、小推力、合理的土压力（或泥水压力）和及时饱满的回填注浆。

在最后 10~15 环管片拼装中要及时用纵向拉杆将管片连接成整体，以免在推力很小或者没有推力时管片之间松动。

（6）接收基座的安装与固定及盾构推上接收基座　接收基座的构造同始发基座，接收基座在准确测量定位后安装。中心轴线应与盾构进接收井的轴线一致，同时还要兼顾隧道设计轴线。

接收基座的轨面标高应适应盾构姿态，为保证盾构刀盘贯通后拼装管片有足够的反力，可考虑将接收基座的轨面坡度适当加大。接收基座定位放置后，采用 I25 的工字形型钢对接收基座前方和两侧进行加固，防止盾构推上接收基座的过程中接收基座移位。

在接收基座安装固定后，盾构可慢速推上接收基座。在通过洞门临时密封装置时，为防止盾构刀盘和刀具损坏帘布橡胶板，在刀盘外圈和刀具上涂抹黄油。

盾构在接收基座上推进时，每向前推进2环拉紧一次洞门临时密封装置，通过同步注浆系统注入速凝浆液填充管片外环形间隙，保证管片姿态正确。

(7) 洞门圈封堵　在最后一环管片拼装完成后，拉紧洞门临时密封装置，使帘布橡胶板与管片外弧面密贴，通过管片注浆孔对洞门圈进行注浆填充。注浆的过程中要密切关注洞门的情况，一旦发现有漏浆的现象应立即停止注浆并进行封堵处理，确保洞口注浆密实，洞门圈封堵严密。

9.2.3　盾构隧道管片拼装技术

1. 盾构隧道衬砌构成

盾构隧道衬砌的功能是承受隧道周围的水、土等荷载，以确保隧道结构净空和安全的地下结构，属于永久性构造物。盾构隧道的衬砌结构如图9-43所示。隧道衬砌的双层构造通常由一次衬砌和二次衬砌构成。外层称为一次衬砌，内层称为二次衬砌。通常，一次衬砌是将预制的管片用螺栓等连接件拼装起来而构成的管环，二次衬砌是在一次衬砌的内侧现浇混凝土构成。二次衬砌主要起到防水、防腐，提高结构耐久性的功能，同时起到修正轴线起伏及内装饰的作用。

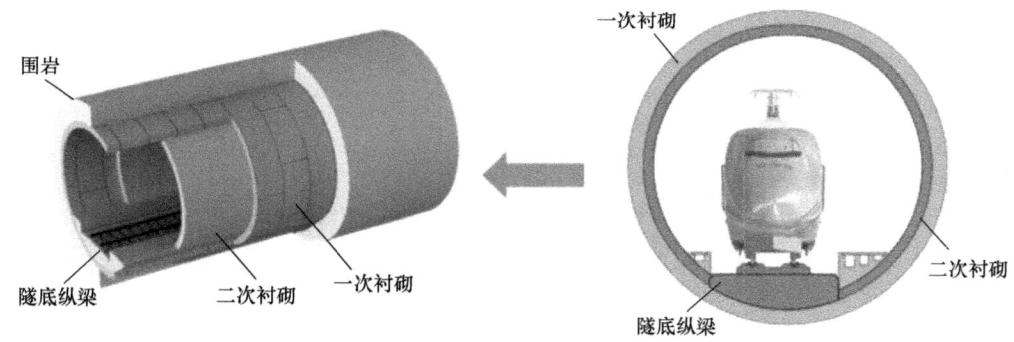

图9-43　盾构隧道的衬砌结构

为了缩短工期、降低造价，随着盾构隧道管片预制的工厂化、精细化，目前多使一次衬砌具有二次衬砌的功能，例如，在一次衬砌的管片内表面涂上具有抗腐蚀性能的合成树脂材料，这样就可以不再做二次衬砌。

盾构隧道一次衬砌最常用的是拼装式衬砌。采用拼装式衬砌时，一次衬砌沿隧道轴向一定长度（通常为1~2m）的一段环状物称为管环；把管环沿环周分割成n块弧状板块称为管片。为了提高盾构隧道的构筑速度，管片是事先在工厂采用钢筋混凝土或球墨铸铁材料制作好的预制件，构筑隧道时运至现场拼装为管环进而串接成一次衬砌。需要注意的是，采用管片结构的一次衬砌除承受地层压力、地面超载等基本荷载外，还要承受盾构掘进中千斤顶推力、壁后注浆压力等施工荷载作用，同时还必须具备防水、防腐等耐久性能，以及容易拼装、便于运输等施工性能。

2. 管片拼装作业

(1) 拼装准备　在拼装管片前，检查确认所安装的管片及连接件等是否为合格产品，并对前一环管片环面进行质量检查和确认；掌握所安装的管片排列位置、拼装顺序、盾构姿态、盾尾间隙等；盾构推进后的姿态应符合拼装要求。

(2) 管片拼装作业　管片的拼装从隧道底部开始，先安装标准块，依次安装相邻块，最后安装封顶块。安装封顶块时先径向搭接约 2/3 管片宽度，调整位置后缓慢纵向顶推。管片安装到位后，及时伸出相应位置的推进油缸顶紧管片，然后移开管片安装机。

管片每安装一片，先人工初步紧固连接螺栓；安装完一环后，用风动扳手对所有管片螺栓进行紧固；管片脱出盾尾后，重新用风动扳手进行紧固。拼装要点如下：

1) 管片拼装应按拼装工艺要求逐块进行，安装时必须从隧道底部开始，然后依次安装相邻块，最后安装封顶块。每安装一块管片，立即将管片纵环向连接螺栓插入连接，并扣上螺母用电动扳手紧固。

2) 安装封顶块前，对止水条进行润滑处理，安装时先径向插入，调整位置后缓慢纵向顶推。

3) 在管片拼装过程中，应严格控制盾构推进油缸的压力和伸缩量，使盾构位置保持不变，管片安装到位后，应及时伸出相应位置的推进油缸顶紧管片，其顶推力应大于稳定管片所需力，然后方可移开管片安装机。

4) 管片连接螺栓紧固质量应符合设计要求。

5) 拼装管片时应防止管片及防水密封条的损坏，安装管片后顶出推进油缸，拧紧连接螺栓，保证防水密封条接缝紧密，防止由于相邻两片管片在盾构推进过程中发生错动，防水密封条接缝增大和错动，影响止水效果。

6) 对已拼装成环的管片环进行椭圆度的抽查，确保拼装精度。

7) 曲线段管片拼装时，应注意使各种管片在环向定位准确，保证隧道轴线符合设计要求。

8) 同步注浆压力必须得到有效控制，注浆压力不得超过限值。

(3) 管片拼装控制标准　应符合《盾构法隧道施工及验收规范》（GB 50446—2017）的规定。

3. 管片壁后注浆

(1) 管片壁后注浆的分类　盾构推进时，盾尾空隙在围岩塌落前应及时进行压浆，充填空隙，稳定地层，这样不但可防止地面沉降，而且有利于隧道衬砌的防水。管片壁后注浆按与盾构推进的时间和注浆目的不同，可分为同步注浆、二次补强注浆和堵水注浆。

1) 同步注浆：盾构掘进同时进行，是通过同步注浆系统及盾尾的注浆管，在盾构向前推进，盾尾空隙形成的同时进行，浆液在盾尾空隙形成的瞬间及时起到充填作用，使周围岩体获得及时的支撑，可有效防止岩体的坍塌，控制地表的沉降。

2) 二次补强注浆：是在同步注浆结束以后，通过管片的注浆孔对管片背后进行的补强注浆。二次补强注浆是对壁后同步注浆的补充，其目的是填充同步注浆后的未填充的空腔、注浆材料收缩体积减小形成的空隙，以及因隧道变形引起的管片、注浆材料、地层之间的剥离间隙，通过填充注浆使其形成整体，提高管片背后土体的密实度和止水效果等。二次补强注浆其浆液充填时间滞后于掘进一定的时间，对围岩起到加固和止水的作用。

3) 堵水注浆：为提高背衬注浆层的防水性及密实度，在富水地区考虑前期注浆受地下水影响以及浆液固结率的影响，必要时在二次补强注浆结束后再进行堵水注浆。

(2) 同步注浆参数的控制　注浆前，应对注浆孔、注浆管路和设备进行检查。同步注浆是从安装在盾构上的注浆管直接注入盾尾空隙的方法，盾构推进油缸与注浆是联动的，控制系统通过 PLC 与盾构的推进相互锁定，保证盾构前进时环缝中的压力。砂浆流动速度是无级调整的，这样就可以调整它来满足盾构前进的速度。注浆操作通过预先设定的压力进行控制，从而保证避免过高的压力损坏盾尾密封或管片；系统中每个部位都有足够的压力来平衡预计的地面土压力和地面水压力，这样可避免地面的沉降。

所有操作功能都通过中央控制板控制。注浆操作控制板上可以设定：每个注入点上的砂浆压力、在每个注入点计算行程（砂浆量）、总行程计算（砂浆量）、每环的注入点砂浆注入量、每环总的砂浆量、预先设定的限定值。

1）注浆压力：同步注浆时要求在地层中的浆液压力大于该点的静止水压及土压力之和，做到尽量填补而不宜劈裂。注浆压力过大，管壁外面土层将会被浆液扰动而造成地表隆起，浅埋地段易造成跑浆；而注浆压力过小，浆液填充速度过慢，填充不充足，会使地表沉降增大。泥水盾构施工中，一般同步注浆压力比相应水压高 0.2~0.3MPa。

2）注浆量：同步注浆量理论上是填充切削土体与管壁之间的空隙，但同时要考虑盾构推进过程中的纠偏、跑浆（包括向地层中扩散）和注浆材料收缩等因素。

（3）注浆材料的选择　注浆材料的选择必须考虑隧道的土质和盾构型式等条件。作为注浆材料，应具备以下性质：不发生材料离析；不丧失流动性；注浆后的体积缩减量小；尽早达到围岩强度以上；水密性好。

注浆材料最重要的是填充性、流动性及不向盾尾以外的区域流失等特性，满足这些特性是实现壁后注浆目的关键。但由于上述条件是相互矛盾的，例如，为了提高填充性，应使浆液的流动性好，但流动性太好，又易使隧道管片背后顶部出现无浆液填充的现象。

通常使用的注浆材料有单液型和双液型。在围岩难以稳定的黏土层或易坍塌的砂层，需要在推进的同时，把壁后注浆材料通过安装在盾尾中的注浆管注入空隙中，除了要求在注浆期间具有流动性外，还要求浆液在注浆后可迅速变为可塑状或固结，故盾构壁后注浆中使用的是水玻璃类双液型浆液。它以水泥与水玻璃浆液为主剂，根据需要添加其他附加剂，克服了单液型水泥砂浆液的凝结时间长、不宜控制等不利因素。凝结时间与水玻璃浓度、水泥浆浓度（水灰比）、水玻璃与水泥浆体积比、温度等有关。一般情况下水泥浆浓度增大，浆液凝结时间长；水玻璃与水泥浆体积比增大，浆液的凝结时间短；水玻璃浓度增大，凝结时间缩短。使用双液型浆液注浆时，应注意对注浆管的清洗，否则会发生堵管现象。

思考题

1. 矿山法施工的主要工法有哪些？分析各工法的特点及适用范围。
2. 阐述台阶法、分部开挖法的施工原理。
3. 简述钻爆开挖的作业流程。
4. 隧道工程中常用的锚杆有哪些形式？
5. 简述中空注浆锚杆的施工工艺流程。
6. 简述面层混凝土湿喷和干喷的工艺流程。
7. 简述钢架施工流程和施工控制要点。
8. 阐述土压平衡盾构的施工原理。
9. 阐述泥水平衡盾构的施工原理。
10. 盾构始发为什么是盾构隧道施工的关键节点？其流程是怎样的？
11. 简述土压平衡盾构工法施工工艺流程。
12. 分析土舱压力不足或压力过大的影响。
13. 举例说明渣土改良的目的。
14. 简述盾构到达施工程序及施工要点。
15. 管片拼装的要点有哪些？
16. 管片壁后注浆的目的是什么？有哪些方法？

第 10 章

流水施工原理

本章导读

本章介绍工程施工常见的施工组织方法——流水施工。在学习时需理解流水的概念、特点及流水参数，它是学习流水施工组织的基础。掌握节奏流水和非节奏流水的组织原则及工期计算。非节奏流水计划优化基于允许偏差，应理解允许偏差的工程概念，在学习第 11 章后，可对比网络图的时差概念和网络计划优化方法，理解两者的关系和区别。

工业生产的实践证明，流水作业法是组织生产的有效方法。它的原理同样也适用于土木工程的施工。

土木工程的流水施工与一般工业生产流水线作业十分相似。不同的是，在工业生产中的流水作业中，专业生产者是固定的，而各产品或中间产品在流水线上流动，由前面的工序流向后面的工序；而在土木施工中的产品或中间产品是固定不动的，而专业施工队则是流动的，他们由前面的施工段流向后面的施工段。

■ 10.1 流水施工概念

为了说明土木工程中采用流水施工的特点，可比较建造 m 幢相同房屋的楼板施工。施工采用依次施工、平行施工和流水施工三种不同的施工组织方法。图 10-1 所示为这三种施工组织方法的进度表。图中各种进度线表示不同工作，⚊表示放线，▬表示钢筋绑扎，▭表示模板支撑，▬▬表示混凝土浇筑。

采用依次施工时，是当第一幢房屋竣工后才开始第二幢房屋的施工，即按着次序一幢接一幢地进行施工。这种方法同时投入的劳动力和物资资源较少，但各专业工作队在该工程中的工作是有间歇的，工期也较长，为 mt（图 10-1a）。

采用平行施工时，是 m 幢房屋同时开工、同时竣工（图 10-1b）。这样施工显然可以大大缩短工期，仅需 t，但是各专业工作队同时投入工作的队数却大大增加，相应的劳动力以及物资资源的消耗量集中，这都会给施工带来不良的经济效果。

采用流水施工时，是将 m 幢房屋依次保持一定的时间搭接起来，陆续开工，陆续完工。即把各房屋、各专业工作队的工作具有连续性，而物资资源的消耗具有均衡性（图 10-1c）。流水施工与依次施工、平行施工相比，工期则介于前面两种施工组织方法之间。

流水施工的特点是物资资源需求的均衡性以及专业工作队工作的连续性，还可合理地利用工作面，适当地缩短工期。同时，流水施工是一种合理的、科学的施工组织方法，可以在土木工程施工中带来良好的经济效益。

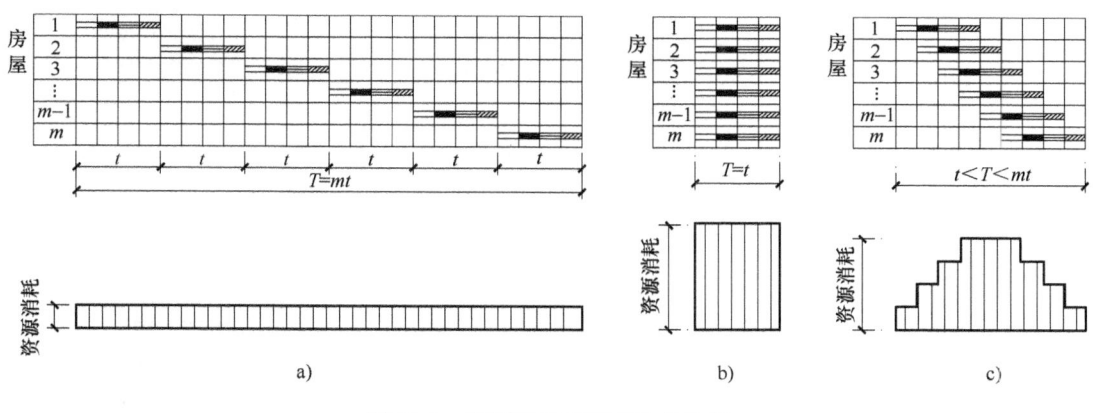

图 10-1 不同施工组织方法的比较
a) 依次施工 b) 平行施工 c) 流水施工

工程施工进度计划图表是反映工程施工时各工作工艺上的先后顺序、相互配合的关系和它们在时间、空间上的开展情况。目前应用最广泛的施工进度计划图表有横道图和网络图（见第 11 章）。

流水施工的工程进度计划图表采用横道图表示时，按其绘制方法的不同分为水平图表（图 10-2a）及垂直图表（图 10-2b）。水平图表中水平坐标表示时间进度，垂直坐标表示施工段；n 条水平线段或斜线表示各个工作在时间和空间上的流水开展情况。水平图表中，也可用垂直坐标表示工作，此时 n 条水平线段则表示施工段。垂直图表中水平坐标表示时间进度，垂直坐标表示施工段。应注意垂直坐标的施工段编号是由下而上编写的。

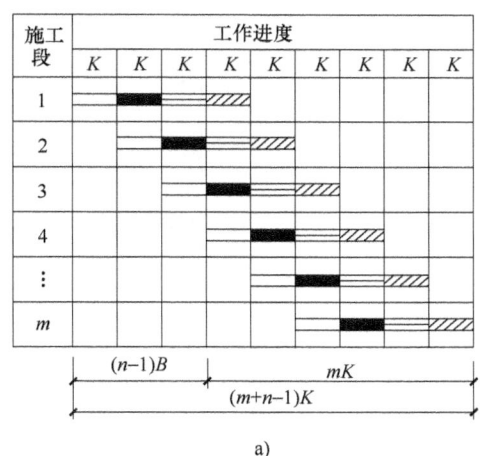
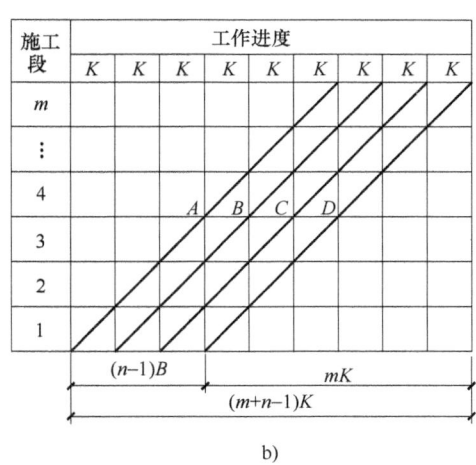

图 10-2 流水施工图表
a) 水平图表 b) 垂直图表

图 10-3a 所示为运用 project 软件编制的某电厂四期 C 标段的横道图的截图。该工程计划自 2019 年 9 月 1 日开始，2020 年 9 月 28 日完工。图 10-3b 所示为某工程网络图的进度计划，该工程工期自 2017 年 4 月至 2019 年 9 月。

水平图表具有绘制简单，流水施工形象直观的优点。垂直图表能直观地反映出在一个施工段中各工作的先后顺序和相互配合关系，而且可由其斜线的斜率形象地反映出各工作的流水强度。

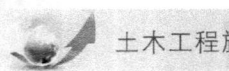

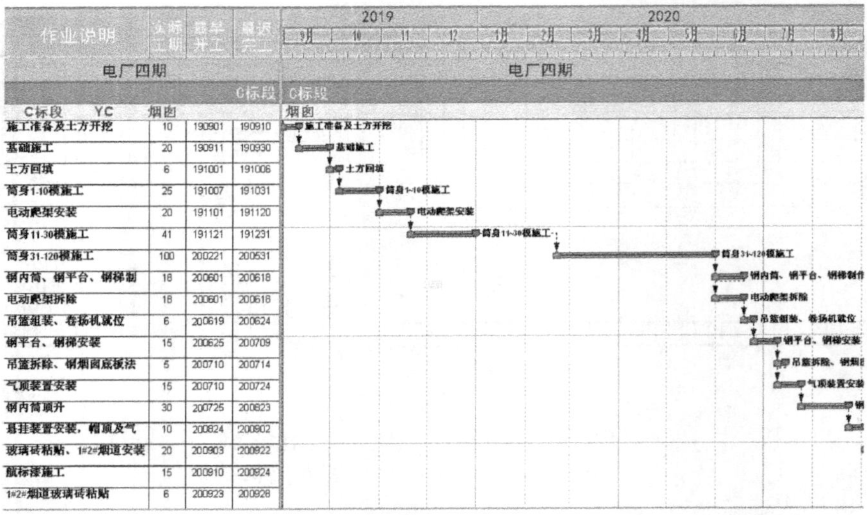

图 10-3 工程施工进度计划表
a) 横道图 b) 网络图

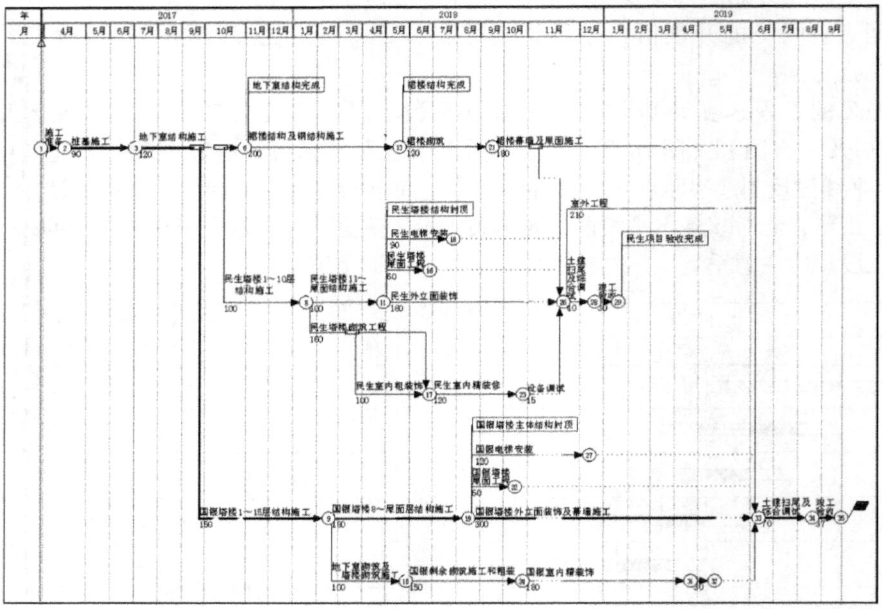

10.2 流水参数

为了说明组织流水施工时,各工作在时间上和空间上的开展情况及相互依存关系,必须引入一些描述流水施工图表特征和各种数量关系的参数,这些参数称为流水参数,它包括工艺参数、时间参数和空间参数。

10.2.1 工艺参数

1. 工作数

一个工程的施工，通常由许多工作（如挖土、支模、绑扎钢筋、浇筑混凝土等）组成。工作的划分应按照工程对象、施工方法及计划性质等来确定。

当编制控制性施工进度计划时，组织流水施工的工作划分可粗一些，一般只列出分部工程名称，如基础工程、主体结构吊装工程、装修工程、屋面工程等。当编制实施性施工进度计划时，工作可以划分得细一些，将分部工程再分解为若干分项工程。如将基础工程分解为挖土、浇注混凝土基础、砌筑基础墙、回填土等。但是其中某些分项工程仍由许多工作来实现，特别是对其中起主导作用和主要的分项工程，往往考虑到按专业工种的不同，组织专业工作队进行施工，为便于掌握施工进度，指导施工，可将这些分项工程再进一步分解成若干个由专业工种施工的工序作为工作的项目内容。因此工作的性质，有的是简单的，有的是复杂的。如一幢建筑的工作数 n，一般可分为 20~30 个，工业建筑往往划分更多一些。而一个道路工程的工作数 n，则往往只分为 5~6 个。

工作分三类：制备类、运输类和建造类。制备类是为制造建筑制品和半制品而进行的工作，如制作砂浆、混凝土、钢筋成型等。运输类是把材料、制品运送到工地仓库或在工地进行转运的工作。建造类是施工中起主导地位的工作，它包括安装、砌筑等施工。在组织流水施工计划时，建造类必须列入流水施工组织中，制备类和运输类工作，一般在流水施工组织中不必列入，只有直接与建造类有关的（如需占用工期，或占用工作面而影响工期等）运输过程或制备过程，才列入流水施工组织中。

2. 流水强度

每一工作在单位时间内所完成的工程量称为流水强度，又称为流水能力或生产能力。如浇捣混凝土工作，每工作班能浇筑多少立方米混凝土，瓦工每工作班砌筑多少砖块等。

（1）机械工作的流水强度 机械工作的流水强度取决于施工机械的效率和投入机械的数量，可按下式计算：

$$V = \sum_{i=1}^{x} R_i S_i \tag{10-1}$$

式中 V——流水强度（产量/班）；

R_i——某种施工机械台数（台）；

S_i——该种施工机械台班生产率，[产量/(台·班)]；

x——用于同一工作的主导施工机械种数。

（2）人工作业的流水强度 人工作业的流水强度取决于施工人员的每班产量和投入的工人数量，可按下式计算：

$$V = RS \tag{10-2}$$

式中 R——每一工作投入的工人人数（人）；

S——每一工人每班产量 [产量/(人·班)]。

应当注意，无论是机械作业还是人工作业，均需要一定的工作面，因此在组织施工时，投入的机械或工人数量，均不能超过相应的工作面可容纳的数量。

10.2.2 时间参数

1. 流水节拍 K

流水节拍是一个工作在一个施工段上的持续时间。它的大小关系着投入的劳动力、机械和材料量的多少，决定着施工的速度和施工的节奏性。因此，流水节拍的确定具有很重要的意义。通常有两种确定方法：一种是根据工程能够投入的资源（劳动力、机械和材料）确定；另一种是根据工期的要求，在满足工作面的条件下确定配备资源。不论采用哪种方法，均可采用下式计算：

$$K = \frac{Q_m}{SR} = \frac{P_m}{R} \tag{10-3}$$

式中　K——流水节拍（d）；
　　　Q_m——m 施工段的工程量；
　　　S——每一工日（或台班）的计划产量［产量/（人·班）或产量/（台·班）］；
　　　R——投入的施工人员（或机械）数量（人或台）；
　　　P_m——m 施工段所需要工日（或机械台班）数量（人·班或台·班）。

根据工期要求确定流水节拍时，可用式（10-3）反算出所需要的人数（或机械台班数）。在这种情况下，还必须检查劳动力、材料和机械供应的可能性以及工作面的大小等。

2. 流水步距 B

两个相邻的工作先后进入流水施工的时间间隔称为流水步距。如木工工作第 1 天进入第一施工段工作，2d 完成（流水节拍 $K = 2d$），第 3 天开始钢筋工作进入第一施工段工作。木工工作与钢筋工作先后进入第一施工段的时间间隔为 2d，那么流水步距 $B_{1-2} = 2d$。B_{1-2} 表示工作 2 与工作 1 的流水步距。一般地用 B_{i-j} 表示后续工作 j 与前面工作 i 的流水步距。

流水步距的数目取决于参加流水的工作数，如工作数为 n 个，则流水步距的总数为 $n - 1$ 个。确定流水步距的基本要求如下：

1）始终保持合理的先后两个工作工艺顺序。
2）尽可能保持各工作的连续作业。
3）做到前后两个工作施工时间的及时搭接（即前一工作完成后，后一工作尽可能早进入施工）。

3. 间歇时间 Z

流水施工往往由于工艺要求或组织因素要求，两个相邻的工作增加一定的流水间歇时间，这种间歇时间是必要的，它们分别称为工艺间歇时间和组织间歇时间。

（1）工艺间歇时间 Z_G　根据工作的工艺性质，在流水施工中除了考虑两个相邻工作之间的流水步距外，还需考虑增加一定的工艺间歇时间。如浇筑楼板混凝土后，需要一定的养护时间才能进行后道工序的施工；又如屋面找平层完成后，需等待一定时间，使其彻底干燥，才能进行屋面防水层施工等。这些由于工艺原因引起的等待时间称为工艺间歇时间。

（2）组织间歇时间 Z_Z　由于组织因素要求两个相邻的工作在规定的流水步距以外增加必要的间歇时间，如质量验收、安全检查等。这种间歇时间称为组织间歇时间。

上述两种间歇时间在组织流水施工时，可根据间歇时间的发生阶段或一并考虑，或分别考虑，以灵活应用工艺间歇和组织间歇的时间参数特点，简化流水施工组织。

10.2.3　空间参数

1. 工作面

工作面是表明施工对象上可能安置一定工人操作或布置施工机械的空间大小，所以工作面是用来反映工作（工人操作、机械布置）在空间上布置的可能性。

工作面可以采用不同的单位来计量，如对于道路工程，可以采用沿着道路的长度以 m 为单位；对于浇筑混凝土楼板则可以采用楼板的面积以 m^2 为单位等。

在工作面上，前面工作的结束为后面工作提供了工作面。在确定一个工作必要的工作面时，不仅要考虑工作必需的工作面，考虑生产效率以及同时施工工作的协调，还必须遵守安全和施工技术规范的规定。

2. 施工段数

在组织流水施工时，通常把施工对象划分为劳动量相等或大致相等的若干个段，这些段称为施工段。每一个施工段在某一段时间内提供给相应的工作使用。

施工段可以是固定的，也可以在施工过程中调整。在固定施工段的情况下，所有工作都采用同样的施工段，施工段的分界对所有工作来说都是固定不变的。差异施工段对不同的工作有不同的施工段。固定的施工段便于组织流水施工，采用较广，而差异施工段在流水施工中很少采用，通常是通过调节流水节拍使其形成固定施工段。

在划分施工段时，应考虑以下几点：

1）施工段的分界同施工对象的结构界限（温度缝、沉降缝和建筑单元等）尽可能一致。
2）各施工段上所消耗的劳动量尽可能相近。
3）划分的段数不宜过多，以免使工期延长。
4）对各工作均应有足够的工作面。
5）当施工有层间关系，分段又分层时，为使各工作队能够连续施工，即各工作的工作队做完第一段，能立即转入第二段；做完一层的最后一段，能立即转入上面一层的第一段。因而每层最少施工段数目 m_0 应满足：

$$m_0 \geq n \tag{10-4}$$

① 当 $m_0 = n$ 时，工作队连续施工，而且施工段上始终有工作队在工作，即施工段上无停歇，是比较理想的组织方式。

② 当 $m_0 > n$ 时，工作队仍是连续施工，但施工段有空闲停歇。

③ 当 $m_0 < n$ 时，工作队在一个工程中不能连续施工而窝工。

施工段有空闲停歇，一般会影响工期，但空闲的工作面上如能安排一些准备或辅助工作（如运输类工作），则可使后继工作更为顺利。而工作队工作不连续则是不可取的，除非能将窝工的工作队转移到其他工地进行工地间大流水或可另行安排工作。

流水施工中施工段的划分一般有两种形式：一种是，在一个单位工程中进行分段，如按住宅建筑单元划分；另一种是，以单位工程甚至是工地之间进行流水段的划分。后一种流水施工最好是各单位工程为同类型的工程，如同类建筑组成的住宅群，以一幢建筑作为一个施工段来组织流水施工。

10.3 流水施工的组织

10.3.1 节奏流水

根据流水节拍的特征，流水过程可以分为节奏流水施工和非节奏流水施工。

节奏流水施工各工作在各施工段上持续时间相等，用垂直图表表示时，施工进度线是一条斜率不变的直线（图10-4a）。与此相反，非节奏流水施工各工作在各施工段上的持续时间不等，它的施工进度线，在垂直图表中是一条由斜率不同的几个线段所组成的折线（图10-4b）。

节奏流水中任一工作的总持续时间为

$$t = mK \tag{10-5}$$

式中 t——持续时间；

K——流水节拍；

m——施工段数。

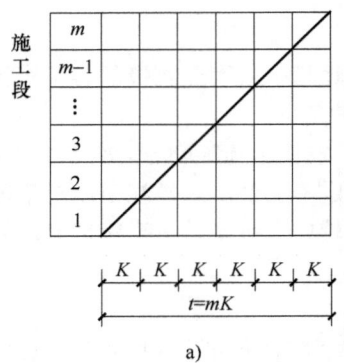
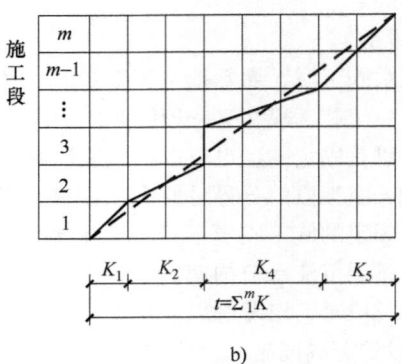

a)　　　　　　　　　　　b)

图 10-4　工作流水图表

a) 节奏流水　b) 非节奏流水

在节奏流水施工中，根据各工作之间流水节拍是否相等或是否成倍数，又可以分为固定节拍流水和成倍节拍流水。

1. 固定节拍流水

图 10-2、图 10-4a 所示都是固定节拍流水的进度图表，可以看出，各工作之间的流水节拍是相同。为了缩短工期，两个相邻的工作应当做到施工时间上的及时搭接。但是这种最大搭接有时会受到工艺和组织间歇的限制。其施工持续时间分别按以下方法计算：

（1）无间歇时间的流水　无间歇时间流水组织中可以看到，流水施工的工期为流水步距总和与最后一个工作进入流水后的持续时间 t_n 之和，即

$$T = \sum B_{i-j} + t_n \tag{10-6}$$

如图 10-2 所示，由于固定节拍流水中各流水步距 B_{i-j} 均等于流水节拍 K，故 n 个工作的步距总和为 $(n-1)B_{i-j}$，而最后一个工作的持续时间 t_n 为 mK，因此工期为

$$T = (n-1)B_{i-j} + mK = (m+n-1)K \tag{10-7}$$

式中　T——工期（d）；

　　　n——工作数（个）；

　　　m——施工段数（个）；

　　　B——流水步距（d）；

　　　K——流水节拍（d）。

（2）有间歇时间的流水　在如图 10-2 所示的流水组织中还存在施工技术、安全所需的工艺间歇及组织间歇，工期计算应考虑间歇时间。

图 10-5 中，第三工作与第二工作之间有工艺间歇时间 Z_G，第四工作与第三工作有组织间歇时间 Z_Z，此时，其工期应增加 Z_G 和 Z_Z，即

$$T = (m+n-1)K + \sum Z_G + \sum Z_Z \tag{10-8}$$

式中　$\sum Z_G$——工艺间歇时间总和；

　　　$\sum Z_Z$——组织间歇时间总和。

2. 成倍节拍流水

在组织流水施工时，通常会遇到不同工作之间，由于劳动量的不等以及技术或组织上的原因，它们之间的流水节拍互成倍数，以此组织流水施工，即为成倍节拍流水。例如，某工地建造

6幢住宅（作为6个施工段），每幢房屋的主要工作划分为：基础工程1个月；主体结构3个月；粉刷装修2个月；室外工程2个月。其施工进度，如图10-6所示，这是成倍节拍的流水施工，这种流水施工方式，根据工期的不同要求，可以按一般成倍节拍流水或加快成倍节拍流水组织流水施工。

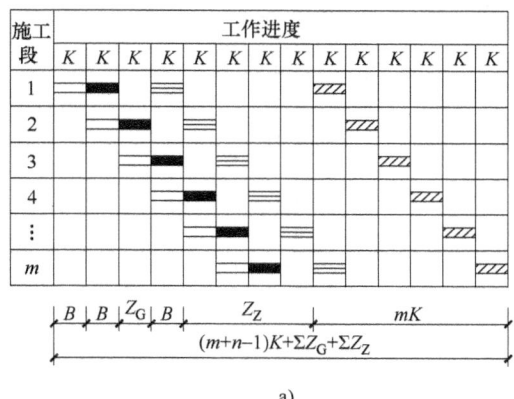

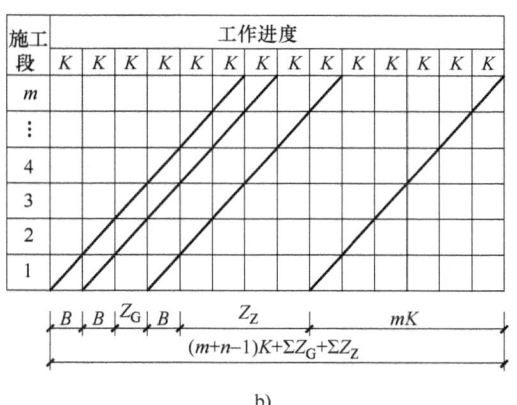

图10-5 固定节拍流水图表
a）水平图表 b）垂直图表

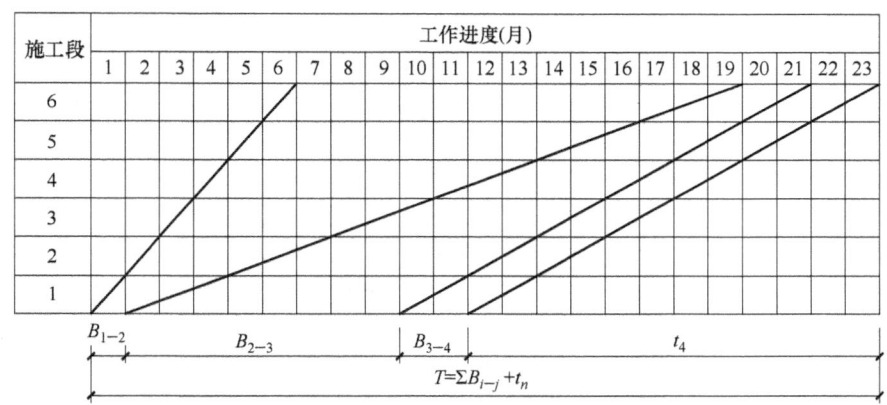

图10-6 一般成倍节拍流水

图10-6所示为一般成倍节拍流水，按此方法组织流水施工，在实际工程中显然不尽合理。从图中可见基础工程在第2至第6施工段上完成后，主体结构未能及时插上搭接，使工作面空闲。事实上，第2施工段主体结构可在第3月开始施工。又如第1施工段的粉刷装修可在第5月插入，而为了使工作队工作保持连续性，让第1施工段处于等待状态（从第5月至第9月），这样安排流水使工作队连续是比较勉强的，而且这样安排的结果使工期大大延长。

因此，成倍节拍流水在工程中可用加快成倍节拍流水来组织施工，以改善工作面空闲、工期延长的组织状态。

研究图10-6的施工组织方案可知，如果要合理安排施工组织，缩短工程的工期，可以通过增加主体结构、粉刷装修和室外工程施工工作队的方法来达到。比如说，主体结构由原来的1个队增加到3个队（甲、乙、丙），粉刷装修及室外工程施工的工作队也分别由原来的1个队增加到2个队（A、B和Ⅰ、Ⅱ）。如在同一幢房屋上施工，会受到工作面的限制而降低生产效率，因此，在组织施工时，可安排主体结构工作队甲完成第1、4段的结构施工；主体结构工作队乙完成第2、5段的结构施工；主体结构工作队丙完成第3、6段的结构施工。其他工作队也按此法作相应安排，由此可得图10-7所示的进度计划图表，它的工期为13个月，比一般成倍节拍流水的23个月大大加快。

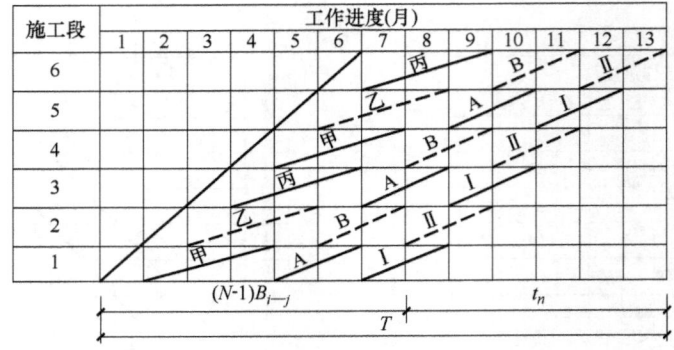

图10-7 加快的成倍节拍流水

由图10-7实质上可以看成是由 N 个工作队组成的，类似于流水节拍为 K_0 的固定节拍流水，各工作队之间的流水步距 B_{i-j} 均等于 K_0。

K_0 为各流水节拍的最大公约数。t_n 为后一个工作队进入流水至计划完成的持续时间，本例为室外工作第二队（Ⅱ），$t_n = mK_0$。

因此，加快成倍节拍流水的工期可按下式计算：

$$T = (N-1)B_{i-j} + mK_0 + \sum Z_G + \sum Z_Z \quad (10\text{-}9)$$
$$= (m+N-1)K_0 + \sum Z_G + \sum Z_Z$$

式中 N——工作队总数。

工作队的总数由各工作的工作队数之和求得，即

$$N = \sum_{i=1}^{n} N_i \quad (10\text{-}10)$$

其中，N_i 为 i 工作投入工作队数。其计算需计算各工作的流水节拍最大公约数 K_0，于是可得工作的工作队数为

$$N_i = K_i / K_0 \quad (10\text{-}11)$$

应注意，如计算得到 i 工作的 $N_i > m$，则实际投入流水施工的施工队数取 $N_i = m$，但计算工期时，N_i 仍采用式（10-11）的计算结果。

3. 分层施工的节奏流水施工

多层建筑物组织流水施工，不仅要考虑平面上的分段，而且应考虑层间的流水，这种分层又分段的节奏流水首先应考虑每层流水段的划分，即流水施工应考虑某工作完成下层最后一个施工段后能及时转向上一层的第一施工段。

当采用固定流水节拍时，每层的施工段数计算公式为

$$m_{每层} \geq n + \sum Z/K \quad (10\text{-}12)$$

当采用成倍流水节拍时，每层的施工段数计算公式为

$$m_{每层} \geq n + \sum Z/K_0 \quad (10\text{-}13)$$

在确定 $m_{每层}$ 时应兼顾结构的自然界限。分层又分段的流水施工工期为

$$T = (M+N-1)K + \sum Z = (m_{每层}j + N - 1)K + \sum Z \quad (10\text{-}14)$$

式中 M——施工段总数；

N——工作队总数；

$m_{每层}$——每层的施工段数；

j——层数；

Z——各施工过程之间的间歇时间总和。

10.3.2 非节奏流水

1. 非节奏流水施工的组织

若干工作的流水节拍不同，则由这些工作所组成的流水施工，称为非节奏流水。它的特点是各工作的流水节拍在各施工段不同，各工作之间流水节拍也有差异。节奏流水是非节奏流水的一个特例。

某工程有3个工作，划分6个施工段，见表10-1，各工作在各施工段上的流水节拍均不同，要求对此非节奏流水工作组成专业流水，并计算工期。

表10-1　各工作在各施工段上的流水节拍　　　　　　　　　（单位：d）

工作编号	施工段编号					
	一	二	三	四	五	六
A	3	3	2	2	2	2
B	4	2	3	2	2	3
C	2	2	2	3	3	2

非节奏流水施工的组织应满足三个基本要求：每个施工段上的工艺合理性；每个工作进入流水后的施工连续性；先后进入流水各工作的搭接及时性。但必须指出，非节奏流水施工组织中往往存在施工段上暂时空闲的情况，这是非节奏流水施工最必然的，也是允许的，但应做到搭接的及时性，即出现的空闲时间最少。

非节奏流水的工期 T，在没有工艺间歇的情况下，仍然按式（10-6）所示计算。如某工作具有工艺间歇或组织间歇，则增加 $\sum Z_G$ 或 $\sum Z_Z$。

非节奏流水施工的流水步距需按三个原则逐一分析，"累加斜减法"是一种简便的计算分析方法。以表10-1为例，按以下步骤进行，见表10-2：

1）第一步，将表10-1各工作在每个施工段上的持续时间填入表格（表10-2第1行至第3行）。为便于计算，增加一列零施工段。

表10-2　非节奏专业流水步距计算表　　　　　　　　　（单位：d）

计算步骤		行序	工作	施工段编号							第四步	t_n
				零	一	二	三	四	五	六	最大时间间隔	
第一步	工作在各施工段上的持续时间	1	A	0	3	3	2	2	2	2		
		2	B	0	4	2	3	2	2	3		
		3	C	0	2	2	2	3	3	2		
第二步	工作进入流水起到完成该段施工为止的总持续时间（累加）	4	A	0	3	6	8	10	12	14		
		5	B	0	4	6	9	11	13	16		
		6	C	0	2	4	7	10	13	15		15
第三步	两相邻工作的流水步距（斜减）	7	-B	3	2	2	1	1	1		3	
		8	-C	4	4	5	4	3	3		5	

2) 第二步，计算各个工作由加入流水起到完成某施工段止的施工时间总和（即累加），填入表格，例如工作 A（第 1 行）各流水节拍累加后得到第 4 行的结果。

3) 第三步，从前一个工作由加入流水起，到完成该施工段的累加持续时间和，减去后一个工作由加入流水起，到完成前一施工段的累加持续时间和（即相邻斜减），得到一组差数。例如，由 A 工作到各施工段的累加持续时间（第 4 行）减去 B 工作相应前一施工段的累加持续时间（第 5 行）得到第 7 行的一组差数。

4) 第四步，找出上一步斜减差数中的最大值，这个值就是这两个相邻工作之间的流水步距 B_{i-j}。

第四步中选出最大值作为两个相邻工作之间的流水步距，是为了确保各工作的施工连续性。于是，得到

$$B_{A-B} = 3d,\ B_{B-C} = 5d,\ t_n = 2d + 2d + 3d + 3d + 3d + 2d = 15d$$

则

$$T = \sum B_{i-j} + t_n = 3d + 5d + 15d = 23d$$

图 10-8 所示为以上计算结果绘制的非节奏流水施工进度计划的水平图表，其中垂直坐标表示工作，水平坐标表示时间进度。它也可以垂直坐标为施工段，水平坐标为时间进度的表达方式，读者可自行绘制。图 10-9 所示为该流水组织的垂直图表，其中垂直坐标表示施工段。

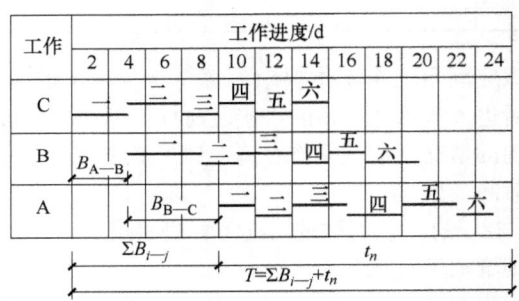

图 10-8 非节奏流水进度计划（水平图表）

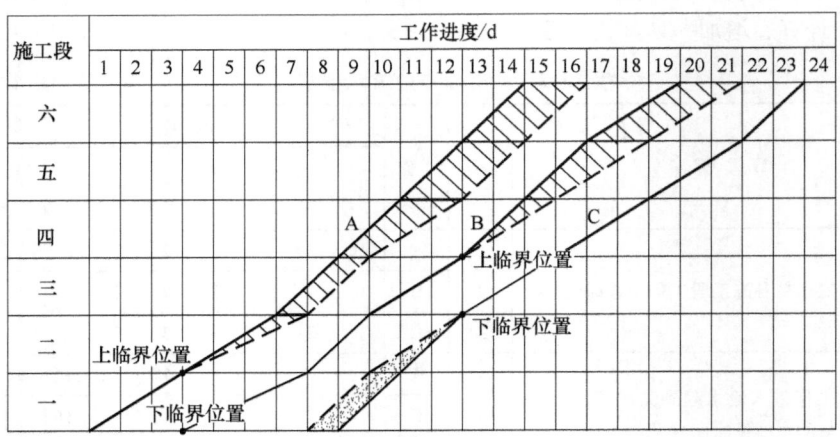

图 10-9 非节奏流水进度计划（垂直图表）

2. 非节奏流水施工计划优化

非节奏流水施工中，某些工作可能具有允许偏差时间，即各工作允许延迟完成时间或允许

提前开始时间。某工作在允许偏差范围内的延迟完成，不会影响总工期，某工作在允许偏差范围内的提前开始，也不会造成工序搭接上的混乱，因此，为施工提供了优化进度计划的途径。通过非节奏流水施工进度计划的垂直图表，可以求得各工作的允许偏差。利用工作的允许偏差，可在不影响工期的前提下，调节部分工作的流水节拍，使资源更加均衡。

允许偏差的确定，首先应找出各工作的临界位置。临界位置分为上临界位置与下临界位置，一个工作的上临界位置处于该工作在某施工段的结束时间等于下一个工作在该施工段的开始时间的位置。例如图 10-9，A 工作的上临界位置处于第一施工段的结束时间（第 3 天末）的位置上，B 工作的上临界位置处于第三施工段结束时间（第 12 天末）的位置上。一个工作的下临界位置处于该工作在某一施工段的开始时间等于前一个工作在该施工段的结束时间的位置。如 B 工作的下临界位置处于第一施工段的开始时间（第 4 天开始时）的位置上，又如 C 工作的下临界位置处于第三施工段开始时间（第 13 天开始）的位置上。在上临界位置以上，该工作具有可能延迟完成的允许偏差；在下临界位置以下，该工作具有可能提前开始的允许偏差。

上临界位置确定以后，计算该工作在临界位置以上各施工段上的结束时间与后继工作在相应施工段上的开始时间之差，即为该工作在相应施工段上具有的可延迟完成的允许偏差。在图上一般可从该工作在某施工段的结束时间为起点，以后继工作在该施工段上的开始时间为终点，绘一水平线段，该短线的长度即表示工作在相应施工段上的允许偏差，将所有这些线段的终点连接起来，就是该工作可以延迟完成的允许偏差范围，如图 10-9 中划斜线的阴影部分。

类似这种情况，由下临界位置向下，计算后继工作在各施工段上的开始时间与紧前工作在该施工段上的结束时间之差，即为后继工作可以提前开始的允许偏差，由后继工作在各施工段的允许偏差，便可得到其可以提前开始的允许偏差范围，如图 10-9 中填充小点的阴影部分。

如某一工作出现两个或两个以上的上临界位置，则在最后一个上临界位置才可能有延迟完成的允许偏差。在该临界位置以下，不可能具有延迟完成的允许偏差。因为在任何临界位置以下如出现该工作延迟完成的允许偏差，则必然造成其后的某施工段上流水强度变大，即垂直图表中斜线的斜率变大。而一个进度计划中的流水强度应是确定的，计划的调整一般不可使流水强度变大。如果流水强度可以任意变大，那计划则没有意义，因为一旦超过了计划规定时间，只要将该工作在后面的施工段上的流水强度加大或将后继工作的流水强度加大就可能弥补，这样便无计划可言了。类似的，如果某工作出现两个或两个以上的下临界位置，则在最前一个下临界位置以下才可能有提前开始的允许偏差。因此，在寻求某工作的允许偏差时间时，在垂直图表上该工作调整后的斜线斜率应小于或等于未调整前的斜率，同时，它在各施工段上的开始时间又符合合理的施工顺序。

流水计划的允许偏差，相当于网络计划中的"时差"，有关时差的概念和计算将在第 11 章详细介绍。

1. 组织施工有哪三种方式？各有什么特点？
2. 简述流水施工参数及其概念。
3. 流水强度与流水节拍分别应如何确定？
4. 流水步距确定的基本要求有哪些？
5. 施工段的划分应遵循哪些原则？如何确定流水段数？
6. 按流水节拍的特点及流水节奏的特征，流水作业各有哪些组织方式？
7. 试比较固定节拍、成倍节拍的组织条件和特点。

8. 加快的成倍节拍流水与固定节拍流水有何异同？

9. 加快成倍节拍流水计算工期时各施工过程工作队数如何确定？在实际工程中工作队数又应如何确定？

10. 非节奏流水施工有什么特点？在计算步距时为什么应取相邻两施工过程累加斜减差数的最大值作为它们的流水步距？

练习题

1. 某工程有 3 个施工过程，4 个施工段，其流水节拍均为 5d，第一施工过程与第二施工过程之间有技术间歇时间 5d，第二施工过程与第三施工过程之间有组织间歇时间 2d，试计算该工程的工期。

2. 某分部工程由甲、乙、丙三个分项工程组成，在竖向上划分为两个施工层组织流水施工。流水节拍均为 2d。为缩短计划工期，允许分项工程甲与乙平行搭接时间为 1d，分项工程乙完成后，它的相应流水段至少有技术间歇时间 2d，层间组织间歇时间为 1d。为保证工作队连续作业，试确定每层流水段数、流水工期，并绘制流水施工进度表。

3. 某构件预制工程分两层叠浇，其施工过程及流水节拍分别为绑扎钢筋 6d、支模板 6d、浇筑混凝土 3d，层间工艺间歇时间为 3d，试组织成倍节拍流水施工并绘制流水施工进度表。

4. 试组织下列工程的流水施工，已知有 4 个施工段，3 个施工过程，其流水节拍分别为 $K_1 = 4d$、$K_2 = 10d$、$K_3 = 12d$。若采用加快的成倍节拍流水，要求：

（1）确定各施工过程的工作班组数（实际参加流水的班数）。

（2）计算工期。

（3）绘制垂直图表。

5. 已知某工程各工作队在每个施工段上的施工延续时间，见表 10-3。试用非节奏流水方法的累加斜减法计算其总工期，并绘制施工进度计划表。

表 10-3

n \ M	Ⅰ	Ⅱ	Ⅲ	Ⅳ
工作队 A	3	4	3	2
工作队 B	5	6	4	5
工作队 C	5	4	5	5
工作队 D	7	2	6	1

第 11 章

网络计划技术

本章导读

网络计划技术是一种有效的系统分析和优化技术。它来源于工程技术和管理实践,广泛地应用在包括土木工程的各个领域。运用网络计划技术编制土木工程施工进度计划比横道图更具有优越性,主要表现在:能正确表现各项工作先后开展的顺序关系;可确定各项工作的开始时间和结束时间;能找出关键线路,并进行网络优化;实施中可进行计划调整。按网络图的类型分为双代号网络计划和单代号网络计划,此外,还可将网络图与时间坐标相结合,形成时标网络计划。

本章介绍包括双代号和单代号网络计划技术,包括它们的基本概念、网络图的绘制和时间参数的计算,以及网络计划的优化。学习时应重点了解网络图的绘制和时间参数的计算,可通过对两种网络图的对比,了解两者的共同点及区别。

■ 11.1 双代号网络图

11.1.1 双代号网络图的概念

双代号网络图是以箭线及其两端节点的编号表示工作的网络图,如图 11-1 所示,图中的箭线应表示工作,箭线的箭尾节点表示该工作的开始,箭线的箭头节点表示该工作的结束。

双代号网络图表达方法如下:箭头和箭尾衔接的地方画上圆圈(或其他形状的封闭图形)并编上号码,箭尾与箭头的号码作为工作的代号,工作名称标注在箭线之上,持续时间标注在箭线之下。图 11-1 中前面工作的代号为 $i—j$,后面工作的代号为 $j—k$。

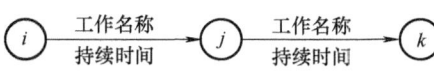

图 11-1 双代号网络图表示方法

箭线宜画成水平直线,也可画成折线或斜线。箭线投影的方向应自左向右,表示工作的进行方向。

在非时标网络图中,箭线的长度不直接反映该工作所占用的时间长短。

1. 工作

工作是指计划任务按需要粗细程度划分而成的、消耗时间或同时也消耗资源的一个子项目或子任务,如支模板、浇筑混凝土等,有的则仅是消耗时间而不消耗资源,如混凝土养护、抹灰干燥等技术间歇。在双代号网络图中，还有一种既不消耗时间也不消耗资源的工作——虚工作，它用虚箭线来表示，用以反映一些工作与另外一些工作之间的逻辑关系。如 1—2 工作和 1—3 工作同时开始、同时结束，需按图 11-2 的方法表示，设置 2—3 虚工作。如不设置虚工作，则会发生逻辑错误。

2. 节点

节点表示工作的开始、结束或连接关系，箭尾节点（即箭线的出发节点）称为工作的起点节点，箭头节点称为工作的终点节点。

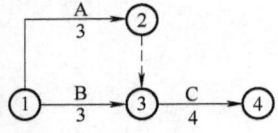

图 11-2 虚工作表示法

网络图的第一个节点为整个网络计划的起点节点，它表示一项计划的开始；最后一个节点为网络计划的终点节点，它表示一项计划的完成。

3. 线路

网络图中从起点节点开始，沿箭头指向通过一系列箭线与节点，最后到达终点节点的通路称为线路。一条线路上的各项工作所持续时间的累加之和表示该线路上完成所有工作的时间。

双代号网络图中，各条线路可用该线路上节点的编号顺序表示，箭线下的数字为天。图 11-3 的网络有 6 条线路，各线路的完成时间如下：

1）第一条线路：①→②→③→⑦→⑨→⑩，完成时间 10d。
2）第二条线路：①→②→③→⑤→⑥→⑦→⑨→⑩，完成时间 11d。
3）第三条线路：①→②→④→⑤→⑥→⑦→⑨→⑩，完成时间 10d。
4）第四条线路：①→②→③→⑤→⑥→⑧→⑨→⑩，完成时间 10d。
5）第五条线路：①→②→④→⑤→⑥→⑧→⑨→⑩，完成时间 9d。
6）第六条线路：①→②→④→⑧→⑨→⑩，持续时间 7d。

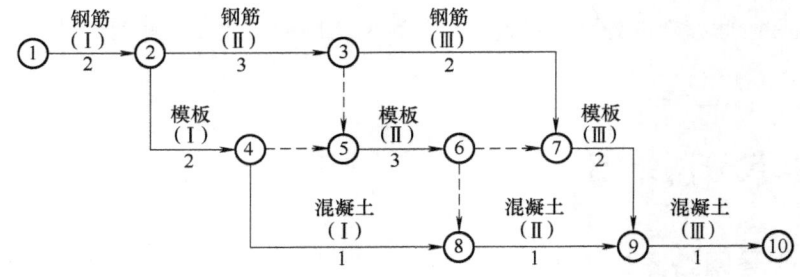

图 11-3 双代号网络图

由上述分析可知，第二条线路的完成时间最长，可作为该项工程的计划工期，该线路上的工作拖延或提前，则整个工程的完成时间将发生变化，故称该线路为关键线路。其余五条线路为非关键线路。关键线路是自始至终全部由关键工作组成的线路或线路上总的工作完成时间最长的线路。

关键线路上的工作称为关键工作，它是网络计划中总时差最小的工作，在图中用较粗的箭线或双箭线表示，以示与非关键线路上的工作区别。非关键线路上的工作，既有关键工作，也有非关键工作。非关键工作均有一定的机动时间，该工作在一定幅度内的提前或拖延不会影响整个计划工期。

11.1.2 双代号网络图的绘制

1. 工作间的逻辑关系

工作间的逻辑关系，既包括客观上的由工艺所决定的工作上的先后顺序关系，也包括施工组织所要求的工作之间相互制约、相互依赖的关系。逻辑关系表达是否正确，是网络图能否反映工程实际情况的关键。逻辑关系发生错误,说明该工程无法正常进展。

工艺关系是指生产工艺上客观存在的先后顺序,是网络图编制应考虑的一个逻辑关系,其顺序关系不能随意改变。组织关系是指在不违反工艺关系的前提下,人为安排工作的先后顺序,这是可以在遵循安全和技术的原则下统筹安排的,但一旦确定,就形成工作间的逻辑关系,网络计划应以此编制,一般不应违反。

表 11-1 给出了常见逻辑关系及其表示方法。表中可见,在某些情况下必须借助虚箭线才能正确表达工作之间的逻辑关系,如表 11-1 中第 6 项至第 12 项。应该指出,表 11-1 中的图不是完整的网络图,仅是网络图的一部分。

表 11-1 双代号网络图工作间的逻辑关系及其表示方法

序号	工作间的逻辑关系	表示方法
1	工作 A、B、C 无紧前工作,即工作 A、B、C 均为计划的第一项工作,且平行进行	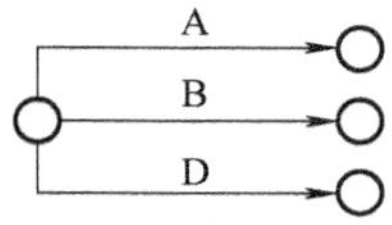
2	A 完成后,B、C、D 才能开始	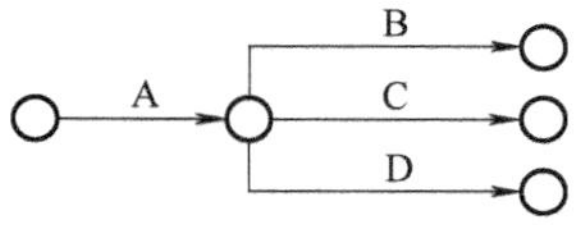
3	A、B、C 均完成后,D 才能开始	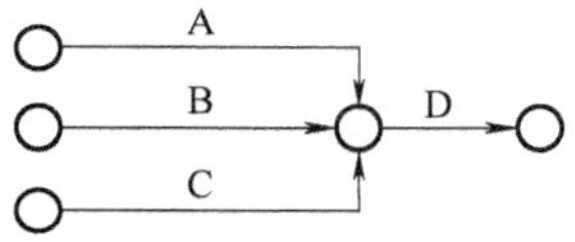
4	A、B 均完成后,C、D 才能开始	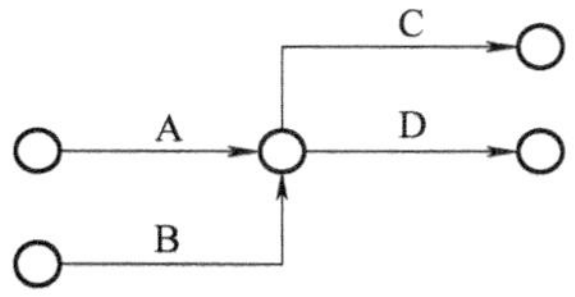
5	A 与 B 同时开始,C 为 A 的紧后工作,D 为 B、C 的紧后工作	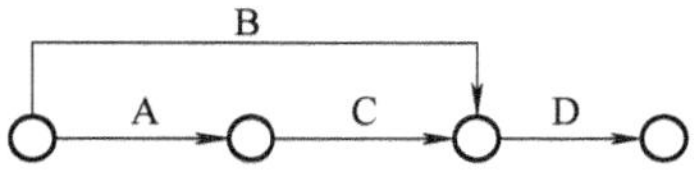
6	A 完成后,D 才能开始;A、B 均完成后,E 才能开始;A、B、C 均完成后,F 才能开始	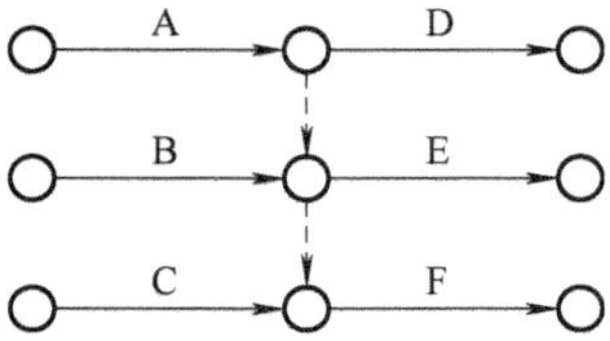
7	A、B 均完成后,D 才能开始;A、B、C 均完成后,E 才能开始;D、E 完成后,F 才能开始	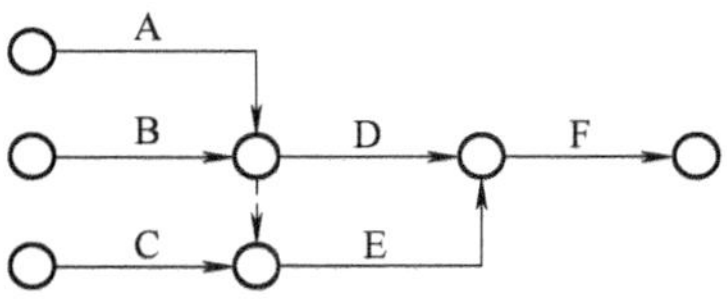
8	A 完成后,B、C、D 才能开始;B、C、D 完成后,E 才能开始	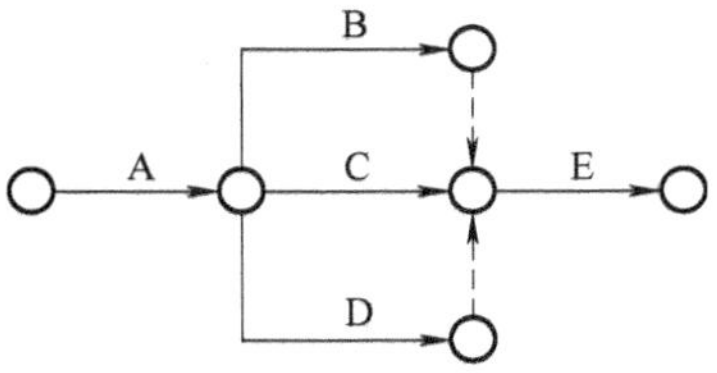

（续）

序号	工作间的逻辑关系	表 示 方 法
9	A、B 完成后，D 才能开始；B、C 完成后，E 才能开始	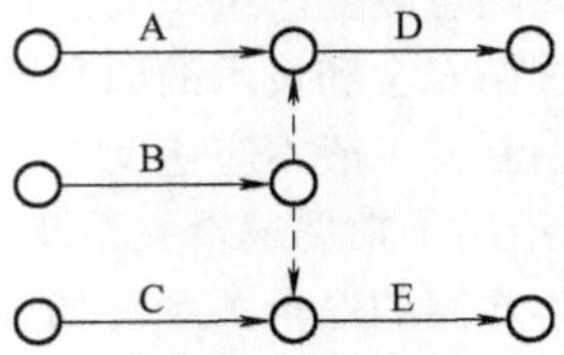
10	工作 A、B 分为三个施工阶段，分段流水施工，A_1 完成后进行 A_2、B_1；A_2 完成后进行 A_3；A_2、B_1 完成后进行 B_3	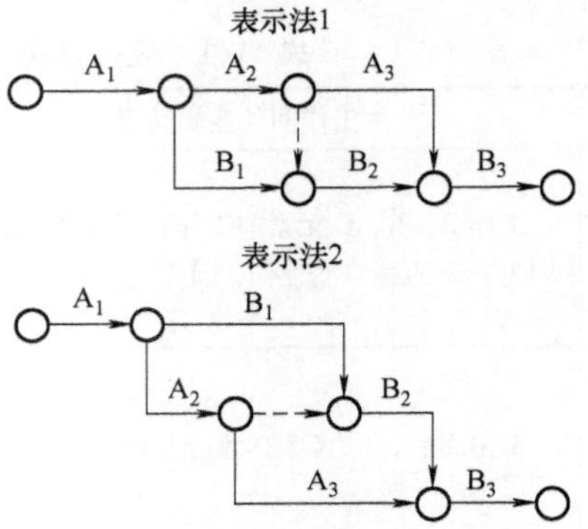 表示法1 / 表示法2
11	A、B 均完成后，C 才能开始；A、B 分为 A_1、A_2、A_3 和 B_1、B_2、B_3 三个施工段，C 分为 C_1、C_2、C_3，A、B、C 分三段作业交叉进行	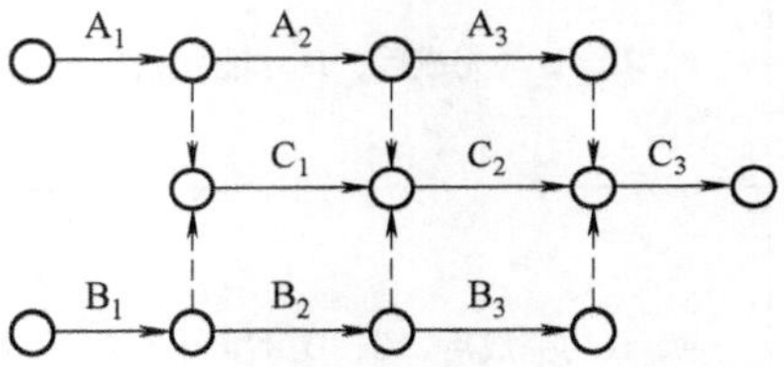
12	A、B、C 为最后三项工作，即 A、B、C 无紧后工作	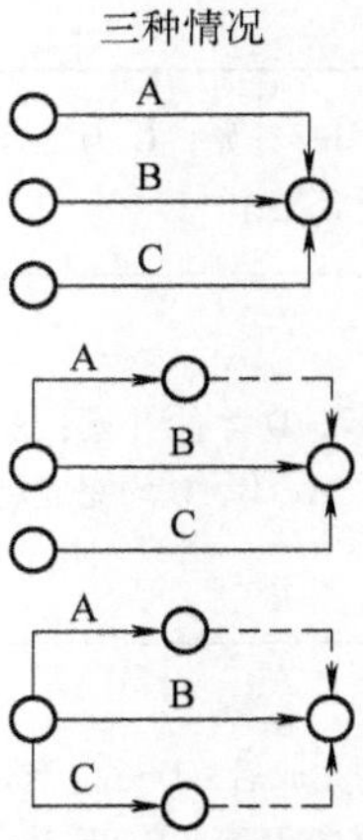 三种情况

2. 绘图规则

双代号网络图绘制的基本要求是工作内容清晰、逻辑正确、易于识读。双代号网络图绘制时应注意以下问题：

（1）工作和箭线 网络图中工作和箭线应一一对应，即一项工作应只有唯一的一条箭线和相应的前后节点编号。箭尾节点编号应小于箭头节点编号。

在图 11-4a 中工作 C、D 出现了两条箭线，需引进虚工作将代号为 1—4 和 3—5 的工作合并，将代号为 4—6 和 5—7 的工作合并（图 11-4b）。

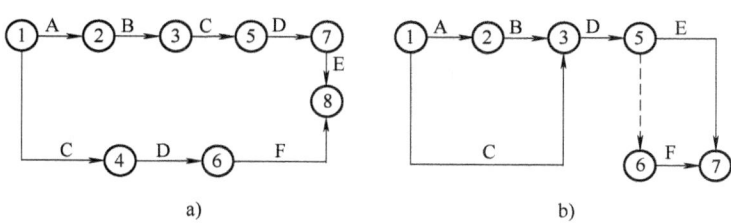

图 11-4　绘图规则 1
a）错误示例　b）正确表达

（2）箭线　双代号网络图中，工作前后节点应完整，不应出现没有箭头节点或没有箭尾节点的箭线，也不能出现双向箭头的箭线。图 11-5 的表示方法都是错误的。

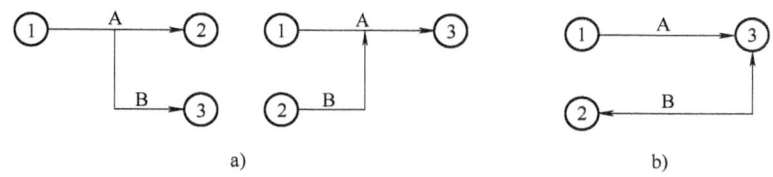

图 11-5　箭线的错误示例
a）缺节点　b）双向箭头

（3）起点节点和终点节点　双代号网络图中应只有一个起点节点和一个终点节点。如项目分期完成，则可能出现多个终点节点。

图 11-6a 中节点①、②、③都表示计划的开始，⑫、⑬、⑭都表示计划的结束，这是错误的表示。应引入虚工作改成图 11-6b 所示的形式，这时②为计划的起点节点，⑬为计划的终点节点，其余节点均为中间节点。

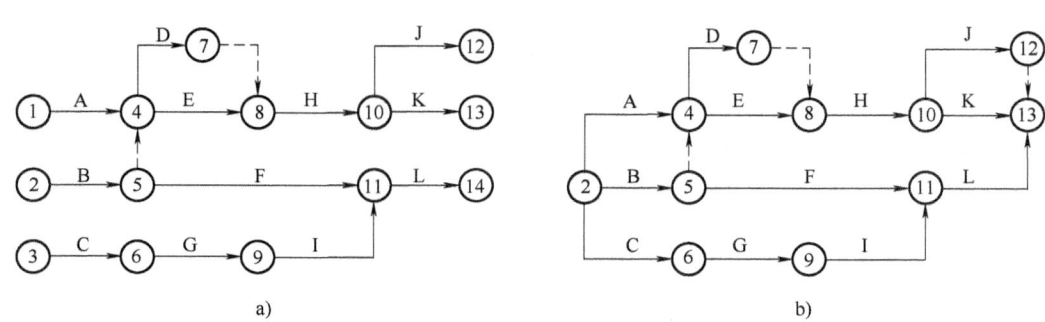

图 11-6　绘图规则 2
a）错误示例　b）正确表达

（4）循环回路　循环回路表示若干项工作可以循环无穷，不符合客观实际。在网络图中不得出现循环回路，发生循环回路应检查发生错误的原因，予以改正。图 11-7 所示工作 C、D、E 形成了循环回路，说明这个网络图是错误的。

（5）编号顺序　双代号网络图节点编号顺序应从小到

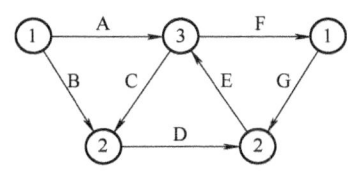

图 11-7　错误示例：循环回路

大，可不连续，但不得重复。

网络图中节点编号可采用水平编号法，每行自左向右，然后自上而下逐行进行编号，如图 11-8a 所示；也可采用垂直编号法，由上而下然后自左向右进行编号，如图 11-8b 所示。编号可以不连续，以便于以后修改时插入，但注意编号不得重复。

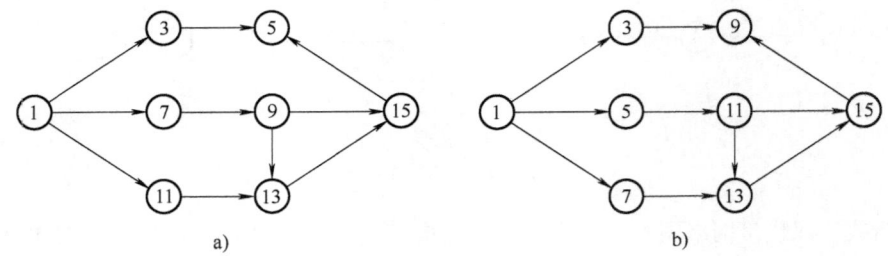

图 11-8 节点编号
a) 水平编号法　b) 垂直编号法

(6) 平行搭接工作的表达　当要表达工作之间平行的关系以及平行搭接的工作，可以增加虚工作来表达它们之间的关系，并应分段表达。若图 11-2 两个平行工作直接表达为图 11-9 所示的形式，则无法分清工作代号 1—2 是表示工作 A 还是工作 B。

例如，有钢筋加工和模板支撑两个工作，如果分为Ⅰ、Ⅱ、Ⅲ三个施工段进行施工，可添加虚工作，表达成如图 11-10 所示的图形，其关系可参考表 11-1 中第 10 项的情况。

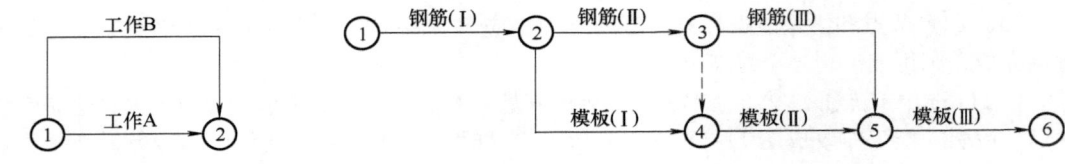

图 11-9　图 11-2 的错误表达　　　　　图 11-10　工作平行搭接的表达

(7) 母线表示法　某些节点有多条外向箭线或多条内向箭线时，在不违反"工作和箭线一一对应"规则的前提下，可使用母线表示方法（图 11-11）。

(8) 避免箭线交叉　绘制网络图时应避免箭线的交叉，当箭线交叉不可避免时，可采用过桥法（图 11-12a）或指向法（图 11-12b）。

(9) 布局合理　网络图应布局合理、条理清楚。在正式绘图前可先绘出草图，然后再进行调整。应尽量把关键线路安排在醒目的位置，把联系紧密的工作安排在一起，使整个网络清晰明了，便于运用。如图 11-13 由 a 图整理而得到的 b 图，比 a 图整齐而且合理。

对于一些大的建设项目，由于工序多、周期长，网络图可能较大，为便于绘图和工程应用，可将网络图划分成若干部分绘制。分段绘制时应注意分段位置应选在箭线和节点较少的工作处，并应使分段处节点的编号保持一致。

3. 绘图方法

双代号网络图的绘制方法，应在施工方案确定的施工顺序的基础上统筹安排。一般的绘图步骤如下：

1) 按施工方案将任务分解，明确网络图中的"工作"。
2) 确定工作间的逻辑关系。
3) 确定每一工作的持续时间。

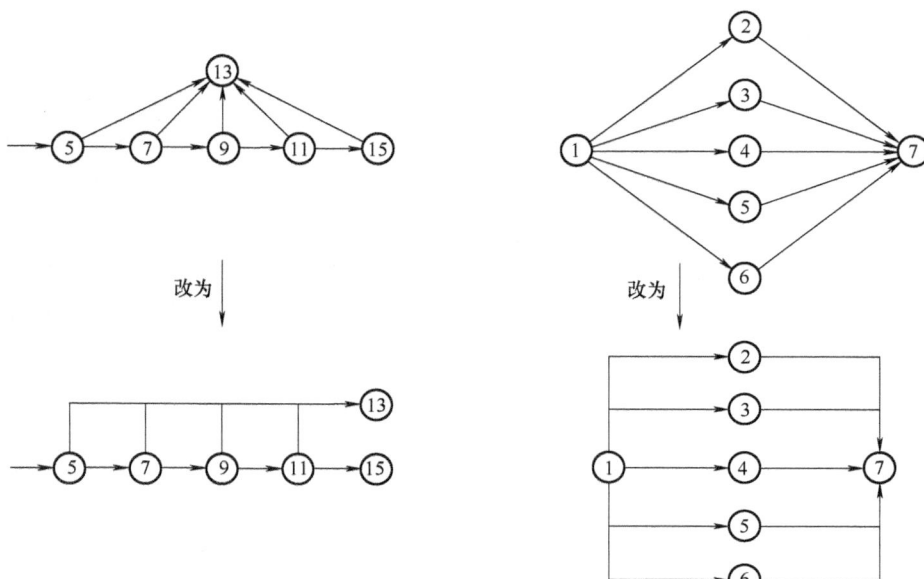

图 11-11 母线表示方法

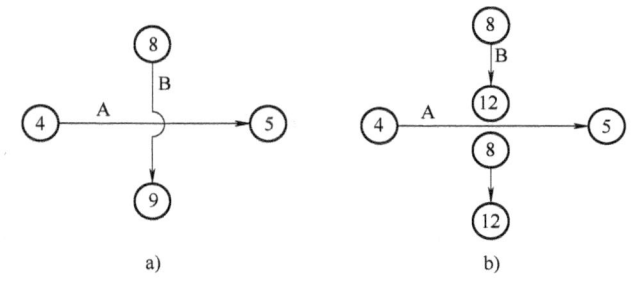

图 11-12 交叉箭线的表示方法
a) 过桥法 b) 指向法

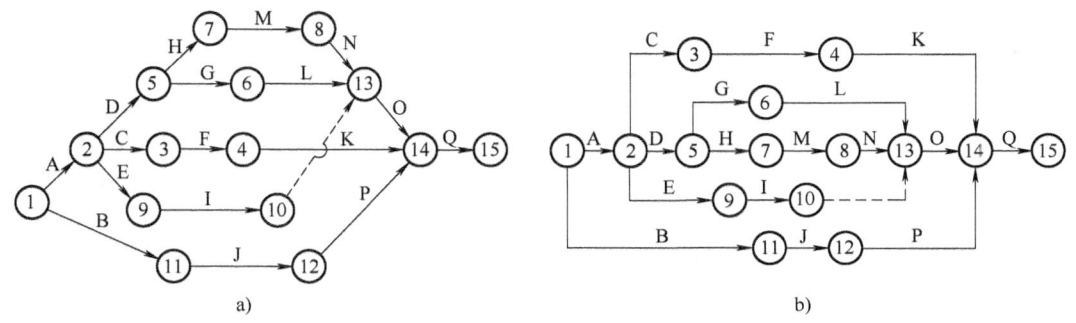

图 11-13 网络图的布局
a) 初始网络图 b) 优化后的网络图

4) 编制工作分析表（表 11-2）。
5) 绘制和完善网络图。

表 11-2 工作分析表

工作名称	紧前工作	紧后工作	持续时间
土方开挖 W	—	D	7d
垫层 D	W	M、G	1d
模板 M	D	H	5d
钢筋 G	D	H	4d
混凝土 H	M、G	—	2d

绘制网络图首先应根据绘图规则，正确表达工作之间的逻辑关系，此外应将网络图中的节点、工作、时间参数等各要素表达完整。

11.1.3 时间参数计算

1. 时间参数

双代号网络图的时间参数包括工作的时间参数、节点的时间参数、工期以及时差。

工作的时间参数包括工作 i—j 持续的时间（D_{i-j}）、工作 i—j 最早开始时间（ES_{i-j}）、工作 i—j 的最早完成时间（EF_{i-j}）工作 i—j 最迟开始时间（LS_{i-j}）、工作 i—j 最迟完成时间（LF_{i-j}）。其中工作 i—j 最早开始时间必须在其紧前工作全部完成后，工作 i—j 才可能有最早开始的时间。

节点的时间参数包括节点 i 的最早时间（ET_i）（即以该节点为开始节点的各项工作的最早开始时间），以及节点 i 的最迟时间（LT_i）（即以该节点为完成节点的各项工作的最迟完成时间）。

根据不同要求，网络计划计算中涉及的工期有计算工期（T_c）、要求工期或称为指令性工期（T_r）和计划实施的工期（T_p）。

工作的时差是网络优化的基础，在网络图计算中将用到工作自由时差和总时差。工作的自由时差（FF_{i-j}）是指在不影响其紧后工作最早开始时间的前提下，工作 i—j 可以利用的机动时间；工作 i—j 的总时差（TF_{i-j}）是指在不影响总工期的前提下，本工作可以利用的机动时间。

计算时间参数应在确定各项工作的持续时间之后进行。虚工作必须视同工作进行计算，但其持续时间为零。

2. 时间参数的计算

计算可采用工作计算法及节点计算法，此处介绍工作计算法。

按工作计算法计算时间参数，其计算结果应标注在箭线之上（图 11-14），对虚工作，图中的箭线为虚箭线。

时间参数的计算步骤如下：

（1）工作最早开始时间 工作 i—j 的最早开始时间 ES_{i-j} 应从网络计划的起点节点开始顺着箭线方向依次逐项计算。

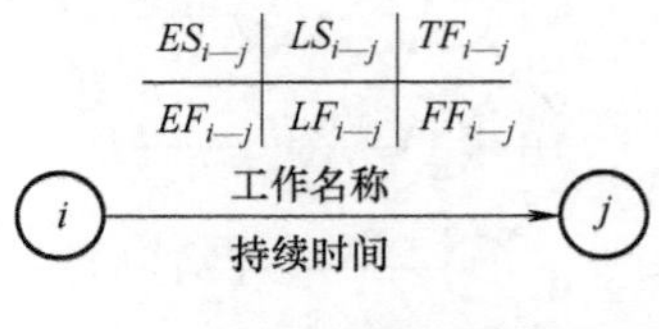

1) 以起点节点 i 为箭尾节点的工作 i—j，当未规定其最早开始时间 ES_{i-j} 时，其值应等于零，即

$$ES_{i-j} = 0 \quad (i = 1) \tag{11-1}$$

图 11-14 按工作计算法计算的标注方法

2) 其他工作的最早开始时间。当工作 i—j 只有一项紧前工作 h—i 时，计算公式

$$ES_{i-j} = ES_{h-i} + D_{h-i} \tag{11-2}$$

当工作 i—j 有多个紧前工作时，计算公式为

$$ES_{i-j} = \max\{ES_{h-i} + D_{h-i}\} \tag{11-3}$$

式中 ES_{h-i}——工作 i—j 的各项紧前工作 h—i 的最早开始时间；

D_{h-i}——工作 i—j 的各项紧前工作 h—i 的持续时间。

（2）工作最早完成时间　工作 i—j 的最早完成时间 EF_{i-j} 为

$$EF_{i-j} = ES_{i-j} + D_{i-j} \tag{11-4}$$

（3）工期　网络计划的计算工期 T_c 按下式计算

$$T_c = \max\{EF_{i-n}\} \tag{11-5}$$

式中　EF_{i-n}——以终点节点（$j=n$）为箭头节点的工作 i—n 的最早完成时间。

计算工期得到后，可以确定计划工期 T_p，计划工期还应满足下式：

$$\begin{cases} T_p \leq T_r & （已规定要求工期）\\ T_p = T_c & （未规定要求工期）\end{cases} \tag{11-6}$$

（4）工作的最迟完成时间　工作的最迟完成时间应从网络计划的终点节点开始，逆着箭线方向依次逐项计算。

1）以终点节点为箭头节点的工作。以终点节点（$j=n$）为箭头节点的工作的最迟完成时间 LF_{i-n}，应按网络计划的计划工期 T_p 确定，即

$$LF_{i-n} = T_p \tag{11-7}$$

2）其他工作。其他工作 i—j 的最迟完成时间 LF_{i-j} 为

$$LF_{i-j} = \min\{LF_{j-k} - D_{j-k}\} \tag{11-8}$$

式中　LF_{j-k}——工作 i—j 的各项紧后工作 j—k 的最迟完成时间；

D_{j-k}——工作 i—j 的各项紧后工作 j—k 的持续时间。

工作 i—j 的最迟开始时间为

$$LS_{i-j} = LF_{i-j} - D_{i-j} \tag{11-9}$$

（5）时差

1）总时差。工作 i—j 的总时差 TF_{i-j} 为

$$TF_{i-j} = LS_{i-j} - ES_{i-j} \tag{11-10}$$

或

$$TF_{i-j} = LF_{i-j} - EF_{i-j} \tag{11-11}$$

2）自由时差。当工作 i—j 有紧后工作 j—k 时，工作 i—j 的自由时差 FF_{i-j} 按下式计算：

$$FF_{i-j} = ES_{i-k} - ES_{i-j} - D_{i-j} \tag{11-12}$$

或

$$FF_{i-j} = ES_{j-k} - EF_{i-j} \tag{11-13}$$

式中　ES_{i-k}——工作 i—j 的紧后工作 j—k 的最早开始时间。

以终点节点（$j=n$）为箭头节点的工作，其自由时差 FF_{i-j}，应按网络计划的计划工期 T_p 确定，即

$$FF_{i-n} = T_p - ES_{i-n} - D_{i-n} \tag{11-14}$$

或

$$FF_{i-n} = T_p - EF_{i-n} \tag{11-15}$$

当工作数目不太多时，网络图的计算可直接在网络图上进行计算，比较方便。当工作数目较多时，采用表上计算法更有条理。以下用表上计算法计算如图 11-15 所示的网络图的时间参数。

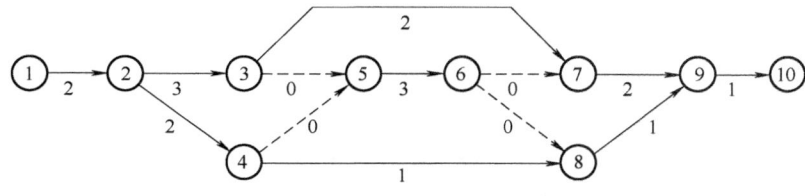

图 11-15　某网络图

结合图 11-15 和表 11-3 逐项进行时间参数的计算。

（1）工作的最早开始和最早完成时间　先看表 11-3 中第 3 行工作 1—2，它紧前的工作数为空白，因此它是网络图中从起点节点出发的一项工作，其最早开始时间为 0（见第 4 列的第一格），将它与其左边的持续时间（第 3 列）相加，得到最早完成时间（填在第 5 列内）。

往下计算第 4 行、第 5 行的工作 2—3、2—4。它们都是由节点②出发的工作，其紧前工作数为 1，可在它们所在行的上方查出其紧前工作为 1—2（它的最早结束时间为 2），由此得到这两个工作的最早开始时间为 2（填在第四列第 4、5 行内），然后分别与左边的持续时间（第 3 列第 4、5 行）相加，得到工作 2—3、2—4 的最早完成时间（填在第 5 列第 4、5 行内），依次逐行往下计算。当计算到第 10 行工作 5—6 时，其紧前工作数为 2，可以在它所在行上面找到到达节点⑤的两个工作是 3—5 和 4—5，它们的最早完成时间分别为 5 和 4，取其中最大值 5 作为工作 5—6 的最早开始时间，然后再与左边的持续时间（第 3 列第 10 行）相加，得到工作 5—6 的最早完成时间。用上述方法算完全表。

（2）工作的最迟完成时间和最迟开始时间　表 11-3 中最后一行工作为 9—10，它以终点节点⑩为终点节点，将节点⑩的最早完成时间 11，填在第 7 列的最后一行内，然后与第 3 列的持续时间相减，得这项工作的最迟开始时间，填在第 6 列相应格内，即 $11-1=10$。

接着计算倒数第 2 行、3 行，工作 8—9、7—9 这两个工作都以节点⑨为结束。可从所在行下方找到它们的后续工作 9—10 的最迟开始时间为 10（第 6 列最后 1 行），以此作为工作 8—9、7—9 的最迟完成时间，填在第 7 列的倒数第 2、3 行内，然后分别与其左边的持续时间相减，将差数填在第 6 列的倒数第 2、3 行内，即为工作 8—9、7—9 的最迟开始时间，分别为 $10-1=9$，$10-2=8$。

依次往上计算，当计算到工作 5—6 时，它的紧后工作为 6—7、6—8，其中工作 6—7 的最迟开始时间 8 为最小，以此作为工作 5—6 的最迟完成时间。其余计算以此类推。运算中虚工作与其他工作一样计算，只是它的持续时间为 0。

（3）计算工作时差　计算总时差只要将表 11-3 每一行第 6 列的最迟开始时间减去同一行第 4 列的最早开始时间就可求到，将求得的总时差填入表中第 8 列。

（4）自由时差的计算　可先从表 11-3 计算行下方的表格内找到紧后工作的最早开始时间，然后减去该行工作的最早完成时间就是自由时差，填在第 9 列内。例如第 5 行的工作 3—7，在该行下方的表内可查得其紧后工作 7—9，它的最早开始时间为 8，然后减去工作 3—7 的最早结束时间 7（见第 5 列第 7 行），得自由时差 $8-7=1$，填在第 9 列第 5 行内。其余类推。

表 11-3　网络图时间参数计算表

紧前工作数 m	工序编号	持续时间 D_{i-j}	最早开始时间 ES_{i-j}	最早完成时间 EF_{i-j}	最迟开始时间 LS_{i-j}	最迟完成时间 LF_{i-j}	总时差 TF_{i-j}	自由时差 FF_{i-j}
(1)	(2)	(3)	(4)	(5)=(4)+(3)	(6)=(7)-(3)	(7)	(8)=(6)-(4)	(9)=紧后(4)-(5)
—	1—2	2	0	2	0	2	0	0
1	2—3	3	2	5	2	5	0	0
1	2—4	2	2	4	3	5	1	0
1	3—5	0	5	5	5	5	0	0
1	3—7	2	5	7	6	8	1	1
1	4—5	0	4	4	5	5	1	1

(续)

紧前工作数 m	工序编号	持续时间 D_{i-j}	最早开始时间 ES_{i-j}	最早完成时间 EF_{i-j}	最迟开始时间 LS_{i-j}	最迟完成时间 LF_{i-j}	总时差 TF_{i-j}	自由时差 FF_{i-j}
(1)	(2)	(3)	(4)	(5) = (4)+(3)	(6) = (7)-(3)	(7)	(8) = (6)-(4)	(9) = 紧后(4)-(5)
1	4—8	1	4	5	8	9	4	3
2	5—6	3	5	8	5	8	0	0
1	6—7	0	8	8	8	8	0	0
1	6—8	0	8	8	9	9	1	0
2	7—9	2	8	10	8	10	0	0
2	8—9	1	8	9	9	10	1	1
2	9—10	1	10	11	10	11	0	0

11.1.4 双代号时标网络

1. 时标网络图的特点

时标网络计划就是时间坐标网络计划，它是双代号网络计划的一种转换形式。时标网络计划将网络图与横道图相结合，其箭线长度与工作持续时间一致，使网络图既能看出前后工作的逻辑关系，又能直观地表达各项工作开始和完成的时间点（日历时间），并可直接在图上进行网络计划优化，还可以将劳动力、材料用量等资源的计算结果在图中表达出来，表达直观，有利于施工现场的应用。

时标网络计划的调整工作较为复杂，这是由于它用箭线或线段的长短来表示每一工作的持续时间，若改变时间，就需改变箭线的长度和节点的位置，这样往往会引起整个网络图的变动，因此人工编制时标网络计划适用于工艺过程较简单的施工计划。对于工作项目较多的计划，应采用计算机软件计算和绘图。

2. 时标网络图的绘制

时标网络图中，箭线一般是沿水平方向画，并用不同的线型表达不同的意义。一般以实箭线表示工作；用加粗的（或双线）箭线表示关键工作；虚箭线表示虚工作；以波形线表示时差。

双代号时标网络图中的节点图上的位置应与时间坐标相对应，节点的中心则对准坐标线。箭线、波形线的投影起讫点与节点的对应。

网络图的绘制可直接绘制，也可按时间参数绘制。

（1）直接绘制

1）绘制方法。对比较简单的双代号网络图可不进行时间参数的计算而直接按网络图在带有时间坐标的表上绘制。

以图11-16为例说明时标网络图的直接绘制方法。该双代号网络计划有A、B、C、D、E五项工作，分两个施工段进行平行搭接施工，绘制步骤如下：

① 将起点节点定位于时间坐标表的起始坐标线上。

② 按工作持续时间在时标表上绘制起点节点的外向箭线。

③ 其他工作的开始节点必须在其所有内向箭线绘出以后，定位在这些内向箭线中最晚（最长）完成的箭头处。其他内向箭线未达到箭头节点时，用波形线补足。

④ 用上述方法自左向右依次确定其他节点位置，直至终点节点定位绘完。

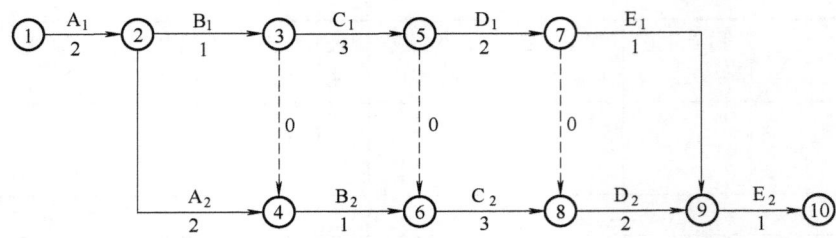

图 11-16 某双代号网络图（单位：d）

图 11-17 所示时标网络图是按直接绘制方法绘制的。先定位起点节点，工作 1—2 持续时间为 2d，可绘出 1—2 向外实箭线。工作 2—3 和 2—4 的开始节点只有一个向内箭线，因此，节点 2 可定位于 1—2 箭线的箭头处（第 2 天末）。工作 3—4 和 3—5 的开始节点也只有一个向内箭线，因此，节点 3 可定位于 2—3 箭线的箭头处（第 3 天末）。工作 5—6 和 5—7 用类似的方法可以定位在节点 3—5 箭线的箭头处（第 6 天末）。工作 4—6 的开始节点则有两个向内箭线，因此，节点 4 应定位于 2—4 与 3—4 箭线最晚（最长）完成的箭头处，取"第 4 天末"和"第 3 天末"的大者，即定位于第 4 天末。同理，可确定其他节点的位置。然后可将其他内向箭线未达到箭头节点的部分，用波形线补足。图 11—16 中的工作 4—6，因箭线未达到节点 4（有 1d 的空歇），则类似的，工作 7—9 有 2d 的空歇，需要用波形线补足。对虚工作也用这样的方法求解，例如，虚工作 3—4 需要用波形线补足，虚工作 7—8 也如此，虚工作 5—6 节点 5 至节点 6 之间没有空歇，则用竖向的虚箭线连接即可。

由此，将各节点画在相应的坐标线上，并根据规定的线型绘出有关箭线和波形线，形成时标网络图（图 11-17）。绘图时应注意同一坐标线上垂直箭线的表达。应避免将垂直箭线和坐标线重合，必要时可将垂直箭线略微偏离坐标线，以便更清晰表示同一竖向坐标线上两节点的关系。

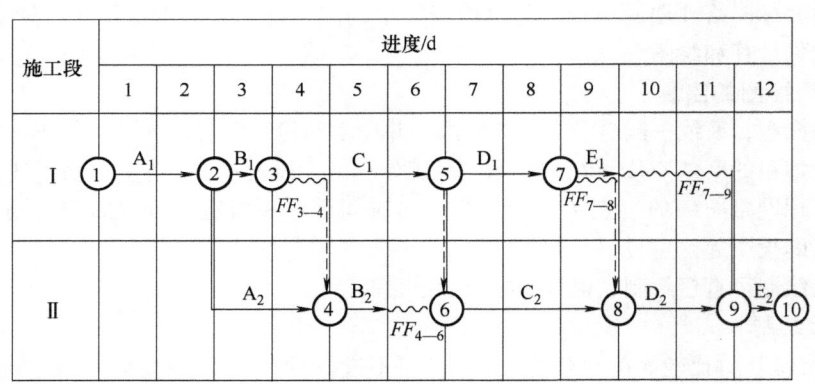

图 11-17 时标网络图和自由时差

2) 时间参数计算。按时标网络图可进行关键线路的确定和有关时间参数的计算，一般可按以下步骤进行：

① 自由时差。节点之间波形线的水平投影长度为该工作的自由时差，因此在绘制的同时也就获得了自由时差。

② 关键线路和工期。关键线路的确定可采用逆向检查法，即自终点节点开始逆箭线方向检

查，始终不出现波形线的线路为关键线路。由关键线路即可知道计算工期。在图 11-18 中，逆向检查得到 10—9—8—6—5—3—2—1 为关键线路，关键线路上的工作为关键工作。

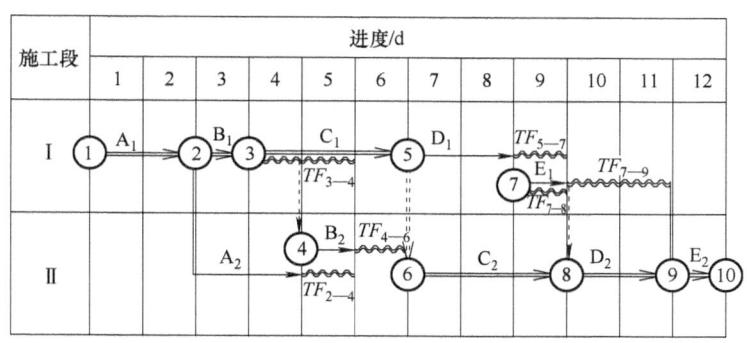

图 11-18　时标网络图的计算

③ 工作的最早时间。工作箭线箭尾节点所对应的时标值，即为该工作的最早开始时间。最早开始时间加上该工作的持续时间为工作的最早完成时间。图 11-17 中工作 4—6 的最早开始时间为第 4 天末，其持续时间为 1d，最早完成时间为第 5 天末。

④ 总时差。工作的总时差需在其紧后所有工作的总时差都确定后才能计算，因此也可采用由右向左逆向检查法。工作的总时差等于其紧后所有工作总时差中的最小值与本工作自由时差之和，即

$$TF_{i-j} = \min\{TF_{j-k}\} + FF_{i-j} \quad (i<j<k) \tag{11-16}$$

图 11-17 时标网络图中各工作的总时差，经计算后标注在图 11-18 中，可将该结果与图 11-19 计算的结果进行对比，如工作 2—3 的总时差，两种计算的结果都是 0，工作 7—9 的总时差是 2d。

⑤ 工作的最迟时间。由时标网络图的工期，根据式（11-7）~式（11-9）可以求得工作的最迟时间。

（2）按时间参数绘制　按时间参数绘制的方法需先计算有关时间参数，就是在绘制时标网络图前，先计算网络图的最早开始时间，然后进行网络图的绘制。

绘制时按每项工作的最早开始时间将节点定位在时标坐标上，再绘出两节点间的工作的实箭线，不足部分即为该工作的自由时差，用波形线绘出。图 11-16 的例子计算的各工作的时间参数，如图 11-19 所示。

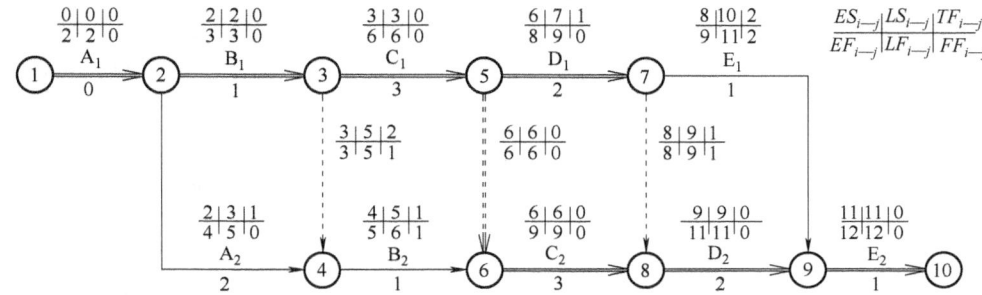

图 11-19　图 11-16 时间参数的计算结果

11.2 单代号网络图

单代号网络图也是由节点和箭线组成的,但构成单代号网络图的基本符号的含义与双代号网络图不同,其节点则表示工作,箭线表示紧邻工作之间的逻辑关系。单代号网络图中的箭线、节点表示形式与双代号网络图类似,但工作名称、持续时间和工作代号等标注不同,均标注在节点内。

与双代号网络图比较,单代号网络图绘图简便,逻辑关系明确,没有虚箭线,便于检查修改。单代号网络图具有以下特点:

1) 用节点及其编号表示工作,箭线表示工作间的逻辑关系。
2) 作图简便,图面简洁,由于没有虚箭线,绘制时不易产生逻辑错误。
3) 用节点表示工作,没有长度概念,不便于绘制时标网络。
4) 适合用计算机进行计算、绘制、优化和调整。

11.2.1 单代号网络图的绘制

1. 节点

单代号网络图用节点来表示工作,工作名称或内容、工作代号、工作持续时间以及工作时间参数都可以写在节点内。图 11-20 所示为常用的几种节点表示形式。

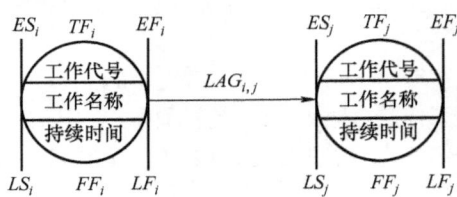

图 11-20 常用的几种节点表示形式

2. 箭线

单代号网络图中的箭线仅表示工作间的逻辑关系,它既不占用时间也不消耗资源,这一点与双代号网络图中的箭线完全不同。箭线的箭头表示工作的前进方向,箭尾节点工作为箭头节点工作的紧前工作。在单代号网络图中没有虚箭线,但可能会引进虚工作节点,也称为虚拟节点。

3. 线路

单代号网络图中,各条线路应用该线路上的节点编号由小到大依次表述。

11.2.2 绘图规则

在同一网络图中,不能将单代号和双代号两者混用。单代号网络图也应遵循有关绘图规则。单代号网络图绘图规则有很多与双代号网络图类似,如循环回路、箭线不宜交叉,不可避免时,可采用过桥法和指向法绘制,但也有很多单代号特殊的规则。

1. 工作和节点对应

单代号网络图的工作和节点一一对应，一项工作必须有唯一的一个节点及相应的编号。编号可间断，但不得重复。箭线的箭尾节点编号应小于箭头节点编号。

2. 工作表示

工作可用实际工作名称表示，如用数字代表工作的名称时，宜由小到大按活动先后顺序编号。

3. 起点节点和终点节点

单代号网络图只应有一个起点节点和一个终点节点。当网络图中有多个起点节点或多个终点节点时，应在网络图的两端分别设置一项虚拟节点，作为该网络图的起点节点（S_t）和终点节点（F_{in}）。虚拟节点的持续时间为零，也不占用资源。虚拟起点节点与无内向箭线的节点相连，虚拟终点节点与无外向箭线的节点相连（图11-21）。

4. 箭线

不得出现双向箭头或无箭头的连线，不得出现没有箭尾节点或没有箭头节点的箭线。

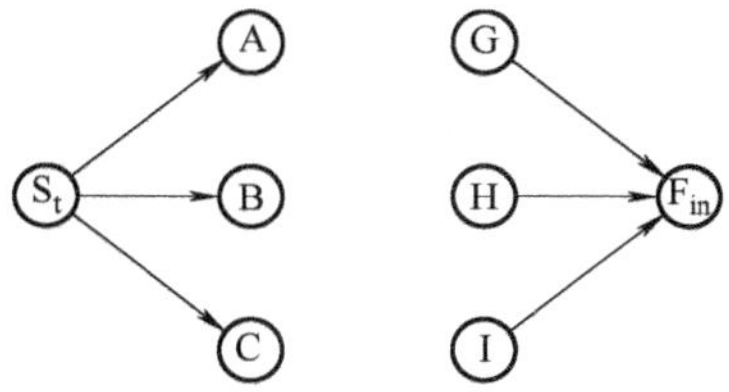

11.2.3 单代号网络图的计算

单代号网络图的时间参数计算应在确定各项工作持续时间之后进行。计算工作的各种时间参数，包括工作 i 的持续时间（D_i）、工作 i 的最早开始时间（ES_i）和最早完成时间

图 11-21 虚工作节点

（EF_i）、工作 i 的最迟开始时间（LS_i）和最迟完成时间（LF_i）、工作 i 的总时差（TF_i）和自由时差（FF_i）。计算过程中还会涉及相邻两工作的间隔时间 $LAG_{i,j}$。

单代号网络图的计算步骤如下：

1. 工作最早时间

（1）工作最早开始时间　工作 i 的最早开始时间 ES_i 应从网络图的起点节点开始，顺着箭线方向依次逐项计算。

起点节点 i 的最早开始时间 ES_i 无规定时，其值应等于零，即

$$ES_i = 0 \quad (i = 1) \tag{11-17}$$

其他工作的最早开始时间应为其所有紧前工作最早结束时间的最大值，按下列公式确定：

$$ES_i = \max\{EF_h\} \tag{11-18}$$

或

$$ES_i = \max\{ES_h + D_h\} \tag{11-19}$$

式中　EF_h——工作 i 的各项紧前工作 h 的最早完成时间；

　　　ES_h——工作 i 的各项紧前工作 h 的最早开始时间；

　　　D_h——工作 i 的各项紧前工作 h 的持续时间。

（2）工作最早完成时间　工作 i 的最早完成时间 EF_i 按下式计算：

$$EF_i = ES_i + D_i \tag{11-20}$$

2. 工期

单代号网络计划计算工期 T_c 就是终点节点的最早完成时间：

$$T_c = EF_n \tag{11-21}$$

式中　EF_n——终点节点 n 的最早完成时间。

类似的，单代号网络计划计算工期得到后，可以确定计划工期 T_p，计划工期当已规定了要求工期时应满足 $T_p \leq T_r$，而无要求工期时 T_p 应等于 T_r。

3. 前后工作时间间隔

相邻两项工作 i 和 j 之间的时间间隔 $LAG_{i,j}$ 的计算应符合以下规定：

当终点节点为虚拟节点时，其时间间隔按下式计算：

$$LAG_{i,n} = T_p - EF_i \tag{11-22}$$

其他节点之间的时间间隔按下式计算：

$$LAG_{i,j} = ES_j - EF_i \tag{11-23}$$

4. 时差

（1）总时差　工作 i 的总时差 TF_i 应从网络图的终点节点开始，逆着箭线方向依次逐项计算。当部分工作分期完成时，有关工作的总时差必须从分期完成的节点开始逆向逐项计算。

终点节点所代表的工作 n 的总时差 TF_n 为

$$TF_n = T_p - EF_n \tag{11-24}$$

其他工作 i 的总时差为

$$TF_i = \min\{TF_j + LAG_{i,j}\} \tag{11-25}$$

（2）自由时差　终点节点所代表的工作 n 的自由时差 FF_n 为

$$FF_n = T_p - EF_n \tag{11-26}$$

其他工作 i 的自由时差 FF_i 应为

$$FF_i = \min\{LAG_{i,j}\} \tag{11-27}$$

5. 工作最迟时间

（1）工作最迟完成时间　工作 i 的最迟完成时间 LF_i 应从网络图的终点节点开始，逆着箭线方向依次逐项计算。当部分工作分期完成时，有关工作的最迟完成时间应从分期完成的节点开始逆向逐项计算。

终点节点所代表的工作 n 的最迟完成时间 LF_n，应按网络计划的计划工期 T_p 确定，即

$$LF_n = T_p \tag{11-28}$$

其他工作 i 的最迟完成时间 LF_i 为

$$LF_i = \min\{LS_j\} \tag{11-29}$$

或

$$LF_i = EF_i + TF_i \tag{11-30}$$

式中　LS_j——工作 i 的各项紧后工作 j 的最迟开始时间。

（2）工作最迟开始时间　工作 i 的最迟开始时间 LS_i 为

$$LS_i = LF_i - D_i \tag{11-31}$$

或

$$LS_i = ES_i + TF_i \tag{11-32}$$

在单代号网络图中关键线路是从起点节点开始到终点节点均为关键工作，且所有工作的时间间隔均为零的线路。

11.3　网络计划的优化

网络计划的优化是在满足既定约束条件下，按选定目标，通过不断改进网络计划寻求最佳方案的过程。网络计划的优化按优化目标可分为工期优化、费用优化和资源优化等。

11.3.1　工期优化

1. 优化方法

当计算工期不满足工期要求时，可通过缩短关键工作的持续时间以满足工期要求。工期优化的计算，可按以下步骤进行：

1）计算得到初始网络计划的计算工期、关键线路及关键工作。
2）按要求工期计算应缩短（或延长）的时间。
3）根据关键工作的最短极限时间确定能缩短的时间（对于可延长工期的计划，此项不必计算）。
4）选择合适的关键工作，缩短（或延长）其持续时间，并重新计算网络计划的计算工期。

关键工作持续时间的缩短应满足三个条件：该关键工作具有缩短持续时间的可能性，即缩短施工时间不能对工程质量和安全产生影响，并应具备加快进度所需的资源；该工作缩短后的持续时间不得小于其最短极限时间，缩短后它仍为关键工作；应考虑经济性，应首先缩短费用率最小的工作。

缩短持续时间的可能性受限于工作性质及施工条件，缩短持续时间不小于最短极限时间则可由通过计划调整确定，费用率需根据不同特点进行计算确定。

费用率是指缩短（或延长）单位持续时间引起的工程直接费用的变化。一般而言，缩短工作的持续时间，将引起施工直接费用的增加，而延长工作的持续时间，施工直接费用将减少（图11-22）。

为便于网络计划的优化计算，对可缩短持续时间的工作，可在网络图中补充有关信息，如在持续时间后加括弧增加最短极限时间，在工作名称边补充费用率等（图11-23）。

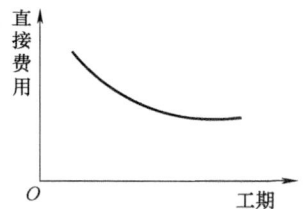

图 11-22 工期-直接费用的关系　　图 11-23 网络计划优化工作的表示

双代号网络计划，工作 $i—j$ 的费用率为

$$\Delta C_{i-j} = \frac{CC_{i-j} - CN_{i-j}}{DN_{i-j} - DC_{i-j}} \tag{11-33}$$

式中　ΔC_{i-j}——工作 $i—j$ 的费用率；
　　　CC_{i-j}——将工作 $i—j$ 持续时间缩短为最短持续时间后，完成该工作所需的直接费用；
　　　CN_{i-j}——在正常条件下完成工作 $i—j$ 所需的直接费用；
　　　DN_{i-j}——工作 $i—j$ 的正常持续时间；
　　　DC_{i-j}——工作 $i—j$ 的最短持续时间。

单代号网络计划，工作 i 的费用率为

$$\Delta C_i = \frac{CC_i - CN_i}{DN_i - DC_i} \tag{11-34}$$

式中　ΔC_i——工作 i 的费用率；
　　　CC_i——将工作 i 持续时间缩短为最短持续时间后，完成该工作所需的直接费用；
　　　CN_i——在正常条件下完成工作 i 所需的直接费用；
　　　DN_i——工作 i 的正常持续时间；
　　　DC_i——工作 i 的最短持续时间。

当所有关键工作的持续时间都已达到能缩短的极限但工期仍不能满足要求时，应对计划的原技术方案、组织方案进行调整或对要求工期重新审定。

对于可以延长工期的工程，则主要考虑经济性，即首先选择费用率最大的工作进行调整，以寻求最大的经济效益。

应注意的是，当有多条关键线路时，应注意被缩短工作所处的线路位置，如该关键工作处于并联的关键线路上，则缩短时并联的关键线路应同时缩短，此时的费用率为所有被缩短的工作费用率之和。

2. 优化步骤

图 11-24 所示为某工程的双代号网络图，图中持续时间单位为 d，费用率单位为万元/d。已知该网络图的施工总费用为 2000 万元，工期为 130d，现拟加快进度。试分析缩短工期的可能性及其对直接费用的影响。工期优化可按下述步骤进行。

由图 11-24 可知，其关键线路为 1—2—5—6，因此要压缩工期，必须缩短 1—2、2—5、5—6 三个工作，这三个工作都具有缩短持续时间的可能性，它们分别可缩短 5d、10d、5d。

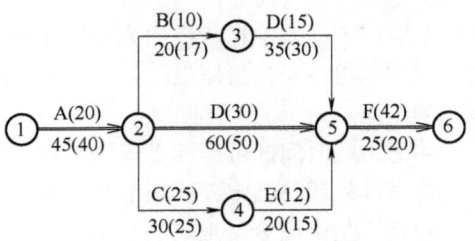

图 11-24 某工程的双代号网络图

（1）第一次压缩　在图 11-24 中，关键工作 1—2、2—5、5—6 中费用率分别为 20 万元/d、30 万元/d 和 42 万元/d，其中最小为工作 A，$\Delta C_{1-2} = 20$ 万元/d。

工作 A 的持续时间可缩短 45d − 40d = 5d，因此，先缩短工作 1—2，直接费用增加为

$$C_1 = \Delta C_{1-2} \Delta t_1 = 20 \text{ 万元/d} \times 5\text{d} = 100 \text{ 万元}$$

此时，总费用 $S_1 = S_0 + C_1 = 2000$ 万元 + 100 万元 = 2100 万元。

（2）第二次压缩　经过第一次压缩，关键工作仍为 A、D、F，而工作 1—2 已为极限时间，故考虑 2—5、5—6，它们中工作 2—5 费用率较低，$\Delta C_{2-5} = 50$ 万元/d。可缩短持续时间 10d，但与工作 2—5 有并联的工作 2—3—5 以及 2—4—5。工作 2—3—5 的持续时间为 55d，工作 2—4—5 的持续时间为 50d，因此，工作 2—5 缩短 5d，依然为关键工作。

工作 2—5 缩短 5d，直接费用增加为

$$C_2 = \Delta C_2 - 5 \Delta t_2 = 30 \text{ 万元/d} \times 5\text{d} = 150 \text{ 万元}$$

此时，总费用 $S_2 = S_1 + C_2 = 2100$ 万元 + 150 万元 = 2250 万元。

（3）第三次压缩　第二次压缩以后，网络图更新为图 11-25。在该图中关键线路有 2 条，能缩短工期的切割方案有 3 种：

1）切割 Ⅰ，工作 2—3 和 2—5，$\sum C_{i-j} = 10$ 万元/d + 30 万元/d = 40 万元/d
2）切割 Ⅱ，工作 3—5 和 2—3，$\sum C_{i-j} = 15$ 万元/d + 30 万元/d = 45 万元/d
3）切割 Ⅲ，工作 5—6，$C_{5-6} = 42$ 万元/d

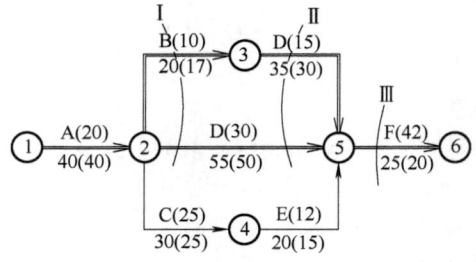

图 11-25 网络图优化图 1

其中切割 Ⅰ 为最小切割，应选择缩短工作 2—3 和 2—5，这两个工作中 2—3 可缩短 3d，工

作 2—5 可缩短 5d，即

$$\Delta t_3 = \min\{3d, 5d\} = 3d$$

则

$$C_3 = (\Delta C_{2-3} + \Delta C_{2-5})\Delta t_3 = (10 \text{万元/d} + 30 \text{万元/d}) \times 3d = 120 \text{万元}$$

总费用增加为 $S_3 = S_2 + C_3 = 2250$ 万元 + 120 万元 = 2370 万元。

（4）第四次压缩　第三次压缩以后，网络图更新为图 11-26。在该图中关键线路没有改变，原切割Ⅱ和切割Ⅲ依然可选，此时，切割Ⅲ为最小切割，可缩短 5d，$C_{5-6} = 42$ 万元/d。

$$C_4 = \Delta C_{5-6} \Delta t_4 = 42 \text{万元/d} \times 5d = 210 \text{万元}$$

总费用增加为 $S_4 = S_3 + C_4 = 2370$ 万元 + 210 万元 = 2580 万元。

将计算结果绘制成曲线，如图 11-27 所示。由图 11-27 可见工期压缩与直接费用的关系。由于工期压缩时，直接费用会增加，在实际工程中应权衡工期与成本的关系。

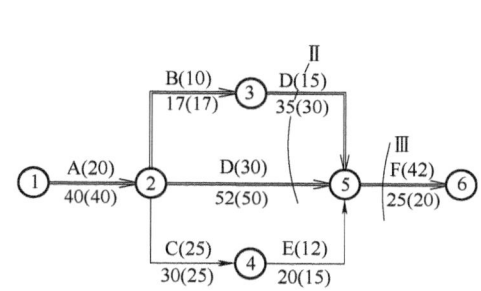

图 11-26　网络图优化图 2

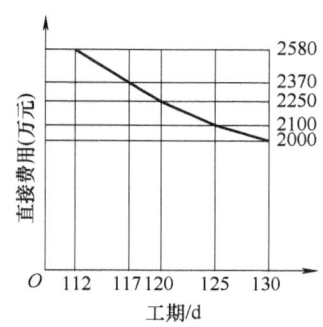

图 11-27　工期压缩与直接费用的关系

11.3.2　费用优化

费用优化的目的是寻求最低工程总成本。进行费用优化，应先求出不同工期下最低直接费用，这在工期优化中已进行了讨论。实际工程中工程总成本还应考虑间接费用的影响和工期变化带来的其他损益（包括效益增量和财务成本等），通过叠加求出最低工程总成本。下面分析间接费用对工程的影响，图 11-28 所示为工期-直接费用、工期-间接费用以及叠加后工程成本的关系曲线。效益增量和财务成本等其他影响因素也可类似地进行叠加。

工程中间接费用随工期缩短可有所下降，而工期延长则有所增加，两者呈线性关系，在分析中可用直线表示。叠加前面工期优化计算的结果，容易得出最低工程总成本和对应的工期。

费用优化应按以下步骤进行：

1）计算工期与直接费用的关系。
2）计算各工期对应的直接费用。
3）叠加相应的间接费用，在此基础上计算不同工期对应的工程总成本。

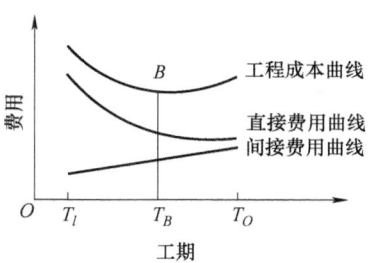

图 11-28　工期-费用曲线

4）得出工程最低总成本所对应的工期。

图 11-29 网络计划的间接费用在最短工期 112d 时为 200 万元，最长工期 130d 时为 8120 万元，即每缩短 1d 费用减少 34 万元。叠加图 11-27 工期压缩与直接费用关系曲线，可得到表 11-4 的结果，表中可见，工期 120d 时总成本最低。该结果也可用曲线图表示，如图 11-29。

表 11-4　工期-总成本

工期/d	直接费用（万元）	间接费用（万元）	总成本（万元）
130	2000	812	2812
125	2100	642	2742
120	2250	472	2722
117	2370	370	2740
112	2580	200	2780

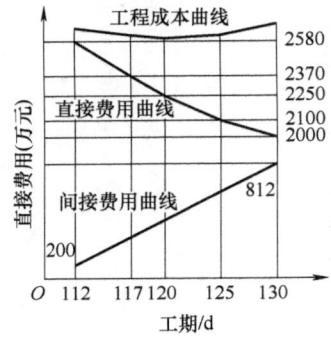

图 11-29　工期-总成本曲线

11.3.3　资源优化

资源（人力、材料、机具设备、资金等）优化，是要解决网络计划实施中的资源供求矛盾或实现资源的均衡利用，以保证工程的顺利完成，并取得良好的技术经济效果。"资源有限-工期最短"以及"工期固定-资源均衡"是两种常见的资源优化问题。

11.4　网络计划实施与控制

工程中对网络计划的实施情况应进行定期检查，当发现检查结果与原计划有偏差时，应采取相应措施及时进行纠偏，使计划能按预定目标完成。如采取纠偏措施仍不能达到既定目标，应对网络计划进行调整，形成新的网络计划。

11.4.1　网络计划调整内容

网络计划调整是网络计划实施与控制的重要手段，其调整内容包括：
1）调整关键线路。
2）利用时差调整非关键工作的开始时间、完成时间或工作的持续时间。
3）增减工作项目。
4）调整逻辑关系。
5）重新估计某些工作的持续时间。
6）调整资源投入。

11.4.2 网络计划调整方法

1. 关键线路调整

关键线路调整可直接改变原计划工期。网络计划调整关键线路时，可选用以下方法：

（1）实际进度比原计划提前　当工程发生实际进度比原计划提前情况时，应先判别该工程是否需要提前工期。如不需要提前则可适当延长资源占用量较大或直接费用率较高的后续关键工作的持续时间，放缓后续工作的进度，以降低资源需求强度或施工费用。当需要加快工期时，应将计划未完成部分作为一个新计划，重新计算时间参数、确定关键线路和关键工作，并按新计划实施。

（2）实际进度比原计划延误　当工程发生实际进度比原计划延误情况而又允许延长工期时，应将计划的未完成部分作为一个新的计划，重新进行时间参数的计算并确定关键线路，调整后按新的进度计划实施。如不允许延长工期，则应在未完成的工作中，缩短资源占用量较少或直接费用率较低的后续关键工作的持续时间，并将计划的未完成部分作为一个新的计划进行优化和调整。

2. 非关键工作的调整

非关键工作的调整可在其时差范围内进行。每次调整后都应重新计算时间参数，判断调整对计划的影响。非关键工作的调整可采用以下几种方法：

1）将工作在最早开始时间与最迟完成时间范围内调整。
2）延长工作的持续时间。
3）缩短工作的持续时间。

3. 增减项目

增减项目时应对局部逻辑关系进行调整，并重新计算时间参数，判断对原网络计划的影响。如影响工期则应采取措施，保证原计划工期不变。

4. 其他

当改变施工方法和组织方法，或发现某些工作的原持续时间有误、实际条件不充分，或遇到资源供应发生异常等情况时，应重新计算时间参数，判断对原网络计划的影响，尽可能保证原网络计划不变或对原计划工期的影响最小。

思考题

1. 什么是双代号网络图？其要素是什么？
2. 双代号网络图的绘图规则有哪些？
3. 双代号网络的时间参数有哪些？各有什么意义？
4. 工作和虚工作有什么区别？双代号网络中虚工作有什么作用？
5. 总时差和自由时差有什么区别？
6. 如何判定双代号时标网络图中的关键线路、工期及各工作的时间参数？
7. 双代号时标网络图中自由时差和总时差在表达上有什么差异？
8. 试对比双代号网络计划和单代号网络计划的特点。
9. 单代号网络图的时间参数及计算顺序是怎样的？
10. 什么是网络计划优化？通常有哪三种优化方法？优化的依据是什么？具体步骤是怎样的？
11. 当网络计划的计算工期超过规定工期时，应压缩哪些工作？

12. 在费用优化时，如何判断是否已经得到优化方案？

练习题

1. 已知预制框架房屋结构工程的施工过程及顺序见表11-5，试绘制双代号网络图。

表11-5　预制框架房屋结构工程的施工过程及顺序

工　作	工作内容	紧前工作
A	基础	—
B	预制构件制作	—
C	框架结构安装	A、B
D	下水道工程	A、B
E	围护墙砌筑	C
F	自来水布管	C、E
G	电气布线	C、E
H	煤气布管	C、E
I	室外混凝土地面	F、G、H
J	内外墙抹灰施工	F、G、H
K	地面工程	I
L	卫生间、厨房瓷砖铺贴	J
M	屋面防水	C
N	雨水管工程	M
O	内墙涂料	J
P	外墙涂料	J
Q	水、电安装	O、P
R	精装饰工程	O、P

2. 某房屋基础工程分三段施工，每段挖土为3d，铺垫层为2d，砌砖基础为4d。要求：
（1）绘制该基础施工计划双代号网络图。
（2）计算各节点和各工序的时间参数，确定关键线路。

3. 某框架结构采用无梁楼盖，分两段流水施工，其施工过程及节拍为：绑扎柱子钢筋2d，支柱子模板2d，浇柱子混凝土1d，支楼板模板2d，绑扎楼板钢筋3d，浇楼板混凝土1d。试编制其时标网络计划。

4. 根据表11-6中所给的条件绘制单代号网络图，并计算时间参数，找出关键线路。

表　11-6

工作名称	A	B	C	D	E	F	G	H
持续时间	4	6	3	3	2	5	4	3
紧前工作	—	—	A	A、B	C	C、D	B	E、G

5. 某工程网络计划初始方案如图11-30所示，资源限定量 $R_k=8$（单位：d），假设各工作的资源相互通用，每项工作开始后就不得中断，试进行资源有限、工期最短优化。

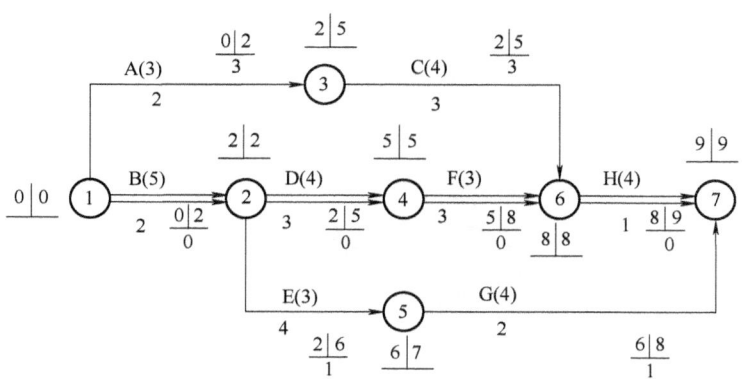

图 11-30 某工程网络计划初始方案 1

6. 某工程网络计划初始方案如图 11-31 所示，试确定工期固定，资源均衡优化方案。

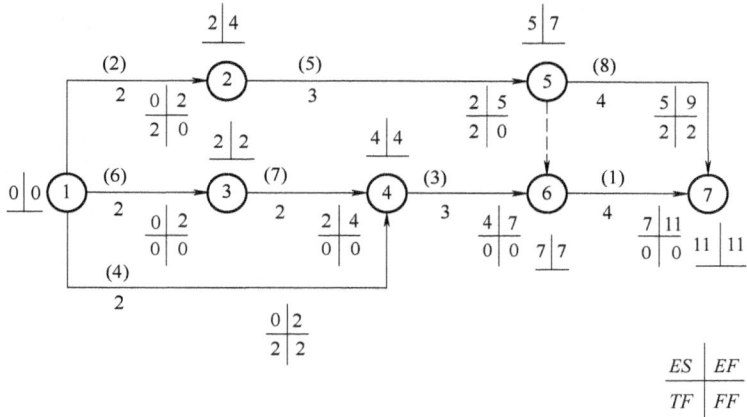

图 11-31 某工程网络计划初始方案 2

7. 某工程由六项工作组成，各项工作持续时间和直接费用等有关参数见表 12-7。已知该工程间接费用变化率为 165 元/d，正常工期的间接费用为 3000 元。试编制该网络计划的工期-成本优化方案。

表 11-7 某工程各项有关参数

工作编号 $i-j$	正常工期		极限工期		直接费用变化率 K_{i-j}（元/d）
	持续时间 D_{i-j}/d	直接费用 C_{i-j}（元）	持续时间 D_{i-j}/d	直接费用 C_{i-j}（元）	
1—2	4	800	3	950	150
1—3	6	1250	4	1560	155
2—4	6	1000	5	1160	160
3—4	7	1070	5	1320	125
3—5	8	900	5	1530	210
4—5	3	1200	2	1400	200
合计		6220			

第 12 章

施工组织设计

> **本章导读**
> 　　随着我国现代化进程的加快，许多规模庞大、技术工艺复杂的工程建设项目不断涌现，对建设项目的质量、工期、投资效益、环境效益、信息管理等方面的要求也不断提高，工程建设项目的现代化、科学化、系统化管理已成为工程建设的关键。
> 　　建筑技术的不断发展，使现代建筑施工已成为一项十分复杂的生产活动。一个工程建设项目不仅要投入众多的劳动力、机械设备、材料和构配件，还要安排好施工现场的生产、生活设施等，做到绿色施工、文明施工，这些都需要工程组织者进行科学的规划和组织协调。在开始施工之前，有关单位必须按照施工组织的基本原理，根据工程特点和要求，编制施工组织设计，从投资、进度、技术、质量、组织、安全、环保等各方面建立起系统的控制体系，用来指导工程施工，实现建设目标。

■ 12.1　单位工程施工组织设计

　　单位工程施工组织设计是以单位（子单位）工程为主要对象编制的，是指导施工的技术、经济和管理的综合性文件。它的主要任务是根据编制施工组织设计的基本原则、施工组织总设计和有关的原始资料，结合实际施工条件，从施工全局出发，进行最优施工方案设计，确定科学合理的分部分项工程之间的搭接与配合关系，设计符合施工现场情况的施工平面布置图，从而达到工期短、质量好、成本低的目标。

12.1.1　编制内容

　　根据工程建设项目的性质、规模、特点、技术难度和施工条件，单位工程施工组织设计的内容、深度和广度可以有所不同。单位工程施工组织设计的内容通常包括：

1）工程概况。
2）开工前施工准备。
3）施工方案。
4）施工进度计划。
5）施工现场平面布置图。
6）劳动力、机械设备、材料和构配件等供应计划。

7）建筑工地施工业务的组织规划。

8）主要技术经济指标的确定。

在上述几项基本内容中，第3）~5）项是施工组织设计的核心部分。

在不同设计阶段编制的施工组织设计文件，其内容和深度不尽相同，其作用也不一样。通常施工组织条件设计是概略的施工条件分析，提出实施设计思想的可能性，并作为施工条件和建筑生产能力配备的总体规划；单位工程施工组织设计则是详尽的实施性的施工计划，用以具体指导现场施工活动。

12.1.2 编制依据与程序

单位工程施工组织设计的编制依据主要有以下几个方面：

1）工程建设相关的国家、行业和地方的法律、法规、规范、规程、标准、图集等。

2）施工合同或招投标文件。

3）设计文件。

4）施工现场条件、工程地质及水文地质、气候等自然条件。

5）与工程有关的资源供应情况。

6）施工企业的生产能力、机械设备状况、技术水平。

7）有关技术新成果和类似工程的经验资料等。

8）施工组织总设计等。

单位工程施工组织设计应在调查研究、明确工程特点与环境特点的基础上，拟定施工部署、选定施工方案、编制各种计划、布置施工现场、制订管理计划、计算各项指标，经过反复讨论、修改后，报请上级部门和监理机构批准。具体编制程序如图12-1所示。

12.1.3 施工方案

施工方案设计是单位工程施工组织设计的核心。它包括对施工区段的划分及有关工程开展顺序、施工方法和施工机械的选择等，施工方案的合理与否直接关系到工程的进度、安全、质量和成本。

1. 施工流向

工程的施工流向是指施工活动在空间的开展与进程。大型工程项目一般均由若干单项工程组成，由于规模较大、施工工期较长，为缩短工期、提高投资效益，需要进行合理的施工布局，划分施工区段，组织合理的施工流向，尽可能使部分单项工程提前投入使用。施工流向确定时应考虑以下几个方面：满足建设单位对生产和使用的需要，对优先投入使用的工段或部位应先施工；适应施工组织的分区分段；适应主导工种工程的合理施工顺序。

对于单层建筑物，如厂房，可按其车间、工段或跨间，分区分段地确定出在平面上的施工流向。对于多层建筑物，除了确定每层平面的流向外，还应确定沿竖向的施工流向。对于道路工程可确定出施工的起点后，沿道路前进方向，将道路分为若干区段，如1km一段进行。

对于分为室外装饰和室内装饰的装饰工程，根据其特点，施工流向一般有以下几种情况：

1）室内装饰工程自上而下的施工流向，通常是指主体结构工程封顶、屋面防水层完成后，从顶层开始逐层向下进行，如图12-2所示。其优点是主体结构完成后有一定的沉降时间，且防水层已做好，容易保证装饰工程质量不受沉降和下雨影响，而且自上而下的流水施工，工序之间交叉少，便于施工和成品保护，垃圾清理也方便。不过，其缺点是不能与主体工程搭接施工，工期较长。因此当工期不紧时，可选择这种施工流向。

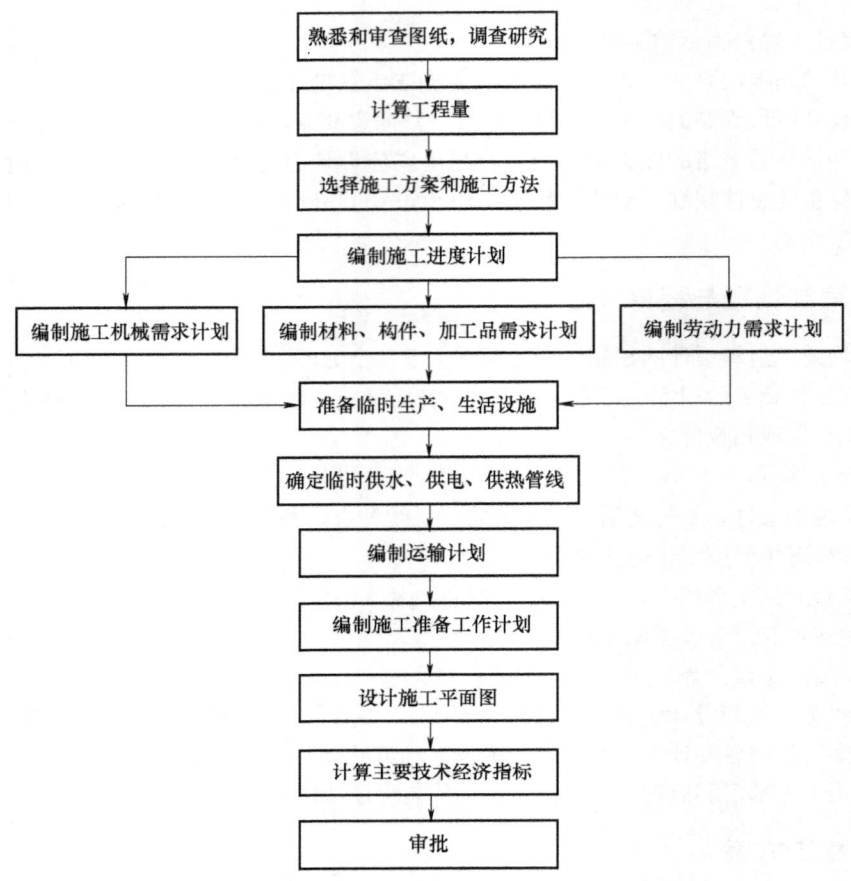

图 12-1 单位工程施工组织设计编制程序

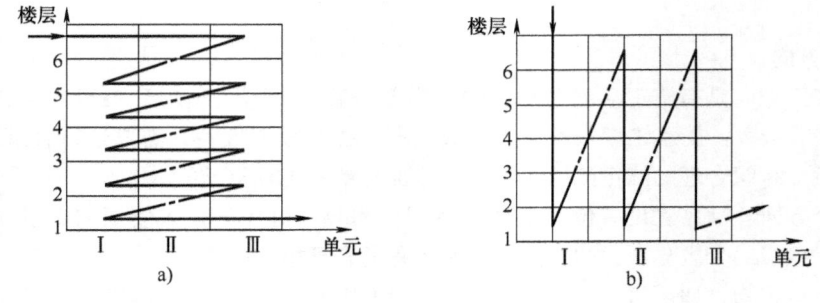

图 12-2 室内装饰工程自上而下的施工流向
a) 水平向下　b) 垂直向下

2）室内装饰工程自下而上的施工流向，通常是指主体结构工程施工到三层以上时，装饰工程从一层开始，逐层向上进行，如图 12-3 所示。其优点是主体与装饰交叉施工，工期短。其缺点是工序交叉多，成品保护难，质量和安全不易保证。因此如采用此种施工流向，必须采取一定的技术组织措施，来保证质量和安全；如上下两相邻楼层中，应先抹好上层地面，再做下层顶棚抹灰。当工期紧张时，可采用此种施工流向。

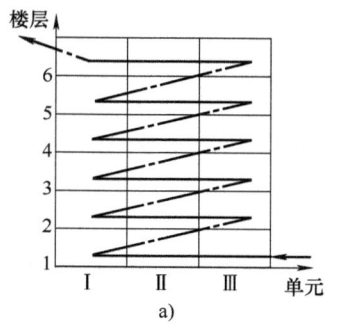 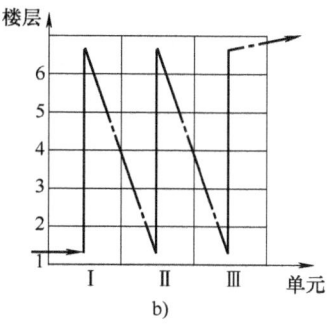

图 12-3 室内装饰工程自下而上的施工流向
a) 水平向上　b) 垂直向上

3) 自中而下再自上而中的施工流向,它综合了上述两种施工流向的优点,通常适用于中、高层建筑装饰施工,如图 12-4 所示。

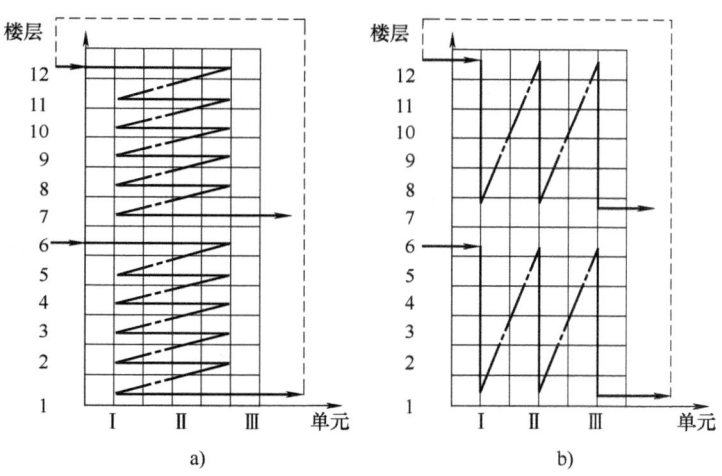

图 12-4 室内装饰工程自中而下再自上而中的施工流向
a) 水平流向　b) 垂直流向

4) 室外装饰工程通常均为自上而下的施工流向,以保证质量。

2. 施工顺序

施工顺序是指分部工程(或专业工程)以及分项工程(或工序)在时间上展开的先后顺序。施工顺序的确定在单位工程施工组织设计中相当重要,它是工程实施的指南。

分部工程一般应遵循"先地下、后地上,先主体、后围护,先结构、后装饰"的原则,对特殊情况,可视具体条件确定。

设备安装与土建施工的顺序,在民用建筑中多为"先土建、后设备"。在工业厂房中,为使工厂早日投产,应考虑土建施工与设备安装的搭接,并根据设备性质、安装方法来安排两者的施工顺序。一般可采用:

1) "封闭式",即在土建完成后进行设备安装。一般的工业厂房,当主体结构完成后即可进行设备安装,对精密工业厂房,则应在装饰工程完成后进行。

2) "敞开式",即先安装工艺设备再建造厂房。重型工业厂房(如冶金、电力等),或大型设备的工程，常常采用这种方法。

3）土建施工与设备安装同时进行。

分项工程（或工序）之间施工顺序的确定，是为了按照施工的客观规律组织施工，在保证质量与安全施工的前提下充分利用空间，争取时间，实现缩短工期的目的。

按照房屋各分部工程的施工特点一般分为地下工程、主体结构工程、装饰与屋面工程三个阶段。

地下工程是指室内地坪（±0.000）以下所有的工程：

1）浅基础的施工顺序为：清除地下障碍物→软弱地基处理（需要时）→挖土→垫层→砌筑（或浇筑）基础→回填土。其中基础常用砖基础和钢筋混凝土基础（条形基础或筏形基础）。砖基础的砌筑中有时要穿插进行地梁的浇筑，砖基础的顶面还要浇筑防潮层。钢筋混凝土基础则包括支模板、绑扎钢筋、浇筑混凝土、养护、拆模。如果基础开挖深度较大、地下水位较高，则在挖土前尚应进行土壁支护及降水工作。

2）桩基础的施工顺序为：打桩（或灌注桩）→挖土→垫层、承台→回填土。承台的施工顺序与钢筋混凝土浅基础类似。

主体结构常用的结构形式有混合结构、装配式钢筋混凝土结构或钢结构（单层厂房居多）、现浇钢筋混凝土结构（框架、剪力墙、筒体）、钢-混凝土组合结构：

1）混合结构的主导工种工程是砌墙和安装楼板。混合结构标准层的施工顺序为：弹线→砌筑墙体→浇筑过梁及圈梁→板底找平→安装楼板（浇筑楼板）。

2）装配式结构的主导工种工程是结构安装。单层厂房的柱和屋架一般在现场预制，预制构件达到设计要求的强度后可进行吊装。单层厂房结构安装可以采用分件吊装法或综合吊装法，但基本安装顺序都是相同的，即吊装柱→吊装基础梁、连系梁、吊车梁等→扶直屋架→吊装屋架、天窗架、屋面板。支撑系统穿插在其中进行。

3）现浇框架、剪力墙、筒体等结构的主导工种工程均是现浇钢筋混凝土。标准层的一般施工顺序为：弹线→绑扎墙体钢筋→支墙体模板→浇筑墙体混凝土→拆除墙体模板→搭设楼面模板→绑扎楼面钢筋→浇筑楼面混凝土。其中柱、墙的钢筋绑扎在支模之前完成，而楼面的钢筋绑扎则在支模之后进行。此外，施工中应考虑技术间歇。

一般的装饰包括抹灰、饰面、喷浆、门窗安装、玻璃安装、油漆等。其中抹灰和屋面防水是主导工种工程。装饰工程没有严格的顺序。同一楼层内的施工顺序一般为：地面→顶棚→墙面，有时也可采用顶棚→墙面→地面的顺序。又如内外装饰施工，两者相互干扰很小，可以先外后内，也可先内后外，或者两者同时进行。

柔性屋面防水的施工顺序为：铺保温层（如需要）→保温层→铺找平层→刷界面剂→防水层→保护层。屋面工程在主体结构工程完成后开始，应尽快完成，为顺利进行室内装饰工程创造条件。

各分项工程之间有着客观联系，但也不是一成不变的，在确定它们的施工顺序时，应注意以下要求：

1）施工工艺。
2）施工方法和施工机械。
3）施工组织。
4）施工质量。
5）当地的气候条件。
6）安全技术。

3. 技术方案

技术方案的拟定要重点解决以下问题：

（1）工程中的技术路线及关键分部工程的技术方案　要通过技术经济比较确定工程中的技术路线；对质量、工期、成本、安全影响较大，施工难度较大，或采用新结构的工程施工应确定施工技术指导思想和技术措施。对关键分部工程应编制针对性的施工方案。

在《危险性较大的分部分项工程安全管理规定》（住房城乡建设部令第37号）中规定，对建筑工程新建、改建、扩建以及拆除活动中的危大工程应编制专项施工方案。危大工程范围主要包括基坑工程、模板工程及支撑体系、起重吊装及起重机械安装拆卸工程、脚手架工程、拆除工程、暗挖工程等。

专项施工方案至少应包括以下内容：

1）工程概况：危大工程概况和特点、施工平面布置、施工要求和技术保证条件。

2）编制依据：相关法律、法规、规范性文件、标准、规范及施工图设计文件、施工组织设计等。

3）施工计划：施工进度计划、材料与设备计划。

4）施工工艺技术：技术参数、工艺流程、施工方法、操作要求、检查要求等。

5）施工安全保证措施：组织保障措施、技术措施、监测监控措施等。

6）施工管理及作业人员配备和分工：施工管理人员、专职安全生产管理人员、特种作业人员、其他作业人员等。

7）验收要求：验收标准、验收程序、验收内容、验收人员等。

8）应急处置措施。

9）计算书及相关施工图。

专项方案由施工单位编制。实行施工总承包的，专项方案应当由施工总承包单位组织编制。其中，有些专业工程实行分包的，其专项方案可由专业承包单位组织编制。

对于超过一定规模的危大工程，施工单位应当组织召开专家论证会对专项方案进行论证。实行施工总承包的，由施工总承包单位组织召开专家论证会。专家论证前专项方案应当通过施工单位审核和总监理工程师审查。

（2）主导工种工程的施工方法　确定主导工种工程（如土方、桩基础、混凝土、砌体、结构安装、预应力混凝土工程等）的施工方法，工种工程施工方法的制定主要依据施工规范，明确针对性的技术措施，做到提高生产效率，保证工程质量与施工安全，降低造价。

施工方法和施工机械的选择是紧密相关的，它们是在技术上解决分部分项工程的施工手段。同时，施工方法和施工机械的选择在很大程度上受结构形式和建筑特征的制约。结构选型和施工方案是不可分割的，一些大型工程，往往在结构设计阶段就要考虑施工方法，并根据施工方法确定结构计算模式。

拟定施工方法时，应着重考虑影响整个工程施工的分部分项工程的施工方法，对于常规做法的分项工程则不必详细拟定。例如，土方工程通常要拟定基坑支护、降低地下水位和开挖方式等施工方法。再如，钢筋混凝土工程应着重于模板的工具化、工业化和钢筋、混凝土的机械化施工。此外，对于预应力钢筋张拉、施工缝留设、大体积混凝土等关键问题或特殊问题也应给予详细考虑。

在选择施工机械时，应首先选择主导工种工程的机械，然后根据建筑特点及材料、构件种类配备辅助机械，最后确定与施工机械相配套的专用工具设备。选择施工机械时，在保证适用性的前提下，还要考虑当地或本企业现有机械的利用。

垂直运输机械的选择是一项重要内容，它直接影响工程的施工进度。一般根据标准层垂直运输量（如砖、砂浆、模板、钢筋、混凝土、预制件、门窗、水电材料、装饰材料、脚手架等）编制垂直运输量表，然后据此选择垂直运输方式和机械数量，再确定水平运输方式和机械数量。

4. 施工方案的评价

为了避免施工方案的盲目性、片面性，保证所选方案的科学性，对所选施工方案要进行技术、经济评价，从而选出技术先进可行、质量可靠、经济合理的最佳方案，达到保证工程质量、缩短工期、降低成本的目的，进而提高工程施工的经济效益。常用的方法有定性分析评价和定量分析评价两种。

（1）定性分析评价 定性分析评价是对施工方案从以下几个方面进行分析、比较：

1）施工操作难易程度和安全可靠性。

2）为后续工程创造有利条件的可能性。

3）利用现有或取得施工机械的可能性。

4）为现场文明施工创造有利条件的可能性。

5）施工方案对冬、雨期施工的适应性。

（2）定量分析评价

1）工期指标。当要求工程尽快完成以便尽早投入生产或使用时，选择施工方案就要在确保工程质量、安全和成本较低的条件下，优先考虑缩短工期。

2）劳动量指标。反映施工机械化程度和劳动生产率水平。通常，劳动消耗越小，机械化和劳动生产率越高。劳动消耗指标以工数计算。

3）主要材料消耗指标。反映若干施工方案的主要材料节约情况。

4）成本指标。反映施工方案的成本高低，一般需计算该施工方案所用直接费用和间接费用。

12.1.4 施工进度计划、施工准备计划与资源配置计划

在单位工程施工组织设计中，需要编制的施工计划主要包括施工进度计划、施工准备计划和资源配置计划等。

1. 施工进度计划

施工进度计划是以工程概算或工程预算的工程量以及施工方案为基础，并应考虑规定工期和技术物资的供应条件，遵循各施工过程合理的工艺顺序，统筹安排的各项施工活动。它的任务是为各施工过程指明一个确定的施工日期（即进出场的时间计划），并以此为依据确定施工作业所必需的劳动力和各种技术物资的供应计划。

单位工程施工进度计划通常采用横道图或网络图表达。施工进度计划图表应该完整地反映工程施工设计的主要内容。编制步骤与要求如下：

（1）确定施工过程 施工过程是施工进度计划的基本组成单元。根据工程的结构特点、施工方案和劳动组织进行施工过程的划分，主要包括直接在建（构）筑物上进行施工的所有分部分项工程。划分时，应注意以下问题：

1）施工过程划分的粗细程度，主要取决于施工进度计划的客观需要。编制控制性进度计划，施工过程可划分得粗一些，通常只列出分部工程名称，如混合结构房屋的控制性施工进度计划，只列出基础工程、主体工程、屋面工程和装修工程四个施工过程，而对于实施性的施工进度计划，项目划分得要细一些，如上述屋面工程应进一步划分为隔气层、保温层、找平层、防水层等分项工程。

2）施工过程的划分要结合施工方案。施工方案或施工方法不同，施工过程名称、数量、内容和施工顺序也会有所不同。如深基坑施工需降水，当采用放坡开挖时，其施工过程有井点降水

和挖土两项；采用桩支护时，其施工过程包括井点降水、支护桩和挖土三项。

3）适当简化施工进度计划内容，避免工程项目划分过细、重点不突出。可将某工程队施工的过程可以合并为一个施工过程，而对于次要的零星分项工程，可合并为其他工程。

4）水暖电卫工程和设备安装工程通常由专业队负责施工。因此，在土建施工进度计划中只要反映出这些工程与土建工程如何配合即可。

5）各施工过程的排列顺序，横道图应尽量按施工顺序先后排列；网络图应满足施工顺序的逻辑关系。

（2）计算工程量　计算工程量应根据施工图和工程量计算规则进行。为了便于计算和复核，计算工程量应按一定的顺序和格式进行。计算工程量的方法与工程预算类似。

在实际工作中一般先编制工程预算书，如果施工进度计划所用定额和施工过程的划分与工程预算书一致，则可直接利用预算的工程量，不必重新进行计算。若某些项目有出入，或分段分层有所不同时，可结合施工进度计划的要求进行调整和补充。

（3）确定劳动量和机械台班数量　计算劳动量或机械台班数量时，可根据各分部分项工程的工程量、施工方法和现行的劳动定额，结合实际情况加以确定，一般应按下式计算：

$$P = \frac{Q}{S} \text{ 或 } P = QH \tag{12-1}$$

式中　P——劳动量或机械台班数量；
　　　Q——某分部分项工程的工程量；
　　　S——产量定额，即单位工日或台班完成的工程量；
　　　H——时间定额。

使用定额，有时会遇到施工进度计划中所列施工过程的工作内容与定额中所列项目不一致的情况，这时应予以补充。通常有以下两种情况：

1）施工进度计划中的施工过程所含内容为若干分项工程的综合，此时可将定额进行适当扩大，求出平均产量定额，使其适应施工进度计划中所列的施工过程。可按下式计算：

$$\overline{S} = \frac{\sum_{1}^{n} Q_i}{\dfrac{Q_1}{S_1} + \dfrac{Q_2}{S_2} + \dfrac{Q_3}{S_3} + \cdots + \dfrac{Q_n}{S_n}} \tag{12-2}$$

式中　Q_1、Q_2、Q_3、…、Q_n——同一施工过程中各分项工程的工程量；
　　　S_1、S_2、S_3、…、S_n——同一施工过程中各分项工程的产量定额（或机械产量定额）；
　　　$\overline{S}$——施工过程的平均产量定额（或平均机械产量定额）。

2）有些新技术或特殊的施工方法，其定额尚未列入定额手册中，此时，可将类似项目的定额进行换算，或根据试验资料确定。

（4）确定各施工过程的作业天数　计算各施工过程的持续时间的方法一般有两种：

1）根据配备在某施工过程上的施工工人数量及机械数量来确定作业时间。根据施工过程计划投入的工人数量及机械台数，可按下式计算该施工过程的持续时间：

$$T = \frac{p}{nb} \tag{12-3}$$

式中　T——完成某施工过程的持续时间（工日）；
　　　p——该施工过程所需的劳动量[工日（或机械台班数，台班）]；
　　　n——每工作班安排在该施工过程上的机械台数或劳动的人数；
　　　b——每天工作班数。

2）根据工期要求倒排进度，即由 T、p、b 求 n。此时将式（12-3）变换为

$$n = \frac{P}{Tb} \tag{12-4}$$

即可求得 n 值。

确定施工过程持续时间，应考虑施工人员和机械所需的工作面。人员和机械的增加可以缩短工期，但它有一个限度，超过了这个限度，工作面不充分，生产效率必然会下降。

（5）绘制施工进度计划图表　根据工期要求以及施工程序、施工流向、施工顺序以及施工进度的时间参数，按照流水施工原理、网络计划技术编制单位工程施工进度计划图表。图12-5所示为某学院南区一期工程1号、2号、3号楼的施工进度控制计划。2月1日开工，8月8日竣工，总工期为189d。图中工作名称中的首位数字1、2、3分别表示1号、2号、3号楼，第二位数字表示楼层。图中粗线所示为本工程的关键线路，关键线路上的工作为关键工作，细线为非关键工作，折线为该工作的自由时差。

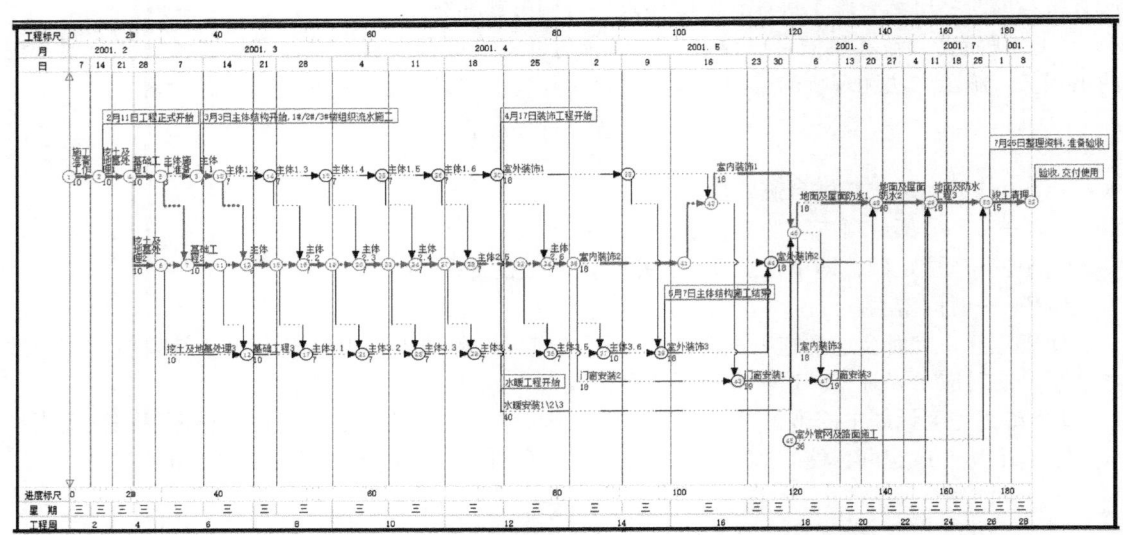

图12-5　某学院南校区一期1号、2号、3号楼工程网络计划图

2. 施工准备计划

根据《建筑施工组织设计规范》（GB/T 50502—2009），施工准备应包括技术准备、现场准备和资金准备等。

为了落实各项施工准备工作，加强检查和监督，必须根据各项施工准备工作的内容、时间和人员，编制出施工准备计划。施工准备计划见表12-1。

表12-1　施工准备计划

序号	施工准备项目	简要内容	负责单位	负责人	开始时间	结束时间	备注

3. 资源配置计划

单位工程施工进度计划确定之后，可据此编制各主要工种劳动力需要量计划及施工机械、模具、主要材料、构配件、加工品等的需要量计划,以利于及时组织劳动力和技术物资的供应,保证施工进度计划的顺利执行。

(1) 劳动力需要量计划　将各施工过程所需要的主要工种劳动力,根据施工进度的安排进行叠加,就可编制出劳动力需要量计划,见表12-2。它的作用是为施工现场的劳动力调配提供依据。

表12-2　劳动力需要量计划

序号	工种名称	总劳动量（工日）	每月需要量（工日）					
			1	2	3	4	5	6

(2) 主要材料需要量计划　主要材料需要量计划主要为组织备料、确定仓库、堆场面积、组织运输之用。其编制方法是将施工预算中或进度表中各施工过程的工程量,按材料名称、规格、供应时间,并考虑到各种材料消耗进行计算汇总即为每天(或旬、月)所需材料数量,见表12-3。

表12-3　主要材料需要量计划表

序号	材料名称	规格	需要量		供应时间	备注
			单位	数量		

(3) 构配件和半成品需要量计划　建筑结构构配件、半成品的需要量计划,同样可按编制主要材料需要量计划的方法进行编制。它是同加工单位签订供应协议或合同、确定堆场面积、组织运输工作的依据,见表12-4。

表12-4　构配件和半成品需要量计划

序号	构配件、半成品名称	规格	图号	需要量		使用单位	加工单位	供应时间	备注
				单位	数量				

(4) 施工机械需要量计划　根据施工方案和施工进度计划确定施工机械的类型、数量、进场时间。一般是把工程施工进度表中每一个施工过程、每天所需的机械类型、数量和施工日期进行汇总,得出施工机械需要量计划,见表12-5。

表12-5　施工机械需要量计划

序号	机械名称	规格、型号	需要量		货源	使用起止时间	备注
			单位	数量			

12.1.5　施工现场平面布置图

单位工程施工现场平面布置图是对一个建(构)筑物在施工用地范围内,对各项生产、生活设施及其他辅助设施等进行的平面规划和空间布置图。

施工现场平面布置图是根据工程规模、特点和施工现场的条件,按照一定的设计原则来正确地解决施工期间所需的各种临时设施等与永久性建筑物和拟建建筑物之间的合理位置关系;是指导施工现场布置的重要文件,是施工组织设计的重要组成部分。

施工现场平面布置

1. 施工平面布置图的设计原则

施工现场就是建筑产品的组装厂,由于建筑工程和施工场地的千差万别,使得施工现场平面布置因人、因地而异。合理布置施工现场,对保证工程施工顺利进行具有重要意义。施工现场平面布置应遵循方便、经济、高效、安全、环保、节能的原则,具体应符合以下原则:

1)在保证工程顺利进行的前提下,平面布置应力求紧凑,节约用地。
2)合理组织运输,尽量减少二次搬运,最大限度缩短工地内部运距。
3)充分利用既有建(构)筑物和既有设施为项目施工服务,减少临时设施的数量,降低临时设施的建造费用。
4)符合节能、环保、安全和消防等要求。
5)遵守当地主管部门和建设单位关于施工现场安全文明施工的相关规定。

2. 施工平面布置图的内容

施工平面布置图通常用 1:500~1:1000 的比例绘制,一般应在图上标明以下内容:

1)建筑总平面上已建和拟建的地上和地下的一切房屋、构筑物及其他设施的位置和尺寸。
2)移动式起重机(包括有轨起重机)开行路线及垂直运输设施的位置。
3)各种材料、半成品、构配件以及工业设备等的仓库和堆场。
4)为施工服务的一切临时设施的布置(包括搅拌站、加工棚、仓库、办公室、供水供电线路、施工道路等)。
5)测量放线标桩,地形等高线,土方取弃场地。
6)安全、防火设施。
7)环保及文明施工设施。

3. 设计步骤

施工平面布置图设计的一般步骤如下:

(1)确定起重机械的位置 对于单位工程,起重机的位置直接影响工地仓库、料堆、砂浆和混凝土泵车的位置及道路和水、电线路的布置等。因此,对于单位工程首先应考虑起重机的布置问题。

布置固定式垂直运输设备(塔式起重机、门式起重机、人货两用电梯、混凝土布料机等),主要根据机械性能、建筑物的平面形状和大小、施工段划分的情况、材料来向和既有运输道路情况而定。其目的是充分发挥起重机械的能力并使地面与楼面上的水平运距最小。

(2)确定仓库和材料、构配件堆场的位置 仓库和材料、构配件堆场的位置应尽量靠近使用地点或在起重半径范围内,并考虑到运输和装卸料的方便。

1)应根据起重机的类型进行布置,对不同的起重机,仓库、材料和构配件堆场的布置也有区别,一般有以下几种情况:

① 当采用塔式起重机进行垂直运输时,应布置在塔式起重机有效起重半径范围内。
② 当采用自行式起重机进行水平或垂直运输时,应沿起重机运行路线布置,位置应在起重臂的最大起重半径范围以内。
③ 当采用龙门架等固定式垂直运输设备时,尽可能靠近垂直运输设备布置,以减少运距或二次搬运。

2)要考虑不同的施工阶段、施工部位和使用时间,材料、构配件堆场的位置要分区域设置或分阶段设置。

例如基础阶段施工所用的材料,应该布置在基坑四周。材料堆放位置应根据基坑的深度、宽度及其坡度或支护形式确定。与基槽边缘保持一定距离,以免造成超载引发塌方事故。

此外,当混凝土基础的体积较大时,应尽可能采用预拌混凝土,否则,混凝土搅拌站可以直接布置在基坑边缘附近,待混凝土浇筑完后再转移,以减少混凝土的运输距离。

木工和钢筋加工车间的位置可考虑布置在工程四周,并考虑一定范围的场地堆放木材、钢筋和加工成品。

(3) 布置临时道路　现场主要临时道路应尽可能利用永久性道路,或先建好永久性道路的路基,在土建工程结束之前再铺设路面。现场道路布置时要注意保证行驶畅通,使运输工具有回转的可能性。因此,运输路线最好围绕建筑物布置成一条环行道路。

(4) 布置行政管理及生活用临时设施　为工程服务的行政管理及生活用临时设施一般有工地办公室、工人休息室、加工车间、工具库等临时建筑物。确定它们的位置时,应考虑使用方便,不妨碍施工,并符合防火保安要求。

(5) 布置水电管网

1) 施工用的临时给水管。一般由建设单位的干管或自行布置的干管接驳到用水地点。布置时应力求管网总长度最短。管径的大小和龙头数目的设置需视工程规模大小通过计算确定。管道可埋于地下,也可敷设在地面上,依当时当地的气候条件和使用期限的长短而定。工地内要设置消火栓,消火栓之间的间距不应大于120m,距离建筑物不应小于5m,也不应大于25m,距离路边不大于2m。条件允许时,可利用城市或建筑单位的永久消防设施。

2) 排水设施。为便于排出地表水和地下水,要及时修通永久性下水道,并结合现场地形在建筑物四周设置排泄地表水和地下水的沟渠,如排入城市下水系统,还应设置二级沉淀池。

3) 临时供电。各单项工程或单位工程施工用电应在全工地施工总平面图中一并考虑。一般根据施工期间的用电量选用变压器。变压器(站)的位置应布置在现场边缘高压线接入处,四周用钢丝网围住,不宜布置在交通要道口。临时变压器设置,应距地面不小于0.3m,并设置高度大于1.7m的保护围栏,变压器与围栏或建筑物外墙的净距不应小于0.8m,相邻变压器之间的净距不小于1.5m。

图12-6所示为某单位办公楼施工现场平面布置图。

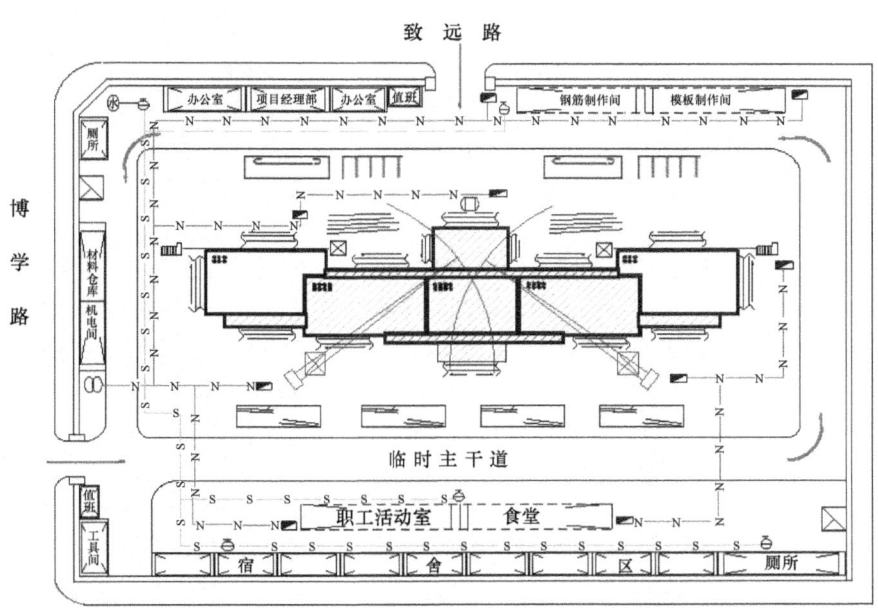

图12-6　某单位办公楼施工现场平面布置图

4. 施工现场平面布置图评价

为评价单位工程施工平面布置图的设计质量，可通过计算下列技术经济指标并加以分析，以确定施工平面布置图的最终方案。

（1）施工占地系数为

$$\text{施工占地系数} = \frac{\text{施工占地面积}}{\text{建筑面积}} \times 100\% \tag{12-5}$$

（2）施工场地利用率为

$$\text{施工场地利用率} = \frac{\text{施工设施占用面积}}{\text{施工用地面积}} \times 100\% \tag{12-6}$$

（3）临时设施投资率为

$$\text{临时设施投资率} = \frac{\text{临时设施费用总和}}{\text{工程总造价}} \times 100\% \tag{12-7}$$

12.1.6 施工现场环境保护

施工现场环境保护

我国目前建筑业资源消耗量较大，对环境影响较大，应全面实施绿色施工，承担起可持续发展的社会责任。绿色施工是指工程建设中，在保证质量、安全等基本要求的前提下，通过科学管理和技术进步，最大限度地节约资源与减少对环境负面影响的施工活动，实现"四节一环保"（节能、节地、节水、节材和环境保护）。建设工程施工现场环境应符合《建设工程施工现场环境与卫生标准》（JGJ 146—2013）的规定。

施工现场应控制扬尘，尤其是土方作业阶段，应注意减少土的直接暴露，采取洒水、覆盖等措施，达到作业区目测扬尘高度小于 1.5m，不扩散到场区外。车辆必须采取封闭措施，保证车辆清洁，施工现场出口应设置洗车槽，不污损场外道路。施工现场非作业区达到目测无扬尘的要求。对现场易飞扬物质采取有效措施，如洒水、地面硬化、围挡、密网覆盖、封闭等，防止扬尘产生。构筑物机械拆除前，做好扬尘控制计划，可采取清理积尘、拆除体洒水、设置隔挡等措施。

施工现场还应控制噪声，现场噪声排放不得超过《建筑施工场界环境噪声排放标准》（GB 12523—2011）的规定。要尽可能使用低噪声、低振动的施工机械设备，必要时可采取隔声措施。施工场界的环境噪声控制标准：昼间不应超过 70dB(A)，夜间不应超过 55dB(A)。

施工现场要防止光污染，可采取限时施工、遮光和全封闭等避免或减少施工过程中光污染的措施。如夜间室外照明灯可加设灯罩，使光照方向集中在施工范围内；电焊作业和大型照明灯具可采取防光外泄措施。

施工现场污水排放应达到《污水综合排放标准》（GB 8978—1996）的要求。施工现场污水排放包括避免排放引起环境污染和防止工地用水被污染两个方面，在施工现场应针对不同的污水，设置相应的处理设施，如沉淀池、隔油池、化粪池等水污染控制。食堂、盥洗室、淋浴间的下水管线应设置过滤网，食堂另设隔油池；移动式厕所应定期清理，固定厕所设化粪池；对使用非传统的水源和现场循环水进行水质检测。此外，对存放的油料和化学溶剂等物品应设专门库房，做好防渗漏处理，严禁随意倾倒；对易挥发、易污染的液态材料使用密闭容器存放；清洗机具的废水和废油不得直接排放。保护地下水环境。采用隔水性能好的边坡支护技术。在缺水地区或地下水位持续下降的地区，基坑降水尽可能少地抽取地下水，减少对周边环境的影响；当基坑开挖抽水量较大时，应进行地下水回灌，并避免地下水被污染。

应加强建筑垃圾的回收再利用，不断提高建筑垃圾的再利用率和回收率。对于碎石类、土石方类建筑垃圾，可采用地基填埋、铺路等方式提高再利用率。施工现场生活区设置封闭式垃圾容器，生活垃圾实行袋装化，及时清运。对建筑垃圾进行分类，并收集到现场封闭式垃圾站，集中运出。垃圾处理应制订建筑垃圾减量计划，做到分类存放、按时处置。对有毒有害废弃物必须分类，对有可能造成二次污染的废弃物应单独储存，并设置醒目标识。垃圾清理采用封闭式运输，不得抛撒施工垃圾。

12.2 施工组织总设计

施工组织总设计是以若干单位工程组成的群体工程或特大型项目为主要对象编制的施工组织设计，是用以指导施工的技术、经济和管理的综合性文件，对整个项目的施工过程起统筹规划、重点控制的作用。

施工组织总设计的任务是对整个建设工程的施工过程和施工活动进行总的战略性部署，并对各单位工程的施工进行指导、协调及阶段性目标控制。其主要作用包括：为组织全场性施工业务提供科学方案；为做好施工准备工作、保证资源供应提供依据；为施工单位编制生产计划和单位工程施工组织设计提供依据；为建设单位编制工程建设计划提供依据；为确定设计方案的施工可行性和经济合理性提供依据。

施工组织总设计的内容主要包括：编制依据、工程概况、施工总体部署和主要项目施工方案、施工总进度计划、各项资源需要量计划、全场性暂设工程、施工总平面图、技术经济指标。施工组织总设计应由项目负责人主持编制，由总承包单位技术负责人审批。

其中工程概况是对整个建设项目的总说明，一般应包括项目描述和项目主要施工条件等。

（1）项目描述

1）项目名称、使用性质、地理位置和建设规模。应简要介绍项目的使用功能和项目的占地总面积、投资规模（产量）、分期分批建设范围等。

2）建设项目参建各方说明。建设项目的建设、勘察、设计、总承包、分包和监理等相关单位的情况。

3）项目设计概况。简要介绍项目的建筑面积、建筑高度、建筑层数、结构形式、主要结构及装饰材料、建筑抗震设防烈度、安装工程和机电设备的配置等情况。

4）项目承包范围及主要分包工程范围。

5）施工合同或招标文件对项目施工的重点要求。

6）其他应说明的情况。

（2）项目主要施工条件

1）项目建设地点气象状况。简要介绍项目建设地点的气温、雨、雪、风和雷电等气象变化情况以及冬、雨期的期限和冬季土的冻结深度等情况。

2）项目施工区域地形和工程水文地质状况。简要介绍项目施工区域地形变化和绝对标高、地质构造、土的性质和类别、地基土的承载力、河流流量和水质、最高洪水和枯水期水位、地下水位的高低变化、含水层的厚度、流向、流量和水质等情况。

3）项目施工区域地上、地下管线及相邻的地上、地下建（构）筑物情况。

4）与项目施工有关的道路、河流等状况。

5）当地建筑材料、设备供应和交通运输等服务能力状况。简要介绍建设项目的主要材料、特殊材料和生产工艺设备供应条件及交通运输条件。

6）当地供电、供水、供热和通信能力状况。根据当地情况，按照施工需求描述相关资源提供能力及解决方案。

7) 其他与施工有关的主要因素。

12.2.1　施工总体部署和主要项目施工方案

施工总体部署和主要项目施工方案是对整个建设项目通盘考虑、统筹规划后，所做出的战略性决策，明确了项目施工的总体设想。它是施工组织总设计的核心，直接关系到工程的进度、安全、质量和成本目标的实现。

1. 施工总体部署

施工总体部署主要内容包括：明确项目组织体系、施工区域（或任务）的划分与组织安排、施工控制目标、项目展开程序及空间组织、主要施工准备及绿色施工规划等。

（1）项目组织体系　项目组织体系应包含建设单位、总承包单位和分包单位及其他参建单位，以框图表示，明确各单位在本项目的地位及负责人，如图12-7所示。

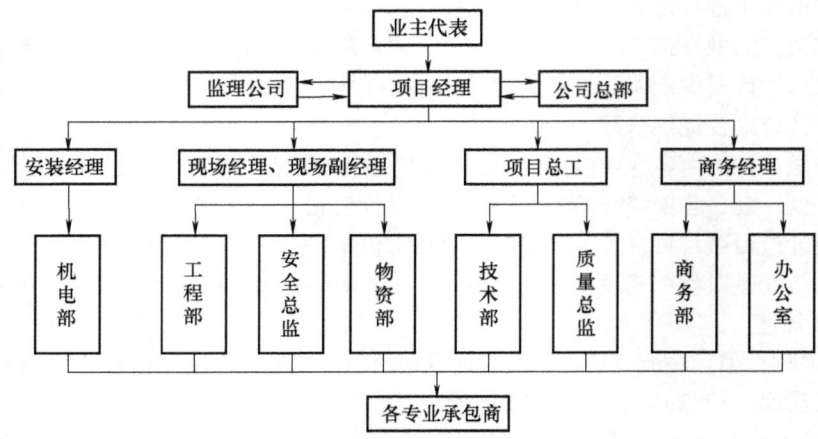

图12-7　某建设工程项目组织体系

（2）施工区域（或任务）的划分与组织安排　在明确施工项目管理体制、组织机构和管理模式的条件下，明确总包与分包的关系，建立施工现场统一的组织机构及职能部门，确定综合的和专业化的施工组织，明确各参与单位的任务以及协作关系，确定各分包单位分期、分批的主攻项目和穿插项目。

（3）施工控制目标　施工控制目标是指在合同文件中规定或施工组织纲要中承诺的建设项目的施工总目标，单位工程的进度、成本、质量、安全、环境保护等目标。

（4）确定项目展开程序及空间组织　根据建设项目施工总目标及总程序的要求，确定各子项目分期分批施工的合理展开程序，确定每个子项目独立交工系统及其单位工程的开竣工时间。在确定展开程序时，应主要考虑以下几点：

1) 在满足合同工期要求的前提下，各子项目分期分批施工。这样做既有利于保证项目的总工期，又可在全局上实现施工的连续性和均衡性，减少暂设工程数量，降低工程成本。

2) 统筹安排各子项目施工，保证重点，兼顾其他，确保按期交付使用。按照各子项目的重要程度和复杂程度，优先安排的子项目包括：

① 建设单位要求先期交付使用的项目。

② 工程量大、结构复杂、施工难度大、所需工期长的项目。

③ 运输、动力系统等，如道路、变电站等。

④ 可供后期施工使用的项目。

3）一般应按"先地下后地上、先深后浅、先干线后支线、先管线后筑路"的原则进行安排。

4）注意工程交工的配套利用，使建成的工程能迅速投入生产或交付使用，尽早发挥该部分的投资效益。

5）避免已完工程的使用与在建工程的施工之间相互妨碍和干扰。

6）注意资源供应与技术条件之间的平衡，合理利用资源，促进均衡施工。

7）注意季节的影响，不影响质量和工期的前提下，根据施工特点和要求，优化开工时间。例如，大规模土方和深基坑工程应尽量避开雨期；寒冷地区的房屋工程应尽量在入冬前封闭等。

（5）全场性准备工作　全现场的准备包括组织、技术、资源、信息等准备。首先，应安排好场内外运输主干道、水电源及其引入方案；其次，要安排好场地平整方案、全场性排水、防洪计划；最后，还应安排好生产、生活基地，制订构件的现场预制、工厂预制或采购规划。对开发和使用的新技术、新工艺做出部署，对绿色施工制定实施方案与评价方法。

2. 主要项目施工方案

对于主要单位工程和影响全局的分部（分项）工程，应在施工组织总设计中确定其施工方案，进行技术和资源的准备工作，为工程施工的顺利开展和工程现场的合理布局提供依据。

这些项目通常是建设项目中工程量大、施工难度大、工期长、对整个建设项目的完成起关键性作用的建（构）筑物（如生产车间、高层建筑等）以及全场范围内影响全局的特殊分部（分项）工程（如桩基础、大跨结构、重型构件吊装等）。

主要项目施工方案的内容包括施工方法、施工工艺流程、施工机械设备等。施工方法的确定要兼顾技术工艺先进性和经济合理性，提高劳动生产率，保证工程质量，降低工程成本，确保按期完工，实现安全、环保和文明施工目标。选择施工主导机械应注意其适用性、经济合理性及技术先进性，应能进行综合流水作业，在同一个项目中应减少其组装、拆卸、运输的次数。辅助配套机械的选择应与主导机械配套。

12.2.2　施工总进度计划

施工总进度计划是对施工现场各项施工活动在时间上做好安排，它是施工总体部署在时间上的实现。其编制应依据合同要求和施工进度目标，按照施工总体部署确定的施工方案和工程项目的开展程序等进行，合理安排各单位工程之间的施工顺序和搭接关系。其作用在于确定各个单位工程的施工期限以及开、竣工日期，为制订资源配置计划、临时设施的建设和进行现场规划布置提供依据。

1. 编制要求

1）合理安排各单位工程或子单位工程之间的施工顺序，保证拟建工程在规定的期限内完成。

2）合理组织施工，保证施工的连续性和均衡性，节约施工费用。

3）应根据施工总体部署中建设工程分期分批投产顺序，将每个交工系统的各项工程分别列出，在控制的期限内进行各项工程的具体安排。

2. 编制步骤

（1）划分项目并计算工程量　根据批准的总体任务一览表，列出工程项目一览表并分别计算各项目的工程量。由于施工总进度计划主要起控制作用，因此，项目划分不宜过细，可按确定的工程项目的展开程序进行排列，应突出主要项目，一些附属的、辅助的及小型项目可以合并。

（2）确定各单位工程的施工期限　确定各单位工程的施工期限，要考虑工程类型、结构形式、装饰装修等级、工程复杂程度、施工管理水平、施工方法、机械化程度、施工现场条件与环境等因素。但工期应控制在合同工期以内，无合同工期的工程，应按工期定额或类似工程的经验确定。

(3) 确定各单位工程的开、竣工时间和相互搭接关系 根据建设项目总工期、总的展开程序和各单位工程的施工期限，可进一步安排各施工项目的开、竣工时间和相互搭接关系。安排时应注意以下要求：

1) 保证重点，兼顾一般。安排施工进度时，要分清主次，抓住重点。对工程量大、工期长、质量要求高、施工难度大的单位工程，或对其他工程施工影响大、对整个建设项目的顺利完成起关键性作用的工程应优先安排。

2) 尽量组织连续、均衡地施工。安排施工进度时，应尽量使各工种施工人员、施工机械在全工地内连续施工，尽量实现劳动力、材料和施工机械的消耗量均衡，以利于劳动力的调度、原材料供应和临时设施的充分利用，实现劳动力、材料和施工机械的综合平衡。此外，还应留出一些附属项目或零星项目作为调节项目，穿插在主要项目的流水施工中，以增强施工的连续性和均衡性。

3) 满足生产工艺要求。对工业项目要以配套投产为目标，区分各项目的轻重缓急。把工艺调试在前的、占用工期较长的、工程难度较大的排在前面。

4) 考虑经济效益，减少贷款利息。考虑到货币的时间价值，尽可能将投资额少的工程安排在前期施工，而将投资额大的工程安排在最后，以降低投资成本。

5) 考虑个体施工对总图施工的影响。安排施工进度时，要保证工程项目的室外管线、道路、围墙、绿化等配套设施能连续、及时地进行。因此，必须合理安排各个建（构）筑物单位工程的起止时间，以便及时拆除施工机械设备、清理室外场地、清除临时设施，为总图施工创造条件。

6) 全面考虑各种限制条件。安排施工进度时，还应考虑各种客观条件的限制，如施工企业的施工力量、各种施工资源供应情况、设计单位出图时间、建设单位的资金投入与保证情况等。

(4) 编制施工总进度计划 编制时，应尽量安排全场性的流水作业。安排时应以工程量大、工期长的单位工程为主导，组织多条流水线，并以此带动其他工程。

施工总进度计划绘制完成后，应对其进行检查。检查内容包括是否满足总工期及起止时间的要求、各施工项目的搭接是否合理、资源需要量动态曲线是否较为均衡，如发现问题应进行优化。主要方法是改变某些工程的起止时间或调整主导工程的工期，并进行工期优化、费用优化及资源优化。经调整符合要求后，编制施工总进度计划。

施工总进度计划表形式见表12-6。

表12-6　施工总进度计划表形式

序号	单位工程名称	土建工程指标		设备安装指标		造价（万元）			进度计划							
							建设工程	设备安装	××年				××年			
		单位	数量	单位	数量	合计			Ⅰ	Ⅱ	Ⅲ	Ⅳ	Ⅰ	Ⅱ	Ⅲ	Ⅳ
1																
2																
…																
资源动态图		施工总进度计划的技术经济指标分析														

注：进度线应将土建工程、设备安装工程等以不同线条表示。

12.2.3 资源配置计划和施工总体准备

资源配置计划和施工总体准备的重点是确定劳动力及材料、构配件、加工品、施工机械等主要物资的需要量和时间,以便组织供应,保证施工总进度计划的实现;同时也为场地布置及临时设施的规划提供依据。

1. 劳动力配置计划

该计划是确定员工宿舍、活动场所等暂设工程规模、数量和组织各工种劳动力按期进场的依据。它是根据整个建设项目的工程量汇总、施工准备工作计划、施工总进度计划、概(预)算定额和有关经验资料,分别确定出每个单位工程专业工种的劳动量、工人数和进场时间,然后逐项按月或季度汇总后得出,见表 12-7。

表 12-7 整个建设项目劳动力配置计划

序号	单位工程名称	工种名称	劳动量（工日）	需要量（人）													
				20××年										20××年			
				3	4	5	6	7	8	9	10	11	12	1	2	3	4	…
1																		
…																		
合计																		

注：工种名称除生产工人外,应包括附属、辅助用工(如运输、构件加工、材料保管等)以及服务和管理用工。

2. 物资配置计划

(1) 主要材料和预制品配置计划　该计划是组织材料和预制品加工、订货、运输、确定堆场和仓库的依据。它是根据施工图、工程量、消耗定额和施工总进度计划而编制的。

根据各工种工程量汇总表所列各建筑物主要施工项目的工程量,依据相关定额或指标,得出所需的材料、构配件和半成品的需要量。然后根据施工总进度计划表,估算主要材料在某季度某月的需要量,从而编制出材料、构配件和半成品的配置计划,见表 12-8。

表 12-8 主要材料和预制品配置计划

序号	单位工程名称	材料和预制品					需要量										
		编号	品名	规格	单位	总量	20××年						20××年				
							6	7	8	9	10	11	12	1	2	3	4	…
1																		
…																		
合计																		

注：1. 主要材料可按型钢、钢板、钢筋、管材、水泥、木材、砖、石、防水卷材等分别列表。
　　2. 需要量按月或季度编制。

(2) 主要施工机械和设备配置计划　施工机械可根据施工总进度计划及主要项目的施工方案和工程量,依据定额或按经验确定。运输机械的需要量根据运输量计算。该计划是组织机械及设备供应、计算用电量、布置配电线路及选择变压器以及进行施工场地布置的主要依据。汇总结果可参照表 12-9。

表 12-9　主要施工机械和设备配置计划

序号	单位工程名称	主要施工机械和设备					需要量								
		编码	名称	型号	单位	电功率	20××年					20××年			
							8	9	10	11	12	1	2	3	…
1															
…															
合计															

注：1. 机械、设备名称可按土方、钢筋混凝土、起重、金属加工、运输、木加工、动力测试、脚手架等分类填写。
　　2. 需要量按月或季度编制。

（3）大型临时设施计划　大型临时设施包括办公、生活设施及用房、临时道路、临时供水、供电、供热系统等设施，临时设施在保证生产、生活条件的前提下，宜充分利用既有建筑或拟建工程，尽量减少投入。该计划应按照施工总体部署、施工方案、各种配置计划，并根据业务量和临时设施计算结果进行编制。计划表形式见表 12-10。

表 12-10　大型临时设施计划

序号	项目	名称	需要量		利用既有建筑	利用拟建工程	新建	单价（元/m²）	造价（万元）	占地/m²	修建时间
			单位	数量							
1											
…											
合计											

3. 总体施工准备

总体施工准备包括技术准备、现场准备和资金准备。主要内容包括：
1）土地征用、居民拆迁和施工现场障碍拆除工作。
2）安排好场内外运输、施工用主干道、水电气来源及其引入方案。
3）制定场地平整及全场性排水、防洪方案。
4）安排好生产和生活基地建设。
5）落实材料、加工品、构配件的货源和运输储存方式。
6）安排现场区域内的测量工作，做好现场控制网测量工作。
7）编制应用"四新"技术的试验计划和技术培训。

应根据施工总体部署与施工方案、资源计划及临时设施计划编制准备工作计划表。其表格形式见表 12-11。

表 12-11　准备工作计划表

序号	准备工作名称	准备工作内容	主办单位	协办单位	完成日期	负责人
1						
…						

12.2.4　全场性暂设工程

在工程项目开工之前，要按照施工准备工作计划的要求，建造相应的暂设工程，为项目实施创造良好的施工条件，保证项目连续、均衡、有节奏地顺利进行。全场性暂设工程主要包括：临时加工厂作业棚及仓库与堆场，运输道路，办公及福利设施，工地供水和供电组织等。

1. 临时加工厂及作业棚

临时加工厂主要包括搅拌站、构件预制场、木材加工厂、钢筋加工厂、金属结构加工厂等；临时作业棚主要包括木工作业棚、钢筋作业棚、检修间以及发电机房、水泵房、锅炉房和各种机械存放场所，这些设施的建筑面积主要取决于设备尺寸、工艺过程、安全防火等要求，通常可参考有关标准和经验指标确定。表 12-12 列出了现场作业棚所需面积的参考指标。

表 12-12 现场作业棚所需面积的参考指标

序号	名 称	所 需 面 积
1	木工作业棚	2m²/人
2	钢筋作业棚	3m²/人
3	搅拌棚	10～18m²/台
4	卷扬机棚	6～12m²/台
5	电工房	15m²
6	白铁工房	20m²
7	油漆工房	20m²
8	机、钳工修理房	20m²

对于构件预制厂、模板、细木加工车间、钢筋加工棚等，其建筑面积可按下式计算：

$$F = \frac{KQ}{TS\alpha} \tag{12-8}$$

式中　F——所需建筑面积；

　　　K——不均衡系数，取 1.3～1.5；

　　　Q——加工总量；

　　　T——加工总时间；

　　　S——每平方米场地月平均加工量定额；

　　　α——场地或建筑面积利用系数，取 0.6～0.7。

2. 临时仓库与堆场

临时仓库是专为在建工程服务的物资储存设施，包括中心仓库、现场仓库、加工厂仓库等，对于不能及时运输储存到现场的物资，有时还要设置转运仓库。中心仓库是储存整个工地（或区域型建筑企业）所需物资的仓库，通常设在现场附近或区域中心；现场仓库、加工厂仓库都是就近设置，一般是设置在建设项目场地内或加工厂内。转运仓库设置在火车站、码头和专用线卸货场内。以下主要介绍中心仓库和现场仓库。

（1）确定储备量　材料储备要在确保施工的正常需要前提下，避免过多积压，以减少仓库面积管理费用和流动资金占用。通常的储备量是以合理储备天数来确定的，同时考虑现场条件、供应与运输条件以及材料本身的特点。材料的总储备量一般不少于该种材料总用量的 20%～30%。

1）建筑群的材料储备量按下式计算：

$$q_1 = K_1 Q_1 \tag{12-9}$$

式中　q_1——总储备量；

　　　K_1——储备系数，型钢、木材、用量小或不常使用的材料取 0.3～0.4，用量多的材料取 0.2～0.3；

Q_1——该项材料的最高年度或季度（与总储备时间一致）的需要量。

2）单位工程材料储存量按下式计算：

$$q_2 = \frac{nQ}{T} \tag{12-10}$$

式中　q_2——现场材料储备量；
　　　n——储备天数；
　　　Q——计划期内材料、半成品和制品的总需要量；
　　　T——需要该项材料的施工天数，大于n。

（2）确定仓库或堆场面积　按材料储备期可用下式计算：

$$F = \frac{q}{P} \tag{12-11}$$

式中　F——仓库或堆场面积，包括通道面积；
　　　q——材料储备量（q_1或q_2）；
　　　P——单位面积能存放的材料、半成品和制品的数量，见表12-13。

表12-13　部分材料储存参考数据表

序号	材料名称	储备天数/d	每 m^3 储存量 P	堆置高度/m	仓库类型
1	工字钢、槽钢	40~50	0.8~0.9t	0.5	露天
2	电线、电缆	40~50	0.3t	2.0	库或棚
3	木材	40~50	0.8m^3	2.0	露天
4	原木	40~50	0.9m^3	2.0	露天
5	成材	30~40	0.7m^3	3.0	露天
6	水泥	30~40	1.4t	1.5	库
7	生石灰（袋装）	10~20	1~1.3t	1.5	棚
8	砂、石子（人工堆置）	10~30	1.2m^3	1.5	棚
9	砂、石子（机械堆置）	10~30	2.4m^3	3.0	露天
10	混凝土砌块	10~30	1.4m^3	1.5	露天
11	砖	10~30	1.4m^3	1.5	露天
12	黏土瓦、水泥瓦	10~30	0.25 千块	1.5	棚
13	水泥混凝土管	20~30	0.5t	1.5	露天
14	防水卷材	20~30	15~24 卷	2.0	库
15	钢筋骨架	3~7	0.12~0.18t	—	露天
16	金属结构	3~7	0.16~0.24t	—	露天
17	钢门窗	10~20	0.65t	2	棚
18	模板	3~7	0.7m^3	—	露天
19	轻质混凝土制品	3~7	1.1m^3	2	露天
20	水、电及卫生设备	20~30	0.35t	1	棚、库各约占1/4

注：储备天数根据材料特点及来源、供应季节、运输条件等确定。一般现场加工的成品、半成品或就地供应的材料取表中的小值，外地供应及铁路运输或水运者取大值。

3. 运输道路

工地运输道路应充分利用既有道路，或先修筑永久性道路路基并铺设简易路面。道路布置既要考虑运输、出入方便,也要注意车辆通行安全。施工现场的主要道路应布置成环形、"U"形,次要道路可布置成单行线,但应有回车场,运输道路的布置应符合现场施工平面布置图的要求。现场临时道路的技术要求及路面种类和厚度见表 12-14、表 12-15。

表 12-14　现场临时道路的技术要求

指标名称	技术标准
设计车速/(km/h)	≤20
路基宽度/m	双车道 6.5~7；单车道 4.5~5；困难地段 3.5
路面宽度/m	双车道 6~6.5；单车道 3.5~4
平面曲线最小半径/m	平原、丘陵地区 20；山区 15；回头弯道 12
最大纵坡（%）	平原地区 6；丘陵地区 8；山区 11
纵坡最短长度/m	平原地区 100；山区 50
桥面宽度/m	4~4.5
桥涵载重等级/t	1.3 倍车载总重

表 12-15　现场临时道路的路面种类和厚度

序号	路面种类	特点及使用条件	路基土壤	路面厚度/cm	材料配合比
1	混凝土路面	雨天照常通车,可通行较多车辆,强度高,不扬尘,造价高	一般土	15~20	强度等级：不低于 C20
2	级配砾石路面	雨天照常通车,可通行较多车辆,但材料级配要求严格	砂质土	10~15	黏土:砂:石子 = 1:0.7:3.5
			黏质土或粉土	14~18	
3	碎（砾）石路面	雨天照常通车,碎（砾）石本身含土较多,不加砂	砂质土	10~18	碎（砾）石 >65%,当地土 <35%
			砂质土或粉土	15~20	
4	炉渣或矿渣路面	可维持雨天通车,通行车辆较少,当附近有此项材料可利用时	一般土	10~15	炉渣或矿渣 75%,当地土 25%
			较松软时	15~30	
5	风化石屑路面	雨天不通车,通行车辆较少,当附近有石屑可利用时	一般土	10~15	石屑 90%,黏土 10%

4. 办公及福利设施

（1）办公及福利设施类型

1) 行政管理和生产用房。包括：工地办公室、传达室、消防、车库及各类行政管理用房和辅助性修理车间等。

2) 居住生活用房。包括：家属宿舍、职工单身宿舍、食堂、医务室、招待所、小卖部、浴室、理发室、开水房、厕所等。

3) 文化生活用房。包括：俱乐部、图书室、邮亭、广播室等。

(2) 办公及福利临时设施的规划

1) 确定工地人数。

① 直接参加施工生产的工人,也包括机械维修、运输、仓库及动力设施管理人员等。

② 行政及技术管理人员。

③ 为建设项目提供生活服务的人员。

④ 以上各项人员的家属。

上述人员的比例,可按国家有关规定或工程实际情况计算。

2) 确定办公及福利设施建筑面积。工地人数确定后,就可按实际经验或面积指标计算出所需建筑面积,计算公式为

$$S = NP \tag{12-12}$$

式中　S——建筑面积;

　　　N——人数;

　　　P——建筑面积指标,详见表 12-16。

表 12-16　办公及福利临时设施建筑面积参考指标

序号	临时房屋名称		参考指标（m²/人）	指标使用方法
1	办公室		3~4	按使用人数
2	宿舍	双人床	2.0~2.5	扣除不在工地住的人数
		单人床	3.5~4.0	扣除不在工地住的人数
		家属宿舍	16~25	视工期长短、距基地远近,取 0~30%
3	食堂		0.5~0.8	按高峰就餐人数
4	食堂兼礼堂		0.6~0.9	按高峰年平均人数
5	其他	其他合计	0.5~0.6	按高峰年平均人数
		医务所	0.05~0.07	按高峰年平均人数,不小于 30m²
		浴室	0.07~0.1	按高峰年平均人数
		理发室	0.01~0.03	按高峰年平均人数
		俱乐部	0.1	按高峰年平均人数
		小卖部	0.03	按高峰年平均人数,不小于 40m²
		招待所	0.06	按高峰年平均人数
		托儿所	0.03~0.06	按高峰年平均人数
		其他公用	0.05~0.1	按高峰年平均人数
6	小型设施	开水房	10~40	
		厕所	0.02~0.07	按工地平均人数
		工人休息室	0.15	按工地平均人数
		自行车棚	0.8~1.0	按骑车上班人数

所需要的各种生活、办公房屋,应尽量利用施工现场及其附近的永久性建筑物,不足的部分修建临时建筑物。

(3) 临时房屋的形式及尺寸　临时建筑物修建时,应遵循经济、适用、装拆方便的原则,按照当地的气候条件、工期长短、本单位的现有条件以及现场暂设的有关规定等,确定结构类型和形式。

临时房屋的形式主要分为活动式和固定式。活动式房屋搭设快捷，移动运输方便，可重复利用。其中彩钢夹心板活动房屋使用更为广泛，它外观整洁，有较好的保温、防火性能，可建 1～3 层，能节约场地。一般房屋净高 2.6m 以上，进深 3.3～5.7m，开间 3.3～3.6m，可多开间连通使用。固定式临时房屋常采用砖木结构，常用尺寸及布置要求见表 12-17。

表 12-17　常用固定式临时房屋主要尺寸及布置要求

序号	房屋用途	跨度/m	开间/m	檐高/m	布置说明
1	办公室	4～5	3～4	2.5～3.0	窗口面积，约为地面的 1/8
2	宿舍	5～6	3～4	2.5～3.0	床板距地 0.4～0.5m，过道 1.2～1.5m
3	工作间、机械房、材料库	6～8	3～4	按具体情况定	—
4	食堂兼礼堂	10～15	4	4.0～4.5	剧台进深约 10m，需设足够的出入口
5	工作棚、停车棚	8～10	4	按具体情况定	—
6	工地医务室	4～6	3～4	2.5～3.0	

5. 工地供水组织

工地临时供水主要包括生产用水、生活用水和消防用水三种。生产用水又包括工程施工用水、施工机械用水；生活用水又包括施工现场生活用水和生活区生活用水。

（1）确定用水量

1）工程施工用水量为

$$q_1 = K_0 \sum \frac{Q_1 N_1}{b} \times \frac{K_1}{8 \times 3600} \tag{12-13}$$

式中　q_1——施工工程用水量（L/s）；

　　　K_0——未预见的施工用水系数（1.05～1.15）；

　　　Q_1——施工高峰期日工程量（以实物计量单位表示）；

　　　N_1——施工用水定额，见表 12-18；

　　　b——每天工作班次；

　　　K_1——工程施工用水不均衡系数，见表 12-19。

表 12-18　施工用水量参考定额

序号	用水对象	单位	耗水量	序号	用水对象	单位	耗水量
1	浇混凝土全部用水	L/m³	1700～2400	11	浇砖湿润	L/m³	130～170
2	搅拌普通混凝土	L/m³	250	12	搅拌砂浆	L/m³	300
3	搅拌轻质混凝土	L/m³	300～350	13	浇硅酸盐砌块	L/m³	300～350
4	搅拌热混凝土	L/m³	300～350	14	砌筑石材全部用水	L/m³	50～80
5	混凝土自然养护	L/m³	200～400	15	墙面抹灰全部用水	L/m³	30
6	冲洗模板	L/m²	5	16	楼地面垫层及抹灰	L/m²	190
7	搅拌机清洗	L/台班	600	17	现制水磨石	L/m²	300
8	冲洗石子	L/m³	800	18	墙面石材（湿挂法）	L/m²	15
9	洗砂	L/m³	1000	19	墙面瓷砖	L/m²	20
10	砌砖工程全部用水	L/m³	150～250	20	素土路面、路基	L/m²	0.2～0.3

表 12-19　用水不均衡系数

符号	用水类型	不均衡系数
K_1	施工工程用水	1.5
K_1	生产企业用水	1.25
K_2	施工机械、运输机械用水	2
K_3	施工现场生活用水	1.3~1.5
K_4	生活区生活用水	2.0~2.5

2）施工机械用水量为

$$q_2 = K_0 \sum Q_2 N_2 \frac{K_2}{8 \times 3600} \tag{12-14}$$

式中　q_2——施工机械用水量（L/s）；
　　　K_0——未预见的施工用水系数（1.05~1.15）；
　　　Q_2——同种机械台数（台）；
　　　N_2——施工机械用水定额；
　　　K_2——施工机械用水不均衡系数，见表 12-19。

3）施工现场生活用水量为

$$q_3 = \frac{P_1 N_3 K_3}{b \times 8 \times 3600} \tag{12-15}$$

式中　q_3——施工现场生活用水量（L/s）；
　　　P_1——施工现场高峰期生活人数；
　　　N_3——施工现场生活用水定额，视当地气候、工程而定，见表 12-20；
　　　K_3——施工现场生活用水不均衡系数，见表 12-19；
　　　b——每天工作班次。

4）生活区生活用水量为

$$q_4 = \frac{P_2 N_4 K_4}{24 \times 3600} \tag{12-16}$$

式中　q_4——生活区生活用水量（L/s）；
　　　P_2——生活区居民人数（人）；
　　　N_4——生活区昼夜全部用水定额，见表 12-20；
　　　K_4——生活区用水不均衡系数，见表 12-19。

表 12-20　生活用水量参考定额

序号	用水对象	单位	耗水量
1	工地全部生活用水	L/(人·日)	100~120
2	生活用水（盥洗、饮用）	L/(人·日)	25~30
3	食堂	L/(人·日)	15~20
4	浴室（淋浴）	L/(人·次)	50
5	洗衣房	L/(人·日)	30~35
6	理发室	L/(人·次)	15
7	医院	L/(病床·日)	100~150

5）消防用水量。消防用水量 q_5 见表 12-21。

表 12-21　消防用水量

序号	用水部位	用水项目	按火灾同时发生次数计	耗水量/(L/s)
1	居住区	5000 人以内	一次	10
		10000 人以内	二次	10~15
		25000 人以内	二次	15~20
2	施工现场	25ha 以内	二次	10~15
		每增加 25ha 递增		5

6）总用水量 Q：

① 当 $(q_1+q_2+q_3+q_4) < q_5$ 时，则 $Q = q_5 + (q_1+q_2+q_3+q_4)/2$。

② 当 $(q_1+q_2+q_3+q_4) > q_5$ 时，则 $Q = q_1+q_2+q_3+q_4$。

③ 当 $(q_1+q_2+q_3+q_4) < q_5$，且工地面积小于 5ha（1ha = 10000m²）时，则 $Q = q_5$。

最后计算的总用水量还应增加 10%，以补偿不可避免的水管渗漏损失。

（2）选择水源　工地临时供水的水源，有供水管道和天然水源两种。应尽可能利用现有永久性供水设施或现场附近既有供水管道，若无供水管道或其供水量难以满足使用要求，可考虑使用江、河、湖、水库、泉水、井水等天然水源。选择水源时应注意以下因素：

1）水量充足可靠。
2）生活饮用水、生产用水的水质，应符合要求。
3）尽量与农业、水利综合利用。
4）取水、输水、净水设施要安全、可靠、经济。
5）施工、运转、管理和维护方便。

（3）确定供水系统　在没有市政管网供水的情况下，需设置临时供水系统。临时供水系统由取水设施、贮水构筑物（水塔及蓄水池）、输水管和配水管线综合而成。

1）确定取水设施。取水设施一般由进水装置、进水管和水泵组成。取水口距河底（或井底）一般不小于 0.5m。给水工程所用水泵有离心泵、潜水泵等。所选用的水泵应具有足够的抽水能力和扬程。

2）确定贮水构筑物。一般有水池、水塔或水箱。在临时供水时，如水泵房不能连续抽水，则需设置贮水构筑物。其容量以每小时消防用水决定，但不得少于 10~20m³。贮水构筑物（水塔）高度应按供水范围、供水对象位置及水塔本身的位置来确定。

3）确定供水管径。在计算出工地的总需水量后，可按下式计算供水管径

$$D = \sqrt{\frac{4Q \times 1000}{\pi v}} \qquad (12-17)$$

式中　D——供水管内径（mm）；

　　　Q——用水量（L/s）；

　　　v——管网中水的流速（m/s），见表 12-22。

4）选择管材。临时给水管道材料应根据管道尺寸和压力进行选择，一般干管为钢管或铸铁管，支管为钢管。

表 12-22 临时水管经济流速

项次	管径	流速/(m/s)	
		正常时间	消防时间
1	支管 $D<100$mm	2	—
2	生产消防管道 $D=100\sim300$mm	1.3	>3
3	生产消防管道 $D>300$mm	1.5～1.7	2.5
4	生产用水管道 $D>300$mm	1.5～2.5	3

6. 工地供电组织

工地供电组织包括计算总用电量、选择电源、确定变压器、确定配电导线截面面积、布置配电线路和配电箱。

（1）工地总用电量计算　施工现场用电量大体上可分为动力用电和照明用电两类。在计算用电量时，应考虑全工地使用的电力机械设备、工具和照明的用电功率；施工总进度计划中，施工高峰期同时用电数量；各种电力机械的情况。总用电量可按下式计算：

$$P=(1.05\sim1.1)\left(K_1\frac{\sum P_1}{\cos\varphi}+K_2\sum P_2+K_3\sum P_3+K_4\sum P_4\right) \quad (12\text{-}18)$$

式中　　　P——供电设备总需要容量（kW）；

P_1——电动机额定功率（kW）；

P_2——电焊机额定容量（kW）；

P_3——室内照明容量（kW）；

P_4——室外照明容量（kW）；

$\cos\varphi$——电动机的平均功率因数（施工现场最高为 0.75～0.78，一般为 0.65～0.75）；

K_1、K_2、K_3、K_4——需要系数，见表 12-23。

表 12-23 需要系数 K 值

用电名称	数量	需要系数	
		K	数值
电动机	3～10 台	K_1	0.7
	11～30 台		0.6
	30 台以上		0.5
加工厂动力设备	—		0.5
电焊机	3～10 台	K_2	0.6
	10 台以上		0.5
室内照明	—	K_3	0.8
室外照明	—	K_4	1.0

如施工中需用电热时，应将其用电量计入总量。单班施工时，最大用电负荷量以动力用电量为准，不考虑照明用电。

各种机械设备以及室外照明用电可参考有关定额。

（2）选择电源　选择临时供电电源，通常有以下几种方案：

1）完全由工地附近的电力系统供电，即在全面开工之前将永久性供电外线工程完成，设置临时变电站。

2) 先将工程项目的永久性变配电室建成，直接为施工供电。

3) 工地附近的电力系统能供应一部分，工地需增设临时电站以补充不足。

4) 利用附近的高压电网，申请临时加设配电变压器。

5) 工地处于新开发地区，还没有电力系统时，完全由自备临时电站供给。

在制定方案时，应根据工程实际情况，经过分析比较后确定。

(3) 确定变压器　现场所需变压器的功率可由下式计算：

$$P = K \frac{\sum P_{\max}}{\cos\varphi} \quad (12\text{-}19)$$

式中　P——变压器输出功率（kW）；

K——功率损失系数，取 1.05；

$\sum P_{\max}$——各施工区最大计算负荷（kW）；

$\cos\varphi$——功率因数。

根据计算所得容量，选用足够功率的变压器。

(4) 确定配电导线截面面积　配电导线要正常工作，必须具有足够的机械强度，能够耐受电流通过所产生的温升，电压损失在允许范围内。因此，选择配电导线有以下三种方法：

1) 按机械强度确定。导线必须具有足够的机械强度，以防止受拉或机械损伤而折断。在不同敷设方式下，按机械强度要求的导线最小截面可参考有关资料。

2) 按允许电流选择。导线必须能承受负荷电流长时间通过所引起的温升。

① 三相五线制线路上的电流可按下式计算：

$$I = \frac{P}{\sqrt{3}V\cos\varphi} \quad (12\text{-}20)$$

② 二线制线路可按下式计算：

$$I = \frac{P}{V\cos\varphi} \quad (12\text{-}21)$$

式中　I——电流（A）；

P——功率（W）；

V——电压（V）；

$\cos\varphi$——功率因数，临时电网取 0.7~0.75。

考虑导线的允许温升，各类导线在不同的敷设条件下具有不同的持续允许电流值。在选择导线时，电流不能超过该值。

3) 按允许电压降确定。为了使导线引起的电压降控制在一定限度内，配电导线的截面可用下式确定：

$$S = \frac{\sum PL}{C\varepsilon} \quad (12\text{-}22)$$

式中　S——导线断面面积（mm²）；

P——负荷电功率或线路输送的电功率（kW）；

L——送电线路的距离（m）；

C——系数，视导线材料、送电电压及配电方式而定，如铜线 380V 时取 77，220V 时取 12.8；

ε——允许的相对电压降（即线路的电压损失），一般为 2.5%~5%。

选择导线截面时应同时满足上述三项要求，即以求得的三个截面面积中最大者为准，从导线的产品目录中选用线芯。通常先根据负荷电流的大小选择导线截面，然后再以机械强度和允许电压降进行复核。

12.2.5 施工总平面图

施工总平面图是拟建项目施工场地的总布置图，是按照施工总体部署、主要施工方法和施工总进度计划及资源需要量计划的要求，对施工现场做出合理的规划与布置，从而正确处理全场施工期间所需各项设施和永久建筑以及拟建工程之间的空间关系。

1. 设计内容

（1）永久性设施　整个建设项目既有建筑物和构筑物、其他设施及拟建工程的位置与尺寸。

（2）临时性设施　全场性为施工服务的临时设施的位置与尺寸，包括：

1) 场地临时围墙、施工用的各种道路。
2) 加工厂、制备站。
3) 各种材料、半成品、构配件的仓库和主要堆场。
4) 行政管理用房、宿舍、食堂、文化生活等用房。
5) 水源、电源、动力设施、临时给水排水管线、供电线路及设施。
6) 机械站、车库。
7) 一切安全、消防设施。

（3）其他　其他包括测量基准点的位置，必要的图例、方向标志、比例尺等。

2. 设计依据

1) 建筑总平面图、地形图、区域规划图和建设项目区域内既有的各种设施位置。
2) 建设地区的自然条件和技术经济条件。
3) 建设项目的工程概况、施工总体部署与主要施工方法、施工总进度计划及各种资源配置计划。
4) 各种现场加工、材料堆放、仓库及其他临时设施的数量及尺度。
5) 现场管理及施工安全等方面有关文件和规范、规程等。

3. 设计原则

1) 遵守相关法律、法规、标准、规范与政策的规定。
2) 尽量减少施工占地，使平面布置紧凑合理。
3) 合理组织运输，保证运输通畅，减少运输费用。
4) 合理划分施工区域和场地，减少各工程和专业工种之间的相互干扰。
5) 充分利用各种永久性建（构）筑物和既有设施，降低临时设施费用。
6) 生产区与生活区应适当分开，满足生产、生活不同的使用需求。
7) 应满足环境保护、劳动保护、安全防火及文明施工等要求。

4. 设计步骤与要求

（1）场外交通的引入　设计施工总平面图时，应研究确定大宗材料、成品、半成品、设备等进入工地的运输方式。

1) 铁路运输。一般大型工业企业，厂区内都设有永久性铁路专用线，通常可将其提前修建，以便为工程施工服务。当采用铁路运输时，中心仓库尽可能沿铁路专用线布置，并且在仓库前留有足够的装卸空间。

2) 水路运输。当大量物资由水路运入时，应先考虑既有码头的运用和是否增设专用码头问题。要充分利用既有码头的吞吐能力。

3) 公路运输。当大量物资由公路运入时，一般先将仓库、加工厂等生产性临时设施布置在最经济合理的地方，然后再布置通向场外的公路线。

(2) 布置临时设施及堆场　仓库与材料堆场的布置通常考虑设置在运输方便、位置适中、运距较短并且安全、防火的位置，并应区别不同材料、设备和运输方式来设置。

(3) 加工厂布置　各种加工厂布置，应以方便使用、安全防火、运输费用最少、不影响建筑安装工程正常施工为原则。一般应将加工厂集中布置在工地边缘，且与相关的仓库或材料堆场靠近。

1) 混凝土搅拌站。当现浇混凝土量大时，宜在工地设置集中搅拌站；当运输条件较差时，以分散搅拌为宜。

2) 预制加工厂。一般设置在建设场地的空闲处，例如，材料堆场专用线转弯的扇形地带或场外邻近处。

3) 钢筋加工厂。当需进行大量的机械加工时，宜设置中心加工厂，其位置应靠近预制构件加工厂；对于小型构件和简单的钢筋加工，可在使用地点附近布置钢筋加工棚。

4) 木材加工厂。设置集中加工厂还是分散的加工棚要视加工量、加工性质和种类决定。一般原木、锯材堆场布置在铁路、公路或水路沿线附近，木材加工厂也应设置在这些地段附近；锯木、成材、细木加工和成品堆放，应按工艺流程布置，并应设置在施工区的下风向。

5) 金属结构、电焊和机修等厂房。由于生产上密切关联，应尽可能布置在一起。

(4) 内部运输道路布置　根据各加工厂、仓库及各施工对象的相对位置，研究货物转运流程，区分主、次道路，进行道路的规划。规划时应考虑以下几点：

1) 合理规划，节约费用。在规划临时道路时，应充分利用拟建的永久性道路，提前建成或者先修筑路基和简易路面，作为施工所需的道路，以达到节约投资的目的。

2) 保证通畅。道路应有两个以上进出口，末端应设置回车场。场内道路干线应采用环形布置，主要道路宜采用双车道，次要道路宜采用单车道。消防车道的宽度不少于4m，且与在建工程、临时用房、可燃材料堆场及其加工厂的距离，不宜小于5m，也不宜大于40m。

3) 选择合理的路面结构。道路的路面结构，应当根据运输情况和运输工具的类型而定。对永久性道路应先建成混凝土路面基层；场区内的干线和施工机械行驶路线，最好采用碎石级配路面，以便于修补；场内支线一般为砂石路。具体做法见表12-15。

(5) 行政与生活临时设施布置　行政与生活临时设施包括：办公室、休息室、车库、宿舍、食堂、小卖部、俱乐部和浴室等。要根据工地施工人数计算其建筑面积，应尽量利用建设单位的生活基地或其他永久性设施，不足部分另行建造。

全场性行政管理用房宜设在工地入口处，以便对外联系。工人用的福利设施应设置在人员较集中的地方。应使生活区与施工区隔离。

(6) 临时水电管网布置　当有可以利用的水源、电源时，可将其先接入工地，再沿主要干道布置干管、主线，然后与各使用单位接通。临时总变电站应设置在高压电引入处，不应放在工地中心。临时水池应布置在地势较高处。

1) 供水管网布置。供水管网应尽量短，布置时应避开拟建工程的位置。水管宜采用暗埋敷设，有冬期施工要求时，应埋设至冰冻线以下。

根据工程防火要求，应设置足够的消防栓。消防栓一般设置在易燃建筑物、木材、仓库等附近，与建筑物或使用地点的距离不得大于25m，也不得小于5m。消防栓管径宜为100mm，沿路边布置，间距不得大于120m，每5000m^2现场不少于一个，距路边的距离不宜大于2m。

2) 供电线路布置。供电线路宜沿路边布置，但距路基边缘不得小于1m。一般用钢筋混凝土杆或梢径不小于140mm的木杆架设，杆距不大于35m。在塔式起重机起重半径范围内应采用暗埋电缆等方式。

上述各设计步骤是相互关联和制约的,所以设计时应综合考虑、反复修正,通过不断优化得到最终的设计方案。

5. 施工总平面图绘制要求

施工总平面图的比例一般为 1:1000 或 1:2000,绘制时应使用规定的图例,并进行必要的文字说明。施工总平面图要求比例正确,图例规范,字迹端正,线条粗细分明,图面整洁美观。

许多大型建设项目的建设工期很长,随着工程的进展,施工现场的面貌及需求将不断变化,因此,应按不同施工阶段分别绘制施工总平面图。

12.2.6 目标管理计划及技术经济指标

1. 目标管理计划

目标管理计划主要阐述质量、进度、成本、安全、环境保护等各项目标的要求,建立各类保证体系,制定所需采取的主要措施。

(1) 质量管理计划 建立建设项目施工质量管理体系。按照施工总体部署中确定的施工质量目标要求,以及相关质量标准、施工规范和规程的要求,找出影响工程质量的关键部位或节点,设置施工质量控制点,制定施工质量保证措施。

(2) 进度管理计划 根据合同工期及工期总体控制计划,分析影响工程进度的主要因素,建立进度目标控制体系,制定工期保证措施。

(3) 施工总成本管理计划 根据建设项目的计划成本总目标,制定节约费用、控制成本保证措施。

(4) 安全管理计划 确定建设项目施工安全目标,建立安全组织机构,明确安全管理人员及其职责和权限,建立健全安全管理规章制度,制定安全保证措施。

(5) 文明施工及环境保护管理计划 确定建设项目施工环保目标,建立环保组织机构,明确环保管理人员和施工环保事项内容和措施(如现场泥浆、污水处理,烟尘及噪声防护,爆破及振动危害防护,地下既有管线或文物保护,卫生防疫等)。制定文明施工及环境保护保证措施。

2. 技术经济指标

为了考核施工组织总设计的编制质量,应计算以下技术经济指标:

(1) 施工工期 施工工期是指建设项目从施工准备到竣工投入使用的持续时间。应计算的相关指标如下:

1) 施工准备期:从施工准备开始到主要项目开工为止的全部时间。

2) 部分投产期:从主要项目开工到第一批项目竣工的全部时间。

3) 单位工程工期:建设项目中各单位工程从开工到竣工的全部时间。

(2) 劳动生产率

1) 全员劳动生产率 [元/(人·年)]。

2) 单位用工 [工日/m^2(竣工面积)]。

3) 劳动力不均衡系数为

$$劳动力不均衡系数 = \frac{施工期日高峰人数}{施工期日平均人数} \tag{12-23}$$

(3) 工程质量 明确合同要求的质量等级和施工组织设计预期达到的质量等级。

(4) 降低成本

1) 降低成本额为

$$降低成本额 = 承包成本 - 计划成本 \tag{12-24}$$

2）降低成本率为

$$降低成本率 = \frac{降低成本额}{承包成本额} \times 100\% \quad (12-25)$$

（5）安全指标　以安全事故发生频率控制值表示。

（6）机械指标

1）机械化程度为

$$机械化程度 = \frac{机械化施工完成的工作量}{总工作量} \times 100\% \quad (12-26)$$

2）施工机械完好率为

$$施工机械完好率 = \frac{机械完好台日数}{机械进场总台日数} \times 100\% \quad (12-27)$$

3）施工机械利用率为

$$施工机械利用率 = \frac{机械作业台班数}{机械进场总台班数} \times 100\% \quad (12-28)$$

（7）预制化施工水平

$$预制化施工水平 = \frac{在工厂及现场预制的工程量}{总工程量} \times 100\% \quad (12-29)$$

（8）临时工程

1）临时工程投资比例为

$$临时工程投资比例 = \frac{全部临时工程投资}{建安工程总值} \times 100\% \quad (12-30)$$

2）临时工程费用比例为

$$临时工程费用比例 = \frac{临时工程投资 - 回收费 + 租用费}{建安工程总值} \times 100\% \quad (12-31)$$

（9）节约效果　分别计算主材节约百分比和节电、节水情况。

思考题

1. 简述单位工程施工组织设计的内容。
2. 简述单位工程施工组织设计的编制流程。
3. 什么是施工流向？什么是施工顺序？举例说明它们的工程意义。
4. 为什么对危险性较大的分部分项工程要编制专项施工方案？方案应至少包括哪些内容？
5. 施工现场环境保护应注意哪些方面的问题？
6. 简述单位工程进度计划的编制步骤。
7. 简述单位工程施工现场平面布置图的设计原则。
8. 什么是施工组织总设计？和单位工程施工组织设计有什么不同？
9. 简述施工总体部署的内容。
10. 全场性暂设工程主要包括哪些方面？
11. 如何确定临时仓库和堆场的面积？

参 考 文 献

[1] 应惠清. 土木工程施工［M］. 3版. 北京：高等教育出版社，2016.
[2] 穆静波. 土木工程施工［M］. 北京：机械工业出版社，2017.
[3] 重庆大学，同济大学，哈尔滨工业大学. 土木工程施工［M］. 3版. 北京：中国建筑工业出版社，2016.
[4] 中华人民共和国住房和城乡建设部. 建筑基坑支护技术规程：JGJ 120—2012［S］. 北京：中国建筑工业出版社，2012.
[5] 刘国彬. 基坑工程手册［M］. 2版. 北京：中国建筑工业出版社，2009.
[6] 李克钏. 基础工程［M］. 2版. 北京：中国铁道出版社，2000.
[7] 黄生根，吴鹏，戴国高. 基础工程原理与方法［M］. 武汉：中国地质大学出版社，2009.
[8] 丁克胜. 土木工程施工［M］. 武汉：华中科技大学出版社，2008.
[9] 王利文，等. 土木工程施工技术［M］. 北京：中国建筑工业出版社，2014.
[10] 毛鹤琴. 土木工程施工［M］. 5版. 武汉：武汉理工大学出版社，2018.
[11] 姚刚，华建民. 土木工程施工技术与组织［M］. 重庆：重庆大学出版社，2013.
[12] 彭芳乐，孙德新. 现代气压沉箱工法［M］. 上海：同济大学出版社，2011.
[13] 中华人民共和国住房和城乡建设部. 混凝土质量控制标准：GB 50164—2011［S］. 北京：中国建筑工业出版社，2011.
[14] 中华人民共和国住房和城乡建设部. 混凝土结构成型钢筋应用技术规程：JGJ 366—2015［S］. 北京：中国建筑工业出版社，2016.
[15] 中国钢铁工业协会. 钢筋混凝土用钢：第2部分 热轧带肋钢筋：GB/T 1499.2—2018［S］. 北京：中国标准出版社，2018.
[16] 中华人民共和国住房和城乡建设部. 建筑工程大模板技术标准：JGJ/T 74—2017［S］. 北京：中国建筑工业出版社，2018.
[17] 中华人民共和国住房和城乡建设部. 液压爬升模板工程技术标准：JGJ/T 195—2018［S］. 北京：中国建筑工业出版社，2019.
[18] 《建筑施工手册》（第五版）编委会. 建筑施工手册［M］. 5版. 北京：中国建筑工业出版社，2012.
[19] 中华人民共和国住房和城乡建设部. 混凝土结构工程施工质量验收规范：GB 50204—2015［S］. 北京：中国建筑工业出版社，2015.
[20] 中华人民共和国住房和城乡建设部. 混凝土结构工程施工规范：GB 50666—2011［S］. 北京：中国建筑工业出版社，2012.
[21] 郭正兴. 土木工程施工［M］. 2版. 南京：东南大学出版社，2012.
[22] 中华人民共和国住房和城乡建设部. 装配式混凝土结构技术规程：JGJ 1—2014［S］. 北京：中国建筑工业出版社，2014.
[23] 魏红一，王志强. 桥梁施工及组织管理［M］. 3版. 北京：人民交通出版社股份有限公司，2016.
[24] 许克宾. 桥梁施工［M］. 北京：中国建筑工业出版社，2005.
[25] 薛传顺. 高铁桥梁施工中桥墩施工技术分析［J］. 低碳世纪，2020，10（4）：166.
[26] 王科. 桥梁工程项目中的薄壁空心墩液压滑模施工技术［J］. 四川建材，2020（2）：125-126.
[27] 王英明. 高铁桥梁施工中桥墩施工技术分析［J］. 建筑技术开发，2018，45（18）：46-47.

[28] 徐伟. 桥梁施工［M］. 2版. 北京：人民交通出版社，2013.
[29] 中华人民共和国交通运输部. 公路路面基层施工技术细则：JTG/T F20—2015［S］. 北京：人民交通出版社股份有限公司，2015.
[30] 中华人民共和国交通部. 公路沥青路面施工技术规范：JTG F40—2004［S］. 北京：人民交通出版社，2004.
[31] 中华人民共和国交通运输部. 公路水泥混凝土路面施工技术细则：JTG/T F30—2014［S］. 北京：人民交通出版社，2014.
[32] 中华人民共和国交通运输部. 公路沥青路面养护技术规范：JTG 5142—2019［S］. 北京：人民交通出版社股份有限公司，2019.
[33] 张军艳. 路面施工技术［M］. 北京：人民交通出版社股份有限公司，2019.
[34] 张凤亭，杨庆振. 路基路面施工技术［M］. 北京：人民交通出版社股份有限公司，2019.
[35] 黄晓明. 路基路面工程［M］. 6版. 北京：人民交通出版社股份有限公司，2019.
[36] 胡鹰. 地铁土建工程技术与管理实务［M］. 北京：人民交通出版社股份有限公司，2018.
[37] 王梦恕. 中国隧道及地下工程修建技术［M］. 北京：人民交通出版社，2010.
[38] 王梦恕. 地下工程浅埋暗挖技术通论［M］. 合肥：安徽教育出版社，2005.
[39] 关宝树. 矿山法隧道关键技术［M］. 北京：人民交通出版社股份有限公司，2016.
[40] 龚军平. 城市轨道交通工程矿山法施工指南［M］. 北京：中国建筑工业出版社，2016.
[41] 申爱国. 桥梁工程施工技术［M］. 武汉：武汉大学出版社，2016.
[42] 中铁电气化局集团有限公司. 城市轨道交通工程（土建）施工作业操作手册［M］. 北京：中国铁道出版社，2018.
[43] 中华人民共和国住房和城乡建设部. 地铁设计规范：GB 50157—2013［S］. 北京：中国建筑工业出版社，2018.
[44] 中华人民共和国住房和城乡建设部. 地下铁道工程施工标准：GB/T 51310—2018［S］. 北京：中国建筑工业出版社，2018.
[45] 袁绍国. 控制爆破理论与实践［M］. 天津：天津大学出版社，2007.
[46] 汪旭光. 爆破手册［M］. 北京：冶金工业出版社，2010.
[47] 闫鸿浩，王小红. 城市浅埋隧道爆破原理及设计［M］. 北京：中国建筑工业出版社，2013.
[48] 国家安全生产监督管理总局. 爆破安全规程：GB 6722—2014［S］. 北京：中国标准出版社，2015.
[49] 中华人民共和国住房和城乡建设部. 岩土锚杆与喷射混凝土支护工程技术规范：GB 50086—2015［S］. 北京：中国计划出版社，2015.
[50] 中华人民共和国住房和城乡建设部. 地下铁道工程施工质量验收标准：GB/T 50299—2018［S］. 北京：中国建筑工业出版社，2018.
[51] 陈馈，洪开荣，焦胜军. 盾构施工技术［M］. 2版. 北京：人民交通出版社股份有限公司，2016.
[52] 洪开荣. 盾构与掘进关键技术［M］. 北京：人民交通出版社股份有限公司，2018.
[53] 中华人民共和国住房和城乡建设部. 盾构法隧道施工及验收规范：GB 50446—2017［S］. 北京：中国建筑工业出版社，2017.
[54] 国家铁路局. 铁路隧道盾构法技术规程：TB 10181—2017［S］. 北京：中国铁道出版社，2017.
[55] 中华人民共和国住房和城乡建设部. 工程网络计划技术规程：JGJ/T 121—2015［S］. 北京：中国建筑工业出版社，2015.
[56] 中华人民共和国住房和城乡建设部. 建筑施工组织设计规范：GB/T 50502—2009［S］. 北京：中国建筑工业出版社，2009.
[57] 中华人民共和国住房和城乡建设部. 复合土钉墙基坑支护技术规范：GB 50739—2011［S］. 北京：中国计划出版社，2012.
[58] 中华人民共和国住房和城乡建设部. 混凝土结构设计规范：GB 50010—2015［S］. 2015年版. 北京：中国建筑工业出版社，2015.